桥梁工程

Qiaoliang Gongcheng

陈从春　李国芬　黄小广　主　编

彭大文　主　审

人民交通出版社股份有限公司

China Communications Press Co.,Ltd.

内 容 提 要

《桥梁工程》是为高等学校道路桥梁与渡河工程(土木工程交通土建方向)本科专业教学编写的教材,以《高等学校土木工程本科指导性专业规范》为指导思想,结合教育部"卓越工程师培养计划"内容,面向应用型人才培养目标,综合考虑公路与城市桥梁的特点编写而成。

本书重点介绍了桥梁组成、设计作用等基本概念以及中小跨径混凝土桥梁(包括钢筋混凝土及预应力混凝土梁式桥、圬工拱桥等)的构造原理、设计计算方法和施工要点。为便于学习,每章都配有习题,并针对每种桥型配有实例构造介绍。个别章节使用数字信息技术,读者可扫描二维码下载相关内容学习。

本书除作为教材外,尚可作为土木工程专业的设计、施工、管理的工程技术及科研人员的参考书。

图书在版编目(CIP)数据

桥梁工程 / 陈从春,李国芬,黄小广主编. — 2版
. — 北京:人民交通出版社股份有限公司,2017.1
交通版高等学校土木工程专业规划教材
ISBN 978-7-114-13468-5

Ⅰ.①桥… Ⅱ.①陈… ②李… ③黄… Ⅲ.①桥梁工程—高等学校—教材 Ⅳ.①U44

中国版本图书馆 CIP 数据核字(2016)第 276266 号

交通版高等学校土木工程专业规划教材

书　　名:	桥梁工程(第二版)
著 作 者:	陈从春　李国芬　黄小广
责任编辑:	张征宇　赵瑞琴
出版发行:	人民交通出版社股份有限公司
地　　址:	(100011)北京市朝阳区安定门外外馆斜街 3 号
网　　址:	http://www.ccpress.com.cn
销售电话:	(010)59757973
总 经 销:	人民交通出版社股份有限公司发行部
经　　销:	各地新华书店
印　　刷:	北京鑫正大印刷有限公司
开　　本:	787×1092　1/16
印　　张:	31
字　　数:	762 千
版　　次:	2007年1月　第1版　2017年1月第2版
印　　次:	2017年1月　第1次印刷　累计第4次印刷
书　　号:	ISBN 978-7-114-13468-5
定　　价:	68.00 元

(有印刷、装订质量问题的图书由本公司负责调换)

交通版 高等学校土木工程专业规划教材 编委会

（第二版）

主 任 委 员：戎　贤
副主任委员：张向东　李帼昌　张新天　黄　新
　　　　　　宗　兰　马芹永　党星海　段敬民
　　　　　　黄炳生
委　　　员：彭大文　张俊平　刘春原　张世海
　　　　　　郭仁东　王　京　符　怡
秘　书　长：张征宇

（第一版）

主 任 委 员：阎兴华
副主任委员：张向东　李帼昌　魏连雨　赵　尘
　　　　　　宗　兰　马芹永　段敬民　黄炳生
委　　　员：彭大文　林继德　张俊平　刘春原
　　　　　　党星海　刘正保　刘华新　丁海平
秘　书　长：张征宇

序 XU

随着科学技术的迅猛发展、全球经济一体化趋势的进一步加强以及国力竞争的日趋激烈,作为实施"科教兴国"战略重要战线的高等学校,面临着新的机遇与挑战。高等教育战线按照"巩固、深化、提高、发展"的方针,着力提高高等教育的水平和质量,取得了举世瞩目的成就,实现了改革和发展的历史性跨越。

在这个前所未有的发展时期,高等学校的土木类教材建设也取得了很大成绩,出版了许多优秀教材,但在满足不同层次的院校和不同层次的学生需求方面,还存在较大的差距,部分教材尚未能反映最新颁布的规范内容。为了配合高等学校的教学改革和教材建设,体现高等学校在教材建设上的特色和优势,满足高校及社会对土木类专业教材的多层次要求,适应我国国民经济建设的最新形势,人民交通出版社组织了全国二十余所高等学校编写"交通版高等学校土木工程专业规划教材",并于2004年9月在重庆召开了第一次编写工作会议,确定了教材编写的总体思路。于2004年11月在北京召开了第二次编写工作会议,全面审定了各门教材的编写大纲。在编者和出版社的共同努力下,这套规划教材已陆续出版。

在教材的使用过程中,我们也发现有些教材存在诸如知识体系不够完善,适用性、准确性存在问题,相关教材在内容衔接上不够合理以及随着规范的修订及本学科领域技术的发展而出现的教材内容陈旧、亟待修订的问题。为此,新改组的编委会决定于2010年年底启动了该套教材的修订工作。

这套教材包括"土木工程概论"、"建筑工程施工"等31门课程,涵盖了土木工程专业的专业基础课和专业课的主要系列课程。这套教材的编写原则是"厚基础、重能力、求创新,以培养应用型人才为主",强调结合新规范、增大例题、图解等内容的比例并适当反映本学科领域的新发展,力求通俗易懂、图文并茂;其中对专业基础课要求理论体系完整、严密、适度,兼顾各专业方向,应达到教育部和专业教学指导委员会的规定要求;对专业课要体现出"重应用"及"加强创新能力和工程素质培养"的特色,保证知识体系的完整性、准确性、正确性和适应性,专业课教材原则上按课群组划分不同专业方向分别考虑,不在一本教材中体现多专业内容。

反映土木工程领域的最新技术发展、符合我国国情、与现有教材相比具有明显特色是这套教材所力求达到的,在各相关院校及所有编审人员的共同努力下,交通版高等学校土木工程专业规划教材※将对我国高等学校土木工程专业建设起到重要的促进作用。

交通版高等学校土木工程专业规划教材编审委员会
人民交通出版社股份有限公司

前言

最近十余年我国城市化建设和公路交通发展迅速,桥梁建设又上了一个台阶。为了反映最近十余年桥梁建设的成就,同时反映《公路工程技术标准》(JTG B01—2014)、《公路桥涵设计通用规范》(JTG D60—2015)、《公路钢结构桥梁设计规范》(JTG D64—2015)、《公路钢管混凝土拱桥设计规范》(JTG/T D65-06—2015)、《公路悬索桥设计规范》(JTG/T D65-05—2015)等规范的要求,结合教材中的使用情况,对"交通版高等学校土木工程专业规划教材"《桥梁工程》(上、下册)相关内容进行了重编、补充、调整和修订,并根据课程名称设置,将原书上、下册分别更名为《桥梁工程》和《大跨度桥梁》。

本书延续彭大文等编《桥梁工程》的指导思想,以培养学生桥梁专业基础知识和实践应用能力为主,融入现行新规范的内容,使学生通过对本课程的学习,能掌握中等规模及以下桥梁的设计、构造和计算知识,了解桥梁施工方法,初步具有解决一般桥梁问题的能力。

本教材共三篇十九章,第一篇介绍了桥梁工程发展动态、桥梁基本组成以及桥梁建设的基本知识;第二篇重点介绍了简支、悬臂和连续体系混凝土桥梁的设计计算方法和施工要点,而对刚架桥和斜弯桥仅作简介;第三篇介绍拱桥的设计计算和施工方法;各章内容相对独立,可根据需要灵活讲授。另外,书中个别章节使用二维码出版。其内容与书中上下文(例如图、表、公式号)连续,读者学习时需注意连续性。

本书由彭大文、李国芬、黄小广主编《桥梁工程》(上册)修订而来,原书分别由上海应用技术大学彭大文(第一、四、五篇);南京林业大学李国芬(第二篇);河南理工大学黄小广(第三篇一、二、五章)、戎涛(第三篇三章)、张川(第三篇四章);福州大学林国华(第六篇以及第五篇的实例)编写,福州大学郑振飞教授担任主审。

本书各章节工作安排如下:第一篇由上海应用技术大学陈从春负责并编写,第二篇由南京林业大学李国芬负责并编写第一、八章,南京林业大学端茂军编写第二、三、六章,南京林业大学魏洋编写第四、五、七、九章,第三篇由河南理工大学黄小广负责并编写;林同棪国际工程咨询(中国)有限公司刘安双提供资料并参与了部分编写工作。全书由陈从春负责统稿。

彭大文教授认真审阅了全部书稿，修订了书中的一些错误，并提了许多宝贵的意见，使本书更加完善，对此表示衷心感谢！

鉴于作者水平有限，书中错误在所难免，如有疏漏，望各位读者不吝赐教，邮至 chencongchun@163.com，不甚感谢！如需要授课PPT，也请致函此邮箱。

陈从春
2016 年 12 月

第一篇 总 论

第一章 绪论	3
第一节 概述	3
第二节 桥梁的组成和分类	4
第三节 桥梁的发展和现状	11
思考题	27
第二章 桥梁的总体规划设计	28
第一节 桥梁设计的总体要求	28
第二节 桥梁设计与建设程序	30
第三节 桥梁的平、纵、横断面设计	32
第四节 桥梁设计方案比较	38
思考题	42
第三章 桥梁设计作用	43
第一节 作用的分类和代表值	43
第二节 公路桥梁的作用	45
第三节 城市桥梁的作用	63
第四节 极限状态设计法	66
第五节 作用组合	67
思考题	70
第四章 桥面布置与构造	71
第一节 桥面组成与布置	71
第二节 桥面铺装及排水防水系统	73
第三节 桥面伸缩装置	77

| 第四节 | 人行道、栏杆、护栏与灯柱 | 82 |
| 思考题 | | 86 |

第五章 混凝土桥梁结构的耐久性设计 87
第一节	混凝土结构耐久性影响因素	87
第二节	混凝土结构耐久性设计	89
第三节	提高混凝土桥梁结构耐久性的技术措施	93
思考题		96

第二篇　混凝土梁桥和刚架桥

第一章　混凝土梁式桥的构造 102
第一节	板桥的构造	102
第二节	简支肋梁桥的构造	108
第三节	悬臂体系和连续体系梁桥的构造	116
思考题		140

第二章　混凝土简支梁式桥的计算 141
第一节	桥面板计算	141
第二节	荷载横向分布计算	150
第三节	主梁内力计算	173
第四节	横隔梁内力计算	177
第五节	挠度、预拱度的计算	181
思考题		185

第三章　混凝土连续体系梁桥的计算 186
第一节	结构永久作用内力计算	186
第二节	活载内力计算要点	192
第三节	预应力次内力计算的等效荷载法	193
第四节	混凝土徐变次内力计算的换算弹性模量法	196
第五节	混凝土收缩次内力计算	199
第六节	基础沉降次内力计算	201
第七节	温度次内力和自应力计算	202
第八节	挠度和预拱度计算	206
思考题		207

第四章　箱梁 208
第一节	概述	208
第二节	箱梁的剪力滞	209
第三节	箱梁的扭转	216

第四节　箱梁的畸变 …………………………………………………………… 218
　　第五节　箱梁局部荷载的作用效应 ……………………………………………… 218
　　思考题 ………………………………………………………………………………… 221

第五章　刚架桥 ……………………………………………………………………… 222
　　第一节　概述 …………………………………………………………………… 222
　　第二节　单跨刚架桥的构造 ……………………………………………………… 223
　　第三节　连续刚构桥的构造 ……………………………………………………… 227
　　思考题 ………………………………………………………………………………… 229

第六章　梁式桥的支座 ……………………………………………………………… 230
　　第一节　常用支座的类型和构造 ………………………………………………… 231
　　第二节　支座的布置 ……………………………………………………………… 236
　　第三节　支座的计算 ……………………………………………………………… 237
　　思考题 ………………………………………………………………………………… 243

第七章　混凝土斜梁桥与弯梁桥 …………………………………………………… 244
　　第一节　斜梁桥 ………………………………………………………………… 244
　　第二节　弯梁桥 ………………………………………………………………… 255
　　思考题 ………………………………………………………………………………… 261

第八章　混凝土梁桥的施工 ………………………………………………………… 262
　　第一节　钢筋混凝土简支梁桥就地浇筑法施工 ………………………………… 262
　　第二节　预应力混凝土简支梁桥施工 …………………………………………… 271
　　第三节　装配式简支梁桥的运输和安装 ………………………………………… 279
　　第四节　悬臂体系和连续体系梁桥的施工 ……………………………………… 283
　　第五节　桥梁施工控制简介 ……………………………………………………… 292
　　思考题 ………………………………………………………………………………… 294

第九章　梁桥实例 …………………………………………………………………… 295
　　第一节　钢筋混凝土简支梁桥 …………………………………………………… 295
　　第二节　预应力混凝土简支梁桥 ………………………………………………… 297
　　第三节　连续梁桥 ……………………………………………………………… 300
　　第四节　连续刚构桥 …………………………………………………………… 303
　　第五节　弯梁桥 ………………………………………………………………… 307
　　第六节　斜梁桥 ………………………………………………………………… 311

第三篇　拱　　桥

第一章　概述 ………………………………………………………………………… 317
　　第一节　拱桥的基本特点 ………………………………………………………… 317

第二节　拱桥的组成···319
　　第三节　拱桥的主要类型和选型··320
　　第四节　拱桥的总体布置···325
　　思考题···329
第二章　拱桥的构造与设计··331
　　第一节　上承式拱桥的构造与设计··331
　　第二节　中承式和下承式拱桥的构造与设计···································360
　　第三节　拱式组合体系桥的构造··366
　　思考题···370
第三章　拱桥的计算···372
　　第一节　简单体系拱桥的计算···373
　　第二节　组合体系拱桥的计算···393
　　第三节　拱桥的稳定性验算··400
　　第四节　连拱计算简介···408
　　第五节　拱桥计算的有限元法··409
　　思考题···422
第四章　拱桥施工··424
　　第一节　有支架施工···424
　　第二节　无支架施工···441
　　第三节　其他施工方法简介··453
　　思考题···457
第五章　拱桥构造实例···458
　　第一节　上承式拱桥···458
　　第二节　中承式拱桥···467
　　第三节　下承式拱桥···477
参考文献··481
本书配套数字教学资源··483

第一篇

总 论

第一篇

总 论

第一章 绪 论

第一节 概 述

发展交通运输事业,建立四通八达的现代化交通网,对于发展国民经济,促进民族团结和文化交流、巩固国防等具有非常重要的意义。桥梁和涵洞是交通运输中的重要组成部分,在公路、铁路、城市和农村道路以及水利等工程的建设中,往往成为全线通车的关键。在经济上,桥梁和涵洞的造价一般占公路总造价的20%~30%,随着公路等级的提高,其所占的比例还将会增大。在国防及应对突发事件方面,桥梁又是交通运输的咽喉,是抗震减灾的生命线工程,具有非常重要的地位。此外,为了保证既有公路的正常运营,桥梁的养护与维修也十分重要。

桥梁是供汽车、火车、行人等跨越障碍(如河流、海湾、湖泊、山谷或其他线路等)的建筑物。"桥梁工程"一词通常包含两层含义:一是指桥梁建筑的实体;二是指建造桥梁所需的科学知识和工程技术,包括桥梁的基础理论和研究,桥梁的规划、勘测设计、建造和养护维修等。桥梁工程在学科上是土木工程的一个分支,在功能上是交通工程的咽喉。

桥梁是随着历史的演进和社会的进步而逐渐发展起来的。纵观近代历史,每当陆地交通运输工具(火车、汽车)发生重大变化,对桥梁在载重、跨径方面提出新的要求时,便推动了桥梁工程技术的发展。

20世纪以来,我国的公路交通有了很大发展。在内陆,需要在更多的河流、峡谷之上建桥;在城市以及各种交通线路相交处,需要建造立交桥;在沿海,既需在大船通航的河口、海湾、海峡修建特大跨径桥梁,又需在某些海岛与大陆之间修建长达几十公里的长桥。

桥梁修建需要消耗大量人力、物力、财力,不断提高技术水平,采用新材料、新工艺、新桥式,以及对桥梁的结构行为进行更精确的数值分析、采用更精确的结构试验进行验证,以使桥梁建设的经济效益不断提高,这已成为时代的要求。

科学技术的进步和经济、社会、文化水平的提高,也使人们对桥梁建设提出了更高的要求。经过几十年的努力,我国的桥梁工程无论在建设规模上,还是在科技水平上,均已跻身世界先进行列。各种功能齐全、造型美观的立交桥、高架桥、横跨长江、黄河等大江大河的特大跨径桥梁,如雨后春笋频频建成。随着国家公路网、铁路交通网的实施和完善,跨海湾、海峡特大桥梁的宏伟工程已成为现实,并面临更多的机遇。

回顾过去,展望未来,可以预见,在今后相当长的一个时期内,我国广大的桥梁建设者将不断面临着建设新颖和复杂桥梁结构的挑战,肩负着国家光荣而艰巨的任务。

第二节 桥梁的组成和分类

一、桥梁的组成

1. 桥梁的组成

桥梁组成部分的划分与桥梁结构体系有关。常见的有梁式桥(图 1-1-1)和拱式桥(图 1-1-2),通常由上部结构、下部结构、支座和桥面附属构造组成。

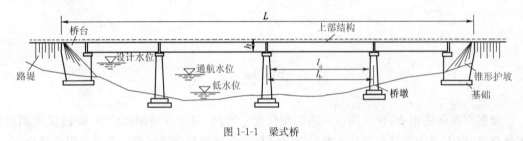

图 1-1-1 梁式桥

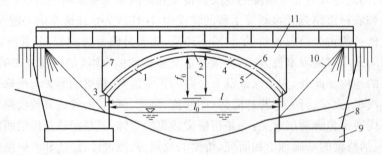

图 1-1-2 拱式桥

1-拱圈;2-拱顶;3-拱脚;4-拱轴线;5-拱腹;6-拱背;7-变形缝;8-桥墩;9-基础;10-锥坡;11-拱上结构

1)上部结构

上部结构(或称桥跨结构)是指线路跨越障碍(河流、山谷或构筑物)的主要承重结构,直接承受车辆或人行荷载。

2)下部结构

下部结构包括桥墩、桥台和墩台的基础,是支承上部结构、向下传递荷载的结构物。桥梁墩台的布置是与桥跨结构相对应的。桥台设在桥跨结构的两端,桥墩则设在两桥台之间。桥台除起到支承和传力作用外,还起到与路堤衔接、防止路堤滑塌的作用。因此,通常需在桥台周围设置锥体护坡。

墩台基础承受由上至下的全部作用(包括交通荷载和结构自重),并将其传递给地基的结构物。它通常埋入土层中或建筑在基岩之上,时常需要在水中施工,因而遇到的问题比较复杂。

3)支座

支座设置在墩台顶部,是支承上部结构并把荷载传递于桥梁墩台上的传力装置,它不仅要传递很大荷载,还要适应上部结构产生的变位。

4)桥面附属构造

桥面附属构造是指与桥梁服务功能有关的构造,能提高桥梁的使用功能。主要包括:

(1)桥面铺装(或称行车道铺装)。铺装的平整性、耐磨性、不翘曲、不渗水是保证行车舒适的关键。特别在钢箱梁上铺设沥青路面的技术要求很严格。

(2)排水防水系统。应迅速排除桥面上积水,并使渗水的可能性降至最小限度。城市桥梁排水系统还应保证桥下无滴水和结构上无漏水现象。

(3)栏杆(或防撞栏杆)。它既是保证安全的构造措施,也应是有利于观赏、表现桥梁特色的一个建筑物。

(4)伸缩缝。指在桥跨上部结构之间,或在桥跨上部结构与桥台端墙之间所设的缝隙,保证结构在各种因素作用下的变位。为使桥面上行车顺适、不颠簸,在缝隙处要设置伸缩装置。特别是大桥或城市桥梁的伸缩装置,不但要结构牢固、外观光洁,而且需要经常清除伸缩装置中的垃圾尘土,以保证其使用功能。

(5)灯光照明。现代城市中,大型桥梁通常是一个城市的标志性建筑,大多装置了灯光照明系统,成为构成城市夜景的组成部分。

2. 桥梁设计时与总体布置有关的术语

1)净跨径

对于设支座的桥梁是指相邻两墩、台身顶内缘之间的水平净距,不设支座的桥梁是指上、下部结构相交处内缘间的水平净距,用 l_0 表示,如图1-1-1和图1-1-2所示。

2)总跨径

多孔桥梁中各孔净跨径的总和($\sum l_0$),它反映了桥下宣泄洪水的能力。

3)计算跨径

对于设支座的桥梁,是指相邻支座中心的水平距离,对于不设支座的桥梁(如拱桥、刚构桥等),是指上、下部结构的相交面之中心间的水平距离,用 l 表示,桥梁结构的力学计算是以 l 为标准的。

4)标准跨径

对梁式桥是指两相邻桥墩中线间的水平距离,对拱式桥则是指净跨径。

《公路桥涵设计通用规范》(JTG D60—2015)(以下简称《桥规》)规定,当标准设计或新建桥涵的跨径在50m及以下时,宜采用标准化跨径。桥涵标准化跨径 l_0 规定如下:0.75m、1.0m、1.25m、1.5m、2.0m、2.5m、3.0m、4.0m、5.0m、6.0m、8.0m、10m、13m、16m、20m、25m、30m、35m、40m、45m、50m,可见交通运输部颁布的标准图。

5)桥梁总长

桥梁总长简称桥长,对于有桥台的桥梁为桥台台尾端点间的水平距离;对于无桥台的桥梁为桥面系长度,用 L 表示。

6)桥下净空

为了满足通航(或行车、行人)的需要和保证桥梁安全而对上部结构底缘以下规定的空间界限。

7)桥梁建筑高度

上部结构底缘至桥面顶面的垂直距离(图1-1-1中的 h),线路定线中所确定的桥面高程与通航(或桥下通车、人)净空界限顶部高程之差,称为容许建筑高度。桥梁建筑高度不得大于容许建筑高度。

根据容许建筑高度的大小和实际需要,桥面可布置在桥跨结构的上面或下面。桥面布置在桥跨结构上面的,称为上承式桥梁;布置在桥跨结构下面的,称为下承式桥梁;布置在中间的,称为中承式桥梁。

8) 桥面净空

桥面净空是指桥梁行车道、人行道上方应保持的空间界限,公路、铁路和城市桥梁对桥面净空都有相应的规定。

9) 水位

河流中的水位是变动的,枯水季节时的最低水位称为低水位,洪峰季节时河流中的最高水位称为高水位。桥梁设计中按规定的设计洪水频率计算所得到的高水位(很多情况下是推算水位),称为设计水位。在各级航道中,能够保持船舶正常航行时的水位,称为通航水位。

设计洪水位或设计通航水位与桥跨结构最下缘的高差 H,称为桥下净空高度。桥下净空高度应能保证安全排洪,并不得小于对该河流通航所规定的净空高度。

在桥梁建筑工程中,除了上述基本结构外,还附属有路堤、护岸、导流结构物等工程。

二、桥梁的分类

1. 按受力体系分类

桥梁按受力体系可分为梁式桥、拱式桥、悬索桥(吊桥)和组合体系桥,其中梁、拱、吊为基本受力体系,组合体系是两种或三种基本体系的组合。各体系的主要受力特点如下。

1) 梁式桥

梁式桥在竖向荷载作用下主梁受弯,如图 1-1-3a)、b)所示,由于外力的作用方向与梁式桥承重结构轴线接近垂直,与同样跨径的其他结构体系相比,梁桥内产生的弯矩最大,通常需要用抗弯、抗拉能力强的材料(如钢、配筋混凝土,钢—混凝土组合结构等)来建造。梁桥分简支梁、悬臂梁、固端梁和连续梁等。悬臂梁、固端梁和连续梁都是利用支座上的卸载负弯矩去减

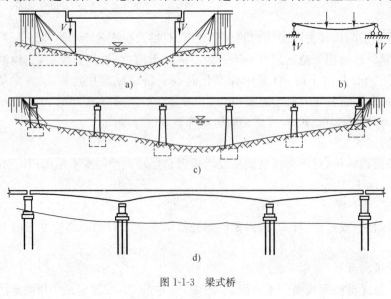

图 1-1-3 梁式桥

少跨中正弯矩,使桥梁跨内的内力分配更加合理,以同等抗弯能力的构件断面就可以建成更大跨径的桥梁。

对于中、小跨径桥梁,目前在公路上应用最广的是钢筋混凝土简支梁桥,施工方法有预制装配和现浇两种,常用跨径在20m以下。当跨径较大时,需采用预应力混凝土简支梁桥,现在预应力简支梁的最大跨径已达76m。为了改善受力条件和使用性能,地质条件较好时,中、小跨径梁桥也可修建连续梁桥,如图1-1-3c)所示。预应力混凝土连续梁的最大跨径已近200m。

2)拱式桥

拱式桥在竖向荷载作用下,主拱受压,而墩台承受水平推力,如图1-1-4b)所示。拱式桥的主要承重结构是拱圈(或拱肋)。由于水平反力的作用,大大抵消了拱圈(或拱肋)内由荷载所引起的弯矩。因此,与同跨径的梁相比,拱的弯矩、剪力和变形都要小得多。鉴于拱桥的承重结构以受压为主,通常可用抗压能力强的圬工材料(如砖、石、混凝土等)和钢筋混凝土等来建造。

拱可以分为单铰拱、双铰拱、三铰拱和无铰拱。由于拱是有推力的结构,对地基要求较高,一般常建于地基良好的地区。拱桥不仅跨越能力很大,而且外形似彩虹卧波,十分美观,在条件许可情况下,修建拱桥往往是经济合理的,具有较强的竞争力。

按照行车道处于主拱圈的不同位置,拱桥分为上承式拱、中承式拱和下承式拱三种,如图1-1-4所示。

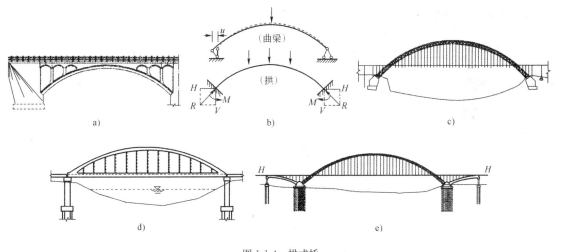

图1-1-4 拱式桥
a)上承式拱;b)拱受力图式;c)中承式拱;d)下承式拱;e)飞燕式拱

3)悬索桥

悬索桥(也称吊桥)的主要承重构件缆索以受拉为主。悬索桥承载系统由缆索、塔柱和锚碇三部分组成。在桥面系竖向荷载作用下,通过吊杆使缆索承受很大的拉力,缆索锚于悬索桥两端的锚碇结构中,如图1-1-5所示。为了承受巨大的缆索拉力,锚碇结构需要做得很大(重力式锚碇),或者依靠天然完整的岩体来承受水平拉力(隧道式锚碇)。由于缆索传至锚碇的拉力可分解为垂直和水平两个分力,因而悬索桥也是具有水平反力(拉力)的结构。现代悬索桥广泛采用高强度的多股钢丝编织形成钢缆,以充分发挥其优良的抗拉性能。悬索桥以其受力性能好、跨越能力大、轻型美观、抗震能力好,而成为跨越大江大河、海峡港湾的首选桥型,已建成的悬索桥最大跨径达1991m。图1-1-5a)为单跨式悬索桥,图1-1-5b)则为三跨式悬索桥。

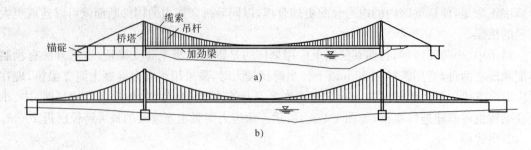

图 1-1-5 悬索桥

悬索桥的刚度较小,属柔性结构,在车辆荷载作用下,悬索桥将产生较大的变形;另外,悬索桥的风致振动及稳定性在设计和施工中也需予以特别的重视。

4)组合体系

(1)刚架桥

刚架桥是介于梁与拱之间的一种结构体系,它是由受弯的上部梁(或板)与承压的下部柱(或墩)整体结合在一起的结构。由于梁与柱的刚性连接,梁因柱的抗弯刚度而得到卸载作用,整个体系是压弯结构,也是有推力的结构,其受力状态介于梁桥和拱桥之间。刚架分直腿刚架与斜腿刚架。图 1-1-6a)所示的门式刚架桥,在竖向荷载作用下,柱脚处具有水平反力,梁主要受弯,但弯矩值较同跨径的简支梁小,梁内还有轴向力 H,如图 1-1-6b)所示。刚架桥的桥下净空比拱桥大,在同样净空要求下可修建较小的跨径。

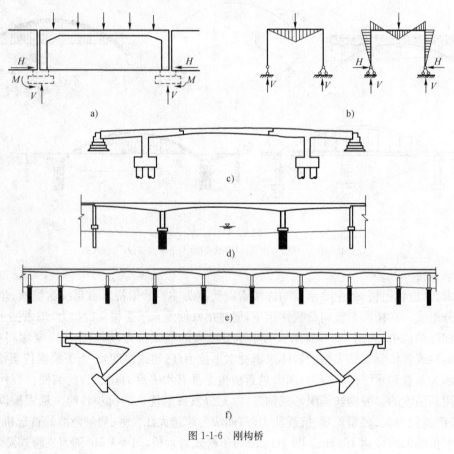

图 1-1-6 刚构桥

门式刚架桥施工比较复杂,一般用于跨径不大的城市桥或公路高架桥和立交桥。当跨越陡峭河岸和深谷时,修建斜腿式刚架桥往往既经济合理,又造型轻巧美观,如图 1-1-6f)所示。斜腿刚架桥的跨越能力比门式刚架桥要大得多,但斜腿的施工难度也较大。

(2)T 形刚构、连续刚构

T 形刚构、连续刚构都是由梁和刚架相结合的体系,它们是预应力混凝土结构采用悬臂施工法而发展起来的一种新体系。结构的上部梁在墩上向两边采用平衡悬臂施工,首先形成一个 T 形的悬臂结构。相邻的两个 T 形悬臂在跨中可用剪力铰或跨径较小的挂梁连成一体,称为带铰或带挂梁的 T 形刚构。如结构在跨中采用预应力筋和现浇混凝土区段连成整体,即成为连续刚构。它们又可派生出不同的组合形式,如采用双薄壁墩或边墩上采用连续梁组合等。连续刚构的特点是梁保持连续,墩梁固结。这样既保持了连续梁无伸缩缝、行车平顺的优点,又保持了 T 形刚构不设支座的优点,同时避免了连续梁和 T 形刚构的缺点。

不管体系如何组合,刚构桥上部的梁是以受弯为主、受压为辅的构件。由于采用悬臂施工法,施工机具简单,施工快速,又因结构在悬臂施工时的受力状态与使用时的受力状态基本一致,所以省料、省工、省时,这就使结构的应用范围得到了迅猛发展。据统计,在预应力混凝土桥梁中,这类结构体系(包括连续梁)占 50%以上。本教材将这两种体系列入梁式体系中讲授。图 1-1-6c)所示为 T 形刚构桥,图 1-1-6d)所示为连续刚构桥,图 1-1-6e)所示为刚构—连续组合体系桥型。

(3)梁、拱组合体系

这类体系中有系杆拱、桁架拱、多跨拱梁结构等。它们利用梁的受弯与拱的承压特点组成联合结构(图 1-1-7)。在预应力混凝土结构中,因梁体内可储备巨大的压力来承受拱的水平推力,使这类结构既具有拱的特点,而又非推力结构,对地基要求不高,近年来在城市桥梁中应用较多。

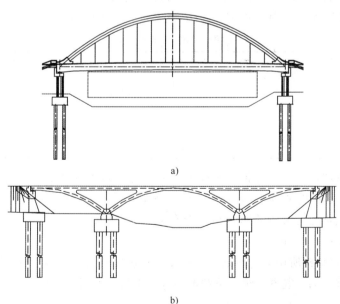

图 1-1-7 拱梁组合体系桥
a)系杆式拱梁结构;b)上承式拱梁结构

(4)斜拉桥

斜拉桥是由承压的塔、受拉的斜索与承弯的梁体组合起来的一种结构体系,如图1-1-8所示。它的受力特点是:受拉的斜索将主梁多点吊起,并将主梁的恒载和车辆等其他荷载传至塔柱,再通过塔柱基础传至地基。塔柱以受压为主,主梁如同多点弹性支承的连续梁,使主梁内的弯矩大大减小,结构自重显著减轻,大幅度提高了斜拉桥的跨越能力。由于同时受到斜拉索水平分力的作用,主梁截面的基本受力特征是偏心受压构件。此外,由于塔柱、拉索和主梁构成稳定的三角形,因此斜拉桥的结构刚度较大。

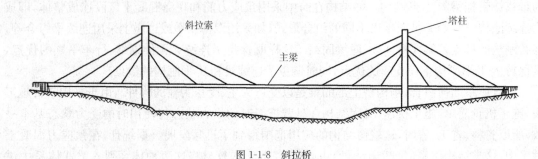

图 1-1-8 斜拉桥

2. 其他分类简介

除了上述按受力特点分成不同的结构体系外,还可以按桥梁的用途、大小规模和建桥材料等其他方面将桥梁进行分类。

(1)按用途来划分,有公路桥、铁路桥、公铁两用桥、农桥(或机耕道桥)、人行桥、水运桥(或渡槽)、管线桥等。

(2)按桥梁全长和跨径的不同,分为特大桥、大桥、中桥、小桥和涵洞。

《桥规》规定了特大、大、中、小桥按总长和跨径的划分,如表1-1-1所示。

桥梁按总长和跨径分类　　　　　表1-1-1

桥涵分类	多孔跨径总长 L(m)	单孔跨径 L_k(m)
特大桥	$L>1000$	$L_k>150$
大桥	$100 \leqslant L \leqslant 1000$	$40 \leqslant L_k \leqslant 150$
中桥	$30<L<100$	$20 \leqslant L_k<40$
小桥	$8 \leqslant L \leqslant 30$	$5 \leqslant L_k<20$

上述分类可以理解为一种行业管理的分类,在一定程度上反映了桥梁的建设规模,不反映桥梁工程设计、施工的复杂性。国际上一般认为单孔跨径小于150m的属于中小桥,大于150m称为大桥,而称为特大桥的跨径与桥型有关,悬索桥大于1000m,斜拉桥和钢拱桥大于500m,混凝土拱桥大于300m。

(3)按主要承重结构所用的材料划分,有圬工桥(包括砖、石、混凝土桥)、钢筋混凝土桥、预应力混凝土桥、钢桥、钢—混凝土组合桥和木桥等。木材易腐,且资源有限,一般不用于永久性桥梁。

(4)按跨越障碍的性质划分,可分为跨河桥、立交桥、高架桥和栈桥。高架桥一般指跨越深沟峡谷以替代高路堤的桥梁,以及在城市桥梁中跨越道路的桥梁。

(5)按桥跨结构的平面布置,可分为正交桥、斜交桥和曲线桥。

(6)按上部结构的行车道位置,分为上承式桥、中承式桥和下承式桥。

除了固定式的桥梁以外,还有开启桥、浮桥、漫水桥等。本门课程只介绍固定式桥梁。

第三节　桥梁的发展和现状

在人类文明的发展史中,桥梁占有重要的一页。桥梁建设是随着经济发展带来的交通需要和科学技术的可能而发展起来的,它从一个侧面反映了一个国家生产、经济与科学技术的发展程度。

一、我国桥梁的发展和现状

我国古代的桥梁技术曾经有过辉煌的业绩,以河北省赵县赵州桥,福建省泉州洛阳桥,北京卢沟桥以及绍兴、苏州等江南著名水网城市形态各异的千百座桥梁为代表的古代桥梁,无论是其造型艺术、工程技巧、文化蕴涵还是人文景观,都在世界上占据很高的地位。

但就近代桥梁而言,由于内外战乱,我国的桥梁科学技术曾一度陷于停滞状态,大大落后于西方发达国家。我国的现代桥梁建设是从20世纪50年代开始得到发展,1957年武汉长江大桥的建成通车,揭开了我国现代桥梁建设史的新篇章。

1978年改革开放后,我国的桥梁建设事业突飞猛进,不断刷新国内纪录与世界纪录,把我国的桥梁科学技术提高到一个新的高度。我国高速公路的建设于1988年实现零的突破,2014年高速公路通车总里程达到11.2万km,超过美国居于世界第一。公路桥梁的建设也取得了令世人瞩目的成就,我国现有各类桥梁约50万座,每年开工建设的桥梁为1万余座,一大批结构新颖、技术复杂、设计和施工难度大、科学技术含量高的大跨径桥梁脱颖而出。我国的桥梁科学技术在原来基础条件总体十分薄弱的情况下,只用了40余年的时间,就迅速进入国际先进行列。我国正由世界"桥梁大国"向"桥梁强国"迈进。

1. 混凝土梁桥

我国跨径最大的简支梁桥,是1997年建成的昆明南过境干道高架桥,跨径63m。

进入20世纪80年代,对称平衡悬臂法施工的大跨径预应力混凝土箱形截面连续梁得到了迅速的发展,1991年建成的云南六库怒江大桥(图1-1-9),主桥跨径为(85+154+85)m预应力混凝土连续梁,2001年7月建成通车的南京长江第二大桥北汊桥,其主桥跨径为(90+3×165+90)m,是我国目前跨径最大的预应力混凝土连续梁桥。

连续刚构桥在我国发展很快。

1988年建成的广东洛溪大桥是中国第一座大跨径PC连续刚构桥。该桥跨径为(65+125+180+110)m,主梁为单室箱。在洛溪大桥上中国第一次采用大吨位预应力体系和平弯钢索,成为PC连续刚构桥迅速发展的一个重要开端。

1996年建成的黄石长江大桥,跨径是(162.5+3×245+162.5)m,全长1060m,是目前中国最长的PC连续刚构桥。

1997年建成的虎门大桥辅航道桥(图1-1-10)是目前中国的最大跨径的PC连续刚构桥。该桥位于$R=7000$m的平曲线上,跨径为(150+270+150)m,主梁为单室箱。虎门大桥辅航道桥是中国PC连续刚构桥发展中的一座重要桥梁,在设计、施工、科研上均取得重要成果,为中国修建300m以上的PC连续刚构桥做好了充分的准备。

图 1-1-9　云南六库怒江大桥

图 1-1-10　虎门大桥辅航道桥

表 1-1-2 列举了中国跨径大于 240m 的 PC 连续刚构桥。实际上 2006 年建成的重庆石板坡长江大桥复线桥主跨已达 330m，主梁为预应力混凝土与钢混合结构。

中国大跨径 PC 连续刚构桥（$L>240$m）　　　　表 1-1-2

序号	桥名	跨径(m)	建成年代
1	虎门大桥辅航道桥	150+270+150	1997
2	苏通长江大桥辅桥	140+268+140	2008
3	云南元江大桥	58+182+265+194+70	2003
4	宁德下白石大桥	145+2×260×145	2004
5	泸州长江二桥	145+252+54.8	2001
6	重庆黄花园大桥	137+3×250+137	1999
7	马鞍山嘉陵江大桥	146+3×250+146	2002
8	宜水路金沙江大桥	140+249+140	2005
9	黄石长江大桥	162.5+3×245+162.5	1995
10	江津长江大桥	140+240+140	1997
11	重庆高家花园嘉陵江大桥	140+240+140	1997
12	贵州六广河大桥	145.1+240+145.1	2000
13	重庆龙溪河大桥	140+240+140	2001

2. 拱桥

拱桥是最具中国特色的一种桥梁结构形式，其样式之多，数量之大，为各种桥型之冠。

1）石拱桥

石拱桥在中国历史极其悠久，举世闻名的河北省赵县赵州桥（又名安济桥），就是古代石拱桥的杰出代表（图 1-1-11）。该桥在公元 605 年为李春所创建，是一座空腹式圆弧形石拱桥，净跨 37.02m，宽 9m，拱圈两肩各设二个腹拱，其设计构思和工艺之精巧，为世界少见。1990 年建成的湖南凤凰县乌巢河石拱桥，全长 241m，主跨 120m，矢跨比 1/5，结构轻盈，造型美观，是当时世界上最大跨径的石拱桥。2001 年建成的山西晋城—焦作高速公路上的丹河大桥（图 1-1-12），全长 413.17m，主跨 146m，高 81.6m，宽 24.8m，是目前世界上最大跨径的石拱桥，也是单孔跨径大于 100m 的大跨径石拱桥首先在我国高速公路上使用。

图 1-1-11 赵州桥

图 1-1-12 丹河大桥

2）混凝土拱桥

我国在建造钢筋混凝土拱桥的实践中进行过系列的研究，如：拱轴线优化；混凝土徐变对内力重分布的影响；连拱计算；拱桥荷载横向分布；各种形式拱桥的设计计算理论的创立与完善；以及拱桥的施工控制等。在拱桥的施工方法中也有创新，如：采用缆索吊装架设法的最大跨径是1979年建成的四川宜宾马鸣溪大桥（主跨150m）；采用支架法的最大跨径是1982年建成的四川攀枝花市宝鼎大桥（主跨170m）；采用转体法的最大跨径是1990年建成的重庆涪陵乌江大桥（主跨200m）。1990年宜宾南门金沙江大桥在国内首先采用劲性骨架，建成主跨240m中承式钢骨混凝土拱桥。广西邕宁邕江大桥改进了工艺（劲性骨架采用钢管混凝土），于1996年建成了主跨312m中承式劲性骨架混凝土拱桥。四川省重庆万县长江大桥又大胆创新，于1997年建成了主跨达420m，为目前世界上最大跨度和规模的劲性钢骨架混凝土拱桥（图1-1-13）。

1995年贵州建成了混凝土桁架拱桥江界河大桥（图1-1-14），主跨为330m，创造了该类拱桥跨径的世界最新纪录。江界河大桥跨越乌江峡谷，桥面离水面270m，采用预应力混凝土组合拱桥，以预应力混凝土梁为上弦，钢筋混凝土拱为下弦，中间以预应力混凝土竖杆与斜杆相连。桥宽13.4m，上弦单箱8室，高2.2m，采用悬臂拼装法施工。

图 1-1-13 重庆万县长江大桥

图 1-1-14 江界河大桥

3）钢管混凝土拱桥

拱桥作为压弯结构，随着跨径的增大，高强材料的应用受到稳定问题的制约；而钢筋混凝土拱桥由于自重较大，施工架设问题也突出。因此，高强材料的应用和无支架施工的困难，制约了大跨径拱桥的发展。由于钢管混凝土（简称CFST）结构在桥梁上的应用，可以同时解决拱桥高强度材料的应用和施工架设两大难题，因此CFST拱桥在中国发展很快。

我国第一座CFST拱桥是建于1990年10月的四川旺苍东河大桥，跨径为115m。据不完全统计，目前我国建成跨径大于100m的CFST拱桥有60多座，其中2000年建成的广州丫髻沙珠江大桥主跨360m,采取转体施工法施工,很有特色(图1-1-15)。

2005年建成了主跨460m的巫山长江大桥(图1-1-16),2014年通车的合川长江(波司登)大桥钢管混凝土主拱已达530m(图1-1-17)。表1-1-3列举了我国跨径大于200m的CFST拱桥。

图1-1-15 广州丫髻沙大桥

图1-1-16 巫山长江大桥

我国大跨径钢管混凝土拱桥($L>200m$)　　　　表1-1-3

序号	桥名	建成年代	主跨(m)	矢跨比
1	重庆合川波司登大桥	2014	530	
2	重庆市巫峡长江大桥	2005	460	1/3.8
3	益阳茅草街大桥	2006	368	1/5
4	广州丫髻沙珠江大桥	2000	360	1/4.5
5	南宁永和大桥	2004	338	1/4
6	淳安南浦大桥	2003	308	1/5
7	重庆奉节梅溪河桥	2001	288	1/5
8	武汉江汉三桥	2001	280	1/5
9	广西三岸邕江大桥	1998	270	1/5
10	湖北秭归青甘河大桥	2000	256	1/4
11	浙江三门健大桥	2001	245	1/5
12	武汉江汉五桥	2000	240	1/5
13	浙江铜瓦门大桥	1999	238	1/4.8
14	贵州水柏铁路北盘江大桥	2001	236	1/4
15	连徐高速京杭运河大桥	2001	235	1/4
16	广西六景邕江大桥	1999	220	1/5
17	湖北秭归龙潭河大桥	2000	208	1/5
18	四川眉山岷江大桥	2009	206	1/5
19	四川绵阳涪江大桥	1997	202	1/4.5

4)钢拱桥

钢桥在我国主要用于铁路桥或公路铁路两用桥。以前,公路桥梁中大跨径钢拱桥修建较少,但近年有逐渐增多的趋势。上海的卢浦大桥全长750m,采用中承式拱梁组合体系钢拱桥,主跨为550m,矢跨比1/5.5,边跨采用100m的上承式拱梁结构,两边跨端横梁之间布置强大的水平拉索,以承受主跨拱助的水平推力。该桥通航净空46m,主桥宽28.75m,采用全钢焊接钢结构,2003年建成通车,是目前跨径居世界第一的钢系杆拱桥(图1-1-18)。

图1-1-17 合川波司登大桥

图1-1-18 上海卢浦大桥

值得一提的是我国在组合桥梁结构的设计与建造方面也有了突飞猛进的发展，重庆朝天门长江大桥，位于重庆的长江与嘉陵江交汇处下游，为公路和轨道交通两用桥梁，主桥全长936m，为中承式钢桁连续系杆拱桥，桥跨布置为(190+552+190)m，是同类桥型世界排名第一，已于2009年建成通车(图1-1-19)。

另一座重庆菜园坝长江大桥是连接长江两岸渝中区及南岸区的城市桥梁，主桥采用公路和轨道交通两用刚构、钢桁梁、系杆拱组合结构，跨径布置为(88+102+420+102+88)m。菜园坝长江大桥采用公(路)轨(道)两用的刚构、钢桁梁、系杆拱组合结构，一对边跨预应力混凝土刚构和一个中跨钢箱提篮拱三个相对分离的子结构通过中跨系杆及边跨系杆连接成420m的系杆拱；独立的边跨系杆索配合竖向拉杆索使得对刚构施工及成桥后的内力进行主动控制成为可能。这一结构体系最大限度地利用了混凝土具有耐久、抗压、经济以及钢具有轻质、高强的特性，体现了经济、美观、安全、实用的完美结合。大桥已于2007年10月通车(图1-1-20)。

图1-1-19 重庆朝天门长江大桥

图1-1-20 重庆菜园坝长江大桥

3. 斜拉桥

我国的斜拉桥起步稍晚，1975年建成的跨径76m的四川云阳桥是国内第一座斜拉桥；此后斜拉桥发展突飞猛进，截至2014年年底，主跨超过400m的已建和在建的斜拉桥已达100余座，居世界首位。

1991年建成的上海南浦大桥，开创了我国修建400m以上大跨度斜拉桥的先河(图1-1-21)。南浦大桥全长8346m，浦东引桥长3746m，浦西引桥长3754m。主桥采用钢与混凝土结合梁形式，主跨跨径423m，桥面宽30.35m，通航净空46m。塔高150m，采用折线H形钢筋混凝土塔柱。大桥设有4部垂直电梯，供游人上桥游览观光。

2001年我国建成了南京长江二桥钢箱梁斜拉桥和福建青州闽江结合梁斜拉桥,使我国的斜拉桥建设技术进一步提高。

南京长江二桥位于南京长江大桥下游11km处,全长21.197km,其中南汊的主桥为跨径(305+628+305)m的钢箱梁斜拉桥,当时是继日本多多罗大桥、法国诺曼底大桥之后的世界第三跨径的斜拉桥(图1-1-22)。

图1-1-21　上海南浦大桥

图1-1-22　南京长江二桥

南京长江二桥的南、北两主塔基础施工难度很大,采用了直径36m、高65.5m双壁钢围堰,围堰内设21根Φ3m的钻孔灌注桩,长度分别为102m和87m,堰底的封底混凝土厚8.5m,承台钢筋混凝土厚6m。由上述双壁钢围堰、基桩、封底混凝土、钢筋混凝土承台构成的大型联合基础可以承受$50×10^5$kN的桥梁动静荷载和75000kN的船舶水平撞击荷载。

主塔为钢筋混凝土分离式倒Y形结构,塔高195m,斜拉索索面扇形布置,主梁为扁平钢箱梁,梁高3.5m,桥宽38.2m,采用船运块件,悬臂拼装焊接的方法施工安装。

斜拉桥结构按其上部结构的不同,可分为全钢结构斜拉桥、混凝土斜拉桥、结合梁斜拉桥和混合体系斜拉桥,其中结合梁斜拉桥因充分发挥了混凝土抗压性能和钢材抗拉性能的特点,同时与全钢结构相比具有桥面刚度大,维护费用低及行车舒适度高的优势,在我国大跨径斜拉桥的选型中被大量采用(南浦大桥也是结合梁斜拉桥)。

福州市的青州闽江大桥是主跨605m的结合梁斜拉桥,在结合梁斜拉桥类型中位居世界第一(图1-1-23)。

2002年5月我国建成了亚洲最大的单塔混合体系斜拉桥——天津海河大桥(图1-1-24)。海河大桥位于天津海河入海口西侧,全长2650m,正桥的主跨310m,为钢箱梁结构;边跨190m,为混凝土箱梁结构。主塔高168m,通航净空37.5m。

图1-1-23　青州闽江大桥

图1-1-24　天津海河大桥

在混凝土斜拉桥方面，我国已建成的混凝土斜拉桥数量居世界第一，其中跨径大于400m的就有数十座，如湖北鄂黄长江大桥，主跨480m；重庆大佛寺长江大桥，主跨450m；重庆长江二桥，主跨444m；湖北荆州长江公路大桥北汊桥为(200m+500m+200m)的双塔双索面预应力混凝土斜拉桥，是国内最大跨径的混凝土斜拉桥(图1-1-25)。

我国的多塔斜拉桥直到1999年香港汀九大桥(图1-1-26)的建成才实现。汀九大桥为一座三塔五跨，主跨2×475m结合梁桥面的斜拉桥，它的成功为今后跨海工程需要建造多跨连续斜拉桥开辟了一条新路，具有重要意义。表1-1-4列举了我国主跨400m以上的斜拉桥。

图1-1-25 荆州长江大桥　　　　　　图1-1-26 香港汀九大桥

我国大跨径斜拉桥(L＞400m)　　　　　表1-1-4

序号	桥　名	建成年代	主跨(m)	塔形与塔高(m)	拉索种类	主梁形式
1	江苏苏通大桥	2008	1088	倒Y形塔,306	平行钢丝	混合梁
2	香港昂船洲大桥	2009	1018	圆锥形桥塔,298	平行钢丝	混合梁
3	湖北鄂东长江大桥	2010	926	钻石形塔,242.5	平行钢丝	混合梁
4	九江长江公路大桥	2013	818	H形塔,242.3	平行钢丝	混合梁
5	荆岳长江大桥	2010	816	H形塔,265.5	平行钢丝	混合梁
6	厦漳大桥北汊桥	2013	780	H形塔,227	平行钢丝	混合梁
7	上海长江大桥	2009	730	人字柱塔,212	平行钢丝	钢箱梁
8	上海闵浦大桥	2010	708	H形塔,公铁两用	平行钢丝	钢桁梁
9	象山港大桥	2012	688	人字塔,225.5	平行钢丝	钢箱梁
10	琅岐闽江大桥	2014	680	钻石形塔柱,223	平行钢丝	钢箱梁
11	南京长江三桥	2005	648	人字形钢塔,218.1	平行钢丝	钢箱梁
12	南京长江二桥南汊桥	2001	628	倒Y形塔,195.4	平行钢丝	钢箱梁
13	宁波金塘大桥	2009	620	人字形塔,204	平行钢丝	钢箱梁
14	武汉白沙洲长江大桥	2000	618	A形塔,175	平行钢丝	钢箱梁
15	武汉二七长江大桥	2011	616	人字形塔,209	平行钢丝	钢箱梁
16	重庆永川长江大桥	2014	608	井字形塔,207.4	平行钢丝	混合梁
17	福建青州闽江大桥	2001	605	A形塔,175	钢绞线	结合梁
18	上海杨浦大桥	1993	602	倒Y形塔,204	平行钢丝	结合梁
19	上海徐浦大桥	1993	590	A形塔,210	平行钢丝	结合梁
20	舟山桃夭门大桥	2003	580	A形塔,151	平行钢丝	钢箱梁
21	汕头宕石大桥	1998	518	A形塔,168	钢绞线	钢箱梁
22	安徽安庆长江大桥	2005	510	钻石形塔柱,179.1	钢绞线	钢箱梁

续上表

序号	桥　名	建成年代	主跨(m)	塔形与塔高(m)	拉索种类	主梁形式
23	武汉天兴洲长江大桥	2009	504	倒Y形塔,公铁两用	平行钢丝	钢桁梁
24	湖北荆州长江大桥	2002	500	H形塔,139.2	平行钢丝	混凝土梁
25	湖北鄂黄长江大桥	2003	480	倒Y形塔,172.3	平行钢丝	混凝土梁
26	湛江海湾大桥	2006	480	钻石形塔柱,155.1	平行钢丝	混合梁
27	香港汀九大桥	1999	475	独柱,157.4	平行钢丝	结合梁
28	武汉军山长江大桥	2001	460	倒Y形,163.5	平行钢丝	钢箱梁
29	重庆奉节长江大桥	2004	460	A形塔,211	平行钢丝	混凝土梁
30	重庆大佛寺长江大桥	2001	450	H形塔,159.2	平行钢丝	混凝土梁
31	杭州湾大桥北航道桥	2007	448	钻石形塔柱,178.8	平行钢丝	钢箱梁
32	重庆长江二桥	1996	444	H形塔,141.5	平行钢丝	混凝土梁
33	安徽铜陵长江大桥	1996	432	H形塔,153	平行钢丝	混凝土梁
34	香港汲水门大桥	1997	430	H形塔,150	钢绞线	结合梁
35	上海南浦大桥	1991	423	H形塔,149.5	平行钢丝	结合梁
36	湖北巴东长江大桥	2004	420	钻石形塔柱,212	平行钢丝	混凝土梁
37	上海东海大桥	2005	420	钻石形塔柱,159	平行钢丝	结合梁
38	湖北郧阳汉江大桥	1993	414	倒Y形塔,108.5	平行钢丝	混凝土梁
39	润扬长江北汊桥	2005	406	倒Y形塔,146.9	钢绞线	钢箱梁
40	武汉长江二桥	1995	400	H形塔,153.6	平行钢丝	混凝土梁

目前我国斜拉桥已超越千米级。分别于2008年建成江苏苏通长江公路大桥(主跨1088m,图1-1-27)和2009年建成香港昂船洲大桥(主跨1018m),打破了日本多多罗桥(主跨890m)保持的斜拉桥世界纪录,表明我国斜拉桥的设计施工水平已迈入国际先进行列。

4. 悬索桥

我国现代悬索桥技术的起步较晚,但发展迅速,1995年建成的主跨为452m的汕头海湾大桥标志着我国现代悬索桥开始发展。

汕头海湾大桥是一座三跨双铰预应力混凝土箱形加劲梁的悬索桥,主桥全长760m,中孔跨度452m,两边孔各为154m,桥面宽23.8m,该桥的最大特点是采用预应力混凝土结构作为悬索桥的加劲梁(图1-1-28),倒机翼形外轮廓,空气动力特性良好。

图1-1-27　苏通长江大桥

图1-1-28　汕头海湾大桥

此后在1996年建成主跨900m的单跨钢箱加劲梁的西陵长江大桥,1997年建成主跨888m的广东虎门大桥和主跨1377m的香港青马大桥(公路和铁路两用桥),1999年建成了主跨1385m江阴长江大桥。

江阴长江大桥位于江苏江阴市与靖江市之间,是当时我国第一座跨径超千米的高速公路桥,全桥总长近3km。江阴长江大桥的主桥布置为(336.5+1385+309.34)m,加劲梁为钢箱梁结构,箱高3m;边跨是与钢箱梁等高的预应力混凝土箱梁(图1-1-29)。桥面净宽29.5m,桥下通航净高50m。缆索的垂跨比为1/10.5,主缆直径864mm。

2005年建成的江苏润扬大桥(图1-1-30)全长7371m,其中:北汊主桥为斜拉桥,采用(176+406+176)m的三跨双塔双索面钢箱梁斜拉桥;南汊主桥为悬索桥,采用跨径1490m的单孔双铰钢箱梁悬索桥,加劲梁采用全焊扁平流线型封闭钢箱梁,箱高3m,总宽38.7m。塔高210m,为钢筋混凝土箱形结构。润扬大桥是当时由中国人自己设计、自己施工、自己监理、自己管理的特大型现代化桥梁。润扬大桥建设规模之大、难度之高、技术之复杂,不仅为我国桥梁建设史上所罕见,也堪称当今世界之最。

图1-1-29 江阴长江大桥

图1-1-30 江苏润扬大桥

2009年建成的浙江舟山西堠门大桥,主跨1650m,采用三跨连续分体式钢箱梁为加劲梁,以适应桥位海域复杂的水文及气象条件,将我国的建桥技术推进到一个新的高度(图1-1-31)。

2012年建成的湖南吉首矮寨大桥为钢桁加劲梁单跨悬索桥,主跨为1176m,桥梁两端直接与隧道相连;地形险要,桥面到峡谷底高差达355m,两岸索塔位置距悬崖边缘仅70~100m;采用塔、梁完全分离的结构设计方案,并采用轨索滑移法架设钢桁梁,实现了桥梁结构与自然景观的完美融合(图1-1-32)。

图1-1-31 浙江舟山西堠门大桥

图1-1-32 湖南吉首市矮寨悬索桥

我国修建的大跨径悬索桥如表1-1-5所示。

我国大跨径悬索桥（$L>900$m） 表 1-1-5

序号	桥　名	建成年代	主跨(m)	主缆(mm)	桥塔高度(m)	加劲梁形式
1	浙江舟山西堠门大桥	2009	1650	PWS 2×870	211.2	钢箱梁
2	江苏润扬长江大桥	2005	1490	PWS 2×868	215.6	钢箱梁
3	南京长江四桥	2012	1418	PWS 2×796	227.2	钢箱梁
4	江阴长江大桥	1999	1385	PWS 2×870	197	钢箱梁
5	香港青马大桥	1997	1377	AS 2×1100	206	钢箱梁
6	湖北阳逻长江大桥	2007	1280	PWS 2×847	163.5	钢箱梁
7	云南腾冲龙江大桥	2016	1196	PWS 2×719	169.7	钢箱梁
8	湖南矮寨大桥	2012	1176	PWS 2×859	129.5	钢桁梁
9	广州黄埔大桥	2008	1108	PWS 2×795.6	226.1	钢箱梁
10	贵州坝陵河大桥	2009	1088	PWS 2×800	201.3	钢桁梁
11	泰州长江大桥	2012	1080×2	PWS 2×712	191.5	钢箱梁
12	马鞍山长江大桥	2013	1080	PWS 2×688	165.3	钢箱梁
13	湖北宜昌长江大桥	2001	960	PWS 2×640	142.3	钢箱梁
14	湖北西陵长江大桥	1996	900	PWS 2×550	120	钢箱梁
15	湖北四渡河大桥	2009	900	PWS 2×724	118.2	钢桁梁

5. 现代化城市的重要标志——城市立交桥

城市人口的急剧增加使车辆日益增多，平面立交的道口造成车辆堵塞和拥挤。需要通过修建立交桥和高架道路形成多层立体的布局，以提高车速和通过能力。城市环线和高速公路网的连接也必须通过大型互通式立交进行分流和引导，保证交通的畅通。

从 20 世纪 60 年代起我国就开始建造最初的立交桥。1970 年北京在原城墙的基础上修筑了第一条快速二环路，并相继建造了与长安街相交的复兴门立交桥和建国门立交桥，采用机动车和非机动车分行的三层苜蓿叶形布置，是我国修筑城市立交的先声。

改革开放以后，广东于 1983 年率先修建了城市高架路以缓解日益拥挤的交通。如广州人民路高架以及区庄四层立交桥。20 世纪 80 年代中期，北京三元桥、天津中山门桥、广州大道桥、沈阳灯塔桥和北京四环路安慧桥相继建成，形成了全国兴建立交桥的第一次高潮。

80 年代末的上海迎来了开发浦东的机遇。内环线高架、成都路南北高架和延安路东西高架形成了上海市的"申"字形城市高架路，极大地改善了市区的交通，其中位于延安路和成都路交点的五层立交以及沿内环线结点的几座立交（漕溪路立交，共和新路立交，延安西路立交，龙阳路立交和罗山路立交），都各有特点，初步展现了上海大都市的现代化风貌。

90 年代后期上海开始修建外环线西段和南段，通过曹安路立交和莘庄立交把外环线和沪宁、沪杭两条高速公路连接起来，20 世纪末实现了上海和江浙两省交通干线的畅通。

6. 桥梁基础工程

我国在深水急流中修建了不少桥梁,已积累了极为可贵的深水基础工程的设计和施工经验。20世纪50年代,我国修建武汉长江大桥时,在世界上首次采用了大型管柱基础。随后,这种先进的深水基础形式得到了推广和发展,大型管柱的直径从1.55m发展到5.8m,最大埋置深度达47.5m。在沉井施工方面,由于成功地采用了先进的触变泥浆套下沉技术,大幅度地减小了基础圬工数量,加快下沉速度。在中、小跨径公路桥建设中,我国还广泛采用和推广了就地成孔的钻孔灌注桩基础。北镇黄河公路桥成功地采用这种基础施工,钻孔深度达104m。

为了排除钻孔坍孔的危险,又发展了套管法施工桩基础。在大跨径桥梁中,除了采用大型管柱钻孔桩基础外,还有管柱桩与沉井组合基础,常用于深水桥墩。在大型基础施工中,还开创使用双壁钢围堰与钻孔灌注桩基础。

随着桥梁向大跨、轻型、高强、整体方向的发展,桥梁下部结构形式出现日新月异的变化。我国深水桥墩设计与施工水平,虽已处于世界前列,但我国江河纵横,海岸线很长,沿海有开发价值的岛屿众多,规划中的大桥甚至要修建70～100m水深的基础工程。这将是桥梁工程与近海工程结合的发展时代。

2005年我国建成了东海大桥,该桥连接上海南汇芦潮港与洋山岛深水港,总长约31km,是我国第一座真正意义上的跨海大桥。2008年,杭州湾跨海大桥(全长约36km,平均水深8～12m)建成。2012年,青岛海湾大桥(全长36.48km,最大水深60m)建成。规划中的琼州海峡工程(约29.5km,最大水深160m)和台湾海峡工程在进一步论证中。

总体而言,近年来我国的桥梁建筑发展很快,究其原因,除了由于中国经济的不断发展,为能源、信息、交通等基础设施的发展创造有利条件外,还有以下几个方面的因素:

(1)新材料的不断发展和使用,如高强钢、高强混凝土材料等已广泛应用在桥梁结构中;

(2)计算机技术的迅速发展和桥梁计算软件的广泛应用,解决了复杂结构体系的受力分析问题;

(3)采用桥梁施工的新设备、新方法,如预应力混凝土的悬臂施工法、钢桥的栓焊结构等;

(4)施工监控中也普遍采用新设备,进一步保证了施工质量;

(5)重视桥梁结构的科学研究,对大跨径桥梁结构进行风洞试验、抗震试验、结构检验、风险评估等;

(6)改革开放以后,国际的交流合作日益增多,不断吸收国外先进技术,使设计人员的创新理念、设计水平大大提高。

我国桥梁工程建设虽然迅速起飞,但也要接受国外同行的竞争,寻找差距,继续努力奋斗。中国的工程师们正面临建设特大跨径桥梁的挑战,将以自己的智慧为世界桥梁工程再创辉煌,贡献自己的创造力。

二、国外桥梁的发展和现状

世界上桥梁的发展大致经历了以下三次飞跃:

(1)19世纪中叶钢材的出现,以及随后出现的高强度钢材,使桥梁工程的发展获得第一次飞跃,跨径不断加大。标志性建筑为1883年建成的美国纽约布鲁克林桥(主跨486m的悬索桥)和1890年建成的苏格兰福思湾铁路桥(主跨520m的悬臂钢桁桥)。

(2) 20世纪初,钢筋混凝土的应用,以及30年代兴起的预应力混凝土技术,使桥梁建设获得了廉价、耐久且刚度和承载力均很大的建筑材料,从而推动桥梁的发展产生第二次飞跃。由于混凝土抗裂性能的提高使得混凝土梁桥跨越能力大大提高,特别在20世纪50年代后,创造了混凝土桥梁的悬臂施工方法,由此发展了梁式桥、拱式桥等新的结构形式。在60年代预应力混凝土首次被应用于斜拉桥,即委内瑞拉的马拉开波桥(主跨235m),从此,预应力混凝土桥梁从世纪初30m左右跨越到世纪末500m左右(斯卡圣德脱 Skarnsumdet 桥)。此外,钢筋混凝土和预应力混凝土还大量应用于其他土木工程。20世纪是钢筋混凝土与预应力混凝土桥梁占主导地位的发展时期,对此,法国、德国的工程师们做出了卓越贡献。

(3) 20世纪50年代以后,随着计算机技术和有限元技术的迅速发展,使得人们能够方便地完成过去不可能完成的大规模结构计算,桥梁工程的发展获得第三次飞跃。计算机的出现,有了高速数值运算方法,为结构和力学理论注入新的生命力,使各类力学问题都可迎刃而解。不但在结构线性、非线性的空间分析、稳定分析、动力分析、风和地震响应分析方面有深入的发展,而且随着其他工业的发展,科学试验手段更趋先进,特别是对结构防灾(大风、大地震)和科学实验方法的发展(风洞、地震模拟振动台),使人类能够建造更高的塔楼和更大跨径的桥梁。

建设海峡工程,沟通全球交通,一直以来就是桥梁界的梦想。1936年,第一个海峡工程——长6.8km的美国旧金山奥克莱海湾(San Francisco Oakland Bay)大桥建成;1988年,连接丹麦岛间17.5km的大带海峡(Great Belt Strait)桥建成;同期,连接日本本州四国的三条联络线(海峡工程)陆续建成:1988年建成的兜岛—板出线,长31.5km,其中包括下津井濑户大桥、柜石岛桥、岩黑岛桥、南备赞濑户大桥、北备赞濑户大桥等;1998年建成的神户—鸣门线,长81.1km,其中包括明石海峡大桥、大鸣门桥等;1999年建成的今治—尾道线,长60.1km,其中包括多多罗大桥、大岛大桥、来岛大桥、伯方大桥、因岛大桥等。

下面简要介绍国外著名的不同类型桥梁:

梁式桥的力学特征是以受弯为主,由于钢筋混凝土结构抵抗弯拉引起开裂的能力较弱,因此普通钢筋混凝土梁式桥的跨径一般较小。随着预应力技术的成熟,促进了预应力混凝土梁桥的迅速发展。1977年奥地利建成了跨径达76m的阿尔姆桥,该桥通过在梁的下缘张拉预应力的技术,将梁高降至2.5m,高跨比仅1/300。

目前世界上跨径最大的预应力混凝土连续梁桥是挪威的伐罗德桥($l=260$m,1994年),连续刚构桥是挪威的斯托尔马桥($l=301$m,1998年),斜腿刚架桥是法国的博诺姆桥($l=186.3$m,1974年)。

圬工拱桥在国外已有一百多年的历史,1946年在瑞典建成的绥依纳松特桥,是一座混凝土圬工拱桥,跨径达155m。由于石料开采和加工砌筑费工巨大,国外已很少修建大跨径石拱桥。

钢筋混凝土拱桥从20世纪初到50年代间,得到了很大的发展,后因支架问题,应用受到一定的限制,直到1979年,前南斯拉夫用无支架悬臂施工法建成跨径达390m的克尔克大桥,该桥跨径保持了18年的世界纪录,无支架悬臂施工法目前在大跨径拱桥施工中被广泛采用。著名的悉尼港湾大桥是一座中承式桁架钢拱桥(图1-1-33),跨径503m,建于1932年。

世界上第一座现代化斜拉桥是1955年瑞典建成的斯特罗姆海峡桥,其主跨182.6m;1978年美国建成P-K桥(图1-1-34),跨径299m,是世界上第一座密索体系的预应力混凝土斜拉桥。

图1-1-33　悉尼港湾大桥

图1-1-34　美国P-K桥

1999年建成的多多罗大桥位于日本的本州岛和四国岛的联络线上,主梁采用钢箱梁,是当时世界上主跨最长的斜拉桥(图1-1-35)。这座全长1480m,主跨890m的斜拉桥像一条巨大的青龙,将本州的广岛市和四国的松山市的公路交通连接起来。

截至目前,跨径最大的斜拉桥是位于海参崴的俄罗斯岛大桥(图1-1-36),主跨为1104m,建成于2012年。

图1-1-35　日本多多罗桥

图1-1-36　俄罗斯岛大桥

悬索桥方面,1883年建成的纽约布鲁克林悬索桥(图1-1-37),跨径达483m,开创了现代悬索桥的先河。

1937年建成的旧金山金门大桥(图1-1-38),主跨达1280m,保持了27年的世界纪录,至今金门大桥仍是举世闻名的桥梁经典之作。

图1-1-37　纽约布鲁克林桥

图1-1-38　旧金山金门大桥

目前世界上跨径最大的悬索桥是日本的明石海峡大桥(图1-1-39),主跨达1991m。

图 1-1-39 明石海峡大桥

表 1-1-6～表 1-1-9 列出了国外排名前 10 位的大跨径桥梁。

预应力混凝土梁桥　　　　　　　　　　　　　　表 1-1-6

序号	桥　　名	主跨(m)	主梁	桥址	建设年份
1	斯托尔马(Stolma)桥	301	连续刚构	挪威	1998
2	拉脱圣德(Raftsundet)桥	298	连续刚构	挪威	1998
3	亚松森(Asuncion)桥	270	三跨 T 构	巴拉圭	1979
4	门道(Gateway)桥	260	连续刚构	澳大利亚	1985
5	瓦罗德 2 号(Varodd-2)桥	260	连续梁	挪威	1994
6	Schottwien 桥	250	连续刚构	奥地利	1989
7	奥波托(Oporto)桥	250	连续刚构	葡萄牙	1991
8	斯克夏(Skye)桥	250	连续刚构	英国	1995
9	Confederation 桥	250	带挂梁 T 构	加拿大	1997
10	诺日姆伯兰海峡(Northum Berland Straitcrossing)桥	250 (43 孔)		加拿大	1998
11	滨名大桥	(43 孔)	有铰 T 构	日本	1976
12	彦岛(Hikoshima)大桥	240	有铰 T 构	日本	1976

拱　桥　　　　　　　　　　　　　　　　表 1-1-7

序号	桥　　名	主跨(m)	主梁	桥址	建设年份
1	新河峡桥	518.2	钢桁架	美国	1977
2	贝永桥	504	钢桁架	美国	1931
3	悉尼港湾桥	503	钢桁架	澳大利亚	1932

续上表

序号	桥 名	主跨(m)	主梁	桥址	建设年份
4	克尔克1号(KRK-1)桥	390	混凝土箱拱	前南斯拉夫	1980
5	弗里芝特桥	383	钢拱	美国	1973
6	曼港桥	366	钢拱	加拿大	1964
7	塔歇尔桥	344	钢拱	巴拿马	1962
8	拉比奥莱特桥	335	钢拱	加拿大	1967
9	郎克恩桥	330	钢拱	英国	1961
10	兹达可夫桥	330	钢拱	捷克	1967
11	伯钦诺夫桥	329	钢拱	津巴布韦	1935
12	罗斯福湖桥	329	钢拱	美国	1990
13	大三岛桥	328	钢箱拱	日本	1979
14	格莱兹维尔(Gladesville)桥	305	混凝土桥	澳大利亚	1964
15	艾米赞德(Ponte da Amizade)桥	290	混凝土拱	巴西	1964
16	布洛克兰斯(Bolukrans)桥	272	混凝土拱	南非	1983
17	阿拉比达(Arrabida)桥	270	混凝土箱拱	葡萄牙	1963

斜 拉 桥

表 1-1-8

序号	桥 名	主跨(m)	主梁	桥址	建设年份
1	俄罗斯岛大桥	1104	钢+混凝土混合梁	俄罗斯	2012
2	多多罗(Tatara)桥	890	钢+混凝土混合梁	日本	1999
3	诺曼底(Normandy)桥	856	钢箱梁	法国	1995
4	名港中央(Meiko-Chuo)大桥	590	钢箱梁	日本	1997
5	Rion-Antirion桥	3×560	钢桁梁	希腊	2003
6	斯卡圣德脱(Skarnsundet)桥	530	混凝土梁	挪威	1991
7	鹤见航路(Tsurumi Fairway)桥	510	钢箱梁	日本	1991
8	生口(Ikuchi)桥	490	混合梁	日本	1991
9	弗莱圣德(Fresund)桥	490	钢梁	瑞典	1999
10	Oeresund 桥	490	钢桁架	瑞典—丹麦	2000
11	东神户(Higashi Kobe)桥	485	钢桁架	日本	1993
12	塞黑(Seo Hae)桥	470		韩国	1999
13	安娜雪丝(Annacis)桥	465	结合梁	加拿大	1986
14	横滨海湾(Yakohama Bay)大桥	460	钢桁架	日本	1989
15	胡克来2号(Second Hooghly)桥	457	结合梁	印度	1992
16	塞文2号(Second Severn)桥	456	结合梁	英国	1996
17	昭菲亚(Chal Phaya)桥	450	钢梁	泰国	1987
18	伊丽莎白二世皇后(Queen Elizabath Ⅱ)桥	450	结合梁	英国	1991
19	达福特(Darford)桥	450	结合梁	英国	1991

悬 索 桥　　　　　　　　　　　　　　　表 1-1-9

序号	桥　名	主跨(m)	主梁	桥址	建设年份
1	明石海峡(Akashi Kaikyo)大桥	1991	钢桁梁	日本	1998
2	大贝尔特东(Great Belt East)桥	1650	钢箱梁	丹麦	1998
3	李舜臣大桥	1545		韩国	2012
4	恒比尔(Humber)桥	1410	钢箱梁	英国	1981
5	哈当厄大桥	1310		挪威	2013
6	维拉扎诺(Verrazana Narrows)桥	1298	钢桁梁	美国	1964
7	金门(Gold Gate)大桥	1280	钢桁梁	美国	1937
8	霍加(Hoga Kusten)大桥	1210	钢箱梁	瑞典	1997
9	麦金内克(Mackinac)桥	1158	钢桁梁	美国	1957
10	塔盖司(Tagus)桥	1104		葡萄牙	1960
11	南备赞濑户(Minami Bisan Seto)大桥	1100	钢桁梁	日本	1988
12	塔帝苏丹穆罕默德(Tatih Sultan Mehment)桥	1090		土耳其	1988
13	博斯普罗斯(Bosporus)桥	1074	钢箱梁	土耳其	1973
14	乔治·华盛顿(George Washington)桥	1067	钢桁梁	美国	1931
15	来岛3号(Kurshima-3)桥	1030	钢桁梁	日本	1999
16	来岛2号(Kurshima-2)桥	1020	钢桁梁	日本	1999
17	里斯本大桥(Viute e Cinco de Abril)	1013	钢桁梁	葡萄牙	1966
18	福斯道路(Forth Road)桥	1006	钢桁梁	英国	1964
19	北备赞濑户(Kite Bisan Seto)大桥	990	钢桁梁	日本	1988
20	塞文(Severn)桥	988	钢箱梁	英国	1966
21	下津井濑户(Shimotsui Seto)大桥	940	钢桁梁	日本	1988
22	大鸣门大桥	876	钢桁梁	日本	1985

展望21世纪,将会实现桥梁界沟通全球交通的梦想。20世纪已经开拓的海峡工程,桥梁最大跨径尚没有超过2000m,深水基础深度也在50m左右。现在人们已经在规划的几项大的海峡工程,其设想方案的桥梁最大跨径要超过2000m,达到3000~5000m,深水基础深度可能在百米以上,如:白令海峡工程,20世纪提出过桥梁方案,总长75km;联系欧非的直布罗陀海峡工程,总长约15km,最大水深900m;联系德国与丹麦的费曼带海峡工程,总长25km,最大水深110m;联系意大利本土与西西里岛的墨西拿海峡工程,总长3.3km,最大水深300m。

亚洲在21世纪将是全球经济迅速发展的地区。日本是一个岛国,一直梦想采用跨海工程将各主要岛屿交通连成一个大网络,计划在21世纪兴建五大海峡工程,即:东京海湾工程,总长15km,最大水深80m;伊势海湾工程,总长20km,最大水深100m;纪淡海峡工程(连接本州四国),总长约11km,最大水深120m;丰予海峡工程(连接九州四国),总长约14km,最大水深200m;轻津海峡工程(连接本州北海道),总长约19km,最大水深270m。

21世纪面临伟大的海峡工程建设,从先进国家国内的交通运输网络发展到组成各洲际、各国间主要联线网络,去适应21世纪信息革命而形成智能化与高效率的社会发展需要,以信息为核心的产业革命将把人类带入智能化新时代。智能化时代的桥梁工程将具有以下特征:

首先,在桥梁的规划和设计阶段,人们将运用高度发展的计算机辅助手段进行有效、快速的优化和仿真分析,虚拟现实技术的应用使建设单位可以十分逼真地事先看到桥梁建成后的外形、功能,模拟地震和台风袭击下的表现,对环境的影响和昼夜的景观等,以便于决策。

其次,在桥梁的制造和架设阶段,人们将运用自动化的制造系统在工厂完成部件的加工,然后用全球定位系统(GPS)和遥控技术,在离工地千里以外的总部管理和控制桥梁的施工。

在桥梁建成交付使用后,将通过自动监测和管理系统,保证桥梁的安全和正常运行。一旦有故障或损伤,健康诊断和专家系统将自动报告损伤部位和养护对策。

智能化时代的桥梁工程和其他行业一样,具有自动化、信息化和远距离自动控制的特征。受计算机软件管理的各种智能性建筑机器人将在总部控制人员的指挥下,完成野外条件下的水下和空中作业,精确地按计划完成桥梁工程建设,这将是一幅21世纪桥梁工程的壮观景象。

为描绘21世纪桥梁建设的宏伟蓝图,科学家和工程师们要对建桥的有关课题和关键技术进行探讨:探索超大跨径桥梁(主跨3000～5000m)的新型建筑材料,合理结构形式,抗风、抗震、抗海浪的技术措施;要结合海洋工程的经验,探索100～500m的深水基础形式与施工方法;探索结构材料防腐的措施与方法;探索智能化结构的设计理论。

21世纪除面临新建大工程外,还担负着对已经建造的桥梁加固、改建与修复的重任,约占总建筑桥梁数的50%。由此不但引发科学家与工程师们研究有效的维修、加固措施,而且提出安全耐久性和可靠性研究的新课题,包括结构的施工控制与质量保证体系,桥梁生命期的监测系统,桥梁损伤判断与评估,桥梁生命保护的管理系统等。

实现全球四大洲的陆路交通网是世界桥梁工程界共同的奋斗目标和梦想,相信这一桥梁之梦将在21世纪中得以实现。

思考题

1. 简述桥梁的组成部分。
2. 简述净跨径、计算跨径、标准跨径、总跨径、桥梁总长的区别与联系。
3. 简述设计水位、桥下净空、桥梁建筑高度、桥面净空的区别与联系。
4. 从受力体系来分,桥梁分为哪几类?
5. 简述梁桥、拱桥、刚架桥、斜拉桥、吊桥的主要受力特点。

第二章 桥梁的总体规划设计

第一节 桥梁设计的总体要求

一、桥梁设计的基本原则

桥梁工程是交通运输通道的关键节点,大型桥梁还会对政治、经济、国防具有重要的意义,因此,桥梁设计应遵循"安全、耐久、适用、环保、经济、美观"的原则,并考虑因地制宜、就地取材、便于施工和养护等其他要求。桥梁设计应遵循的各项原则分述如下。

1. 安全

(1)桥梁结构在强度、稳定和耐久性方面应有足够的安全储备。

(2)防撞栏杆应具有足够的高度和强度,人与车流之间应做好防护栏,防止车辆撞入人行道或撞坏栏杆而落到桥下。

(3)对于交通繁忙的桥梁,应设计好照明设施,并有明确的交通标志,两端引桥坡度不宜太陡,以避免发生车辆碰撞等引起的车祸。

(4)修建在地震区的桥梁,应按抗震要求采取防震措施;对于河床易变迁的河道,应设计好导流设施,防止桥梁基础底部被过度冲刷;对于通行大吨位船舶的河道,除按规定加大桥孔跨径外,必要时设置防撞构筑物等。

2. 耐久

耐久性是指桥梁结构对气候作用、化学侵蚀、物理作用或任何其他破坏过程的抵抗能力。耐久是公路桥涵结构设计最基本的要求之一。耐久性直接影响结构的安全性和适用性,也关系到桥涵的实际寿命是否能达到其设计使用年限要求。

现行规范要求公路桥涵应按照设计使用年限和环境条件进行耐久性设计。耐久性设计已经成为结构设计的一个重要组成部分,详见第五章。

3. 适用

(1)桥面宽度能满足当前以及今后规划年限内的交通流量(包括行人通行)。
(2)桥梁结构在通过设计荷载时不出现过大的变形和过宽的裂缝。
(3)桥跨结构的下面有利于泄洪、通航(跨河桥)或车辆和行人的通行(旱桥)。
(4)桥梁的两端方便车辆的进入和疏散,不致产生交通堵塞现象等。
(5)考虑综合利用,方便各种管线(水、电气、通信等)的搭载。

4. 环保

桥梁设计必须考虑环境保护和保持可持续发展,包括生态、水、空气、噪声等方面。要从桥位选择、桥跨布置、基础方案、墩身外形、上部结构施工方法、施工组织设计等多方面全面考虑环境要求,采取必要的工程控制措施,并建立环境监测保护体系,将不利影响减至最小。

桥梁施工完成后,将恢复两端植被或进一步美化桥梁周边的景观,亦属环境保护的内容。

5. 经济

(1)桥梁设计应遵循因地制宜,就地取材和方便施工的原则。
(2)经济的桥型应该是造价和使用年限内养护费用综合最省的桥型,设计中应充分考虑维修的方便和维修费用少,维修时尽可能不中断交通,或中断交通的时间最短。
(3)所选择的桥位应是地质、水文条件较好,桥梁长度也较短。
(4)桥位应考虑建在能缩短河道两岸的运距,促进该地区的经济发展,产生最大的效益,对于过桥收费的桥梁应能吸引更多的车辆通过,达到尽可能快回收投资的目的。

6. 美观

桥梁应具有优美的外形,这就是美观的要求。合理的结构布局和轮廓是美观的主要因素,桥梁各部分结构在空间应有和谐的比例,结构细部的美学处理也十分重要。桥型应与周围自然环境和景观相协调;城市桥梁和游览地区的桥梁,可较多地考虑建筑艺术上的要求;特殊大桥宜进行景观设计。另外,施工质量对桥梁美观也有重大影响。但是不要把美观片面地理解为豪华的细部装饰,在这方面增加很多费用是不妥当的。

二、桥梁设计其他要求

1. 设计基准期

设计基准期是桥梁结构为确定可变作用等的取值而选用的时间参数。桥涵结构设计基准期为100年。

2. 设计使用年限

桥涵设计使用年限是指桥梁在正常的设计、施工、使用和养护条件下,结构或构件不需要进行大修或更换,即可按其预定的目的使用的年限。

公路桥涵主体结构和可更换部件的设计使用年限不应低于表1-2-1。

桥涵设计使用年限(年) 表1-2-1

公路等级	主体结构			可更换部件	
	特大桥、大桥	中桥	小桥、涵洞	斜拉索、吊索、系杆等	栏杆、伸缩装置、支座等
高速公路 一级公路	100	100	50	20	15
二级公路 三级公路	100	50	30		
四级公路	100	50	30		

3. 桥涵养护

公路桥涵应考虑养护的要求，按照可到达、可检查、可维修和可更换进行设计。

养护是公路桥涵安全性和耐久性的重要保障。不可到达、不可检查导致了桥梁部分病害的不可预知，造成了安全隐患。公路桥涵结构中，可更换构件的设计使用年限低于桥涵主体结构的设计使用年限，在设计使用年限内需要进行维修和更换，比较典型的构件包括斜拉索、吊杆、伸缩装置、支座等。在桥梁设计中，应考虑未来维修、更换的需要。

第二节 桥梁设计与建设程序

在我国，根据国家基本建设程序的要求，逐步形成了包括技术、经济及组织工作在内的大桥的设计程序。它分为前期工作及设计阶段。前期工作包括编制预可行性研究报告和可行性研究报告。设计阶段按"三阶段设计"进行，即初步设计、技术设计与施工设计。各阶段设计文件完成后的上报和审批都由国家指定的行政部门办理。批准后的文件就是各建设程序进行的依据，也是下一阶段设计文件编制的依据。各设计阶段与建设程序的关系列于图1-2-1。

下面就预可行性研究报告、可行性研究报告、初步设计、技术设计与施工设计分别说明如下。

一、"预工程可行性研究"阶段

"预工程可行性研究"阶段（简称"预可"阶段）着重研究建桥的必要性以及宏观经济上的合理性。

在"预可"研究形成的"预工程可行性研究报告书"中（简称"预可报告"），应从经济、政治、国防等方面，详细阐明建桥理由和工程建设的必要性和重要性，同时初步探讨技术上的可行性。对于区域性线路上的桥梁，应以建桥地点（渡口等）的车流量调查（计及国民经济逐年增长）为立论依据。

"预可"阶段的主要工作目标是解决建设项目的上报立项问题，因而，在"预可报告"中，应编制几个可能的桥型方案，对工程造价、资金来源、投资回报等问题也应有初步估算和设想。

设计方将"预可报告"交业主后，由业主据此编制"项目建议书"报主管上级审批。

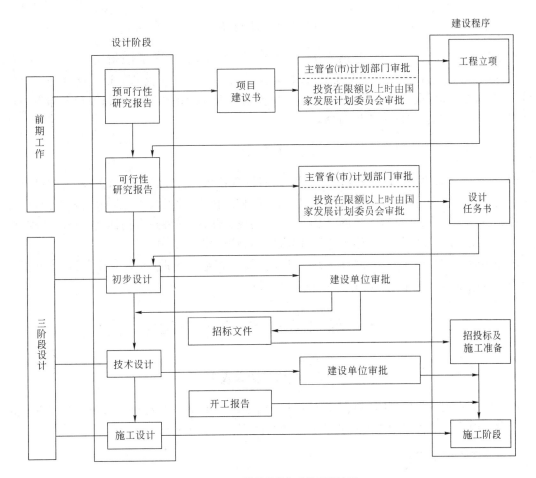

图 1-2-1　设计阶段与建设程序关系

二、"工程可行性研究"阶段

在"项目建议书"被审批确认后，着手"工程可行性研究"阶段的工作（简称"工可"阶段），在这一阶段工作重点首先是选择好桥位，其次是确定桥梁的建设规模。要着重研究和制定桥梁的技术标准，包括设计荷载（作用）标准、桥面宽度、通航标准、设计车速、桥面纵坡、桥面平、纵曲线半径等。在这一阶段，还要与河道、航运、规划等部门共同研究，协商确定相关的技术标准。

在"工可"阶段，应提出多个桥型方案，并按交通运输部《公路基本建设工程投资估算编制办法》估算造价，对资金来源和投资回报等问题应基本落实。据此编制《工程可行性研究报告》报主管部门审批。

三、初 步 设 计

初步设计应根据批复的可行性研究报告、测设合同和初测、初勘或定测、详勘资料编制。

初步设计的目的是确定设计方案，应通过多个桥型方案的比选，推荐最优方案，报上级审批。在编制各个桥型方案时，应提供平、纵、横布置图，标明主要尺寸，并估算工程数量和主要材料数量，提出施工方案的意见，编制设计概算，提供文字说明和图表资料。

初步设计经批复后，则成为施工准备、编制施工图设计文件和控制建设项目投资等的依据。

四、技术设计

对于技术上复杂的特大桥、互通式立交或新型桥梁结构,需进行技术设计。

技术设计应根据初步设计批复意见、测设合同的要求,对重大、复杂的技术问题通过科学试验、专题研究、加深勘探调查及分析比较,进一步完善批复的桥型方案的总体和细部各种技术问题以及施工方案,并修正工程概算。

五、施工图设计

两阶段(或三阶段)施工图设计应根据初步设计(或技术设计)批复意见、测设合同,进一步对所审定的修建原则、设计方案、技术决定加以具体和深化,在此阶段中,必须对桥梁各种构件进行详细的结构计算,并且确保强度、稳定、刚度、裂缝、构造等各种技术指标满足规范要求,绘制出施工详图,提出文字说明及施工组织计划,并编制施工图预算。

国内一般(常规)桥梁采用两阶段设计,即初步设计和施工图设计,对于技术简单、方案明确的中、小桥,也可以采用一阶段设计,即施工图设计。

第三节 桥梁的平、纵、横断面设计

一、设计资料的调查收集

设计资料的调查收集是因地制宜设计桥梁的基础性工作,完整、准确的资料是合理方案的先决条件。现将一般桥梁中需要调查收集的资料内容分述如下。

1. 交通要求情况调查

要求调查桥梁建成后若干年内预期的交通流量大小,调查桥上机动车、非机动车和行人的往来密度,并据此确定桥梁的荷载等级、车行道、人行道的宽度等。调查桥上是否需要通过各种管线(如水管、煤气管、电力、通信线路等),为此需设置专门的构造装置。

2. 桥位处地形、地质和水文情况调查

通过测量或从有关部门获取桥位处一定区域范围内的地形图,这对设计中制订桥型方案和相应的施工方法,以及对施工中临时场地的布置等都是十分重要的。

桥位处的地质情况也必须仔细探明,包括土的分层高程、物理力学性能、地下水位等,并将钻探所得资料绘制成地质剖面图。对于所遇到的地质不良现象,如滑坡、断层、溶洞、裂隙等,应详加注明。

水文情况的调查主要包括最高洪水位、流速、流量等,从航运部门了解河道的通航等级和通航水位。

3. 气象资料调查

包括调查气温、雨量和风速等情况。

4. 调查了解其他与建桥有关的情况

包括调查当地建筑材料(如砂、石料等)的来源;水泥、钢材的供应情况;施工场地的情况

(是否需要占有农田、桥头有无需要拆除或迁移的建筑物);桥梁施工机械、动力设备与电力供应的了解以及附近的运输条件等,以及新桥位上、下游有无老桥,其桥型布置和使用情况等。

二、桥梁的平面设计

桥梁应根据公路功能、等级、通行能力及抗洪防灾要求,结合水文、地质、通航、环境等条件进行综合设计。

桥梁设计首先要确定桥位。小桥涵洞一般根据路线走向确定,大中桥一般根据合适的地理位置确定。当小桥涵遇到不利的地形、地质和水文条件时,应采取适当技术措施(如设计斜桥和弯桥等),不应因此而改变路线。对于特大桥、大桥、中桥桥位,原则上应综合线路、河道及地质情况,并选择 2~5 个桥位,进行各方面的综合比较。然后选择出其中最合理的桥位。

特大、大桥桥位应选择河道顺直稳定、河床地质良好、河槽能通过大部分设计流量的河段。桥位不宜选择在河汊、沙洲、古河道、急弯、汇合口、港口作业区及易形成流冰、流木阻塞的河段以及断层、岩溶、滑坡、泥石流等不良地质的河段。

当桥址处有两个及两个以上的稳定河槽,或滩地流量占设计流量比例较大,且水流不易引入同一座桥时,可在各河槽、滩地、河汊上分别设桥,不宜用长大导流堤强行集中水流。

平坦、草原、漫流地区,可按分片泄洪布置桥涵。

天然河道不宜改移或裁弯取直。

桥梁纵轴线宜与洪水主流流向正交。对通航河流上的桥梁,其墩台沿水流方向的轴线应与最高通航水位时的主流方向一致。当斜交不能避免时,斜交角不宜大于 5°;当斜交角大于 5°时,宜通过计算增加通航孔净宽。

桥梁的平曲线半径、平曲线超高和加宽、缓和曲线、变速车道设置等,均应满足相应等级线路的规定。

三、桥梁的纵断面设计

桥梁纵断面设计包括确定桥梁的总跨径、桥梁的分孔、桥面高程、桥下净空、桥上和桥头引道的纵坡以及基础的埋置深度等。

1. 桥梁总跨径

桥梁总跨径一般根据水文计算来确定。其基本原则是:应使桥梁在整个使用年限内,保证设计洪水能顺利宣泄;河流中可能出现的流冰和船只、排筏等能顺利通过;避免因过分压缩河床引起河道和河岸的不利变迁;避免因桥前壅水而淹没农田、房屋、村镇和其他公共设施等。对于桥梁结构本身来说,不能因总跨径缩短而引起的河床过度冲刷对浅埋基础带来不利的影响。

在某些情况下,为了降低工程造价,可以在不超过允许的桥前壅水和规范规定的允许最大冲刷系数的条件下,适当增大桥下冲刷,以缩短总跨长。例如,对于深埋基础,一般允许稍大一些的冲刷,使总跨径能适当减小;对于平原区稳定的宽滩河段,流速较小,漂流物也少,主河槽较大,这时,可以对河滩的浅水流区段作较大的压缩,压缩后的桥梁壅水不得危及河滩路堤以及附近农田和建筑物。

2. 桥梁分孔

对于一座较长的桥梁,应分成几个孔,各孔的跨径应多大,有几个河中桥墩,哪些是通航孔,哪些不是,这些问题都要根据通航要求、地形和地质情况、水文情况以及技术经济和美观的条件来加以确定。

桥梁的分孔关系到桥梁的造价。跨径和孔数不同时,上部结构和墩台的总造价是不同的。跨径越大,孔数越少,上部结构的造价就越大,而墩台的造价就越小。最经济的跨径就是要使上部结构和墩台的总造价最低。因此当桥墩较高或地质不良,基础工程较复杂而造价较高时,桥梁跨径就选得大一些;反之,当桥墩较矮或地基较好时,跨径就可选得小一些。在实际工作中,可对不同的跨径布置进行粗略的方案比较,来选择最经济的跨径和孔数。比较时需要考虑的要求是:

(1)对于通航河流,在分孔时首先应满足桥下的通航要求。桥梁的通航孔应布置在航行最方便的河域。对于变迁性河流,根据具体条件,应多设几个通航孔。

(2)对于平原区宽阔河流上的桥梁,通常在主河槽部分按需要布置较大的通航孔,而在两侧浅滩部分按经济跨径进行分孔。

(3)对于在山区深谷上、水深流急的江河上,或需在水库上修桥时,为了减少中间桥墩,应加大跨径。如果条件允许的话,甚至可以采用特大跨径的单孔桥梁跨越。

(4)对于采用连续体系的多孔桥梁,应从结构的受力特性考虑,使边孔与中孔的跨中弯矩接近相等,合理地确定相邻跨之间的比例。

(5)对于河流中存在不利的地质段,如岩石破碎带、裂隙、溶洞等,在布孔时,为了使桥基避开这些区段,可以适当加大跨径,采用悬臂施工法。

(6)对于有备战要求的桥梁,需要将全桥各孔的跨径做成一样,并且跨径不要太大,以便于抢修和互换;有时因工期很紧,为减少水下工程,需要减少桥墩而加大跨径。

(7)跨径选择还与施工能力有关,有时选用较大的跨径虽然在技术上和经济上是合理的,但由于缺乏足够的施工技术能力和机械设备,也不得不改用较小跨径。

总之,对于大、中型桥梁来说,分孔问题是设计中最基本、最复杂的问题,必须进行深入全面的分析,才能定出比较完美的方案。

3. 桥面高程的确定

对于跨河桥梁,桥面高程应满足桥下排洪和通航的需要;对于跨线桥则应确保桥下安全行车。在平原建桥时,桥面高程的抬高往往伴随着桥头引道路堤土方量的增加。在修建城市桥梁时,桥梁过高会使两端引道延长,影响市容,也导致造价提高。因此,合理的桥面高程必须根据设计水位、桥下通航(通车)净空的需要,并结合桥型、跨径等一起考虑。下面介绍确定桥面高程的有关问题。

(1)流水净空要求

①按设计水位计算桥面最低高程时(图 1-2-2、图 1-2-3),应按下式计算:

$$H_{\min} = H_S + \sum \Delta h + \Delta h_j + \Delta h_0 \tag{1-2-1}$$

式中:$H_{\min}$——桥面最低高程(m);

H_S——设计水位(m);

$\sum \Delta h$——考虑壅水、浪高、波浪壅高、河弯超高、水拱、局部股流壅高(水拱与局部股流壅高只取其大者)、床面淤高、漂浮物高度等因素的总和(m);

Δh_j——桥下净空安全值(m),应符合表 1-2-2 的规定;

Δh_0——桥梁上部构造建筑高度,包括桥面铺装高度(m)。

图 1-2-2 梁式桥纵断面规划(尺寸单位:m)

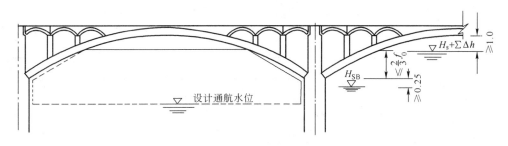

图 1-2-3 拱桥桥下净空(尺寸单位:m)

非通航河流桥下最小净空 Δh_j   表 1-2-2

桥梁部位		高出设计水位(m)	高出最高流冰面(m)
梁底	洪水期无大漂流物	0.50	0.75
	洪水期有大漂流物	1.50	—
	有泥石流	1.00	—
支座垫石顶面		0.25	0.50
拱脚		0.25	0.25

注:无铰拱的拱脚,允许被设计洪水淹没,但不宜超过拱圈高度的 2/3,且拱顶底面至计算水位的净高不得少于 1.0m。

②按设计最高流冰水位计算桥面最低高程时,应按下式计算:

$$H_{\min} = H_{SB} + \Delta h_j + \Delta h_0 \qquad (1\text{-}2\text{-}2)$$

式中:H_{SB}——设计最高流冰水位,应考虑床面淤高(m);

其余符号意义同前。

③桥面设计高程不应低于式(1-2-1)或式(1-2-2)的计算值。

(2)通航净空要求

为了保证桥下安全通航,通航孔桥跨结构下缘的高程应高出自设计通航水位算起的净空高度。我国对于内河通航净空的尺寸规定见表 1-2-3,并应充分考虑河床演变和不同通航水位航迹线的变化,表中符号如图 1-2-4 所示。对于通航海轮桥梁的净高应满足《通航海轮桥梁通航标准》(JTJ 311—1997)的规定。

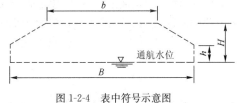

图 1-2-4 表中符号示意图

天然和渠化河流水上过河建筑物通航净空尺寸 表1-2-3

航道等级	天然及渠化河流(m)				限制性航道(m)			
	净高 H	净宽 B	上底宽 b	侧高 h	净高 H	净宽 B	上底宽 b	侧高 h
Ⅰ-(1)	24	160	120	7.0				
Ⅰ-(2)		125	95	7.0				
Ⅰ-(3)	18	95	70	7.0				
Ⅰ-(4)		85	65	8.0	18	130	100	7.0
Ⅱ-(1)	18	105	80	6.0				
Ⅱ-(2)		90	70	8.0				
Ⅱ-(3)	10	50	40	6.0	10	65	50	5.0
Ⅲ-(1)								
Ⅲ-(2)		70	55	6.0				
Ⅲ-(3)	10	60	45	6.0	10	85	65	6.0
Ⅲ-(4)		40	30	6.0		50	40	6.0
Ⅳ-(1)	8	60	50	4.0				
Ⅳ-(2)		50	41	4.0	8	80	66	3.5
Ⅳ-(3)	8	35	29	5.0		45	37	4.0
Ⅴ-(1)		46	38	4.0				
Ⅴ-(2)	8	38	31	4.5		75~77	62	3.5
Ⅴ-(3)	8.5	28~30	25	5.5,3.5	8.5	38	32	5.0,3.5
Ⅵ-(1)					4.5	18~22	14~17	3.4
Ⅵ-(2)	4.5	22	17	3.4				
Ⅵ-(3)	6	18	14	4.0	6	25~30	19	3.6
Ⅵ-(4)						28~30	21	3.4
Ⅶ-(1)	3.5	14	11	2.8	3.5	18	14	3.4
Ⅶ-(2)						29	14	2.8
Ⅶ-(3)	4.5	18	14	2.8	4.5	25~30	19	2.8

注：1. 在平原河网地区建桥遇特殊困难时,可按具体条件研究确定。
2. 桥墩(或墩柱)侧如有显著的紊流,则通航孔桥墩(或墩柱)间的净宽值应为本表的通航净宽加两侧紊流区的宽度。
3. 当不得已将水上过河建筑物建在航行条件较差或弯曲的河段上时,其净宽应在表列数值基础上,根据船舶航行安全的需要适当放宽。

(3) 跨线桥桥下的交通要求

在设计跨线路(公路)的立体交叉时,桥跨结构底缘的高程应高出规定的车辆净空高度。桥上及桥头引道的线形应与路线布设相互协调,各项技术指标应符合路线布设的规定。

综上所述,全桥位于河中各跨的桥面高程均应首先满足流水净空的要求;对于通航或桥下通车的桥孔,还应满足通航净空或建筑净空限界的要求;另外,还应考虑桥的两端能够与公路或城市道路顺利衔接等。因此,全桥各跨的桥面高程是不相同的,必须综合考虑和规划,一般将桥梁的纵断面设计成具有单向或双向坡度的桥梁,既利于交通,美观效果好,又便于桥面排水。

四、桥梁的横断面设计

桥梁横断面的设计,主要取决于桥面的宽度和不同桥跨结构横截面的形式。桥面宽度决定于行车和行人的交通需要。《桥规》规定了各级公路桥涵净空的建筑限界,如图1-2-5所示,在建筑限界内,不得有任何部件侵入。图中所代表的行车道宽度、中间带宽度和路缘带宽度,可以分别从表1-2-1~表1-2-3中选取。

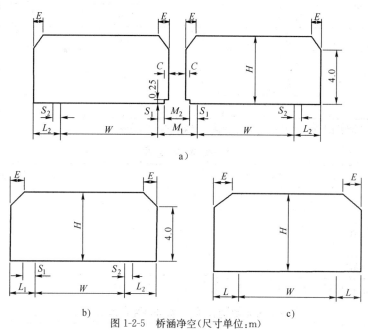

图 1-2-5 桥涵净空(尺寸单位:m)
a)高速公路、一级公路(整体式);b)高速公路一级公路(分离式);c)二、三、四级公路

注:1. 当桥梁设置人行道时,桥涵净空应包括该部分的宽度。
2. 人行道、自行车道与行车道分开设置时,其净高不应小于2.5m。

图中:W——行车道宽度(m),为车道数乘以车道宽度,并计入所设置的加(减)速车道、紧急停车道、爬坡车道、慢车道或错车道的宽度,车道宽度规定见表1-2-4;

C——当计算行车速度大于100km/h时为0.5m,等于或小于100km/h时为0.25m;

S_1——行车道左侧路缘带宽度(m),见表1-2-5;

S_2——行车道右侧路缘带宽度(m),应为0.5m;

M_1——中间带宽度(m),由两条左侧路缘带和中央分隔带组成,见表1-2-5;

M_2——中央分隔带宽度(m),见表1-2-5;

E——桥涵净空顶角宽度(m),当$L\leqslant 1$m时,$E=L$;当$L>1$m时,$E=1$m;

H——净空高度,高速公路和一级、二级公路为5.0m,三级、四级公路为4.5m;

L_2——桥涵右侧路肩宽度(m),见表1-2-6,当受地形条件及其他特殊情况限制时,可采用最小值。高速公路和一级公路上桥梁应在右侧路肩内设右侧路缘带,其宽度为0.5m。设计速度为120km/h的四车道高速公路上桥梁,宜采用3.50m的右侧路肩;六车道、八车道高速公路上桥梁,宜采用3.00m的右侧路肩。高速公路、一级公路上桥梁的右侧路肩宽度小于2.50m且桥长超过500m时,宜设置紧急停车带,紧急停车带宽度包括路肩在内为3.50m,有效长度不应小于30m,间距不宜大于500m;

L_1——桥梁左侧路肩宽度(m),见表1-2-7,八车道及八车道以上高速公路上的桥梁宜设置左路肩,其宽度应为2.50m,左侧路肩宽度内含左侧路缘带宽度;

L——侧向宽度。高速公路、一级公路上桥梁的侧向宽度为路肩宽度(L_1、L_2);二、三、四级公路上桥梁的侧向宽度为其相应的路肩宽度减去0.25m。

车 道 宽 度　　　　　　　　　　表1-2-4

设计速度(km/h)	120	100	80	60	40	30	20
车道宽度(m)	3.75	3.75	3.75	3.50	3.50	3.25	3.00(单车道为3.50m)

注:高速公路上的八车道桥梁,当设置左侧路肩时,内侧车道宽度可采用3.50m。

中 间 带 宽 度 表 1-2-5

设计速度(km/h)		120	100	80	60
中央分隔带宽度(m)	一般值	3.00	2.00	2.00	2.00
	最小值	2.00	2.00	1.00	1.00
左侧路缘带宽度(m)	一般值	0.75	0.75	0.50	0.50
	最小值	0.75	0.50	0.50	0.50
中间带宽度(m)	一般值	4.50	3.50	3.00	3.00
	最小值	3.50	3.00	2.00	2.00

注:"一般值"为正常情况下的采用值;"最小值"为条件受限制时,可采用的值。

右 侧 路 肩 宽 度 表 1-2-6

公路等级		高速公路、一般公路				二、三、四级公路				
设计速度(km/h)		120	100	80	60	80	60	40	30	20
右侧路肩宽度(m)	一般值	3.00或3.50	3.00	2.50	2.50	1.50	0.75	—	—	—
	最小值	3.00	2.50	1.50	1.50	0.75	0.25	—	—	—

注:"一般值"为正常情况下的采用值;"最小值"为条件受限制时,可采用的值。

分离式断面高速公路、一级公路左侧路肩宽度 表 1-2-7

设计速度(km/h)	120	100	80	60
左侧路肩宽度(m)	1.25	1.00	0.75	0.75

桥上人行道和自行车道的设置应根据实际需要而定。人行道的宽度为 0.75m 或 1.0m,大于 1.0m 时按 0.5m 的倍数增加。一条自行车道的宽度为 1.0m,当单独设置自行车道时,一般不应少于两条自行车道的宽度。不设人行道和自行车道的桥梁,可根据具体情况设置栏杆和安全带。与路基同宽的小桥和涵洞可仅设缘石或栏杆。漫水桥不设人行道,但可设置护栏。

城市桥梁以及位于大、中城市近郊的公路桥梁的桥面净空尺寸,应结合城市实际交通量和今后发展的要求来确定。在弯道上的桥梁应按路线要求予以加宽。

为了利于桥面排水,公路和城市桥梁应根据不同类型的桥面铺装,设置从桥面中央倾向两侧 1.5%~3% 的横向坡度。

第四节 桥梁设计方案比较

桥梁设计方案比较是一项综合性比较强的复杂工作,设计者必须根据各种自然、技术上的条件,因地制宜,在综合应用专业知识、了解掌握国内外新技术、新材料、新工艺的基础上,进行深入细致的分析、研究、对比工作,才能科学地选出优秀的设计方案。

桥梁设计方案比选主要包括桥位方案比选和桥型方案比选。桥位方案的比选应在工程可行性研究阶段完成,桥型方案比选应在初步设计阶段完成。一般特大型与大型桥梁建设时桥位比选、桥型方案比选都非常重要,而中小型桥梁的桥位一般由线路走向确定,桥位比较明确,其重点在于桥型方案比选。

桥型方案比选一般包括以下步骤：

(1)确定各种高程。在桥位纵断面图上,先按比例绘出设计洪水位、通航水位、堤顶高程、通航净空、堤顶行车净空位置图等。

(2)桥梁分孔及初拟桥型方案草图。在确定了各种高程的纵断面上,根据泄洪总跨径的要求,以及桥下通航、立交等要求,做出桥梁分孔和桥型方案草图。做草图时思路要宽广,只要基本可行,尽可能多绘几种,以免遗漏可能的桥型方案。

(3)方案初步筛选。对草图方案进行技术和经济上的分析和判断,筛去弱势方案,从中选出2~4个构思好、各具特点的方案,做进一步的详细研究和比较。

(4)绘制桥型方案图。根据不同的桥型、不同跨径、宽度和施工方法,拟定主要尺寸并尽可能细致地绘制各个桥型方案的尺寸详图。对于新结构,应做初步的力学分析,以准确拟定各方案的主要尺寸。

(5)编制估算或概算。依据编制方案的设计图,可以计算出上、下部结构的主要工程数量,然后依据各省、市或行业的估算定额或"概算定额",编制出各方案的主要材料(如钢、木、混凝土等)用量、劳动力数量、全桥总造价。

(6)方案选定和文件汇总。全面考虑建设造价、养护费用、建设工期、营运实用性、美观等因素,综合分析足额的每一个方案的优缺点,最后选定一个最佳的推荐方案。在深入比较过程中,应当及时发现并调整方案中不尽合理之处,确保最后选定的方案是最优方案。

上述方案全部完成后,着手编写方案说明。说明书中应阐明方案编制的依据和标准、各方案的主要特色、施工方法、设计概算以及方案比较的综合性评述。对于推荐方案应做比较详细说明。各种测量资料、地质勘察和地震烈度复核资料、水文调查与计算资料等应按附件载入。

【工程实例简介】

重庆嘉悦长江大桥工程地处重庆市城市道路快速主干道的中环线上,跨越嘉陵江,江面在洪、枯水期间河宽分别为400~500m和250~300m,河道主流位于河心稍偏右岸,洪枯水主流位置变化不大,航道深槽稳定。根据通航要求,通航净空为10.0m,侧高为6.0m,经论证大桥主跨宽度应不小于250m。经过多方比较,提出4个方案进行比较:

1. 方案一：主跨250m矮塔斜拉桥

布置形式:56m+75m+85m+145m+250m+145m矮塔斜拉桥与引桥连续。

主桥结构形式为单幅双索面矮塔混凝土斜拉桥。塔梁固结,全桥连续,只在桥两端设置伸缩缝。

主塔外观呈Y形,塔高约115m,其中桥面以上25m;主塔横向分左右两肢,依靠横梁相连,并于桥面以下约35m处向上外倾,与竖向成22°夹角;塔底横向宽17m,纵向6m,塔顶每肢横向3m,纵向6m,塔底每肢横向4.5m,纵向6m,均为箱形结构形式,考虑景观效果,墩外侧作细节处理。边墩为与主墩相协调,采用双柱式墩,顶部向上外倾,并采用与主墩相类的细节处理。

主梁采用单幅单箱单室大悬臂变截面混凝土箱梁,梁宽34m,梁高由塔梁固结处的7.0m

在30.5m范围内抛物线变化到5.0m,其余段梁高统一为5.0m;标准梁段顶板厚0.32m,外悬臂长约7.5m,肋板高约1.6m,厚0.4m,底板0.3m,腹板0.4m;连续刚构段采用5.0m梁高,同时外侧悬臂部分与主桥保持一致。箱梁箱内及外侧每隔5m在相同位置分别设置隔板及肋板;有索区肋板处设锚块便于斜拉索的锚固。

斜拉索采用$\Phi 7$高强镀锌平行钢丝束,钢丝强度$R_y=1670\mathrm{MPa}$,外侧采用双层PE护套,外层PE护套的颜色根据景观要求确定。斜拉索采用扇形布置,索面在主梁上顺桥向标准间距是5.0m,在主塔上的索距为1.0m。

2. 方案二:主跨250m大边跨连续刚构桥

布置形式:58m+64m+80m+165m+250m+143m连续刚构桥并与引桥相连。

该方案结构形式为双幅混凝土连续刚构桥,全桥只有两端设置伸缩缝,3、4、5号墩处墩梁固结,其余设支座。

主梁采用单箱单室变截面混凝土箱梁,由于采用双幅,因此梁宽较小为16.5m(箱宽7.5m),梁高由根部14.5m抛物线变化到跨中4.5m,引桥梁高统一为4.5m,同时外侧悬臂部分与主桥保持一致,同为4.5m,悬臂板厚0.3m,板下纵向每隔4m设横向变截面肋板一道,肋板根部高1.26m。远期规划人行道位于悬臂下侧,肋板处设缆索与人行道板相连。箱内对应肋板相同位置设置隔板。

主墩采用双薄壁墩,墩高约78m,臂厚2.5m,臂外侧间距11m,墩横向尺寸与梁底同宽为8.5m,考虑景观效果,墩外侧作细节处理。边墩为单薄壁空心墩,为与主墩相协调。

3. 方案三:225m+360m+135m高低塔双索面斜拉桥

索塔采用H形空心薄壁箱形截面,西索塔高202.45m,东索塔高153.4m,索塔主墩均为单箱双室空心截面,两侧均有分水尖。索塔采用滑模法施工。

主梁为预应力混凝土肋板式梁,标准块件每节段长6m,阶段内设一道25cm的横隔板,以加强两边纵肋横向刚度。主梁施工采用后支点挂篮施工。

斜拉索采用扇形布置,索面在主梁上顺桥向标准间距6.0m,在索塔上的索距为2.0m。斜拉索采用$\phi 7$低松弛高强镀锌平行钢丝束,钢丝标准强度1670MPa,弹性模量不小于1.95×10^5 MPa。斜拉索采用双层PE护套,外层PE护套的颜色根据景观要求确定。斜拉索在工厂化制作后,运至工地安装。

基础采用承台加钻孔灌注桩基。桩基直径2.5m,桩顶设实体承台。

4. 方案四:143m+250m+143m连续刚构桥

主梁为变截面预应力混凝土箱梁,墩顶梁高14.5m,跨中梁高4.5m,呈二次抛物线变化。主梁表面可通过涂装进行色彩渲染,使之更加艳丽醒目。连续刚构桥的各T形箱梁悬臂施工块件采用挂篮悬臂对称浇筑。引桥采用6×38m的小跨径布置形式,移动模架施工。

下部结构采用双薄壁墩加桩基承台的形式。基础采用承台加钻孔灌注桩基。桩基直径2.5m,桩顶设实体承台。桥墩采用滑模法施工。由于两墩壁间是透空的,有利于水流通过。

主桥桥型方案如图1-2-6所示,各桥型方案综合比较详见表1-2-8。

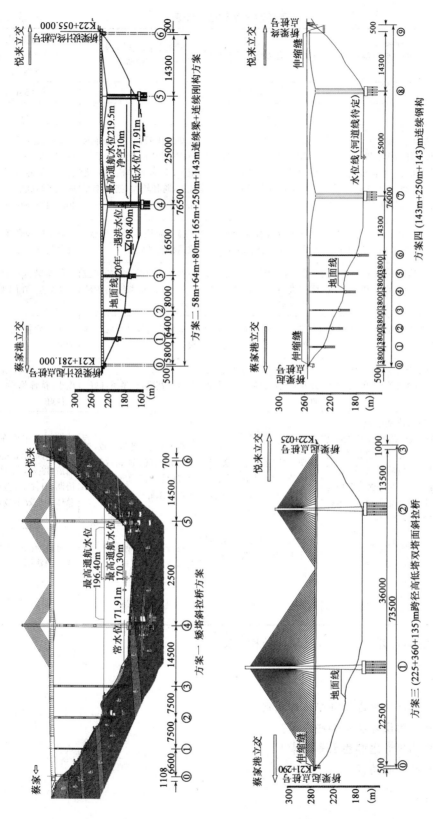

图 1-2-6 主桥桥型方案图（尺寸单位：cm）

4 种桥型方案综合比较表 表 1-2-8

方案	方案一:矮塔斜拉桥	方案二:大边跨连续刚构桥	方案三:高低塔双索面斜拉桥	方案四:(143+250+143)m 连续刚构
主桥长(m)	540	558	720	536
全桥长(m)	767	774	735	776
施工阶段 — 施工方案要点及难易度	基础浅滩施工,局部围堰;下部结构滑模施工;上部结构施工类似连续刚构及斜拉桥,施工工艺成熟。边跨挂篮悬浇施工	基础浅滩施工,局部围堰;下部结构滑模施工;上部结构挂篮悬浇施工	基础浅滩施工,局部围堰;下部结构及索塔滑模施工;上部结构挂篮悬浇施工,跨径较大,施工难度相对较大	基础浅滩施工,局部围堰;下部结构滑模施工;主梁挂篮悬臂对称浇筑施工,施工经验成熟,施工难度小。边跨移动模架施工
施工阶段 — 抗风能力	施工阶段合龙速度快,合龙后抗风稳定性较好	施工阶段合龙速度快,合龙后抗风稳定性好	施工阶段合龙速度快,抗风稳定性较好	施工阶段合龙速度快,合龙后抗风稳定性好
运营阶段 — 技术水平	整体结构设计技术先进,在同类结构中居领先水平	整体结构设计及施工技术先进,在同类结构中领先水平	整体结构设计及施工技术先进,在同类结构中跨径偏小	整体结构设计及施工技术先进,在同类结构中居领先水平
运营阶段 — 抗风抗震能力	成桥后抗风及抗震性能好	成桥后抗风及抗震性能好	成桥后抗风及抗震性能较好	成桥后抗风及抗震性能好
运营阶段 — 通航及行洪	航道较宽敞,主墩总宽度小,扰流影响小,行洪条件好	航道较宽敞,主墩总宽度小,扰流影响小,行洪条件好	航道宽敞,行洪条件好	航道较宽敞,主墩总宽度小,扰流影响小,行洪条件好
运营阶段 — 美学效果	结构造型新颖,Y 形主墩的流线外形与箱梁刚劲有力的外形有机结合,表现出极强的现代气息;桥塔及斜拉索的独特造型与周边环境完美融合,相得益彰,形为一体	主梁采用变截面形式,桥梁纵向线形自然、柔和,体现了典雅稳重之美;整体线条简单明快,但结构显得略为厚重;同时横桥向重复,视觉冲击大	高低双塔,错落有致,外观十分大气,景观效果出众,现代气息强烈。总体景观效果好	变截面布置在外观上看起来曲线优美,外形上简洁、刚劲,与周围景观协调,有简洁、直观之美。总体景观效果较好
运营阶段 — 养护难易	斜拉索需定期养护。塔梁固结,减少支座	全桥为混凝土结构,且支座较少,后期养护费用低	斜拉索需定期养护。塔梁固结,减少支座	全桥为混凝土结构,后期养护费用低
总投资(万元)	30612	29628	38728	33571

经综合比选,推荐方案一,即矮塔斜拉桥方案。

思考题

1. 桥梁工程设计应遵循哪些基本原则?
2. 桥梁纵断面设计包括哪些内容?
3. 桥梁分孔应考虑哪些主要因素?
4. 如何确定桥面高程?

第三章 桥梁设计作用

第一节 作用的分类和代表值

引起结构反应的原因可以按其作用的性质分为截然不同的两类:一类是施加于结构上的外力,如车辆、人群、结构自重等,它们是直接施加于结构上的,可用"荷载"这一术语来概括。另一类不是以外力形式施加于结构,它们产生的效应与结构本身的特性、结构所处环境等有关,如地震、基础变位、混凝土收缩和徐变、温度变化等,它们是间接作用于结构的。如果也称"荷载",容易引起人们误解。因此,目前国际上普遍地将所有引起结构反应的原因统称为"作用",而"荷载"仅限于表达施加于结构上的直接作用。我国现行《桥规》将"作用"定义为施加在结构上的一组集中力或分布力,或引起结构外加变形或约束变形的原因。前者称为直接作用,亦称荷载,后者称为间接作用。

结构作用的分类方法有以下几种:

(1)按时间的变异性和出现的可能性,可以分为永久作用、可变作用、偶然作用和地震作用四类。这种分类是结构上作用的基本分类。永久作用是经常作用的其数值不随时间变化或变化微小的作用;可变作用的数值是随时间变化的;偶然作用和地震作用的作用时间短暂,且发生的概率很小。各类作用的分类列于表1-3-1。

作用分类　　　　　　　　　　表1-3-1

序号	作用分类	作用名称
1	永久作用	结构重力(包括结构附加重力)
2		预加力
3		土的重力
4		土侧压力
5		混凝土收缩及徐变作用
6		水的浮力
7		基础变位作用

续上表

序号	作用分类	作用名称
8	可变作用	汽车荷载
9		汽车冲击力
10		汽车离心力
11		汽车引起的土侧压力
12		汽车制动力
13		人群荷载
14		疲劳荷载
15		风荷载
16		流水压力
17		冰压力
18		波浪力
19		温度(均匀温度和梯度温度)作用
20		支座摩阻力
21	偶然作用	船舶的撞击作用
22		漂流物的撞击作用
23		汽车撞击作用
24	地震作用	地震作用

(2)按空间位置的变异性,可以分为:

①固定作用。在结构空间位置上具有固定位置的作用,但其量值是随机的,如结构重力、固定的设备等。

②自由作用。在结构空间一定范围内可以改变位置的作用,如汽车荷载、人群荷载等。

(3)按结构的反应,可以分为:

①静态作用。在结构上不产生加速度或产生的加速度可以忽略不计的作用,如结构自重等。

②动态作用。在结构上产生不可忽略的加速度的作用,如汽车荷载、地震作用等。

《桥规》对桥梁设计作用的相关术语描述如下:

(1)作用的标准值:作用的主要代表值,可根据对观测数据的统计、作用的自然界限或工程经验确定。

(2)可变作用的频遇值:在设计基准期内被超越的总时间占设计基准期的比率较小的作用值;或被超越的频率限值在规定频率内的作用值。可通过频遇值系数对作用标准值的折减来表示。

(3)可变作用的准永久值:在设计基准期内被超越的总时间占设计基准期的比率较大的作用值。可通过准永久值系数对作用标准值的折减来表示。

(4)可变作用的组合值:使组合后的作用效应的超越概率与该作用单独出现时其标准作用效应的超越概率趋于一致的作用值;或组合后使结构具有规定可靠指标的作用值。可通过组合系数对作用标准值的折减来表示。

(5)可变作用的伴随值:在作用组合中,伴随主导作用的可变作用值。可以是组合值、频遇值或准永久值。

（6）作用的代表值：极限状态所采用的作用值，可以是作用的标准值或可变作用的伴随值等。

（7）作用的设计值：作用的代表值与作用分项系数的乘积。

（8）分项系数：用概率极限状态法设计时，为保证所设计的结构具有规定的可靠度，在设计表达式中采用的系数。分为作用分项系数或抗力分项系数两类。

（9）作用效应：结构对所受作用的反应，如由作用产生的结构或构件的轴力、弯矩、扭矩、位移、应力、裂缝等。

（10）作用组合：在不同作用的同时影响下，为验证某一极限状态的结构可靠度而采用的一组作用设计值。

第二节　公路桥梁的作用

一、永久作用

永久作用是在结构使用期间，其量值不随时间而变化，或其变化值与平均值比较可忽略不计的作用。

永久作用采用标准值作为代表值。

1. 结构重力

结构物自重及桥面铺装、附属设备等附加重力均属结构重力，结构重力标准值可按式（1-3-1）计算，常用材料的重度见表1-3-2。

$$G_k = \gamma V \qquad (1-3-1)$$

式中：G_k——结构重力标准值(kN)；

　　　γ——材料的重度(kN/m^3)；

　　　V——体积(m^3)。

常用材料的重度　　　　　　表1-3-2

材料种类	重度(kN/m^3)	材料种类	重度(kN/m^3)
钢、铸钢	78.5	浆砌片石	23.0
铸铁	72.5	干砌块石或片石	21.0
锌	70.5	沥青混凝土	23.0～24.0
铅	114.0	沥青碎石	22.0
黄铜	81.1	碎（砾）石	21.0
青铜	87.4	填土	17.0～18.0
钢筋混凝土或预应力混凝土	25.0～26.0	填石	19.0～20.0
混凝土或片石混凝土	24.0	石灰三合土、石灰土	17.5
浆砌块石或料石	24.0～25.0		

由于桥梁结构的自重往往占全部设计荷载的大部分,采用轻质高强材料对减轻桥梁自重、增大跨越能力有重要意义。

2. 预加力

预加力在结构进行正常使用极限状态设计和使用阶段构件应力计算时,应作为永久作用计算其主效应和次效应,并计入相应阶段的预应力损失,但不计由于预加力偏心距增大引起的附加效应。在结构进行承载能力极限状态设计时,预加力不作为作用,而将预应力钢筋作为结构抗力的一部分,但在连续梁等超静定结构中,仍需考虑预加力引起的次效应。

预加力标准值可采用下式计算：

$$F_{pe} = \sigma_{pe} A_p \tag{1-3-2a}$$

$$\sigma_{pe} = \sigma_{con} - \sigma_l \tag{1-3-2b}$$

式中：F_{pe}——预加力标准值(kN)；

A_p——预应力钢筋的截面面积(m^2)；

σ_{pe}——预应力钢筋的有效预应力(kPa)；

σ_{con}——预应力钢筋张拉控制应力(kPa)；

σ_l——预应力钢筋相应阶段的预应力损失(kPa)。

3. 混凝土收缩及徐变作用

混凝土收缩的原因,主要是水泥浆的凝缩和因环境干燥所产生的干缩。混凝土收缩会使受约束的构件产生应力,而这种应力的长期存在又因混凝土徐变的影响减小了收缩应力。徐变是混凝土在持续恒定应力作用下应变不断变化的一种现象。

混凝土的收缩和徐变主要有下列规律：随水灰比增长而增加；高强度等级水泥的收缩较大；增加填充集料可减小收缩、徐变,并随集料的种类、形状及颗粒组成的不同而异；收缩徐变在凝结初期比较快,以后逐渐迟缓,但仍延续很长时间；环境湿度大的收缩、徐变小,干燥地区收缩、徐变大。

对于外部超静定的混凝土结构、钢和混凝土的组合梁等,必须考虑混凝土收缩及徐变所引起赘余力的变化和截面内力的变化。

混凝土的收缩应变和徐变系数可按《公路钢筋混凝土及预应力混凝土桥涵设计规范》(JTG D62)规定进行计算。

考虑混凝土徐变影响进行计算时,可采用徐变与混凝土应力呈线性关系的假定。

计算圬工拱圈的收缩作用效应时,如考虑徐变影响,作用效应可乘以 0.45 折减系数。

4. 其他永久作用

作用于墩台上的土的重力、土侧压力以及水浮力对水中结构部分的作用也是长期的；基础变位影响力一旦出现,也是长期作用在结构上的。因此,根据设计实际需要和工程实际情况,这些力均列入永久作用,可按《桥规》中的相关条文计算。

二、可变作用

可变作用是在结构使用期间,其量值随时间变化,且其变化值与平均值比较不可忽略的作用。

可变作用应根据不同的极限状态分别采用取标准值、组合值、频遇值和准永久值作为其代表值。承载能力极限状态设计及按弹性阶段计算结构强度时应采用标准值作为可变作用的代表值。正常使用极限状态按短期效应(频遇)组合设计时,应采用频遇值作为可变作用的代表值;按长期效应(准永久)组合设计时,应采用准永久值作为可变作用的代表值。

可变作用组合值、频遇值和准永久值可通过可变作用标准值分别乘以组合值系数 ψ_c、频遇值系数 ψ_f、准永久值系数 ψ_q 得到。

组合值系数 ψ_c、频遇值系数 ψ_f、准永久值系数 ψ_q 在作用组合时,按相应规定取用。

1. 汽车荷载

公路桥涵设计时,汽车荷载的计算图式、荷载等级及其标准值、加载方法和纵横向折减等应符合下列规定:

(1)汽车荷载分为公路—Ⅰ级和公路—Ⅱ级两个等级。

(2)汽车荷载由车道荷载和车辆荷载组成。车道荷载由均布荷载和集中荷载组成。桥梁结构的整体计算采用车道荷载;桥梁结构的局部加载、涵洞、桥台和挡土墙土压力等的计算采用车辆荷载。车辆荷载与车道荷载的作用不得叠加。

(3)各级公路桥涵设计的汽车荷载等级应符合表 1-3-3 的规定。

各级公路桥涵的汽车荷载等级 表 1-3-3

公路等级	高速公路	一级公路	二级公路	三级公路	四级公路
汽车荷载等级	公路—Ⅰ级	公路—Ⅰ级	公路—Ⅰ级	公路—Ⅱ级	公路—Ⅱ级

二级公路作为集散公路且交通量小、重载车辆少时,其桥涵设计可采用公路—Ⅱ级汽车荷载。

对交通组成中重载交通比较大的公路,宜采用与该公路交通组成相适应的汽车荷载模式进行结构整体和局部验算。

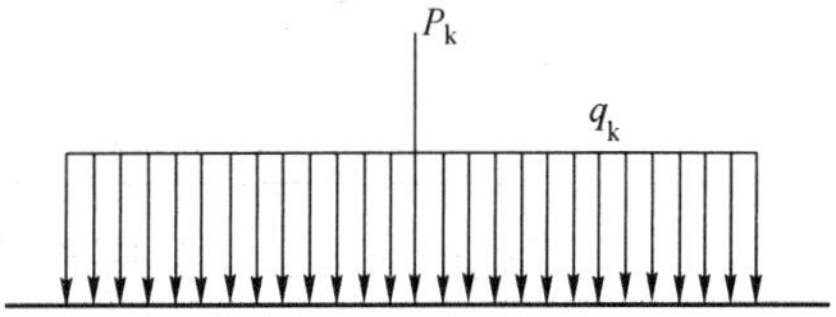

(4)车道荷载的计算图式见图 1-3-1。

图 1-3-1 车道荷载

①公路—Ⅰ级车道荷载的均布荷载标准值为 $q_k=10.5\text{kN/m}$;集中荷载 P_k 标准值按表 1-3-4 选取。计算剪力效应时,上述集中荷载标准值 P_k 应乘以 1.2 的系数。

集中荷载 P_k 取值 表 1-3-4

计算跨径 L_0(m)	$L_0 \leq 5$	$5 < L_0 < 50$	$L_0 \geq 50$
P_k(kN)	270	$2(L_0+130)$	360

注:计算跨径 L_0,设支座的为相邻两支座中心间的水平距离;不设支座的为上、下部结构相交面中心间的水平距离。

②公路—Ⅱ级车道荷载的均布荷载标准值 q_k 和集中荷载标准值 P_k 按公路—Ⅰ级车道荷载的 0.75 倍采用。

③车道荷载的均布荷载标准值应满布于使结构产生最不利效应的同号影响线上;集中荷载标准值只作用于相应影响线中一个最大影响线峰值处。

(5)车辆荷载的立面、平面尺寸见图 1-3-2,主要技术指标规定于表 1-3-5。

公路—Ⅰ级和公路—Ⅱ级汽车荷载采用相同的车辆荷载标准值。

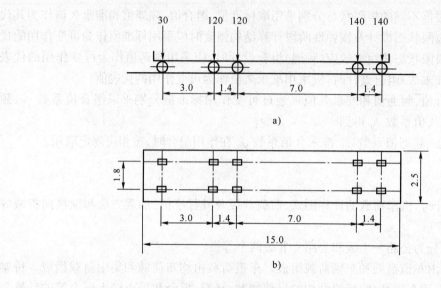

图1-3-2 车辆荷载的立面、平面尺寸(尺寸单位:m)
a)立面布置;b)平面尺寸

车辆荷载的主要技术指标 表1-3-5

项目	单位	技术指标	项目	单位	技术指标
车辆重力标准值	kN	550	轮距	m	1.8
前轴重力标准值	kN	30	前轮着地宽度及长度	m	0.3×0.2
中轴重力标准值	kN	2×120	中、后轮着地宽度及长度	m	0.6×0.2
后轴重力标准值	kN	2×140	车辆外形尺寸(长×宽)	m	15×2.5
轴距	m	3+1.4+7+1.4			

(6)车道荷载横向分布系数应按设计车道数如图1-3-3布置车辆荷载进行计算。

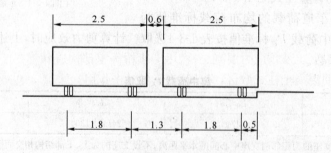

图1-3-3 车辆荷载横向布置(尺寸单位:m)

(7)桥涵设计车道数应符合表1-3-6的规定。横向车道系数应符合表1-3-7的规定。横向布置多车道汽车荷载时,应考虑汽车荷载折减;布置一条车道汽车荷载时,应考虑汽车荷载提高。多车道布载的荷载效应不得小于两车道布载的荷载效应,不得小于一条车道布载的荷载效应。

桥涵设计车道数   表1-3-6

桥面宽度 W(m)		桥涵设计车道数
车辆单向行驶时	车辆双向行驶时	
W<7.0	6.0≤W<14.0	1
7.0≤W<10.5		2
10.5≤W<14.0	14.0≤W<21.0	3
14.0≤W<17.5		4
17.5≤W<21.0	21.0≤W<28.0	5
21.0≤W<24.5		6
24.5≤W<28.0	28.0≤W<35.0	7
28.0≤W<31.5		8

横 向 车 道 系 数   表1-3-7

横向布置设计车道数(条)	1	2	3	4	5	6	7	8
横向车道布载系数	1.2	1.00	0.78	0.67	0.60	0.55	0.52	0.50

(8)大跨径桥梁上的汽车荷载应考虑纵向折减。

当桥梁计算跨径大于150m时,应按表1-3-8规定的纵向折减系数进行折减。当为多跨连续结构时,整个结构应按最大的计算跨径考虑汽车荷载效应的纵向折减。

纵 向 折 减 系 数   表1-3-8

计算跨径(m)	纵向折减系数	计算跨径(m)	纵向折减系数
150<L_0<400	0.97	800≤L_0<1000	0.94
400≤L_0<600	0.96	L_0≥1000	0.93
600≤L_0<800	0.95		

2. 汽车冲击力

汽车以较高速度驶过桥梁时,由于桥面不平整、发动机振动等原因,会引起桥梁结构振动,从而造成内力增大,这种动力效应称为冲击作用。《桥规》中对于汽车荷载冲击力要求按下列规定计算:

(1)钢桥、钢筋混凝土及预应力混凝土桥、圬工拱桥等上部构造和钢支座、板式橡胶支座、盆式橡胶支座及钢筋混凝土柱式墩台,应计算汽车的冲击作用。

(2)填料厚度(包括路面厚度)等于或大于0.5m的拱桥、涵洞以及重力式墩台不计冲击力。

(3)支座的冲击力,按相应的桥梁取用。

(4)汽车荷载的冲击力标准值为汽车荷载标准值乘以冲击系数μ。

(5)冲击系数μ可按下式计算:

当$f<1.5$Hz时:

$$\mu=0.05 \tag{1-3-3a}$$

当$1.5\text{Hz}\leq f\leq 14\text{Hz}$时:

$$\mu=0.1767\ln f-0.0157 \tag{1-3-3b}$$

当 $f > 14\text{Hz}$ 时：

$$\mu = 0.45 \tag{1-3-3c}$$

式中：f——结构基频（Hz）。

桥梁的自振频率（基频）宜采用有限元方法计算，对于如下常规结构，当无更精确方法计算时，也可采用下列公式估算：

① 简支梁桥

$$f_1 = \frac{\pi}{2l^2}\sqrt{\frac{EI_c}{m_c}} \tag{1-3-4}$$

式中：l——结构的计算跨径（m）；

E——结构材料的弹性模量（N/m²）；

I_c——结构跨中截面的截面惯矩（m⁴）；

m_c——结构跨中处的单位长度质量（kg/m），$m_c = G/g$，当换算为重力计算时，其单位应为 $(N \cdot s^2)/m^2$；

G——结构跨中处延米结构重力（N/m）；

g——重力加速度，$g = 9.81\text{m/s}^2$。

② 连续梁桥

$$f_1 = \frac{13.616}{2\pi l^2}\sqrt{\frac{EI_c}{m_c}} \tag{1-3-5a}$$

$$f_2 = \frac{23.651}{2\pi l^2}\sqrt{\frac{EI_c}{m_c}} \tag{1-3-5b}$$

计算连续梁的冲击力引起的正弯矩效应和剪力效应时，采用 f_1；计算连续梁的冲击力引起的负弯矩效应时，采用 f_2。

③ 拱桥

$$f_1 = \frac{\omega_1}{2\pi l^2}\sqrt{\frac{EI_c}{m_c}} \tag{1-3-6}$$

式中：ω_1——频率系数，可按下列公式计算：

a. 当主拱为等截面或其他拱桥（如桁架拱、刚架拱等）时：

$$\omega_1 = 105 \times \frac{5.4 + 50f^2}{16.45 + 334f^2 + 1867f^4} \tag{1-3-7a}$$

式中：f——拱桥矢跨比。

b. 当主拱为变截面拱桥时：

$$\omega_1 = 105 \times \frac{r_1 + r_2 f^2}{r_3 + r_4 f^2 + r_5 f^4} \tag{1-3-7b}$$

式中：r_i——系数，可按下式确定：

$$r_i = R_i \times n + T_i$$

其中，n 为拱厚变化系数，R_i、T_i 的数值由表 1-3-9 查得。

系数 R_i、T_i 值 　　　　　　　表1-3-9

i	1	2	3	4	5
R_i	3.7	34.3	16.3	364	1955
T_i	1.7	15.7	0.15	−30	−88

④双塔斜拉桥的竖向弯曲基频

无辅助墩的斜拉桥：

$$f_1 = \frac{110}{l} \tag{1-3-8a}$$

有辅助墩的斜拉桥：

$$f_1 = \frac{150}{l} \tag{1-3-8b}$$

式中：l——斜拉桥主跨跨径(m)；

f_1——竖向弯曲基频(Hz)。

⑤单跨简支悬索桥的反对称竖向弯曲基频

$$f_1 = \frac{1}{l}\sqrt{\frac{EI(2\pi/l)^2 + 2H_g}{m}} \tag{1-3-9}$$

式中：f_1——反对称竖向弯曲基频(Hz)；

l——悬索桥的主跨跨径(m)；

EI——加劲梁竖弯刚度(N·m²)；

H_g——恒荷载作用下单根主缆的水平拉力(N)；

m——桥面系和主缆的单位长度质量(kg/m)，$m = m_d + 2m_c$；

m_d——桥面系单位长度质量(kg/m)；

m_c——单根主缆单位长度质量(kg/m)。

(6)钢管混凝土主拱的活载冲击系数，可按公式 $\mu = 18/(40+L_0)$ 计算，L_0 为主拱的净跨径(m)。当计算结果 $\mu < 0.05$ 时，取 $\mu = 0.05$。

(7)汽车荷载的局部加载及在 T 梁、箱梁悬臂板上的冲击系数采用 1.30。

3. 汽车离心力

桥梁离心力是一种伴随着车辆在弯道行驶时所产生的惯性力，其以水平力的形式作用于桥梁结构，是弯桥横向受力与抗扭设计计算所考虑的主要因素。《桥规》规定，当弯道桥的曲线半径等于或小于 250m 时，应计算汽车荷载引起的离心力。汽车荷载离心力标准值为车辆荷载(不计冲击力)标准值乘以离心力系数 C 计算。离心力系数按下式计算：

$$C = \frac{V^2}{127R} \tag{1-3-10}$$

式中：V——设计速度(km/h)，应按桥梁所在路线设计速度采用；

R——曲线半径(m)。

在计算曲线长度大于或等于 150m 的桥梁，以及多车道桥梁的汽车荷载的离心力时，车辆荷载标准值应乘以表 1-3-8 所示的纵向折减系数和表 1-3-7 所示的横向布载系数。超高对离心力的影响可不考虑。

离心力的着力点可以作用在桥面以上 1.2m 处(为计算简便也可移至桥面上,不计由此引起的作用效应)。

4. 汽车引起的土侧压力

汽车荷载引起的土压力采用车辆荷载加载,并按下列规定计算:

(1)车辆荷载在桥台或挡土墙后填土的破坏棱体上引起的土侧压力,可按下式换算成等代均布土层厚度 h(m) 计算:

$$h = \frac{\sum G}{Bl_0 \gamma} \tag{1-3-11}$$

式中:γ——土的重度(kN/m^3);

$\sum G$——布置在 $B \times l_0$ 面积内的车轮的总重力(kN),计算挡土墙的土压力时,车辆荷载应按图 1-3-3 规定作横向布置,车辆外侧车轮中线距路面边缘 0.5m,计算中当涉及多车道加载时,车轮总重力应按规定进行折减;

l_0——桥台或挡土墙后填土的破坏棱体长度(m),对于墙顶以上有填土的路堤式挡土墙,l_0 为破坏棱体范围内的路基宽度部分;

B——桥台横向全宽或挡土墙的计算长度(m)。

挡土墙的计算长度可按下列公式计算,但不应超过挡土墙分段长度:

$$B = 13 + H\tan 30° \tag{1-3-12}$$

式中:H——挡土墙高度(m)。对墙顶以上有填土的挡土墙,为两倍墙顶填土厚度加墙高。

当挡土墙分段长度小于 13m 时,B 取分段长度,并在该长度内按不利情况布置轮重。

(2)计算涵洞顶上车辆荷载引起的竖向土压力时,车轮按其着地面积的边缘向下作 30° 角分布。当几个车轮的压力扩散线相重叠时,扩散面积以最外边的扩散线为准。

5. 人群荷载

人群荷载标准值应根据表 1-3-10 采用,对跨径不等的连续结构,以最大计算跨径为准。

人群荷载标准值　　　　表 1-3-10

计算跨径 L_0(m)	$L_0 \leq 50$	$50 < L_0 < 150$	$L_0 \geq 150$
人群荷载(kN/m^2)	3.0	$(0.005 \sim 3.25)L_0$	2.5

非机动车、人密集的公路桥梁,人群荷载标准值取上述规定值的 1.15 倍。

专用人行桥梁,人群荷载标准值为 $3.5kN/m^2$。

人群荷载在横向应布置在人行道的净宽度内,在纵向施加于使结构产生最不利荷载效应的区段内。

人行道板(局部构件)可以一块板为单元,按标准值 $4.0kN/m^2$ 的均布荷载计算。

计算人行道栏杆时,作用在栏杆立柱顶上的水平推力标准值取 $0.75kN/m$;作用在栏杆扶手上的竖向力标准值取 $1.0kN/m$。

6. 汽车制动力

制动力是车辆减速或制动时为克服车辆的惯性力而在路面与车辆之间发生的滑动摩擦

力。作用于桥跨结构的方向与行车方向一致。

汽车制动力时,车辆与路面间的摩擦系数可以达 0.5 以上,但是制动常常只限于车队的一部分车辆,所以制动力并不等于摩擦系数乘全部车辆荷载。《桥规》规定汽车荷载制动力可按下列规定计算和分配:

(1)汽车荷载制动力按同向行驶的汽车荷载(不计冲击力)计算,并应按表 1-3-8 的规定,以使桥梁墩台产生最不利纵向力的加载长度进行纵向折减。

一个设计车道上由汽车荷载产生的制动力标准值按规定的车道荷载标准值在加载长度上计算的总重力的 10% 计算,但公路—Ⅰ级汽车荷载的制动力标准值不得小于 165kN;公路—Ⅱ级汽车荷载的制动力标准值不得小于 90kN。同向行驶双车道的汽车荷载制动力标准值为一个设计车道制动力标准值的 2 倍;同向行驶三车道为一个设计车道的 2.34 倍;同向行驶四车道为一个设计车道的 2.68 倍。

(2)制动力的着力点在桥面以上 1.2m 处,计算墩台时,可移至支座铰中心或支座底座面上。计算刚构桥、拱桥时,制动力的着力点可移至桥面上,但不计因此而产生的竖向力和力矩。

(3)设有板式橡胶支座的简支梁、连续桥面简支梁或连续梁排架式柔性墩台,应根据支座与墩台的抗推刚度的刚度集成情况分配和传递制动力。

设有板式橡胶支座的简支梁刚性墩台,制动力按跨径两端板式橡胶支座的抗推刚度进行分配;当两端支座相同时,各分配 50%。

(4)设有固定支座、活动支座(滚动或摆动支座、聚四氟乙烯板支座)的刚性墩台传递的制动力,按表 1-3-11 的规定采用。每个活动支座传递的制动力,其值不应大于其摩阻力,当大于摩阻力时,按摩阻力计算。

刚性墩台各种支座传递的制动力 表 1-3-11

桥梁墩台及支座类型		应计的制动力	符号说明
简支梁桥台	固定支座	T_1	T_1——加载长度为计算跨径的制动力;
	聚四氟乙烯支座	$0.30T_1$	
	滚动(或摆动)支座	$0.25T_1$	
简支梁桥墩	两个固定支座	T_2	T_2——加载长度为相邻跨径之和时的制动力;
	一个两个固定支座,一个活动支座	见表注	
	两个聚四氟乙烯支座	$0.30T_2$	
	两个滚动(或摆动)支座	$0.25T_2$	T_3——加载长度为一联长度的制动力
连续梁桥墩	固定支座	T_3	
	聚四氟乙烯支座	$0.30T_3$	
	滚动(或摆动)支座	$0.25T_3$	

注:固定支座按 T_4 计算,活动支座按 $0.30T_5$(聚四氟乙烯板支座)或 $0.25T_5$(滚动或摆动支座)计算。T_4 和 T_5 分别为与固定支座或活动支座相应的单跨跨径的制动力,桥墩承受的制动力为上述固定支座与活动支座传递的制动力之和。

7. 疲劳荷载

现行规范提供三种不同疲劳荷载计算模型,分别适用于不同的情况。

疲劳荷载计算模型Ⅰ采用等效的车道荷载,集中荷载为 $0.7P_k$,均布荷载为 $0.3q_k$。P_k 和 q_k 按前述车道荷载取值,应考虑多车道的影响,横向车道布置系数应按表 1-3-7 选取。

疲劳荷载计算模型Ⅱ采用双车模型,两辆模型车轴距与轴重相同,其单车的轴重与轴距如

图 1-3-4 所示。计算加载时,两模型车的中心距不得小于 40m。

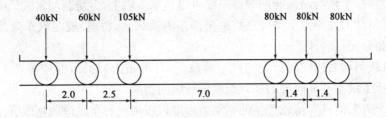

图 1-3-4 疲劳荷载计算模型Ⅱ(尺寸单位:m)

疲劳荷载计算模型Ⅲ采用单车模型,模型车轴载及分布规定如图 1-3-5 所示。

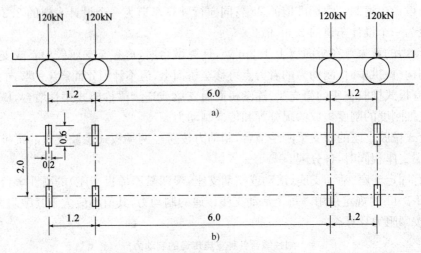

图 1-3-5 疲劳荷载计算模型Ⅲ(尺寸单位:m)

当构件和连接不满足疲劳荷载计算模型Ⅰ验算要求时,应按模型Ⅱ验算。
桥面系构件的疲劳验算应采用疲劳荷载计算模型Ⅲ。

8. 风荷载

风是空气的流动,它有质量,也有速度,当风以一定的速度向前运动遇到结构物阻碍时,结构承受了风压。《公路桥梁抗风设计规范》(JTG/T D60-01)附录 A 给出了全国基本风速图及全国各气象台站基本风速和基本风压值。对于大跨径桥梁,特别是斜拉桥和悬索桥,风荷载是极为重要的设计荷载,有时甚至起着决定性的作用,即对结构的强度、刚度和稳定性起控制作用。

在顺风向,风压常分成平均风压和脉动风压;在横风向,风流经过结构而产生旋涡,因旋涡的特性,横风向还会产生周期性风压(有时也可能是随机的)。一般来说,风对结构作用的计算有三个不同的方面:对于顺风向的平均风压,采用静力计算方法;对于顺风向的脉动风或横风向的脉动风,则应按随机振动理论计算;对于横风向的周期性风力,产生了横风向振动,偏心时还产生扭转振动,通常作为确定荷载对结构进行动力计算。后两种计算理论是属于研究结构风压和风振理论的一门新学科。

风荷载标准值可按下列规定计算:

(1)横桥向风荷载假定水平地垂直作用于桥梁各部分迎风面积的形心上,其标准值的计算公式为:

$$F_{wh} = k_0 k_1 k_3 W_d A_{wh}$$ (1-3-13a)

$$W_d = \frac{\gamma V_d^2}{2g} \tag{1-3-13b}$$

$$W_0 = \frac{\gamma V_{10}^2}{2g} \tag{1-3-13c}$$

$$V_d = k_2 k_5 V_{10} \tag{1-3-13d}$$

$$\gamma = 0.012017 e^{-0.0001Z} \tag{1-3-13e}$$

式中：F_{wh}——横桥向风荷载标准值(kN)；

W_0——基本风压(kN/m^2)，全国各主要气象台站 10 年、50 年、100 年一遇的基本风压可按《公路桥梁抗风设计规范》(JTG/T D60-01—2004)附表 A 的有关数据经实地核实后采用；

W_d——设计基准风压(kN/m^2)；

A_{wh}——横向迎风面积(m^2)，按桥跨结构各部分的实际尺寸计算；

V_{10}——桥梁所在地区的设计基本风速(m/s)，系按平坦空旷地面，离地面 10m 高，重现期为 100 年 10min 平均最大风速计算确定。当桥梁所在地区缺乏风速观测资料时，V_{10} 可按《公路桥梁抗风设计规范》(JTG/T D60-01—2004)附录 A 的有关数据并经实地调查核实后采用；

V_d——高度 Z 处的设计基准风速(m/s)；

Z——距地面或水面的高度(m)；

γ——空气重度(kN/m^3)；

k_0——设计风速重现期换算系数，对于单孔跨径指标为特大桥和大桥的桥梁，$k_0=1.0$；对其他桥梁，$k_0=0.90$；对施工架设期桥梁，$k_0=0.75$；当桥梁位于台风多发地区时，可根据实际情况适度提高 k_0 值；

k_3——地形、地理条件系数，按表 1-3-12 取用；

k_5——阵风风速系数，对 A、B 类地表 $k_5=1.38$，对 C、D 类地表 $k_5=1.70$。A、B、C、D 地表类别对应的地表状况见表 1-3-13；

k_2——考虑地面粗糙度类别和梯度风的风速高度变化修正系数，可按表 1-3-14 取用；位于山间盆地、谷地或峡谷、山口等特殊场合的桥梁上、下部结构的风速高度变化修正系数 k_2 按 B 类地表类别取值；

k_1——风载阻力系数，见表 1-3-15；

g——重力加速度，$g=9.81\ m/s^2$。

地形、地理条件系数 k_3 表 1-3-12

地形、地理条件	地形、地理条件系数 k_3	地形、地理条件	地形、地理条件系数 k_3
一般地区	1.00	峡谷口、山口	1.20~1.40
山间盆地、谷地	0.75~0.85		

地 表 分 类   表 1-3-13

地表粗糙度类别	地表状况
A	海面、海岸、开阔水面
B	田野、乡村、丛林及低层建筑物稀少地区
C	树木及低层建筑物等密集地区中高层建筑物稀少地区、平缓的丘陵地
D	中高层建筑物密集地区、起伏较大的丘陵地

离地面或水面高度(m)	地表类别			
	A	B	C	D
5	1.08	1.00	0.86	0.79
10	1.17	1.00	0.86	0.79
15	1.23	1.07	0.86	0.79
20	1.28	1.12	0.92	0.79
30	1.34	1.19	1.00	0.85
40	1.39	1.25	1.06	0.85
50	1.42	1.29	1.12	0.91
60	1.46	1.33	1.16	0.96
70	1.48	1.36	1.20	1.01
80	1.51	1.40	1.24	1.05
90	1.53	1.42	1.27	1.09
100	1.55	1.45	1.30	1.13
150	1.62	1.54	1.42	1.27
200	1.73	1.62	1.52	1.39
250	1.75	1.67	1.59	1.48
300	1.77	1.72	1.66	1.57
350	1.77	1.77	1.71	1.64
400	1.77	1.77	1.77	1.71
≥450	1.77	1.77	1.77	1.77

风速高度变化修正系数 k_2 表 1-3-14

风载阻力系数可按下列规定确定：

①普通实腹桥梁上部结构的风载阻力系数可按下式计算：

$$k_1 = \begin{cases} 2.1 - 0.1\left(\dfrac{B}{H}\right) & 1 \leqslant \dfrac{B}{H} < 8 \\ 1.3 & 8 \leqslant \dfrac{B}{H} \end{cases} \tag{1-3-14}$$

式中：B——桥梁宽度(m)；

H——梁高(m)。

②桁架桥上部结构的风载阻力系数 k_1 规定见表 1-3-15。上部为两片或两片以上桁架时，所有迎风桁架的风载阻力系数均取 ηk_1，η 为遮挡系数，按表 1-3-16 采用；桥面系构造的风载阻力系数取 $k_1 = 1.30$。

桁架的风载阻力系数 表 1-3-15

实面积比	矩形与 H 形截面构件	圆柱形构件(D 为圆柱直径)	
		$D\sqrt{W_0} < 5.8$	$D\sqrt{W_0} \geqslant 5.8$
0.1	1.9	1.2	0.7
0.2	1.8	1.2	0.8
0.3	1.7	1.2	0.8
0.4	1.7	1.1	0.8
0.5	1.6	1.1	0.8

注：1. 实面积比=桁架净面积÷桁架轮廓面积；

2. 表中圆柱直径 D 以 m 计，基本风压以 kN/m^2 计。

桁架遮挡系数 η 表 1-3-16

间距比	实 面 积 比				
	0.1	0.2	0.3	0.4	0.5
≤1	1.0	0.9	0.80	0.60	0.45
2	1.0	0.9	0.80	0.65	0.50
3	1.0	0.95	0.80	0.70	0.55
4	1.0	0.95	0.80	0.70	0.60
5	1.0	0.95	0.85	0.75	0.65
6	1.0	0.95	0.90	0.80	0.70

注：间距比＝两桁架中心距÷迎风桁架高度。

③桥墩或桥塔的风载阻力系数 k_1 可依据桥墩的断面形状、尺寸比及高宽比值的不同由表 1-3-17 查得。表中没有包括的断面，其 k_1 值宜由风洞试验确定。

桥墩或桥塔的风载阻力系数 k_1 表 1-3-17

断 面 形 状	$\dfrac{t}{b}$	桥墩或桥塔的高宽比						
		1	2	4	6	10	20	40
风向 ▯ (t,b)	≤1/4	1.3	1.4	1.5	1.6	1.7	1.9	2.1
→ ▯	1/3~1/2	1.3	1.4	1.5	1.6	1.6	2.0	2.2
→ ▯	2/3	1.3	1.4	1.5	1.6	1.8	2.0	2.2
→ □	1	1.2	1.3	1.4	1.5	1.6	1.8	2.0
→ ▭	3/2	1.0	1.1	1.2	1.3	1.4	1.5	1.7
→ ▭	2	0.8	0.9	1.0	1.1	1.2	1.3	1.4
→ ▭	3	0.8	0.8	0.8	0.9	0.9	1.0	1.2
→ ▭	≥4	0.8	0.8	0.8	0.8	0.8	0.9	1.1
→ ◇ → ⬡		1.0	1.1	1.1	1.2	1.2	1.3	1.4
十二边形 → ⬭		0.7	0.8	0.9	0.9	1.0	1.1	1.3

续上表

断面形状	$\dfrac{t}{b}$	桥墩或桥塔的高宽比						
		1	2	4	6	10	20	40
光滑表面圆形且 $D\sqrt{W_0}\geq 5.8$	→Ⓓ	0.5	0.5	0.5	0.5	0.5	0.6	0.6
1. 光滑表面圆形且 $D\sqrt{W_0}<5.8$ 2. 粗糙表面或有凸起的圆形	→Ⓓ	0.7	0.7	0.8	0.8	0.9	1.0	1.2

注：1. 上部结构架设后，应按高宽比为 40 计算 k_1 值。
    2. 对于带有圆弧角的短形桥墩，其风载阻力系数应从表中查得 k_1 值后，再乘以折减系数 $\left(1-1.5\dfrac{r}{b}\right)$ 或 0.5，取其两者之较大值，在此 r 为圆弧角的半径。
    3. 对于沿桥墩高度有锥度变化的情形，k_1 值应按桥墩高度分段计算，每段的 t 及 b 取各段的平均值，高宽比则应以桥墩总高度对每段的平均宽度之比计之。
    4. 对于带三角尖端的桥墩，其 k_1 值应按包括该桥墩处边缘的矩形截面计算。

（2）桥梁顺桥向可不计桥面系及上承式梁所受的风荷载，下承式桁架顺桥向风荷载标准值按其横桥向风压的 40% 乘以桁架迎风面积计算。

桥墩上的顺桥向风荷载标准值可按横桥向风压的 70% 乘以桥墩迎风面积计算。

悬索桥、斜拉桥桥塔上的顺桥向风荷载标准值可按横桥向风压乘以迎风面积计算。

桥台可不计算纵、横向风荷载。

上部构造传至墩台的顺桥向风荷载，其在支座的着力点及墩台上的分配，可根据上部构造的支座条件，按《桥规》第 4.3.5 条汽车制动力的规定处理。

（3）对于风敏感且可能以风荷载控制设计的桥梁，应考虑桥梁在风荷载作用下的静力和动力失稳，必要时应通过风洞试验验证，同时可采取适当的风致振动控制措施。

9. 温度（均匀温度和梯度温度）作用

桥梁结构处于自然环境中，将受到温度作用的影响。例如，常年气温变化导致桥梁沿纵向均匀地位移，这种位移不产生结构内力，只有当结构的位移受到约束时才会引起温度次内力，这是温度作用的一种形式。太阳辐射是温度作用的另一种形式，它使结构沿高度方向形成非线性的温度梯度，导致结构产生次应力。前者称为均匀温度作用，后者称为梯度温度作用。

计算桥梁结构因均匀温度作用引起外加变形或约束变形时，应从结构受到约束（架梁或结构合龙）时的结构温度作为起点，计算结构最高和最低有效温度的作用效应。

如缺乏实际调查资料，《桥规》提供了公路混凝土结构和钢结构的最高和最低有效温度标准值，可按表 1-3-18 取用。

全国桥梁结构的有效温度标准值（℃）   表 1-3-18

气温分区	钢桥面板钢桥		混凝土桥面板钢桥		混凝土、实桥	
	最高	最低	最高	最低	最高	最低
严寒地区	46	−43	39	−32	34	−23
寒冷地区	46	−21	39	−15	34	−10
温热地区	46	−9(−3)	39	−6(−1)	34	−3(0)

注：1. 全国气温分区见《桥规》附录 A。
    2. 表中括弧内数值适用于昆明、南宁、广州、福州地区。

考虑均匀温度作用时,应计算结构由于温度变化引起的约束位移,约束位移与结构物使用的材料有关。各种结构的线膨胀系数规定见表 1-3-19。

线 膨 胀 系 数　　　　　表 1-3-19

结构种类	线膨胀系数(以摄氏度计)
钢结构	0.000012
混凝土和钢筋混凝土及预应力混凝土结构	0.000010
混凝土预制块砌体	0.000009
石砌体	0.000008

计算桥梁结构由于梯度温度引起的效应时,可采用图 1-3-6 所示的竖向温度梯度曲线,其桥面板表面的最高温度 T_1 规定见表 1-3-20。

竖向日照正温差计算的温度基数　　　　表 1-3-20

结构类型	$T_1(℃)$	$T_2(℃)$
混凝土铺装	25	6.7
50mm 沥青混凝土铺装层	20	6.7
100mm 沥青混凝土铺装层	14	5.5

对混凝土结构,当梁高 H 小于 400mm 时,图中 $A=H-100(mm)$;梁高 H 等于或大于 400mm 时,$A=300mm$。

对带混凝土桥面板的钢结构,$A=300mm$。

图 1-3-6 中的 t 为混凝土桥面板的厚度(mm)。

混凝土上部结构和带混凝土桥面板的钢结构的竖向日照反温差为正温差乘以 -0.5。

计算圬工拱圈考虑徐变影响引起的温差作用效应时,计算的温差效应乘以 0.7 的折减系数。

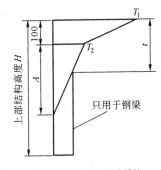

图 1-3-6　竖向梯度温度(尺寸单位:mm)

沿桥梁的横向也存在梯度温度,对于无悬臂的宽幅箱梁,宜考虑横向温度梯度引起的效应,计算方法参见《桥规》条文说明第 4.3.12 条;对于有较长悬臂的结构,两侧腹板受太阳直接辐射较少,可以不再计及横桥向温度梯度的作用。

10. 支座摩阻力、流水压力及冰压力

上部结构因温度变化引起的伸长或缩短以及受其他纵向力的作用,活动支座将产生一个方向相反的力,即支座摩阻力。摩阻力的大小取决于上部构造自重的大小、支座类型以及材料等。

支座摩阻力可按下式计算:

$$F=\mu W \tag{1-3-15}$$

式中:W——作用于活动支座上由上部结构重力产生的效应;

μ——支座的摩阻系数,可按表 1-3-21 取用。

支座摩擦系数　　　　　　　　　　表1-3-21

支座种类		支座摩擦系数 μ
滚动支座或摆动支座		0.05
板式橡胶支座	支座与混凝土面接触	0.30
	支座与钢板接触	0.20
	聚四氟乙烯板与不锈钢板接触	0.06(加5201硅脂;温度低于-25℃时为0.078)
		0.12(不加5201硅脂;温度低于-25℃时为0.156)
盆式支座		加5201硅脂,常温型活动支座 μ 不大于0.03(支座适应温度-25~+60℃)
		加5201硅脂,耐寒型活动支座 μ 不大于0.063(支座适应温度-40~+60℃)
球型支座		加5201硅脂,常温型活动支座 μ 不大于0.033(支座适应温度-25~+60℃)
		加5201硅脂,耐寒型活动支座 μ 不大于0.06(支座适应温度-40~+60℃)

活动支座承受的纵向力,不容许超过支座与混凝土或其他结构材料之间的摩阻力。该纵向力一般为制动力和温度、收缩作用。

在设计墩台时,尚需考虑流水压力、波浪力或冰压力,可分别参见《桥规》第4.3.9条、第4.3.10条和第4.3.11条。

三、偶然作用

偶然作用是指在结构使用期间出现的概率很小,一旦出现,其值很大且持续时间很短的作用。它包括地震作用、船只或漂流物的撞击作用以及汽车撞击作用。偶然作用会对结构安全产生非常巨大的影响,甚至桥梁毁坏和交通中断,因此,建造在地震区或有可能出现受到船只或漂流物以及汽车撞击的桥梁应进行谨慎的抗震和防撞设计。

偶然作用也取其标准值作为代表值。偶然作用应根据调查、试验资料,结合工程经验确定其标准值。

1. 船舶的撞击作用

通航水域中的桥梁部分,设计时必须考虑船舶对桥梁墩台的撞击作用。

船舶与桥梁结构的碰撞过程十分复杂,其与碰撞时的环境因素(如风浪、气候、水流等)、船舶特性(如船舶类型、行进速度、装载情况以及船舶的强度和刚度等)、桥梁结构因素(如桥梁的尺寸、材料、质量和抗力特性等)及驾驶人的反应时间等因素有关。

根据通航航道的特点及其通行船舶的特性,可以将需要考虑船舶与桥梁相互作用的河流分为内河和通行海轮的河流(包括海湾)两大类。前者的代表船型主要为内河驳船货船队,依据《全国内河通航标准》(GB 50139—2014),一至七级内河航道对应的船舶吨位分别为3000t、2000t、1000t、500t、300t、100t和50t;通行海轮航道的代表船型为海轮。

对于一、二、三级内河航道船舶撞击作用,应通过专题研究来确定;四、五、六、七级内河航道当缺乏实际调查资料时,船舶撞击作用的标准值可按表1-3-22采用;航道内的钢筋混凝土桩墩,顺桥向撞击作用可按表1-3-22所列数值的50%考虑。

当缺乏实际调查资料时,海轮撞击作用的标准值可按表1-3-23采用。

内河船舶撞击作用标准值   表1-3-22

内河航道等级	船舶吨级 DWT(t)	横桥向撞击作用(kN)	顺桥向撞击作用(kN)
四	500	550	450
五	300	400	350
六	100	250	200
七	50	150	125

海轮撞击作用的标准值   表1-3-23

船舶吨级 DWT(t)	3000	5000	7500	10000	20000	30000	40000	50000
横桥向撞击作用(kN)	19600	25400	31000	35800	50700	62100	71700	80200
顺桥向撞击作用(kN)	9800	12700	15500	17900	25350	31050	35850	40100

内河船舶的撞击作用点,假定为计算通航水位线以上2m的桥墩宽度或长度的中点;海轮船舶撞击作用点需视实际情况而定。

对可能遭受大型船舶撞击作用的桥墩,应根据桥墩的自身抗撞击能力、桥墩的位置和外形、水流流速、水位变化、通航船舶类型和碰撞速度等因素做桥墩防撞设施的设计。

2. 漂流物的撞击作用

有漂流物的水域中的桥梁墩台,设计时必须考虑漂流物对桥梁墩台的撞击作用。

漂流物横桥向撞击力标准值可按下式计算,漂流物的撞击作用点假定在计算通航水位线上桥墩宽度的中点。

$$F=\frac{Wv}{gT} \tag{1-3-16}$$

式中:W——漂流物重力(kN),应根据河流中漂流物情况,按实际调查确定;

v——水流速度(m/s);

T——撞击时间(s),应根据实际资料估计,在无实际资料时,可用1s;

g——重力加速度,$g=9.81 \text{m/s}^2$。

在通航河流上,当基础采用桩基础时,承台底面应置于低水位以下,以免漂流物直接作用于桩上。

3. 汽车的撞击作用

桥梁结构必要时可考虑汽车的撞击作用。汽车撞击力标准值在车辆行驶方向取1000kN,在车辆行驶垂直方向取500kN,两个方向的撞击力不同时考虑,撞击力作用于行车道以上1.2m处,直接分布于撞击涉及的构件上。

对于设有防撞设施的结构构件,可视防撞设施的防撞能力,对汽车撞击力标准值予以折减,但折减后的汽车撞击力标准值不应低于上述规定值的1/6。

高速公路上桥梁的防撞护栏应按现行《公路交通安全设施施工技术规范》(JTG F71—2006)有关规定执行。

四、地震作用

地震作用主要是指地震时强烈的地面运动引起的结构惯性力,它是随机变化的动力作用,其值的大小决定于地震强烈程度和结构的动力特性(频率与阻尼等)以及结构或杆件的质量。地震作用分竖直方向与水平方向,经验表明地震的水平运动是导致结构破坏的主要因素,结构抗震验算时,一般主要考虑水平地震作用。

早期规范以地震基本烈度反应地震剧烈程度,进行抗震设防,现行《桥规》要求以地震时地面最大水平加速度的统计值,即地震动峰值加速度进行抗震设防。地震基本烈度与地震动峰值加速度之间的关系如表 1-3-24 所示。

地震基本烈度与地震动峰值加速度系数的对应关系 表 1-3-24

地震动峰值加速度系数(g)	<0.05	0.05	0.10	0.15	0.20	0.30	≥0.40
地震基本烈度	<6	6	7	7.5	8	8.5	≥9

《桥规》是以地震动峰值加速度 0.10g 为抗震设计的设防起点,是国家对工程建设项目抗震防灾的基本要求。地震动峰值加速度等于 0.10g、0.15g、0.20g、0.30g 地区的公路桥涵,应进行抗震设计。地震动峰值加速度大于或等于 0.40g 地区的公路桥涵,应进行专门的抗震研究和设计。地震动峰值加速度小于或等于 0.05g 地区的公路桥涵,除有特殊要求者外,可采用简易设防。如简支梁等桥梁如采取一些抗震措施(防止落梁措施等),花费不大,而效果是比较明显的。做过地震小区划的地区,应按主管部门审批后的地震动参数进行抗震设计。

公路桥梁地震作用的计算及结构的设计,应符合现行《公路工程抗震规范》(JTG B02—2013)、《公路桥梁抗震设计细则》(JTG/T B02-01—2008)的规定。

我国抗震规范规定的地震力考虑了结构动态反应的影响,是采用反应谱理论而确定的。

对于单自由度体系的地震力的计算式可表达为:

$$P = c\alpha W = ck\beta W = c\left(\frac{\ddot{\delta}_g}{g}\right)\left(\frac{S_a}{\ddot{\delta}_g}\right)mg \tag{1-3-17}$$

式中:c——结构的综合影响系数,主要考虑结构塑性变形、阻尼以及地基变形等影响的一个简便的综合折减系数;

k——地震系数,为地面运动最大加速度 $\ddot{\delta}_g$ 和重力加速度的比值;

β——动力放大系数,为结构反应的最大绝对加速度 S_a 与地面运动最大加速度的比值,它可以从单自由度体系的动力反应谱中查得,它与场地土的种类有关。

上式实质上可以简化为:

$$P = cmS_a \tag{1-3-18}$$

这就是结构在地震时的最大惯性力,它以静力荷载的形式表达。根据规范算得结构的地震力后,可采用一般的静力学方法计算结构的内力与变形。

对于重要的桥梁工程,必须进行场地地震安全性评价,确定抗震设防要求后进行抗震设计。一般应对结构建立动力计算图式,直接输入地震波,进行线性或非线性动态时程分析,研究结构的抗震安全度。

除了上述规范中规定的四类作用以外,在桥梁设计中,还必须注意到结构物在预制、运输、架设安装及各施工阶段可能遇到的各种临时荷载,如起重机具的重力等,可总称其为施工荷载。桥梁设计中因为对施工荷载的取值不当或验算上的疏忽,造成毁桥事故还是不少见的。

第三节　城市桥梁的作用

《城市桥梁设计规范》(CJJ 11—2011)中指出:桥梁设计采用的作用应按永久作用、可变作用、偶然作用分类。除可变作用中的设计汽车荷载与人群荷载外,作用与作用效应组合均应按现行行业标准《公路桥涵设计通用规范》(JTG D60—2015)的有关规定执行。

一、汽车荷载

城市桥梁设计时,汽车荷载的计算图式、荷载等级及其标准值、加载方法和纵横向折减等应符合下列规定:

(1)汽车荷载分为城—A级和城—B级两个等级。

(2)汽车荷载由车道荷载和车辆荷载组成。车道荷载由均布荷载和集中荷载组成。桥梁结构的整体计算采用车道荷载;桥梁结构的局部加载、桥台和挡土墙土压力等的计算采用车辆荷载。车辆荷载与车道荷载的作用不得叠加。

(3)车道荷载:由均布荷载和集中荷载组成,计算图式如图1-3-7所示。

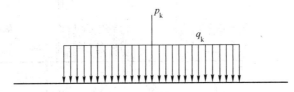

图1-3-7　车道荷载

①城—A级车道荷载的均布荷载标准值为$q_k = 10.5 \text{kN/m}$;集中荷载标准值按以下规定选取:桥梁计算跨径小于或等于5m时,$p_k = 180 \text{kN}$;桥梁计算跨径等于或大于50m时,$p_k = 360 \text{kN}$;桥梁计算跨径在5~50m时,p_k值采用直线内插求得。计算剪力效应时,上述集中荷载标准值p_k应乘以1.2的系数。

②城—B车道荷载的均布荷载标准值q_k和集中荷载标准值p_k按城—A级车道荷载的0.75倍采用。

③车道荷载的均布荷载标准值应满布于使结构产生最不利效应的同号影响线上;集中荷载标准值只作用于相应影响线中一个最大影响线峰值处。

(4)车辆荷载的立面、平面、横桥向布置及标准值应符合下列规定:

①城—A级车辆荷载的立面、平面尺寸见图1-3-8,主要技术指标规定于表1-3-25。

城—A车辆荷载　　　　　　　　表1-3-25

车轴编号	1	2	3	4	5
轴重(kN)	60	140	140	200	160
轮重(kN)	30	70	70	100	80
纵向轴距(m)		3.6	1.2	6	7.2
每组车轮的横向中距(m)	1.8	1.8	1.8	1.8	1.8
车轮着地的宽度×长度(m)	0.25×0.25	0.6×0.25	0.6×0.25	0.6×0.25	0.6×0.25

②城—B级车辆荷载的立面、平面布置及标准值应采用现行行业标准《公路桥涵设计通用规范》(JTG D60—2015)中车辆荷载的规定值。

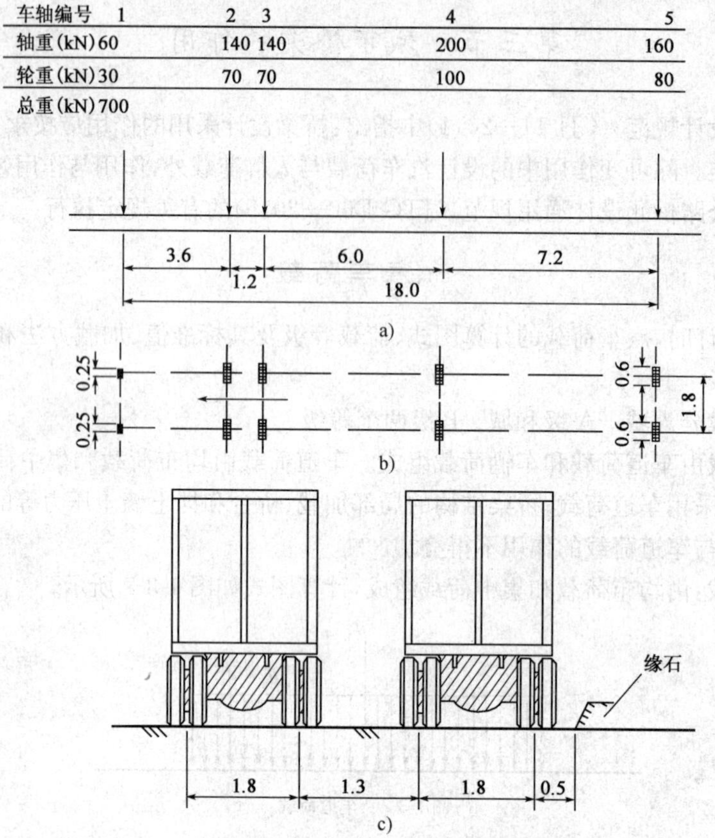
车轴编号 1 2 3 4 5
轴重(kN)60 140 140 200 160
轮重(kN)30 70 70 100 80
总重(kN)700
3.6
1.2
6.0
7.2
18.0
a)
0.25
0.25
0.6
0.6
1.8
b)
缘石
1.8
1.3
1.8
0.5
c)

图 1-3-8 城—A 车辆荷载的立面、平面、横桥向布置(尺寸单位:m)

a)立面布置;b)平面布置;c 横桥向布置

(5)车道荷载横向分布系数、多车道的横向折减系数、大跨径桥梁的纵向折减系数、汽车荷载的冲击力、离心力、制动力及车辆荷载在桥台或挡土墙后填土的破坏棱体上引起的土侧压力等均应按现行行业标准《公路桥涵设计通用规范》(JTG D60—2015)的规定计算。

(6)城市桥梁设计荷载应根据道路功能、等级和发展要求等具体情况按表 1-3-26 选用。

桥梁设计荷载等级

表 1-3-26

城市道路等级	快速路	主干路	次干路	支路
设计汽车荷载等级	城—A 级或城—B 级	城—A 级	城—A 级或城—B 级	城—B 级

①快速路、次干路上如重型车辆行驶频繁时,设计汽车荷载应选用城—A 级汽车荷载。

②小城市中的支路上如重型车辆较少时,设计汽车荷载采用城—B 级车道荷载的效应乘以 0.8 的折减系数,车辆荷载的效应乘以 0.7 的折减系数。

③小型车专用道路,设计汽车荷载可采用城—B 级车道荷载的效应乘以 0.6 的折减系数,车辆荷载的效应乘以 0.5 的折减系数。

二、人 群 荷 载

桥梁人行道的设计人群荷载应符合下列规定:

(1)人行道板的人群荷载按 5kPa 或 1.5kN 的竖向集中力作用在一块构件上,分别计算,取其不利者。

(2)梁、桁架、拱及其他大跨结构的人群荷载(W)可采用下列公式计算,且W值在任何情况下不得小于2.4kPa。

当加载长度L<20m时:

$$W = 4.5 \times \frac{20-w_p}{20} \qquad (1\text{-}3\text{-}19a)$$

当加载长度L≥20m时:

$$W = \left(4.5 - 2 \times \frac{L-20}{80}\right)\left(\frac{20-w_p}{20}\right) \qquad (1\text{-}3\text{-}19b)$$

式中:W——单位面积的人群荷载(kPa);

L——加载长度(m);

w_p——单边人行道宽度(m);在专用非机动车桥上为1/2桥宽,大于4m时仍按4m计。

(3)检修道上设计人群荷载应按2kPa或1.2kN的竖向集中荷载,作用在短跨小构件上,可分别计算,取其不利者。计算与检修道相连构件,当计入车辆荷载或人群荷载时,可不计检修道上的人群荷载。

(4)专用人行桥和人行地道的人群荷载应按现行行业标准《城市人行天桥与人行地道技术规范》(CJJ 69—1995)的有关规定执行。

计算人行道栏杆时,作用在栏杆扶手上的水平向外推力标准值取2.5kN/m;作用在栏杆扶手上的竖向力标准值取1.2kN/m。两者应分别计算。

三、非机动车道荷载

桥梁的非机动车道和专用非机动车桥的设计荷载应符合下列规定:

(1)当桥面上的非机动车与机动车道见未设置永久性分隔带时,除非机动车道按人群荷载布载外,尚应将非机动车与机动车道合并后的总宽作为机动车道,按汽车荷载布载,分别计算,取其不利者。

(2)当桥面上的非机动车与机动车道见设置永久性分隔带时,桥面宽度大于3.5m时,采用人群荷载和小型车道专用汽车荷载(不计冲击),分别计算,取其不利者。

(3)桥面宽度小于3.5m时,采用人群荷载和一辆人力劳动车作为设计荷载(图1-3-9),分别计算,取其不利者。

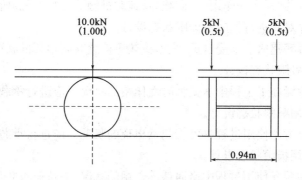

图1-3-9 人力劳动车荷载图

第四节 极限状态设计法

公路桥涵结构应按承载能力极限状态和正常使用极限状态进行设计。

一、承载能力极限状态

承载能力极限状态是对应于桥涵结构或其构件达到最大承载能力或出现不适于继续承载的变形或变位的状态。具体来说可以分成如下几种状态：

(1)整个结构或其一部分作为刚体而失去平衡(如倾覆、滑移等)。

(2)结构构件或其连接因达到其材料极限强度而破坏。

(3)结构转变成机动体系。

(4)结构或构件丧失稳定性(如柱的压屈失稳等)。

(5)结构或构件由于材料疲劳而导致破坏。

(6)由于材料的塑性或徐变变形过大，或由于截面开裂而引起过大的几何变形等，致使结构或构件不再能继续承载和使用(如拱顶严重下挠，引起拱轴线偏离过大等)。

二、正常使用极限状态

正常使用极限状态是对应于桥涵结构或其构件达到正常使用或耐久性的某项限值的状态。正常使用极限状态以弹性理论或弹塑性理论为基础，主要进行以下三个方面的验算：

应力限制：

$$\sigma_d \leqslant [\sigma] \qquad (1\text{-}3\text{-}20a)$$

变形限制：

$$f_d \leqslant [f] \qquad (1\text{-}3\text{-}20b)$$

裂缝宽度限制：

$$\delta_d \leqslant [\delta] \qquad (1\text{-}3\text{-}20c)$$

三、四种设计状况

公路桥涵应根据不同种类的作用(或荷载)及其对桥涵的影响、桥涵所处的环境条件，考虑以下四种设计状况，并对其进行相应的极限状态设计。

(1)持久状况。桥涵建成后承受自重、汽车荷载等持续时间很长的状况。应进行承载能力极限状态和正常使用极限状态设计。

(2)短暂状况。桥涵施工工程中承受临时性作用的状况。应进行承载能力极限状态设计，必要时才进行正常使用极限状态设计。

(3)偶然状况。在桥涵使用过程中可能偶然出现的状况。应进行承载能力极限状态设计，必要时才进行正常使用极限状态设计。

(4)地震状况。在桥涵使用过程中遭遇地震作用的状况，在抗震设防地区应计入地震设计状况。应进行承载能力极限状态设计，必要时才进行正常使用极限状态设计。

第五节 作用组合

一、作用组合

桥梁结构通常要同时承受多种作用的作用,在进行结构设计时,应考虑结构上可能同时出现的作用,按承载能力极限状态和正常使用极限状态进行作用组合。作用组合时的内容,应按下列原则取其最不利组合效应进行设计:

(1)只有在结构上可能同时出现的作用,才进行组合。当结构或结构构件需做不同受力方向的验算时,则应以不同方向的最不利的作用组合效应进行计算。

(2)当可变作用的出现对结构或结构构件产生有利影响时,该作用不应参与组合。实际不可能同时出现的作用或同时参与组合概率很小的作用,可按表1-3-27规定不考虑其参与组合。

可变作用不同时组合表 表1-3-27

作用名称	不与该作用同时参与组合的作用
汽车制动力	流水压力,波浪力,冰压力,支座摩阻力
流水压力	汽车制动力,波浪力,冰压力
波浪力	汽车制动力,流水压力,冰压力
冰压力	汽车制动力,流水压力,波浪力
支座摩阻力	汽车制动力

(3)施工阶段作用组合,应按计算需要及结构所处条件而定,结构上的施工人员和施工机具设备均应作为临时荷载加以考虑。组合式桥梁,当把底梁作为施工支撑时,作用组合效应宜分两个阶段组合,底梁受荷为第一个阶段,组合梁受荷为第二个阶段。

(4)多个偶然作用不同时参与组合。

(5)地震作用不与偶然作用组合同时参与组合。

二、按承载能力极限状态设计时的组合

公路桥涵结构的承载能力极限状态设计,按照可能出现的作用,将其分为两种作用效应组合,即基本组合和偶然组合。作用的基本组合是指永久作用设计值与可变作用设计值的组合,这种组合用于结构的常规设计,是所有公路桥涵结构都应该考虑的。作用的偶然组合是指永久作用标准值、可变作用代表值和一种偶然作用标准值的效应组合,视具体情况,也可不考虑可变作用效应参与组合。作用偶然组合用于结构在特殊情况下的设计,所以不是所有公路桥涵结构都要采用的,一些结构也可采取构造或其他预防措施来解决。

1. 基本组合

基本组合是永久作用的设计值与可变作用设计值相组合,其组合表达式为:

$$S_{ud} = \gamma_0 \left(\sum_{i=1}^{m} \gamma_{Gi} S_{Gik} + \gamma_{L1} \gamma_{Q1} S_{Q1k} + \psi_c \sum_{j=2}^{n} \gamma_{Lj} \gamma_{Qj} S_{Qjk} \right) \quad (1\text{-}3\text{-}21a)$$

或

$$S_{ud} = \gamma_0 \left(\sum_{i=1}^{m} S_{Gid} + S_{Q1d} + \sum_{j=2}^{n} S_{Qjd} \right) \quad (1\text{-}3\text{-}21b)$$

式中:S_{ud}——承载能力极限状态下作用基本组合的效应设计值;

γ_0——结构重要性系数,按表1-3-28规定的结构设计安全等级采用,对应于设计安全等级一级、二级和三级分别取1.1、1.0和0.9;

γ_{Gi}——第i个永久作用效应的分项系数,应按表1-3-29的规定采用;

S_{Gik}、S_{Gid}——第i个永久作用的标准值和设计值;

γ_{Q1}——汽车荷载效应(含汽车冲击力、离心力)的分项系数。采用车道荷载计算时,取$\gamma_{Q1}=1.4$;采用车辆荷载计算时,其分项系数取$\gamma_{Q1}=1.8$。当某个可变作用在效应组合中其值超过汽车荷载效应时,则该作用取代汽车荷载,其分项系数取$\gamma_{Q1}=1.4$;对专为承受某作用而设置的结构或装置,设计时该作用的分项系数取$\gamma_{Q1}=1.4$;计算人行道板和人行道栏杆的局部荷载,其分项系数取$\gamma_{Q1}=1.4$;

S_{Q1k}、S_{Q1d}——汽车荷载(含汽车冲击力、离心力)的标准值和设计值;

γ_{Qj}——在作用效应组合中除汽车荷载(含汽车冲击力、离心力)、风荷载外的其他第j个可变作用的分项系数,取$\gamma_{Qj}=1.4$,但风荷载的分项系数取$\gamma_{Qj}=1.1$;

S_{Qjk}、S_{Qjd}——在作用效应组合中除汽车荷载(含汽车冲击力、离心力)外的其他第j个可变作用的标准值和设计值;

ψ_c——在作用组合中除汽车荷载(含汽车冲击力、离心力)外的其他可变作用的组合系数,取$\psi_c=0.75$。

γ_{L1}、γ_{Lj}——汽车或第j个可变作用的结构设计使用年限荷载调整系数。公路桥涵结构的设计使用年限按现行《公路工程技术标准》(JTG B01—2014)取值时,$\gamma_{Lj}=1$。

设计弯桥时,当离心力与制动力同时参与组合时,制动力标准值或设计值按70%取用。

公路桥涵结构的设计安全等级 表1-3-28

设计安全等级	破坏后果	适 用 对 象
一级	很严重	(1)各等级公路上的特大桥、大桥、中桥; (2)高速公路、一级公路、二级公路、国防公路及城市附近交通繁忙公路上的小桥
二级	严重	(1)三、四级公路上的小桥; (2)高速公路、一级公路、二级公路、国防公路及城市附近交通繁忙公路上的涵洞
三级	不严重	三、四级公路上的涵洞

注:表中所列特大、大、中桥等系按单孔跨径确定,对多跨不等跨桥梁,以其中最大跨径为准。

永久作用效应的分项系数 表1-3-29

编号	作用类别		永久作用效应分项系数	
			对结构的承载能力不利时	对结构的承载能力有利时
1	混凝土和圬工结构重力(包括结构附加重力)		1.2	1.0
	钢结构重力(包括结构附加重力)		1.1或1.2	
2	预加力		1.2	1.0
3	土的重力		1.2	1.0
4	混凝土的收缩及徐变作用		1.0	1.0
5	土侧压力		1.4	1.0
6	水的浮力		1.0	1.0
7	基础变位作用	混凝土和圬工结构	0.5	0.5
		钢结构	1.0	1.0

注:本表编号1中,当钢桥采用钢桥面板时,永久作用效应分项系数取1.1;当采用混凝土桥面板时,取1.2。

2. 偶然组合

永久作用标准值与可变作用某种代表值、一种偶然作用设计值相组合；与偶然作用同时出现的可变作用，可根据观测资料和工程经验取用频遇值或准永久值。其组合表达式为：

$$S_{ad} = \sum_{i=1}^{m} S_{Gik} + S_{Od} + (\psi_{f1} \text{ 或 } \psi_{q1}) S_{Q1k} + \sum_{j=2}^{n} \psi_{qj} S_{Qjk} \tag{1-3-22}$$

式中： S_{ad}——承载能力极限状态下作用偶然组合设计值；

S_{Od}——偶然作用设计值；

ψ_{f1}——汽车荷载（含汽车冲击力、离心力）的频遇值系数，取 $\psi_{f1}=0.7$。当某个可变作用在组合中其值效应超过汽车荷载效应时，则该作用取代汽车荷载，人群荷载 $\psi_{f1}=1.0$，风荷载 $\psi_{f1}=0.75$，温度梯度作用 $\psi_{f1}=0.8$，其他作用 $\psi_{f1}=1.0$；

$\psi_{f1} S_{Q1k}$——汽车荷载的频遇值；

ψ_{q1}、ψ_{qj}——第1个和第 j 个可变作用的准永久值系数。汽车荷载（含汽车冲击力、离心力）$\psi_q=0.4$，人群荷载 $\psi_q=0.4$，风荷载 $\psi_q=0.75$，温度梯度作用 $\psi_q=0.8$，其他作用 $\psi_q=1.0$；

$\psi_{q1} S_{Q1k}$、$\psi_{qj} S_{Qjk}$——第1个和第 j 个可变作用的准永久值。

地震作用标准值及其表达式按现行《公路工程抗震规范》（JTG B02—2013）规定采用。

三、按正常使用极限状态设计的组合

公路桥涵结构按正常使用极限状态设计时，应根据不同的设计要求，采用作用的频遇组合或准永久组合。

1. 频遇组合

永久作用标准值与可变作用频遇值、其他可变作用准永久值相组合，其效应组合表达式为：

$$S_{fd} = \sum_{i=1}^{m} S_{Gik} + \psi_{f1} S_{Q1k} + \sum_{j=2}^{n} \psi_{qj} S_{Qjk} \tag{1-3-23}$$

式中：S_{fd}——作用频遇组合效应设计值；

ψ_{f1}——汽车荷载（不计汽车冲击力）的频遇值系数，取 0.7。当某个可变作用在效应组合中其值超过汽车荷载效应时，则该作用取代汽车荷载，人群荷载 $\psi_f=1.0$，风荷载 $\psi_f=0.75$，温度梯度作用 $\psi_f=0.8$，其他作用 $\psi_f=1.0$。

2. 准永久组合

永久作用标准值与可变作用准永久值效应相组合，其组合表达式为：

$$S_{qd} = \sum_{i=1}^{m} S_{Gik} + \sum_{j=1}^{n} \psi_{qj} S_{Qjk} \tag{1-3-24}$$

式中：S_{qd}——作用长期效应组合设计值；

ψ_{qj}——汽车荷载（不计汽车冲击力）的准永久值值系数，取 0.4，人群荷载 $\psi_q=0.4$，风荷载

$\psi_q=0.75$,温度梯度作用 $\psi_q=0.8$,其他作用 $\psi_q=1.0$。

钢结构构件疲劳设计时,除特别指明外,各作用应采用标准值,作用分项系数应取为1.0。

另外,结构构件当需进行弹性阶段截面应力计算时,除特别指明外,各作用应采用标准值,作用分项系数应取为1.0,各项应力限值按各设计规范规定采用。

当验算结构的抗倾覆、滑动稳定时,稳定系数、各作用的分项系数及摩擦系数,应根据不同结构按各有关桥涵设计规范的规定确定,支座的摩擦系数可按表1-3-21规定采用。

构件在吊装、运输时,构件重力应乘以动力系数1.2(对结构不利)或0.85(对结构有利),并可视构件具体情况作适当增减。

思考题

1. 桥梁作用分为哪几类?并说明每类作用的定义。
2. 试阐述作用代表值、作用标准值及作用频遇值的具体含义。
3. 桥梁可变作用包括哪些作用?其标准值是如何确定的?
4. 公路桥梁汽车荷载分为哪几个等级?桥梁结构的整体计算和局部计算分别采用何种汽车荷载?
5. 什么是作用效应?公路桥涵结构按正常使用极限状态设计时,采用哪两种效应组合?

第四章 桥面布置与构造

第一节 桥面组成与布置

桥面构造包括行车道铺装、排水防水系统、人行道(或安全带)、路缘石、栏杆、护栏、照明灯柱和伸缩缝等。图1-4-1为桥面的一般构造图。

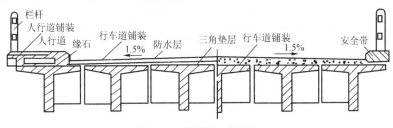

图1-4-1 桥面的一般构造

桥面构造直接与车辆、行人接触,虽然不是主要承重结构,但它对桥梁功能的正常发挥,主要构件的保护,车辆行人的安全以及桥梁的美观等都十分重要。因此,必须要了解桥面构造各部件的工作性能,合理选择,认真设计,精心施工。

桥面的布置应在桥梁的总体设计中考虑,它根据道路的等级、桥梁的宽度、行车要求等条件确定。对混凝土梁式桥的桥面布置有双向车道布置、分车道布置和双桥面布置等。

一、双向车道布置

双向车道布置是指行车道的上下行交通布置在同一桥面上,它们之间用画线分隔,没有明显的界限,如图1-4-1所示。由于在桥梁上同时存在上下行车辆和机动车与非机动车,车辆只能是中速或低速行驶,对交通量较大的道路,桥梁往往会形成交通滞流状态。

二、分车道布置

桥面上设置分隔带[图1-4-2a)]或分离式主梁布置[图1-4-2b)],使上下行交通分隔;甚至采用将机动车道与非机动车道分隔、行车道与人行道分隔设置。这种布置方式可提高行车速度,便于交通管理。但是在桥面布置上要增加一些附属设施,桥面的宽度相应地要加宽些。

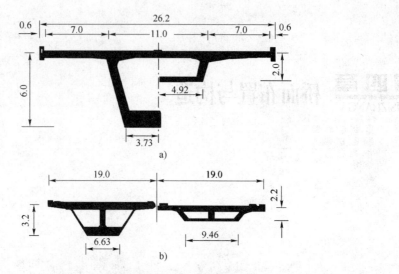

图 1-4-2 分车道的桥面布置(尺寸单位:m)

分隔带可以采用混凝土制作的护栏,也可采用钢杆或钢束(链)分隔。图 1-4-3 所示为高路缘石的人行道护栏构造,它能可靠地防止车辆冲越人行道。

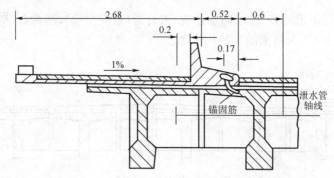

图 1-4-3 高路缘石的人行道护栏(尺寸单位:m)

对于高速公路,分隔设施除了起到分道行驶的作用外,还能有效地保护高速车辆在意外事故中不致损坏桥梁,避免车辆和人员发生安全事故。图 1-4-4a)的混凝土护栏可采用预制或现浇制作,当受到车辆碰撞时,只让轮胎和护栏接触,车身不会接触到护栏,减少车辆的损坏;图 1-4-4b)是钢制护栏的构造,钢制护栏可设置在人行道上或分隔带上。

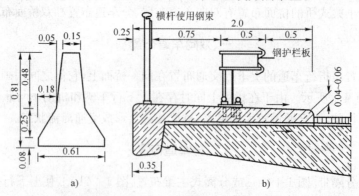

图 1-4-4 护栏的构造图(尺寸单位:m)
a)混凝土护栏;b)钢护栏

三、双层桥面布置

双层桥面布置是桥梁结构在空间上可以提供两个不在同一平面上的桥面构造,如图 1-4-5 所示。双层桥面布置可以使不同的交通严格分道行驶,提高了车辆和行人的通行能力,便于交通管理。同时,可以充分利用桥梁净空,在满足同样交通要求之下,减小桥梁宽度,缩短引桥长度,达到较好的经济效益。

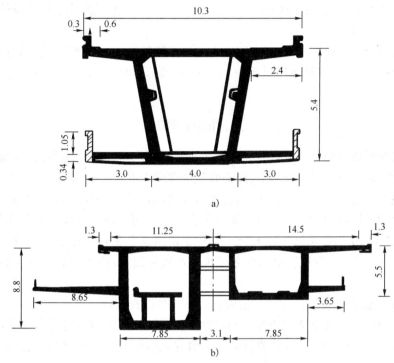

图 1-4-5 双层桥面布置实例(尺寸单位:m)
a)委内瑞拉卡罗尼河桥的桥面布置;b)奥地利维也纳帝国桥桥面布置

第二节 桥面铺装及排水防水系统

一、桥面铺装

桥面铺装即行车道铺装,也称桥面保护层,是车轮直接作用的部分。桥面铺装的作用在于防止车辆轮胎直接磨耗行车道板,保护主梁免受雨水侵蚀,并对车辆轮重的集中荷载起分布作用。因此,行车道铺装要求有抗车辙、行车舒适、抗滑、不透水和与桥面结合良好等性能。

桥面铺装应与桥梁的上部结构综合考虑、协调设计。公路桥梁桥面铺装的结构形式宜与所在位置的公路路面相协调。除特大桥外,桥面铺装的结构形式宜与该路段的面层结构保持一致。

桥面铺装宜采用沥青混凝土或水泥混凝土。高速公路和一级公路上特大桥、大桥的桥面铺装宜采用沥青混凝土桥面铺装,铺装层厚度宜为 70~100mm;二级及二级以下公路桥梁的沥青混凝土桥面铺装层厚度宜为 50~90mm。若桥面铺装为单层时,厚度不宜小于

50mm。沥青混凝土桥面铺装还应符合现行《公路沥青路面设计规范》(JTG D50—2006)的有关规定。

水泥混凝土的桥面铺装层直接承受车辆轮压的作用,既是保护层,又是受力层,因此必须具有足够的强度、良好的整体性以及抗冲击与耐疲劳特性,同时还应具有防水性及其对温度变化的适应性。水泥混凝土桥面铺装面层(不含整平层和垫层)的厚度不宜小于80mm,混凝土强度等级不应低于C40。水泥混凝土桥面铺装层内应配置钢筋网。钢筋直径不应小于8mm,间距不宜大于100mm。水泥混凝土桥面铺装还应符合《公路水泥混凝土路面设计规范》(JTG D40—2011)的有关规定。

桥面铺装一般不作受力计算,如在施工中能确保铺装层与行车道板紧密结合成整体,则铺装层的混凝土(除去作为车轮磨耗层部分1~2cm厚度)还可以计算在行车道的厚度内和行车道共同受力。

二、桥面纵横坡

桥面设置纵横坡,以利雨水迅速排除,防止或减少雨水对铺装层的渗透,从而保护了行车道板,延长桥梁使用寿命。特大桥和大桥不宜做成纵向平坡桥。

桥面上设置纵坡除了有利于排水外,还可以在满足桥下通航净空要求的前提下,降低墩台高程,减少引桥跨长或桥头引道土方量,从而节省工程费用。桥上纵坡一般做成双向纵坡,坡度不宜大于4%,桥头引道纵坡不宜大于5%;位于市镇混合交通繁忙处,桥上纵坡和桥头引道纵坡均不得大于3%。在纵坡变更的地方按规定设置竖曲线,桥头两端引道线形应与桥上线形相配合。

桥面横坡一般采用1.5%~3%。通常有以下三种设置形式:

(1)对于板桥(矩形板梁或空心板梁)或就地浇筑的肋板式梁桥,可将墩台顶部做成倾斜,再在其上盖桥面板[图1-4-6a)],可节省铺装材料并减轻恒载。此时,铺装层在整个桥宽上做成等厚的。

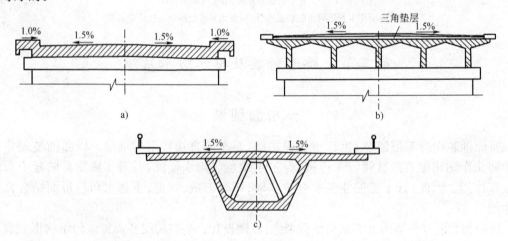

图1-4-6 桥面横坡的设置

(2)对于装配式肋板式梁桥,为使主梁构造简单、架设与拼装方便,通常横坡不再设在墩台顶部,而直接设在行车道板上。施工时,先铺设一层厚度变化的混凝土三角垫层,形成双向倾斜,再铺设等厚的混凝土铺装层,如图1-4-6b)所示,方便施工。

(3)桥宽较大(或城市桥梁)时,直接将行车道板做成双向倾斜[图1-4-6c],可减轻恒载,但主梁构造、制作均较复杂。

三、防 水 层

桥梁上部结构应设置防水层,但其形式和方法应根据当地的气候条件、雨量情况和桥梁具体结构形式等确定。

桥面防水层设置在行车道铺装层下边,它将透过铺装层渗下的雨水汇集到排水设备(泄水管)排出。桥面伸缩缝处应连续铺设,不可切断;桥面纵向应铺过桥台背;桥面横向两侧,则应伸过缘石底面从人行道与缘石砌缝里向上叠起0.10m。如无须设防水层,但考虑桥面铺装长期磨损,如桥面排水不良等,仍可能漏水,故桥面在主梁受弯作用处应设置防水层。

按现行《公路沥青路面设计规范》(JTJ D50—2006)的有关条文,桥面沥青铺装结构,可由防水层和下面层、表面层组成。防水层和下面层共同组成防水体系,应重视下面层的密水性和热稳性。

防水层主要包括:涂膜、卷材等专用防水材料;沥青砂、沥青玛蹄脂、热融沥青碎石、稀浆封层等聚合物改性沥青类防水材料;环氧树脂下封层等反应性树脂类防水材料。

当下面层采用浇筑式沥青混凝土时可视为防水层,但在动荷载作用下可能出现负弯矩的位置宜采取一定防裂措施。

特大桥、重要大桥可选择浇筑式沥青混凝土、沥青玛蹄脂、涂膜等防水层,下面层可用浇筑式沥青混凝土、沥青马蹄脂碎石组成防水体系。

当采用柔性防水层(使用卷材)时,为了增强桥面铺装的抗裂性,应在其上的混凝土铺装层或垫层中铺设 $\phi 3 \sim \phi 6$ 的钢筋网,网格尺寸为15cm×15cm~20cm×20cm。

无专门防水层时,应采用防水混凝土铺装或加强排水和养护。

为保护圬工桥台和拱圈不受水侵蚀,在台后和护拱上应设防水层,并设置盲沟使土中水分排出。

四、桥面排水系统

桥梁设计时要有一个完整的排水系统,保证桥面上的径流迅速地排走,保证行车安全。排水设施主要为设置桥面纵坡、横坡(包括超高排水)并设置排水管外泄。

通常当桥面纵坡大于2%,且桥长小于50m时,能保证从桥头引道上排水,桥上可以不设泄水管。此时,可在引道两侧设置流水槽,以免雨水冲刷引道路基。

当桥面纵坡大于2%,且桥长大于50m时,桥面就需要设置泄水管,每隔12~15m设置一个。

当桥面纵坡小于2%时,泄水管就需要设置更密一些,每隔6~8m设置一个。

在桥梁伸缩缝的上游方向应增设泄水管,在凹形竖曲线的最低点及其前后3~5m处也应各设置一个泄水管。

泄水管可沿行车道两侧左右对称排列,也可交错排列。泄水管离缘石的距离为0.10~0.50m。

泄水管也可布置在人行道下面,见图1-4-7。桥面水通过设在缘石或人行道构件侧面的进水孔流入泄水孔,并在泄水孔的三个周边设置相应的聚水槽,起到聚水、导流和拦截作用。

泄水管口可采用圆形或矩形。圆形泄水管口的直径宜为15~20cm；矩形泄水管口的宽度宜为20~30cm，长度为30~40cm。泄水管口顶部采用铸铁格栅盖板，其顶面应比周围路面低5~10mm。

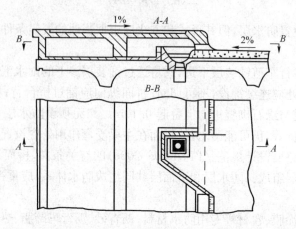

图1-4-7 在人行道下设置泄水管

泄水管常采用铸铁管或塑料管，最小内径为15cm。泄水管周围的桥面板应配置补强钢筋网。

对于跨越一般河流、水沟的桥梁，桥面水流入泄水管后可以直接向下排放(图1-4-8)；对于一些跨径不大、不设人行道的小桥，可以直接在行车道两侧的安全带或缘石上预留横向孔道，用铁管或竹管将水排出桥外，管口要伸出构件2~3cm，以便滴水，但这种做法容易使孔道淤塞。

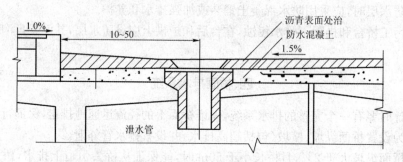

图1-4-8 竖向泄水管的设置(尺寸单位：cm)

跨越公路、铁路、通航河流的桥梁以及城市高架桥，落在桥面上的降水应通过桥面横坡和纵坡排流入排水管后，汇集到纵向排水管或排水槽，并通过设在墩台处的竖向排水管(落水管)流入地面排水设施中(图1-4-9)。

排水管材料有铸铁管、塑料管(聚氯乙烯PVC或聚乙烯PE)或钢管，其内径应等于或大于泄水管的内径。排水槽宜采用铝质或钢质材料，也可采用水泥混凝土预制件，其横截面为矩形或U形，宽度和深度均宜为20cm左右。纵向排水管或排水槽的坡度不得小于0.5%。桥梁伸缩缝处的纵向排水管或排水槽应设置可供伸缩的柔性套筒。寒冷地区的竖向排水管，其末端宜距地面50cm以上。

桥面排水、桥台和支挡构造物的排水还可参考《公路排水设计规范》(JTG/T D33—2012)的有关规定执行。桥面排水管的设置还应满足环境和安全的要求。

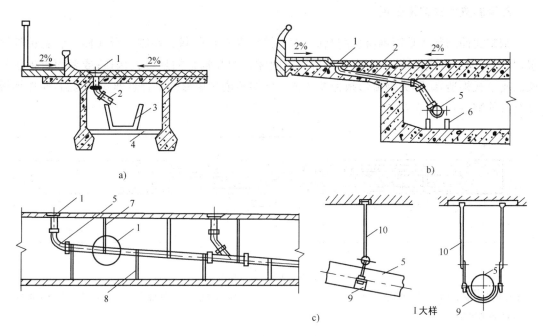

图 1-4-9 城市桥梁桥面排水设施
1-泄水漏斗；2-泄水管；3-钢筋混凝土斜槽；4-横梁；5-纵向排水管；6-支撑结构；7-悬吊结构；8-支柱；9-弧形箍；10-吊杆

第三节 桥面伸缩装置

桥梁在气温变化时，桥面有膨胀或收缩的纵向变形，车辆荷载也将引起梁端的转动和纵向位移。为使车辆平稳通过桥面并满足桥面变形，需要在桥面伸缩缝处设置一定的伸缩装置。这种装置称为桥面伸缩缝装置。桥面伸缩装置应具有良好的密水性和排水性，并应便于检查和清除沟槽的污物。

一、伸缩装置的种类

我国公路桥梁和城市桥梁工程上使用的伸缩装置种类很多，可分成 5 大类，即对接式、钢制支承式、橡胶组合剪切式、模数支承式和无缝式。在此着重介绍伸缩装置的构造特点。

1. 对接式伸缩装置

对接式伸缩装置，可分为填塞对接型和嵌固对接型两种。填塞对接型伸缩装置是以沥青、木板、麻絮、橡胶等材料填塞缝隙，伸缩体在任何情况下都处于受压状态。该类伸缩装置一般用于伸缩量在 40mm 以下的常规桥梁工程上，目前已不多见了。嵌固对接型伸缩装置，利用不同形状的钢构件将不同形状的橡胶条（带）嵌牢固定，并以橡胶条（带）的拉压变形来吸收梁体的变形，其伸缩体可以处于受压状态，也可以处于受拉状态。该类伸缩装置被广泛应用于伸缩量在 80mm 及其以下的桥梁工程上。图 1-4-10 为 W 形伸缩装置。

2. 钢制支承式伸缩装置

钢制式伸缩装置是用钢材装配制成,能直接承受车轮荷载。钢制支承式伸缩装置种类繁多,其中有面层板成齿形,从左右伸出桥面板间隙处相互啮合的悬臂式构造;或者面层板成悬架的支承式构造,统称为钢梳形板伸缩装置。面层板成为矩形的叠合悬架式的构造,叫作钢板叠合式伸缩装置(图1-4-11)。

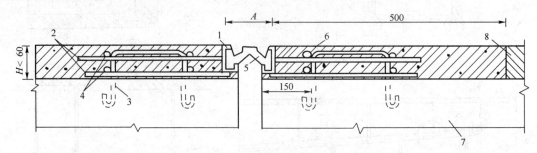

图1-4-10　W形伸缩装置横断面图(尺寸单位:mm)
1-用钢板弯制L钢;2-锚固钢筋;3-预埋钢筋;4-水平加强钢筋;5-W形橡胶条;6-现浇C30混凝土;7-行车道上部构件;8-桥面铺装

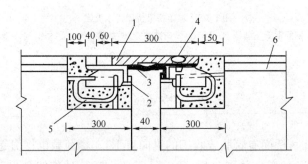

图1-4-11　钢板叠合式伸缩装置构造示意图(尺寸单位:mm)
1-钢板;2-角钢;3-排水导槽;4-沉头螺钉;5-锚固钢筋;6-桥面铺装

3. 组合剪切式(板式)橡胶伸缩装置

板式橡胶伸缩装置是利用橡胶材料剪切模量低的原理设计制造而成的。剪切型橡胶伸缩体设有上下凹槽,橡胶体内埋设承重钢板和锚固钢板,并设有预留螺栓孔,通过螺栓与梁端连成整体。它依靠上下凹槽之间的橡胶体剪切变形来满足梁体结构的相对位移;橡胶伸缩体内预埋钢板,跨越梁端间隙,承受车辆荷载;在橡胶伸缩体内两侧预埋两块锚固钢板,通过螺栓与梁端连接。一般橡胶板构造如图1-4-12所示。

板式橡胶伸缩装置具有跨越间隙能力大(即伸缩量大),行车平稳的优点。国外产品最大伸缩量已做到330mm;国内生产具有代表性的产品有BF型、SEJ型、UG型、BSL型和CD型等。

4. 模数支承式伸缩装置

随着我国高等级公路和城市高架桥建设事业的迅速发展,桥梁的长大化得到突破性发展,这就要求有结构合理、大位移量的桥梁伸缩装置来适应这一发展的需要。板式橡胶伸缩装置很难满足大位移量的要求;钢制伸缩装置又很难做到密封不透水,而且容易造成对车辆的冲击,影响车辆的行驶性能。因此,出现了利用吸振缓冲性能好又容易做到密封的橡胶材料,与强度高、刚性好的异形钢材组合,在大位移量情况下能承受车辆荷载的各种类型的模数支承式(模数式)桥梁伸缩装置系列。这类伸缩装置的构造,均由V形截面或其他截面形状的橡胶密封条(带),嵌接于异形边钢梁和中钢梁内组成可伸缩的密封体,异形钢梁直接承受车辆荷载,且可根据要求的伸缩量,可随意增加中钢梁和密封橡胶条(带),加工组装成各种伸缩量的系列产品。图1-4-13、图1-4-14为SG型伸缩装置构造图和横断面图,其最大位移量可达640mm。

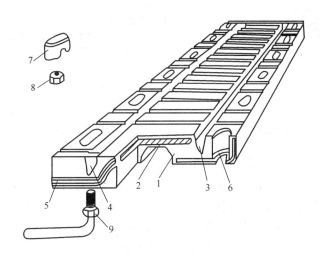

图1-4-12 板式橡胶伸缩装置一般构造(尺寸单位:mm)
1-橡胶;2-加强钢板;3-伸缩用槽;4-止水块;5-嵌合部;6-螺母垫板;7-腰型盖帽;8-螺母;9-螺栓

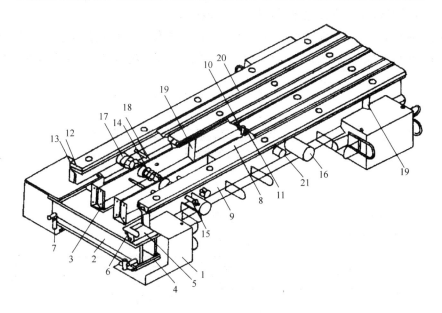

图1-4-13 SG型伸缩装置构造图
1-横梁支承箱;2-活动横梁;3-滑板;4-四氟板橡胶支垫;5-橡胶滚轴;6-滚轴支架;7-限位栓;8-工字形中间梁;9-工字形边梁;10-弹簧;11-下盖板;12-边上盖板;13-边下盖板;14-弹簧;15-钢穿心杆;16-套筒;17-弹簧插座;18-限位栓;19-腹板加劲;20-橡胶伸缩带;21-限位栓

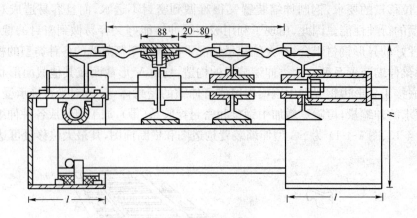

图 1-4-14　SG 型伸缩装置横断面图(尺寸单位：mm)

5. 无缝式(暗缝型)伸缩装置

无缝式伸缩装置，是接缝构造不伸出桥面时，在桥梁端部的伸缩间隙中填入弹性材料并铺上防水材料，然后在桥面铺装层铺筑黏弹性复合材料，使伸缩接缝处的桥面铺装与其他铺装部分形成一连续体，以连接缝的沥青混凝土等材料的变形承受伸缩的一种构造，我国常用的有桥面连续(图 1-4-15)、TST 弹塑体等。这类伸缩装置的主要特点为：

(1)能适应桥梁上部构造的伸缩变形和小量转动变形。

(2)使桥面铺装形成连续体，行车时不致产生冲击、振动等，舒适性较好。

(3)形成多重防水构造，防水性较好。

(4)在寒冷地区，易于机械化除雪养护，不致破坏接缝。

(5)施工简单，一般易于维修和更换。这类形式的结构特点是在路面铺装完成后再用切割器切割路面，并在其槽口内注入嵌缝材料而成的，适用于较小的接缝部位，适用范围有所限制。

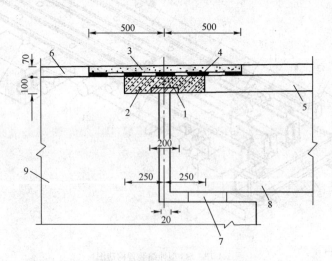

图 1-4-15　GP 型桥面连续构造(尺寸单位：mm)

1-钢板；2-Ⅰ型改性沥青混凝土；3-Ⅱ改性沥青混凝土；4-编织布；5-桥面现浇混凝土层；6-沥青混凝土铺装；7-板式橡胶支座；8-预制板；9-背墙

二、伸缩量的计算

伸缩装置安装以后的伸缩量,可考虑如下因素进行计算。

(1)由温度变化引起的伸缩量,按下列公式计算:

温度上升引起的梁体伸长量:
$$\Delta l_t^+ = \alpha_c l(T_{\max} - T_{\text{set},l}) \tag{1-4-1}$$

温度下降引起的梁体缩短量:
$$\Delta l_t^- = \alpha_c l(T_{\text{set},u} - T_{\min}) \tag{1-4-2}$$

式中:$T_{\max}$、$T_{\min}$——当地最高、最低有效气温值,按《公路桥涵设计通用规范》(JTG D60—2015)取用;

$T_{\text{set},u}$、$T_{\text{set},l}$——预设的安装温度范围的上限值和下限值;

l——计算一个伸缩装置伸缩量所采用的梁体长度,视桥梁长度及支座布置情况而定;

α_c——梁体混凝土材料线膨胀系数,采用 $\alpha_c = 0.00001$。

(2)由混凝土收缩引起的梁体缩短量 Δl_s^-,按下列公式计算:
$$\Delta l_s^- = \varepsilon_{sc}(t_u, t_0) l \tag{1-4-3}$$

式中:$\varepsilon_{sc}(t_u, t_0)$——伸缩装置安装完成时梁体混凝土龄期 t_0 至收缩终了时混凝土龄期 t_u 之间的混凝土收缩应变,可按《公路钢筋混凝土及预应力混凝土桥涵设计规范》(JTG D62)中表 6.2.7 采用或按该规范附录 F 计算。

(3)由混凝土徐变引起的梁体缩短量 Δl_c^-,按下列公式计算:
$$\Delta l_c^- = \frac{\sigma_{pc}}{E_c} \phi(t_u, t_0) l \tag{1-4-4}$$

式中:σ_{pc}——由预应力(扣除相应阶段预应力损失)引起的截面重心处的法向压应力。当计算的梁为简支梁时,可取跨中截面与 1/4 跨径截面的平均值;当梁体为连续梁或连续刚构时,可取若干有代表性截面的平均值;

E_c——梁体混凝土弹性模量;

$\phi(t_u, t_0)$——伸缩装置安装完成时梁体混凝土龄期 t_0 至徐变终了时混凝土龄期 t_u 之间的混凝土徐变系数,可按《公路钢筋混凝土及预应力混凝土桥涵设计规范》(JTG D62)中表 6.2.7 采用或按该规范附录 D 计算。

(4)由制动力引起的板式橡胶支座剪切变形而导致的伸缩缝开口量 Δl_b^- 或闭口量 Δl_b^+,其值可按 Δl_b^- 或 $\Delta l_b^+ = F_k t_e / G_e A_g$ 计算,其中 F_k 为分配给支座的汽车制动力标准值,t_e 为支座橡胶层总厚度,G_e 为支座橡胶剪变模量($G_e = 1.0$ MPa),A_g 为支座平面毛面积。

根据上述梁体的伸缩量来选用伸缩装置的型号,选用的伸缩量 C 应满足:
$$C \geqslant C^+ + C^- \tag{1-4-5}$$

式中:C^+——伸缩装置在安装后的闭口量,$C^+ = \beta(\Delta l_t^+ + \Delta l_b^+)$;

C^-——伸缩装置在安装后的开口量,$C^- = \beta(\Delta l_t^- + \Delta l_s^- + \Delta l_c^- + \Delta l_b^-)$;

β——伸缩装置伸缩量增大系数,可取 $\beta = 1.2 \sim 1.4$。

计算伸缩量时,对于影响伸缩装置伸缩量的其他因素,应视具体情况予以考虑;当施工安装温度在设计规定的安装温度范围以外时,伸缩装置应另行计算。

伸缩装置的安装宽度(或出厂宽度),可按上述公式计算得到的开口量 C^- 和闭口量 C^+ 进行计算,其值可在 $[B_{min}+(C-C^-)]$ 与 $[B_{min}+C^+]$ 两者中或两者之间取用,其中 C 为选用的伸缩装置的伸缩量,B_{min} 为选用的伸缩装置的最小工作宽度。

三、伸缩装置的安装

根据伸缩装置的安装宽度,绘制桥梁接缝处的结构图,标明安装伸缩装置所必需的槽口尺寸(深度及上、下口宽度)、伸缩装置连接所需的预埋件及其位置。同时,图纸上应标明下列内容:

(1)槽口内填筑的材料种类及其强度等级。

(2)安装伸缩装置的温度范围,在该范围内安装伸缩装置,可保证在安装后伸缩装置工作正常。

(3)伸缩装置的类型和型号,该装置的最大及最小工作宽度(B_{max} 及 B_{min})。

(4)伸缩装置的安装宽度或出厂宽度(板式伸缩装置为压缩后的宽度,可由工厂临时固定出厂)。

(5)伸缩装置施工时应注意的事项。

第四节 人行道、栏杆、护栏与灯柱

位于城镇和近郊的桥梁均应设置人行道,人行道的宽度和高度由人行交通量决定,可选用 0.75m 或 1.0m,大于 1.0m 时,按 0.5m 递增。行人稀少地区可不设人行道,为保障交通安全,在行车道边缘设置高出行车道的带状构造物——安全带,高等级公路的桥梁则采用将栏杆和安全带结合的构造物——防撞护栏。

一、安 全 带

不设人行道的桥上,两边应设宽度不小于 0.25m,高为 0.25~0.35m 的护轮安全带。近年来,为了保证行车安全,许多桥梁安全带的高度已不小于 0.4m。安全带可以做成预制块件或与桥面铺装层一起现浇。预制的安全带有矩形截面和肋板式截面两种,见图 1-4-16,以矩形截面最为常用。现浇的安全带宜每隔 2.5~3.0m 做一断缝,以免参与主梁受力而被损坏。

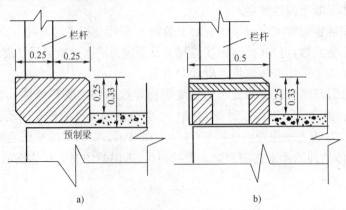

图 1-4-16 矩形和肋板式安全带(尺寸单位:m)

二、人 行 道

人行道是用路缘石或护栏及其他类似设施加以分隔的专门供人行走的部分。人行道顶面一般铺设20mm厚的水泥砂浆或沥青砂作为面层,并以此形成倾向桥面1%～1.5%的排水横坡。城市桥梁人行道顶面可铺彩砖,以增加美观。此外,人行道在桥面断缝处必须做伸缩缝。表1-4-1为城市桥梁人行道参考宽度。

城市桥梁人行道参考宽度(m) 表1-4-1

桥梁等级及地段	人行道宽度(单侧)	桥梁等级及地段	人行道宽度(单侧)
火车站、码头、长途汽车站附近和其他行人聚集地段	3～5	一般街道地段	1.5～3
大型商店和大型公共文化机关附近,商店闹市区	2.5～4.5	大桥、特大桥	2～3

按人行道在桥梁结构中所处高程不同有以下几种形式:

(1)人行道设在桥道承重结构的顶面,而且高出行车道(图1-4-17)。

(2)双层桥面布置,即人行道(含非机动车道)与行车道布置在两个高程不同的桥面系(图1-4-18)。

按人行道施工方法分又有就地浇筑式、预制装配式、部分装配和部分现浇的混合式。其中就地浇筑式的人行道现在已经很少采用。而预制装配式的人行道具有构件标准化、拼装简单化等优点,在各种桥梁结构中应用广泛。

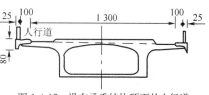

图1-4-17 设在承重结构顶面的人行道
(尺寸单位:cm)

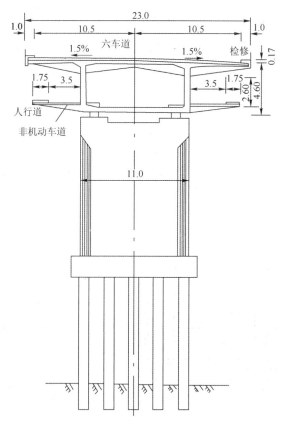

图1-4-18 双层桥面布置(尺寸单位:m)

图 1-4-19a)为整体预制的"F"形的人行道,它搁置在主梁上,适用于各种净宽的人行道,人行道下可以放置过桥的管线,但是对管线的检修和更换十分困难;图 1-4-19b)为人行道附设在板上,人行道部分用填料填高,上面敷设 2～3cm 砂浆面层或沥青砂,人行道内缘设置缘石;图 1-4-19c)为小跨宽桥上将人行道部分墩台加高,在其上搁置独立的人行道板;图 1-4-19d)为就地浇筑式人行道,适用于整体浇筑的钢筋混凝土梁桥,而将人行道设在挑出的悬臂上,这样可以缩短墩台宽度,但施工不太方便。

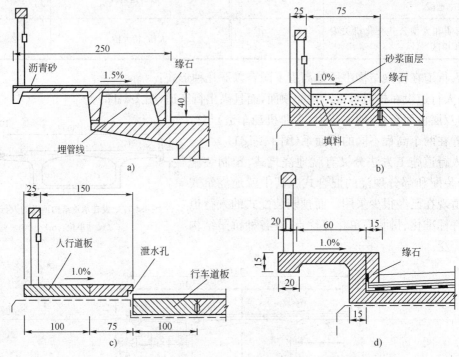

图 1-4-19 人行道一般构造

图 1-4-20 是公路桥涵标准图中的一种分段预制、悬臂安装的人行道构件,由人行道板、人行道梁、支撑梁及缘石组成。人行道横梁 A(用于安装栏杆柱)、B 搁在行车道主梁上,一端悬臂挑出,另一端则通过预埋的钢板与主梁预留的锚固钢筋焊接。支撑梁用来固定人行道梁的位置。这种人行道的构造,预制块件小而轻,但施工较麻烦。

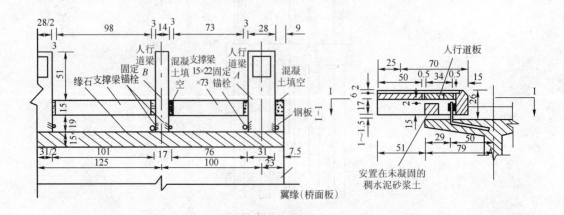

图 1-4-20 分段预制的人行道构件尺寸(尺寸单位:cm)

三、栏杆、灯柱

桥梁栏杆设置在人行道上,是桥上的安全设施,其功能主要防止人和非机动车辆掉入桥下;栏杆又是桥梁的表面建筑,也要有一个美好的艺术造型。栏杆的高度不小于1.1m;栏杆的间距一般为1.6~2.7m,标准设计为2.5m。应注意,在靠近桥面伸缩缝处所有的栏杆,均应断开,使扶手与柱之间能自由变形。

在城市及城郊行人和车辆较多的桥梁上,都要设置照明设施,一般采用柱灯在桥面上照明。照明应防止眩光,必要时应采用严格控光灯具,不宜采用栏杆照明方式。照明用灯要高出车道8~12m。对于大型桥梁和具有艺术、历史价值的中小桥梁的照明应进行专门设计,既满足功能要求,又顾及艺术效果,并与桥梁的风格相协调。

四、桥梁护栏

为了避免机动车辆碰撞行人和非机动车辆的严重事故的发生,对于高速公路、一级公路上的桥梁,必须设置护栏。二、三、四级公路上特大、大、中桥应设护栏或栏杆和安全带,小桥和涵洞可仅设缘石或栏杆。不设人行道的漫水桥和过水路面应设标杆或护栏。

防撞护栏按防撞性能分有刚性护栏、半刚性护栏和柔性护栏。

刚性护栏是一种基本不变形的护栏结构。混凝土护栏是刚性护栏的主要形式,它是以一定形状的混凝土块相互连接而组成的墙式结构,利用失控车辆碰撞后爬高并转向来吸收碰撞能量(图1-4-21、图1-4-22)。

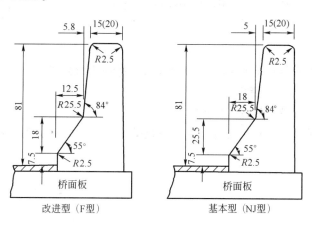

图1-4-21 钢筋混凝土墙式护栏(尺寸单位:cm)

半刚性护栏是一种连续的梁柱式护栏结构,具有一定的刚度和柔性。波形梁护栏是半刚性护栏的主要代表形式,它是一种以波纹状钢护栏板相互拼接并由立柱支撑而组成的连续结构,它利用土基、立柱、波形梁的变形来吸收碰撞能量,并迫使失控车辆改变方向(图1-4-23)。

柔性护栏是一种具有较大缓冲能力的韧性护栏结构。缆索护栏是柔性护栏的主要代表形式,它是一种以数根施加初张力的缆索固定于立柱上而组成的结构,它主要依靠缆索的拉应力来抵抗车辆的碰撞,吸收碰撞能量(图1-4-24)。

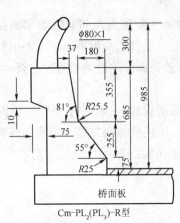
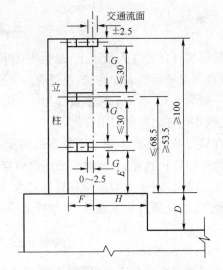

图 1-4-22 组合式桥梁护栏(尺寸单位:mm)　　图 1-4-23 金属制桥梁护栏($D \geqslant 25cm$)(尺寸单位:cm)

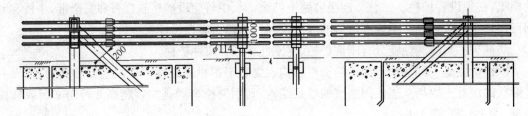

图 1-4-24 缆索护栏(尺寸单位:mm)

思考题

1. 桥面铺装的主要作用是什么？桥面铺装主要有哪几种类型？
2. 桥面为什么要设置纵、横坡？
3. 桥面横坡有哪几种设置方式？
4. 桥面伸缩装置的主要作用是什么？伸缩缝装置主要有哪些类型？并阐述各类伸缩缝装置的主要特点。
5. 伸缩量是如何计算的？

第五章 混凝土桥梁结构的耐久性设计

长期以来,人们受混凝土是一种耐久性能良好的建筑材料这一认识的影响,忽视了钢筋混凝土结构性问题,造成了钢筋混凝土结构耐久性研究的相对滞后,并为此付出了巨大的代价。国内外大量调查分析发现,引起混凝土结构耐久性失效的原因存在于结构设计、施工及维修的各个环节。虽然在许多国家的设计规范中都明确规定了钢筋混凝土结构的耐久性要求,但是,这一宗旨并没有充分地体现在具体设计条文中,致使在以往的乃至现在的工程设计中普遍存在重视强度设计而轻视耐久性设计的现象。

早期的规范中涉及结构耐久性的内容很少,除了一些保证结构耐久性的构造措施的一般规定之外,只对影响混凝土耐久性的裂缝宽度加以控制。实践证明,裂缝控制对结构耐久性设计并不起决定性作用。

新颁布的《公路工程技术标准》(JTG B01—2014)、《公路桥涵设计通用规范》(JTG D60—2015)《公路钢筋混凝土及预应力混凝土桥涵设计规范》(JTG D62)(以下简称《混凝土桥规》)增加了耐久性设计内容,特别提出的混凝土结构应根据不同设计年限及相应的极限状态和不同的环境类别及其作用等级进行耐久性设计的概念,明确提出了环境作用下混凝土结构的耐久性设计与施工的基本原则与要求,是结构设计理念上的重大突破,是工程结构科学的重大技术进步,对提高设计质量具有指导意义。

第一节 混凝土结构耐久性影响因素

混凝土结构的耐久性是指结构对气候作用、化学侵蚀、物理作用或任何其他破坏过程的抵抗能力。由于混凝土的缺陷(如裂隙、孔道、气泡、孔穴等),环境中的水及侵蚀性介质就可能渗入混凝土内部,产生碳化、冻融、锈蚀作用而影响结构的受力性能,并且结构在使用年限内还会受到各种机械物理损伤(如腐损、撞击等)及冲刷、溶蚀、生物侵蚀的作用。

混凝土结构的耐久性问题表现为:混凝土损伤(如裂缝、破碎、酥裂、磨损、溶蚀等);钢筋的锈蚀,脆化,疲劳,应力腐蚀;以及钢筋与混凝土之间黏结锚固作用的削弱三个方面。

从短期效果而言,这些问题影响结构的外观和使用功能;从长远看,则会降低结构安全度,成为发生事故的隐患,影响结构的使用寿命。

影响混凝土结构耐久性的因素十分复杂,主要取决于以下 4 个方面:

(1)混凝土材料的自身特性。

(2)混凝土结构的设计与施工质量。

(3)混凝土结构所处的环境条件。

(4)混凝土结构的使用条件和防护措施。

上述影响混凝土结构耐久性的因素可分为内因和外因。

混凝土材料的自身特性和结构的设计与施工质量是决定其耐久性的内因。混凝土的材料组成,如水灰比、水泥品种和数量、集料的种类与级配都直接影响混凝土结构的耐久性。混凝土的缺陷(如裂缝、气泡、空穴等)会造成水分和侵蚀性物质渗入混凝土内部,与混凝土发生物理化学作用,影响混凝土结构的耐久性。

1. 材料因素

混凝土材料引起结构耐久性的主导因素为碱—集料反应和钢筋腐蚀。

1)碱—集料反应

碱—集料反应一般指水泥中的碱和集料中的活性硅发生反应,生成碱—硅酸盐凝胶,并吸水产生膨胀压力,造成混凝土开裂。

碱—集料反应引起的混凝土结构破坏程度,比其他耐久性破坏发展更快,后果更为严重。碱—集料反应一旦发生,很难加以控制,一般不到两年就会使结构出现明显开裂,所以有时也称碱—集料反应是混凝土结构的"癌症"。

对付碱—集料反应重在预防,因为混凝土结构一旦发生碱—集料反应破坏,目前还没有更可靠的修补措施。防止混凝土碱—集料反应的主要措施是:选用含碱量低的水泥;不使用碱活性大的集料;选用不含碱或含碱低的化学外加剂;通过各种措施,控制混凝土的总含碱量不大于 $3kg/m^3$。

2)钢筋腐蚀

钢筋腐蚀是影响钢筋混凝土结构耐久性和使用寿命的重要因素。处于干燥环境下,混凝土碳化速度缓慢,具有良好保护层的钢筋混凝土结构一般不会发生钢筋腐蚀。在潮湿的或有侵蚀介质(如氯离子)的环境中,混凝土将加速碳化,覆盖钢筋表面的钝化膜逐渐破坏,加之有水分和氧的侵入,将引起钢筋的腐蚀。

钢筋腐蚀伴有体积膨胀、使混凝土出现沿钢筋的纵向裂缝、造成钢筋与混凝土之间的黏结力破坏、钢筋截面面积减少、使结构构件的承载力降低、变形和裂缝增大等一系列不良后果,并随着时间的推移,腐蚀会逐渐恶化,最终可能导致结构的完全破坏。

2. 环境因素

混凝土结构所处的环境条件和防护措施是影响混凝土结构耐久性的外因。外界环境因素对混凝土结构的破坏是环境因素对混凝土结构物理、化学作用的结果。

环境因素对混凝土结构损伤或破坏主要包括混凝土的碳化、氯盐的侵蚀、硫酸盐腐蚀、冻融循环破坏和磨蚀作用。

1)混凝土的碳化

混凝土的碳化是指混凝土中氢氧化钙与渗透进混凝土中的二氧化碳和其他酸性气体发生化学反应的过程。一般情况下混凝土呈碱性,在钢筋表面形成碱性薄膜,保护钢筋免遭酸性介质的侵蚀,起到了"钝化"保护作用。碳化的实质是混凝土的中性化,使混凝土的碱性降低,钝化膜破坏,在水分和其他有害介质侵入的情况下,钢筋就会发生锈蚀。

2)氯盐的侵蚀

氯盐对混凝土的侵蚀是氯离子从外界环境侵入已硬化的混凝土造成的。海水是氯离子的主要来源,北方寒冷地区向道路、桥面撒盐化雪除冰都有可能使氯离子渗入混凝土中。氯离子是一种极强的去钝化剂,氯离子进入混凝土,到达钢筋表面,并吸附于局部钝化膜处时,可使该处的pH值迅速降低,破坏钢筋表面的钝化膜,引起钢筋腐蚀。氯盐对混凝土的侵蚀属于化学侵蚀,氯离子侵蚀引起的钢筋腐蚀是威胁混凝土结构耐久性的最主要和最普遍的病害,会造成巨大的损失,应引起设计、施工及养护管理部门的重视。

3)硫酸盐腐蚀

硫酸盐腐蚀作用是指硫酸根离子与混凝土中水泥的水化物发生反应,生成具有膨胀性的侵蚀产物,从而导致混凝土出现开裂、剥落现象。另外,当溶液中的硫酸盐浓度超过其溶解度时,会形成结晶析出,导致混凝土内部出现结晶压力,加剧混凝土的膨胀开裂。

4)冻融循环破坏

渗入混凝土中的水在低温下结冰膨胀,从内部破坏混凝土的微观结构,经多次冻融循环后,损伤积累将使混凝土剥落酥裂,强度降低。

盐溶液与冻融的协同作用比单纯的冻融严酷得多,一般将盐冻破坏看作是冻融破坏的一种特殊形式,即最严酷的冻融破坏。

冻融破坏的特征是混凝土剥落,严重威胁混凝土的耐久性。混凝土冻融破坏发展速度快,一经发现混凝土冻融剥落,必须密切注意剥蚀的发展情况,及时采取修补和补强措施。

提高混凝土抗冻耐久性的主要措施是采用掺入引气剂的混凝土。国内外的大量研究和工程实践表明,掺入引气剂的混凝土抗冻耐久性明显提高,这是因为引气剂形成的互不连通的微细气孔在混凝土受冻初期能使毛细孔中的静水压力减少,在混凝土受冻结构过程中,这些孔隙可以阻止或抑制水泥浆中微小冰体的形成。

5)磨蚀作用

混凝土的磨蚀作用包括两个方面,分别为风磨蚀和水磨蚀。其中风磨蚀是指风通过挟带的沙粒对混凝土造成冲击和摩擦,从而导致混凝土的空蚀、破碎甚至崩解;水磨蚀是指混凝土在含沙水流磨蚀和空化水流空蚀共同作用下,出现材料的流失、破解的现象。

值得注意的是,几乎所有侵蚀混凝土和钢筋的作用都需要有水作介质。另一方面,几乎所有的侵蚀作用对混凝土结构的破坏都与侵蚀作用引起的混凝土膨胀,并与最终的混凝土开裂有关。而且当混凝土结构开裂后,腐蚀速度将大大加快,混凝土结构的耐久性将进一步恶化。

在影响混凝土结构耐久性的诸多因素中,钢筋腐蚀危害最大。钢筋腐蚀与混凝土碳化有关,在一般情况下,混凝土保护层碳化是钢筋腐蚀的前提,水分、氧气的存在是引起钢筋腐蚀的必要条件。因此,提高混凝土结构耐久性的根本途径是增强混凝土密实度,防止或控制混凝土开裂,阻止水分的侵入;加大混凝土保护层的厚度,防止由于混凝土保护层碳化引起钢筋钝化膜的破坏。

第二节　混凝土结构耐久性设计

钢筋混凝土及预应力混凝土桥梁结构设计,除了进行结构承载能力极限状态和正常使用极限状态计算,满足结构强度和使用功能要求外,还应进行结构的耐久性设计。耐久性设计应包含下列内容。

(1)确定结构和结构构件设计使用年限。

结构的设计使用年限,通常应是使用过程中仅需一般维护,而不需进行大修的年限。处于露天环境下的桥梁结构,在结构的设计使用年限内,通常需要对桥面铺装、支座、伸缩缝等个别构件进行定期大修或更换。

桥梁结构的设计使用年限,可参照下列规定采用:

①大型公路桥梁、高速公路及一级公路上的桥涵,城市干线上大型桥梁、大型立交桥100年。

②二级及二级以下公路上及一般城市道路上的桥涵50年。

③可替换的易损混凝土构件30年。

当结构的使用年限预期会因服务功能的快速变化(如桥梁的通行能力的快速增长)而较早终结,或当环境特别严酷,采用较长的使用年限受到技术、经济上的制约时,在主管部门和业主的同意下,可按较低的设计使用年限进行设计,但一般不宜低于30年。

(2)确定结构和结构构件所处的环境类别及其作用等级。

耐久性设计时应对公路沿线水质、土质、气候条件等进行勘察或调查,确定环境类别及作用等级,分别按表1-5-1~表1-5-3划分。

环境类别划分标准　　　　　　　　　　　　　　　　　表1-5-1

环境类别	名　称	腐蚀机理
Ⅰ	一般环境	保护层混凝土碳化引起钢筋锈蚀
Ⅱ	冻融环境	反复冻融导致混凝土损伤
Ⅲ	海洋氯化物环境	氯盐引起钢筋锈蚀
Ⅳ	除冰盐等其他氯化物环境	氯盐引起钢筋锈蚀,导致混凝土破坏、剥蚀
Ⅴ	盐结晶环境	硫酸盐等化学物质在混凝土孔中结晶膨胀导致混凝土损伤
Ⅵ	化学腐蚀环境	硫酸盐和酸类等腐蚀介质与水泥基发生化学反应导致混凝土损伤
Ⅶ	磨蚀环境	风沙、流水、泥沙或流冰因摩擦、冲击作用造成混凝土表面损伤

环境作用等级划分标准　　　　　　　　　　　　　　　表1-5-2

作用等级	腐蚀程度	环境对混凝土结构的影响
A	轻微	环境对结构的腐蚀作用非常小,只针对处于一般环境下的混凝土结构构件
B	轻度	环境对结构的腐蚀作用较小,不需要做特殊的耐久性设计
C	中度	环境对结构的腐蚀作用较严重,需针对所处环境类别选取适宜的耐久性指标
D	严重	环境对结构的腐蚀作用严重,对混凝土表面和水泥基内部都产生破坏作用,需采取措施提高结构耐久性
E	非常严重	结构受多种损伤因素的影响,或环境中的腐蚀介质与水泥基或钢筋产生化学反应,产生非常严重的破坏作用,在正常耐久性设计的前提下,宜采取防腐蚀附加措施提高结构耐久性
F	极端严重	因较高浓度盐与水泥基或钢筋发生化学反应,对结构造成极其严重的物理、化学破坏,在正常耐久性设计的前提下,宜采取防腐蚀附加措施提高结构耐久性

公路混凝土桥涵的环境类别及其作用等级　　　　表1-5-3

环境类别 \ 环境作用等级	A 轻微	B 轻度	C 中度	D 严重	E 非常严重	F 极端严重
一般环境（Ⅰ）	Ⅰ-A	Ⅰ-B	Ⅰ-C	—	—	—
冻融环境（Ⅱ）	—	—	Ⅱ-C	Ⅱ-D	Ⅱ-E	—
海洋氯化物环境（Ⅲ）	—	—	Ⅲ-C	Ⅲ-D	Ⅲ-E	Ⅲ-F
除冰盐等其他氯化物环境（Ⅳ）	—	—	Ⅳ-C	Ⅳ-D	Ⅳ-E	—
盐结晶环境（Ⅴ）	—	—	—	—	Ⅴ-E	Ⅴ-F
化学腐蚀环境（Ⅵ）	—	—	Ⅵ-C	Ⅵ-D	Ⅵ-E	—
磨蚀环境（Ⅶ）	—	—	Ⅶ-C	Ⅶ-D	—	—

(3)提出对混凝土材料选控要求（适宜的原材料、合理的配合比、适当的耐久性指标），以确保混凝土的耐久性。

按确定的环境类别，选择混凝土耐久性的基本要求指标，提出混凝土原材料选用（水泥品种与等级）、掺合料种类、集料品种与质量要求等。

①不同类型环境下的结构构件，混凝土耐久性评价指标的选取宜参考表1-5-4。氯离子含量、碱含量、抗渗等级、含气量、气泡间隔系数、抗冻耐久性指数、抗碱—集料反应能力、耐磨蚀性能的要求应符合相关规定。裂缝宽度限值、保护层厚度应满足规定要求。

不同环境下混凝土耐久性评价指标　　　　表1-5-4

环境类别	混凝土耐久性评价指标
一般环境	最低强度等级、氯离子含量、碱含量、抗渗等级、裂缝宽度限值、保护层厚度、抗碱—集料反应能力
冻融环境	最低强度等级、氯离子含量、碱含量、抗渗等级、含气量、气泡间隔系数、抗冻耐久性指数、裂缝宽度限值、保护层厚度、抗碱—集料反应能力
海洋氯化物环境	最低强度等级、氯离子含量、碱含量、电通量、氯离子扩散系数、裂缝宽度限值、保护层厚度、抗碱—集料反应能力
除冰盐等其他氯化物环境	最低强度等级、氯离子含量、碱含量、电通量、氯离子扩散系数、裂缝宽度限值、保护层厚度、抗碱—集料反应能力
盐结晶环境	最低强度等级、氯离子含量、碱含量、抗渗等级、含气量、气泡间隔系数、抗冻耐久性指数、裂缝宽度限值、保护层厚度、抗碱—集料反应能力
化学腐蚀环境	最低强度等级、氯离子含量、碱含量、抗渗等级、裂缝宽度限值、保护层厚度、抗碱—集料反应能力
磨蚀环境	最低强度等级、氯离子含量、碱含量、抗渗等级、裂缝宽度限值、保护层厚度、抗碱—集料反应能力、耐磨蚀性能

注：处于海洋氯化物环境和除冰盐等其他氯化物环境中的混凝土结构，氯离子扩散系数和电通量都为抗氯离子侵入性指标；其他环境下，抗渗等级可用电通量法和RCM氯离子扩散系数法，或者使用抗渗标号进行判定。

②不同环境类别下,钢筋混凝土及预应力混凝土构件的混凝土强度等级不应低于表 1-5-5 的要求。

钢筋混凝土及预应力混凝土构件的最低混凝土强度等级要求　　　　表 1-5-5

环境类别	环境作用等级	设计使用年限	
		100 年	50 年
一般环境	Ⅰ-A	C30	C25
	Ⅰ-B	C35	C30
	Ⅰ-C	C40	C35
冻融环境	Ⅱ-C	Ca35,C45	Ca30,C40
	Ⅱ-D	Ca40	Ca35
	Ⅱ-E	Ca45	Ca40
海洋氯化物环境	Ⅲ-C	C35	C30
	Ⅲ-D	C35	C30
	Ⅲ-E	C40	C35
	Ⅲ-F	C45	C40
除冰盐等其他氯化物环境	Ⅳ-C	C35	C30
	Ⅳ-D	C35	C30
	Ⅳ-E	C40	C35
盐结晶环境	Ⅴ-E	C40	C40
	Ⅴ-F	C45	C40
化学腐蚀环境	Ⅵ-C	C35	C30
	Ⅵ-D	C40	C35
	Ⅵ-E	C45	C40
磨蚀环境	Ⅶ-C	C40	C35
	Ⅶ-D	C45	C40

注:承台、桩基础不受此规定限制。

(4)采用有助于耐久性的结构构造,便于施工、检修和维护管理;采取适当的施工养护措施,满足耐久性所需的施工养护的基本要求。

①预应力混凝土结构中的预应力筋应根据具体情况采用表面防护、预应力套管、预应力套管填充、加大混凝土保护层等防护措施;预应力锚固端应采用锚头封罩、封罩填充、锚固区封填和混凝土表面处理等防护措施。

②混凝土桥梁受雨淋或可能积水的表面宜做成斜面,应设置可靠的防排水构造措施,尽量避免水、汽和腐蚀性介质在混凝土表面滞留和积聚。

③对于混凝土梁外侧翼缘及可能遭受雨水侵蚀的梁端部位,应设置适当的排水檐和滴水槽。排水管宜采用符合耐久性要求的塑料管道,管道与梁体间应设置可靠的防渗漏水措施,管道出口应防止排水回流至构件表面。

④暴露混凝土以外的连接件、紧固件等构件与混凝土结构应设置可靠的连接方式,连接部位须进行有效的防腐处理。

(5)对于严重腐蚀环境条件下的混凝土结构,除了对混凝土本身提出相关的耐久性要求外,还应实施可靠的防腐蚀附加措施。

当桥墩在不同高程位置处所受环境作用变化较大时,可对桥墩分段进行耐久性设计。对于海洋浪溅区或者潮汐区的桥墩,宜采用防腐蚀附加措施。

第三节 提高混凝土桥梁结构耐久性的技术措施

混凝土桥梁结构的耐久性取决于混凝土材料的自身特性和结构的使用环境,与结构设计、施工及养护管理密切相关。综合国内外研究成果和工程经验,一般是从以下三个方面解决混凝土桥梁结构的耐久性问题:

(1)采用高耐久性混凝土,增强混凝土的密实度,提高混凝土自身抗破损能力。

(2)加强桥面排水和防水层设计,改善桥梁的环境作用条件。

(3)改善构造设计,其中包括加大混凝土保护层厚度;加强构造钢筋,防止和控制裂缝发展;采用具有防腐保护的钢筋(如体外预应力筋、无黏结预应力筋、环氧涂层钢筋)等。

1. 结构混凝土耐久性的基本要求

提高混凝土自身的耐久性是解决混凝土结构耐久性的前提和基础。混凝土的耐久性主要取决于混凝土的材料组成,其中水灰比、水泥用量、强度等级等均对耐久性有较大影响。

结构混凝土在不同使用环境如碳化、氯盐侵蚀、硫酸盐腐蚀、冻融、磨蚀作用下,对影响混凝土耐久性的最大水灰比、最小水泥用量、最低混凝土强度等级、最大氯离子含量和最大碱含量规定都不同,详见《混凝土结构耐久性设计规范》(GB/T 50476—2008)和《公路桥梁混凝土结构耐久性设计指南》。

为了防止钢筋腐蚀以及提高混凝土的抗冻性,混凝土应尽可能地密实,使其具有良好的抗渗透性能。为此,除了选择级配良好的集料和精心施工,保证混凝土充分捣实和水泥充分水化外,水灰比(或水胶比)是影响混凝土密实性的最重要的条件。

为了保证混凝土有足够的耐久性,控制最低水泥(或胶凝材料)用量也很重要,因为单位水泥(或胶凝材料)用量较高的混凝土,混凝土拌和物比较均匀,可减少混凝土捣实中出现的局部缺陷。混凝土抗冻融的能力与其含气量有密切关系,因此,有抗冻要求的结构混凝土应掺入适量的引气剂。

2. 加大钢筋的混凝土保护层厚度

混凝土保护层碳化是钢筋锈蚀的前提。就一般情况而言,只有保护层混凝土碳化,钢筋表层钝化膜破坏,钢筋才有可能锈蚀。因此,加大钢筋的混凝土保护层厚度,是保护钢筋免于锈蚀,提高混凝土结构耐久性的最重要措施之一。

混凝土桥规要求最小混凝土保护层厚度(钢筋外缘或管道外缘至混凝土表面的距离)不应小于钢筋公称直径,后张法构件预应力直线形钢筋不应小于其管道直径的1/2,且应符合表1-5-6的规定。

普通钢筋和预应力直线钢筋最小混凝土保护层厚度 C_{min} (mm)　　表 1-5-6

暴露环境构件类别			桥梁上部结构		桥梁下部结构			
			梁、板、拱圈、涵洞(上部)		墩身、挡土结构、涵洞(下部)		承台、基础(桥、涵)	
			混凝土强度等级	C_{min}	混凝土强度等级	C_{min}	混凝土强度等级	C_{min}
一般环境	Ⅰ-A		C30	30	C30	30	C30	55
			≥C35	25	≥C35	25	≥C35	50
	Ⅰ-B		C35	35	C35	35	C30	60
			≥C40	30	≥C40	30	≥C35	55
	Ⅰ-C		C40	45	C40	45	C30	65
			C45	40	C45	40	≥C35	60
			≥C50	35	≥C50	35		
冻融破坏环境	Ⅱ-C		C45	40	C35	45	C30	75
			≥C50	35	≥C40	40	≥C35	70
			Ca35	35	Ca35	40	Ca30	70
	Ⅱ-D		Ca40	40	Ca40	45	Ca30	75
	Ⅱ-E		Ca45	50	Ca45	55	Ca35	80
海洋氯化物环境	Ⅲ-C		C45	45	C35	50	C30	75
	Ⅲ-D		C45	55	C35	60	C30	80
			≥C50	50	≥C40	55	≥C35	75
	Ⅲ-E		C50	60	C40	65	C35	85
			≥C55	55	≥C45	60	≥C40	80
	Ⅲ-F		C55	60	C45	65	C40	85
除冰盐等其他氯化物环境	Ⅳ-C		C45	45	C35	50	C30	75
	Ⅳ-D		C45	55	C35	60	C30	80
			≥C50	50	≥C40	55	≥C35	75
	Ⅳ-E		C50	60	C40	65	C35	85
			≥C55	55	≥C45	60	≥C40	80
盐结晶环境	Ⅴ-E		C50	55	C40	60	C35	85
				60	C45	65	C40	85
化学腐蚀环境	Ⅵ-C		C45	45	C35	50	C30	75
			≥C50	40	≥C40	45	≥C35	70
	Ⅵ-D		C50	50	C40	55	C35	80
			≥C55	45	≥C45	50	≥C40	75
	Ⅵ-E		C55	50	C45	60	C40	85
			≥C60	45	≥C50	55	≥C45	80
腐蚀环境	Ⅶ-C		≥C45	45	≥C40	50	≥C30	70
	Ⅶ-D		≥C50	50	≥C45	55	≥C35	75

注：1. 表中保护层厚度数值为净保护层厚度，最小保护层厚度最低不应小于 20mm；在任何条件下，梁的混凝土保护层不小于 30mm，对于板可有条件地放宽到 25mm。
2. 表中数值对应设计使用寿命为 100 年的桥涵结构，若设计使用寿命为 50 年，则最小保护层厚度可相应表中数值减少 5mm。
3. 对于工厂预制的混凝土构件，其最小保护层厚度可将表中相应数值减少 5mm。
4. 先张部分预应力混凝土构件的最小保护层厚度应在表中数值基础上增加 10mm。
5. 采用机械连接的钢筋，连接套筒外表面的混凝土厚度与钢筋的混凝土保护层厚度规定相同。
6. 承台和基础的最小保护层厚度针对基坑底面无垫层或侧面无模板的情况，对于有垫层或有模板的情况，最小保护层厚度可将表中相应数值减少 20mm 最低不应小于 40mm。
7. 人行道、栏杆等附属构件的保护层厚度应遵循以下规律：碳化环境、磨蚀环境下，取 20mm；冻融和除冰盐环境等其他腐蚀环境下，取 25mm；海洋氯化物、化学腐蚀和盐结晶环境下，取 30mm。
8. 环氧涂层钢筋最小保护层厚度参考同类环境下的最小值。
9. 对处于作用等级为 E、F 级的海洋氯化物环境或除冰盐等其他氯化物环境下的配筋混凝土构件，当采取可靠的防腐蚀附加措施并经过专门论证后，其混凝土保护层最小厚度可适当低于本表规定，但不得低于 55mm。
10. 当混凝土梁顶面设置防水层或铺装层时，顶面的混凝土保护层厚度可适当减小，但减少后的混凝土保护层厚度不应小于 25mm。

3. 加强构造配筋,防止和控制混凝土裂缝

混凝土结构的任何损伤与破坏,一般都是首先在混凝土中出现裂缝,裂缝是反映混凝土结构病害的晴雨表。反过来,裂缝的存在会增加混凝土的渗透性,提供了使侵蚀破坏作用逐步升级、混凝土耐久性不断下降的渠道。当混凝土开裂后,侵蚀速度将大大加快,形成导致混凝土结构耐久性进一步退化的恶性循环。因此,防止和控制混凝土的裂缝,对提高混凝土结构的耐久性是十分重要的。

控制混凝土的裂缝,除按规范要求,控制正常使用极限状态的工作裂缝以外,更重要的是采取构造措施,控制混凝土施工及使用过程中大量出现的非工作裂缝。

混凝土桥规突出强调了水平防缩钢筋和箍筋在控制裂缝中的作用,提高了水平防收缩钢筋的配筋率和箍筋间距的限制。

(1)T形、I形截面梁或箱形截面梁的腹板两侧,应设置直径 6~8mm 的纵向钢筋(一般称水平防收缩钢筋),每腹板内钢筋截面面积宜为$(0.001\sim0.002)bh$,其中 b 为腹板宽度,h 为梁的高度,其间距在受拉区不应大于腹板宽度,且不应大于 200mm,在受压区不应大于 300mm。在支点附近剪力较大区段和预应力混凝土梁锚固区段,腹板两侧纵向钢筋截面面积应予增加,纵向钢筋间距宜为 100~150mm。

(2)钢筋混凝土梁中应设置直径不小于 8mm,且不小于 1/4 主箍直径的箍筋。其间距应符合下列规定:箍筋间距不应大于梁高的 1/2,且不大于 400mm;当所箍钢筋为按受力需要的纵向受压钢筋时,不应大于所箍钢筋直径的 15 倍,且不应大于 400mm。在钢筋绑扎搭接接头范围内的箍筋间距,当绑扎搭接钢筋受拉时,不应大于主钢筋直径的 5 倍,且不大于 100mm;当搭接钢筋受压时,不应大于主钢筋直径的 10 倍,且不大于 200mm。在支座中心向跨径方向长度相当于不小于一倍梁高范围内,箍筋间距不宜大于 100mm。

(3)预应力混凝土 T 形、I 形截面梁和箱形截面梁腹板内应分别设置直径不小于 10mm 和 12mm 的箍筋,且应采用带肋钢筋,间距不应大于 250mm;自支座中心起长度不小于一倍梁高范围内,应采用闭合式箍筋,间距不应大于 100mm。在 T 形、I 形截面梁下部的马蹄内,应另设直径不小于 8mm 的闭合式箍筋,间距不应大于 200mm。

腹板内由水平防收缩钢筋和箍筋构成的钢筋网,是防止和控制收缩裂缝的重要构造措施。

4. 提高后张法预应力钢筋管道压浆质量的措施

后张法预应力钢筋管道压浆质量是影响预应力混凝土梁耐久性的关键之一。预应力钢筋管道压浆用水泥浆的抗压强度不应低于 30MPa,其水灰比宜为 0.4~0.5。为减少收缩,可通过试验掺入适量膨胀剂。

预应力筋的锈蚀会导致结构的突然破坏,事先不易发现,在耐久性设计中必须特别重视,并宜采用多重防护手段。

对于可能遭受氯盐侵蚀的预应力混凝土结构,预应力筋、锚具、连接器等钢材组件宜采用环氧涂层或涂锌防锈处理;后张预应力体系的管道必须具有密封性能,不宜使用金属的波纹管,应采用有良好密封性能的高密度塑料波形管,管道灌浆材料和灌浆方法要事先通过试验验证,尽可能减少浆体硬化后形成的气孔,并采用真空灌浆工艺,必要时还可在灌浆材料中掺入适量的阻锈剂。

预应力筋的锚头,应采用无收缩高性能混凝土封端,其强度等级应高于构件本体混凝土的强度等级,水胶比不低于本体混凝土,并不大于0.4,并需对新老混凝土的连接面进行防水处理。

5. 加强桥面排水和桥面铺装层的防水设计

桥面排水和铺装层防水层对桥面的防护有重要作用,必须精心设计与施工。

桥面排水设计应与桥面的纵、横断面设计密切配合,合理地选择和布设泄水管。对于可能遭受氯盐侵蚀的桥面,应加大桥面纵、横向的排水坡度,尽快将水排除,并应考虑结构发生挠曲或施加预应力引起的反拱对桥面排水的影响,防止桥面积水。

要加强泄水管和伸缩缝周边的构造细节处理,防止水分从泄水管和伸缩缝处渗入梁体(或墩台盖梁)。必要时可对泄水管和伸缩缝周边梁体进行防水处理。

桥面铺装层应采用密实性较好的C30以上等级的混凝土,混凝土铺装层内应设置钢筋网,防止混凝土开裂。采用复合纤维混凝土或在混凝土中掺入水泥基渗透结晶防水材料(赛柏斯),都能收到较好的防水效果。

桥面铺装层顶面应设置防水层,特别是连续梁(或悬臂梁)的负弯矩段更应十分重视防水层设计。

解决混凝土结构耐久性问题还涉及施工及养护管理等方面的问题,应参照有关规范执行。

思考题

1. 影响混凝土耐久性因素主要有哪些?
2. 如何提高混凝土桥梁结构的耐久性?

第二篇

混凝土梁桥和刚架桥

中小跨径公路桥梁或城市桥梁，大部分是钢筋混凝土或预应力混凝土梁式桥。钢筋混凝土梁式桥已有近百年的历史，经过长期的理论研究和实践，人们对钢筋混凝土结构设计理论的认识已经日渐成熟，其施工技术的发展也日趋完善。这种桥梁的优点颇多，可以就地取材；材料可塑性强，可以适应各种道路线形要求；可以采用装配式结构，工业化程度高；整体性好，结构刚度大，变形小以及外观简洁等。预应力混凝土梁桥更兼有梁高低、跨越能力大的优点，特别是预应力技术的采用，为现代装配式结构提供了最有效的连接和拼装手段，使建桥技术和运营质量产生了较大的飞跃。目前，预应力混凝土简支梁的跨径已达 50~70m，最大跨径的连续刚构已达 301m。

混凝土梁式桥可以按以下几种依据进行分类：

1. 按承重结构横截面形式分类

按横截面形式，混凝土梁式桥可分为板桥、肋梁桥和箱形梁桥。板桥[图 2-0-1a)、b)]构造简单，施工方便；肋梁桥[图 2-0-1c)、d)]是在板桥截面的基础上，将梁下缘受拉区混凝土挖空，从而减轻结构自重，提高跨越能力；箱形截面[图 2-0-1e)、f)]提供了能承受正、负弯矩的足够的混凝土受压区，抗弯、抗扭能力强，更适用于较大跨径的悬臂体系梁桥和连续体系梁桥。

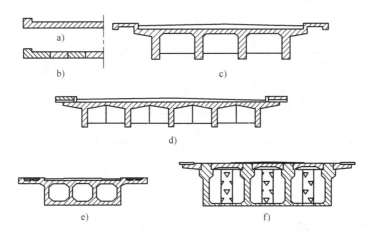

图 2-0-1 典型的混凝土梁桥横截面
a)、b)板桥；c)、d)肋梁桥；e)、f)箱形截面

2. 按受力特点分类

按受力特点，混凝土梁式桥分为简支梁(板)桥，连续梁(板)桥和悬臂梁(板)桥。简支梁桥[图 2-0-2a)]属静定结构，是受力和构造最简单的桥型，应用广泛；连续梁桥[图 2-0-2b)]属超静定结构，在荷载作用下支点截面产生负弯矩，从而减小了跨中的正弯矩，增大跨越能力，适用于桥梁基础良好的场合；悬臂梁[图 2-0-2c)]属于静定结构，跨越能力比简支梁大，但逊于连续梁，由于顶面混凝土容易开裂，影响混凝土的耐久性，并且因行驶路况较差，目前较少采用。

3. 按施工方法分类

按施工方法，可以分为整体浇筑式梁桥[图 2-0-1a)、c)、e)]和预制装配式梁桥[图 2-0-1b)、d)、f)]两类。整体式梁桥整体性较好，而装配式梁桥具有施工方便，大量节省支架模板，不受季节性影响等优点。装配式结构块件划分方式的不同,常分为纵向竖缝划分[图 2-0-1b)、d)],纵向水平缝划分[图 2-0-1f)]和纵、横向竖缝同时划分(图 2-0-3)三种。可以根据现场实际的预制、运输和起重等条件,确定拼装形式以及拼装单元的最大尺寸和质量,尽量减少接头数量和块件的尺寸形式,确保接头牢固可靠,施工方便。

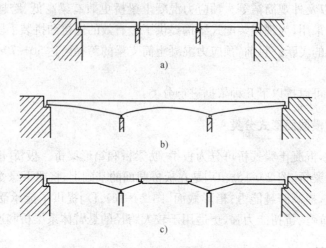

图 2-0-2　梁式桥的基本体系
a)简支梁桥;b)连续梁桥;c)悬臂梁桥

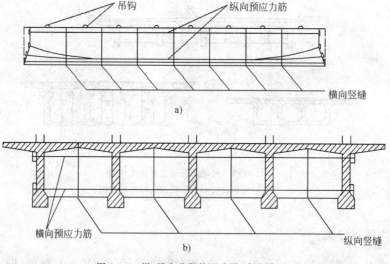

图 2-0-3　纵、横向分段装配式梁(串连梁)

当混凝土简支梁桥跨径较大时,就需要采用预应力混凝土梁。与钢筋混凝土梁相比,预应力混凝土梁主要有以下优点:

(1)采用高强度钢筋,可节约钢筋 20%～40%,且跨径越大,节约钢筋越多。

(2)预加应力可大幅度提高梁体的抗裂性和耐久性。

(3)由于利用高强度钢筋和高强度等级混凝土,梁体自重减轻,截面尺寸减小,可以增大跨越能力,也有利于运输和架设。

(4)充分利用混凝土抗压性能好的优势,使全截面参与工作,提高了混凝土梁的刚度。

本篇将详细介绍上述桥型的构造和设计要点,有关施工方面的内容见本篇第八章。

思考题

1. 混凝土梁式桥有哪些优点?
2. 混凝土梁式桥有哪几种分类方式?
3. 简支梁桥、连续梁桥和悬臂梁桥各有什么特点?
4. 常见的刚架桥有哪些?它们的共同特点是什么?
5. 与钢筋混凝土梁相比,预应力混凝土梁主要有哪些优点?
6. 对于钢筋混凝土梁式桥,箱形截面有什么力学特点?

第一章 混凝土梁式桥的构造

第一节 板桥的构造

板桥承载结构的断面形式是矩形,因为它在建成后外形上像一块薄板,故习惯称之为板桥。在所有的桥梁形式中,板桥建筑高度小,外形简洁,内部一般只需要按构造要求将部分主筋弯起即可。而且板桥施工简单,制作方便,既有利于现场整体浇筑,也有利于工厂标准化生产。

桥下净空受限制的桥梁适宜选择板桥,既可以降低桥面高度,又可以缩短引道长度,但板桥的跨径不宜过大。

从结构静力体系来看,板桥可以分为简支板桥、悬臂板桥和连续板桥三种。本节重点介绍简支板桥的构造与设计。

一、整体式简支板桥的截面形式与构造

1. 截面形式

整体式板桥一般做成实体式等厚度的矩形截面[图 2-1-1a)],为了减轻自重也可做成肋板式截面[图 2-1-1b)]。常见的城市高架桥的板桥截面形式有单波[图 2-1-1c)]和双波[图 2-1-1d)]两种。

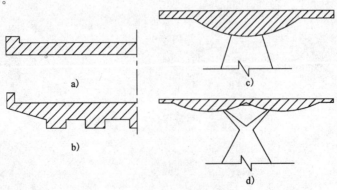

图 2-1-1 整体式板桥横截面

钢筋混凝土整体式简支板桥的常用跨径一般不宜大于13m,板厚一般取跨径的1/12~1/16,其桥面宽度往往大于跨径,因此在荷载作用下,桥面板实际上呈双向受力状态,即跨中部分除板的纵向产生正弯矩外,横向也产生较大的弯矩。因此当桥面板宽较大时,除配置纵向的受力钢筋外,尚应配置板的横向受力钢筋。城市修建宽桥时,为了防止产生过大的横向弯矩以及温度变化和混凝土收缩引起的纵向裂缝,可以将板沿桥中线分开,做成双幅桥面。

2. 钢筋构造

《混凝土桥规》规定:整体式板桥行车道板的主钢筋直径不应小于10mm,间距不应大于200mm,一般也不宜小于70mm;由于车辆荷载在板边缘的分布范围比中间板带小,因此板两侧各1/6板宽范围内的主筋数量宜较中间板带增加15%。行车道板内主钢筋可在沿板高中心纵轴线的1/4~1/6计算跨径处按30°~45°弯起,通过支点的不弯起主钢筋,每米板宽内不应少于3根,并不少于主钢筋截面面积的1/4。行车道板内应设置垂直于主筋的分布钢筋,分布钢筋设在主筋的内侧,其直径不应小于8mm,间距不应大于200mm,截面面积不宜小于板的截面面积的0.1%。在所有主钢筋的弯折处,均应设置分布钢筋。

人行道板的厚度,就地浇筑的混凝土板不应小于80mm;预制混凝土板不应小于60mm。人行道板内的主钢筋直径不应小于8mm,分布钢筋直径不应小于6mm,其间距不应大于200mm。

为了保证混凝土结构在设计年限内具有足够的耐久性以及混凝土内的钢筋不被腐蚀,应保证混凝土保护层厚度和密实性。在一般环境条件下,板的主钢筋与板缘间的净距(即保护层厚度)应不小于30mm,对于有侵蚀环境的情况,保护层应进一步增厚。

图2-1-2为一座6m跨径的钢筋混凝土整体式简支板桥构造图,桥面宽度为净8.5m+2×0.25m人行道。该桥计算跨径为5.69m,板厚32cm,纵向受力主筋采用HRB400钢筋,直径为20mm,分布钢筋采用HPB300钢筋,直径为10mm,间距为200mm,主筋两端呈45°弯起。

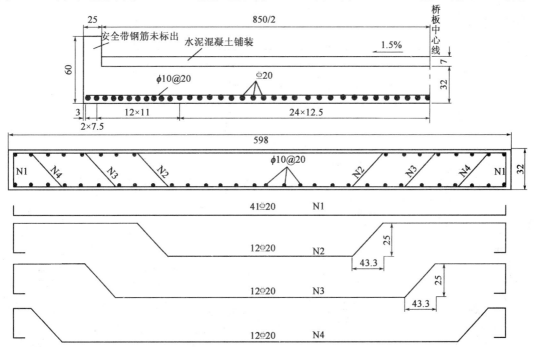

图2-1-2 钢筋混凝土整体式简支板桥构造(尺寸单位:cm;钢筋直径:mm)

二、装配式简支板桥的构造

装配式板桥的截面形式主要有实心板和空心板两种,其中实心板桥多采用矩形截面。

1. 矩形实心板桥

矩形实心板使用跨径不大于 8m,板高为 0.16~0.36m。图 2-1-3 为一标准跨径 6m 的装配式矩形板桥构造图,板高 0.28m。预制板混凝土强度等级为 C25,纵向主筋用直径 18mm 的 HRB400 钢筋,箍筋用直径 6mm 的 HPB300 钢筋,架立钢筋用直径 8mm 的 HPB300 钢筋,预

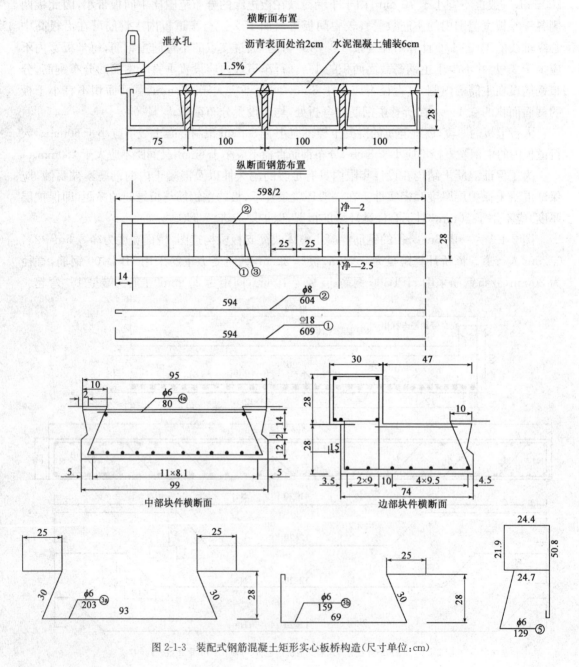

图 2-1-3 装配式钢筋混凝土矩形实心板桥构造(尺寸单位:cm)

制板安装就位后,在铰缝内填筑强度等级为 C30 的小石子混凝土,并浇筑厚 6cm 的 C25 水泥混凝土铺装层使之连成整体。块件吊点设置在距端头 50mm 处。

2. 空心板桥

当跨径增大时,装配式简支板桥应采用空心板截面,以减轻自重,充分利用材料。空心板开孔形式如图 2-1-4 所示。其中图 2-1-4a)型和图 2-1-4b)型为单孔,其挖空率大,质量轻,但顶板需配置横向受力钢筋来承担荷载的作用,其中图 2-1-4a)型顶部略呈拱形,可以节省钢筋,但模板较复杂;图 2-1-4c)型为双圆孔,施工时可用无缝钢管(或充气囊)作芯模,但挖空率小,质量较大;图 2-1-4d)型芯模则由两个半圆和两块侧模板组成,当板的厚度改变时,只需改变侧板高度即可。

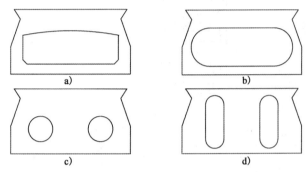

图 2-1-4 装配式简支板桥空心板截面

装配式钢筋混凝土空心板桥常用跨径为 6~13m,装配式预应力混凝土空心板桥常用的跨径为 8~20m。空心板的顶板和底板厚度均应不小于 80mm,空心板的空洞端部应予填封。

图 2-1-5 为《公路桥涵标准图》中标准跨径为 8m 的装配式钢筋混凝土空心板的钢筋布置图,桥面宽为 2×净—11.0m,板全长 7.96m,计算跨径 7.70m,板厚 40cm,横截面采用双圆孔,半径 18cm,采用 C40 混凝土预制,每板块底层配 8ϕ25 主筋,板顶面配置 3ϕ8 钢筋,用以承担剪力的箍筋 N5 和 N6 做成开口式,待立好芯模后,再与其上的横向钢筋 N4 相绑扎组成封闭式的箍筋。

图 2-1-6 为跨径 13m 的装配式先张法预应力混凝土空心板的钢筋布置图,采用 1860MPa 级钢绞线作为预应力主筋,预应力钢筋端部配置螺旋筋以加强自锚作用,为了承受由于预应力钢筋的张拉而在板上缘产生的拉应力,板端顶面加倍配置了非预应力筋。另外支点附近剪力较大,箍筋也须加密加粗。

3. 装配式板桥的横向连接

装配式板桥板块之间必须采用横向连接构造,以保证板块共同承受车辆荷载。常用的横向连接方式有铰缝式混凝土铰连接和钢板焊接连接。

铰缝式混凝土铰接形式有圆形、菱形和漏斗形三种[图 2-1-7a)、b)、c)]。它是在块件安装就位后,在铰缝内用 C25~C40 细集料混凝土填实而成。铰的上口宽度应满足施工时使用插入式振捣器的需要,铰槽的深度宜为预制板高度的 2/3。预制板内应预埋钢筋深入铰内。如果要使桥面铺装层也参与受力,可以将预制板中的钢筋伸出与相邻板的同样钢筋互相绑扎,再浇筑混凝土层[图 2-1-7d)],混凝土层厚度不宜小于 80mm。实践证明,铰缝式混凝土铰能保证有效地传递横向剪力,使各块板共同受力。

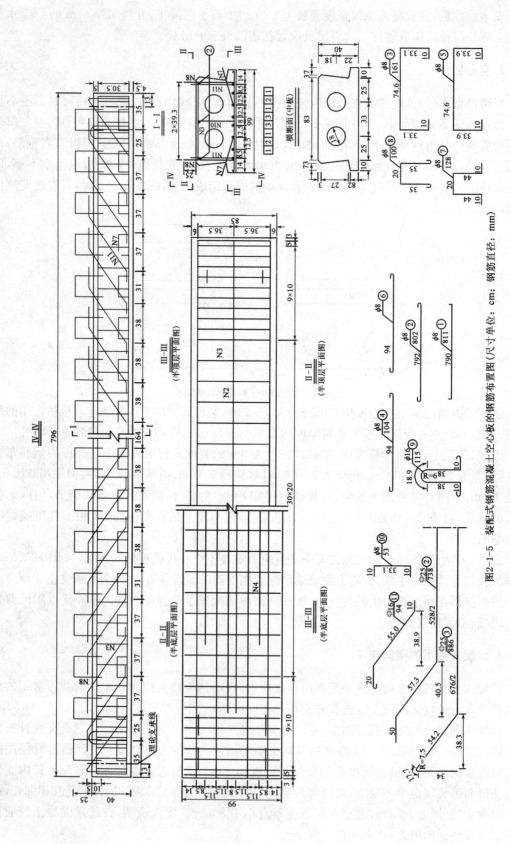

图2-1-5 装配式钢筋混凝土空心板的钢筋布置图（尺寸单位：cm；钢筋直径：mm）

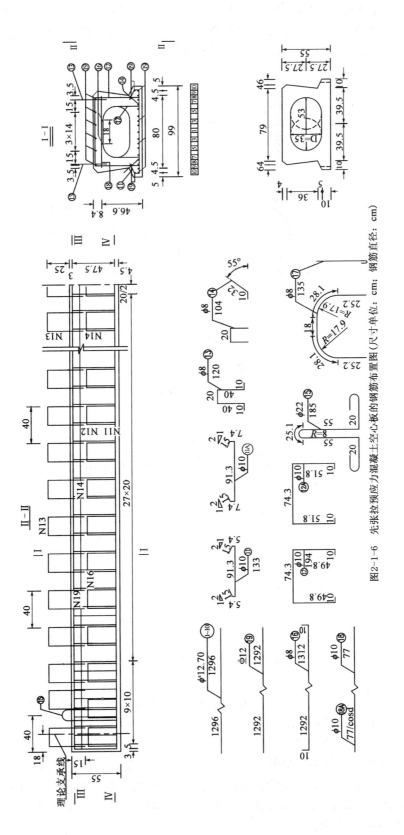

图2-1-6 先张拉预应力混凝土空心板的钢筋布置图（尺寸单位：cm；钢筋直径：cm）

由于铰缝内的混凝土需要养护一段时间才能通车,若需要加快工程进度,提前通车,也可采用钢板连接,如图 2-1-8 所示。施工时将钢板 N1 焊在相邻两块件的预埋钢板 N2 上。连接构造的纵向中距通常为 80~150cm,跨中部分布置较密,向两端支点处逐渐变疏。

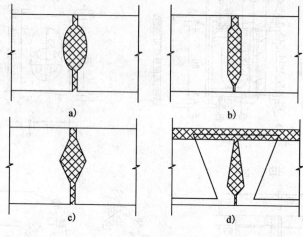

图 2-1-7 铰缝式混凝土铰

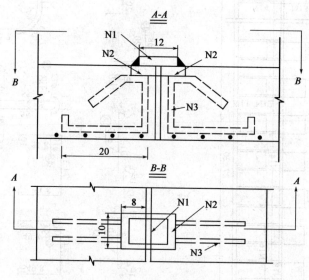

图 2-1-8 钢板连接构造(尺寸单位:cm)

第二节 简支肋梁桥的构造

承载结构的横截面呈明显肋形结构的梁桥称为肋板式梁桥,或简称为肋梁桥。简支肋梁桥受力明确,充分利用了混凝土抗压和钢筋抗拉性能,肋梁桥构造简单,施工方便,是中、小跨径桥梁中应用最广泛的桥型之一。

简支肋梁桥的上部结构主要由主梁、横隔梁、桥面板、桥面系构造等部分组成。主梁是桥梁的主要承重结构;横隔梁可以保证各根主梁相互结成整体,提高桥梁的整体刚度;主梁的上翼缘构成桥面板,组成车(人)行面,承受车辆(人群)荷载的作用。简支肋梁桥可采用整体现浇和预制装配两种不同的方式施工。

一、整体式简支肋梁桥

整体式肋梁桥在城市立交桥中应用较广泛,具有整体性好、刚度大、易于浇筑等优点,多数在桥孔支架模板上现场浇筑,也有个别整体预制、整孔架设的情况。

常用的整体式简支 T 形梁桥截面形式如图 2-1-9 所示。在保证抗剪、稳定的条件下,主梁的肋宽为梁高的 1/6～1/7,但不宜小于 16cm,以利于浇筑混凝土;当肋宽有变化时,其过渡段长度不小于 12 倍肋宽差。主梁高度通常为跨径的 1/8～1/16。为了减小桥面板的跨径(一般限制在 2～3m 之内),还可以在两根主梁之间设置次纵梁,如图 2-1-9b)所示。预应力混凝土 T 形梁桥为布置预应力钢筋和提高配筋率,梁肋下部做成马蹄形,马蹄形斜面一般为 15°。

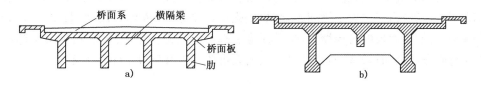

图 2-1-9 整体式梁桥横截面

整体式简支梁桥桥面板的跨中板厚不应小于 100mm。桥面板与梁肋衔接处一般都设置承托结构,承托宽高比一般不大于 3。

二、装配式简支肋梁桥

装配式简支肋梁桥可以节约大量模板支架,缩短施工期限,加快建桥速度,所以广为采用。目前国内外所采用的钢筋混凝土和预应力混凝土简支梁桥,绝大部分为装配式结构。如图 2-1-10所示,装配式简支梁主梁的横截面形式可分为 Ⅱ 形[图 2-1-10a)]、T 形[图 2-1-10b)～d)]和箱形[图 2-1-10e)]三种。

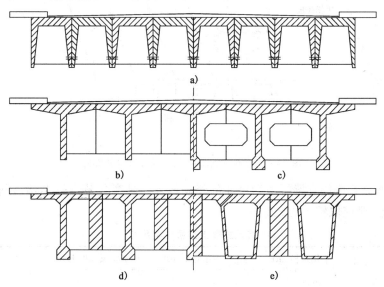

图 2-1-10 装配式简支梁桥横截面

Ⅱ形主梁的特点是横向抗弯刚度大，预制块件堆放、装卸和安装方便，但是这种构件的制造比较复杂，梁肋被分成两片薄的腹板，很难做成刚度大的钢筋骨架。当跨径较大时，混凝土和钢的用量较大，横向联系较差，目前已很少采用。

装配式 T 形梁桥是使用较为普遍的结构形式，其优点是制造简单、整体性好、接头方便。

图 2-1-11 所示为一座五片式 T 形梁桥的构造图，该桥桥面宽度为净—9m＋2×1.0m 人行道，梁的全长为 19.96m，计算跨径为 19.50m，主梁高度 1.50m，全桥设置 5 道横隔梁。

1. 主梁

(1) 构造

当桥的宽度(含行车道宽度和人行道宽度)已知后，如何选定主梁的间距就是主要的问题。主梁的间距大小取决于钢筋混凝土材料的用量、翼板的刚度以及构件的起吊重量。一般，如果建筑高度不变，则应适当加大主梁间距，减少主梁片数，减少钢筋混凝土的用量；但是由于主梁片数的减少，会使桥面板的跨径增大，悬臂翼缘板端部的荷载挠度也较大，可能会引起桥面接缝处产生纵向裂缝；同时，构件质量和尺寸的增大也使运输和架设工作趋于复杂。

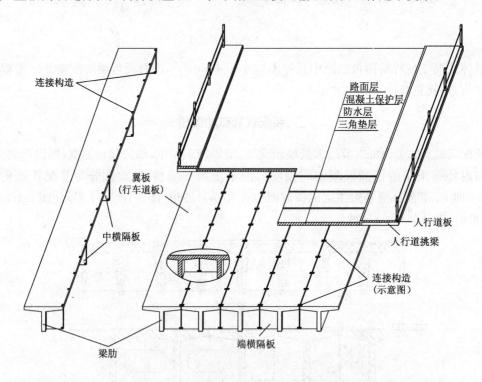

图 2-1-11 装配式钢筋混凝土 T 形简支梁桥概貌

表 2-1-1 为常用的简支梁桥主梁尺寸的经验数据。其变化范围较大，跨径较大时应取较小的比值；反之，则应取较大的比值。

装配式简支梁桥主梁尺寸　　　　　　表 2-1-1

桥梁型式	适用跨径(m)	主梁间距(m)	主梁高度 H(m)	主梁梁肋宽度 b(m)
钢筋混凝土简支梁	8＜l＜20	1.5～2.2	(1/11～1/18)l	0.16～0.20
预应力混凝土简支梁	20＜l＜50	1.8～2.5	(1/14～1/25)l	0.18～0.20

主梁梁肋厚度在满足抗剪要求下可适当减薄,但不应小于140mm;梁肋太薄,混凝土不易振捣密实。梁肋端部在2.0～5.0m范围内可逐渐加宽,以满足抗剪和安放支座要求。对于预应力混凝土主梁梁肋,可做成马蹄形,其端部宽度应满足预应力锚具布置的要求。

主梁间距可选择在1.0～2.2m之间,当吊装起重量允许时,主梁间距采用1.8～2.2m为宜。在主梁间距为2.2m的标准图中,其预制宽度为1.6m,吊装后接缝宽度为0.6m。

(2)预应力筋的布置

当采用预应力混凝土T形梁时,预应力束筋的布置形式与桥梁结构的体系、受力情况、构造形式、施工方法都有密切关系。图2-1-12a)为后张法预应力混凝土简支梁中常用的预应力筋布置,束筋锚固在梁端;当梁跨径较大或梁高受限制时,可采用图2-1-12b)的形式布置,将部分预应力筋弯出梁顶,这样不仅有利于抗剪,而且在梁拼装完成后,在桥面上可进行二次张拉,防止梁上缘开裂。

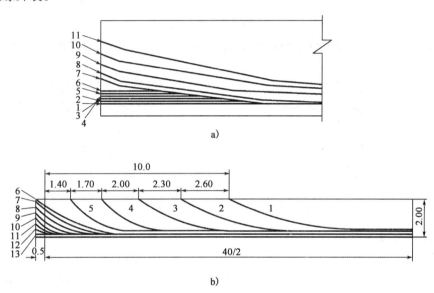

图2-1-12 预应力混凝土简支梁预应力筋的布置(尺寸单位:m)

从梁体立面上看,预应力束应布置在束界界限内,以保证梁的任何截面在弹性工作阶段时,梁的上、下缘应力均不超过规定值。束筋一般在梁端三分点处起弯,同时考虑横截面的位置及锚固位置,大都在第一道横隔梁附近起弯,弯起角度不宜大于20°,对于图2-1-12b)中弯出梁顶的束筋,其弯起角通常在20°～30°,并且应采取措施减小摩阻损失。

从梁体横断面上看,预应力束筋在满足构造要求的同时,应尽量互相紧密靠拢,以减小下马蹄的尺寸,减轻结构自重,并在保证梁底混凝土保护层厚度的前提下,预应力束筋重心尽量靠下,以发挥预应力束筋的高性能,节省钢材。横截面束筋布置如图2-1-13所示。

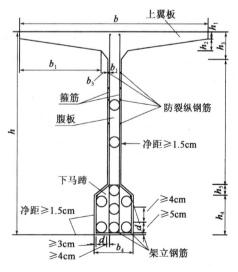

图2-1-13 横断面预应力钢筋和普通钢筋布置

2. 桥面板及横向连接构造

（1）桥面板构造

装配式简支梁桥桥面板（翼缘板）一般采用变厚形式，其厚度随主梁间距而定，翼缘根部（与梁肋衔接处）的厚度不应小于梁高的 1/10，边缘厚度不宜小于 100mm。当预制 T 形梁之间采用横向整体现浇连接时，其悬臂端厚度不应小于 140mm。

图 2-1-14 是 T 形梁桥的桥面板钢筋布置图。板上缘承受负弯矩，按《混凝土桥规》要求，受力钢筋直径不小于 10mm，间距不大于 200mm，但其最小净距不应小于 30mm，并不小于钢筋直径；在垂直于主筋方向布置分布钢筋，其直径不小于 8mm，间距不大于 250mm，且分布钢筋的截面面积不宜小于板截面面积的 0.1%。在所有主钢筋的弯折处，均应布置分布钢筋。

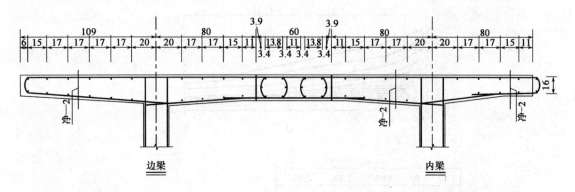

图 2-1-14　桥面板钢筋布置（尺寸单位：cm）

（2）桥面板横向连接构造

预制 T 形主梁吊装就位后，当设有横隔梁时，必须借助横隔梁和翼缘板的接头将所有主梁连接成整体。对于少横隔梁的主梁，应在翼缘板上加设接头和加强桥面铺装，使横向连成整体。因此接头应有足够的强度以保证结构的整体性，并使在营运过程中能够安全承受荷载的反复作用和冲击作用而不发生松动。

常用的桥面板（翼缘板）横向连接有焊接接头和湿接接头两种：

①焊接接头。如图 2-1-15 所示。翼板间用钢板连接，接缝处混凝土铺装内放置上下两层钢筋网。

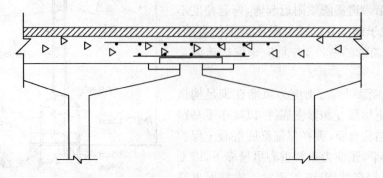

图 2-1-15　焊接接头构造

②湿接接头。如图 2-1-14、图 2-1-16、图 2-1-17 所示,通过一定措施将翼缘伸出钢筋连成整体,在接缝混凝土铺装内再增补适量加强钢筋。

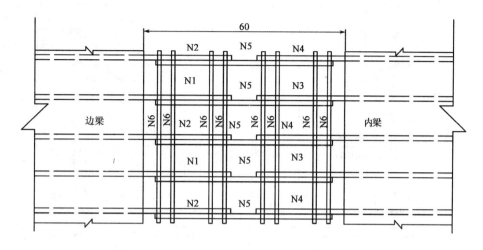

图 2-1-16　桥面板湿接缝平面大样图(尺寸单位:cm)

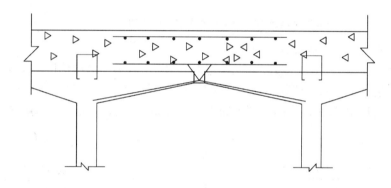

图 2-1-17　湿接接头构造

3. 横隔梁及横向连接构造

(1)横隔梁构造

横隔梁在装配式 T 形梁桥中起着保证各根主梁相互连接成整体的作用。横隔梁刚度越大,梁的整体性越好,在荷载作用下各主梁越能更好地共同受力。端横隔梁是必须设置的,跨内的横隔梁将随跨径的大小宜每隔 5.0～10.0m 设置一道。

从运输和安装的稳定性考虑,通常将端横隔梁做成与梁同高,内横隔梁的高度一般是主梁高度的 0.7～0.9 倍,通常为 0.75 倍。预应力梁的横隔梁常与马蹄的斜坡下端齐平,其中部可挖空,以减小结构自重和利于施工,如图 2-1-10c)所示。横隔梁的厚度一般为 15～18cm,为便于施工脱膜,一般做成上宽下窄和内宽外窄的楔形。

图 2-1-18 为主梁间横隔梁钢筋布置图,在每一块横隔梁的上缘布置两根受力钢筋(N1),下缘配置 4 根受力钢筋(N1);采用钢板连接成骨架,接头钢板设在横隔梁的两侧,同时在上下钢筋骨架中加焊锚固钢板的短钢筋(N2、N3),端横隔梁靠墩台一侧,因不好施焊可不做钢板接头,钢板厚度一般不小于 10mm,同时应配置箍筋承受剪力。

(2) 横隔梁横向连接构造

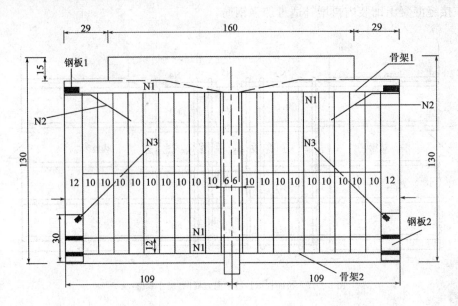

图 2-1-18　装配式 T 梁桥内横隔板钢筋布置图 (尺寸单位：cm)

横隔梁常用的横向连接有：

① 钢板焊接连接。如图 2-1-19a) 所示，它也是图 2-1-18 所示结构相应的横隔梁接头布置。

② 扣环连接。在横隔梁预制中预留钢筋扣环 A[图 2-1-19b)]，安装时在相邻构件的扣环两侧再安上接头环扣 B，在形成的圆环中插入短分布筋后，现浇混凝土封闭接缝。

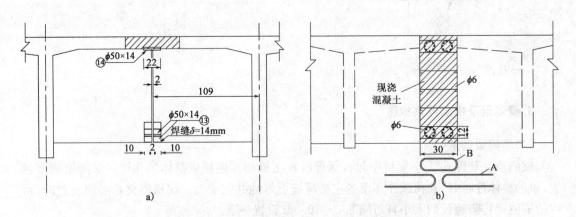

图 2-1-19　装配式横隔板接头 (尺寸单位：cm；钢筋直径：mm)
a) 横隔板钢板接头；b) 装配式横隔板扣环接头

三、组合梁桥

由两种不同材料结合或不同工序结合而成的梁称为组合梁。组合梁桥也是一种装配式的桥跨结构，它由预制钢筋混凝土梁或预应力混凝土梁与就地就浇筑的钢筋混凝土桥面板组成。施工时先架设梁肋，再安装预制板 (有时采用微弯板以节省钢筋)，最后在接缝内或连同在板上现浇一部分混凝土使结构连成整体。目前国内外采用的组合式梁桥有两种形式：I 形组合梁桥[图 2-1-20a)、b)]和箱形组合梁桥[图 2-1-20c)],前者适用于钢筋混凝土简支梁桥,后者则适用于预应力混凝土梁桥。其优点在于可以显著减小预制构件的质量,便于集中制造和运输吊装。

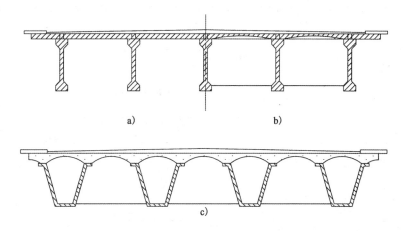

图 2-1-20 组合式梁桥横截面
a)、b) I 形组合梁桥;c)箱形组合梁桥

在组合梁中,梁与现浇板的结合面处,板的厚度不应小于 150mm;当梁顶伸入板中时,梁顶以上板的厚度不应小于 100mm;预制梁顶面应做成不小于 6mm 的粗糙面。

组合梁中预制梁箍筋应伸入现浇桥面板,其伸入长度应不小于 10 倍箍筋直径。

组合梁是分阶段受力的,在梁肋架设后,所有事后安装的预制板和现浇桥面混凝土(甚至现浇横隔梁)的质量,连同梁肋本身的质量,都要由尺寸较小的预制梁肋来承受。这与装配式 T 形梁由主梁全截面来承受全部永久作用不同,因而组合梁梁肋的上下缘应力远大于 T 形梁上下缘的应力。汽车荷载等可变作用则是由组合梁全截面来共同承受。图 2-1-21 给出了装配式 T 形梁与组合梁的跨中截面在永久作用和汽车作用共同作用的工况下的截面应力图比较。

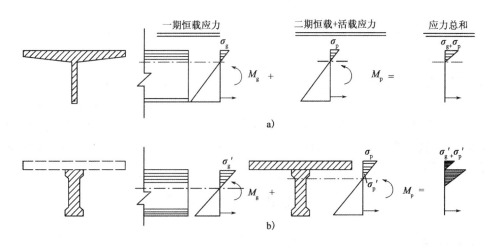

图 2-1-21 装配式 T 形梁与组合梁的应力图比较

图 2-1-22 为一座五片式预应力混凝土 I 形组合梁桥的实例。该桥跨径 20m,桥面宽为净—9m+2×1.0m。先预制 C50 混凝土 I 形梁和桥面底板,吊装就位后,再现浇 C30 混凝土

横隔梁和桥面板。

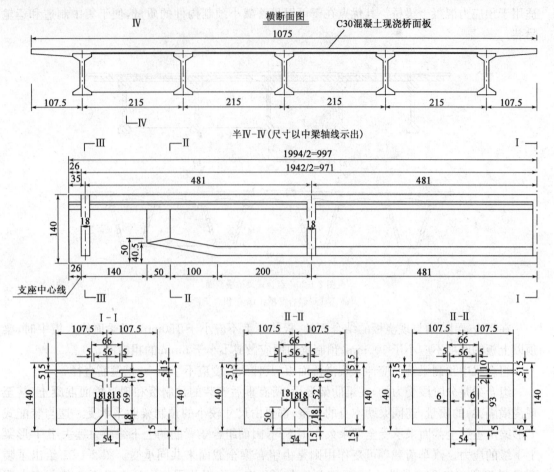

图 2-1-22　Ⅰ形组合梁构造(尺寸单位:cm)

第三节　悬臂体系和连续体系梁桥的构造

普通钢筋混凝土和预应力混凝土简支梁桥的经济跨径分别为20m和40m左右,当跨径超出此范围时,跨中结构自重弯矩会迅速增大,从而导致梁的截面尺寸显著增加,这样不但因材料耗用量大而不经济,并且很大的安装质量也给装配式施工造成较大的困难。因此,为了降低材料用量,对于较大跨径的梁式桥,宜采用能减小跨中弯矩值的其他体系桥梁,如悬臂体系、连续体系的梁桥等。

一、悬臂体系梁桥简介

1. 悬臂梁桥

(1)结构类型

悬臂体系梁桥的布置方式主要有两大类:

①不带挂梁的单孔双悬臂梁桥[图 2-1-23b)]。单孔双悬臂梁桥的中孔为锚固孔,两侧伸出悬臂直接与路堤衔接,可以省去桥台,但需要在悬臂端部设置桥头搭板,以利于行车。由于行车时,搭板容易损坏,故多用在跨干线的人行桥梁上。现使用较少,一般采用无桥台斜腿刚构桥替代。

②带挂梁的多孔悬臂梁桥。仅在跨中设置挂梁的称为单悬臂梁桥[图 2-1-23c)],一般做成三跨,其边孔称锚孔;如需设计成多孔悬臂梁桥时,就可采用双悬臂梁桥,即从简支梁的两端向外对称各伸出一个悬臂,挂梁每间隔一孔设置,图 2-1-23b)所示为三跨双悬臂梁桥,图 2-1-23d)为带挂梁的三跨 T 形刚构桥。

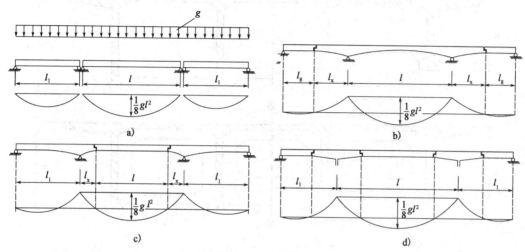

图 2-1-23　恒载弯矩图
a)简支梁桥;b)、c)悬臂梁桥;d)T 形刚构桥

(2)力学特点

悬臂梁桥和简支梁桥一样,都属于静定体系,它们的内力不受基础不均匀沉降、温度变化等因素的影响。

为了深入理解悬臂梁桥的力学特征,我们可将荷载作用下梁体截面产生的内力与简支梁桥做比较,如图 2-1-23 所示。在跨径 l 和均布荷载 g 均相同的情况下,简支梁的跨中弯矩最大[图 2-1-23a)],悬臂梁桥则由于支点负弯矩的存在,使跨中正弯矩值显著减小[图 2-1-23b)~d)]。从表征材料用量的弯矩图面积大小(绝对值)而言,悬臂梁桥也比简支梁小得多。若以图 2-1-23c)的中跨弯矩图形为例,当 $l_x = 1/4$ 时,正、负弯矩图面积的总和仅为同跨径简支梁桥的 1/3.2。

再从活载方面来看,如果只在图 2-1-23b)的中孔布载,则其跨中最大正弯矩仍然与简支梁一样。但对于带有挂梁的多孔悬臂梁桥[图 2-1-23c)],活载作用于中间孔上时,只有较小跨径(通常只有桥孔跨径的 0.4~0.6 倍)的简支挂梁才产生正弯矩,因此它也比简支梁桥的小得多。

由此可见,与简支梁桥相比较,悬臂梁桥由于支点负弯矩的存在,使跨中正弯矩显著减小,故可以减小主梁的高度,从而可降低钢筋混凝土数量和结构自重,而这本身又促进了恒载内力的减小。

(3)构造特点

①截面形式。由于悬臂体系梁桥的主梁除了跨中部分承受正弯矩外,在支点附近还要承

受较大的负弯矩,因此在进行截面设计时,支点截面的底部受压区往往需要加强。常用的截面形式如图 2-1-24 和图 2-1-25 所示,图 2-1-24a)为带马蹄形的 T 形截面,适用于跨径在 30m 以内的钢筋混凝土桥梁;图 2-1-24b)为底部加宽的 T 形截面,适用于跨径为 30~50m 的预应力混凝土桥梁。当跨径在 50m 以上时,一般使用箱形截面,如图 2-1-25 所示,有单箱单室[图 2-1-25a)]、分离式双箱单室[图 2-1-25b)]和单箱多室[图 2-1-25c)]等。

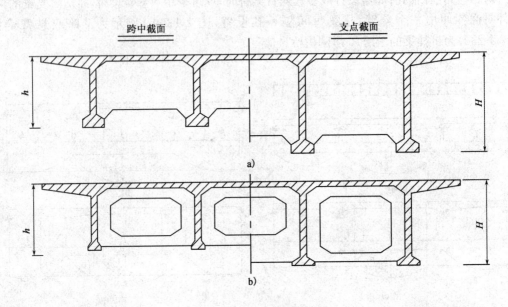

图 2-1-24 底部加强的截面形式
a)马蹄形;b)底部加宽

箱形截面由顶板、底板、腹板等组成,它的细部尺寸拟定既要满足箱梁纵、横向的受力要求,又要满足结构构造及施工上的需要。悬臂梁、T 形刚构因接近悬臂端的截面承受负弯矩较小,因此底板厚度主要由构造要求决定。

②跨径布置和梁高尺寸。各种悬臂梁桥的跨径布置和梁高尺寸见图 2-1-26。

用于跨线桥上的单孔双悬臂梁桥,其中孔跨径由桥下的行车净空要求确定。当主梁为 T 形截面时,由于中支点处 T 形梁下缘的受压面积小,故其悬臂长度不宜过长,一般取等于中跨长度的 0.3~0.4 倍。当采用箱形截面时,为了中跨跨中最大和支点最大负弯矩的绝对值大致相等,以充分发挥材料的受压作用,悬臂长度可适当加大,但最大不能超过中跨长度的 0.5 倍,尤其是当它用作行车的桥梁时,悬臂过长会使活载挠度增大,跳车现象加剧,使桥与路堤的连接构造易遭破坏。

表 2-1-2 列出了单孔双悬臂梁桥梁高常用尺寸。

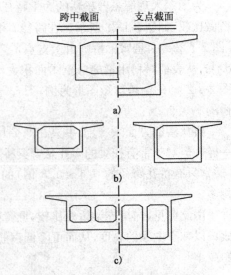

图 2-1-25 箱形截面形式
a)有单箱单室;b)分离式双箱单室;c)单箱多室

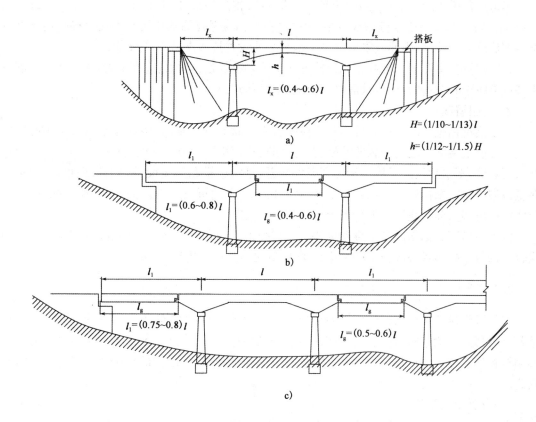

图 2-1-26 钢筋混凝土悬臂梁桥的主要尺寸

单孔双悬臂梁桥尺寸拟定 表 2-1-2

类型	跨径	高跨比（h、H 分别为跨中和支点梁高）		
钢筋混凝土	$l_x = (0.3 \sim 0.4)l$	T形截面	$H = (1/10 \sim 1/13)l$	$h = (1/1.2 \sim 1/1.5)H$
		箱形截面	$H = (1/12 \sim 1/15)l$	$h = (1/2 \sim 1/2.5)H$
预应力混凝土	$l_x = (0.3 \sim 0.5)l$	T形截面	$H = (1/12 \sim 1/15)l$	$h = (1/1.2 \sim 1/1.5)H$
		箱形截面	$H = (1/15 \sim 1/18)l$	$h = (1/2 \sim 1/2.5)H$

跨河的单孔悬臂梁桥及多孔悬臂梁桥的主孔通常由通航净空确定，或与边孔一起由河床泄洪、地形和地质等条件综合考虑来选定。当不受上述这些条件限制时，就可按照梁的弯矩包络图面积为最小的原则来确定边孔与中孔跨径的划分，以达到节省材料的目的。根据已建桥梁的资料分析，边孔跨长 l_1、挂梁长度 l_g 与中孔跨长 l 之间的比例关系，大致在表 2-1-3 中所列的范围内。

悬臂梁桥各种跨长的比例关系 表 2-1-3

桥型	结构类型	l_1/l	l_g/l
单悬臂梁桥 [图 2-2-26b)]	钢筋混凝土	0.6~0.8	0.4~0.6
	预应力混凝土	0.6~0.8	0.2~0.4
多孔悬臂梁桥 [图 2-2-26c)]	钢筋混凝土	0.75~0.8	0.5~0.6
	预应力混凝土	0.75~0.8	0.5~0.7

多跨悬臂梁桥[2-1-26c]的两个悬臂一般做成相同的尺寸,其挂梁高度为:$h_g=(1/20\sim1/12)l_g$。特殊情况下必须进一步减小锚孔的跨径时,应考虑活载作用在中孔时锚孔边支点可能出现负反力的情况,为此应采取加设平衡重物或设置拉压支座等特殊措施。

悬臂梁桥与多孔简支梁桥相比较的另一个重要特点是:从桥的立面上看,在桥墩上只需设置一排沿墩中心布置的支座,从而可相应地减小桥墩尺寸。

(4) 适用情况

悬臂梁桥在施工阶段和成桥运营阶段两者受力状态是一致的,因此非常适宜采用悬臂施工方法。但是钢筋混凝土的悬臂梁桥在支点附近负弯矩区段内,梁的上翼缘受拉,不可避免地要出现裂缝,雨水易侵入梁体。从运营条件来看,悬臂梁桥和简支梁桥均不甚理想,悬臂梁桥在悬臂端与挂梁衔接处的挠曲线都会产生不利于行车的折点,并且需经常更换伸缩缝装置。因此这种桥型目前在我国已较少采用。

国内箱形薄壁钢筋混凝土悬臂梁桥最大跨径为55m,国外一般在70~80m以下。预应力混凝土悬臂梁桥跨径一般在100m以下,世界最大的跨径已达到150m。

2. T形刚构桥

将悬臂梁桥的墩柱与梁体固结便形成了带挂梁或带铰的结构,称为T形刚构桥,是具有悬臂受力特点的梁式桥。因墩上两侧伸出悬臂,形似"T"字,由此得名。与简支梁桥相比较,T形刚构桥具有较大的跨越能力。若采用预应力混凝土结构,则结构的跨越能力可进一步得到提高。

(1) 分类及力学特点

T形刚构桥分为跨中带挂梁和跨中设剪力铰两种基本类型,如图2-1-27所示。

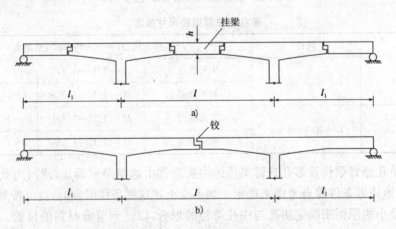

图2-1-27 T形刚构桥的分类
a)带挂梁的T形刚构;b)带铰的T形刚构

①带挂梁的T形刚构。它属静定结构,受力明确,不受基础的不均匀沉降、混凝土收缩徐变及温度变化等各种内外因素的影响。

与连续梁相比,同样采用悬臂施工方法,不过由于T形刚构桥在大跨径中省去了价格昂贵的大型支座和避免以后更换支座的困难,当挂梁与两岸引桥的简支跨尺寸和构造相同时,更能加快全桥施工进度,以获得良好经济效益。

与带剪力铰的T形刚构桥相比,带挂梁的T构受力和变形性能均略差一些,但其受力明确,对施工阶段的高程控制的精度可以稍放宽些,没有因设置剪力铰而可能需要强迫合龙以及将来为更换剪力铰处的支座而产生的麻烦;它与连续刚构桥相比,不受温度及基础沉降产生次内力的影响。

②带铰的 T 形刚构。属超静定结构,两个大悬臂在端部借所谓"剪力铰"相连接,剪力铰是一种只能传递竖向剪力,但不传递纵向水平推力和弯矩的连接构造。当在一个 T 形刚构桥面上作用有竖向荷载时,相邻的 T 形刚构结构通过剪力铰而共同受力,从而减轻了直接承受荷载的 T 形刚构的结构内力。因此,从结构受力和牵制悬臂端变形来看,剪力铰起到了有利的作用。

(2)构造特点

带挂梁的 T 构桥型结构布置以每个 T 构单元与两侧配等跨长的挂梁最为简单合理,在此情况下,刚构两侧结构自重是对称的,墩柱中无不平衡的恒载弯矩。对于钢筋混凝土 T 构桥,挂梁的经济长度一般在跨径的 0.5~0.7 倍范围内;而预应力混凝土 T 形刚构的挂梁经济长度一般在跨径的 0.22~0.50 倍范围内。主孔跨径大时,取较小比值,并应使挂梁跨径不超过 35~40m,以利安装。悬臂受力的 T 构承受的全是负弯矩,上缘受拉,因而配筋比较简单。

T 形刚构桥的悬臂梁,可以是箱形截面,也可以做成桁架结构。其支点、跨中梁高与跨径的关系可参考见表 2-1-4。

预应力混凝土 T 形刚构支点、跨中梁高与跨径的关系 表 2-1-4

桥　　型	挂梁跨径	跨径与支点梁高的关系	跨中梁高
带挂梁 T 形刚构	$l_g=(0.22\sim0.50)l$ 且≤35~40m	$l>100$m 时,$H=(1/17\sim1/21)l$	与挂梁同高
带铰 T 形刚构	—	$l>100$m 时,$H=(1/14\sim1/18)l$	$h=(0.2\sim0.4)H$ 且≤35~40m

当在墩柱一侧的桥跨上布载时,墩柱将承受较大的不平衡力矩,因此墩柱尺寸一般较大,墩宽可取$(0.7\sim1.0)H$。

(3)适用情况

此种桥型结合了刚架桥和多孔静定悬臂梁桥的特点,是我国 20 世纪 70~80 年代修建较多的一种桥型。同悬臂梁桥一样,T 形刚构桥也非常适宜于悬臂施工方法。预应力技术的发展和悬臂施工工艺的相结合以及受力简单明确是其发展的一个主要原因。

钢筋混凝土 T 形刚构常用跨径在 40~50m,预应力混凝土 T 形刚构的常用跨径为 60~120m。我国已建成的具有代表意义的预应力混凝土连续刚构桥有建于 1988 年的主跨 180m 的广东洛溪大桥、主跨 245m 的湖北黄石长江大桥、主跨 270m 的广东虎门辅航道桥等。

然而,几十年来的实践证明:T 形刚构带挂梁的桥型在混凝土的长期收缩徐变作用下和汽车荷载的冲击力作用下,悬臂梁端会发生下挠,从而导致悬臂端与挂梁之间易形成折角,增大冲击作用,使伸缩缝的处理和养护较困难;且各 T 形刚构之间不能共同工作,使其跨径受到限制。而在 T 形刚构带铰的桥型中,由于铰的存在,使铰的左右两侧主梁变形不一致,难于调整,引起行车不平顺;施工过程中有时还需强迫合龙;当 T 形刚构的两边温度变化不同时,易产生不均匀变形,引起较大次内力;加上剪力铰的构造与计算图式中的理想铰尚存在差异,难以准确地计算出各种因素产生的次内力。因此,带挂梁和带铰的 T 形刚构目前均已较少采用。

3. 预应力筋的布置

预应力混凝土梁桥的布束原则主要有:
(1)应选择适当的预应力束筋形式和锚具形式。
(2)应考虑施工的方便,尽可能少地切断预应力钢筋。
(3)符合结构受力的特点,既要满足施工阶段的受力要求,又要满足成桥后使用阶段各种荷载组合下的受力要求;既要考虑结构在使用阶段的弹性受力状态的需要,也要考虑到结构在破坏阶段时的需要;并注意避免在超静定结构体系中引起过大的结构次内力。
(4)考虑材料经济指标的先进性,预应力束筋在结构横断面上布置要考虑剪力滞效应。
(5)避免使用多次反向曲率的连续束筋,以降低摩阻损失。

悬臂体系梁中连续预应力束筋的布置形式如图 2-1-28 和图 2-1-29 所示,常用于有支架的现浇预应力混凝土结构中。

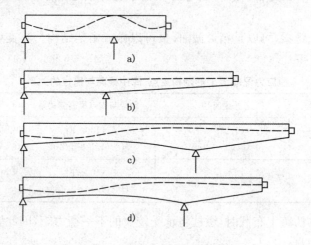

图 2-1-28 单悬臂梁布束方式
a)短跨;b)长悬臂;c)长锚跨;d)直线力筋

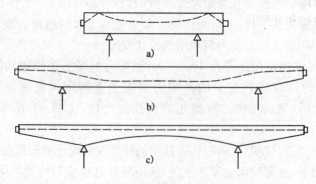

图 2-1-29 双悬臂梁布束方式
a)短跨;b)锥形状短悬臂;c)直线力筋

图 2-1-30 为一座三孔预应力装配式单悬臂梁桥,全桥分孔布置为(25+35+25)m,中孔由 5m 的悬臂与 25m 的预应力混凝土挂梁组成。该桥属于 B 类部分预应力混凝土构件,不仅可

以节省预应力钢绞线和锚具,而且在使用荷载作用下,墩顶上缘混凝土裂缝闭合,使用性能优于普通钢筋混凝土构件。

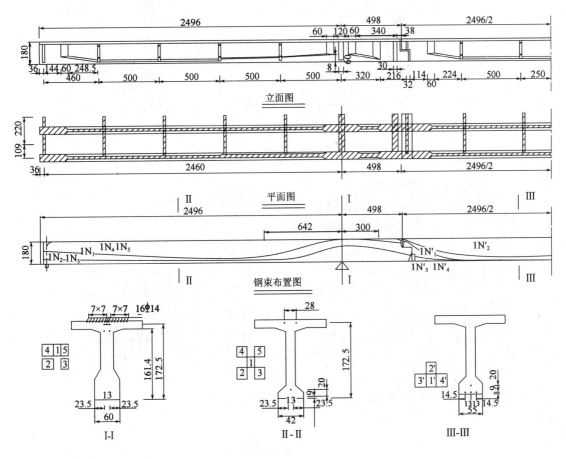

图 2-1-30　装配式部分预应力混凝土单悬臂梁(尺寸单位:cm)

4. 牛腿构造和计算

(1)牛腿的受力特点

悬臂梁桥的悬臂端和挂梁端结合部的局部构造称为牛腿,如图 2-1-31 所示。在这里由于梁端的相互搭接,中间还要设置传力支座来传递较大的竖向力,因此牛腿的高度被削弱至不到悬臂梁高和挂梁梁高的一半,却又要传递较大的竖向力,这就使其成为上部结构中的薄弱部位。鉴于牛腿处梁高的骤然减小,在凹角处应力集中现象严重[图 2-1-32a)]。因此设计时除了将此处梁肋加宽并设置端横梁加强外,还应适当改变牛腿的形状,避免尖锐的凹角(图 2-1-32b)),同时还需配置密集的钢筋网或预应力筋。此外,为改善牛腿的受力状况,还应尽量减小支座的高度,如采用橡胶支座[图 2-1-32c)]等。

(2)牛腿的计算

所谓牛腿计算,实质上就是对预先设计好的牛腿进行配筋和应力、强度验算。

①牛腿的截面内力的确定

如图 2-1-33 所示,在外力 R 和 H 作用下,沿任意斜截面 a-c 截取脱离体,考察脱离体的平衡:

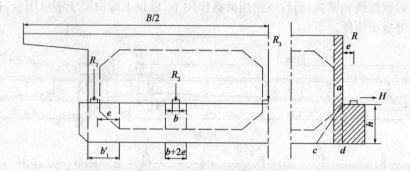

图 2-1-31 悬臂端横梁

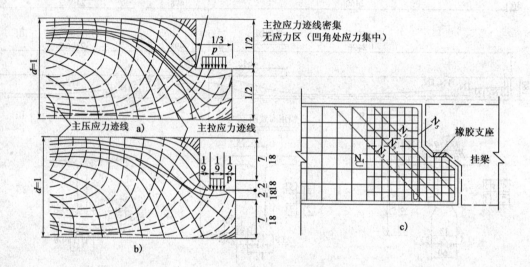

图 2-1-32 牛腿的构造及受力

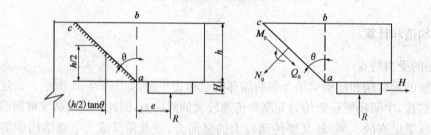

图 2-1-33 牛腿受力图式

$$\left.\begin{array}{l} N_\theta = R\sin\theta + H\cos\theta \\ M_\theta = R\left(e + \dfrac{h}{2}\tan\theta\right) + H\left(\dfrac{h}{2} + \varepsilon\right) \\ Q_\theta = R\cos\theta - H\sin\theta \end{array}\right\} \qquad (2\text{-}1\text{-}1)$$

式中：R——结构自重及汽车、人群荷载产生的支点反力（对于汽车活载应计入冲击力）；

H——汽车荷载制动力或温度变化引起的支座摩阻力，取其大者，当不计附加荷载时 $H = 0$；

θ——斜截面对竖直面的倾斜角,对于竖直面 a-b,则 $\theta=0$;

ε——支座垫板高出牛腿底面的高度。

②竖截面 a-b 的验算

作用于竖截面 a-b 上的内力为:

$$N_{\theta=0}=H, Q_{\theta=0}=R, M_{\theta=0}=Re+H\left(\frac{h}{2}+\varepsilon\right) \qquad (2\text{-}1\text{-}2)$$

根据式(2-1-2)即可按钢筋混凝土偏心受拉构件验算牛腿的抗弯和抗剪强度。当不计附加荷载时,$N_{\theta=0}=0$,就按受弯构件验算强度。

对于有预应力筋的牛腿,应按预应力混凝土构件验算其强度。

③最弱斜截面验算

最弱斜截面是指按纯混凝土截面计算时拉应力 σ_t 为最大的一个截面,相应于该斜截面倾斜角 θ 的正切表达式为:

$$\tan 2\theta = \frac{2Rh}{3Re+3H\varepsilon+2Hh} \qquad (2\text{-}1\text{-}3)$$

对于预应力混凝土牛腿,最弱斜截面的倾角 θ,其值为:

$$\tan 2\theta = \frac{2Rh-2N_ph\sin\alpha}{3Re+3H\varepsilon+2Hh-N_p(2h-3m)\cos\alpha} \qquad (2\text{-}1\text{-}4)$$

式中:N_p——牛腿部位预压力的合力;

α——牛腿部位预压力合力 N_p 对水平线的倾角;

m——牛腿部位预压力合力 N_p 与内角竖直线 a-b 的交点至内角点 a 的距离;

其余符号意义同前。

④45°斜截面的抗拉验算

在牛腿钢筋设计中,为了确保钢筋具有足够的抗拉强度,尚需验算假设混凝土沿 45°斜截面开裂后的受力状态,此时全部斜拉力将由钢筋承受(对于预应力混凝土牛腿包括预应力筋)。此时近似按轴心受拉构件验算,如图 2-1-34 所示,则:

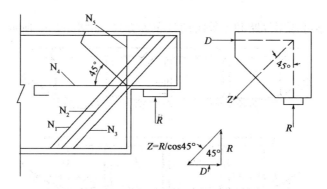

图 2-1-34 45°斜截面抗拉验算图式

$$\gamma_0 Z \leqslant f_{sd}(\sum A_{sb}+\sum A_{sh}\cos 45°+\sum A_{sv}\cos 45°) \qquad (2\text{-}1\text{-}5)$$

式中: Z——外力作用下斜截面上总斜拉力;

f_{sd}——钢筋抗拉设计强度;

$\sum A_{sb}$——裂缝截面上所有斜筋的截面积,如图 2-1-34 中 N_1、N_2 和 N_3 钢筋的总截面积;

$\sum A_{sh}\cos45°$——裂缝截面上所有水平钢筋(图中 N_4)的有效截面积;

$\sum A_{sv}\cos45°$——裂缝截面上所有竖向钢筋(图中 N_5)的有效截面积。

尚应注意,对于锚固长度不够的竖向钢筋和离裂缝起点(牛腿内角)较远的斜钢筋,因这些钢筋均受力不大,故在计算时可偏安全地不计它们的抗拉作用。

鉴于牛腿是整根梁的薄弱环节,受力情况复杂,各种验算也带有相当的假设性,因此对于设计的斜筋和水平钢筋的应适当富余些,而且在牛腿部分还应布置较密的箍筋和纵向水平钢筋。

二、连续体系梁桥

随着交通运输特别是高等级公路的迅速发展,对行车平顺舒适提出了更高的要求。而多伸缩缝的悬臂梁桥和T形刚构桥均难以满足这个要求,超静定结构连续梁桥以其整体性好、结构刚度大、变形小、抗震性能好、主梁变形挠曲线平缓、伸缩缝少和行车平稳舒适等突出优点而得到了迅速的发展。普通钢筋混凝土连续梁桥当跨径超过 20～25m 时,跨中恒载弯矩和活载弯矩将迅速增大,致使梁的截面尺寸和自重显著增大,耗用大量材料,不经济,而且难免会有裂缝产生,于是预应力混凝土连续梁桥得到广泛采用。预应力结构通过高强钢筋对混凝土预压,不仅充分发挥了高强材料的性能,而且提高了混凝土的抗裂性,促使结构轻型化,因而预应力混凝土结构具有比钢筋混凝土结构大得多的跨越能力,其适用跨径在 60～150m。

1. 预应力混凝土连续梁桥

1)等截面连续梁桥

(1)力学特点

除了按简支梁桥—连续法施工的连续梁桥,超静定结构的连续梁在自重和汽车荷载等作用下,支点截面负弯矩一般比跨中截面正弯矩大,但跨径不大时可以考虑采用等截面形式,并采取一定的构造措施予以调节,从而简化主梁的构造。

(2)构造特点

等截面连续梁桥可选用等跨和不等跨两种布置方式,如图 2-1-35 所示。

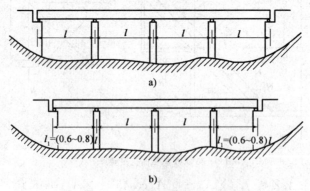

图 2-1-35 等截面连续梁桥的立面布置
a)等跨等截面连续梁;b)不等跨等截面连续梁

等跨布置的跨径大小主要取决于经济分孔和施工的设备条件。高跨比一般为 1/15～1/25;在顶推施工的等截面连续梁桥中需要考虑顶推施工时对结构的附加受力要求,其梁高 H 与顶推跨径 l_0 之比一般为 1/12～1/17。当标准跨径较大时,有时为减小边跨正弯矩,将边跨跨径取小于中跨的结构布置,一般边跨与中跨跨长之比在 0.6~0.8。

当标准跨径不能满足通航或桥下交通要求而需要加大个别桥跨的跨径时,常常不需改变高度,而是采用增加钢筋束和调整截面尺寸的方式予以解决,使桥梁外观仍保持等截面布置。这样做既能使桥梁的立面协调一致,又能减少构件及模板的规格。

(3)适用范围

等截面连续梁一般适应以下情况:

①桥梁一般采用中等跨径,以 40~60m 为宜(国外也有达到 80m 跨径者)。这样可以使主梁构造简单、施工快捷。

②立面布置以等跨径为宜,可以以简化构造,统一模式,有时也可以采用不等跨径布置。

③适应于有支架施工、逐孔架设施工、移动模架施工及顶推法施工。

2)变截面连续梁桥

(1)力学特点

当连续梁的主跨跨径接近或大于 50m 时,在荷载作用下,连续梁桥的中间支点截面处将承受较大的负弯矩。从绝对值来看,支点负弯矩远大于跨中正弯矩。这样若主梁仍采用等截面布置,从受力上讲就显得不太合理且不经济,如果采用变截面梁则更能适应结构的内力分布规律。

从图 2-1-36 中分析可以得知:当加大靠近支点附近的梁高(即加大截面惯矩)做成变截面梁时,还能进一步降低跨中的设计弯矩。从图中可见,在均布荷载 $g=10\text{kN/m}$ 的作用下,三种不同的支点梁高(1.50m、2.50m 和 3.50m)所对应的跨中弯矩分别为 800kN·m、460kN·m 和 330kN·m,也就是说将支点梁高局部地从 1.50m 加大至 3.50m 时,跨中最大弯矩比等高梁降低一半多。一般来说,加大支点附近梁高是合理的,因为这样做既对恒载引起的截面内力影响不大,也与桥下通航的净空要求无甚妨碍,并且还能满足抵抗支点处剪力很大的要求。这也是连续体系梁桥比简支梁桥,甚至比悬臂梁桥跨径更大的原因。因此可见,连续梁采用变截面结构不仅外形美观,还可节省材料并增大桥下净空高度。

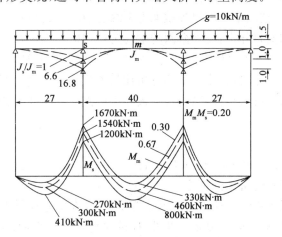

图 2-1-36 三跨连续梁桥惯矩变化影响的示例(尺寸单位:m)

同时,采用变截面布置适合悬臂法施工(悬臂浇筑和悬臂拼装),施工阶段主梁的刚度大,且内力与运营阶段的主梁内力基本一致。

(2)构造特点

连续梁桥连续超过 5 跨时的内力情况虽然与 5 跨时相差不大,但连续过长会增大温度变化的附加影响,造成梁端伸缩量很大,需设置大位移量的伸缩缝,因此连续孔数一般不超过5跨,但也有为减少伸缩缝而采用多于5跨的情形。当需要在宽阔的河流或旱谷上修建很多孔连续梁时,通常可按3~7孔为一联分联布置,联与联的衔接处,通过两排支座支承在一个桥墩上。

变截面形式的大跨径预应力混凝土梁桥,立面一般采用不等跨布置。但多于三跨的连续梁桥,除边跨外,其中间各跨一般采用等跨布置,以方便悬臂施工。对于多于两跨的连续梁桥,其边跨一般为中跨的0.6~0.8倍,如图2-1-37a)所示。当采用箱形截面的三跨连续梁时,边孔跨径甚至可减少至中孔的0.5~0.7倍。有时为了满足城市桥梁或跨线桥的交通要求而需增大中跨跨径时,可将边跨跨径设计成仅为中跨的0.5倍以下,在此情况下,端支点上将出现较大的负反力,故必须在该位置设置能抵抗拉力的支座或压重以消除负反力,如图2-1-37b)所示。

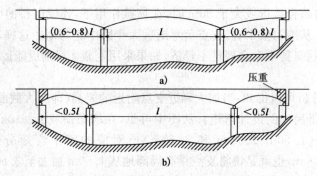

图2-1-37 变截面连续梁桥的立面布置

在不受总体设计中建筑高度限制的前提下,连续箱梁的梁高宜采用变高度的,其底曲线可采用二次抛物线、折线和介于折线与二次抛物线之间的1.5~1.8次抛物线变化形式,抛物线的变化规律应与连续梁的弯矩变化规律基本接近,采用折线形截面变化布置可使桥梁的构造简单,施工方便。具体的选用形式应以各截面上下缘受力均匀、容易布筋为前提来确定。

根据已建成桥梁的资料分析,支点截面的梁高为$(1/16 \sim 1/18)l$(l为中间跨跨长)较为适宜,一般不小于$l/20$,跨中梁高$H_{中}$为$(1/1.5 \sim 1/2.5)H_{支}$。在具体设计中,还要根据边跨与中跨比例、荷载等级等因素通过几个方案的分析比较确定。在大跨径预应力混凝土连续梁桥中,除截面高度变化外,还可将截面的底板、顶板和腹板作成变厚度,以满足主梁内各截面的不同受力要求。

(3)适用范围

①当连续梁的主跨跨径达到50m及其以上。

②适合悬臂浇筑和悬臂拼装两种施工。

大跨径预应力混凝土连续梁桥采用悬臂法施工时,存在墩梁临时固结和体系转换的工序,结构稳定性应予以重视,施工较为复杂。此外,连续梁桥跨径增大后,主墩需要布置大型橡胶支座,其使用养护和更换成为一个重要的问题,而且经济性也在下降。

2. 连续刚构桥

预应力混凝土连续刚构桥是连续梁桥与T形刚构桥的组合体系,也称墩梁固结的连续梁桥,如图2-1-38所示。

1)力学特点

大跨径连续刚构桥结构的受力特点主要为:梁体连续,基础、墩、梁三者固结为一个整体共同受力。在自重作用下,连续刚构桥与连续梁桥的跨中弯矩和竖向位移基本一致,但在采用双肢薄壁墩的连续刚构桥[图2-1-38a)]中,墩顶截面的恒载负弯矩要较相同跨径连续梁桥的小。其次,由于墩梁固结共同参与工作,连续刚构桥由活载引起的跨中正弯矩较连续梁要小,因而可以降低跨中区域的梁高,并使自重内力进一步降低。因此,连续刚构桥的主跨可以比连续梁桥设计的大一些。

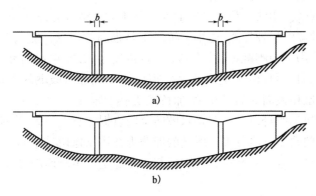

图 2-1-38 连续刚构桥

2)构造特点

(1)主梁

连续刚构桥的主梁在纵桥向大都采用不等跨变截面的结构布置形式,以适应主梁内力的变化。主梁底部的线形基本上与变截面连续梁桥相类似,可以是曲线形、折线形、曲线加直线形等,具体应根据主梁内力的分布情况,按等载强比原则选定。

国内外已建成的连续刚构桥,边跨和主跨的跨径比值在 0.5～0.692 之间,大部分比值在 0.55～0.58 之间。这说明变截面连续刚构桥的边跨比值要比变截面连续梁桥的比值范围 0.6～0.8 要小。其原因在于墩梁固结、边跨的长短对中跨恒载弯矩调整的影响很小,而边、主跨跨径之比在 0.54～0.56 时,不仅可以使中墩内基本没有恒载偏心弯矩,而且由于边跨合龙段长度小,可以在边跨悬臂端用导梁支承于边墩上,进行边跨合龙,从而取消落地支架,施工也十分方便和经济。

预应力混凝土连续刚构桥主要适用于高桥墩的情况。此时桥墩作用如同摆柱,以适应预应力、混凝土收缩徐变和温度变化等引起的纵向位移。

(2)主梁截面高度

大跨连续刚构桥主梁一般采用变截面箱梁,箱梁根部截面的高跨比一般为 1/16～1/20,其中大部分为 1/18 左右,也有少数桥梁达到或低于 1/20。跨中截面梁高通常为支点截面梁高的 1/2.5～1/3.5,略小于连续梁的跨中梁高,这是由于连续刚构桥墩梁固结,活载作用于中跨时,与相同跨径的连续梁相比,连续刚构跨中正弯矩较小的缘故。

(3)桥墩

大跨度连续刚构桥的桥墩不仅应满足施工、运营等各阶段支承上部结构质量和稳定性等方面的要求,而且桥墩的柔度应适应由于温度变化、混凝土收缩、徐变以及制动力等因素引起的水平位移,以尽量减小这些因素对结构产生的次内力。

连续刚构桥一般用在大跨径的桥梁上,如果桥墩的水平抗推刚度较大,则因主梁的预应力张拉、收缩、徐变、温度变化等因素所引起的变形受到桥墩的约束后,将会在主梁内产生较大的次拉力,并对桥墩也产生较大的水平推力,从而会在结构混凝土上产生裂缝,降低结构的使用功能。由此可见,连续刚构桥桥墩的水平抗推刚度宜在满足桥梁施工、运行稳定性要求的前提下尽量地小。相反地,大跨径连续刚构桥在横桥向的约束很弱,桥梁在横向不平衡荷载或风载作用下,易产生扭曲、变位,为了增大其横向稳定性,桥墩在横向的刚度应设计得大一些。

连续刚构桥柔性墩柱的立面形式主要有以下3种:

①竖直双肢薄壁墩。用两个相互平行的薄壁与主梁固结作为桥墩[图 2-1-38a)]。这是连续刚构桥中应用得较多的一种形式,适用于桥墩不是很高的情形。竖直双肢薄壁墩可增加桥墩纵桥向竖向荷载作用下的刚度,同时其水平抗推刚度小,在桥梁纵向允许的变位大,这不仅可以减小主梁附加内力,而且由于主梁的负弯矩峰值出现在两肢墩的墩顶,且较单壁墩小一些,故可减小主梁在墩顶截面处的尺寸,增加桥梁美感。因此,在大跨径预应力混凝土连续刚构桥中,薄壁墩是理想的墩身形式。但是双肢薄壁墩占据的宽度较大,防撞设施需保护的范围也较大,这部分增加的费用可能较多。偶然的船撞力往往是作用其中的一肢薄壁墩上,当一肢薄壁墩遭到破坏后,另一肢薄壁墩很容易因承载力和稳定性不够而随之破坏,这一点需要引起重视。

每肢薄壁墩又有空心和实心之分。实心双壁墩施工方便,抗撞能力强,空心双壁墩可以节约混凝土40%左右,设计中应根据具体条件通过分析后选用。

②竖直单薄壁墩。在深谷和深水河流的高桥墩上经常采用竖直单薄壁墩[图 2-1-38b)]。它在外观上呈一字形,其截面形式一般为箱形截面的空心桥墩,具体尺寸需根据对柔性的要求确定。

一般来说,单薄壁墩特别是箱形截面单薄壁墩的抗扭性能好,稳定性强,能增大通航孔的有效跨径,但其柔性不如双肢薄壁墩大,但随着墩身高度的不断增加,单薄壁墩的柔性逐渐增加,允许的纵向变位增大。因此,对于墩身很高的大跨径连续刚构或中等跨径的连续刚构来说,箱形单薄壁墩也是理想的墩身形式。

③V形墩(或Y形柱式墩)。在刚架桥中为了减小内支点处的负弯矩峰值,可将墩柱做成V形墩形式,V形托架可使主梁的负弯矩峰值降低一半以上,如图 2-1-39 所示。

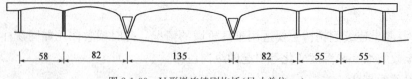

图 2-1-39 V形墩连续刚构桥(尺寸单位:m)

Y形柱式墩是上部为V形托架,下部为单柱式,两者在立面上构成Y字形。下部的单柱具有一定的柔性,可满足纵向变形的要求。

3)适用范围

连续刚构桥常用于大跨、高墩的结构中,桥墩纵向刚度较小,在竖向荷载作用下,基本上属于一种无推力的结构,而上部结构具有连续梁施工的一般特点,因此有较好的技术经济性。由于预应力技术在近年来发展迅速,连续刚构桥近年来得到了较快的发展,可以说连续刚构桥是大跨径桥梁选型中具有竞争能力的桥型之一。我国跨径在180m以上的梁桥,均采用连续刚构桥。

连续刚构桥的另一个特点是主梁保持连续,这样既保持了连续梁无伸缩缝、行车平顺的优点,又保持了T形刚构不须设置大吨位支座的优点,同时避免了连续梁(存在临时固结和体系转换)和悬臂梁(存在伸缩缝问题)两者的缺点,养护工作量小。此外,连续刚构施工稳固性好,降低或避免边跨梁端搭架合龙的难度。

但连续刚构桥对地基承载力的要求更高,若地基发生过大的不均匀沉降,连续梁可通过调整墩顶支座的高程,来抵消下沉,而连续刚构则做不到。对于大跨径连续刚构,当其主墩刚度过大时,中跨梁体因会产生过大的温差拉力而对结构受力不利。此外,梁墩连接处应力复杂也是连续刚构的一个缺点。

3. 横截面形式和尺寸

预应力混凝土连续体系梁桥的截面形式很多,一般应根据桥梁的总体布置、跨径、宽度、梁高、支承形式和施工方法等方面综合确定。合理地选择主梁的截面形式对减轻桥梁自重、节约材料、简化施工和改善截面受力性能是十分重要的。

预应力混凝土连续梁桥横截面形式主要有板式、肋梁式和箱形截面。其中,板式、肋梁式截面构造简单、施工方便;箱形截面具有良好的抗弯和抗扭性能,是预应力混凝土连续体系梁桥的主要截面形式。

1)板式和T形截面

板式截面分实体截面[图 2-1-40a)、b)]和空心截面[图 2-1-40c)、d)]。

矩形实体截面使用较少,曲线形整体截面近年来相对使用较多,实体截面多用于中小跨径,且多配以有支架现浇施工,此时支点板厚为$(1/16\sim1/20)l$,变截面板跨中板厚为支点的$1/1.2\sim$

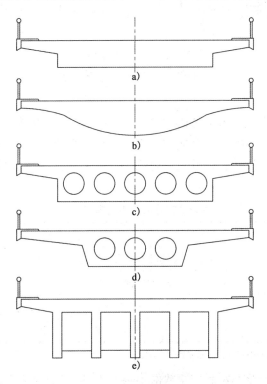

图 2-1-40 板式、肋梁式截面形式

1/1.5倍。空心截面常用于跨径15～30m的连续梁桥,板厚一般为0.8～1.5m,亦用有支架现浇为主。

肋式截面[图2-1-40e]常用跨径为25～50m,梁高一般取1.3～2.6m,多用于预制架设施工,并在梁段安装后经体系转换为连续梁桥。

2)箱形截面

当连续体系梁桥的跨径为40～60m或更大时,主梁一般采用箱形截面,其构造布置灵活,适用于有支架现浇施工、逐孔施工、悬臂施工等多种施工方式,常用的箱形截面有单箱单室、单箱双室和分离式双箱单室等几种,以第一种应用得较多。单箱单室截面的顶板宽度一般小于20m[图2-1-41a];单箱双室的顶板宽度约为25m左右[图2-1-41b];双箱单室的可达40m左右[图2-1-41c]。一般来说,等高度箱梁可采用直腹板或斜腹板,变高度箱梁宜采用直腹板。单箱单室截面$a:b$之比为$1:(2.5～3.0)$时横向受力状态较好。

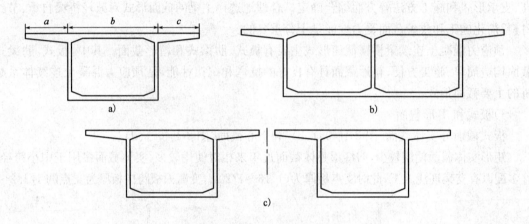

图2-1-41 箱梁截面形式
a)单箱单室;b)单箱双室;c)双箱单室

(1)顶板

确定箱梁截面顶板厚度一般需考虑两个因素,即满足桥面板横向弯矩的要求(如自重、汽车荷载、日照温差等);满足布置纵、横向预应力钢筋束的要求。参照《日本本州四国联络桥设计标准》,车行道部分的箱梁顶板或其他呈现连续板受力特性的桥面板以及悬臂板厚度拟定,可参考表2-1-5。

车行道部分桥面板的厚度(cm) 表2-1-5

位置	桥面板跨度方向	
	垂直于行车道方向	平行于行车道方向
顶板或连续板	$3l+11$(纵肋之间)	$5l+13$(横隔之间)
悬臂板	$l<0.25$时,$28l+16$ $l>0.25$时,$8l+21$	$24l+13$

注:两个方向厚度计算后取小值,l为桥面板的跨径(m)。

顶板两侧悬臂板的长度对活载弯矩数值影响不大,但自重及人群荷载弯矩随悬臂长度几乎成平方关系增加,故悬臂长度一般不大于5m,当长度超过3m后,宜布置横向预应力束筋。

悬臂端部厚度不小于 10cm，如设置防撞墙或需锚固横向预应力束筋，则端部厚度不小于 20cm。

(2)底板

纵向负弯矩区受压底板的厚度对改善全桥受力状态、减小徐变下挠十分重要，因此大跨径连续体系梁桥中，应确保承受负弯矩的内支点区域的箱梁底板有足够的厚度。箱梁底板厚度随箱梁负弯矩的增大而逐渐加厚至墩顶，以适应箱梁下缘受压的要求，墩顶区域底板不宜过薄，否则压应力过高，由此产生的徐变将使跨中区域梁体下挠度较大。

底板厚度与主跨之比宜为 1/140~1/170，跨中区域底板厚度则可按构造要求设计，一般为 0.22~0.28m。

(3)腹板

箱梁腹板的主要功能是承受结构的弯曲剪应力和扭转剪应力所引起的主拉应力，墩顶区域剪力大，因而腹板较厚，跨中区域的腹板较薄，但腹板的最小厚度应考虑钢束管道布置、钢筋布置和混凝土浇筑的要求。

英国水泥和混凝土协会提出如下两个关于预应力混凝土连续梁最佳腹板厚度参数的公式，其指标可供参考(图 2-1-42)。

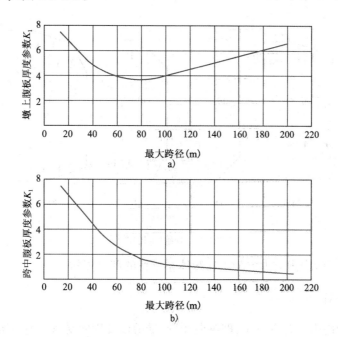

图 2-1-42 最大跨径连续箱梁最佳横截面几何参数曲线

墩上腹板厚度参数：

$$K_1 = \frac{t_{wp} \times h_p}{B \times l_{max}} \times 10^3 \qquad (2\text{-}1\text{-}6)$$

跨中腹板厚度参数：

$$K_2 = \frac{t_{wm} \times h_m}{B \times l_{max}} \times 10^3 \qquad (2\text{-}1\text{-}7)$$

式中：t_{wp}——墩上腹板厚度的总和；

t_{wm}——跨中腹板厚度的总和；

h_p——墩上梁高；

h_m——跨中梁高；

B——桥面总宽；

l_{max}——桥梁最大跨径。

腹板的最小厚度应考虑预应力钢筋束的布置和混凝土浇筑的要求，一般的设计经验为：

①腹板内无预应力束筋管道布置时，其最小厚度可采用 $t_{min}=20cm$。

②腹板内有预应力束筋管道布置时，可采用 $t_{min}=25\sim30cm$。

③腹板内有预应力束筋锚固头时，则采用 $t_{min}=35cm$。

顶板与腹板接头处设置梗腋（承托），可提高截面的抗扭刚度和抗弯刚度，减小扭转剪应力和畸变应力。加腋有竖加腋和水平加腋两种。如图 2-1-43 所示，图中 2-1-43a)为一般箱梁上的常用形式；图 2-1-43b)、图 2-1-43c)常用于箱梁截面较小的情形；图 2-1-43d)、图 2-1-43e)常用于斜腹板与顶板之间；图 2-1-43f)、图 2-1-43g)、图 2-1-43h)常用于底板与腹板之间的下梗腋，以便于底板混凝土的浇筑。

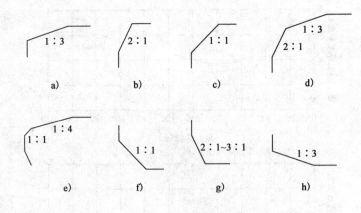

图 2-1-43 梗腋（承托）形式

表 2-1-6 给出了国内预应力混凝土连续体系梁桥的部分资料。

4. 预应力筋布置

连续梁主梁的内力主要有三个：即纵向受弯、受剪以及横向受弯。通常所说的三向预应力就是为了抵抗上述三个内力。纵向预应力抵抗纵向受弯和部分受剪，竖向预应力抵抗受剪，横向预应力则抵抗横向受弯。预应力数量和布筋位置都需要根据结构在使用阶段的受力状态予以确定，同时，也要满足施工各阶段的受力需要。施工方法不同，施工阶段的受力状态差别很大，因此，结构配筋必须结合施工方法考虑。

1) 纵向预应力筋

沿桥跨方向的纵向力筋又称为主筋，是用以保证桥梁在永久、可变作用下纵向跨越能力的主要受力钢筋，可布置在顶、底板和腹板中。

预应力混凝土连续梁桥中纵向预应力筋的布置方式有多种多样，与所采用的施工方法以及预应力筋的种类等有密切的关系。

国内预应力混凝土连续体系梁桥的部分资料

表 2-1-6

序号	桥 名	跨径布置(m)	结构形式	边中跨比	截面形式	截面 (m) 顶板厚	截面 (m) 腹板厚	截面 (m) 底板厚	梁高 (m) 根部	梁高 (m) 跨中	高跨比 根部	高跨比 跨中	梁宽(m) 顶	梁宽(m) 底
1	虎门大桥辅航道桥	150+270+150	连续刚构	0.556	单室箱	25	40~60	32~130	14.8	5.0	1/18.2	1/54	15.0	7.0
2	云南元江桥	58+182+265+194+70	连续刚构		单室箱	28	40~60	32~150	14.5	5.0	1/18.3	1/53	22.5	11.5
3	宁德下白石大桥	145+2×260+145	连续刚构	0.558	两单室箱	25	40~70	30~140	14.0	4.2	1/18.6	1/61.9	12.0	6.0
4	泸州长江二桥	145+252+54.8	连续刚构	0.583	单室箱	28	50~70	32~120	14.0	4.0	1/18	1/63	25.0	13.0
5	重庆黄花园大桥	137+3×250+137	连续刚构	0.548	单室箱	25	28~70	28~150	13.8	4.3	1/18.1	1/58.1	15.0	7
6	马敞石嘉陵江大桥	146+3×250+146	连续刚构	0.584	单室箱	25	40~60	32~150	13.7	4.2	1/18.2	1/59.5	11.5	5.5
7	黄石长江大桥	162.5+3×245+162.5	连续刚构	0.663	单室箱	25	50~80	32~135	13.0	4.1	1/18.8	1/59.8	19.6	10.0
8	江津长江二桥	140+240+140	连续刚构	0.583	单室箱	25	50~80	32~120	13.5	4.0	1/17.8	1/60	22.0	11.5
9	重庆高家花园嘉陵江大桥	140+240+140	连续刚构	0.583	单室箱		40~60	32~120		3.6		1/66.7	15.36	8.0
10	贵毕公路六广河大桥	145.1+240+145.1	连续刚构	0.518	单室箱	28	40~70	28~150	13.4	4.1	1/17.9	1/58.5	13.0	7.0
11	重庆龙溪河大桥	140+240+140	连续刚构	0.583	两单室箱	25	40~60	32~120	13.6	3.6	1/17.6	1/66.7	11.5	5.5
12	杭州钱塘江下沙大桥（六桥）	127+3×232+127	连续刚构	0.547	两单室箱		45~75	30~125	12.5	4.0	1/18.6	1/58	16.6	8.0
13	南澳跨海大桥	122+221+122	连续刚构	0.552	单室箱	25	40~60	32~110	11.0	3.0	1/18.6	1/73.7	17.1	8.0
14	金厂岭澜沧江大桥	130+200+85	连续刚构	0.650 / 0.425	单室箱	33	60~90	35~140	13.0	4.0	1/15.4	1/50	22.5	12.2
15	华南大桥	110+190+110	连续刚构	0.579	单室箱	28	35~55	32~100	9.5	3.0	1/20.0	1/63.3	17.75	9.5
16	广东镇海湾大桥	105+190+105	连续刚构	0.553	两单室箱				10.5	3.2	1/18.1	1/59.4	13.5	7.0

续上表

序号	桥 名	跨径布置(m)	结构形式	边中跨比	截面形式	截面 (m) 顶板厚	截面 (m) 腹板厚	截面 (m) 底板厚	梁高 (m) 根部	梁高 (m) 跨中	高跨比 根部	高跨比 跨中	梁宽 (m) 顶	梁宽 (m) 底
17	洛溪大桥	65+125+180+110	连续刚构	0.611	单室箱	28	50~70	32~120	10.0	3.0	1/18	1/60	15.14	8.0
18	宁德八尺门大桥	90+2×170+90	连续刚构	0.520	单室箱	28	40~70	32~120	10.0	3.0	1/17	1/56.7	12.0	6.0
19	南京长江二桥北汊大桥	90+3×165+90	连续梁	0.529	两单室箱		40~90	30~140	8.8	3.2	1/18.8	1/55.6	15.42	
20	广湛高速九江大桥	50+100+2×165+100+50	连续梁	0.545	两单室箱				9.0	3.0	1/17.8	1/53.3	11.9	
21	三门峡黄河大桥	105+4×160+105	连续梁	0.625	单室箱	25	40~65	25~100	8.0	3.0	1/20.0	1/53.3	17.5	9.0
22	云南六库大桥	85+154+85	连续梁	0.656	单室箱	1843	44	30~120	8.53	2.83	1/18.1	1/54.4	10.0	5.0
23	荆州三八洲大桥	100+6×150+100	连续梁	0.552	两单室箱		40~70	32~115	8.0	3.3	1/18.8	1/45.5	12.5	7.0
24	湖南白沙大桥	90+150+90	连续梁	0.667	单室箱		40~70	28~100	8.5	3.5	1/17.7	1/42.9	13.0	
25	沅陵沅水大桥	85+140+85+42	连续刚构	0.60	单室箱	26	40~60	30~80	8.0	2.8	1/17.5	1/50	14.0	8.0
26	厦门海沧大桥西航道	78+140+78+42+42	连续刚构	0.607	单室箱	28	32~65	32~85	7.5	2.5	1/18.7	1/56	15.25	7.0
27	元磉高速 K293+367大桥	77+140+77	连续梁	0.557	单室箱	28	50~70	32~95	7.5	3.0	1/18.7	1/46.7	22.5	11.5
28	云南大保高速 K442+665大桥	77+2×140+77	连续梁	0.550	两单室箱	28	50~70	32~95	7.5	3.0	1/18.7	1/46.7	22.5	11.5
29	肇庆西江大桥	87+4×136+87	连续梁	0.550	两单室箱	25	50 65 75	30~100	8.0	3.0	1/17.0	1/45.3	22.0	10.0
30	安徽涂山淮河大桥	45+90+130+90+45	连续梁	0.640	两单室箱				7.0	2.5	1/18.6	1/52.0	13.5	
31	福建桐桐大桥	90+130+90	连续梁	0.692	单室箱	25	40~60	25~100	7.0	2.5	1/18.6	1/52	13.2	6.6
32	武汉长江二桥	83+130+125	连续刚构	0.692	两单室箱				10.0	3.5	1/13	1/37.1	13.2	6.8
33	南昆铁路清水河桥	72.8+128+72.8	连续刚构	0.638	单室箱	50	40~70	40~90	8.8	4.4	1/14.5	1/29.1	8.1	6.1

续上表

序号	桥名	跨径布置 (m)	结构形式	边中跨比	截面形式	截面 (m) 顶板厚	截面 (m) 腹板厚	截面 (m) 底板厚	梁高 (m) 根部	梁高 (m) 跨中	高跨比 根部	高跨比 跨中	梁宽 (m) 顶	梁宽 (m) 底
34	广东德庆西江大桥	82+2×128+82	连续梁	0.641	两单室箱				7.0	2.8	1/18.3	1/45.7	13.3	7.0
35	广东德胜大桥	82+128+82	连续梁	0.641	两单室箱				7.0	2.6	1/18.3	1/49.2		
36	珠海大桥	70+2×125+70	连续刚构	0.560	单室箱	28	40~54	28~70	6.8	2.5	1/18.4	1/50	13.3	7.0
37	广西六律巴江大桥	80+125+80	连续刚构	0.640	单室箱		40~55	32~80	6.8	2.5	1/18.4	1/50	13.5	7.0
38	广西潭州大桥	75+125+75	连续梁	0.60	两单室箱				7.0	2.75	1/17.9	1/45.5	13.85	
39	上海奉浦大桥	85+3×125+85	连续梁	0.68	单室箱	30 40 (支点80)	48~55 (支点105)	30~90 (支点140)	7.0	2.8	1/17.9	1/44.6	18.6	8.6
40	惠州大桥	62+92+124+92+62	连续梁	0.742	单室箱				6.2	3.3	1/17.7	1/41.3	19.5	9.0
41	常德沅水大桥	84+3×120+84	连续梁	0.70	单室箱	30	46~68	30~85	6.5	3.3	1/19.4	1/40.0	17.6	9.0
42	东明黄河大桥	75+7×120+75	连续刚构	0.625	单室箱	25	40~55	25~80	6.0	2.6	1/18.5	1/46.2	18.34	11.0
43	南海金沙大桥	66+120+66	连续梁	0.550	单室箱	28	40	32~60	5.71	2.5	1/20	1/48	21.0	6.5
44	吉林九站松花江大桥	75+120+75	连续刚构	0.625	单室箱	30	40~80	32~80	6.0	3.0	1/21	1/40	14.0	8.5
45	广东南海广河公路大桥	66+120+66	连续刚构	0.55	单室箱	28	40	25~80	6.0	2.5	1/20	1/48	17.5	8.25
46	五龙江二桥	60+3×110+60	连续梁	0.545	两单室箱	25	35~50	25~45	5.9	2.5	1/18.3	1/44.0	16.25	9.0
47	湘阴湘江大桥	65+3×100+65+50	连续梁	0.650	单室箱	28	40 55 70	26~80	4.5	3.2	1/16.9	1/31.3	16.0	7.0
48	榕华大桥	55+280+55	连续梁	0.688	两单室箱	28~40	40	22~36.9	4.5	2.0	1/17.8	1/40.0	12.49	
49	珠海大桥副航道桥	45+280+45	连续梁	0.563	两单室箱	28 (0号块40)	36~50 (0号块80)	26~50 (0号块100)	4.1	2.0	1/17.8	1/40.0	14.1	7.0
50	何山大桥	52+80+52	连续梁	0.65	双箱双室	25	30~60	18~40		2.2	1/19.5	1/36.4	13.3	8.8

图 2-1-44a)表示采用顶推法施工的直线形预应力筋布置方式。上、下的钢筋通束使截面接近轴心受压,以抵抗顶推过程中各截面承受的正负弯矩的交替变化。待顶推完成后,再在跨中的底部和支点的顶部增加局部预应力筋,用来满足运营荷载下相应的内力要求。有时按设计还在跨中的顶部和支点附近的底部设置局部的施工临时钢筋束,待顶推完成后即予卸除。

图 2-1-44b)所示为采用先简支后连续施工方法的预应力钢筋布置方式。待墩上接缝混凝土达到规定强度后,用设置在接缝顶部的局部预应力钢筋来建立结构的连续性。

图 2-1-44c)、d)表示为采用悬臂施工方法的预应力筋布置方式。梁中除了正弯矩区和负弯矩区各需布置顶部和底部预应力筋外,在有正、负弯矩的区段内,顶、底板中均需设置预应力筋。图 2-1-44c)所示为直线布束方式,即顶板预应力筋沿水平布置并锚固在梗肋处,此种布束方式可减少预应力筋的摩阻损失,并且穿束方便,也改善了腹板的混凝土浇筑条件;水平预应力筋的设计和构造仅由弯曲应力决定,而抗剪强度则由竖向预应力筋来提供。图 2-1-44d)所示为顶板预应力筋在腹板内弯曲并下弯锚固在腹板上,以减小外荷载所产生的剪力。此时腹板应具有足够的厚度以承受集中的锚固力。

图 2-1-44e)表示整根曲线形钢筋束锚固于梁端的布置方式,一般用于整联现浇的情形。在此情况下,若预应力筋既长且弯曲次数又多,就显著加大了预应力筋的摩阻损失,因而联长或预应力筋不宜过长。

预应力筋的布置要考虑到张拉操作的方便。当需要在梁内、梁顶或梁底锚固预应力筋时,应根据预应力筋锚固区的受力特点给予局部加强,以防开裂损坏。

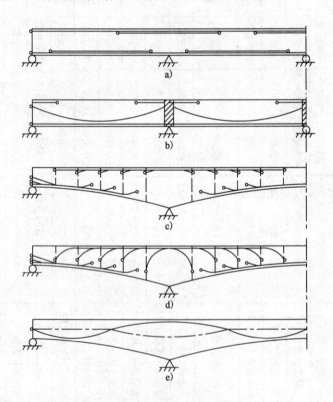

图 2-1-44 预应力混凝土连续梁配筋方式

2)横向预应力筋

横向预应力筋是用以保证桥梁的横向整体性、桥面板及横隔梁横向抗弯能力的主要受力钢筋，一般布置在横隔梁和顶板中。图 2-1-45 所示为对箱梁截面的顶板施加横向预应力的预应力筋构造。由于目前大跨径梁式桥主梁大都采用箱形截面，顶板厚度一般在 25~35cm，在保证大量纵向预应力筋穿过的前提下，所剩的空间位置有限，此时横向预应力筋趋向于采用扁锚体系，以减少布筋所需空间。

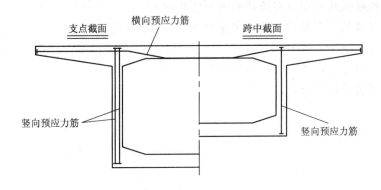

图 2-1-45 箱梁横向及竖向配筋布置方式

3）竖向预应力筋

竖向预应力筋布置在腹板中，主要作用是提高截面的抗剪能力。图 2-1-45 中还示出了对箱梁截面的腹板施加竖向预应力的力筋构造。竖向预应力筋在梁体腹板内沿纵向的布置间距可根据竖向剪力的分布而进行调整，靠支点截面位置较密，靠跨中位置较疏。竖向预应力筋比较短，故常采用高强粗钢筋以减少预应力钢筋张拉锚固时的回缩损失。但是由于粗钢筋强度较低（小于 1000MPa），长度较短，因而张拉延伸长量小，在使用中容易造成预应力损失过大或失效。为克服这一问题，对施工提出二次张拉的要求是十分必要的，可消除大部分混凝土弹塑压缩引起的预应力损失。

另外，现在已开始将一种拉索式锚具用于钢绞线竖向预应力体系中，如图 2-1-46 所示。具体方法也是进行二次张拉：第一次张拉使锚杯内的夹片夹紧预应力筋，第二次张拉锚杯，直至设计张拉力后，拧紧锚杯外螺栓固定。这种预应力筋张拉的回缩损失相当小，可利用二次张拉和钢绞线的大延伸量使其在实用中不易失效。预应力张拉后应及时对管道作压浆处理并封锚，压浆应密实饱满，否则预应力筋锈蚀断裂可能造成灾难性后果。

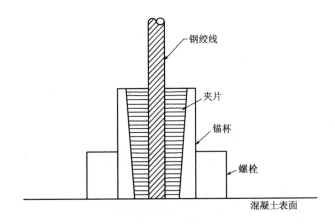

图 2-1-46 拉索式锚具

思考题

1. 整体式简支板桥对跨径和板厚有什么要求？这样规定的目的是什么？
2. 当跨径增大时，装配式简支板桥为什么应采用空心板截面？
3. 装配式板桥板块之间横向连接构造有哪些形式？
4. 简支肋梁桥的上部结构由哪几部分组成？它们各有什么作用？
5. 解释 T 形刚构桥的结构特点。
6. 预应力混凝土梁桥的布束原则是什么？
7. 简述预应力筋的类型及用途。

第二章 混凝土简支梁式桥的计算

设计一座桥梁首先要重视总体布置的合理性。上部结构的构造形式、跨径等被确定后,就要进行桥梁各个构件的详细计算,得出最不利内力后,进行承载力、强度、刚度、稳定性的计算和应力、裂缝、变形等的验算,以便对结构进行细部设计,必要时做尺寸和截面形式的调整。

混凝土梁桥上部结构设计计算的项目一般有桥面板、横隔梁、主梁和支座。桥面板(或称行车道板)直接承受车辆的集中荷载,通常又是主梁的受压翼缘,它的工作状态不但影响到行车质量,而且影响到主梁的受力,桥面板的抗裂性能或刚度不足,将给行车桥面的维护带来麻烦。横隔梁主要用来增强桥梁的横向刚度,起分布荷载作用。主梁是主要承重构件,也是桥梁的重要组成部分。支座则起到传递上部结构荷载至下部结构的作用。

具体进行设计计算时,习惯上从主梁开始,其次分别计算横隔梁、桥面板和支座。但考虑到桥面板属于主梁截面的一部分,如果先进行桥面板的设计,则可避免主梁设计验算满足要求之后,由于桥面板本身强度的不足需要修改尺寸,而给主梁带来重复计算的麻烦。因此也有从上而下先进行桥面板设计,再依次进行主梁、横隔梁及支座设计的顺序。本章以常用的钢筋混凝土简支T形梁桥为例,着重阐述桥面板、主梁及横隔梁的受力特点、最不利内力及内力组合的计算方法。

第一节 桥面板计算

钢筋混凝土和预应力混凝土肋梁桥的桥面板是直接承受车辆轮压的承重结构,它在构造上与主梁梁肋和横隔梁连接在一起,既能将车辆荷载传给主梁,又能构成主梁截面的组成部分,并保证主梁的整体作用。桥面板一般为钢筋混凝土板,对于跨径较大的桥面板也可施加横向预应力,做成预应力混凝土板。

一、桥面板的力学模型

对于整体现浇的T梁桥,梁肋和横(隔)梁之间的桥面板,属于矩形的周边支承板,如图2-2-1a)所示。通常其横梁间距 l_a 比主梁间距 l_b 大得多。当荷载作用于板上时,由于板沿 l_a 和 l_b 跨径的相对刚度不同,则向两个方向传递的荷载也不相等。根据弹性薄板理论,当荷载作用于板上时,若板的边长比或长宽比 $l_a/l_b \geqslant 2$,绝大部分荷载沿短跨方向(l_b)传递,因此可近似地按仅由短跨承受荷载的单向受力板来设计。设计时仅需在短跨方向配置受力主筋,而长跨方向配置适当的构造钢筋即可。

因此,一般将长边与短边之比 $l_a/l_b \geqslant 2$ 的周边支撑板看作仅由短跨承受荷载的单向受力板(简称单向板)来设计。同理,对于装配式T形梁桥,其桥面板也存在边长比或长宽比 $l_a/l_b \geqslant 2$ 的关系,如果在两主梁的翼板之间:①采用钢板连接[图2-2-1b)]时,则桥面板可简化为悬臂板;②采用不承担弯矩的铰接缝连接[图2-2-1c)]时,则可简化为铰接悬臂板。目前梁桥设计的趋势是横隔板稀疏布置,主梁的间距往往比横隔梁的间距小得多,因此桥面板属于单向板的居多。下面分别介绍它们的计算方法。

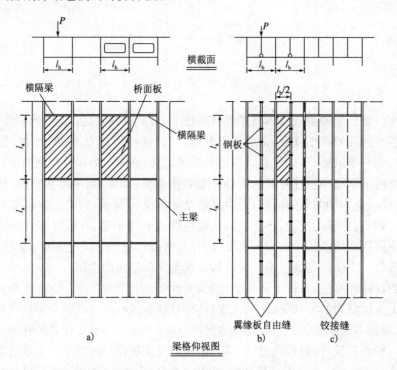

图 2-2-1 梁格构造和桥面板支承方式
a)整体现浇梁;b)装配式梁桥(翼板间钢板连接);c)装配式梁桥(翼板间铰连接)

二、桥面板的受力分析

1. 车轮荷载在板上的分布

作用在桥面上的车轮压力,通过桥面铺装层扩散分布在钢筋混凝土板面上,为了计算方便,通常可近似地认为车轮与桥面的接触面是 $a_1 \times b_1$ 的矩形面,此处 a_1 是车轮沿行车方向的着地长度,b_1 为车轮的宽度,如图 2-2-2 所示。根据试验研究,对于混凝土或沥青铺装面层,荷载可以偏安全地假定呈 45°角扩散分布于混凝土板面上。因此,最后作用于混凝土桥面板顶面的矩形荷载压力面的边长为:

$$\left. \begin{array}{ll} 沿行车方向 & a_2 = a_1 + 2h \\ 沿横向 & b_2 = b_1 + 2h \end{array} \right\} \tag{2-2-1}$$

式中:h——铺装层的厚度。

a_1 和 b_1 值可从《公路桥涵设计通用规范》(JTG D60—2015)(以下简称《通规》)中查得。据此,当有一个车轮作用于桥面板上时,作用于板面板上的局部分布荷载为:

$$p = \frac{P}{2a_2 b_2}$$

式中:P——汽车的轴载;

p——分布荷载;

a_2 和 b_2 的意义同前。

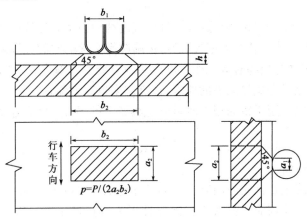

图 2-2-2 车辆荷载在板面上的分布

2. 板的有效工作宽度

板在局部分布荷载 p 的作用下,不仅直接承压部分(如宽度为 a_2)的板带参加工作,与其相邻的板带也会分担一部分荷载共同参加工作。因此,在桥面板的计算中就有一个如何确定板的有效工作宽度(或称荷载有效分布宽度)的问题。

1)板的有效工作宽度的定义

当荷载以 $a_2 \times b_2$ 的分布面积作用在板上时,板除了沿计算跨径 x 方向产生挠曲变形 w_x 外,沿垂直于计算跨径的 y 方向也发生挠曲变形 w_y [图 2-2-3a)]。

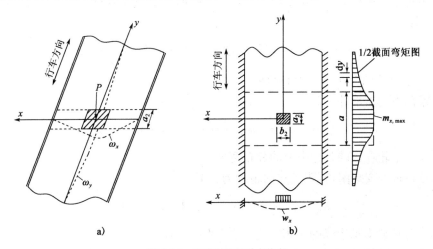

图 2-2-3 行车道板的受力状态

那么在计算中究竟以多大的板宽来承受车轮荷载产生的总弯矩呢?从图 2-2-3b)中可见,

跨中弯矩 m_x 的实际图形是呈曲线形分布的,在荷载中心处达到最大值 $m_{x,\max}$,离得越远的板条所承受的弯矩越小,为了计算方便,设想以板宽 a 来均匀承受车轮荷载产生的总弯矩[图 2-3-3b)],即:

$$a \times m_{x,\max} = \int m_x \, \mathrm{d}y = M$$

则求得弯矩图形的换算宽度为:

$$a = \frac{M}{m_{x,\max}} \tag{2-2-2}$$

式中:M——车轮荷载产生的跨中总弯矩,可直接由结构力学方法计算得到;

$m_{x,\max}$——荷载中心处的最大单宽弯矩值,精确解需由板的空间计算才能得到。

上式中的 a 就定义为板的有效工作宽度或荷载有效分布宽度,以此板宽来承受车轮荷载产生的总弯矩,既满足了弯矩最大值的要求,计算起来也较方便。

这样,当一个车轮作用于桥面板上时,1m 宽板条上的局部分布荷载为:

$$p = \frac{P}{2ab_2} \tag{2-2-3}$$

式中:P——汽车的轴载。

2)《公路钢筋混凝土及预应力混凝土桥涵设计规范》(JTG D62)中 a 的有关规定

《公路钢筋混凝土及预应力混凝土桥涵设计规范》(JTG D62)(以下简称《混凝土桥规》)基于大量的理论研究,对板的有效工作宽度有如下规定:

(1)单向板的荷载有效分布宽度

①荷载在跨径中间

对于单独一个荷载[图 2-2-4a)]:

$$a = a_2 + \frac{l}{3} = a_1 + 2h + \frac{l}{3} \geqslant \frac{2}{3}l \tag{2-2-4}$$

式中:l——板的计算跨径。

《混凝土桥规》中规定:计算弯矩时,$l = l_0 + t$ 但不大于 $l_0 + b$;计算剪力时,$l = l_0$,其中 l_0 为板的净跨径,t 为板的厚度,b 为梁肋宽度。

多个相同车轮在板的跨径中部时,当各单个车轮计算所得的有效分布宽度发生重叠时[图 2-2-4b)],则:

$$a = a_2 + d + \frac{l}{3} = a_1 + 2h + d + \frac{l}{3} \geqslant \frac{2}{3}l + d \tag{2-2-5}$$

式中:d——最外侧两个车轮的中心距离。

②车轮在板的支承处

$$a' = a_2 + t = a_1 + 2h + t \tag{2-2-6}$$

但不大于车轮在板的跨径中部的分布宽度。

③车轮在板的支承附近,距支点的距离为 x 时,

$$a_x = a_2 + t + 2x = (a_1 + 2h) + t + 2x \tag{2-2-7}$$

式中:x——荷载离支承边缘的距离。

根据以上所述,对于不同荷载位置时单向板的有效分布宽度图形如图 2-2-4c)所示。注意,以上计算所得的所有分布宽度,均不得大于板的全宽。

(2)悬臂板的荷载有效分布宽度 a[图 2-2-5]

$$a = a_2 + 2c = a_1 + 2h + 2c \tag{2-2-8}$$

式中：c——平行于悬臂板跨径的车轮着地尺寸的外缘，通过铺装层 45°分布线的外边线至腹板外边缘的距离。

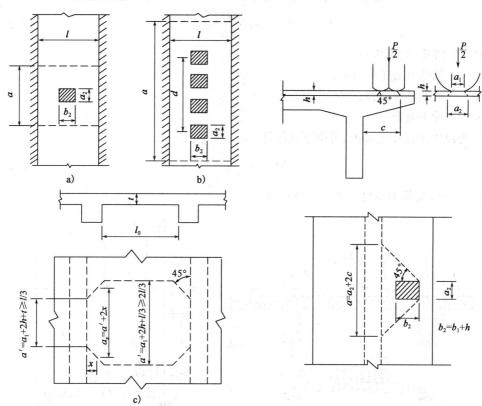

图 2-2-4　单向板的荷载有效分布宽度　　　图 2-2-5　悬臂板的有效工作宽度

对于分布荷载靠近板边的最不利情况，图中 b' 就等于悬臂板的净跨径 l_0，于是：

$$a = a_2 + 2l_0 = a_1 + h + 2l_0 \tag{2-2-9}$$

三、行车道板的内力计算

1. 多跨连续单向板的内力

常见的桥面板实质上是一个支承在一系列弹性支承的多跨连续板，同时板与梁肋系整体相连，因此各根主梁的不均匀弹性下沉和梁肋本身的扭转刚度会影响到桥面板的内力，所以桥面板的实际受力情况相当复杂。目前《混凝土桥规》采用较简便的近似方法计算。

1) 跨中最大弯矩计算

当 $t/h < 1/4$ 时（即主梁抗扭能力大者）：

$$\left. \begin{array}{l} 跨中弯矩：M_{中} = +0.5M_0 \\ 支点弯矩：M_{支} = -0.7M_0 \end{array} \right\} \tag{2-2-10}$$

当 $t/h \geqslant 1/4$ 时（即主梁抗扭能力小者）：

$$\left. \begin{array}{l} 跨中弯矩：M_{中} = +0.7M_0 \\ 支点弯矩：M_{支} = -0.7M_0 \end{array} \right\} \tag{2-2-11}$$

式中：h —— 肋高，如图 2-2-6 所示；
　　　t —— 板厚；
　　　M_0 —— 与计算跨径相同的简支板跨中设计弯矩，是 M_{0p} 和 M_{0g} 两部分的内力组合；
　　　M_{0p} —— 1m 宽简支板条的跨中可变作用弯矩[图 2-2-6a)]，对于汽车荷载：

$$M_{0p} = (1+\mu) \cdot \frac{P}{8a}\left(l - \frac{b_2}{2}\right) \tag{2-2-12}$$

式中：P —— 轴重（后轴重）；
　　　a —— 板的有效工作宽度；
　　　l —— 板的计算跨径；
　　　μ —— 冲击系数。

M_{0g} 为跨中永久作用弯矩，可由下式计算：

$$M_{0g} = \frac{1}{8}gl^2 \tag{2-2-13}$$

式中：g —— 1m 宽板条每延米的永久作用效应。

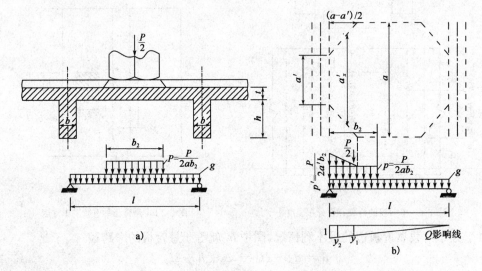

图 2-2-6　单向板内力计算图示

2) 支点剪力计算

计算支点剪力时的计算跨径取两肋间的净距，剪力按计算跨径的简支板计算。

对于跨径内只有一个汽车车轮荷载的情况，考虑了相应的有效工作宽度后，每米板宽承受的分布荷载如图 2-2-6b) 所示。则汽车引起的支点剪力为：

$$Q_{支p} = (1+\mu) \cdot (A_1 \cdot y_1 + A_2 \cdot y_2) \tag{2-2-14}$$

其中，矩形部分荷载的合力为（以 $p = \dfrac{P}{2ab_2}$ 代入）：

$$A_1 = p \cdot b_1 = \frac{P}{2a}$$

三角形部分荷载的合力为（以 $p' = \dfrac{P}{2a'b_2}$ 代入）：

$$A_2 = \frac{1}{2}(p'-p) \cdot \frac{1}{2}(a-a') = \frac{P}{8aa'b_2}(a-a')^2$$

式中：p、p'——对应于有效工作宽度 a 和 a' 处的荷载集度；

y_1、y_2——对应于荷载合力 A_1 和 A_2 的支点剪力影响线量值。

如跨径内不止一个车轮进入时，尚应计及其他车轮的影响。

2. 铰接悬臂板的内力

T 形梁翼缘板作为行车道板往往用铰接的方式连接，最大弯矩在悬臂根部。计算可变作用弯矩 M_{sp} 时，最不利的加载位置是车轮荷载对中布置在铰接处，这时铰内的剪力为零，两相邻悬臂板各承受半个车轮荷载，即 $P/4$，如图 2-2-7a) 所示。因此每米宽悬臂板的可变作用弯矩 M_{sp} 为：

$$M_{sp} = -(1+\mu)\frac{P}{4a}\left(l_0 - \frac{b_2}{4}\right) \qquad (2\text{-}2\text{-}15)$$

每米板宽的永久作用弯矩为：

$$M_{sg} = -\frac{1}{2}gl_0^2 \qquad (2\text{-}2\text{-}16)$$

式中：l_0——铰接双悬臂板的净跨径。

悬臂根部 1m 板宽的总弯矩是 M_{sp} 和 M_{sg} 两部分的内力组合。

悬臂根部的剪力可以偏安全地按一般悬臂板的图式来计算，这里从略。

3. 悬臂板的内力

对于沿纵缝不相连接的悬臂板，计算根部最大弯矩时，应将车轮荷载靠板的边缘布置，此时 $b_2 = b_1 + h$，如图 2-2-7b) 所示，则永久作用和可变作用弯矩值可由以下公式求得。

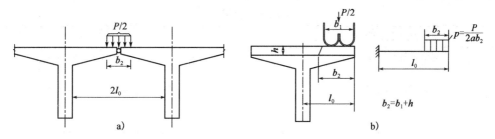

图 2-2-7 铰接悬臂板和悬臂板计算图式

可变作用弯矩：

$$M_{sp} = -(1+\mu)\cdot\frac{1}{2}pl_0^2 = -(1+\mu)\cdot\frac{P}{4ab_2}\cdot l_0^2 \quad (b_2 \geqslant l_0) \qquad (2\text{-}2\text{-}17)$$

或

$$M_{sp} = -(1+\mu)\cdot pb_2\left(l_0 - \frac{b_2}{2}\right) = -(1+\mu)\cdot\frac{P}{2a}\left(l_0 - \frac{b_2}{2}\right) \quad (b_2 < l_0) \quad (2\text{-}2\text{-}18)$$

式中：p——汽车荷载作用在每米宽板条上的每延米荷载集度，其值为 $p = \dfrac{P}{2ab_2}$；

l_0——悬臂板的长度。

永久作用弯矩（近似值）：

$$M_{sg} = -\frac{1}{2}gl_0^2 \qquad (2\text{-}2\text{-}19)$$

需要注意的是，以上所有可变作用内力的计算公式都是对于轮重为 $P/2$ 的汽车荷载推得的。

四、作用效应组合

计算出永久作用和可变作用内力后,进行板的承载能力验算时,1m 宽板条的最大组合内力为:

$$S_{ud} = \gamma_0(1.2S_{Gik} + 1.8S_{Q1k}) \quad (2\text{-}2\text{-}20)$$

【例 2-2-1】 计算如图 2-2-8 所示 T 梁翼板所构成的铰接悬臂板设计内力。桥面铺装为 2cm 的沥青混凝土面层(重度为 23 kN/m³)和平均为 9cm 厚的 C30 混凝土垫层(重度为 24 kN/m³),T 梁翼板的重度为 25 kN/m³。已知汽车等级为公路—I 级。

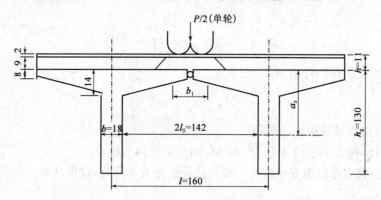

图 2-2-8 T 梁横截面图(尺寸单位:cm)

【解】 (1)永久作用及其内力(按纵向 1m 宽的板条计算)

①每延米板上的永久作用 g 如表 2-2-1 所示。

板的永久作用 g 表 2-2-1

沥青混凝土面层自重 g_1	$0.02 \times 1.0 \times 23 = 0.46$ (kN/m)
C30 混凝土垫层自重 g_2	$0.09 \times 1.0 \times 24 = 2.16$ (kN/m)
T 梁翼板自重 g_3	$\dfrac{0.08+0.14}{2} \times 1.0 \times 25 = 2.75$ (kN/m)
合计	$g = \sum g_i = 5.37$ (kN/m)

②每米宽板条的永久作用内力:

$$M_g = -\frac{1}{2}gl_0^2 = -\frac{1}{2} \times 5.37 \times 0.71^2 = -1.35(\text{kN}\cdot\text{m})$$

$$Q_g = gl_0 = 5.37 \times 0.71 = 3.81(\text{kN})$$

(2)公路—I 级荷载产生的内力

将标准车后轮作用于铰缝轴线上(图 2-2-9),后轴作用力 $P=140$ kN,轮压分布宽度如图 2-2-9 所示。汽车后轮着地长度为 $a_1=0.20$m,宽度为 $b_1=0.60$m,则有:

$$a_2 = a_1 + 2h = 0.20 + 2 \times 0.11 = 0.42(\text{m})$$
$$b_2 = b_1 + 2h = 0.60 + 2 \times 0.11 = 0.82(\text{m})$$

荷载对于悬臂根部的有效分布宽度:

$$a = a_2 + d + 2l_0 = 0.42 + 1.4 + 2 \times 0.71 = 3.24(\text{m})$$

在 T 梁悬臂板上考虑局部加载时,可取 $1+\mu=1.3$。

作用于每米宽板条上的弯矩为:

$$M_{sp} = -(1+\mu)\frac{P}{4a}\left(l_0 - \frac{b_2}{2}\right)$$
$$= -1.3 \times \frac{140 \times 2}{4 \times 3.24}\left(0.71 - \frac{0.82}{4}\right)$$
$$= -14.16(\text{kN} \cdot \text{m})$$

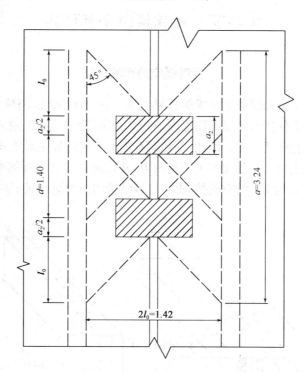

图 2-2-9 公路—I级的计算图式(尺寸单位:m)

作用于每米宽板条上的剪力为：

$$Q_{Ap} = (1+\mu)\frac{P}{4a} = 1.3 \times \frac{140 \times 2}{4 \times 3.24} = 28.08(\text{kN})$$

(3)内力组合

①承载能力极限状态内力基本组合(用于计算结构承载力)：

$$M = \gamma_0 M_d = 1.0 \times [1.2 \times (-1.35) + 1.8 \times (-14.16)] = -27.11(\text{kN} \cdot \text{m})$$
$$Q = \gamma_0 Q_d = 1.0 \times (1.2 \times 3.81 + 1.8 \times 28.08) = 55.12(\text{kN})$$

所以，行车道板的设计内力为：$M = -27.11 \text{ kN} \cdot \text{m}$，$Q = 55.12 \text{ kN}$。

②正常使用极限状态内力组合(用于验算应力、裂缝及变形)。

a. 频遇组合。

$$M_{sd} = -1.35 + 0.7 \times \frac{-14.16}{1.3} = -8.97(\text{kN} \cdot \text{m})$$

$$Q_{sd} = 3.81 + 0.7 \times \frac{28.08}{1.3} = 18.93(\text{kN/m})$$

b. 准永久组合。

$$M_{ld} = -1.35 + 0.4 \times \frac{-14.16}{1.3} = -5.71(\text{kN} \cdot \text{m})$$

$$Q_{sd} = 3.81 + 0.4 \times \frac{28.08}{1.3} = 12.45(\text{kN/m})$$

对于不同的内力组合,应力和裂缝及变形验算的规定限值是不同的,具体可参阅《混凝土桥规》的相关要求。

第二节 荷载横向分布计算

一、荷载横向分布的定义

对于一座由多片主梁和横隔梁组成的桥梁[图 2-2-10a)]来说,当桥上有荷载 P 作用时,由于结构的横向联系会使所有主梁不同程度地参与工作,随着荷载作用位置(x,y)的变化,某根主梁所承担的荷载也随之变化。因此,设计时首先应了解某根主梁所分担的最不利荷载,然后再沿桥纵向确定该主梁某一截面的最不利内力,并以此得出整座桥梁中最不利主梁的最大内力值。鉴于结构受力和变形的空间性,求解这种结构的内力应当属于空间计算理论问题。

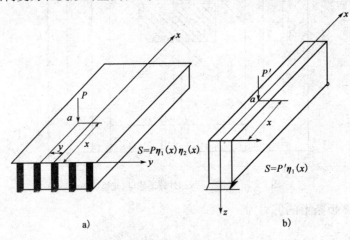

图 2-2-10 荷载作用下的内力计算图式

目前广泛使用的一种方法,是将复杂的空间问题合理转化成简单的平面问题来求解。这种方法的实质是:假设结构中某点截面的内力影响面用双值函数 $\eta(x,y)$ 来表示,则该截面的内力值表示 $S = P \cdot \eta(x,y)$。再将影响面 $\eta(x,y)$ 分离成两个单值函数的乘积,即 $\eta_1(x) \cdot \eta_2(y)$,因此,对于某根主梁某一截面的内力值就可表示为:

$$S = P \cdot \eta(x,y) \approx P \cdot \eta_1(x) \cdot \eta_2(y) \tag{2-2-21}$$

式中: $\eta(x,y)$ ——空间计算中某梁的内力计算影响面;
  $\eta_1(x)$ ——单梁在 x 轴方向某一截面的内力影响线;
  $\eta_2(y)$ ——单位荷载沿桥面横向(y 轴方向)作用在不同位置时,某梁所分配的荷载比值变化曲线,也称作对于某梁的荷载横向分布影响线。

$P \cdot \eta_2(y)$ 就是当 P 作用于 $a(x,y)$ 点时沿横向分配给某梁的荷载[图 2-2-10b)],暂以 P' 表示,即 $P' = P \cdot \eta_2(y)$。按照最不利位置布载,就可求得其所受的最大荷载 $P'_{\max}$。

定义 $P'_{\max} = m \cdot P$,P 为汽车轴重,则 m 就称为荷载横向分布系数,它表示某根主梁所承担的最大荷载是汽车各个轴重的倍数(通常小于 1)。

对于汽车和人群荷载的横向分布系数 m 的计算公式如下：

$$\left.\begin{array}{l}汽车：m_q = \dfrac{\sum \eta_q}{2} \\ 人群：m_r = \eta_r\end{array}\right\} \qquad (2\text{-}2\text{-}22)$$

式中：η_q、η_r——对应于汽车和人群荷载集度的荷载横向分布影响线竖标。

需要注意的是，"荷载横向分布"仅是借用的一个概念，其实质应该是"内力"横向分布，而并不是"荷载"横向分布，只是在计算式的表现形式上成了"荷载"横向分布。另外，严格地说，任意位置 (x,y) 上的各个内力 $S(x,y)$ 都有各自的内力影响面，应有各自的横向分布系数 m，但在实际计算中，主梁各截面弯矩的横向分布系数 m 均采用全跨单一的跨中截面横向分布系数，其结果是偏于安全的。但计算剪力横向分布系数时，必须考虑 m 的变化，这一点将在后面讲述。

二、荷载横向分布系数的计算

根据各种梁式桥的不同宽度、横向连接的形式以及截面的位置，目前有以下几种荷载横向分布影响线的计算方法：

(1)杠杆原理法——把横向结构(桥面板和横梁)视作在主梁上断开而简支在其上的简支梁。

(2)偏心压力法——把横梁视作刚度为无穷大的梁。

(3)铰接板(梁)法——把相邻板(梁)之间视为铰接，只传递剪力。

(4)刚接梁法——把相邻主梁之间视为刚性连接，可以传递剪力和弯矩。

(5)比拟正交异性板法(G-M法)——将主梁和横梁的刚度换算成正交两个方向刚度不同的比拟弹性平板来求解。

本节重点介绍较常用的杠杆原理法、偏心压力法、铰接板(梁)法和刚接梁法。比拟正交异性板法因需要查阅计算图表和进行插入换算，计算较为烦琐，目前在设计中也较少采用，故不作介绍。

1. 杠杆原理法

杠杆原理法的基本假定是忽略主梁之间横向联系的作用，即假设桥面板在主梁梁肋处断开，而当作沿横向支承在主梁上的简支梁或悬臂梁来考虑，如图 2-2-11a)、图 2-2-11b)所示。这样可以作出主梁的荷载横向分布影响线，即当单位荷载 $P=1$ 作用于计算梁上时，该梁承担的荷载为1；当 P 作用于相邻或其他梁上时，该梁承担的荷载为零，该梁与相邻梁之间按线性变化，如图 2-2-11c)所示。

有了各根主梁的荷载横向分布影响线，就可根据各种可变作用最不利荷载位置求得相应的横向分布系数 m_0。

对于汽车和人群荷载的横向分布系数 m_0 的计算公式如下：

$$\left.\begin{array}{l}汽车：m_{0q} = \dfrac{\sum \eta_q}{2} \\ 人群：m_{0r} = \eta_r\end{array}\right\} \qquad (2\text{-}2\text{-}23)$$

式中：η_q、η_r——对应于汽车和人群荷载集度的荷载横向分布影响线竖标。

杠杆原理法适用于计算主梁支点处的荷载横向分布系数 m_0，此时主梁的支承刚度远大于主梁间横向联系的刚度,受力特性与杠杆原理法比较接近。另外该法也可用于双主梁桥,或横向联系很弱的无中间横梁的桥梁荷载横向分布系数计算。

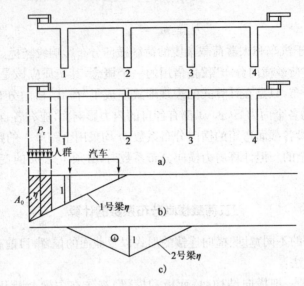

图 2-2-11 按杠杆原理法计算荷载横向分布系数

【例 2-2-2】 图 2-2-12a)所示桥面净空为净—7m+2×0.75 m 人行道的五梁式钢筋混凝土 T 形梁桥。试求荷载位于支点处时 1 号梁和 2 号梁相应于汽车和人群荷载的横向分布系数。

【解】 当荷载位于支点处时,可按杠杆原理法计算荷载横向分布系数。

首先绘制 1 号梁和 2 号梁的荷载横向影响线,如图 2-2-12b)和图 2-2-12c)所示。再根据《混凝土桥规》的规定,在影响线上确定荷载沿横向最不利的布置位置。如:汽车横向轮距为 1.8 m,两列汽车车轮的横向最小间距为 1.3 m,车轮距离人行道缘石最少为 0.5 m。由此,求出相应于荷载位置的影响线竖标值后,按式(2-2-23)可得 1 号梁的荷载横向分布系数。

汽车:
$$m_{0q} = \sum \frac{\eta_q}{2} = \frac{0.875}{2} = 0.438$$

人群荷载:
$$m_{0r} = \eta_r = 1.422$$

同理,按图 2-2-12c)的计算,可得 2 号梁的荷载横向分布系数 $m_{0q}=0.5$ 和 $m_{0r}=0$。这里在人行道上没有布载,是因为人行道荷载引起的是负反力,考虑荷载组合时反而会减小 2 号梁的受力。

3 号梁的荷载横向分布影响线与 2 号梁在正号区段内的完全相同,但其没有负号区域,因此它的各荷载横向分布系数与 2 号梁并不完全相同。

2. 偏心压力法

在钢筋混凝土或预应力混凝土梁桥上,通常除在桥的两端设置横隔梁外,还在跨径中央,甚至包括跨径四分点处设置中间横隔梁,这样可以加大横向结构的刚度,并显著增加桥梁的整体性。

偏心压力法计算荷载横向分布适用于这种桥上具有可靠的横向联结,而且桥的宽跨比 B/l 小于或接近 0.5 的情况时(一般称为窄桥),计算跨中截面荷载横向分布系数 m_c。

偏心压力法的基本前提是：

(1) 在车辆荷载作用下，中间横梁的弹性挠曲变形同主梁相比微不足道，可以近似地看作一根刚度为无穷大的刚性梁保持直线形状。这种把横梁当作支承在各片主梁上的连续刚体计算荷载横向分布系数的方法，称为"偏心受压法"。基于横梁无限刚性的假定，此法也称为"刚性横梁法"。

(2) 计算中忽略主梁的抗扭刚度，即不计入主梁扭矩抵抗可变作用的影响。如图 2-2-13a) 所示，图中 w_i 表示桥跨中央各主梁的竖向挠度。

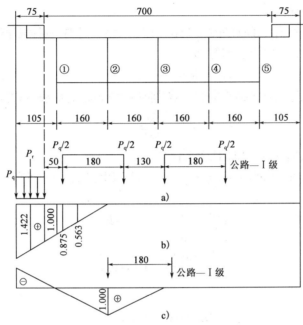

图 2-2-12 杠杆原理法计算横向分布系数(尺寸单位：cm)
a)桥梁横截面；b)1 号梁荷载横向分布影响线；c)2 号梁荷载横向分布影响线

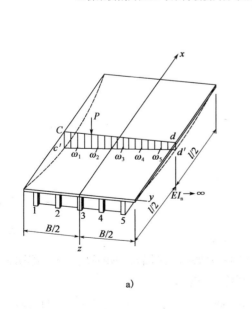
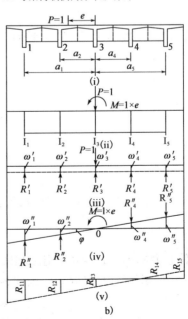

图 2-2-13 偏心压力法计算图示

根据在弹性范围内，某根主梁所承受到的荷载 R_i 与该荷载所产生的跨中弹性挠度 ω_i 成正比的原则，可以得出：在中间横梁刚度相当大的窄桥上，沿横向偏心布置的可变作用情况下，总是靠近可变作用一侧的边主梁受载最大。下面介绍单位荷载 $P=1$ 作用在跨中任意位置（偏心距为 e）时，1 号主梁所承担的力 R_1。

取跨中 $x=l/2$ 截面作为研究对象，如图 2-2-13b)所示。通常情况下，各主梁的惯性矩 I_i 相等。显然，对于具有近似刚性中间横隔梁的结构，偏心荷载 $P=1$ 可以用作用于桥轴线的中心荷载 $P=1$ 和偏心力矩 $M=1·e$ 来替代，分别求出这两种情况下 1 号主梁所承担的力，然后进行叠加，如图 2-2-13b)所示。

(1)中心荷载 $P=1$ 的作用，如图 2-2-13b)(ⅲ)所示。由于中心荷载作用下，刚性中横梁整体向下平移，则各主梁的跨中挠度相等，即：

$$\omega'_1 = \omega'_2 = \cdots = \omega'_n = \bar{\omega} \tag{2-2-24}$$

根据材料力学知识，作用于简支梁跨中的荷载（即主梁所分担的荷载）与挠度的关系为：

$$\omega'_i = \frac{R'_i l^3}{48 E I_i} \tag{2-2-25}$$

式中：I_i ——桥梁横截面内各主梁的抗弯惯性矩。

当各主梁截面相等时，即 $I_1 = I_2 = \cdots = I_n = I$，则由以上两式可得反力与挠度成正比的关系如下：

$$\frac{R'_1}{\omega'_1} = \frac{R'_2}{\omega'_2} = \cdots = \frac{R'_i}{\omega'_i}$$

$$\frac{R'_n}{\omega'_n} = \frac{48EI}{l^3} = C(\text{常数})$$

由此得：

$$R'_i = C\omega'_i = C\bar{\omega} \tag{2-2-26}$$

根据静力平衡条件，有：

$$\sum_{i=1}^{n} R'_i = 1$$

将式(2-2-25)代入式(2-2-26)，便有

$$C\sum_{i=1}^{n}\omega_i = 1$$

即：

$$C\sum_{i=1}^{n}\bar{\omega} = 1$$

可得：

$$C \cdot \bar{\omega} = \frac{1}{n} \tag{2-2-27}$$

再将式(2-2-27)代入式(2-2-26)后得：

$$R'_i = \frac{1}{n} \tag{2-2-28}$$

(2)偏心力矩 $M=1·e$ 的作用，如图 2-2-13b)(ⅳ)所示。在偏心力矩 $M=1·e$ 作用下，桥的横截面产生绕中心 O 的转角 φ，因此各主梁的跨中挠度为：

$$\omega''_i = a_i \tan\varphi \tag{2-2-29}$$

式中：a_i ——各片主梁梁轴到截面形心的距离。

根据力矩平衡条件,有

$$\sum_{i=1}^{n} R''_i \cdot a_i = 1 \cdot e \tag{2-2-30}$$

再根据反力与挠度成正比的关系,有:

$$R''_i = C \cdot \omega''_i \tag{2-2-31}$$

或

$$R''_i = C \cdot a_i \tan\varphi \tag{2-2-32}$$

将式(2-2-32)代入式(2-2-30)得:

$$C \cdot \tan\varphi \cdot \sum_{i=1}^{n} a_i^2 = 1 \cdot e$$

或

$$C \cdot \tan\varphi = \frac{e}{\sum_{i=1}^{n} a_i^2} \tag{2-2-33}$$

将式(2-2-33)代入式(2-2-32)后,得

$$R''_i = \frac{a_i e}{\sum_{i=1}^{n} a_i^2} \tag{2-2-34}$$

(3)偏心距离为 e 的单位荷载 $P=1$ 对 1 号主梁的总作用[图 2-2-13b)(v)]:

$$R_{1e} = \eta_{1e} = \frac{1}{n} \pm \frac{a_1 e}{\sum_{i=1}^{n} a_i^2} \tag{2-2-35}$$

这就是 1 号主梁的荷载横向影响线在各梁位处的竖标值。

注意,当式(2-2-35)中的荷载位置 e 和梁位 a_i 位于形心轴同侧时,取正号,反之应取负号。

当 $P=1$ 位于第 k 号梁轴上($e=a_k$)时,对 1 号主梁的总作用可写成:

$$\eta_{1k} = \frac{1}{n} \pm \frac{a_1 a_k}{\sum_{i=1}^{n} a_i^2} \tag{2-2-36}$$

(4)同理,当 $P=1$ 位于第 k 号梁轴上($e=a_k$)时,对 i 号主梁的总作用:

$$\eta_{ik} = \frac{1}{n} \pm \frac{a_i a_k}{\sum_{i=1}^{n} a_i^2} \tag{2-2-37}$$

由此也不难得到关系式:

$$\eta_{ik} = R_{ik} = \eta_{ki} \tag{2-2-38}$$

(5)同理可得,当各主梁得惯性矩 I_i 不相等的时,偏心荷载 $P=1$ 对各主梁的总作用:

$$\eta_{ie} = \frac{I_i}{\sum_{i=1}^{n} I_i} \pm \frac{e a_i I_i}{\sum_{i=1}^{n} a_i^2 I_i} \tag{2-2-39}$$

当 $P=1$ 位于第 k 号梁轴上($e=a_k$)时,式(2-2-39)可写成:

$$\eta_{ik} = \frac{I_i}{\sum_{i=1}^{n} I_i} \pm \frac{a_i a_k I_i}{\sum_{i=1}^{n} a_i^2 I_i} \tag{2-2-40}$$

【例 2-2-3】 一座计算跨径 $l=19.50$ m 的简支梁桥,其横截面如图 2-2-14a)所示,纵断面布置如图 2-2-33 所示,试求荷载位于跨中时 1 号边梁的荷载横向分布系数 m_{cq}(汽车荷载)和 m_{cr}(人群荷载)。

【解】 从图 2-2-33 中可知,此桥设有刚度强大的横隔梁,且承重结构的跨宽比为:

$$\frac{l}{B} = \frac{19.50}{5 \times 1.60} = 2.4 > 2$$

故可按偏心压力法来计算横向分布系数 m_c，其步骤如下：

(1) 求荷载横向分布影响线竖标

本桥各根主梁的横截面均相等，梁数 $n = 5$，梁间距为 1.60 m，则：

$$\sum_{i=1}^{5} a_i^2 = a_1^2 + a_2^2 + a_3^2 + a_4^2 + a_5^2$$
$$= (2 \times 1.60)^2 + 1.60^2 + 0 + (-1.60)^2 + [2 \times -(1.60)]^2$$
$$= 25.60 \ (m^2)$$

由式(2-2-35)得，1号梁在两个边主梁处的横向影响线的竖标值为：

$$\eta_{11} = \frac{1}{n} + \frac{a_1^2}{\sum_{i=1}^{n} a_i^2} = \frac{1}{5} + \frac{(2 \times 1.60)^2}{25.60}$$
$$= 0.20 + 0.40 = 0.60$$

$$\eta_{15} = \frac{1}{n} - \frac{a_1 a_5}{\sum_{i=1}^{n} a_i^2} = 0.20 - 0.40 = -0.20$$

(2) 绘出荷载横向分布影响线，并按最不利位置布载，如图 2-2-14b)所示，其中：人行道缘石至1号梁轴线的距离 Δ 为：

$$\Delta = 1.05 - 0.75 = 0.30 (m)$$

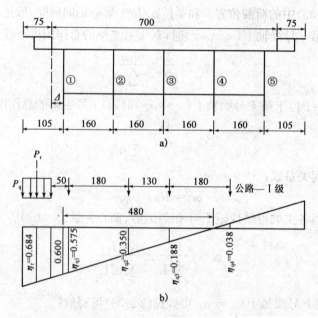

图 2-2-14 刚性横梁法计算横向分布系数图示(尺寸单位：cm)

荷载横向分布影响线的零点至1号梁位的距离为 x，可按比例关系求得：

$$\frac{x}{0.60} = \frac{4 \times 1.60 - x}{0.2}$$

解得 $x = 4.8$m，并据此计算出对应各荷载点的影响线竖标 η_{qi} 和 η_r。

(3) 计算荷载横向分布系数 m_c

1号梁的可变作用横向分布系数分别计算如下：

汽车荷载

$$m_{cq} = \frac{1}{2}\sum \eta_q = \frac{1}{2} \cdot (\eta_{q1} + \eta_{q2} + \eta_{q3} + \eta_{q4})$$
$$= \frac{1}{2} \times \frac{0.60}{4.80} \times (4.60 + 2.80 + 1.50 - 0.30)$$
$$= 0.538$$

人群荷载

$$m_{cr} = \eta_r = \frac{\eta_{11}}{x} \cdot x_r = \frac{0.60}{4.80} \times \left(4.80 + 0.30 + \frac{0.75}{2}\right) = 0.684$$

求得1号梁的各种荷载横向分布系数后，就可得到各类荷载分布至该梁的最大荷载值。

3. 考虑主梁抗扭刚度的修正偏心压力法

前面所介绍的偏心压力法具有概念清楚、公式简明和计算方便等优点。然而其在推演中由于作了横梁近似绝对刚性和忽略主梁抗扭刚度的两项假定，这就导致了边梁受力偏大的计算结果。因此以往在实用计算中也有将按偏心压力法求得的边梁最大横向分布系数乘以0.9加以约略折减的方法。

为了弥补偏心压力法的不足，国内外也广泛地采用考虑主梁抗扭刚度的修正偏心压力法。这一方法既不失偏心压力法之优点，又避免了结果偏大的缺陷，因此修正偏心压力法是一个具有较高实用价值的近似法。

采用修正偏心压力法计算荷载横向分布时，只要对偏心力矩 $M = 1 \cdot e$ 的作用进行修正即可。如图2-2-15所示，根据力矩的平衡条件，把式(2-2-30)改写成：

$$\sum_{i=1}^{n} R_i'' \cdot a_i + \sum_{i=1}^{n} M_{Ti} = 1 \cdot e \tag{2-2-41}$$

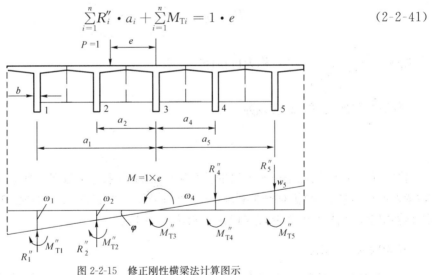

图2-2-15 修正刚性横梁法计算图示

由材料力学知，简支梁跨中截面扭矩 M_T 与扭角 φ 以及竖向力与挠度之间的关系为：

$$\varphi = \frac{lM_{Ti}}{4GI_{Ti}}$$

$$\omega_i'' = \frac{R_i'' l^3}{48EI_i} \tag{2-2-42}$$

式中：G——材料的剪切模量；

I_{Ti}——梁的抗扭惯矩。

由几何关系知：
$$\varphi \approx \tan\varphi = \frac{\omega_i''}{a_i} \tag{2-2-43}$$

将式(2-2-43)代入式(2-2-42)得：
$$\varphi = \frac{R_i'' l^3}{48 a_i E I_i} \tag{2-2-44}$$

将式(2-2-44)代入式(2-2-42)得：
$$M_{Ti} = R_i'' \frac{l^2 G I_{Ti}}{12 a_i E I_i} \tag{2-2-45}$$

另由几何和刚度的比例关系，可知 1 号主梁的荷载为：
$$\frac{R_i''}{a_i I_i} = \frac{R_1''}{a_1 I_1} \Rightarrow R_i'' = R_1'' \frac{a_i I_i}{a_1 I_1} \tag{2-2-46}$$

将式(2-2-46)代入式(2-2-41)得：
$$\sum R_1'' \frac{a_i^2 I_i}{a_1 I_1} + \sum R_1'' \frac{a_i I_i}{a_1 I_1} \frac{l^2 G I_{Ti}}{12 a_i E I_i} = e$$

或
$$R_1'' \cdot \frac{1}{a_1 I_1} \left(\sum a_i^2 I_i + \frac{G l^2}{12 E} \sum I_{Ti} \right) = e$$

则：
$$R_1'' = \frac{e a_1 I_1}{\sum a_i^2 I_i + \frac{G l^2}{12 E} \sum I_{Ti}} = \left[\frac{1}{1 + \frac{G l^2 \sum I_{Ti}}{12 E \sum a_i^2 I_i}} \right] \cdot \frac{e a_1 I_1}{\sum a_i^2 I_i} = \beta \frac{e a_1 I_1}{\sum_{i=1}^{n} a_i^2 I_i} \tag{2-2-47}$$

即 1 号主梁所承担的总荷载为：
$$R_{1e} = \eta_{1e} = \frac{I_1}{\sum_{n=1}^{n} I_i} \pm \beta \frac{e a_1 I_1}{\sum_{n=1}^{n} a_i^2 I_i} \tag{2-2-48}$$

式中：$\beta = \dfrac{1}{1 + \dfrac{G l^2 \sum I_{Ti}}{12 E \sum a_i^2 I_i}} < 1$，称为抗扭修正系数。

任意主梁所承担的总荷载为：
$$R_{ie} = \eta_{ie} = \frac{I_i}{\sum_{n=1}^{n} I_i} \pm \beta \frac{e a_i I_i}{\sum_{n=1}^{n} a_i^2 I_i} \tag{2-2-49}$$

修正偏心压力法比偏心压力法的计算精度要高，更接近真实值。但是当主梁的片数增多，桥宽增加，横梁和主梁相对弯曲刚度比值降低，横梁不再看作是无限刚度时，用修正偏心压力法计算仍会产生较大的误差，此时可采用刚接梁法计算。

4. 铰接板(梁)法

对于把纵向企口缝用现浇混凝土连接的装配式板桥以及仅在翼板间用焊接钢板或伸出交叉钢筋连接的无中间横梁的装配式梁桥，由于块件间横向具有一定的连接构造，但其连接刚性又很薄弱，进行跨中荷载横向分布的计算时，上面所述的"杠杆原理法"和"偏心压力法"均不适用。鉴于这类结构的受力状态实际接近于数根并列而相互间横向铰接的狭长板(梁)，故专门发展了横向铰接板(梁)理论来计算荷载的横向分布。下面将阐明铰接板(梁)法的基本假定、计算理论和计算参数的确定，并列举了荷载横向分布系数的计算。

图 2-2-16a)为一座应用混凝土铰缝连接的装配式板桥承受荷载 P 的变形图式。当 2 号板

块上有荷载 P 作用时,除了本身引起纵向挠曲外(板块本身的横向变形极小,可略去不计),其他板块也会受力而发生相应的挠曲,这是因为各板块之间通过结合缝所承受的内力在起传递荷载的作用。图 2-2-16b)示出一般情况下结合缝上可能引起的内力为竖向剪力 $g(x)$、横向弯矩 $m(x)$、纵向剪力 $t(x)$ 和法向力 $n(x)$。然而,当桥上主要作用竖向车轮荷载时,纵向剪力和法向力同竖向剪力相比,影响极小。加之在构造上铰缝(企口缝)的高度不大、刚性甚弱,通常可看作近似铰接,则横向弯矩对传布荷载的影响极小,也可忽略。为了简化计算,可以假定竖向荷载作用下结合缝内只传递竖向剪力 $g(x)$,如图 2-2-16c)所示,这就是横向铰接板(梁)计算理论的假定前提。

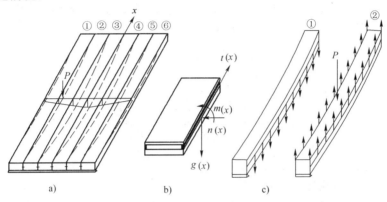

图 2-2-16　铰接板桥受力示意图

尚须指出的是,把一个空间计算问题,借助按横向挠度分布规律来确定荷载横向分布的原理,简化为一个平面问题来处理,应当满足下述关系(以 1、2 号板梁为例):

$$\frac{\omega_1(x)}{\omega_2(x)} = \frac{M_1(x)}{M_2(x)} = \frac{Q_1(x)}{Q_2(x)} = \frac{P_1(x)}{P_2(x)} = C$$

此式表明,在荷载作用下,任意两根板梁所分配到的荷载比值,与挠度比值以及截面的内力比值都相同。

对于每条板梁,有关系式 $M(x) = -EI\omega''$ 和 $Q(x) = -EI\omega'''$,代入上式,并设 EI 为常数,则有:

$$\frac{\omega_1(x)}{\omega_2(x)} = \frac{\omega_1''(x)}{\omega_2''(x)} = \frac{\omega_1'''(x)}{\omega_2'''(x)} = \frac{P_1(x)}{P_2(x)} = C \tag{2-2-50}$$

但是,实际上无论对于集中荷载或是分布荷载的作用情况,都不能满足上式的条件。就以图 2-2-16c)铰接板的受力情况来看,2 号板梁上的集中荷载 P 与 1 号板梁经竖向剪力传递的分布荷载 $g(x)$ 是性质完全不同的荷载,这就根本无法讨论它们之间的比值 $p_1(x)/p_2(x)$ 和其他比值了。

然而,如果采用具有某一峰值 p_0 的半波正弦荷载,即:

$$p(x) = p_0 \sin\frac{\pi x}{l} \tag{2-2-51}$$

根据其积分和求导的性质,条件式(2-2-50)就能得到满足。对于研究荷载横向分布,还可方便地设 $p_0 = 1$ 而直接采用单位正弦荷载来分析。此时各根板梁的挠曲线 w 将是半波正弦曲线,它们所分配到的荷载也是具有不同峰值的半波正弦荷载。这样,就使荷载、挠度和内力三者的变化规律趋于协调统一。

由此可见,严格来说,荷载横向分布的处理方法,理论上仅对常截面的简支梁桥(ω 为正弦函数时且满足简支的边界条件)作用半波正弦荷载时才属正确。鉴于用正弦荷载代替跨中的集中荷载,在计算各梁跨中挠度时的误差很小,而且计算内力时虽有稍大的误差,但考虑到实际计算时有许多车轮沿桥跨分布,这样又进一步使误差减少,故在铰接板(梁)法中,作为一个基本假定,也就采用半波正弦荷载来分析跨中荷载横向分布的规律。

(1)铰接板桥的荷载横向分布

根据以上所做的基本假定,铰接板桥的受力图式如图 2-2-17 所示。在正弦荷载 $p(x) = p_0 \sin \frac{\pi x}{l}$ 作用下,各条铰缝内也产生正弦分布的铰接力 $g_i(x) = g_i \sin \frac{\pi x}{l}$,图 2-2-17b)中表示出任意一条板梁的铰接力分布图形。鉴于荷载、铰接力和挠度三者的协调性,对于研究各条板梁所分布荷载的相对规律来说,方便地取跨中单位长度和截段来进行分析,不失其一般性,此时各板条间铰接力可用正弦分布铰接力的峰值 g_i 来表示。

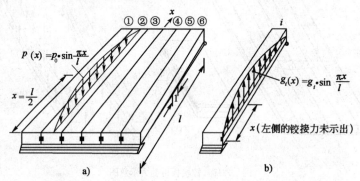

图 2-2-17 铰接板桥受力图式

图 2-2-18a)为一座横向铰接板桥的横截面图,现在我们来研究单位正弦荷载作用在 1 号板梁轴线上时,荷载在各板梁内的横向分布,计算图式如图 2-2-18b)所示。

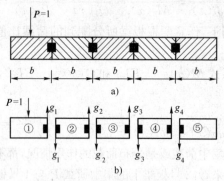

图 2-2-18 铰接板桥计算图式

一般说来,对于具有 n 条板梁组成的桥梁,必然具有 $(n-1)$ 条铰缝。在板梁间沿铰缝切开,则每一铰缝内作用着一对大小相等、方向相反的正弦分布铰接力,因此对于 n 条板梁就有 $(n-1)$ 个欲求的未知铰接力峰值 g_i。如果求得了所有的 g_i,则根据力的平衡原理,可得分配到各板块的竖向荷载的峰值 p_{i1},以图 2-2-18b)所示的五块板为例,即为:

$$\left.\begin{aligned} 1\text{号板} \quad & p_{11} = 1 - g_1 \\ 2\text{号板} \quad & p_{21} = g_1 - g_2 \\ 3\text{号板} \quad & p_{31} = g_2 - g_3 \\ 4\text{号板} \quad & p_{41} = g_3 - g_4 \\ 5\text{号板} \quad & p_{51} = g_4 \end{aligned}\right\} \quad (2\text{-}2\text{-}52)$$

下面我们按结构力学中熟知的"力法"原理来求解正弦分布铰接力的峰值 g_i。显然,对于具有 $(n-1)$ 个未知铰接力的超静定问题,将每一铰缝切开形成基本体系,利用两相邻板块在铰缝处的竖向相对位移为零的变形协调条件,就可解出全部铰接力峰值。为此,对于图 2-2-18b)的基本体系,可以列出典型方程如下:

$$\left.\begin{aligned}\delta_{11}g_1+\delta_{12}g_2+\delta_{13}g_3+\delta_{14}g_4+\delta_{1p}=0\\ \delta_{21}g_1+\delta_{22}g_2+\delta_{23}g_3+\delta_{24}g_4+\delta_{2p}=0\\ \delta_{31}g_1+\delta_{32}g_2+\delta_{33}g_3+\delta_{34}g_4+\delta_{3p}=0\\ \delta_{41}g_1+\delta_{42}g_2+\delta_{43}g_3+\delta_{44}g_4+\delta_{4p}=0\end{aligned}\right\} \quad (2\text{-}2\text{-}53)$$

式中:δ_{ik}——铰缝 k 内作用单位正弦铰接力,在铰缝 i 处引起的竖向相对位移;

δ_{ip}——外荷载 p 在铰缝 i 处引起的竖向位移。

为了确定典型方程中的常系数 δ_{ik} 和 δ_{ip},我们来考察图 2-2-19a)中所示任意板梁在左边铰缝内作用单位正弦铰接力的典型情况。图 2-2-19b)为跨中单位长度截割段的示意图。对于横向近乎刚性的板块,偏心的单位正弦铰接力可以用一个中心作用的荷载和一个正弦分布的扭矩来代替,图 2-2-19c)中表示出了作用在跨中段上的相应峰值 $g_i=1$ 和 $m_i=\dfrac{b}{2}$。设上述中心作用荷载在板跨中央产生的挠度为 ω,上述扭矩引起的跨中扭角为 φ,这样在板块左侧产生的总挠度为 $\omega+\dfrac{b}{2}\varphi$,在板块右侧则为 $\omega-\dfrac{b}{2}\varphi$。掌握了这一典型的变形规律,参照图 2-2-18b)的基本体系,就不难确定以 ω 和 φ 表示的全部 δ_{ik} 和 δ_{ip}。计算中应遵循下述符号规定:当 δ_{ik} 与 g_i 的方向一致时取正号,也就是说,使某一铰缝增大相对位移的挠度取正号,反之取负号。至此,依据图 2-2-18b)的基本体系,就可写出典型方程(2-2-53)中的常系数为:

$$\delta_{11}=\delta_{22}=\delta_{33}=\delta_{44}=2\left(\omega+\frac{b}{2}\varphi\right)$$

$$\delta_{12}=\delta_{23}=\delta_{34}=\delta_{21}=\delta_{32}=\delta_{43}=-\left(\omega-\frac{b}{2}\varphi\right)$$

$$\delta_{13}=\delta_{14}=\delta_{24}=\delta_{31}=\delta_{41}=\delta_{42}=0$$

$$\delta_{1p}=-\omega$$

$$\delta_{2p}=\delta_{3p}=\delta_{4p}=0$$

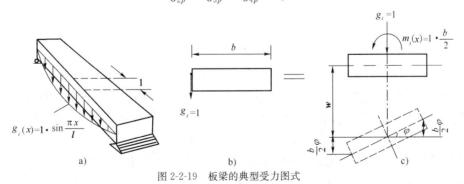

图 2-2-19 板梁的典型受力图式

将上述系数代入式(2-2-53),全式除以 ω 并设刚度参数 $\gamma=\dfrac{b}{2}\varphi/\omega$,可得典型方程的简化形式:

$$\left.\begin{aligned}2(1+\gamma)g_1 - (1-\gamma)g_2 &= 1\\ -(1-\gamma)g_1 + 2(1+\gamma)g_2 - (1-\gamma)g_3 &= 0\\ -(1-\gamma)g_2 + 2(1+\gamma)g_3 - (1-\gamma)g_4 &= 0\\ -(1-\gamma)g_3 + 2(1+\gamma)g_4 &= 0\end{aligned}\right\} \quad (2\text{-}2\text{-}54)$$

一般说来 n 块板就有 $(n-1)$ 个联立方程,其主系数 $\frac{1}{\omega}\delta_{ii}$ 都是 $2(1+\gamma)$,副系数 $\frac{1}{\omega}\delta_{ik}(k=i\pm 1)$ 都为 $-(1-\gamma)$,其余都为零。荷载项系数除了直接受荷载的 1 号板块处为 -1 以外,其余均为零。

由此可见,只要确定了刚度参数 γ、板块数量 n 和荷载作用位置,就可解出所有 $(n-1)$ 个未知铰接力的峰值 g_i,有了 g_i 就能按式(2-2-54)得到荷载作用下分配到各板块的竖向荷载的峰值。

(2) 铰接板桥的荷载横向影响线和横向分布系数

上面我们阐明了沿桥的横向只有一个荷载(用单位正弦荷载代替)作用下的荷载横向分布问题。为了计算横向可移动的一排车轮荷载对某根板梁的总影响,最方便的方法就是利用该板梁的荷载横向影响线来计算横向分布系数。下面将从荷载横向分布计算出发来绘制横向影响线。

图 2-2-20a)表示荷载作用在 1 号板梁上时,各块板梁的挠度和所分配的荷载图式。

对于弹性板梁,荷载与挠度成正比关系,即:

$$p_{i1} = \alpha_1 \omega_{i1}$$
$$p_{1i} = \alpha_2 \omega_{1i}$$

同理,由变位互等定理 $\omega_{i1} = \omega_{1i}$,且每块板梁的截面相同(比例常数 $\alpha_1 = \alpha_2$),得:

$$p_{1i} = p_{i1}$$

上式表明,单位荷载作用在 1 号板梁轴线上时任一板梁所分配的荷载,就等于单位荷载作用于任意板梁轴线上时 1 号板梁所分配到的荷载,这就是 1 号板梁荷载横向影响线的竖标值,通常以 η_{1i} 来表示。最后,利用式(2-2-52),就得 2 号板梁横向影响线的各竖标值为:

$$\left.\begin{aligned}\eta_{11} &= p_{11} = 1 - g_1\\ \eta_{12} &= p_{21} = g_1 - g_2\\ \eta_{13} &= p_{31} = g_2 - g_3\\ \eta_{14} &= p_{41} = g_3 - g_4\\ \eta_{15} &= p_{51} = g_4\end{aligned}\right\} \quad (2\text{-}2\text{-}55)$$

把各个 η_{1i} 按比例描绘在相应板梁的轴线位置,用光滑的曲线(或近似地用折线)连接这些竖标点,就得 1 号板梁的横向影响线如图 2-2-20b)所示。同理,如将单位荷载作用在 2 号板梁轴线上,就可求得 p_{i2},从而可得 η_{2i},如图 2-2-20c)所示。

实际进行设计时,可以利用对于板块数目 $n=3\sim 10$ 所编制的各号板的横向影响线竖标计算表格(见本书附表)。表中按刚度参数 $\gamma=0.00\sim 2.00$ 列出了 η_{ik} 的数值,对于非表列的 γ 值,可用直线内插来计算。

有了跨中荷载横向影响线,就可按前述同样的方法计算各类荷载的跨中横向分布系数 m_c。

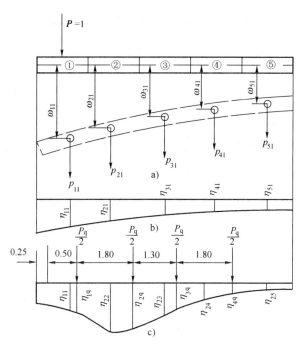

图 2-2-20 跨中的荷载横向影响线(尺寸单位:m)

(3)计算刚度参数 γ

因为 $\gamma = \dfrac{b}{2}\varphi/\omega$,因此,为了计算 γ,首先要确定在偏心的正弦荷载作用下,所产生的跨中竖向挠度 ω 和扭角 φ,如图 2-2-21 所示。

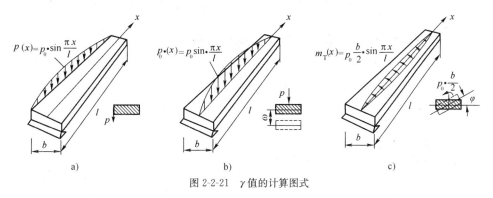

图 2-2-21 γ 值的计算图式

① 跨中挠度 ω 的计算

简支板梁轴线上作用正弦荷载 $p(x) = p_0 \sin\dfrac{\pi x}{l}$ 时,如图 2-2-21b)所示,根据梁的挠曲理论可得微分方程:

$$EI\omega''''(x) = p(x) = p_0 \sin\dfrac{\pi x}{l}$$

式中:E、I——分别为材料的弹性模量和板梁截面的抗弯惯矩。

将上式逐次积分后可得:

$$EI\omega'''(x) = -\dfrac{p_0 l}{\pi}\cos\dfrac{\pi x}{l} + A$$

$$EI\omega''(x) = -\frac{p_0 l^2}{\pi^2}\sin\frac{\pi x}{l} + Ax + B$$

$$EI\omega'(x) = -\frac{p_0 l^3}{\pi^3}\cos\frac{\pi x}{l} + \frac{Ax^2}{2} + Bx + C$$

$$EI\omega(x) = -\frac{p_0 l^4}{\pi^4}\sin\frac{\pi x}{l} + \frac{Ax^3}{6} + \frac{B}{2}x^2 + Cx + D$$

由两端简支的边界条件求积分常数：
a. $x=0, \omega(0)=0, D=0; \omega''(0)=0, B=0$。
b. $x=l, \omega(l)=0, \frac{1}{6}Al^3+Cl=0; \omega''(l)=0, A=0$。

因此 $\qquad\qquad\qquad A=B=C=D=0$

从而得挠度方程为：

$$\omega(x) = \frac{p_0 l^4}{\pi^4 EI}\sin\frac{\pi x}{l} \qquad(2\text{-}2\text{-}56)$$

当 $x=\frac{l}{2}$ 时，跨中挠度为：

$$\omega = \frac{p_0 l^4}{\pi^4 EI} \qquad(2\text{-}2\text{-}57)$$

② 跨中扭角 φ 的计算

简支板梁轴线上作用正弦分布的扭矩 $m_T(x)=\frac{b}{2}\cdot p_0\sin\frac{\pi x}{l}$ 时，如图 2-2-21c) 所示，根据梁的扭转理论可得微分方程：

$$GI_T\varphi''(x) = -m_T(x) = -\frac{b}{2}\cdot p_0\sin\frac{\pi x}{l}$$

式中：G、I_T——分别为材料的剪切模量和板梁截面的抗扭惯矩。

将上式逐次积分后可得：

$$GI_T\varphi'(x) = \frac{p_0 b}{2}\cdot\frac{l}{\pi}\cos\frac{\pi x}{l} + A$$

$$GI_T\varphi(x) = \frac{p_0 b}{2}\cdot\frac{l^2}{\pi^2}\sin\frac{\pi x}{l} + Ax + B$$

由两端无扭角的边界条件求积分常数：
a. $x=0, \varphi(0)=0, B=0$。
b. $x=l, \varphi(l)=0, A=0$。

从而得扭角方程为：

$$\varphi(x) = \frac{p_0 b l^2}{2\pi^2 GI_T}\sin\frac{\pi x}{l} \qquad(2\text{-}2\text{-}58)$$

当 $x=\frac{l}{2}$ 时，跨中扭角为：

$$\varphi = \frac{p_0 b l^2}{2\pi^2 GI_T} \qquad(2\text{-}2\text{-}59)$$

③ 刚度参数 γ 的计算

利用式 (2-2-57) 和式 (2-2-59) 即得：

$$\gamma = \frac{\dfrac{b}{2}}{\omega} = \dfrac{\dfrac{b}{2} \cdot \dfrac{p_0 b l^2}{2\pi^2 G I_T}}{\dfrac{p_0 l^4}{\pi^4 E I}} = \dfrac{\pi^2 E I}{4 G I_T}\left(\dfrac{b}{l}\right)^2 \approx 6.17 \dfrac{I}{I_T}\left(\dfrac{b}{l}\right)^2 \qquad (2\text{-}2\text{-}60)$$

式(2-2-60)中对于混凝土取用 $G=0.4E$。

可见,由偏心的正弦荷载算得的 γ 值,与单位正弦荷载作用的计算结果是一样的。

从式(2-2-56)和式(2-2-58)可以看出,板梁的两种变形与荷载具有相似的变化规律,这也是简支梁桥荷载横向分布理论中采用半波正弦荷载的一个重要原因。

④抗扭惯矩 I_T 的计算

在刚度参数的计算中需要计算构件的抗扭惯矩。

对于矩形截面或多个矩形组成的开口截面,可利用公式 $I_T = \sum\limits_{i=1}^{m} c_i b_i t_i^3$ 计算抗扭惯矩,其中 b_i、t_i 为矩形截面的宽度和厚度,c_i 为矩形截面抗扭刚度系数,根据 t/b 比值查表 2-2-2 计算,m 为梁截面划分成单个矩形截面的块数。

t/b 比值对应的 c_i 值   表 2-2-2

t/b	1	0.9	0.8	0.7	0.6	0.5	0.4	0.3	0.2	0.1	<0.1
c_i	0.141	0.155	0.171	0.189	0.209	0.229	0.250	0.270	0.291	0.312	0.333

对于封闭的薄壁截面或箱形截面,由于截面内抗扭切应力的分布规律与开口式截面在本质上不同,因此不能按前面知识来计算。下面就介绍此类截面抗扭惯矩 I_T 的计算原理和公式。

设任意不等厚的封闭式薄壁截面构件承受纯扭矩 M_T 的作用,如图 2-2-22a)所示。从构件中截取一微段 Δx[图 2-2-22b)],在横截面上必然产生抵抗扭矩的剪力。由于壁不厚,可以认为切应力沿厚度方向均匀分布,但它沿周边 s 方向可以是变化的。再从微段上沿点1、点2纵线切取局部微块[图 2-2-22c)],则上下两个纵切面上的切应力就等于横截面上点1和点2处的切应力 τ_1 和 τ_2(切应力互等定理),由纵向力的平衡条件可得:

$$\tau_1 t_1 \Delta x = \tau_2 t_2 \Delta x$$

也即
$$\tau_1 t_1 = \tau_2 t_2$$

式中:t_1、t_2——点1和点2处的壁厚,如图 2-2-22c)所示。

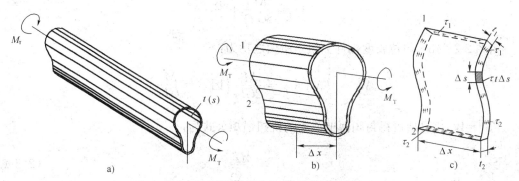

图 2-2-22 封闭式薄壁截面构件的受力图式

鉴于纵切面1和2是任意的,故知封闭式薄壁构件单位周长上的剪力 $\tau \cdot t$ 为一常量,它就称为剪力流,以 q 表示。由此得出一个重要结论:沿周边壁厚最小处切应力最大。

如图 2-2-23 所示,如在横截面上取任意点 O,则周长 ds 内的剪力 $q \cdot ds$ 对 O 点的力矩为 $q \cdot rds$,此处 r 为 O 点至剪力 $q \cdot ds$ 作用线的垂直距离。鉴于剪力流是扭矩 M_T 引起的,故剪力流对 O 点产生的总力矩应等于扭矩 M_T,即得:

$$M_T = \oint q \cdot rds = q \oint rds = 2\Omega q$$

也即剪力流为:

$$q = \frac{M_T}{2\Omega} \tag{2-2-61}$$

式中:Ω——薄壁中线所围的面积。

下面再利用剪切应变能等于扭矩所做之功的原理来推导出抗扭惯矩 I_T 的计算公式。弹性体单位体积的剪切应变能为[图 2-2-24a)]:

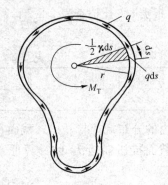

图 2-2-23 封闭式薄壁截面的几何性质

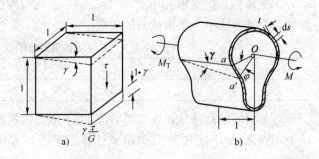

图 2-2-24 剪切应变能计算图式

$$\bar{u} = \frac{1}{2}\tau \cdot (1 \cdot \gamma) = \frac{1}{2} \cdot \frac{\tau^2}{G}$$

则单位长薄壁闭合截面构件的总应变能为[图 2-2-24a)]:

$$\bar{U} = \oint \frac{1}{2} \frac{\tau^2}{G} \cdot tds = \frac{q^2}{2G} \oint \frac{ds}{t}$$

带入式(2-2-61)则得

$$\bar{U} = \frac{M_T^2}{8G\Omega^2} \oint \frac{ds}{t}$$

由图 2-2-24b),单位长度构件上扭矩所做之功为:

$$\bar{W} = \frac{1}{2} M_T \cdot \varphi = \frac{M_T^2}{2GI_T} \left(因 \varphi = \frac{M_T}{GI_T}\right)$$

因 $\bar{U} = \bar{W}$,则最后可得封闭薄壁截面的抗扭惯矩公式为:

$$I_T = \frac{4\Omega^2}{\oint \frac{ds}{t}} \tag{2-2-62}$$

倘若遇到封闭薄壁截面上带有"翅翼"的一般情况,如图 2-2-25 所示,则其总抗扭惯矩可近似地叠加计算:

$$I_{\mathrm{T}} = \frac{4\Omega^2}{\oint \frac{\mathrm{d}s}{t}} + \sum_{i=1}^{n} c_i b_i t_i^2 \tag{2-2-63}$$

式中 c 由 t/b 之值查表 2-2-2 求得。

现以图 2-2-26 所示的箱形截面为例来说明式(2-2-63)的应用。

$$\Omega = b \cdot h$$

$$\oint \frac{\mathrm{d}s}{t} = \frac{b}{t_1} + \frac{b}{t_2} + \frac{2h}{t_3}$$

$$I_{\mathrm{T}} = \frac{4\Omega^2}{\oint \frac{\mathrm{d}s}{t}} + \sum_{i=1}^{n} c_i b_i t_i^3 = \frac{4b^2 h^2}{b\left(\frac{1}{t_1} + \frac{1}{t_2}\right) + \frac{2h}{t_3}} + 2c \cdot a t_4^3 \tag{2-2-64}$$

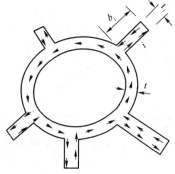

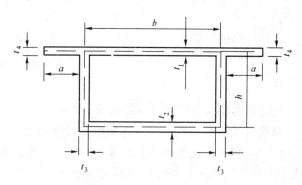

图 2-2-25 带"翅翼"的封闭截面

图 2-2-26 箱形截面

(4) 铰接板桥计算举例

【例 2-2-4】 图 2-2-28a)所示为跨径 $l=12.60\mathrm{m}$ 的铰接空心板桥的横截面布置,桥面净空为净$-7+2\times 0.75\mathrm{m}$ 人行道。全桥跨由 9 块预应力混凝土空心板组成,欲求 1、3 和 5 号板的汽车和人群荷载作用下的跨中荷载横向分布系数。

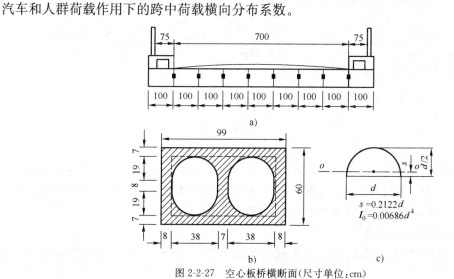

图 2-2-27 空心板桥横断面(尺寸单位:cm)

【解】

① 计算空心板截面的抗弯惯矩 I

本例空心板是上下对称截面,形心轴位于高度中央,故其抗弯惯矩为(参见图 2-2-28c)所示半圆的几何性质):

$$I = \frac{99 \times 60^3}{12} - 2 \times \frac{38 \times 8^3}{12} - 4 \times \left[0.00686 \times 38^4 + \frac{1}{2} \times \frac{\pi \times 38^2}{4} \times \left(\frac{8}{2} + 0.2122 \times 38\right)^2\right]$$

$$= 1782000 - 3243 - 4 \times 96828$$

$$= 1391 \times 10^3 \, (\text{cm}^4)$$

②计算空心板截面的抗扭惯矩 I_T

本例空心板截面可近似简化成图 2-2-28b)中虚线所示的薄壁箱形截面来计算 I_T,按式(2-2-63)可得:

$$I_T = \frac{4 \times (99-8)^2 \times (60-7)^2}{(99-8) \times \left(\frac{1}{7} + \frac{1}{7}\right) + \frac{2 \times (60-7)}{8}} = \frac{93045000}{26 + 13.25} = 2.37 \times 10^6 \, (\text{cm}^4)$$

③计算刚度参数 γ

$$\gamma = 6.17 \frac{I}{I_T} \left(\frac{b}{l}\right)^2 = 6.17 \times \frac{1391 \times 10^3}{2370 \times 10^3} \times \left(\frac{100}{1260}\right)^2 = 0.0214$$

④计算跨中荷载横向分布影响线

从附录铰接板荷载横向分布影响线计算用表中表 9-1、表 9-3 和表 9-5 可见,在 $\gamma=0.02$ 与 $\gamma=0.04$ 之间按直线内插法求得 $\gamma=0.0214$ 的影响线竖标值 η_{1i}、η_{3i} 和 η_{5i}。计算见表 2-2-3(表中的数值为实际 η_{ki} 的小数点后三位数字)。

影响线竖标值　　　　　　　表 2-2-3

板号	γ	单位荷载作用位置(i 号板中心)									$\sum \eta_{ki}$
		1	2	3	4	5	6	7	8	9	
1	0.02	236	194	147	113	088	070	057	049	046	≈1000
	0.04	306	232	155	104	070	048	035	026	023	
	0.0214	241	197	148	112	087	068	055	047	044	
3	0.02	147	160	164	141	110	087	072	062	057	≈1000
	0.04	155	181	195	159	108	074	053	040	035	
	0.0214	148	161	166	142	110	086	071	060	055	
5	0.02	088	095	110	134	148	134	110	095	088	≈1000
	0.04	070	082	108	151	178	151	108	082	070	
	0.0214	087	094	110	135	150	135	110	094	087	

将表中 η_{1i}、η_{3i} 和 η_{5i} 之值按一定比例尺,绘于各号板的轴线下方,连接成光滑曲线后,就可得 1 号、3 号和 5 号板的荷载横向分布影响线,如图 2-2-28b)、c)和 d)所示。

⑤计算荷载横向分布系数。

按《混凝土桥规》规定沿横向确定最不利荷载位置后,就可计算跨中荷载横向分布系数如下:

对于 1 号板:

汽车:$m_{cq} = \frac{1}{2} \times (0.197 + 0.119 + 0.086 + 0.056) = 0.229$;

人群:$m_{cr} = 0.235 + 0.044 = 0.279$。

对于3号板：

汽车：$m_{cq} = \frac{1}{2} \times (0.161+0.147+0.108+0.073)$
$= 0.245$；

人群：$m_{cr} = 0.150 + 0.055 = 0.205$。

对于5号板：

汽车：$m_{cq} = \frac{1}{2} \times (0.103+0.140+0.140+0.103)$
$= 0.243$；

人群：$m_{cr} = 0.150 + 0.055 = 0.20$。

综上所得，汽车荷载、人群荷载的横向分布系数的最大值分别为 0.245、0.279，在设计中通常偏安全地取这些最大值来计算内力。

(5) 铰接 T 形梁桥的计算特点

小跨径的钢筋混凝土 T 形梁桥，为了便于预制施工，往往不设中间横隔梁，仅对翼板的板边适当连接，或者仅由现浇的桥面板使各梁连接在一起。这种桥梁的横向连接刚度很弱，其受力特点就像横向铰接的结构。此外，对于无横隔梁的组合式梁桥，也因横向连接刚度小而可以近似作为横向铰接来计算。下面将阐明横向铰接 T 形梁桥，与铰接板桥相比较，在计算荷载横

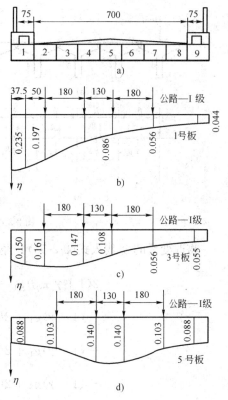

图 2-2-28 1、3、5号板的荷载横向分布系数

向分布方面的不同特点。图 2-2-29a) 和图 2-2-29b) 表示一座铰接 T 形梁桥在单位正弦荷载作用下沿跨中单位长度的铰接力计算图式。如果将它们与前面铰接板桥计算图式图 2-2-18a) 和图 2-2-18b) 相比较，可见两者对于荷载横向分配的表达式[式(2-2-52)]是完全一样的。唯一不同之点是利用式(2-2-53)的典型方程求铰接力 g_i 时，在所有主系数 δ_{ii} 中除了考虑 w 和 φ 的影响外，还应计入 T 形梁翼板悬臂端的弹性挠度 f [见图 2-2-29c) 和 d)]。

鉴于翼缘板边缘有单位正弦荷载作用时，翼板可视为在梁肋处固定的悬臂板，其板端挠度接近于正弦分布，即 $f(x) = f \cdot \sin\frac{\pi x}{l}$ (f 为挠度峰值)，如图 2-2-29c) 所示，则有：

$$f = \frac{d_1^3}{3EI_1} = \frac{4d_1^3}{Eh_1^3}$$

式中：d_1——翼板的悬出长度；

h_1——翼板厚度，对于变厚度的翼板，可近似地取距离梁肋 $\frac{d_1}{3}$ 处的板厚来计算，如图 2-2-29c) 所示；

I_1——单位宽度翼板的抗弯惯矩，$I_1 = \frac{h_1^3}{12}$。

因此，对于铰接 T 形梁桥，典型方程(2-2-53)中只有 δ_{ii} 应改为：

$$\delta_{11} = \delta_{22} = \delta_{33} = \cdots = 2\left(w + \frac{b}{2}\varphi + f\right)$$

如令 $\beta = \frac{f}{\omega}$，则 $\beta = \frac{4d_1^3}{Eh_1^3} \bigg/ \frac{l^4}{\pi^4 EI} \approx 390 \frac{I}{l^4}\left(\frac{d_1}{h_1}\right)^3$。

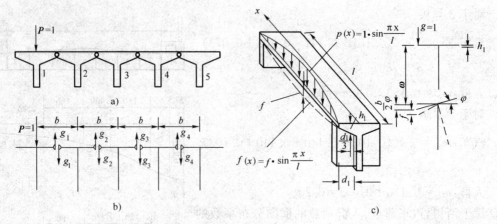

图 2-2-29 铰接 T 形梁桥计算图式

将改变后的 δ_{ii} 代入式(2-2-53)并经与铰接板的类似处理后,可得铰接 T 梁的典型方程:

$$\left.\begin{array}{r} 2(1+\gamma+\beta)g_1 - (1-\gamma)g_2 = 1 \\ -(1-\gamma)g_1 + 2(1+\gamma+\beta)g_2 - (1-\gamma)g_3 = 0 \\ -(1-\gamma)g_2 + 2(1+\gamma+\beta)g_3 - (1-\gamma)g_4 = 0 \\ -(1-\gamma)g_3 + 2(1+\gamma+\beta)g_4 = 0 \end{array}\right\} \quad (2\text{-}2\text{-}65)$$

由此可见,只要确定了刚度参数 γ 和 β,就可像在铰接板桥中一样,解出所有未知铰接力的峰值,并利用 $\eta_{ki}=p_{ik}$ 的关系[参见式(2-2-52)]绘制荷载横向影响线。

北京市政设计院曾对无横隔梁的梁肋式结构,用刚度系数 f_c 编制了荷载横向影响线计算用表,f_c 值按下式表达:

$$f_c = \frac{2(1+\gamma+\beta)}{1-\gamma}$$

值得指出的是,当悬臂不长(0.7~0.8m)和跨径 $l \geqslant 10\text{m}$ 时,参数 γ 值一般比 β 值要显著大 $\left(\frac{\beta}{1+\gamma}<5\%\right)$,因而在不影响计算精确度的条件下,可忽略 β 的影响而直接利用铰接板桥的计算用表以简化铰接梁桥的计算。

在有必要计入 β 的影响时,也可利用 $\beta=0$ 的 η_{ii} 和 η_{ik} 计算用表,按下式近似地计算计及 β 值影响的荷载横向影响线坐标值 $\eta_{ii(\beta)}$ 和 $\eta_{ik(\beta)}$:

$$\left.\begin{array}{r} \eta_{ii(\beta)} = \eta_{ii} + \dfrac{\beta}{1+\gamma}(1-\eta_{ii}) \\ \eta_{ik(\beta)} = \eta_{ik} - \dfrac{\beta}{1+\gamma}\eta_{ik} \end{array}\right\} \quad (2\text{-}2\text{-}66)$$

5. 刚接梁法

对于翼缘板刚性连接的肋梁桥,只要在铰接板(梁)桥计算理论的基础上,在接缝处补充引入赘余弯矩 m_i,就可建立计及横向刚性连接特点的赘余力典型方程。用这一方法来求解各梁荷载横向分布的问题,就称为刚接梁法。

图 2-2-30a) 表示翼缘板刚性连接的 T 形简支梁桥的跨中横截面,设有单位正弦荷载 $p(x)=1 \cdot \sin\frac{\pi x}{l}$ 作用在 1 号梁的轴线上。在各板跨中央沿纵缝将板切开,并代以按正弦分布的赘余力素 $x_i \sin\frac{\pi x}{l}$(这里 $i=1$、2 和 3 表示剪力,$i=4$、5 和 6 表示弯矩),式中 x_i 均为赘余力素在梁的跨中截面处的峰值,就得到计算刚接梁桥的基本体系,如图 2-2-30b)所示。

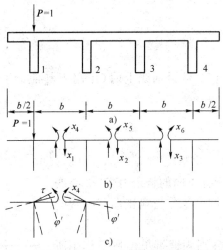

图 2-2-30 翼缘板刚性连接的 T 形简支梁桥的跨中横截面受力图式

根据熟知的力法原理,就可得到求解所有赘余力素的一般典型方程式,用矩阵形式可简明表示为:

$$[\delta_{ij}]\{x_i\} + \{\delta_{ip}\} = 0 \quad (i \text{ 和 } j = 1,2,3,\cdots,6)$$

式中:δ_{ij}——典型方程中位于赘余力素前的计算系数,它表示赘余力素峰值时在 i 处引起的相对变位(包括 $i=j$ 和 $i \neq j$ 的情形);

δ_{ip}——外荷载在 i 处引起的相对变位;

x_i——i 处赘余力素的峰值。

下面我们按照图 2-2-30b)的计算图式来具体分析一下 δ_{ij} 和 δ_{1p} 的赋值。

不难看出,在系数矩阵 $[\delta_{ij}]$ 中,对于仅涉及赘余剪力 x_1、x_2、x_3 和相应竖向位移的系数,与前面铰接 T 形梁桥的完全一样,即:

$$\delta_{11} = \delta_{22} = \delta_{33} = 2\left(w + \frac{b}{2}\varphi + f\right)$$

$$\delta_{12} = \delta_{23} = \delta_{21} = \delta_{32} = -\left(w - \frac{b}{2}\varphi\right)$$

$$\delta_{13} = \delta_{31} = 0$$

对于仅涉及赘余弯矩 x_4、x_5、x_6 和相应转角的系数,由图 2-2-30c)可得:

$$\delta_{44} = \delta_{55} = \delta_{66} = 2(\varphi' + \tau)$$

$$\delta_{45} = \delta_{56} = \delta_{54} = \delta_{65} = -\varphi'$$

$$\delta_{46} = \delta_{64} = 0$$

由于对称弯矩 $x_i=1(i=4、5$ 和 $6)$ 作用下接缝两侧不产生相对挠度以及各切缝两侧的剪切位移不引起相对转角，故有：

$$\delta_{14}=\delta_{25}=\delta_{36}=\delta_{41}=\delta_{52}=\delta_{63}=0$$

此外，还可写出：

$$\delta_{34}=\delta_{16}=\delta_{43}=\delta_{61}=0$$

$$\delta_{15}=\delta_{26}=\delta_{51}=\delta_{62}=\varphi'\frac{b}{2}$$

$$\delta_{24}=\delta_{35}=\delta_{42}=\delta_{53}=-\varphi'\frac{b}{2}$$

当单位正弦荷载作用于 1 号梁轴线上时（作用于其他梁上时，可类似处理），可得荷载系数：

$$\delta_{1p}=-w$$

$$\delta_{2p}=\delta_{3p}=\delta_{4p}=\delta_{5p}=\delta_{6p}=0$$

图 2-2-30b)中表示了所有正向的赘余力素 x_i，在变位系数的计算中，接缝任一侧产生与力素正向相一致的变位时取正值，反之取负值。

系数中涉及的 φ' 和 τ 分别为缝端单位弯矩作用所引起的主梁扭角和翼板局部挠曲角。由图 2-2-31 可知：

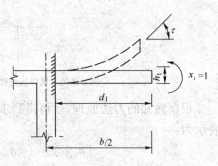

图 2-2-31 局部挠曲计算图式

$$\tau=\frac{1\cdot d_1}{EI_1}=\frac{12d_1}{Eh_1^3}$$

由图 2-2-19 可得：

$$\frac{m_T}{\varphi}=\frac{x_i}{\varphi'}$$

$$\varphi'=\varphi\cdot\frac{x_i}{m_T}=\varphi\cdot\frac{1}{b/2}=\varphi\cdot\frac{2}{b} \tag{2-2-67}$$

式中：φ——缝端单位竖剪力引起主梁扭角，可按式(2-2-58)计算。

由上述分析可得，$[\delta_{ij}]$ 中的许多元素为零，实际可表示为：

$$[\delta_{ij}]=\begin{bmatrix} \delta_{11} & \delta_{12} & 0 & 0 & \delta_{15} & 0 \\ \delta_{21} & \delta_{22} & \delta_{23} & \delta_{24} & 0 & \delta_{26} \\ 0 & \delta_{32} & \delta_{33} & 0 & \delta_{35} & 0 \\ 0 & \delta_{42} & 0 & \delta_{44} & \delta_{45} & 0 \\ \delta_{51} & 0 & \delta_{53} & \delta_{54} & \delta_{55} & \delta_{56} \\ 0 & \delta_{62} & 0 & 0 & \delta_{65} & \delta_{66} \end{bmatrix}$$

如将 δ_{ij} 和 δ_{ip} 都除以 w，将式(2-2-67)中下部三个方程各乘以 $\frac{b}{2}$，并令 $g_1=x_1$、$g_2=x_2$、g_3

$=x_3$ 和 $m_1=\dfrac{2}{b}x_4$、$m_2=\dfrac{2}{b}x_5$、$m_3=\dfrac{2}{b}x_6$，最后可得赘余力素 g_i 和 m_i 的典型方程为：

$$\begin{bmatrix} \delta_g & \gamma-1 & 0 & 0 & \gamma & 0 \\ \gamma-1 & \delta_g & \gamma-1 & -\gamma & 0 & \gamma \\ 0 & \gamma-1 & \delta_g & 0 & -\gamma & \gamma \\ 0 & -\gamma & 0 & \delta_m & -\gamma & 0 \\ \gamma & 0 & -\gamma & -\gamma & \delta_m & -\gamma \\ 0 & \gamma & 0 & 0 & -\gamma & \delta_m \end{bmatrix} \begin{Bmatrix} g_1 \\ g_2 \\ g_3 \\ m_1 \\ m_2 \\ m_3 \end{Bmatrix} + \begin{Bmatrix} -1 \\ 0 \\ 0 \\ 0 \\ 0 \\ 0 \end{Bmatrix} = 0 \qquad (2\text{-}2\text{-}68)$$

式中：

$$\left.\begin{aligned} \delta_g &= 2(1+\gamma+\beta)，与铰接 T 梁相同 \\ \delta_m &= 2(\gamma+3\beta') \\ \beta' &= (b/2d_1)^2 \cdot \beta \end{aligned}\right\} \qquad (2\text{-}2\text{-}69)$$

式(2-2-68)中包含 γ、β 和 β' 三个参数，其中 γ 和 β 与铰接梁桥的相同，对于 T 形梁和 I 形梁也可近似地认为 $\beta' \approx \beta$，这样可减少参数数目，使编制计算表格得以简化。

竖向荷载的横向分布与前面铰接梁桥一样，仍只考虑剪力 g_i 的影响。因此，由式(2-2-68)求得 g_i 后，就可按式(2-2-52)编制荷载横向分布影响线坐标 η_{ik} 的计算表格。

6. 荷载横向分布系数 m 沿桥跨的变化

在前述的荷载横向分布系数计算的诸多方法中，杠杆法适用于计算荷载位于支点截面处的横向分布系数 m_0，其他方法适用于计算荷载位于跨中截面处的横向分布系数 m_c。当荷载位于桥跨其他位置时的荷载横向分布系数计算是相当烦琐的，目前在实际设计中可做如下处理：

对于无中间横隔梁或仅有一根中横隔梁的情况，跨中部分采用不变的 m_c，从离支点 $l/4$ 处起至支点（横向分布系数 m_0）的区段内 m_x 呈直线形过渡。对于有多根内横隔梁的情况，跨中部分采用不变的 m_c，从第一根内横隔梁起至支点，m_x 从 m_c 直线过渡到 m_0。m_0 可能大于 m_c 也可能小于 m_c。由此，当可变作用沿桥梁纵向作用不同位置时，主梁的荷载横向分布系数沿桥梁纵向发生变化，在计算简支梁支点最大剪力时，由于车辆的重轴一般作用于靠近支点区段，而靠近支点区段的横向分布系数沿桥梁纵向变化较大，通常需考虑荷载在该部分横向分布系数变化的影响，而其余部分（跨内 $l/4$ 处至远端支点）则取用不变的 m_c 计。

在计算简支梁跨中最大弯矩与剪力时，由于车辆的重轴一般作用于跨中区段，而荷载横向分布系数在跨中区段的变化不大，为了简化计算，通常采用不变的跨中横向分布系数 m_c 计算。

其他截面的弯矩与剪力计算，一般也可取用不变的 m_c 进行计算。但对于中梁来说 m_0 与 m_c 的差值可能较大，且其内横梁又少于 3 根时，应计及 m_x 沿跨径的变化。

第三节　主梁内力计算

对于一片主梁来讲，可以通过结构力学的方法，计算出恒载产生的截面内力。同样通过计算的荷载横向分布系数，可以计算得到这一片主梁上的活载内力（弯矩 M 和剪力 Q）。有了弯

矩 M 和剪力 Q，就可以进行配筋设计和验算。

在桥梁设计时，小跨径简支梁一般只计算三个值：$M_{\frac{1}{2}l}$、$Q_{\frac{1}{2}l}$、Q_0。

对于其他截面的 M 和 Q，可近似计算：

M：$M_x = \dfrac{4M_{max}}{l^2} x \cdot (l-x)$（二次抛物线，$M_{max} = M_{\frac{1}{2}l}$）；

Q：用 Q_0 和 $Q_{\frac{1}{2}l}$ 直线内插。

这两种近似都是以简支梁承受均布荷载确定的。

大跨径简支梁要计算 $M_{\frac{1}{2}l}$、$M_{\frac{1}{4}l}$、Q_0、$Q_{\frac{1}{4}l}$、$Q_{\frac{1}{2}l}$。

如果截面有变化，还需计算截面变化处的 M 和 Q。

一、永久作用内力计算

钢筋混凝土或预应力混凝土公路桥梁的永久作用，往往占全部设计荷载很大的比重（通常占 60%～90%），梁的跨径越大，结构重力所占的比重也越大。因此，设计人员要准确地计算出作用于梁上的结构重力。如果在设计之初是通过一些近似途径（经验曲线、相近的标准设计或已建成桥梁的资料等）估算的，则应按试算后确定取用的结构尺寸重新计算。

在计算结构重力内力时，为了简化起见，习惯上往往将横梁、铺装层、人行道和栏杆等荷重均匀分摊给各主梁承受，也可根据施工安装的情况，分阶段按前面所述的荷载横向分布的规律进行分配计算。

如图 2-2-32 所示，计算出永久作用值 g 之后，则梁内各截面的弯矩 M 和剪力 Q 计算式为：

$$M_x = \frac{gl}{2} \cdot x - gx \cdot \frac{x}{2} = \frac{gx}{2}(l-x)$$

$$Q_x = \frac{gl}{2} - gx = \frac{g}{2}(l-x) \tag{2-2-70}$$

式中：l——简支梁的计算跨径；

x——计算截面到支点的距离。

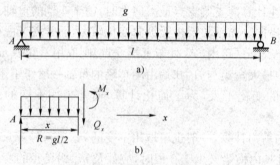

图 2-2-32　永久作用计算图式

【例 2-2-5】 一座五梁式装配式钢筋混凝土简支梁桥的主梁和横梁截面如图 2-2-33 所示，计算跨径 $l=19.50$m。求边主梁的永久作用内力（已知每侧的栏杆及人行道构件重量的作用力为 5kN/m）。

【解】（1）计算永久作用集度，表 2-2-4。

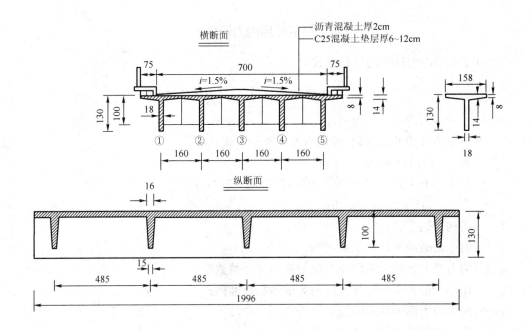

图 2-2-33 简支 T 梁的主梁和横隔梁简图(尺寸单位:cm)

永久作用集度计算表 表 2-2-4

主 梁		$g_1=\left[0.18\times 1.30+\left(\dfrac{0.08+0.14}{2}\right)(1.60-0.18)\right]\times 25=9.76(kN/m)$
横隔梁	对于边主梁	$g_2=\left\{\left[1.00-\left(\dfrac{0.08+0.14}{2}\right)\right]\times\left(\dfrac{1.60-0.18}{2}\right)\right\}\times\dfrac{0.15+0.16}{2}\times 5\times 25\bigg/19.50=0.63(kN/m)$
	对于中主梁	$g_2=2\times 0.63=1.26(kN/m)$
桥面铺装层		$g_3=\left[0.02\times 7.00\times 23+\dfrac{1}{2}(0.06+0.12)\times 7.00\times 24\right]\bigg/5=3.67(kN/m)$
栏杆和人行道		$g_4=5\times 2/5=2.00(kN/m)$
合计	对于边主梁	$g=\sum g_i=9.76+0.63+3.67+2.00=16.06(kN/m)$
	对于中主梁	$g'=9.76+1.26+3.67+2.00=16.69(kN/m)$

(2)永久作用内力计算,见表 2-2-5。

边主梁永久作用内力 表 2-2-5

截面 \ 内力	剪 力 $Q(kN)$		弯 矩 $M(kN\cdot m)$	
$x=0$	$Q=\dfrac{16.06}{2}\times 19.5=156.6$	(162.7)	$M=0$	(0)
$x=\dfrac{1}{4}$	$Q=\dfrac{16.06}{2}\times\left(19.5-2\times\dfrac{19.5}{4}\right)$ $=78.3$	(81.4)	$M=\dfrac{16.06}{2}\times\dfrac{19.5}{4}\left(19.5-\dfrac{19.5}{4}\right)=572.5$	(595.0)
$x=\dfrac{1}{2}$	$Q=0$	(0)	$M=\dfrac{1}{8}\times 16.06\times 19.5^2=763.4$	(793.3)

注:括号内值为中主梁内力。

二、可变作用内力计算

截面可变作用内力计算的计算公式为

$$S = (1+\mu)\xi m_k P_k y_k + (1+\mu)\xi m_c q_k \Omega \qquad (2\text{-}2\text{-}71)$$

式中:S——所示截面的弯矩或剪力;

$(1+\mu)$——汽车荷载的冲击系数,冲击系数 μ 可按下式计算:

当 $f<1.5\text{Hz}$ 时,$\mu=0.05$;

当 $1.5\text{Hz} \leqslant f \leqslant 14\text{Hz}$ 时,$\mu = 0.1767\ln f - 0.0157$;

当 $f>14\text{Hz}$ 时,$\mu=0.45$;

f——结构自振基频;

ξ——汽车荷载横向折减系数,按表 1-3-7 取用;

m_k——内力最大影响线峰值相对应的横向分布系数;

P_k——作用于最大影响线峰值处的集中荷载标准值;

y_k——最大内力影响线的峰值;

m_c——跨中荷载横向分布系数;

q_k——分布荷载标准值;

Ω——内力影响线的面积。

【例 2-2-6】 已知某装配式钢筋混凝土简支梁桥,计算跨径 $l=15.5\text{m}$,桥面净空为净—7m+2×0.75m 人行道及栏杆,主梁采用 C30 混凝土,每根主梁自重为 13.3kN/m,跨中截面惯性矩 $I_c=6.7\times10^{10}\text{mm}^4$,边主梁在公路—Ⅰ级荷载作用下的跨中荷载横向分布系数 $m_c=0.488$,试计算边主梁的跨中最大弯矩。

【解】 (1)计算结构自振基频 f

已知 $I_c=6.7\times10^{10}\text{mm}^4=0.067\text{m}^4$,$l=15.5\text{m}$,又由主梁采用 C30 混凝土,因此有:$E_c=3\times10^4\text{MPa}$。

梁跨中处单位长度质量 $m_c=13.3\times10^3/9.81=1355.76(\text{kg/m})$。

由《桥规》可得:

$$f = \frac{\pi}{2l^2}\sqrt{\frac{E_c I_c}{m_c}} = \frac{\pi}{2\times15.5^2}\sqrt{\frac{3\times10^{10}\times0.067}{1355.76}} = 7.96(\text{Hz})$$

由于 $1.5\text{Hz}\leqslant f=7.96\text{Hz}\leqslant14\text{Hz}$,则冲击系数为:

$$\mu = 0.1767\ln f - 0.0157 = 0.1767\times\ln7.96 - 0.0157 = 0.351$$

(2)计算跨中弯矩

由《公路工程技术标准》(JTG B01—2014)可知,本例中 $\xi=1.00$,公路—Ⅰ级荷载,车道荷载 $q_k=10.5\text{kN/m}$;集中荷载当 $l\leqslant5\text{m}$ 时,$P_k=270\text{kN}$;当 $l\geqslant50\text{m}$ 时,$P_k=360\text{kN}$;当 l 在上述两者之间时,线性内插,本例中 P_k 计算如下:

$$P_k = 270 + \frac{360-270}{50-5}(l-5) = 270 + \frac{360-270}{50-5}(15.5-5) = 291(\text{kN})$$

则由式(2-2-71)可得该桥边主梁在公路—Ⅰ级荷载作用下的跨中弯矩为:

$$M = (1+\mu)\zeta n_k P_k y_k + (1+\mu)\zeta n_c q_k \Omega$$
$$= (1+0.351) \times 1.00 \times 0.488 \times 291 \times \frac{15.5}{4} + (1+0.351) \times$$
$$1.00 \times 0.488 \times 10.5 \times \frac{15.5^2}{8} = 951.32 (\text{kN} \cdot \text{m})$$

三、主梁内力组合

钢筋混凝土及预应力混凝土梁式桥，应分别按承接能力极限状态设计时和正常使用极限状态验算时的要求进行内力组合。

第四节　横隔梁内力计算

为了保证各主梁共同受力和加强结构的整体性，横梁本身或其装配式接头应具有足够的强度。对于具有多根内横梁的桥梁，通常就只要计算受力最大的跨中横梁的内力，其他横梁可偏安全地仿此设计。

下面介绍按偏心压力法原理来计算横梁内力的实用方法。

一、作用在横梁上的计算荷载

对于跨中一根横梁来说，除了直接作用在其上的轮重外，前后的轮重对它也有影响。在计算中可假设荷载在相邻横梁之间按杠杆原理法传布，如图 2-2-34 所示。因此，纵向一列汽车轮重分布给该横梁的计算荷载为：

$$P_{0q} = \frac{1}{2} \sum P_i \cdot y_i \tag{2-2-72}$$

式中：P_i——轴重，应注意将标准车的重轴布置在欲计算的横隔梁上；

y_i——按杠杆原理法计算的纵向荷载影响线竖坐标值。

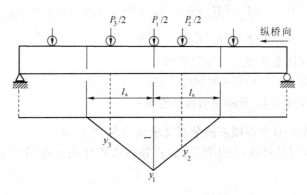

图 2-2-34　横梁上计算荷载的计算图式

人群荷载：

$$P_{0r} = p_{0r} \cdot \Omega_r = p_{0r} l_a \quad (\text{影响线上满布荷载}) \tag{2-2-73}$$

式中：P_{0r}——相应为一侧人行道每延米的人群荷载；

Ω_r——相应为对于人群荷载范围的影响线面积；

l_a——横梁的间距。

二、横梁的内力影响线

将桥梁的中横梁近似地视作竖向支承在多根弹性主梁上的多跨弹性支承连续梁,如图 2-2-35 所示。当桥梁在跨中有单位荷载 $P=1$ 作用时,各主梁所受的荷载将为 $R_1,R_2,R_3,\cdots,R_n$,这也就是横梁的弹性支承反力。因此,取 r 截面左侧为隔离体,如图 2-2-35c)所示,由力的平衡条件就可写出横梁任意截面 r 的内力计算公式。

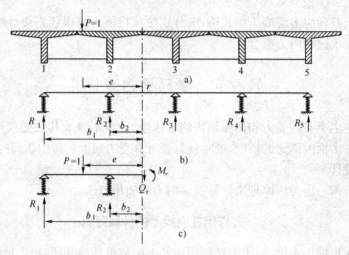

图 2-2-35 横梁计算图式

(1)荷载 $P=1$ 位于截面 $r-r$ 的左侧时:

$$\left. \begin{array}{l} M_r = R_1 \cdot b_1 + R_2 \cdot b_2 - 1 \cdot e = \overset{左}{\sum} R_i \cdot b_i - e \\ Q_r = R_1 + R_2 - 1 = \overset{左}{\sum} R_i - 1 \end{array} \right\} \quad (2\text{-}2\text{-}74)$$

(2)荷载 $P=1$ 位于截面 $r-r$ 的右侧时:

$$\left. \begin{array}{l} M_r = R_1 \cdot b_1 + R_2 \cdot b_2 = \overset{左}{\sum} R_i \cdot b_i \\ Q_r = R_1 + R_2 = \overset{左}{\sum} R_i \end{array} \right\} \quad (2\text{-}2\text{-}75)$$

式中:M_r、Q_r——横梁任意截面 r 的弯矩和剪力;

e——荷载 $P=1$ 至所求截面的距离;

b_i——支承反力 R_i 至所求截面的距离;

$\overset{左}{\sum} R_i$——涉及所求截面以左的全部支承反力 R_i 的总和。

由此可以直接利用已经求得的 R_i 的横向分布影响线来绘制横梁上某个截面的内力影响线。

三、横梁内力计算

用上述的计算荷载在横梁某截面的内力影响线上按最不利位置加载,就可求得横隔梁在该截面上的最大(或最小)内力值。在计算中对于汽车荷载应计入冲击作用,并按实际加载情况计入车道折减系数:

$$S = (1+\mu) \cdot \xi \cdot P_{0q} \sum \eta \quad (2\text{-}2\text{-}76)$$

式中:η——横梁内力影响线竖标;

μ、ξ——通常可近似地取用主梁的冲击系数 μ 和汽车横向折减系数 ξ 值。

求得横梁的内力后,就可按钢筋混凝土或预应力混凝土结构的计算原理来配置钢筋并进行承载能力计算或应力、变形及裂缝的验算。对于横梁用焊接钢板接头连接的装配式T形梁桥,应根据接头处的最大弯矩值来确定所需钢板尺寸和焊缝长度,此时钢板所承受的轴向力为:

$$N = \frac{M}{z}$$

式中:z——横隔梁顶部和底部接头钢板之间的中心距离。

【例 2-2-7】 计算例 2-2-5 中所示装配式钢筋混凝土简支梁桥跨中横梁在 2 号和 3 号主梁之间 r-r 截面上的弯矩 M_r 和靠近 1 号主梁处截面的剪力 Q_r^f,汽车荷载等级为公路—Ⅰ级。

【解】 (1)确定作用在中横隔梁上的计算荷载,对于跨中横隔梁的最不利荷载布置如图 2-2-36 所示。

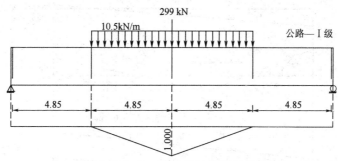

图 2-2-36 跨中横隔梁的受载图示(尺寸单位:m)

纵向一列车轮对于中横隔梁的计算荷载为:

计算弯矩时

$$P_{0q} = \frac{1}{2}(q_k \Omega + P_k y) = \frac{1}{2} \times \left(10.5 \times \frac{1}{2} \times 4.85 \times 2 \times 1.0 + 299 \times 1.0\right) = 174.96 \text{(kN)}$$

计算剪力时

$$P_{0q} = \frac{1}{2} \times \left(10.5 \times \frac{1}{2} \times 4.85 \times 2 \times 1.0 + 1.2 \times 299 \times 1.0\right) = 204.86 \text{(kN)}$$

(2)绘制中横隔梁的内力影响线。

按例 2-2-3 的偏心压力法可算得 1、2 号梁的荷载横向分布影响线竖标如图 2-2-37a)所示,则 M_r 的影响线竖标可计算如下:

$P=1$ 作用在 1 号梁轴上时($\eta_{11}=0.60, \eta_{15}=-0.20$):

$$\eta_{r1}^M = \eta_{11} \times 1.5d + \eta_{21} \times 0.5d - 1 \times 1.5d$$
$$= 0.6 \times 1.5 \times 1.6 + 0.4 \times 0.5 \times 1.6 - 1.5 \times 1.6$$
$$= -0.64$$

$P=1$ 作用在 5 号梁轴上时($\eta_{15}=-0.20, \eta_{22}=0$):

$$\eta_{r5}^M = \eta_{15} \times 1.5d + \eta_{25} \times 0.5d$$
$$= -0.2 \times 1.5 \times 1.6 + 0 \times 0.5 \times 1.6$$
$$= -0.48$$

$P=1$ 作用在 2 号梁轴上时($\eta_{12}=0.40, \eta_{22}=0.30$):

$$\eta_{r2}^M = \eta_{12} \times 1.5d + \eta_{22} \times 0.5d - 1 \times 0.5d$$

$$= 0.4 \times 1.5 \times 1.6 + 0.3 \times 0.5 \times 1.6 - 0.5 \times 1.6$$
$$= 0.4$$

由影响线的知识可知,M_r 影响线必在 r-r 截面处有突变,根据 η_{r5}^M 和 η_{r3}^M 连线延伸至 r-r 截面,即为 η_{rr}^M 值(0.92),由此即可绘出 M_r 影响线,如图 2-2-37b)所示。

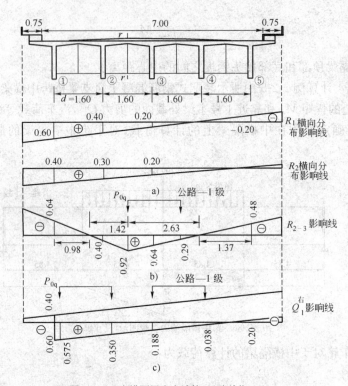

图 2-2-37 中横隔梁内力计算(尺寸单位:m)

(3)绘制剪力影响线。

对于 1 号主梁处截面的 $Q_1^{右}$ 影响线可计算如下:

$P=1$ 作用在计算截面以右时:$Q_1^{右}=R_1$,即 $\eta_{1i}^{右}=\eta_{1i}$。

$P=1$ 作用在计算截面以左时:$Q_1^{右}=R_1-1$,即 $\eta_{1i}^{右}=\eta_{1i}-1$。

绘成 $Q_1^{右}$ 影响线如图 2-2-37c)所示。

(4)截面内力计算

将求得的计算荷载 P_{0q} 和 P_{0g} 在相应的影响线上按最不利荷载位置加载,并计入冲击系数 $(1+\mu=1.165)$,则得:

弯矩 $M_{2\text{-}3}$ 为:
$$M_{2\text{-}3} = (1+\mu) \cdot \xi \cdot p_{0q} \sum \eta = 1.165 \times 1 \times 174.96 \times (0.92 + 0.29)$$
$$= 246.63(\text{kN} \cdot \text{m})$$

剪力 $Q_1^{右}$ 为:
$$(1+\mu) \cdot \xi \cdot p_{0q} \cdot \sum \eta = 1.165 \times 1 \times 204.86 \times (0.575 + 0.350 + 0.188 - 0.038)$$
$$= 256.56(\text{kN})$$

(5)内力组合(鉴于横隔梁的永久作用内力甚小,计算中可略去不计)

①承载能力极限状态作用组合(用于计算结构承载力)。

基本组合：
$$M_{\max,r} = 0 + 1.4 \times 246.63 = 345.28 (\text{kN} \cdot \text{m})$$
$$Q_{\max,1}^{右} = 0 + 1.4 \times 256.56 = 359.18 (\text{kN})$$

②正常使用极限状态作用组合（用于验算应力、裂缝及变形）。

作用频遇组合：
$$M_{\max,r} = 0 + 0.7 \times 246.63/1.65 = 148.19 (\text{kN} \cdot \text{m})$$
$$Q_{\max,1}^{右} = 0 + 0.7 \times 256.56/1.165 = 154.16 (\text{kN})$$

作用准永久组合：
$$M_{\max,r} = 0 + 0.4 \times 246.63/1.165 = 84.68 (\text{kN} \cdot \text{m})$$
$$Q_{\max,1}^{右} = 0 + 0.4 \times 256.56/1.165 = 88.09 (\text{kN})$$

对于不同的作用组合，应力、裂缝及变形验算的规定限值是不同的，具体可参阅《混凝土桥规》的规定。

第五节　挠度、预拱度的计算

进行钢筋混凝土或预应力混凝土桥梁设计时，除了要对主梁进行承载能力计算或应力的验算，以确定结构具有足够的安全储备外，还要计算梁的变形（通常指竖向挠度），以确保结构具有足够的刚度。因为如果桥梁过度变形，不但会导致高速行车困难，加大车辆的冲击作用，引起桥梁的剧烈振动和使行人不适，而且可能导致桥面铺装层和结构的辅助设备损坏，严重者甚至危及桥梁的安全。

桥梁的挠度，按产生的原因可分成永久作用挠度和可变作用挠度。永久作用（包括结构自重、预应力、混凝土徐变和收缩作用等）是恒久存在的，其产生的挠度与持续时间相关，还可分为短期挠度和长期挠度。可变作用挠度则是临时出现的，在最不利的荷载位置下，挠度达到最大值，随着汽车或人群的移动，挠度逐渐减小，一旦汽车或人群驶离桥梁，挠度随即消失。

永久作用产生的挠度并不表征结构的刚度特性，可以通过施工时预设的反向挠度或称预拱度来加以抵消，使竣工后的桥梁达到理想的线形。

汽车和人群等可变作用所产生的挠度虽然是临时出现的，但是随着它们的移动，会使梁体产生反复变形，变形的幅度越大，可能发生的冲击和振动作用也越强烈，对行车的影响也越大。因此在桥梁设计中需要验算可变作用产生的挠度来体现结构的刚度特性。

钢筋混凝土及预应力混凝土受弯构件，正常使用极限状态下的挠度，可以根据给定的构件刚度用结构力学的方法来计算。

如果已知某钢筋混凝土简支梁的跨中最大可变作用产生的弯矩为 M，则该构件在短期作用下的挠度为：

$$f = \frac{5}{48} \cdot \frac{Ml^2}{B} \leqslant \frac{l}{600} \qquad (2\text{-}2\text{-}77)$$

式中：B——受弯构件的抗弯刚度，可以按下列公式进行计算。

1. 钢筋混凝土构件

$$B = \frac{B_0}{\left(\dfrac{M_{cr}}{M_s}\right)^2 + \left[1 - \left(\dfrac{M_{cr}}{M_s}\right)^2\right]\dfrac{B_0}{B_{cr}}} \tag{2-2-78}$$

$$M_{cr} = \gamma f_{tk} W_0 \tag{2-2-79}$$

式中：B——开裂构件等效截面的抗弯刚度；

B_0——全截面的抗弯刚度，$B_0 = 0.95 E_c I_0$；

B_{cr}——开裂截面的抗弯刚度，$B_{cr} = E_c I_{cr}$；

M_{cr}——开裂弯矩；

γ——构件受压区混凝土塑性影响系数，$\gamma = \dfrac{2S_0}{W_0}$，$S_0$ 为全截面换算截面重心轴以上（或以下）部分面积对重心轴的面积矩；

I_0——全截面换算截面惯性矩；

I_{cr}——开裂截面换算截面惯性矩；

f_{tk}——混凝土轴心抗拉强度标准值。

2. 预应力混凝土构件

(1) 全预应力混凝土和 A 类部分预应力混凝土构件

$$B_0 = 0.95 E_c I_0 \tag{2-2-80}$$

(2) 允许开裂的 B 类部分预应力混凝土构件

在开裂弯矩 M_{cr} 作用下：

$$B_0 = 0.95 E_c I_0 \tag{2-2-81}$$

在 $(M_s - M_{cr})$ 作用下：

$$B_{cr} = E_c I_{cr} \tag{2-2-82}$$

开裂弯矩：

$$M_{cr} = (\sigma_{pc} + \gamma f_{tk}) W_0 \tag{2-2-83}$$

式中：σ_{pc}——扣除全部预应力损失后预应力钢筋和普通钢筋合力 N_{p0} 在构件抗裂边缘产生的混凝土预压应力，后张法构件采用净截面计算，计算方法详见《混凝土桥规》。

受弯构件在使用阶段的挠度应考虑作用（或荷载）长期效应的影响，即按作用（或荷载）短期效应组合和给定的刚度计算的挠度值，再乘以挠度长期增长系数 η_θ。挠度长期增长系数取用规定是：当采用 C40 以下混凝土时，$\eta_\theta = 1.60$；当采用 C40～C80 混凝土时，$\eta_\theta = 1.45 \sim 1.35$，中间强度等级可按直线内插取用。

预应力混凝土受弯构件由预加力产生的反拱值，可用结构力学的方法按刚度 $E_c I_0$ 进行计算，并乘以长期增长系数。计算使用阶段预加力的反拱值时，预应力钢筋的预加力应扣除全部预应力损失，长期增长系数取 2.0。

预应力混凝土受弯构件在施工阶段的挠度，可以按构件自重加预应力产生的初始弹性变形乘以$[1+\phi(t,t_0)]$求得。此处$\phi(t,t_0)$为混凝土徐变系数,按《混凝土桥规》规定的方法计算。

《混凝土桥规》规定,当由作用(或荷载)短期效应组合并考虑作用(或荷载)长期效应影响产生的长期挠度不超过$l/1600$(l为计算跨径)时,可不设预拱度;当不符合上述规定时则应设预拱度。

钢筋混凝土受弯构件预拱度值按结构自重和$\frac{1}{2}$可变荷载频遇值计算的长期挠度值之和采用,即:

$$\Delta = \omega_G + \frac{1}{2}\omega_Q \qquad (2\text{-}2\text{-}84)$$

式中:Δ——预拱度值;

ω_G——结构重力产生的长期竖向挠度;

ω_Q——可变荷载频遇值产生的长期竖向挠度。

由于存在上拱度δ_{pe},预应力混凝土简支梁一般可不设置预拱度。但当梁的跨径较大,或对于下缘混凝土预压应力不是很大的构件(例如部分预应力混凝土构件),有时会因恒载的长期作用产生过大挠度。故《混凝土桥规》中规定预应力混凝土受弯构件由预加应力产生的长期反拱值大于按荷载短期效应组合计算的长期挠度时,可不设预拱度;当预加应力的长期反拱值小于按荷载短期组合计算的长期挠度时应设预拱度,预拱度值Δ按该项荷载的挠度值与预加应力长期反拱值之差采用,即:

$$\Delta = \eta_{\theta,Ms} f_s - \eta_{\theta,pe} \delta_{pe} \qquad (2\text{-}2\text{-}85)$$

式中:Δ——预拱度值;

$\eta_{\theta,Ms}$——短期荷载效应组合考虑长期效应的挠度增长系数;

f_s——由作用(或荷载)短期效应组合计算的弯矩值引起的挠度值;

$\eta_{\theta,pe}$——预加力反拱值考虑长期效应增长系数;计算使用阶段预加力反拱值时,预应力钢筋的预加力应扣除全部预应力损失,并取$\eta_{\theta,pe}=2$;

δ_{pe}——永存预加力N_{pe}所产生的上挠度。

需要注意的是,预拱的设置按最大的预拱值沿顺桥向做成平顺的曲线。

【例2-2-8】 某装配式钢筋混凝土简支T形梁桥,计算跨径$l=19.5m$,自重产生的弯矩标准值$M_{Gk}=912.52kN\cdot m$,荷载短期效应为$M_s=1503.59kN\cdot m$。已知混凝土弹性模量$E_c=3\times10^4 MPa$,混凝土轴心抗压强度标准值$f_{tk}=2.01MPa$,全截面换算截面惯性矩$I_0=5.988\times10^{10}mm^4$,开裂截面换算截面惯性矩$I_{cr}=3.520\times10^{10}mm^4$,换算截面重心至受拉边缘的距离$y_0=613.8mm$,换算截面重心以上部分面积对重心轴的面积矩为$S_0=7.818\times10^7 mm^2$,求梁跨中挠度。

【解】 在荷载短期效应作用下,跨中截面挠度可按下式计算:

$$f_s = \frac{5}{48} \cdot \frac{M_s l^2}{B}$$

其中

$$B = \frac{B_0}{\left(\frac{M_{cr}}{M_s}\right)^2 + \left[1-\left(\frac{M_{cr}}{M_s}\right)^2\right]\frac{B_0}{B_{cr}}}$$

全截面的抗弯刚度 B_0 为：

$$B_0 = 0.95 E_c I_0 = 0.95 \times 3.0 \times 10^4 \times 5.988 \times 10^{10} = 17.066 \times 10^{14} (\text{N} \cdot \text{mm}^2)$$

$$B_{cr} = E_c I_{cr} = 3.0 \times 10^4 \times 3.520 \times 10^{10} = 10.561 \times 10^{14} (\text{N} \cdot \text{mm}^2)$$

由：

$$W_0 = \frac{I_0}{y_0} = \frac{5.988 \times 10^{10}}{613.8} = 9.756 \times 10^7 (\text{mm}^3)$$

$$\gamma = \frac{2S_0}{W_0} = \frac{2 \times 7.818 \times 10^{10}}{9.756} = 1.603$$

全截面的抗弯刚度 M_{cr} 为：

$$M_{cr} = \gamma f_{tk} W_0 = 1.603 \times 2.01 \times 9.756 \times 10^7 = 314.3 \times 10^6 (\text{N} \cdot \text{mm})$$

故此：

$$B = \frac{B_0}{\left(\frac{M_{cr}}{M_s}\right)^2 + \left[1 - \left(\frac{M_{cr}}{M_s}\right)^2\right]\frac{B_0}{B_{cr}}}$$

$$= \frac{17.066 \times 10^{14}}{\left(\frac{314.3 \times 10^6}{1503.59}\right)^2 + \left[1 - \left(\frac{314.3 \times 10^6}{1503.59}\right)^2\right] \times \frac{17.066 \times 10^{14}}{10.561 \times 10^{14}}}$$

$$= 10.738 \times 10^{14} (\text{N} \cdot \text{mm}^2)$$

在荷载短期效应作用下，跨中截面挠度为：

$$f_s = \frac{5}{48} \cdot \frac{M_s l^2}{B} = \frac{5}{48} \times \frac{1503.59 \times 10^5 \times 19500^2}{10.738 \times 10^{14}} = 53.2 (\text{mm})$$

长期挠度为：

$$f_l = \eta_\theta \cdot f_s = 1.6 \times 53.2 = 85.2 (\text{mm}) > \frac{l}{1600} = \frac{19500}{1600} = 12.2 (\text{mm})$$

可见需设预拱度，预拱度值按结构自重和 1/2 可变荷载频遇值计算的长期挠度值之和采用。

因此消除自重影响后的长期挠度为：

$$f_{lq} = \eta_\theta \times \frac{5}{48} \times \frac{(M_s - M_{Gk})l^2}{B}$$

$$= 1.6 \times \frac{5}{48} \times \frac{(1503.59 - 912.52) \times 10^6 \times 19500^2}{10.738 \times 10^{14}}$$

$$= 34.9 (\text{mm}) > \frac{l}{600} = \frac{19500}{600} = 32.5 (\text{mm})$$

计算挠度略大于规范限值但仅相差 2.4mm，可以认为基本满足规范要求。

思考题

1. 什么是桥面板的有效工作宽度?
2. 单向板和悬臂板的有效工作宽度如何确定?
3. 什么是荷载横向分布系数?它的大小与哪些因素有关?
4. 荷载横向分布影响线的计算方法有哪些?
5. 简述偏心压力法的原理及适用条件。
6. 什么是主梁内力包络图?简支梁桥的内力包络图是什么形状?
7. 公路桥规对梁式桥的最大竖向挠度是怎么规定的?预拱度如何设置?

第三章 混凝土连续体系梁桥的计算

混凝土连续梁桥属超静定结构,整体性好,由于桥墩处的主梁产生负弯矩从而减少了跨中正弯矩。混凝土连续刚构桥采用连续的主梁与墩固结为一体,大多为多次超静定结构,采用柔性桥墩时,梁体弯矩的绝对值比连续梁小,两种桥型均是中等跨径桥梁设计的选择,本章仅介绍混凝土连续梁桥的计算。

第一节 结构永久作用内力计算

一、结构自重内力计算特点

连续梁等超静定结构以其结构刚度大、变形小、伸缩缝少以及行车平稳舒适等优点得到迅速发展。计算连续梁桥的自重内力与所采用的施工方法密切相关,下面将连续梁自重内力计算与它所采用的施工方法联系起来讨论。

国内外关于连续梁桥的施工方法,大体有以下几种:
(1)有支架施工法;
(2)逐孔施工法;
(3)悬臂施工法;
(4)顶推施工法等。

上述方法中,除有支架施工且一次落梁的连续梁桥可按成桥结构进行分析之外,其余几种方法施工的连续梁桥都存在结构体系转换和内力(或应力)叠加的问题,这是连续梁桥内力计算的一个重要特点。

本节着重介绍如何结合施工程序来确定计算图式和进行内力分析以及内力叠加等问题,并以大跨径连续梁桥施工方法中的后两种——悬臂浇筑法和顶推施工法作为典型示例进行介绍。

二、结构自重内力计算方法

1. 满堂支架现浇连续梁桥的自重内力计算

连续梁桥满堂支架整体现浇建造时,一般在穿束张拉并锚固压浆后,拆除支架。由于连续梁桥在建造过程中并无体系转换,而是一次整体完成,故自重内力可按结构力学中的连续梁进行计算。

2. 悬臂浇筑施工时连续梁的自重内力计算

取一座三孔连续梁为例进行阐述,如图2-3-1所示。该桥上部结构采用悬臂浇筑施工,合龙次序采用先边孔,后中孔的顺序依次进行。该桥施工程序及相应的内力如下:

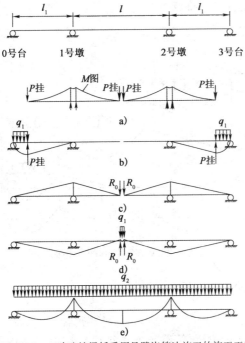

图2-3-1 三跨连续梁桥采用悬臂浇筑法施工的施工工序及内力图式
a)悬臂施工;b)边跨合龙;c)中跨合龙;d)中跨合龙;e)铺筑桥面系

(1)阶段1,在主墩上悬臂浇筑箱梁。首先在主墩上采用托架现浇墩顶上面的梁段(称为0号块),并用粗钢筋或预应力钢束将梁体与墩身临时固结;然后搭设挂篮,向桥墩两侧分节段对称平衡悬臂施工;边跨不对称部分梁段采用支架施工。

此时,桥梁边墩支座上暂不受力,结构的工作性能如T形刚构,为静定体系。荷载为梁体自重 q_1 和挂篮重力 $P_挂$,其弯矩图与一般悬臂梁相同,如图2-3-1a)所示。

(2)阶段2,边跨合龙。边跨合龙阶段包括:①浇合龙段混凝土;②张拉合龙预应力束(暂不考虑预应力计算);③拆除中墩临时锚固,体系转换;④拆除支架和边跨挂篮。

此时,结构体系为单悬臂梁,承受的荷载为边跨梁体重力 q_1,及拆除挂篮荷载 $P_挂$。

(3)阶段3,中跨合龙。浇筑完中跨合龙段混凝土时,当混凝土强度未达到设计强度之前,结构体系仍视为悬臂梁,将合龙段混凝土自重 q_1 与挂篮荷载 $P_挂$ 的合力重量按集中力 R_0 作用在两端。

(4)阶段4,拆除中跨合龙段的挂篮。此时,全桥已形成整体结构,拆除挂篮后,原先由挂篮承担的合龙段自重转而作用在整体结构上。因此,作用在结构上的荷载为合龙段自重 q_1 和拆除荷载(R_0)。

(5)阶段5,施工桥面系(二期恒载)。在二期恒载 q_2 的作用下,计算三跨连续梁的弯矩图。

(6)阶段6,成桥状态恒载内力。将阶段1至阶段5的内力叠加,可得成桥状态的总恒载内力。

3. 逐孔浇筑施工连续梁的结构自重内力计算

采用上下导梁的移动模架方法或逐孔浇筑建造的等高多跨连续梁,其自重内力如图2-3-2所示,逐孔计算,最后叠加。结构体系从静定转化到超静定结构,前拼孔数越多,超静定次数越高,每阶段的自重内力计算应注意这一特点。

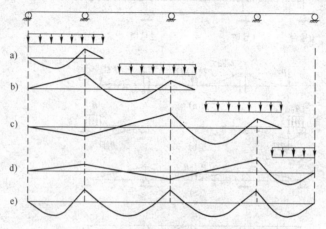

图2-3-2 逐孔架设法的连续梁恒载内力图示

4. 顶推法施工时连续梁桥的永久作用内力计算

1)受力特点

用逐段顶推施工法完成的连续梁桥(简称顶推连续梁),一般将结构设计成等跨径和等高度截面的形式。当全桥顶推就位后,其自重内力的计算与有支架施工法的连续梁完全相同(图2-3-3)。顶推连续梁的主要受力特点反映在顶推施工的过程中,随着主梁节段逐段地向对岸推进,将使全桥每个截面的内力不断地从负弯矩→正弯矩→负弯矩⋯呈反复性的变化,图2-3-3b)是这种结构在施工过程中的弯矩包络图。

为了改善这种施工方法带来的负面影响,一般采用以下措施:

(1)在顶推梁的最前端设置自重较轻且具有一定刚度的临时钢导梁,导梁长度为主梁跨径l的65%左右,以降低主梁截面的悬臂负弯矩。

(2)当主梁跨径较大(一般不小于60m)时,可在每个桥孔的中央设置临时墩,或者在永久墩沿桥纵向的两侧增设三角形临时的钢斜托,以减小顶推跨径。

(3)在成桥以后不需要布置钢束的正或负弯矩区,根据顶推过程中的受力需要,配置适量的临时预应力钢束。

2)施工过程中的结构自重内力计算

(1)计算假定

顶推连续梁通常是在岸边专门搭设的台座上逐段地预制、逐段向对岸推进的,它的形成方式是先由悬臂梁到简支梁再到连续梁,先由双跨连续梁再到多跨连续梁直至达到设计要求的跨数。为了简化计算,一般作以下的假定:

①放在台座上的部分梁段不参与计算,也就是说,在计算图式中,在靠近台座的桥台处可

以取成为一个完全铰,如图 2-3-4 所示。

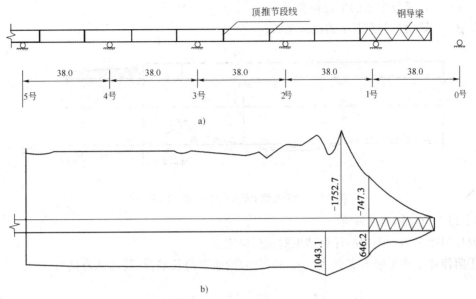

图 2-3-3 某桥顶推连续梁的布置与恒载弯矩包络图(尺寸单位:m)

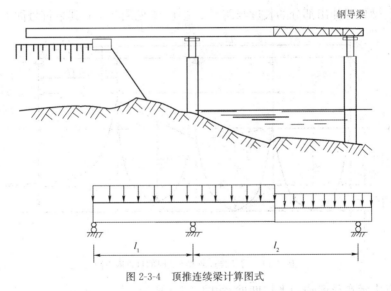

图 2-3-4 顶推连续梁计算图式

②每个顶推阶段均按该阶段全桥所处的实际跨径布置和荷载图式进行整体内力分析,而不是对同一截面的内力按若干不同阶段的计算内力进行叠加。

(2)最大正弯矩截面的计算

顶推连续梁的内力呈动态型的,其最大正弯矩截面只能借助有限元计算程序和通过试算来确定。但在初步设计中,可以近似地按图 2-3-5 的三跨连续梁计算图式估算。其理由是距顶推连续梁端部 $0.4l$ 截面处的正弯矩影响线面积之和相对最大,虽然在导梁的覆盖区也有负弯矩影响线面积,但导梁自重轻,故影响较小。

前伸导梁刚推移过墩顶时,可以参照以下近似公式计算:

$$M_{\max}^+ = \frac{q_{自}l^2}{12}(0.933 - 2.96\gamma\beta^2) \tag{2-3-1}$$

式中：$q_{自}$——主梁单位长自重；
  γ——导梁与主梁的单位长自重比；
  β——导梁长与跨长 l 的比例系数。

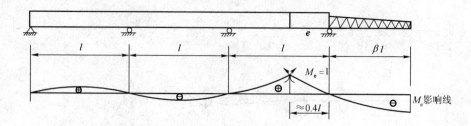

图 2-3-5　顶推连续梁最大正弯矩截面的计算图式

(3) 最大负弯矩截面计算

要根据以下两种图式的计算结果对比后确定。

① 前伸导梁接近前方支点（图 2-3-6），此时的悬臂跨长最长，其计算公式为：

$$M^{-}_{\min}=-\frac{q_{自}l^2}{2}\left[\alpha^2+\gamma(1-\alpha^2)\right] \qquad (2\text{-}3\text{-}2)$$

式中：α——主梁悬臂伸出部分的长度与跨径 l 之比，参见图 2-3-6，其余符号同上。

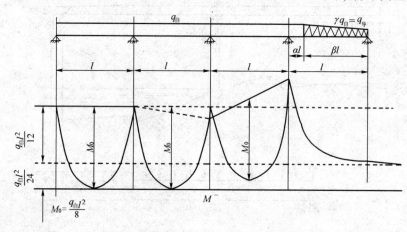

图 2-3-6　导梁接近前方支点时的自重内力图

② 前支点支承在导梁约一半长度处，如图 2-3-7 所示。

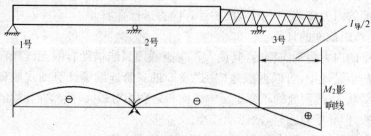

图 2-3-7　导梁支承在前支点上的计算图式

根据支点截面的负弯矩影响线面积和的因素来判断，取带悬臂的两跨连续梁图式计算最为不利。该图式为一次超静定结构,虽然其中一跨梁存在刚度的变化,但计算并不困难。真正的最大负弯矩截面还需在靠近其两侧做试算和比较。

(4) 一般梁截面的内力计算

对于导梁完全处在悬臂状态的情况,多跨连续梁可以分解为图 2-3-8b)、c)所示的两种情况,然后应用表 2-3-1 和表 2-3-2 的弯矩系数表 η_1、η_2 分别计算后再进行叠加求得。

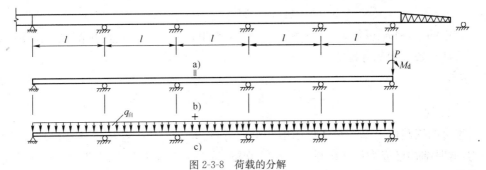

图 2-3-8 荷载的分解

等截面等跨径连续梁在端弯矩作用下支点弯矩系数　　　　表 2-3-1

跨数	各支点截面弯矩系数 η_1										
n	M_0	M_1	M_2	M_3	M_4	M_5	M_6	M_7	M_8	M_9	M_{10}
1	0	-1									
2	0	0.250000	-1								
3	0	-0.066667	0.266667	-1							
4	0	0.017857	-0.071429	0.267857	-1						
5	0	-0.004785	0.019139	-0.071771	0.267943	-1					
6	0	0.001282	-0.005128	0.019231	-0.071797	0.267949	-1				
7	0	-0.000344	0.001374	-0.005153	0.019237	-0.071797	0.267949	-1			
8	0	0.000092	-0.000368	0.001381	-0.005155	0.019238	-0.071797	0.267949	-1		
9	0	-0.000025	0.000097	-0.000370	0.001381	-0.005155	0.019238	-0.071797	0.267949	-1	
10	0	0.000007	-0.000026	0.000099	-0.000370	0.001381	-0.005155	0.019238	-0.071797	0.267949	-1

等截面等跨径连续梁在自重作用下支点弯矩系数　　　　表 2-3-2

跨数	各支点截面弯矩系数 η_2										
n	M_0	M_1	M_2	M_3	M_4	M_5	M_6	M_7	M_8	M_9	M_{10}
1	0	0									
2	0	-0.250000	0								
3	0	-0.100000	-0.100000	0							
4	0	-0.107143	-0.071428	-0.107143	0						
5	0	-0.105263	-0.078947	-0.078947	-0.105263	0					
6	0	-0.105769	-0.076923	-0.086538	-0.076923	-0.105769	0				
7	0	-0.105634	-0.077465	-0.084507	-0.084507	-0.077465	-0.105634	0			
8	0	-0.105670	0.077320	-0.085052	-0.082474	-0.082052	-0.077320	-0.0105670	0		
9	0	-0.105660	-0.077358	-0.084906	-0.083019	-0.083019	-0.084906	-0.077358	-0.105660	0	
10	0	-0.105663	-0.077348	-0.084945	-0.082873	-0.083564	-0.082873	-0.084945	-0.077348	-0.105663	0

各支点截面在端弯矩 M_d 作用下的弯矩 M_{iGd1} 可按下式计算：
$$M_{iGd1} = \eta_1 M_d \tag{2-3-3}$$
各支点截面在主梁自重作用下的弯矩 M_{iGd2} 可按下式计算：
$$M_{iGd2} = \eta_2 q_{自} L^2 \tag{2-3-4}$$
各支点截面的总恒载弯矩 M_{iGd} 为：
$$M_{iGd} = M_{iGd1} + M_{iGd2} \tag{2-3-5}$$

上式中的 η_1 和 η_2 可从表2-3-1和表2-3-2中查得。当求得各支点的 M_i 之后，便不难按简支梁图式计算各截面的弯矩值。

第二节 活载内力计算要点

这里讲的活载内力是指可变作用中的车道荷载、人群荷载等在桥梁使用阶段所产生的结构内力，此时结构已成为最终体系——连续梁桥，故与施工方法无关，力学计算图示十分明确。当桥梁采用T形或箱梁截面且梁数较多时，应考虑结构空间受力特点，进行活载内力计算；当梁桥采用单箱单室截面时，可直接按平面杆系结构进行活载内力计算。

一、按空间结构计算活载内力

连续梁桥为超静定结构，活载内力计算以影响线为基础。按空间结构计算连续梁桥活载内力的方法有：

(1) 计算各主梁(肋)的荷载横向分布系数；按平面杆系结构计算绘制主梁(肋)的纵桥向内力影响线。

(2) 将荷载乘以横向分布系数，沿桥梁纵向按最不利位置分别将荷载加至影响线正负效应区，即可求得绝对值最大的正负活载内力。

计算悬臂体系和连续体系(统称非简支体系)梁桥活载内力的公式为：
$$S = (1+\mu)\xi\eta m_c P_k y_{max} + (1+\mu)\xi\eta m_c q_k \Omega$$

式中：μ——汽车冲击系数；
ξ——多车道横向折减系数；
η——桥长纵向折减系数；
m_c——荷载横向分布系数；
P_k——车道荷载的集中荷载；
y_{max}——对应车道集中荷载的影响线最大竖坐标值；
q_k——车道荷载的均布荷载；
Ω——相应于主梁内力影响线的面积。

二、按平面杆系结构计算活载内力

计算方法与空间结构类同，只是无须计算横向分布系数。

三、连续梁桥活载内力计算特点

连续梁桥为超静定结构，活载内力计算以影响线为基础。对于等截面连续梁或截面按某种规律变化的连续梁，可按结构力学的方法计算绘制影响线，也可直接采用有限元法计算绘制影响线。

进行影响线加载时,如采用手算,可按照影响线的形状,将活载布置在最不利的位置,即可求得最大活载内力,如编程电算,则可采用动态规划法进行计算。

第三节 预应力次内力计算的等效荷载法

预应力混凝土连续梁桥存在次内力是一个重要的力学特点,在设计中必须加以考虑。

一、预应力次内力的概念

预应力混凝土连续梁是超静定结构,在其上施加预应力时,受到各种内外部因素(如预应力、徐变、收缩、温度应力及基础沉降等)影响,梁身产生的挠曲变形受到多余的支座约束,将在多余约束处产生约束反力,从而引起结构附加内力,这部分附加内力一般统称为结构次内力(或为二次力)。

预应力混凝土简支梁在预加力作用下只产生自由挠曲变形和预应力偏心力矩(初预矩),而不产生次力矩,如图 2-3-9a)所示。连续梁因存在多余约束,限制梁体自由变形,不仅在多余约束处产生竖直次反力,而且在梁体产生次力矩,如图 2-3-9b)所示,故它的总力矩为:

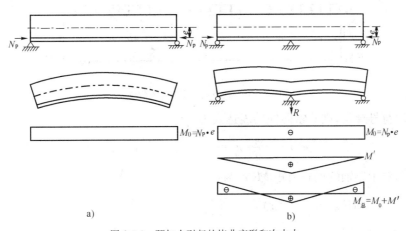

图 2-3-9 预加力引起的挠曲变形和次内力
a)简支梁;b)连续梁

$$M_{总} = M_0 + M' \tag{2-3-6}$$

式中:M_0——初预矩,后张法预应力钢筋的合力 N_y 与偏心距 e 的乘积,即 $M_0 = N_y e$;

M'——预加力引起的次力矩,可用力法或等效荷载法求解。

由于力法原理在《结构力学》中已有详细介绍,故本节重点介绍等效荷载法的原理及其应用。

二、等效荷载法原理

等效荷载是用来代替预应力作用的荷载,它可能是分布荷载,集中荷载或者是弯矩,这是根据预应力钢筋的形状来确定的。这样就可以把预应力梁看作在等效荷载作用下的普通梁。

1. 基本假定

为了简化分析,对于预应力混凝土梁计算时作以下的假定:

(1)预应力束的摩阻损失忽略不计(或按平均分布计入);
(2)预应力束贯穿构件的全长;
(3)索曲线近似地视为按二次抛物线变化,且曲率平缓。

2. 曲线预应力索的等效荷载

图 2-3-10 所示的为配置曲线索的预应力混凝土简支梁,其左端锚头的倾角为 $-\theta_A$,且偏离中轴线的距离为 e_A,其右端锚头的倾角为 θ_B、偏心距为 e_B,索曲线在跨中的垂度为 f。图中的符号规定是:索力的偏心距 e_i 在中轴线以向上为正,以向下为负;荷载以向上者为正,反之为负。

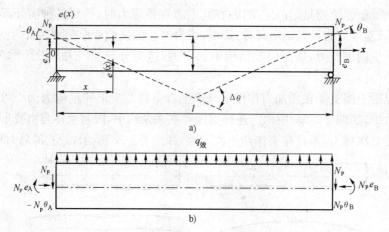

图 2-3-10 配置曲线索的等效荷载

基于上述符号规定,则此索曲线的表达式为:

$$e(x) = \frac{4f}{l^2}x^2 + \frac{e_B - e_A - 4f}{l}x + e_A \tag{2-3-7}$$

预应力筋对中心轴的偏心力矩 $M(x)$ 为:

$$M(x) = N_p e(x) = N_p \left(\frac{4f}{l^2}x^2 + \frac{e_B - e_A - 4f}{l}x + e_A \right) \tag{2-3-8}$$

由《材料力学》知识可知:

$$q(x) = \frac{d^2 M(x)}{dx^2} = \frac{8f}{l^2} N_p = 常数 \tag{2-3-9}$$

$$\theta(x) = e'(x) = \frac{8f}{l^2}x + \frac{e_B - e_A - 4f}{l} \tag{2-3-10}$$

$$\theta_A = e'(0) = \frac{e_B - e_A - 4f}{l} \tag{2-3-11}$$

$$\theta_B = e'(l) = \frac{1}{l}(e_B - e_A - 4f) \tag{2-3-12}$$

将式(2-3-12)减式(2-3-11)得:

$$\theta_B - \theta_A = \frac{8f}{l} \tag{2-3-13}$$

比较式(2-3-9)与式(2-3-13)得:

$$q(x) = \frac{N_p}{l}(\theta_B - \theta_A) = \frac{N_p \Delta\theta}{l} = 常数 = q_{效} \tag{2-3-14}$$

式(2-3-14)表示荷载集度 q 的方向向上，且为正值，$\Delta\theta$ 为索曲线倾角的改变量，如图 2-3-10a) 所示。我们称此均布荷载 q 为预加力对此梁的等效荷载。它沿全跨长的总荷载 $q_{效} l$ 恰与两端预加力的垂直向下分力 $N_y(\theta_A - \theta_B)$ 相平衡。

3. 折线预应力索的等效荷载

按照同样的原理，可以写出图 2-3-11 所示配置折线形索的索力线方程：

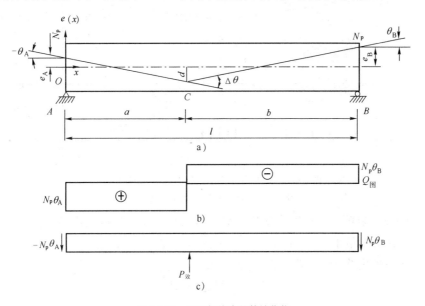

图 2-3-11 配置折线索的等效荷载

$$\left.\begin{array}{l} AC\ 段: e_1(x) = e_A - \left(\dfrac{e_A + d}{a}\right)x \\ \\ CB\ 段: e_2(x) = -d + \left(\dfrac{d + e_B}{b}\right)(x - a) \end{array}\right\} \quad (2\text{-}3\text{-}15)$$

由此得：

$$\left.\begin{array}{l} AC\ 段: Q_1(x) = M'_1(x) = -N_p\left(\dfrac{e_A + d}{a}\right) = -N_p\theta_A \\ \\ CB\ 段: Q_2(x) = M'_2(x) = N_p\left(\dfrac{e_B + d}{b}\right) = N_p\theta_B \end{array}\right\} \quad (2\text{-}3\text{-}16)$$

按式(2-3-16)可绘出此简支梁的剪力分布图，如图 2-3-11a) 所示，而此剪力分布图又恰与在梁的 C 截面处作用一个垂直向上的集中力 $P_{效}$ 的结果相吻合，$P_{效}$ 为：

$$P_{效} = N_p(\theta_B - \theta_A) \quad (2\text{-}3\text{-}17)$$

它就是折线形预加力的等效荷载。

三、等效荷载法的应用

关于等效荷载法在计算时的应用，如图 2-3-12a) 所示，一般分为以下四个步骤：

(1) 按预应力索曲线的偏心距 e_i 及预加力 N_p 绘制梁的初预矩 $M_0 = N_p e_i$ 图，不考虑所有支座对梁体的约束影响，如图 2-3-12b) 所示。

(2) 按布索形式分别应用式 (2-3-14) 和式 (2-3-17) 确定等效荷载值，如图 2-3-12c) 所示。

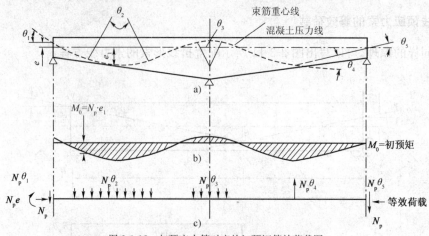

图 2-3-12　与预应力筋对应的初预矩等效荷载图
a) 两跨连续梁；b) 初预矩 M_0 图；c) 等效荷载

(3) 用力法或有限单元法程序求解连续梁在等效荷载作用的截面内力，得出的弯矩值称总弯矩 $M_总$，它包含了初预矩 M_0 在内。

(4) 求相关截面的次力矩 $M_次$，即：

$$M_次 = M_总 - M_0 \tag{2-3-18}$$

第四节　混凝土徐变次内力计算的换算弹性模量法

一、徐变次内力概念

混凝土具有徐变的性质，是指混凝土在应力不变时，应变随时间而持续增长的特性。混凝土徐变产生的影响，不仅在计算预应力损失时要考虑，而且在确定结构的变形和分析超静定结构的内力时也应予以考虑。

1. 定义

1) 徐变变形

在长期持续荷载作用下，混凝土棱柱体在瞬时变形 ε_e（弹性变形）以后，随时间 t 增长而持续产生的那一部分变形量，称之为徐变变形 Δ_c，如图 2-3-13 所示。

2) 瞬时应变

瞬时应变又称弹性应变 ε_e，它是指初始加载的瞬间所产生的变形量 Δ_e 与棱柱体长度 l 之比，即：

$$\varepsilon_e = \frac{\Delta_e}{l} \tag{2-3-19}$$

3) 徐变应变

单位长度的徐变变形量称为徐变应变 $\varepsilon_c(t)$，它可表示为徐变变形量 Δ_c 与棱柱体长度 l 之

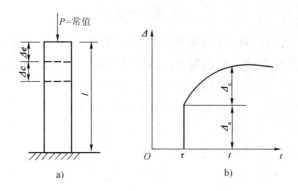

图 2-3-13 棱柱体的徐变变形

比值,即:

$$\varepsilon_c(t) = \frac{\Delta_c}{l} \tag{2-3-20}$$

2. 徐变次内力的概念

当超静定混凝土结构的徐变变形受到多余约束的制约时（施工过程中发生结构体系转换时），结构截面内将产生附加内力，工程上将此内力称为徐变次内力。

如图 2-3-14a)中的两条对称于中线的悬臂梁，在完成瞬时变形后，悬臂端点均处于水平位置，此时悬臂根部的弯矩均为 $M = -\frac{ql^2}{2}$。随着时间的增长，该两个悬臂梁的端部，将发生随时间 t 而变化的下挠量 Δ_t 和转角 θ_t [图 2-3-14a)]。尽管如此，直到徐变变形终止，该梁的内力沿跨长方向是不发生改变的。

现再考察图 2-3-14b)的情况，当两悬臂端完成瞬时变形后，立即将合龙段的钢筋焊接并浇筑接缝混凝土，以后虽然在接缝处仍产生随时间变化的下挠量 Δ_t，但转角 θ_t 始终为零，这意味着两侧悬臂梁相互约束着角位移，从而使结合截面上的弯矩从 $0 \rightarrow M_t$，而根部截面的弯矩逐渐卸载，这就是所谓的内力重分布（或应力重分布），直到徐变变形终止。结合截面上的 M_t 就是徐变次内力，但它与根部截面弯矩的绝对值之和仍为 $ql^2/2$。

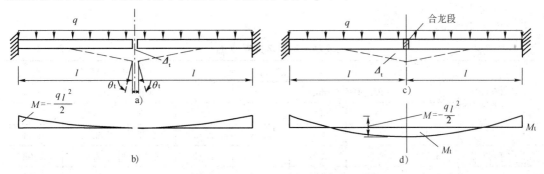

图 2-3-14 徐变变形与徐变次内力

由此可见，静定结构只产生徐变变形，而不产生次内力，超静定结构由于徐变变形受到了约束，将产生随时间 t 变化的徐变次内力。

二、徐变系数表达式

对于混凝土徐变系数的计算,各国规范均有相关规定,主要是依据经验公式,《混凝土桥规》(JTG D62—2004)附录 F 中规定混凝土的徐变系数按下列公式计算:

$$\phi(t,t_0) = \phi_0 \cdot \beta_c(t-t_0) \quad (2\text{-}3\text{-}21)$$

$$\phi_0 = \phi_{RH} \cdot \beta(f_{cm})\beta(t_0) \quad (2\text{-}3\text{-}22)$$

$$\phi_{RH} = 1 + \frac{1-\dfrac{RH}{RH_0}}{0.46\left(\dfrac{h}{h_0}\right)^{\frac{1}{3}}} \quad (2\text{-}3\text{-}23)$$

$$\beta(f_{cm}) = \frac{5.3}{(f_{cm}/f_{cm0})^{0.5}} \quad (2\text{-}3\text{-}24)$$

$$\beta(t_0) = \frac{1}{0.1+(t_0/t_1)^{0.2}} \quad (2\text{-}3\text{-}25)$$

$$\beta_c(t-t_0) = \left[\frac{(t-t_0)/t_1}{\beta_H+(t-t_0)/t_1}\right]^{0.3} \quad (2\text{-}3\text{-}26)$$

$$\beta_H = 150\left[1+\left(1.2\frac{RH}{RH_0}\right)^{18}\right]\frac{h}{h_0}+250 \leqslant 1500 \quad (2\text{-}3\text{-}27)$$

式中:t_0——加载时的混凝土龄期(d);

t——计算考虑时刻的混凝土龄期(d);

$\phi(t,t_0)$——加载龄期为 t_0,计算考虑龄期为 t 时的混凝土徐变系数;

ϕ_0——名义徐变系数,查表 2-3-3 确定;

β_c——加载后徐变随时间发展的系数;

f_{cm}——强度等级 C20~C50 混凝土在 28d 龄期时的平均立方体抗压强度(MPa),其值 $f_{cm}=0.8f_{cu,k}+8$MPa;

h——构件理论厚度(mm),$h=2A/\mu$,A 为构件截面积,μ 构件与大气接触的周边长度;

RH——环境年平均相对湿度(%);

$RH_0=100\%$;

$t_1=1$d;

$f_{cm0}=10$MPa;

$h_0=100$mm。

混凝土徐变名义系数 ϕ_0 表 2-3-3

加载龄期(d)	40%≤RH<70% 理论厚度 h(mm)				70%≤RH<99% 理论厚度 h(mm)			
	100	200	300	≥600	100	200	300	≥600
3	3.90	3.50	3.31	3.03	2.83	2.65	2.56	2.44
7	3.33	3.00	2.82	2.59	2.41	2.26	2.19	2.08
14	2.92	2.62	2.48	2.27	1.12	1.99	1.92	1.83
28	2.56	2.30	2.17	1.99	1.86	1.74	1.69	1.60
60	2.21	1.99	1.88	1.72	1.61	1.51	1.46	1.39
90	2.05	1.84	1.74	1.59	1.49	1.39	1.35	1.28

强度等级为 C20～C50 混凝土的名义徐变系数 ϕ_0，可按照由式(2-3-22)算得的表 2-3-3 值采用。

徐变系数的大小与加载时混凝土的龄期有很大关系，加载龄期越大则徐变系数越小。

三、混凝土徐变引起的结构次内力计算

(1)若连续梁在施工过程中转换结构体系(如先前结构在 τ_0 时同时加载简支梁或其他机构体系，在 τ 时同时转换为后期结构的连续梁)，在混凝土徐变影响下，后期结构的弯矩可按下列规定计算：

①在先期结构中由结构自重产生的弯矩，经过混凝土徐变重分配，在后期结构中 t 时的弯矩 M_{gt}，可按下式计算：

$$M_{gt} = M_{1g} + (M_{2g} - M_{1g})\{1 - e^{-[\phi(t,\tau_0) - \phi(\tau,\tau_0)]}\} \quad (2\text{-}3\text{-}28)$$

式中：M_{1g}——在先期结构自重作用下，按先期结构体系计算的弯矩；

M_{2g}——在先期结构自重作用下，按后期结构体系计算的弯矩；

$\phi(t,\tau_0)$——从先期结构加载龄期 τ_0 至后期结构计算所考虑时间 t 时的徐变系数，当缺乏符合当地实际条件的数据时，可按照《混凝土桥规》附录 F 计算；

$\phi(\tau,\tau_0)$——从先期结构加载龄期 τ_0 至 τ 时转换为后期结构的徐变系数。

②先期结构中由预加力产生的弯矩，经过混凝土徐变重分配，在后期结构中 t 时的弯矩 M_{pt}，可按下式计算：

$$M_{pt} = M_{1pt} + (M'_{2pt} - M'_{1pt})\{1 - e^{-[\phi(t,\tau_0) - \phi(\tau,\tau_0)]}\} \quad (2\text{-}3\text{-}29)$$

$$M_{1pt} = M^0_{1pt} + M'_{1pt} \quad (2\text{-}3\text{-}30)$$

式中：M_{1pt}——在先期结构中预加力作用下，按先期结构计算的弯矩；

M^0_{1pt}——在先期结构中预加力作用下，按先期结构计算的主弯矩(预加力乘以偏心距)；

M'_{1pt}——在先期结构中预加力作用下，按先期结构计算的次弯矩；当先期结构为静定体系时，M'_{1pt} 为零；

M'_{2pt}——在先期结构中预加力作用下，按后期结构体系计算的次弯矩。

(2)若预应力混凝土连续梁在施工过程中不转换结构体系，徐变的变形并不引起超静定结构内力的变化，预应力连续梁的总次内力(包括弹性变形和徐变)，可由预加应力引起的弹性变形次内力乘以预应力钢筋张拉力的平均系数 c 求得。平均有效系数按下式计算：

$$c = \frac{P_e}{P_i} \quad (2\text{-}3\text{-}31)$$

式中：P_e——预应力损失全部完成后，预应力钢筋平均张拉力；

P_i——预应力瞬时(第一批)损失完成后，预应力钢筋平均张拉力。

(3)预应力混凝土连续梁结构，在恒载与预加力作用下，考虑徐变变形影响，结构任意截面的最终弯矩为(龄期相同条件下)：

$$M_t = M_{gt} + M_{pt} \quad (2\text{-}3\text{-}32)$$

第五节 混凝土收缩次内力计算

混凝土结构的收缩并不是因外力产生，而是由结构材料本身的特性引起的。

一、经 验 公 式

混凝土的收缩应变可按下列公式计算：

$$\varepsilon_{cs}(t,t_s) = \varepsilon_{cs0} \cdot \beta_s(t-t_s) \quad (2\text{-}3\text{-}33)$$

$$\varepsilon_{cs0} = \varepsilon_s(f_{cm}) \cdot \beta_{RH} \quad (2\text{-}3\text{-}34)$$

$$\varepsilon_s(f_{cm}) = [160 + 10\beta_{sc}(9 - f_{cm}/f_{cm0})] \times 10^{-6} \quad (2\text{-}3\text{-}35)$$

$$\beta_{RH} = 1.55[1-(RH/RH_0)^3] \quad (2\text{-}3\text{-}36)$$

$$\beta_s(t-t_s) = \left[\frac{(t-t_s)/t_1}{350(h/h_0)^2 + (t-t_s)/t_1}\right]^{0.5} \quad (2\text{-}3\text{-}37)$$

式中：t——计算考虑时刻的混凝土龄期(d)；

t_s——收缩开始时的混凝土龄期(d)，假定为 3~7d；

$\varepsilon_{cs}(t,t_s)$——收缩开始时的龄期为 t_s，计算考虑的龄期为 t 时的收缩应变；

ε_{cs0}——名义收缩系数；

β_s——收缩随时间发展的系数；

f_{cm}——强度等级 C20~C50 混凝土的 28d 龄期时的平均立方体抗压强度(MPa)，其值 $f_{cm}=0.8f_{cu,k}+8MPa$；

$f_{cu,k}$——龄期为 28d，具有 95% 保证率的混凝土立方体抗压强度标准值(MPa)；

β_{RH}——与年平均相对湿度相关的系数，式(2-3-36)取值为 40%≤RH<90%；

RH——环境年平均相对湿度(%)；

β_{sc}——依水泥种类而定的系数，对一般的硅酸盐类水泥或快硬水泥，$\beta_{sc}=5.0$；

h——构件理论厚度(mm)，其值 $h=2A/u$，A 为构件截面面积，u 为构件与大气接触的周边长度；

$RH_0=100$；

$h_0=100mm$；

$t_1=1d$；

$f_{cm0}=10MPa$。

强度等级 C20~C50 混凝土的名义收缩系数 ε_{cs0}，可按由式(2-3-34)算得的表 2-3-4 所列数值采用。

混凝土名义收缩系数 ε_{cs0}（×10³） 表 2-3-4

40%≤RH<70%	70%≤RH<99%
0.529	0.31

注：1. 本表适用于一般硅酸盐水泥或快硬水泥配置而成的混凝土。
2. 本表适用于季节性变化的平均温度-20~+40℃。
3. 本表数值系按 C40 混凝土计算所得，对温度等级为 C50 及以上混凝土，表列数值乘以 $\sqrt{32.4/f_{ck}}$，式中 f_{ck} 为混凝土轴心抗压强度标注值(MPa)。
4. 计算时，表中年平均相对湿度 40%≤RH<70%，取 RH=55%；若 70%≤RH<99%，取 RH=80%。

二、混凝土收缩应变计算

在具体桥梁设计中，当考虑收缩影响或计算阶段预应力损失时，混凝土收缩应变值可按下列步骤计算：

(1)按式(2-3-36)计算从 t_s 到 t，t_s 到 t_0 的收缩应变发展系数 $\beta_s(t-t_s)$、$\beta_s(t_0-t_s)$；在计算 $\beta_s(t_0-t_s)$ 时，公式中的 t 均改用 t_0。其中，t 为计算收缩应变考虑时刻的混凝土龄期(d)，t_0 为桥梁结构开始受收缩影响时刻或预应力钢筋传力锚固时刻的混凝土龄期(d)，t_s 为收缩开始时（养护期结束时）的混凝土龄期，设计时可取 3~7d，$t \geq t_0 \geq t_s$。

（2）按下列公式计算自 t_0 至 t 时的收缩应变值 $\varepsilon_{cs}(t,t_0)$：

$$\varepsilon_{cs}(t,t_0) = \varepsilon_{cs0}[\beta_s(t-t_s) - \beta_s(t_0-t_s)] \qquad (2\text{-}3\text{-}38)$$

式中的名义收缩系数 ε_{cs0} 按表 2-3-4 采用。

第六节 基础沉降次内力计算

在《结构力学》课程中已经详细地叙述了超静定连续梁结构因沉降产生的次内力计算问题。连续梁墩台基础的沉降与地基土壤的力学性能有关，一般随时间而递增，经过相当长的时间后，接近沉降总的终极值，其变化规律与徐变变化规律相似，可用下式来表达：

$$\Delta_d(t) = \Delta_d(\infty)[1 - e^{-p(t-T)}] \qquad (2\text{-}3\text{-}39)$$

式中：$\Delta_d(t)$——t 时刻时的墩台基础沉降值；

$\Delta_d(\infty)$——$t=\infty$ 时刻墩台基础沉降的终极值；

p——墩台沉降增长速度，其值应根据实地土壤的试验资料确定。

对于图 2-3-15 的三跨连续梁，当中墩基础分别产生不等的地基沉陷 $\Delta_{1\Delta}$ 和 $\Delta_{2\Delta}$ 时，可取图 2-3-15b)的基本结构，它的力法典型方程为：

$$\left.\begin{array}{l}\delta_{11}X_1 + \delta_{12}X_2 + \Delta_{1\Delta} = 0 \\ \delta_{21}X_1 + \delta_{22}X_2 + \Delta_{2\Delta} = 0\end{array}\right\} \qquad (2\text{-}3\text{-}40)$$

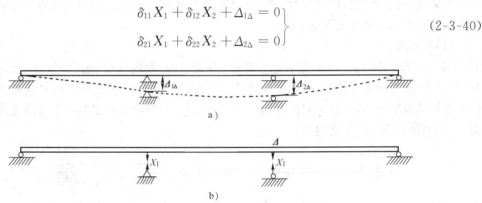

图 2-3-15 连续梁因基础沉陷的计算图式

求解此线性方程组并无多大困难，关键问题在于如何确定基础沉降量 $\Delta_{1\Delta}$ 和 $\Delta_{2\Delta}$。根据设计原则，连续梁桥的桥墩基础应奠基在坚硬的岩石上。但当它修建在非岩石的地基上时，就必须计入基础沉降引起的结构次内力。

有关地基沉降量的具体计算方法，详见《基础工程》教程和《公路桥涵地基与基础设计规范》(JTG D61—2007)。但地基设计规范中有下列的规定：

（1）墩台均匀总沉降值(cm)(不包括施工中的沉降)应 $\leqslant 2.0\sqrt{l}$；

（2）相邻墩台均匀总沉降值(cm)(不包括施工中的沉降)应 $\leqslant 1.0\sqrt{l}$。

其中 l 为相邻墩台间最小跨径长度，以 m 计。跨径小于 25m 时仍以 25m 计算。

另外，地基土的沉降变化规律要比混凝土的徐变规律更为复杂，不仅土质类别繁多，历史成因复杂，而且因所处位置的不同(例如：位于河中和位于岸上)也有较大差异。加之结构对它作用力的大小都会影响到它的沉降速度。对于超静定结构，确实会因沉降速度上的差异而产生支点反力的重分布。如果考虑与其他次内力的耦合作用，那么就更难求解了。考虑到大跨径预应力混凝土连续梁桥一般采用悬臂施工，而且恒载所占的比例较大，土基的沉降量大部分在施工阶段完成，为了简化分析，通常是按《公路桥涵地基与基础设计规范》规定的相邻墩台的容许沉降差进行结构内力分析。另一方面,而且也是更重要的方面,对于处于不良地带的桥位,通常要先进行地基加固处理,或者偏安全地加大地基承压面,采用超长桩或增加桩基数量等措施,以尽量减小后期沉降量。

第七节 温度次内力和自应力计算

一、基本概念

1. 温度梯度

温度梯度是指当桥梁结构受到日照温度影响后,温度沿梁截面高度变化的形式。《混凝土桥规》对材料的温度性质和温度梯度规定可参见本教材第一篇第三章第一节的有关内容。

2. 温度次内力

结构因受到自然环境温度的影响(升温或降温)将产生伸缩或弯曲变形,当这个变形受到多余约束时,便会在结构内产生附加内力,工程上称此附加内力为温度次内力。现举两种呈线性变化形式的温度梯度来说明。

(1)年平均温差

图 2-3-16a)和图 2-3-16b)是表示悬臂梁(静定结构)和连续梁(超静定结构)在年温差(温升)时,只产生纵向水平位移,而不产生次内力。但图 2-3-16c)中的连续刚构结构在同样条件由于受固结桥墩的约束,故不但使主梁产生水平位移,而且使墩和梁均产生弯曲变形和支点反力,从而导致截面内产生次内力。

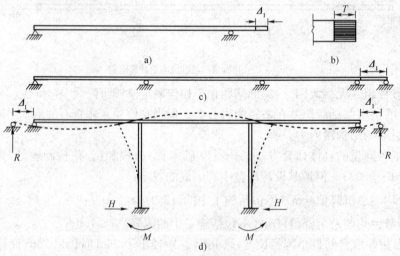

图 2-3-16 年温差对不同结构的影响

(2)呈线性变化的温度梯度(图 2-3-17)

图 2-3-17a)表示静定的简支梁在线性温度梯度的影响下,结构只产生弯曲变形;图 2-3-17b)表示在同样温度影响下,由于存在中支座的多余约束,限制梁体变形,使中支座产生向下的垂直拉力,从而导致梁体内产生次内力。

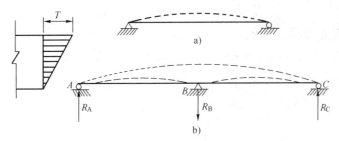

图 2-3-17 线性温度梯度对结构的影响

3. 温度自应力

由于温差作用的温度梯度呈非线性变化,且梁截面变形服从平截面假定,致使梁截面的温差变形在纵向纤维之间得到约束,在截面上产生自平衡的纵向约束应力,称此应力为温度自应力。

对于受非线性温度梯度的超静定结构,还会产生温度次内力。因此,其总的温度应力将是自应力 $\sigma_{自}$ 与由温度次内力产生的次应力 $\sigma_{次}$ 之和,即 $\sigma_{总}=\sigma_{自}+\sigma_{次}$。

由于受线性温度梯度影响的超静定结构内力计算在《结构力学》中已有详述,故本节将分别讨论受非线性温度影响的温度自应力计算和超静定结构次内力计算问题。

二、混凝土结构温度自应力计算

如图 2-3-18 所示,图 2-3-18b)为温度梯度(无约束的自由应变图形与温度梯度相同);图 2-3-18c)为平面变形,为最终应变;图 2-3-18d)内阴影部分为自由应变与最终应变之差,即由纤维之间的约束产生的自应力应变。

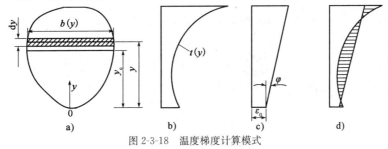

图 2-3-18 温度梯度计算模式
a)截面;b)温度梯度;c)平面变形;d)自应力应变

取一单元梁段,沿梁高的自由应变(纵向纤维之间不受约束时)$\varepsilon_{t(y)}$ 为:

$$\varepsilon_{t(y)} = \alpha_c t(y) \tag{2-3-41}$$

由于纵向纤维之间相互约束,梁截面应变应符合平截面假定,梁截面上的最终应变 $\varepsilon_{f(y)}$ 应呈直线分布,即:

$$\varepsilon_{f(y)} = \varepsilon_0 + \varphi y \tag{2-3-42}$$

式中:ε_0——基轴 $y=0$ 处应变;

φ——截面变形曲率;

y——基轴以上任一点求应变的坐标;

α_c——混凝土线膨胀系数。

图 2-3-18d)的阴影部分,即为自由应变与最终应变之差,系纤维之间的约束产生,其值为:

$$\varepsilon_{\sigma(y)} = \varepsilon_{t(y)} - \varepsilon_{f(y)} = \alpha_c t(y) - (\varepsilon_0 + \varphi y) \tag{2-3-43}$$

阴影部分的应力（自应力）为：

$$\sigma_s(y) = E_c \varepsilon_{\sigma(y)} = E_c [\alpha_c t(y) - (\varepsilon_0 + \varphi y)] \tag{2-3-44}$$

全截面上轴向力 N 和弯矩 M 为：

$$N = E_c \int_h \varepsilon_{\sigma(y)} b(y) \mathrm{d}y$$

$$= E_c \int_h [\alpha_c t(y) - \varepsilon_0 - \varphi y] b(y) \mathrm{d}y$$

$$= E_c [\alpha_c \int_h t(y) b(y) \mathrm{d}y - \varepsilon_0 \int_h b(y) \mathrm{d}y - \varphi \int_h y b(y) \mathrm{d}y] \tag{2-3-45}$$

$$M = E_c \int_h \varepsilon_{\sigma(y)} b(y) (y - y_c) \mathrm{d}y$$

$$= E_c \int_h [\alpha_c t(y) - \varepsilon_0 - \varphi y] b(y) (y - y_c) \mathrm{d}y$$

$$= E_c [\alpha_c \int_h t(y) b(y) (y - y_c) \mathrm{d}y - \varepsilon_0 \int_h b(y) (y - y_c) \mathrm{d}y - \varphi \int_h b(y) (y - y_c) \mathrm{d}y]$$

$$\tag{2-3-46}$$

式中：E_c——混凝土材料弹性模量；

$b(y)$—— y 处的宽度；

y——基轴以上任一点求应变的坐标。

对于任何截面，$N=0$，$M=0$，即内力总和为零。

式(2-3-45)、式(2-3-46)可分别写为：

$$\varepsilon_0 \int_h b(y) \mathrm{d}y + \varphi \int_h y b(y) \mathrm{d}y = \alpha_c \int_h t(y) b(y) \mathrm{d}y \tag{2-3-47}$$

$$\varepsilon_0 \int_h b(y)(y - y_c) \mathrm{d}y + \varphi \int_h y b(y)(y - y_c) \mathrm{d}y = \alpha_c \int_h t(y) b(y)(y - y_c) \mathrm{d}y \tag{2-3-48}$$

式(2-3-47)、式(2-3-48)内设：

$$\int_h b(y) \mathrm{d}y = A \tag{2-3-49}$$

$$\int_h y b(y) \mathrm{d}y = A y_c \tag{2-3-50}$$

$$\int_h y b(y)(y - y_c) \mathrm{d}y = \int_h b(y) y^2 \mathrm{d}y - \int_h b(y) y y_c \mathrm{d}y = I_b - \int_h b(y) y y_c \mathrm{d}y = I_g \tag{2-3-51}$$

$$\int_h b(y)(y - y_c) \mathrm{d}y = 0 \quad \text{（对重心轴的静面积矩为零）}$$

式中：A——截面面积；

I_b——截面面积对基轴（图 2-3-18）的惯性矩；

I_g——截面面积对重心轴（图 2-3-18）的惯性矩。

将式(2-3-49)～式(2-3-51)代入式(2-3-47)和式(2-3-48)中得：

$$\varepsilon_0 A + \varphi A y_c = \alpha_c \int_h t(y) b(y) \mathrm{d}y \tag{2-3-52}$$

$$\varphi I_{\mathrm{g}} = \alpha_{\mathrm{c}} \int_{h} t(y)b(y)(y-y_{\mathrm{c}})\mathrm{d}y \tag{2-3-53}$$

由式(2-3-52)、式(2-3-53)可得:

$$\varepsilon_{0} = \frac{\alpha_{\mathrm{c}}}{A} \int_{h} t(y)b(y)\mathrm{d}y - \varphi y_{\mathrm{c}} \tag{2-3-54}$$

$$\varphi = \frac{\alpha_{\mathrm{c}}}{I_{\mathrm{g}}} \int_{h} t(y)b(y)(y-y_{\mathrm{c}})\mathrm{d}y \tag{2-3-55}$$

设在坐标 y 处,截面内一厚度为 i 的微小单元面积 A_y 处温度梯度值为 t_y,以 t_y 为常数值代入式(2-3-54)、式(2-3-55),并注意积分区段仅在 i 厚度范围内有值。因此 $\int_{h} b(y)\mathrm{d}y = \int_{h} b(y)\mathrm{d}y = A$,$t(y) = t_y$,$y-y_{\mathrm{c}} = e_y$(单元面积 A_y 对全面积重心的偏心矩)。

$$\varphi = \frac{\alpha_{\mathrm{c}}}{I_{\mathrm{g}}} \int_{h} t(y)b(y)(y-y_{\mathrm{c}})\mathrm{d}y = \frac{\alpha_{\mathrm{c}}}{I_{\mathrm{g}}} \int_{i} t(y)b(y)(y-y_{\mathrm{c}})\mathrm{d}y = \frac{\alpha_{\mathrm{c}} t_y A_y e_y}{I_{\mathrm{g}}} \tag{2-3-56}$$

$$\varepsilon_{0} = \frac{\alpha_{\mathrm{c}}}{I_{\mathrm{g}}} \int_{h} t(y)b(y)\mathrm{d}y - \varphi y_{\mathrm{c}} = \frac{\alpha_{\mathrm{c}}}{A} \int_{h} t(y)b(y)\mathrm{d}y - \varphi y_{\mathrm{c}} = \frac{\alpha_{\mathrm{c}} t_y A_y}{A} - \frac{\alpha_{\mathrm{c}} t_y A_y e_y y_{\mathrm{c}}}{I_{\mathrm{g}}}$$

$$\tag{2-3-57}$$

由式(2-3-44)可求得任意点应力 $\sigma_{\mathrm{s}(y)}$ 为:

$$\sigma_{\mathrm{s}(y)} = E_{\mathrm{c}}[\alpha_{\mathrm{c}} t(y) - (\varepsilon_0 + \varphi y)]$$

$$= E_{\mathrm{c}} \alpha_{\mathrm{c}} t_y - \frac{E_{\mathrm{c}} \alpha_{\mathrm{c}} t_y A_y}{A} + \frac{E_{\mathrm{c}} \alpha_{\mathrm{c}} t_y A_y e_y y_{\mathrm{c}}}{I_{\mathrm{g}}} - \frac{E_{\mathrm{c}} \alpha_{\mathrm{c}} t_y A_y e_y y}{I_{\mathrm{g}}} \tag{2-3-58}$$

如令 $N_{\mathrm{ti}} = A_y t_y \alpha_{\mathrm{c}} E_{\mathrm{c}}$,$M_{\mathrm{ti}} = N_{\mathrm{ti}} e_y = -A_y t_y \alpha_{\mathrm{c}} E_{\mathrm{c}} e_y$ 得:

$$\sigma_{\mathrm{s}(y)} = -\frac{N_{\mathrm{ti}}}{A} + \frac{M_{\mathrm{ti}}}{I_{\mathrm{g}}}(y-y_{\mathrm{c}}) + t_y \alpha_{\mathrm{c}} E_{\mathrm{c}} \tag{2-3-59}$$

式(2-3-59)即为在温度作用下单元面积 A_y 内任一点产生的应力。对于分为很多块单元面积上不同 t_y 的作用,应用分段总和法,具体见《混凝土桥规》附录 B。

式(2-3-59)适用于正温差;如为负温差,则整个公式前面冠以负号。

三、连续梁温度次内力计算

超静定结构温度次内力的计算可按一般结构力学公式有限元方法进行。以下介绍用力法求解连续梁温度次内力的基本方法。

1. 等截面连续梁的温度次内力

以两跨连续梁为例,取两跨简支梁为基本结构,在中支点切口处的多余力矩为 $M_{1\mathrm{T}}$,如图 2-3-19 所示,于是可以列出力法方程为:

$$\delta_{11} M_{1\mathrm{T}} + \Delta_{1\mathrm{T}} = 0 \tag{2-3-60}$$

式中: δ_{11}——$\overline{M}_{1\mathrm{T}} = 1$ 时在多余力矩方向上引起的相对转角;

$\Delta_{1\mathrm{T}}$——因温度变化在多余力矩方向上引起的相对转角。

$\Delta_{1\mathrm{T}}$ 的计算步骤如下:

(1)按式(2-3-58)分别计算 AB 和 BC 跨简支梁的挠曲线曲率 ψ_1 和 ψ_2,由于该两跨的截面尺寸完全相同,故当不计钢筋影响时 $\psi_1 = \psi_2 = \psi$;

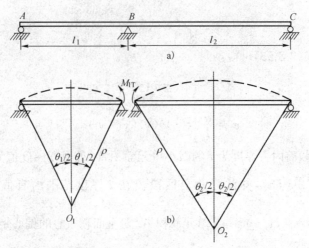

图 2-3-19 连续梁在非线性温度梯度作用下的挠曲变形

(2)按《材料力学》公式分别计算该两跨在各自两个端点切线之间的夹角,即:

$$\theta_1 = \int_A^B \frac{M}{EI}dx = \psi\int_A^B dx = \psi l_1$$

$$\theta_2 = \int_B^C \frac{M}{EI}dx = \psi\int_B^C dx = \psi l_2$$

(因为 $\psi = \frac{1}{\rho} = \frac{M}{EI}$,$\rho$ 为曲率半径)

(3)由于连续梁是采用等截面的,故基本结构中每跨梁两端的转角对称且相等,各等于 $\theta/2$,于是

$$\Delta_{1T} = -\left(\frac{\theta_1 + \theta_2}{2}\right) = -\frac{\psi}{2}(l_1 + l_2) \tag{2-3-61}$$

Δ_{1T} 取负值是因为相对转角方向与所设多余力矩 M_{1T} 的方向相反。

2. 变截面连续梁的次内力计算

有关"变截面连续梁的次内力计算"的内容可扫描侧方二维码。

第八节 挠度和预拱度计算

一、挠 度 计 算

挠度计算在"混凝土简支梁式桥的计算"(本教材第二篇第二章)中,已详细介绍了钢筋混凝土和预应力混凝土简支梁桥的挠度及预拱度计算。但连续梁和刚构桥属于超静定结构体系,一般为大跨或特大跨径桥梁,其挠度分析可采用有限单元法,特点如下:

(1)需根据不同的施工方法,按施工过程来计算结构恒载挠度,因为在施工过程中不同的施工阶段,结构体系及作用在结构上的荷载均可能发生变化。

(2)计算连续梁与刚构桥恒载挠度,一般需考虑的荷载因素有:①结构自重;②施工荷载;③预加力;④混凝土收缩与徐变作用。

(3)计算连续梁与刚构桥活载挠度,主要考虑汽车荷载与人群荷载。

二、预拱度计算

预拱度计算是为了控制施工完成后成桥状态的几何线形,确保桥面高程平顺满足设计和规范要求,对于连续梁及刚构桥等大跨径桥梁,在施工过程中必须设置预拱度,以抵消施工中结构本身及挂篮或支架产生的变形。各种不同施工方法,梁段立模高程的计算式为:

$$H_{1i} = H_{0i} + f_{1i} + f_{2i} \quad (2\text{-}3\text{-}63)$$

式中:H_{1i}——i 节段某具体位置的立模高程(对于悬臂施工法,一般为梁段前端位置);

H_{0i}——i 节段设计高程;

f_{1i}——i 节段恒载挠度与 1/2 活载挠度的总和;

f_{2i}——i 节段结构自重作用下的挂篮挠度或支架变形,由试验和分析确定。对于悬臂浇筑法施工时,表示挂篮挠度;对于逐孔支架现浇施工的桥梁,则为支架变形;对于顶推法施工,则为梁段预制台座的变形。

式(2-3-63)中的 f_{1i},称为大跨径桥梁的施工预拱度。

三、线 形 控 制

由于大跨超静定结构受力及施工过程复杂,计算模型及参数难以准确模拟实际结构及其施工状态,使得理论计算结果与桥梁结构实际状态往往存在一定的差别。若差别过大,则将导致成桥状态的线形偏离设计目标,甚至影响到桥梁结构受力状况。因此,在大跨径桥梁施工过程中,有必要对主梁高程及结构应力实施有效的监测与控制。在实测过程中,如果发现主梁线形与设计线形相差较大,则需根据现场实测参数,重新进行结构分析,调整理论预拱度,控制主梁高程。

思考题

1. 混凝土连续梁桥的构造特点是什么?
2. 等截面连续梁桥与变截面梁桥有什么区别?
3. 混凝土连续梁桥的施工方法有哪些?
4. 预应力混凝土连续梁桥计算活载内力有哪些方法?
5. 预应力混凝土连续梁桥次内力引起的原因有哪些?
6. 悬臂施工时为什么要设置反挠度?如何计算反挠度?

第四章 箱梁

第一节 概 述

箱形截面由于具有良好的结构性能,因而在现代各种桥梁中得到广泛的应用。与肋板式截面相比,箱形截面具有以下显著特点:

(1)箱梁截面抗扭刚度大,在施工与使用过程中具有良好的稳定性。

(2)箱梁的顶板和底板部具有较大的混凝土面积,能有效地抵抗正负弯矩,并满足配筋的要求,适应具有正负弯矩的结构或构件,如连续梁、拱桥、刚架桥、斜拉桥等,也更适应于主要承受负弯矩的悬臂梁、T形刚构等桥型。

(3)能适应现代化施工的要求,如悬臂施工、顶推施工等,这类施工方法均要求截面具有较厚的底板。

(4)承重结构与传力结构相结合,各部件共同受力,截面效率高,并适合预应力混凝土结构的空间布束。

(5)对于宽桥,由于抗扭刚度大,使各部件共同受力,无须设置中部横隔板就能获得满意的荷载横向分布。

(6)对于曲线桥,具有较大适应性,能很好适应布置管线等公共设施建设。

因此,箱形截面在大跨径桥梁中得到了广泛的应用,然而,箱形截面也存在一些不足之处:如箱形截面属薄壁结构,需要配置大量构造钢筋,其对于中等跨径的桥梁,有时会导致用钢量比工字形或T形截面多;与空腹式桁架相比,箱形截面自重大,因此设计时必须采取措施,减轻自重;另外箱梁的施工比较复杂。

箱梁是一个空间体系结构,作用的车辆荷载在横向常常并不对称,因此,精确计算箱梁结构的受力就需要应用空间弹性理论,例如板壳理论、广义坐标法等,或者应用空间有限元法,这些方法统称为数值法。但是,不论采用哪一种计算方法,对于工程设计人员来说都是十分复杂的,均没有平面杆系结构的计算理论与方法简便。国内外一些学者通过研究,提出了一种荷载分解的分析方法,即先将作用于箱梁上的偏载进行分解,然后分别按照不同的平面杆系结构体系进行分析,最后进行内力或应力叠加,得到问题的最终结果。下面以一个单箱单室矩形截面梁为例,介绍该方法的基本概念,理解基本原理,更复杂的截面,对于更复杂的截面,可以结合工程实际参考有关资料。

如图 2-4-1 所示,单箱单室截面梁桥面作用一个偏心集中力 P,在偏心荷载 P 作用下的变形与位移,可分成四种基本状态:纵向弯曲、横向弯曲、扭转及扭转变形(即畸变)。

(1)按在两侧腹板底部具有铰支承(一个为固定,另一个为活动)的框架结构,计算其顶、底板及腹板的横向内力,这里简称它为局部荷载效应,如图 2-4-1b)所示。

(2)按两腹板处具有对称集中力 $\left(\dfrac{\alpha+\beta}{2}\right)P$ 作用的箱梁(简称对称荷载),计算整个截面上各点的正应力,如图 2-4-1d)所示。

(3)按箱形截面梁具有外扭矩作用时的情况,计算其刚性扭转(截面顶、底板和腹板不发生横向挠曲)下的内力和应力,简称这个荷载为扭转荷载,如图 2-4-1f)所示。

(4)按箱梁两腹板具有一对反对称荷载 $\left(\dfrac{\alpha-\beta}{4}\right)P$ 和顶底板具有另一对反方向的反对称荷载 $\left(\dfrac{\alpha-\beta}{4}\right)\dfrac{b}{h}P$ 作用的情况,计算箱梁的横向挠曲及其相应的内力和应力,简称这种荷载为畸变荷载,如图 2-4-1g)所示。

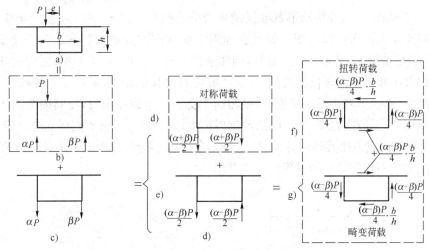

图 2-4-1 箱梁的荷载分布

图中的 α 和 β 为支点反力的系数,它们可以很容易地从集中力 P 的平衡条件求得。

通过以上步骤可以看出,进行上述的分析,受力概念清晰,计算工作量小。由于混凝土箱形截面桥梁的结构自重占大部分,汽车和人群荷载比例较小,因此,对称荷载引起的应力是计算的重点。

第二节 箱梁的剪力滞

一、剪力滞概念

1. 定义

梁弯曲初等理论的基本假定是变形的平截面假定,它不考虑剪切变形对纵向位移的影响,因此,弯曲正应力沿梁宽方向是均匀分布的。但是在箱梁中,产生弯曲的横向力通过肋板传递给翼板,而剪应力在翼板上的分布是不均匀的,在肋板与翼板的交接处最大,随着离开肋板而逐渐减小,因此,剪切变形沿翼板的分布是不均匀的(图 2-4-2)。由于翼板剪切变形的不均匀性,引起弯曲时远离肋板的翼板的纵向位移滞后于近肋板的翼板的纵向位移,所以其弯曲正应力的横向分布呈曲线形状(图 2-4-3),这个现象就称为"剪力滞后",也称剪力滞效应。肋板相距越宽,剪力滞效应越显著,剪力滞效应与截面纵桥向位置、荷载形式、支承条件、横桥向宽度、截面形状相关。

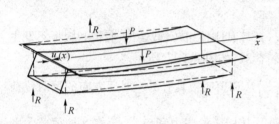 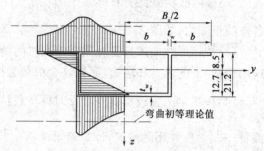

图 2-4-2 箱形梁挠曲时的剪力滞现象　　　图 2-4-3 对称带悬臂板的单箱单室箱形截面的弯曲
　　　　　　　　　　　　　　　　　　　　　　　　　　　应力分布(考虑剪力滞效应)(尺寸单位:m)

为进一步理解图 2-4-3 中箱形截面梁的应力分布现象。以图 2-4-4a)承受集中荷载 P 的矩形截面简支梁为例来加以说明。如果在加载之前在它的顶部两侧各扩宽一个矩形条带 1 号,构成了 T 形截面[图 2-4-4b)]。显然,两侧条带 1 号与腹板(原矩形梁)之间的接触面上便各产生一组大小相等方向相反的剪切力,这些剪切力对腹板而言,阻止了上缘被压缩,从而减小了梁的跨中挠度,但对 1 号条带而言,便相当于受到一个偏心压力,使其内侧的压应力大于其外侧的压应力。同理,在图 2-4-4b)的两侧再扩大条带 2 号,又由于同样的剪力传递原因,使 2 号条带内侧的压应力比其外侧的大[图 2-4-4c)]。如此类推,便构成了图 2-4-4d)所示的应力沿翼缘宽度方向不均匀分布的图形。

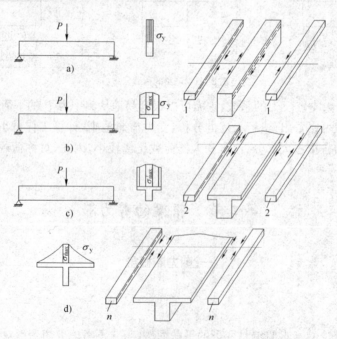

图 2-4-4 宽翼缘梁剪力滞现象分析

2. 剪力滞效应的影响

试验和理论都证实,宽翼缘箱形截面梁(包括T形梁和I字形梁)存在剪力滞现象,其最大正应力值 σ_{max} 一般大于按初等梁理论的正应力平均值 $\bar{\sigma}$,于是便引入剪滞系数 λ,它表达为:

$$\lambda = \frac{\sigma_{max}}{\bar{\sigma}} \tag{2-4-1}$$

当 $\lambda \geqslant 1$ 时,称之为正剪力滞,当 $\lambda < 1$ 时,则称之为负剪力滞。剪力滞效应的影响程度主要取决于翼板宽度。在现代桥梁工程中,为了满足使用要求,桥面宽度显著增大,特别是在大跨径预应力混凝土箱梁桥中,采用长悬臂、大肋间距的单箱单室断面是明显的发展趋势,这时剪滞效应的影响就会比较突出,可能成为设计中特别考虑的问题之一。

在进行结构截面设计时,对于剪力滞效应,必须注意以下两点:

(1)采用适当的计算方法,如翼缘有效宽度法计算出截面的最大(最小)正应力值,据此确定所需钢筋截面面积。

(2)有了准确的钢筋截面面积之后,在布置钢筋时,不能平均分配,而应大体上按应力变化的规律进行分配,才能保证结构的安全。实际工程中因为忽略了这一点而使结构产生裂缝的例子也不少,应当引起注意。

3. 基本假定

单箱单室梯形截面(图2-4-3)是典型的箱形截面,此类宽箱梁在纯弯曲时,由于剪切变形的影响,上、下翼板不服从梁弯曲初等理论(即平截面假定),因此只用一个广义位移[即梁的竖向挠度 $\omega(x)$]来描述箱形梁的弯曲变形不够准确。故在应用最小势能原理分析箱梁的弯曲时,引入两个广义位移的概念,即梁的竖向挠度 $\omega(x)$ 与纵向位移 $u(x,y,z)$。

但为简化分析,在不影响计算结果的情况下,可忽略次要因素并作如下假定:

(1)中和轴位置的确定按初等梁理论计算,翼缘板的纵向位移沿宽度方向呈曲线分布,并假定剪力滞引起的纵向位移沿 y 向服从4次抛物线分布。

(2)上、下翼板的竖向挤压应力 ε_z,翼缘板平面外的剪切变形 γ_{xz}、γ_{yz} 以及横向弯曲、应变均忽略不计,在计算应变能时仅考虑 ε_x 和 γ_{xy} 的影响。

(3)计算超静定梁外荷载引起的弯矩分布时,不考虑有效宽度的影响,沿跨长方向弯矩的分布是已知函数。

(4)腹板在弯曲荷载作用下符合初等梁理论的平截面假定,忽略横向弯曲变形势能。

二、剪力滞的实用计算方法

1. 原理

在工程设计中,如果按照精确的剪力滞计算公式或空间有限元来分析结构的截面应力是十分不方便的。因此,工程上往往采用偏安全的实用计算方法——翼缘有效宽度法,其基本步骤是:

(1)按平面杆系结构理论计算箱梁各截面的内力(弯矩);

(2)对不同位置的箱形截面,用不同的有效宽度折减系数将其翼缘宽度进行折减;

(3)按照折减后的截面尺寸进行配筋设计。

有效分布宽度的简单定义是:按初等梁理论公式算得的应力[图 2-4-5b)]与其实际应力峰值[图 2-4-5a)]接近相等的那个翼缘折算宽度,称作有效宽度。例如:对于图中的有效宽度 b_{e1},按下式换算求得:

$$b_{e1} = \frac{\int_0^c \sigma(x,y)\mathrm{d}y}{\sigma_{\max}} \tag{2-4-2}$$

式中:c——腹板至截面中线的净宽;
　　　x——沿跨长方向的坐标;
　　　y——沿横截面宽度方向的坐标;
$\sigma(x,y)$——翼板的正应力函数。

2. 规范规定

根据这个原理,我国《公路钢筋混凝土及预应力混凝土桥涵设计规范》(JTG D62)对于箱形截面梁在腹板两侧上、下翼缘的有效宽度 b_{mi}(图 2-4-6)的计算方法作了下列的规定:

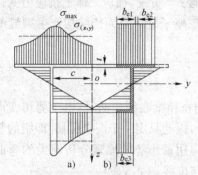

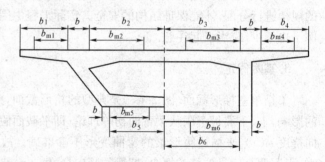

图 2-4-5　翼板有效宽度及正应力　　　　图 2-4-6　箱形截面梁翼缘有效宽度

(1)简支梁和连续梁各跨中部梁段、悬臂梁中间跨的中部梁段

$$b_{mi} = \rho_f b_i \tag{2-4-3}$$

(2)简支梁支点、连续梁边支点及中间支点、悬臂梁悬臂段

$$b_{mi} = \rho_s b_i \tag{2-4-4}$$

式中:b_{mi}、b_i——分别为腹板,上、下翼缘的有效宽度和实际宽度($i=1,2,3\cdots$);
　　　ρ_f、ρ_s——分别为相关梁跨内中部梁段和支点处截面的翼缘有效宽度计算系数,可参见表 2-4-1 和图 2-4-7。

(3)当梁高 $h \geqslant \dfrac{b_i}{0.3}$ 时,翼缘有效宽度采用翼缘全宽。

(4)预应力混凝土梁在计算预加力引起的混凝土应力时,预加力作为轴向力产生的应力可实际按翼缘全宽计算,由预加力偏心弯矩引起的应力可按翼缘有效宽度计算。

(5)对超静定结构进行作用(或荷载)内力分析时,箱形截面梁的翼缘宽度可取全宽。

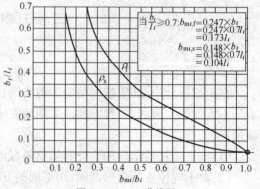

图 2-4-7　ρ_f, ρ_s 曲线图

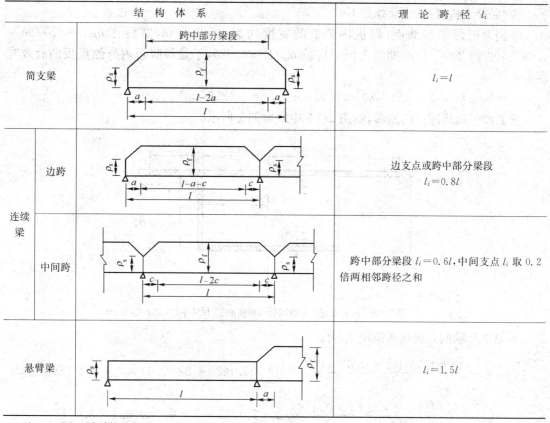

ρ_s、ρ_f 的应用位置和理论跨径 l_i　　　表 2-4-1

注：1. a 取与所求计算宽度 b_{mi}（图 2-4-6）相应的翼缘宽度 b_i（如求 b_{mi}时，a 取 b_i），但 a 不大于 $0.25l$（l 为梁的计算跨径）。
2. $c=0.1l$。
3. 在长度 a 或 c 的梁段内，系数可用直线插入法在 ρ_s 与 ρ_f 之间求取。

3. 算例

【例 2-4-1】 已知有机玻璃模型箱梁的截面尺寸如图 2-4-8 所示，简支跨 $L=80$ cm，平均弹性模量 $E=2.8\times10^6$ kN/m²，泊松比 $\mu=0.37$，试分析均布荷载 $q=2$ N/cm 对称地作用于腹板顶面情况下，跨中截面正应力沿上翼板的分布。

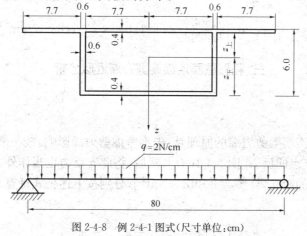

图 2-4-8　例 2-4-1 图式（尺寸单位：cm）

【解】

按《混凝土桥规》公式计算如下：

本例为矩形箱形截面，腹板内外侧的宽度均为 $b=7.7\text{cm}$，宽跨比 $b_i/l=7.7/80=0.09625$，查图 2-4-7 中 ρ_f 曲线上所对应的 $b_{mi}/b_i \approx 0.925$，于是得腹板内外侧翼板的有效宽度为：

$$b_{mi} = 0.925 \times 7.7 = 7.1225(\text{cm})$$

全截面经过折减后的图形，如图 2-4-9 中阴影部分所示。

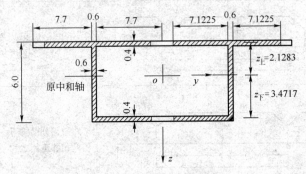

图 2-4-9 按有效宽度折减以后的截面面积（尺寸单位：cm）

对原中和轴的截面抗弯惯矩 I_e 为：

$$I_e = \frac{(4 \times 7.1225 + 2 \times 0.6) \times 0.4^3}{12} + (4 \times 7.1225 + 2 \times 0.6) \times 0.4 \times 2.1283^2$$

$$+ \frac{(2 \times 7.1225 + 2 \times 0.6) \times 0.4^3}{12} \times (2 \times 7.1225 + 2 \times 0.6) \times 0.4 \times 3.4717^2$$

$$+ \frac{2 \times 0.6 \times (6 - 2 \times 0.4)^3}{12} + 2 \times 0.6 \times (6 - 2 \times 0.4) \times \left(\frac{5.2}{2} - 2.1283\right)^2$$

$$\approx 147.2989(\text{cm}^4)$$

跨中弯矩 M_c 为：

$$M_c = \frac{ql^2}{8} = \frac{2 \times 80^2}{8} = 1600(\text{N} \cdot \text{cm})$$

上翼板中面的正应力 $\sigma_上$ 为：

$$\sigma_上 = \frac{M_c}{I_e} z_上 = \frac{1600}{147.2989} \times 2.1283 = 23.1182(\text{N/cm}^2)$$

三、箱形截面连续梁剪力滞近似分析

1. 叠加法

应用叠加法分析连续梁剪力滞的原理是：先不考虑剪力滞影响，按一般结构力学解超静定梁的方法，求得中间支点的反力[图 2-4-10a]；然后，将此支反力也当作外力，使整个结构变为有三个集中荷载作用的简支梁[图 2-4-10b)、c)、d)]，分别按上述公式计算相同截面的应力，最后进行叠加，即：

$$\sigma = (x,y) = \sigma_{(x,y)}^{(b)} + \sigma_{(x,y)}^{(c)} + \sigma_{(x,y)}^{(d)} \tag{2-4-5}$$

式中的上角(b)、(c)、(d)分别代表图 2-4-10b)、c)、d)所示的三种情况。

将式(2-4-5)的计算结果代入式(2-4-2)便可求出所需截面的翼缘有效宽度。

2. 等代简支梁法

等代简支梁法的原理是：先不考虑剪力滞的影响，按照实际结构计算出全梁上的各个零弯矩点位置；然后将每两个相邻的零弯矩点之间的一段，当作等代简支跨，再利用上述的关于简支梁的计算公式计算所求截面的剪力滞，进而求相应截面的翼缘有效宽度。

四、宽翼缘梁的负剪力滞

所谓负剪力滞现象，是与正剪力滞的应力分布规律完全相反的一种现象，即翼板在腹板位置处的正应力反而小于外侧伸臂或箱梁中心线处的翼缘应力，故其剪滞系数 $\lambda<1$，如图 2-4-11b)所示。这种现象多在悬臂箱梁中的以下三种情况下出现：

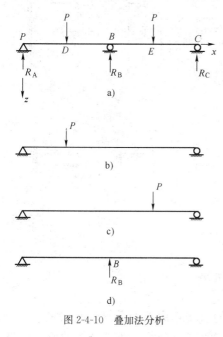

图 2-4-10 叠加法分析

(1)匀布(或分布)荷载满布于全跨长，如图 2-4-11c)所示。
(2)集中荷载作用于悬臂跨上除自由端及固定端以外的任意位置，如图 2-4-11d)所示。
(3)集中弯矩作用于悬臂跨上除自由端及固定端以外的任意位置，如图 2-4-11e)所示。

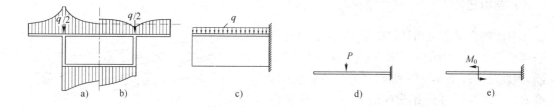

图 2-4-11 负剪力滞现象

为了对负剪力滞现象的发生有一个较清晰的概念，我们仍从简单的 T 形截面悬臂梁在集中荷载作用的情况来分析，如图 2-4-12a)所示。首先，设想将此梁从 C 截面切开，如图 2-4-12b)所示，此时的 AC 段处于无应力状态，CB 段由于垂直集中力的作用，将使上翼缘产生非均匀变形，即图 2-4-12c)中的 $C''C''$ 曲线。由于实际结构的 AC、CB 两段在 C 截面是一个连续的整体，故图 2-4-12d)的与 $C'C'$ 与 $C''C''$ 两条曲线应满足变形协调条件，从而使梁肋处的翼板内将产生压应力，在两侧翼缘的大部分范围内产生拉应力。由于翼板外边缘与梁肋处的位移差最大，故它的拉应力最大，如图 2-4-12d)所示。这样，就在梁的翼缘内出现边缘处的应力比梁肋处附近的应力要大的负剪力滞现象，而在梁的全长范围内将被划分成正剪力滞和负剪力滞两个区段。

根据上述分析的原理，可以推断，当集中弯矩作用于悬臂跨内某一位置时，同样也会在梁翼缘内产生负剪力滞，如图 2-4-12e)、f)所示。

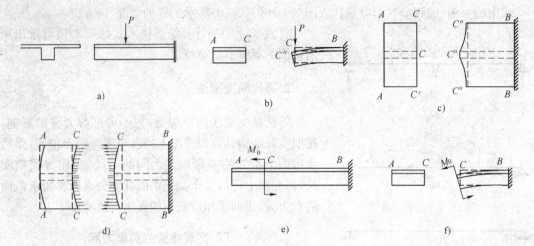

图 2-4-12 悬臂 T 形梁的负剪力滞

第三节 箱梁的扭转

在反对称荷载作用下,箱形截面将发生扭转。荷载的扭转作用根据受扭后截面纵向纤维的变形是否受到限制而分为约束扭转和自由扭转两种。薄壁箱梁约束扭转分析的原理较复杂,本节只简单介绍基本概念和扭转微分方程。

一、基 本 概 念

1. 自由扭转

自由扭转又称纯扭转,它是一种无纵向约束的刚性扭转,梁的纵向位移在各个横截面均相同,因此纵向纤维不发生应变,不产生纵向应力,截面上只产生同样分布规律的剪应力。自由扭转只在某些开口薄壁杆件中存在,如图 2-4-13 所示。对于非圆形的闭口箱形截面梁实际上不存在,工程上有时为了简化分析,也将箱梁按照自由扭转作近似的处理。

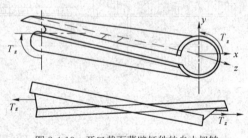

图 2-4-13 开口截面薄壁杆件的自由扭转

2. 约束扭转

约束扭转是由于刚性扭转时在梁的纵向位移受到约束而引起截面应变的扭转,约束扭转在截面内不仅产生剪应力,而且还产生正应力,图 2-4-14 示出了开口截面和闭口箱梁在约束扭转时的变形和应力分布图形。它们共同的特点是:①截面内虽产生纵向的、凹凸不平的翘曲变形,但它们在原平面上的投影仍保持原截面形状不变,如图 2-4-14a)所示;②截面内的正应力是反对称于剪切中心的,相应地其内力(弯矩)也是反对称的,例如对于开口截面 I 字梁的两个翼缘内,其弯矩大小相等、方向相反,如图 2-4-14b)所示;对于箱形截面的每个箱所合成的弯矩也是如此,如图 2-4-14d)所示,理论上将它们定义为双力矩。

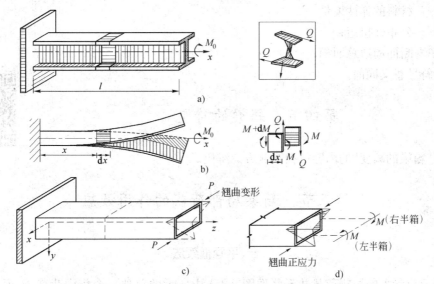

图 2-4-14 薄壁杆件的扭转约束

因此,在对闭口箱形截面进行约束扭转分析时采用了 3 个基本假定:

(1)杆件横断面不变形。

(2)横断面上的正应力和剪应力沿薄壁的厚度方向呈均匀分布。

(3)横断面的轴向位移 u 沿断面的分布规律虽有翘曲,但周边上任何两点间的距离在原平面上的投影等于原长。

二、基本微分方程

1. 自由扭转的微分方程

$$GI_T\varphi'(z) - T = 0 \tag{2-4-6}$$

式中:$\varphi(z)$——杆中截面的扭转角;

T——作用于杆件上的外扭矩;

I_T——杆件抗扭惯矩;

G——剪切模量。

2. 约束扭转的微分方程

$$\frac{1}{D}EI_w\varphi'''' - GI_T\varphi'' = m_t(z) \tag{2-4-7}$$

其中:

$$\left. \begin{array}{l} D = 1 - \dfrac{I_T}{I_\rho} \\ I_\rho = \displaystyle\int_A \rho_0^2 \mathrm{d}A \end{array} \right\} \tag{2-4-8}$$

式中:I_w——闭口截面扇形惯性矩;

I_ρ——对剪切中心的惯性矩;

ρ_0——端面周边中心线上各点的切线至剪切中心的垂矩;

E——材料的弹性模量；

m_t——分布外扭矩；

A——断面周边总面积；

其余符号意义同前。

第四节　箱梁的畸变

有关"箱梁的畸变"的内容可扫描侧方二维码。

第五节　箱梁局部荷载的作用效应

一、平面框架法

作用于箱梁上的车辆荷载并不是像图 2-4-1 中所示的单独一个集中荷载 P，而是多个按一定的纵横向间距排列的车轮荷载。图 2-4-1a)中的 P 仅是横向一排中几个轮重的合力。这是为了便于将它分解为几种特殊的荷载分量，使之适宜于按不同理论公式进行分析。因此，在回过头来讨论图 2-4-1b)的箱梁受力情况时，理应将这个力 P 再恢复到原来的位置和原来的大小，并且必须按照空间理论进行分析，显然对于设计来说这是不太方便的。对于等截面的箱形梁，比较简便的计算方法之一是平面框架法，其具体计算步骤如下：

(1)将箱梁的悬臂板视作固支悬臂板，将中部顶板视作简支在两腹上的简支板，然后分别按《桥规》关于板的有关规定，即本篇第二章所介绍的内容，来确定车轮荷载在板上的有效分布宽度。

(2)将有效宽度内的车轮荷载分别除以相应的分布宽度，便可得到纵向单位长箱梁（即单宽平面框架）上的分布荷载。

(3)按平面杆系结构的计算方法来确定此单宽平面框架上内的横向弯矩。

(4)实际上顶板是弹性嵌固在两侧腹板上的，故应将算得顶板中点的弯矩值乘以 1.1 的修正系数，其余的弯矩值不变，这便是箱梁在该荷载平面内的弯矩最终计算值。

二、算例分析

【例 2-4-2】

(一)已知条件

1. 截面尺寸

截面尺寸取梯形和矩形两种，腹板间距在顶板的一端为 $B=5m、6m、6.8m、8m$ 等四种，横隔板间距取 30m，其余细部尺寸如图 2-4-20 所示。弹性模量 $E=2.7\times10^4$ MPa，泊松比 $\mu=1/6$。

2. 荷载布置

(1)横向

将公路—Ⅰ级荷载的车辆对称于顶板中线布置荷载，确定板的有效分布宽度时，车轮压力

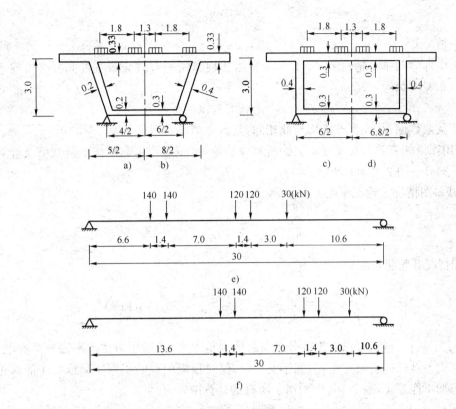

图 2-4-20 箱梁截面尺寸(尺寸单位:m)

面的尺寸为 $a_1 \times b_1 = 0.4\text{m} \times 0.8\text{m}$(考虑了 0.1m 的铺装厚度);当对单宽平面框架进行分析时,车轮荷载均按集中力考虑,a_1 为顺桥向尺寸,b_1 为横桥向尺寸。

(2)纵向

沿纵向分两种情况布置荷载,并把两横隔板视作支承点,求箱梁跨中截面各点的横向内力,如图 2-4-20e)、f)所示:

情况Ⅰ:中轴 120kN 置于两横隔板之间的中点[图 2-4-20e]。

情况Ⅱ:将后轴 140kN 置于两横隔板之间的中点[图 2-4-20f]。

(二)解题步骤

(1)顶板按支于两侧腹板上的简支板来确定其有效分布宽度,现在先以图 2-4-20a)的截面尺寸为例,其计算过程如下:

对于情况Ⅰ:

跨径中部的两排车轮轴距为 $d=1.4\text{m}$,显然其相邻轮的有效分布宽度发生重叠,故其按桥规规定分布宽度为:

$$a = a_1 + d + \frac{l}{3} = a_1 + d + \frac{B}{3} = 0.4 + 1.4 + \frac{5}{3} = 3.467(\text{m})$$

桥规又规定:

$$a \geqslant \frac{2}{3}l + d = \frac{2}{3} \times 5 + 1.4 = 4.73(\text{m})$$

故最终取:

$$a = 4.73\text{m}$$

对于情况Ⅱ：

跨径中部的两排车轮轴距 $d=1.4\text{m}$，显然其相邻轮的有效分布宽度同样会出现重叠，故其有效分布宽度仍为：

$$a = 4.73\text{m}$$

对于其余截面，其计算方法均与此相同，其计算结果均列出于表 2-4-3 中。

(2)用算得的有效分布宽度 a 去除所对应的轮重，便得到单宽框架上荷载值及计算图式，如图 2-4-20a)~图 2-4-20d)所示。

其中 e)图情况Ⅰ轮压集度：

$$p = \frac{2 \times 120}{a \times b_1} = \frac{2 \times 120}{4.73 \times 0.8} = 63.425(\text{kPa})$$

f)图情况Ⅱ轮压集度：

$$p = \frac{2 \times 140}{a \times b_1} = \frac{2 \times 140}{4.73 \times 0.8} = 73.996(\text{kPa})$$

(3)为了简化分析，可以将小块分布荷载换为集中力，然后用力法或平面杆系有限元法计算此框架内各截面的横向弯矩，为偏于安全计，仅对顶板中点的正弯矩乘以 1.1 的修正系数，其余各值均不作修正，表 2-4-3 中列出了所有的计算结果。

为了对比计算结果的精度，表中还列出了它们的弹性理论分析值，显示出两者比较接近。

箱梁的横向内力分析值及比较（单位：10kN·m） 表 2-4-3

示意图	弯矩位置	按图 2-4-20e)纵向布载					按图 2-4-20f)纵向布载			
		按弹性理论分析 $\overline{M}_{理}$	按单宽平面框架分析				按弹性理论分析 $\overline{M}_{理}$	按单宽平面框架分析		
			有效宽度 a	弯矩 $\overline{M}_{框}$	$\dfrac{\overline{M}_{框}}{\overline{M}_{理}}$	弯矩修正 $1.1\overline{M}_{A}^{框}$		有效宽度 a	弯矩 $\overline{M}_{框}$	$\dfrac{\overline{M}_{框}}{\overline{M}_{理}}$	弯矩修正 $1.1\overline{M}_{A}^{框}$
$B=5\text{m}$	A	2.6745	4.73	2.5706	0.961	2.8277	3.1203	4.73	2.9990	0.961	3.2989
	B	−1.9567		−2.2463	1.148	—	−2.2828		−2.6207	1.148	—
	C	0.3453		0.3777	1.094	—	0.4029		0.4407	1.094	—
	D	0.2332		0.3777	1.620	—	0.2721		0.4407	1.620	—
$B=6\text{m}$	A	3.1368	5.40	2.8268	0.901	3.1095	3.6596	5.40	3.2979	0.901	3.6277
	B	−3.1134		−3.6176	1.162	—	−3.6323		−4.2205	1.162	—
	C	0.1245		0.0952	0.765	—	0.1453		0.1111	0.765	—
	D	0.0533		0.0952	1.786	—	0.06223		0.1111	1.786	—
$B=6.8\text{m}$	A	3.6232	5.93	3.2154	0.887	3.5369	4.2271	5.93	3.7513	0.887	4.1264
	B	−3.9490		−4.2676	1.081	—	−4.6072		−4.9789	1.081	—
	C	0.1402		0.0999	0.697	—	0.1636		0.1166	0.697	—
	D	0.0625		0.0999	1.595	—	0.0729		0.1166	1.595	—

续上表

示意图	弯矩位置	按图 2-4-20e)纵向布载					按图 2-4-20f)纵向布载				
		按弹性理论分析 $\overline{M}_{理}$	按单宽平面框架分析				按弹性理论分析 $\overline{M}_{理}$	按单宽平面框架分析			
			有效宽度 a	弯矩 $\overline{M}_{框}$	$\dfrac{\overline{M}_{框}}{\overline{M}_{理}}$	弯矩修正 $1.1\overline{M}_{A}^{框}$		有效宽度 a	弯矩 $\overline{M}_{框}$	$\dfrac{\overline{M}_{框}}{\overline{M}_{理}}$	弯矩修正 $1.1\overline{M}_{A}^{框}$
（B=8m 截面示意）	A	4.2053	6.73	3.8385	0.912	4.2223	4.9062	6.73	4.4783	0.912	4.9261
	B	−5.0525		−4.8942	0.969	—	−5.8946		−5.7099	0.969	—
	C	0.3809		0.3566	1.154	—	0.4444		0.4160	1.154	—
	D	0.1964		0.3566	1.816	—	0.2291		0.4160	1.816	—

思考题

1. 与肋板式截面相比，箱形截面有哪些特点？
2. 剪力滞概念是什么？
3. "剪力滞效应"产生的原因是什么？哪些因素会影响"剪力滞效应"？
4. 对闭口箱形截面进行约束扭转分析时，有哪些基本假定？
5. 平面框架法的计算步骤是什么？
6. 在工程设计中，采用哪种方法计算"剪力滞"？计算的基本步骤是什么？

第五章 刚架桥

第一节 概　述

桥跨结构（主梁或板）和墩台（立柱或竖墙）整体相连的桥梁称为刚架桥（Rigid-Frame Bridge）（刚构桥）。刚架桥的主要优点是：外形尺寸小，桥下净空大，桥下视野开阔，混凝土用量少。同时，桥墩固结，有利于悬臂施工，且可以减少大型支座及其养护、维修和更换。但钢筋的用量较大，基础的造价也较高。

由于桥垮结构（主梁或板）和墩台（立柱或竖墙）之间的刚性连接，在竖向荷载作用下，刚架桥具有以下的受力特点（图 2-5-1）。

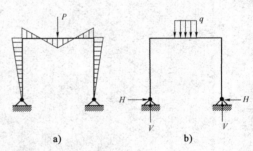

图 2-5-1　刚架桥的受力特点
a）弯矩图；b）反力图

（1）主梁端部产生负弯矩，从而减少了跨中的正弯矩，所以跨中截面尺寸可相应减小。

（2）立柱除承受压力外，还承受弯矩，所以立柱一般也为钢筋混凝土构件。

（3）立柱脚将产生水平推力，为此，必须要有良好的地基条件，或用较深的基础（如桩基础、沉井基础等）和特殊的构造措施来抵抗水平推力的作用。

刚架桥的主梁高度一般可以较梁桥为小，因此，通常适用于需要较大桥下净空或建筑高度的情况，如立交桥、高架桥等。

刚架桥可以分为单跨刚架桥和多跨刚架桥。

单跨刚架桥是介于梁与拱之间的一个结构体系，整个体系既是压弯结构，也是推力结构。

单跨刚架桥的立柱可以做成直柱式[图 2-5-2a)]或斜柱式[图 2-5-2c)]两种,前者称为门形刚架(或门式刚架),后者称为斜腿刚架。

门形刚架也可两端带有悬臂[图 2-5-2b)],这样可减少水平反力,改善基础的受力状态,且有利于和路基连接,但增加了主梁的长度。

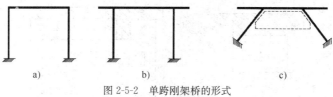

图 2-5-2 单跨刚架桥的形式
a)直柱式;b)悬臂式;c)斜柱式

斜腿刚架中压力线和各部分构件的轴线相近,故其所受的弯矩比门形刚架要小,同时缩短了主梁跨度,但支承反力却有所增加,而且斜柱的长度也较大。当桥下净空要求为梯形时,采用斜腿刚架是有利的,它可用较小的主梁跨径来跨越深谷或同其他线路立交。国外有不少跨线桥或跨越山谷桥均采用斜腿刚架,它不仅造型轻巧美观,施工也较拱桥简单。

为减少斜腿刚架桥的桥台,可设边拉杆,成为无桥台 V 形刚架桥,同时也减小了跨中的正弯矩和挠度,如图 2-5-3 所示。

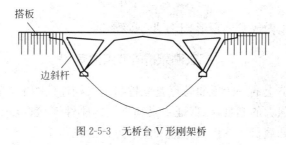

图 2-5-3 无桥台 V 形刚架桥

第二节 单跨刚架桥的构造

一、一般构造特点

刚构桥可以全部采用钢筋混凝土或预应力混凝土做成,随着悬臂施工技术的发展,大多数刚构桥都采用预应力混凝土。

与梁式桥相同,刚架桥主梁截面形式有板式、肋梁式、箱形等各种形式,且桥面构造与梁式桥没有区别。主梁截面沿纵方向的变化可做成等截面、等高变截面和变高度3种。小跨刚架桥宜采用等高度主梁,以便于施工。刚架桥采用变高度主梁时,主梁的底缘形状有曲线形、折线形、曲线加直线等形状,主要根据主梁内力的分布情况,按等强度原则选定。为保证底板的刚度,在下缘转折处一般均宜设置横隔墙(详见节点构造),如图 2-5-4 所示。有时还可把主梁在不同位置做成几种不同的截面形式,以适应内力的变化和方便施工。例如,主梁跨中段做成肋式,支承段做成箱形。

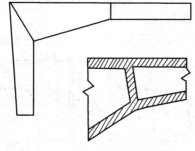

图 2-5-4 下缘转折处设置横隔墙

立柱有薄壁式和立柱式,如图 2-5-5 所示。立柱式中又可分为多柱式和单柱式。单柱式的截面还要与主梁截面相配合,腹板要尽可能与主梁腹板布置成一致,以利传力。多柱式的柱顶通常都用横梁相连,形成横向框架,以承受侧向作用力。当立柱较高时,尚应在其中部用横撑将各柱连接起来。

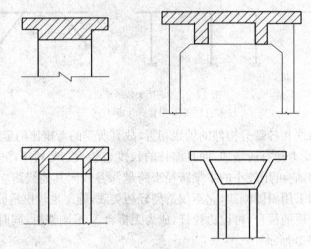

图 2-5-5 立柱形式

立柱的横截面可以做成实体矩形、I 字形或箱形等。

二、刚架桥的节点构造

刚架桥在结构构造上的一个重要特点是立柱与主梁相连接的地方存在角隅节点或称隅节点。该节点必须具有强大的刚度,以保证主梁和立柱的刚性连接,能承受较大的负弯矩,达到使桥跨跨中的正弯矩卸载目的。但负弯短又使节点内缘的混凝土产生很高的压应力,节点外缘产生很高的拉应力,如图 2-5-6a)所示,对隅节点产生劈裂作用。因此,工程设计是必须在此处设置防劈钢筋予以特别加强,如图 2-5-6b)所示。

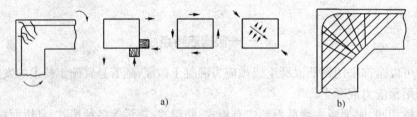

图 2-5-6 隅节点受力示意图

对于板式主梁刚架,可在节点内缘加梗腋(图 2-5-7),以改善其受力情况,而且可以减少配筋,以利施工。隅节点的外缘钢筋必须连续绕过角隅之后加以锚固。

对于肋式主梁的刚架,其隅节点加设梗腋的方法如图 2-5-8 所示。图 2-5-8a)仅在桥面加设梗腋;图 2-5-8b)仅在梁肋加设梗腋;图 2-5-8c)桥面和梁肋都设梗腋。必要时还可在主梁底缘加设底板,使隅节点附近的主梁成为箱形截面(图 2-5-9)。对于立柱也可照此办理,这样就大大增加了受压区的混凝土面积,改善了受力状况。

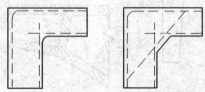

图 2-5-7 板式主梁刚架隅节点处梗腋图

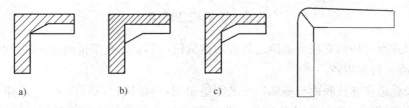

图 2-5-8 加梗腋的肋式主梁　　　　图 2-5-9 主梁加设底板

当主梁和立柱都是箱形截面时,隅节点可做成图 2-5-10 所示的 3 种形式。图 2-5-10a)式仅在箱形截面内设置斜隔板;斜隔板抵抗对角压力最为有效,传力直接,施工简单,但主筋的布置不如图 2-5-10b)式和图 2-5-10c)式方便。图 2-5-10b)式设有竖隔板和平隔板,其传力间接,但构造和施工较简单。图 2-5-10c)式兼有竖隔板、平隔板和斜隔板,节点刚强,布置主筋也较方便,但施工较麻烦。

采用图 2-5-10a)式时,斜隔板应有足够的厚度,有时为了使隅节点有强大的刚性,并简化施工,也可将它做成实体形式。

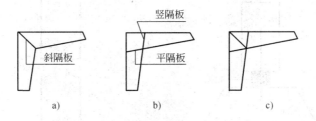

图 2-5-10 箱形截面刚架节点形式

斜腿刚架桥的斜腿与主梁相交的节点,根据截面形式的不同,可以做成图 2-5-11 所示的两种形式。图 2-5-12 所示为一种预应力钢筋布置的形式。

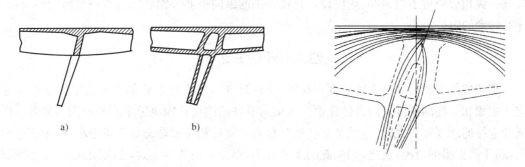

图 2-5-11 斜腿与主梁相交的结点形式　　　　图 2-5-12 节点预应力筋

关于隅节点的配筋,当采用普通钢筋混凝土时,一定要有足够的连续钢筋绕过隅节点外缘[图 2-5-6b)],否则,外部混凝土由于受拉会产生裂缝。对于受力较大的节点,在对角力的方向要设置受压钢筋,在和对角力相垂直的方向要设置防裂钢筋。如果是预应力混凝土刚架桥,与隅节点相邻截面的预应力钢筋宜贯穿隅节点,并在隅角内交叉后锚固在梁顶和端头上。局部应力区段内尚应设置箍筋或钢筋网,用以承受局部拉应力。对于加设梗腋的隅节点,要设置与梗腋外缘相平行的钢筋。

三、铰的构造特点

单跨门式刚架桥的立柱与基础之间有时做成铰接形式。刚架桥的铰,按所用的材料分有:铅板铰、混凝土铰和钢铰。

铅板铰就是在立柱底面与基础顶面之间垫铅板,中设销钉,销钉的上半截伸入柱内,下半截伸入基础内(图 2-5-13),利用铅容易产生变形的特点形成铰的转动作用。铅板铰的承压强度不高,一般仅能承受 100~150MPa 的压应力,而且造价比混凝土铰高,养护也较困难。

钢铰一般为铸钢制成,其构造与梁桥固定支座相同。

混凝土铰(图 2-5-14)就是在需要设置铰的位置将混凝土截面骤然减小(称为颈缩),使该截面刚度大大减小,因而该处的抗弯能力很低,可产生结构所需要的转动,这样就形成了铰的作用。由于截面的骤然颈缩,相应地产生横向压力。该横向压力对铰颈混凝土起套箍作用,使混凝土处于多轴受压状态,从而大大提高了铰颈处混凝土的抗压强度,故铰颈截面的尺寸虽然很小,却能承受较高的压力。

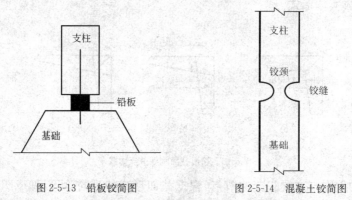

图 2-5-13 铅板铰简图　　图 2-5-14 混凝土铰简图

混凝土铰的缺点是转动性能或多或少地受到约束,转角较大时会使铰颈截面混凝土产生裂缝。铰颈截面可不设钢筋,或仅设置直径较细的纵向钢筋。钢筋穿过铰颈截面的转动轴,这样对转动的阻碍最小。

四、刚架桥的主要尺寸

刚架桥的主要尺寸是主梁跨度和高度,立柱高度和厚度以及桥的横向宽度。这些尺寸决定了主梁和立柱的刚度及两者的比例。主梁与立柱的刚度比则决定了刚架的内力分布。当主梁和立柱的刚度比很大时(也就是立柱相对很柔),立柱和主梁端部负弯矩很小,跨中正弯短很大,趋于简支梁的情况;反之,如果此刚度比很小,则主梁负弯矩增大,正弯矩减少,趋于固端梁情况。刚度比还影响到基础的水平推力和次内力的大小。同时,主梁和立柱尺寸的确定还应保证结构的变形不超过容许值。

带悬臂的门形刚架两端悬臂长约为中跨跨径的 0.2 倍。悬臂加长,端立柱弯矩和跨中正弯矩均可减小,但主梁变形较大,中跨主梁弯矩变化也较大。

斜腿刚架桥斜腿的倾斜角度一般在 40°~60°,边跨通常为中跨的 0.45~0.55 倍,无桥台的 V 形刚架,边跨可达中跨的 0.65~0.85 倍。

在大跨径预应力刚架桥中,刚架桥的主梁高度,通常为跨径的 1/40~1/30;当采用变高度梁时,端部梁高可为跨中梁高的 1.2~2.5 倍。加大端部的梁高,可使正弯矩减小,正弯矩区减小,使主梁大部分承受负弯矩,这样可使大多数预应力钢筋布置在梁的顶部。

立柱在纵向的厚度可采用其高度的 1/8~1/15(立柱较高时用较小的比值)。立柱在桥横向的尺寸要和主梁相配合,并考虑桥的横向刚度和稳定性来确定。

五、建造的斜腿刚架桥实例

图 2-5-15 所示是建成于 1987 年的江西遂川洪门大桥立面图,介于两斜腿基脚之间的跨径为 60m,也是一座预应力混凝土斜腿刚架桥,该桥有以下特点:

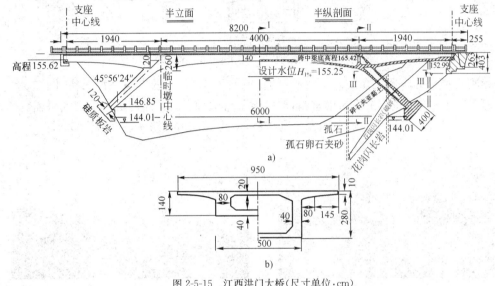

图 2-5-15　江西洪门大桥(尺寸单位:cm)
a)立面图;b)横剖图

(1)边跨与中跨的跨长比约为 1∶2,主梁与斜腿也采用箱形截面,但在斜腿基脚处采用固结构造。

(2)设临时墩和临时支架,对斜腿及斜腿顶部一段梁段采用现浇混凝土施工,然后利用悬臂吊机进行对称悬臂拼装预制节段。

(3)悬拼时的体内预应力筋,布置在梁的顶板和腹板内,悬拼完毕后,在箱梁顶板、底板的锚座上设置体外无黏结筋,预应力筋穿入硬聚氯乙烯管内,张拉锚固后再向管内压入水泥浆用以防腐。

(4)现浇斜腿之前,用高强度水泥浆整平 1m×1.5m 的基础斜面,并钻出布置抗剪钢筋用的锚孔,然后插入抗剪钢筋并浇筑 C40 水泥浆,抗剪钢筋外露 1.5m,为了将它与斜腿根部相连接,形成简单铰,待全桥施工完毕 2 个月后,再行立模和浇筑混凝土,将斜腿根部转换为固结。

第三节　连续刚构桥的构造

一、连续刚构桥的一般构造特点

在第一章中曾介绍 T 形刚构桥和连续刚构桥的共同特点是基础、墩、梁三者固结为一个整体共同受力,与刚架桥结构基本一致,所叫本书将它们归类于刚架桥。

多跨刚构桥的主梁可以做成连续式或非连续式。非连续式多跨刚构桥是在主梁跨中设铰或悬挂简支梁(即形成T形刚构桥,图2-5-16)。连续刚构桥是指部分墩梁固结的连续体系梁桥,在边墩及部分中间墩上设置支座,对连续式的多跨刚构桥,全长太大时,宜设置伸缩缝,或者做成数座相互分离的连续式主梁的刚构桥。本节主要介绍连续刚构桥。

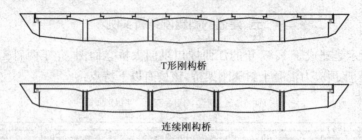

图2-5-16 连续刚构桥与T形刚构桥的结构比较

连续刚构最早的应用是在国外,在我国的发展始于1988年的广东洛溪大桥(图2-5-17),该桥主跨180m,四跨一联,主梁为单室箱,双肢薄壁桥墩,而1997年落成的虎门大桥辅航道桥(图2-5-18)为当时世界上跨径最大的连续刚构桥,主跨270m,三跨一联,边跨150m。

图2-5-17 广东洛溪大桥

图2-5-18 虎门大桥辅航道桥

连续刚架桥结合了T形刚构桥和连续梁桥两者的优势,其特点在于:
(1)主墩无支座,施工时结构体系转换少;
(2)伸缩缝仅两道,桥面平顺度好,行车舒适;
(3)纵桥向抗弯刚度与横桥向抗扭刚度较大,较好满足大跨径桥梁的施工运营;
(4)纵桥向抗推刚度小,满足由于温度、混凝土徐变收缩引起的位移变形。

连续刚构桥的主梁一般采取箱梁的构造形式。箱梁具备封闭式构造特点,使自身的抗扭刚度较其他截面形式较大,而且箱梁的底板和顶板截面面积较大,能较好地抵抗主梁的正负弯矩。连续刚构桥的箱梁形式大多采用单箱单室型,也有采用单箱双室型的,选取何种形式与桥面的设计宽度大小、施工的方便与否、内力的控制等因素相关。

二、预应力连续刚构桥的一般构造特点

连续刚构桥利用主墩的柔性来适应桥梁的纵向变形(包括纵向水平力、混凝土收缩和徐变、温度等引起的变形),所以在大跨高墩中比较适合。但是,若桥墩不高,选用此形式不合适。

当桥位地形高差较大,则边墩因高度减小而刚度增大,对纵向变形的约束增强,可采用在边墩上设支座或设铰的方式来改善边墩的约束。制动力按刚度分配给各桥墩分摊,同时也方便采用悬臂法施工,取消了连续梁在体系转换时所采取的临时固结措施。

在受力方面,上部结构仍为连续梁特点,但必须计入桥墩受力及混凝土收缩、徐变、温度变化引起的弹塑性变形对上部结构内力的影响,桥墩因需有一定柔度,所受弯矩有所减少,而在

墩梁结合处仍有刚架性质。

连续刚构桥的预应力体系的设计需要考虑到结构的受力情况、构造形式、施工方法等因素,对于不同跨径的桥梁要采用不同的合适的预加力,过小的预应力难以保证结构的安全,而过大的预应力会导致较大的结构次内力;同时预应力的配置不仅需要考虑短期荷载使用的要求,还需要注意桥梁长期使用中预应力的衰减问题。

目前连续刚构桥主梁普遍使用纵向、横向和竖向的三向预应力体系,以最大限度地减少体内应力水平。

(1)纵向预应力束是连续刚构桥预应力束的重要组成部分,主要是对梁体施加竖向压力,保证梁体不出现竖向剪切拉应力。一般包含顶板束、底板束、连续束、备用束、合龙段临时束等。

(2)当箱梁顶板较宽时,两腹板之间的顶板长度较大,为了抵抗顶板悬臂端根部负弯矩和中部正弯矩,防止其顺桥向的纵向开裂,往往在箱梁顶板两端施加横向预应力。因顶板的厚度较小,故横向束通常采用扁锚体系,张拉方式一般为单端张拉,相邻钢束张拉端交替布置。同时,为了保证预应力的均匀分布,相邻钢束之间的间距不宜过大。

(3)设置竖向预应力的主要目的是减少箱梁腹板剪应力和主拉应力的产生。竖向预应力筋主要对梁体施加竖向压力,保证梁体不出现剪应力。竖向预应力筋的长度偏小,钢筋伸长量小,锚具变形钢筋回缩量相对较大。由于竖向预应力张拉锚固工艺的不完善及标准的缺失,预应力损失较大,因此在施工时应当严格控制,并在设计中留有一定的余度。

预应力连续刚架桥施工方法多种多样,以预应力连续箱梁桥为例,常用的施工方法有:装配变整体施工法、有支架现浇法、悬臂施工法、顶推法、移动模架逐孔制梁法等,其中部分施工方法将在第八章详细说明。

思考题

1. 在竖向荷载作用下,刚架桥有哪些受力特点?
2. 刚架桥的节点在构造上有哪些要求?
3. 刚架桥主梁截面形式和立柱形式有哪些?
4. 刚架桥的铰的作用是什么?
5. 刚架桥的主要尺寸是指什么?它与哪些因素有关?
6. 连续刚构桥的一般构造特点有哪些?

第六章 梁式桥的支座

按照梁式桥受力的要求,钢筋混凝土和预应力混凝土梁式桥在桥跨结构和墩台之间均须设置支座,其主要作用是:

(1)将上部结构的各种作用(包括永久作用和可变作用引起的竖向力和水平力)传递到桥梁墩台上;

(2)保证结构在可变作用、温度变化、混凝土收缩和徐变等因素作用下能自由变形,以使上、下部结构的实际受力情况符合结构的静力图式(图 2-6-1)。

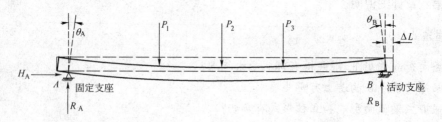

图 2-6-1 简支梁的静力图式

支座应便于安装,造价经济。同时,支座作为桥梁的重要和易损构件,应具备一定的使用寿命,以便养护和必要时进行更换。

梁式桥的支座一般分成固定支座和活动支座两种。固定支座既要固定主梁在墩台上的位置并传递竖向压力和水平力,又要保证主梁发生挠曲时在支承处能自由转动,如图 2-6-1 左端所示。活动支座只传递竖向压力,但要保证主梁在支承处既能自由转动又能水平移动,如图 2-6-1 右端所示。

根据简支梁静力计算图式,简支梁桥应在每跨的一端设置固定支座,另一端设置活动支座;悬臂梁桥在锚固跨一侧设置固定支座,另一侧设置活动支座;多孔悬臂梁桥挂梁的支座布置与简支梁相同;连续梁桥应在每联的一个桥墩(或桥台)上设置固定支座,其他墩台上均设置活动支座。此外,当悬臂梁桥和连续梁桥在某些特殊情况下支座出现负反力时,应设置拉力支座。由于受拉支座有疲劳问题,所以在公路桥梁中一般尽可能避免设置受拉的支座。

第一节 常用支座的类型和构造

由于桥梁跨径、支座反力、支座允许的转动与滑动位移不同,选用的支座材料不同,以及支座是否满足防震、减震要求的不同,从简易的油毛毡垫层至结构复杂的铸钢辊轴支座,桥梁支座结构类型甚多。本节主要介绍钢筋混凝土和预应力混凝土桥梁常用的支座形式。

一、简易垫层支座

在墩(台)帽上面直接铺几层油毛毡或石棉,做成简易垫层,将板和梁放在垫层上,这种支座称为简易垫层支座。简易垫层支座结构简单,一般用于标准跨径小于10m的简支梁、板桥。墩台顶面如不平,需用水泥砂浆抹平。垫层压实后的厚度不应小于1cm。简易垫层支座的变形性能较差,为了防止墩、台顶部前缘与上部结构相抵,通常应将墩、台顶部的前缘削成斜角(图2-6-2),并且最好在板或梁端底部以及墩、台顶部内增设1~2层钢筋网予以加强。

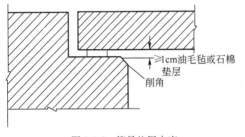

图2-6-2 简易垫层支座

二、橡 胶 支 座

橡胶支座和其他金属刚性支座相比,具有构造简单、造价低、结构高度小、加工和安装方便以及使用性能良好等优点。此外,鉴于橡胶支座能方便地适应任意方向的变形,故特别适用于宽桥、曲线桥和斜交桥。橡胶的弹性还能削减上、下部结构所受的动力作用,对于抗震十分有利。目前,橡胶支座已经得到越来越广泛的使用。

橡胶支座一般可分为板式橡胶支座、四氟滑板式橡胶支座和盆式橡胶支座3类。

1. 板式橡胶支座

板式橡胶支座由几层橡胶和薄钢片镶嵌、黏合、压制而成,如图2-6-3所示。它具有足够的竖向刚度以承受垂直荷载,能将上部结构的反力可靠地传递给墩台,有良好的弹性,以适应梁端的转动,有较好的剪切变形,以满足上部结构的水平位移。

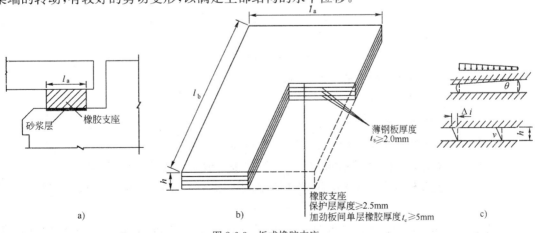

图2-6-3 板式橡胶支座

板式橡胶支座结构简单,构造上一般不区分固定支座和活动支座,所有的水平位移、纵向位移由各支座分担。如工程中要求必须设置固定支座,则可采用不同厚度的橡胶支座予以实现,橡胶固定支座一般较薄,能满足支承竖向荷载及梁端自由转动的要求,水平位移主要由活动支座的橡胶剪切变形来完成,其高度取决于水平位移量的大小。

板式橡胶支座通常分为非加劲支座和加劲支座两种。非加劲支座只由一层橡胶构成,其容许压应力约为3MPa,故只适用于小跨径桥梁。常用的板式橡胶支座都是用几层薄钢板作为加劲层。由于橡胶之间的薄钢板加劲层能起到阻止橡胶片侧向膨胀的作用,从而可以显著提高橡胶片的抗压强度和支座的抗压刚度,这种支座的允许压应力可达8~10MPa。

目前我国生产的板式橡胶支座的竖向支承反力为100~10000kN,支座的橡胶材料以氯丁橡胶(CR)为主,也可以采用天然橡胶(NR)等胶种。根据地区温度,−25~+60℃地区可选用氯丁橡胶支座;−40~+60℃地区可选用天然橡胶支座。

普通板式橡胶支座按照结构形式可以分为矩形板式橡胶支座(GJZ)和圆形板式橡胶支座(GYZ)。橡胶支座加劲板与支座边缘的最小距离不应小于5mm,上下保护层厚度不应小于2.5mm,中间橡胶片的厚度不应小于5mm,加劲钢板最小厚度不应小于2mm,支座厚度根据橡胶支座的剪切位移而采用不同层数组合而成。

板式橡胶支座的基本设计参数如下:

(1)支座使用阶段的平均压应力限值$\sigma_c=10.0$MPa(当$S<7$时,$\sigma_c=8.0$MPa)。

(2)橡胶硬度60(IRHD)时,其常温下支座剪变模量$G_e=1.0$MPa,橡胶支座剪变模量随橡胶变冷而递增,当累计年最冷月温度的平均值为−10~0℃时,G_e值应增大20%;当低于−10℃时,G_e值应增大50%;当低于−25℃时,G_e取2MPa。

(3)橡胶支座抗压弹性模量和支座形状系数应按下式计算:

$$E_e = 5.4 G_e S^2$$

矩形支座:

$$S = \frac{l_{0a} \times l_{0b}}{2t_1(l_{0a}+l_{0b})}$$

圆形支座:

$$S = \frac{d_0}{4t_1}$$

式中:E_e——支座抗压弹性模量(MPa);

S——支座形状系数,为橡胶支座的承压面积与自由表面积之比;

G_e——支座剪变模量;

l_{0a}——矩形支座加劲钢板短边尺寸(顺桥向);

l_{0b}——矩形支座加劲钢板长边尺寸(横桥向);

d_0——圆形支座钢板直径;

t_1——支座中间层单层橡胶厚度。

(4)橡胶弹性体体积模量 $\tan\alpha \leqslant 0.7$,$E_b=2000$MPa。

(5)支座与混凝土接触时,摩擦系数$\mu=0.3$;支座与钢板接触时,摩擦系数$\mu=0.2$。

(6)橡胶支座剪切角α正切值限值:当不计制动力时,$\tan\alpha \leqslant 0.5$;当计入制动力时,$\tan\alpha \leqslant 0.7$。

安装橡胶支座时,支座中心尽可能对准上部构造的计算支点,尽量水平安装,纵坡小于

1‰时,可直接安装;大于1‰时,施工中必须采用相应的措施,使底座保持水平。为防止支座受力不均匀,应使上部结构底面及墩台顶面保持表面清洁和粗糙,而且与支座接触面保持水平和紧密贴合,必要时可先铺一薄层水灰比不大于0.5的1∶3水泥砂浆垫层。

2. 四氟滑板式橡胶支座

四氟滑板式橡胶支座是在普通板式橡胶支座顶面黏结一块一定厚度(2~4mm)的聚四氟乙烯板材形成的支座。它除了具有普通板式橡胶支座的优点外,还能利用聚四氟乙烯板与梁底不锈钢板之间的低摩擦系数($\mu \leqslant 0.08$),使桥梁上部构造的水平位移不受限制。

四氟滑板式橡胶支座适应于跨径较大或桥面连续的简支梁桥、连续桥梁。此外,这种支座还可在顶推、横移等施工中作滑块使用。

3. 盆式橡胶支座

一般的板式橡胶支座处于无侧限受压状态,故其抗压强度不高,加之其位移量取决于橡胶的容许剪切变形和支座高度,要求的位移量越大,支座就要做得越厚,所以板式橡胶支座的承载能力和位移值受到一定的限制。

当竖向力较大时,则应使用盆式橡胶支座(图2-6-4)。它由不锈钢滑板、聚四氟乙烯板、盆环、氯丁橡胶块、钢密封圈、钢盆塞及橡胶防水圈等组成。其工作原理是利用底钢盆对橡胶块的三向约束来获得较大的承载能力;利用中间衬板上的聚四氟乙烯板与顶板上不锈钢板的低摩擦系数获得大的位移;利用钢盆中三向受力的弹性橡胶块的不均匀压缩获得大的转角。

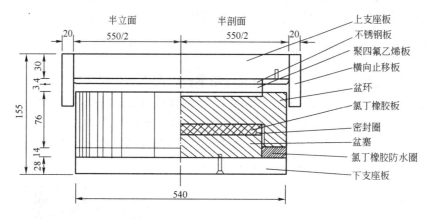

图 2-6-4 盆式橡胶支座的构造图(尺寸单位:cm)

盆式橡胶支座按其工作特征可以分为固定支座、多向活动支座和单向活动支座3种。与板式橡胶支座相比,盆式橡胶支座具有承载能力大、水平位移量大、转动灵活等优点,因此特别适宜在大跨度桥梁上使用。

三、特殊功能的支座

1. 球形支座

球形支座(图2-6-5)传力可靠,转动灵活,它不但具备盆式橡胶支座承载能力大、允许支座位移大等特点,而且能更好地适应支座大转角的需要。与盆式橡胶支座相比,球形支座具有如下优点:

(1) 通过球面传力,不出现力的缩颈现象,作用在混凝土上的反力比较均匀。

(2) 通过球面聚四氟乙烯板的滑动实现支座的转动过程,转动力矩小,且转动力矩只与支座球面半径及聚四氟乙烯板的摩擦系数有关,与支座转角大小无关。因此,特别适用于大转角要求,设计转角可达 0.05rad 以上。

(3) 支座各向转动性能一致,适用于宽桥和曲线桥。

(4) 支座不使用橡胶承压,不存在橡胶老化或变硬对支座转动性能的影响,特别适用于低温地区。

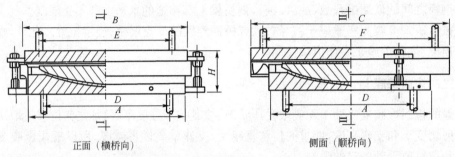

图 2-6-5 球形支座构造示意图

球形支座有固定支座、单向活动支座和多向活动支座之分。活动支座主要由下支座凹板、球冠衬板、上支座滑板、聚四氟乙烯滑板(平面和球面各一块,简称四氟板)及橡胶密封圈和防尘罩等部件组成。

目前球形支座已在国内独柱支承连续弯板结构、独柱支承的连续弯箱梁结构、双柱支承的连续 T 形刚构桥梁及大跨径斜拉桥中获得广泛应用。

2. 拉压支座

在连续梁桥、悬臂梁桥、斜桥、宽悬臂翼缘箱梁桥以及小半径曲线桥上,由于荷载的作用,在某些支点上可能会产生拉力。在这种情况下,必须设置既能抗拉拔又能承受相应的转动和水平位移的支座。球形支座、盆式和板式橡胶支座都能变更功能作为拉压支座。板式橡胶拉压支座(图 2-6-6)适用于拉力较小的桥梁,对于反力较大的桥梁,则用球形抗拉钢支座或盆式拉力支座更合适。但是,支座拉力超过 1000kN 时,采用拉力支座则不经济。

3. 抗震支座

地震地区的桥梁支座不仅应满足支承要求,同时应具备减震、防震等功能。按照抗震设计要求,支座必须具有抵抗地震力的能力;而减、隔震支座的作用就是尽可能地将结构或部件与可能引起破坏的地震地面运动分离开来,以大大减小传递到上部结构的地震作用和能量。目前国内主要的减、隔震支座、抗震支座的类型有抗震型球形钢支座(图 2-6-7)、铅芯橡胶支座和高阻尼橡胶支座等。

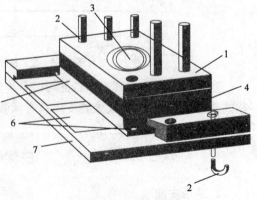

图 2-6-6 板式橡胶拉压支座
1-上支座板;2-锚筋;3-受拉螺栓;4-承压橡胶块;5-滑块;6-奥氏体钢;7-下支座板

抗震型球形钢支座是通过变更上下支座板的构造形式，除保证满足常规支座要求外，还能承受地震时的反复荷载及满足防落梁要求。

铅芯橡胶支座是在多层橡胶支座中插入铅芯，当多层橡胶产生剪切变形时，利用铅芯的塑性变形吸收能量。

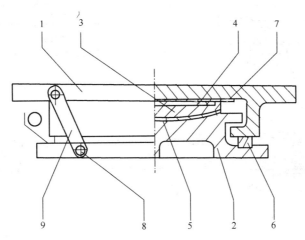

图 2-6-7　KQGZ抗震型球形钢支座

1-上支座板；2-下支座板；3-支座钢球芯(钢衬板)；4-F4(PTFE)圆平板；5-F4(PTFE)球形板；6-橡胶密封圈；7-不锈钢板；8-螺栓；9-搭板

高阻尼橡胶支座是将特殊配置的具有较高耗能能力的橡胶代替普通橡胶支座中的氯丁橡胶、天然橡胶等常用材料制作而成的。该支座的特点是滞回环面积较大，具有较大的吸收地震能量的能力。

桥梁的震害是多方面的，如桥头路堤下沉、滑动、锥坡震裂、桥台前滑、耳墙被梁体撞碎或挤断、桥墩下沉、倾斜或断裂、支座锚栓剪断、支座移动或脱落、上部结构产生纵、横向位移或坠落桥下等。其中损害最严重、修复最困难的是梁体坠落。

上部结构本身很少直接被震坏。其结构的异常位移与坠落主要是由于墩台的位移、变形和倒塌所引起，但也有地震时下部结构完整，而地震的惯性力导致上部结构过大位移而坠落。因此，上部结构的抗震措施主要在于防止梁体坠落。

防止落梁的措施一般有以下几种：

(1) 桥梁墩台顶部沿梁轴方向的预留设计宽度 B（单位：mm）应大于以下计算值[图2-6-8a)]：

当 $l \leqslant 100$m 时，$B=200+5l$；

当 $l > 100$m 时，$B=300+4l$。

上式中，l 以 m 为单位进行计算。

此外，对于架设在松软地基上的重要桥梁，B 值应大于 350mm。

对于悬臂梁与挂梁在支座处的搭接长度[图2-6-8b)]，B 宜大于 600mm，但对软弱地基上的桥梁，其值应大于 700mm。

(2) 桥跨结构的抗震连接。对于钢筋混凝土梁桥和预应力混凝土梁桥，当墩顶较宽时，可采用连接螺栓和嵌塞将桥跨结构连成一体，如图2-6-8c)所示。连接螺栓与端横梁，嵌塞与端横梁之间应设置氯丁橡胶，使梁在温度变化或混凝土收缩时能自由伸缩，而在地震时又能起到抗震作用。

(3)在活动支座上设置限制装置,如加锚栓或挡块等,其构造如图 2-6-8d)及图 2-6-8e)所示。

(4)在横桥向一般用挡块来限制梁体的横向移动。

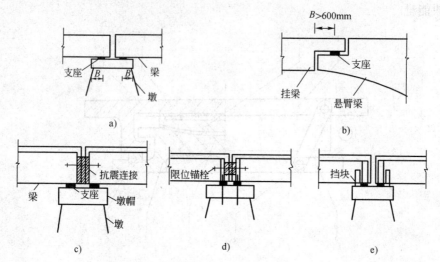

图 2-6-8 挂梁在悬臂支座处的搭接长度

a)支座在墩台顶预留设计宽度;b)挂梁在悬臂支座处的搭接;c)桥跨结构的抗震设计;d)锚栓限位装置;e)挡块限位示意

第二节 支座的布置

支座的布置,应以有利于墩台传递纵向水平力、有利于梁体的自由变形为原则。根据梁桥结构体系以及桥宽,支座在纵、横桥向的布置方式主要有以下几种:

(1)对于坡桥,宜将固定支座布置在标高低的墩台上。同时,为了避免整个桥跨下滑,影响车辆的行驶,通常在设置支座的梁底面,增设局部的楔形构造,如图 2-6-9 所示。

(2)对于简支梁桥,每跨宜布置一个固定支座,一个活动支座;若个别墩较高,也可在高墩上布置两个(组)活动支座。对于桥面连续的多跨简支梁,采用板式橡胶支座时,板式橡胶支座既做固定支座,也做活动支座,仅在伸缩缝端采用聚四氟乙烯橡胶支座。

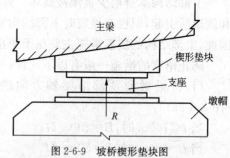

图 2-6-9 坡桥楔形垫块图

(3)对于连续梁桥及设置桥面连续的简支梁桥,为使全梁的纵向变形分散在梁的两端,宜将固定支座设置在靠近桥跨中心位置,但若中间支点的桥墩较高或因地基受力等原因,对承受水平力十分不利时,可根据具体情况将固定支座布置在靠边的其他墩台上。

(4)对于特别宽的梁桥,尚应设置沿纵向和横向均能移动的活动支座。对于弯桥则应考虑活动支座沿弧线方向移动的可能性。对于处在地震地区的梁桥,其支座构造还应考虑桥梁防震的设施,通常应确保由多个桥墩分担水平力。

如图 2-6-10 所示为单跨简支梁桥支座布置图。

(5)对于悬臂梁桥,锚固孔一侧布置固定支座,一侧布置活动支座。挂孔支座布置与简支梁相同。

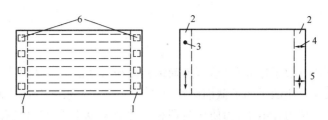

图 2-6-10　单跨简支梁桥支座布置图
1、2-桥台；3-固定支座；4-单向活动支座；5-多向活动支座；6-橡胶支座

此外，对于大跨径桥梁应选择摩擦系数小的支座，施工中应保证安装质量，不能将支座设置于水中。

第三节　支座的计算

一、支座反力的确定

在进行桥梁支座尺寸的选定和稳定性验算时，必须先求得每个支座上所承受的竖向力和水平力。

1. 竖向力

支座上的竖向力有结构自重的反力、可变作用的支点反力及其影响力。在计算可变作用的支点反力时，应按照最不利的状态布置荷载计算，对于汽车荷载的作用，应计入冲击力影响。当支座可能出现拉拔力时，应分别计算支座的最大竖向力和最大上拔力。对于上部结构可能被风力掀离的桥梁，应计算其支座锚栓及有关部件的支承力。

2. 水平力

正交直线桥梁，一般仅需计算纵向水平力。斜桥和弯桥，还需要计算由于汽车荷载的离心力或其他原因（如风力等）所产生的横向水平力。

支座上的纵向水平力，包括由于汽车荷载的制动力、风力、支座摩阻力或温度变化、支座变形等引起的水平力，以及桥梁纵坡等产生的水平力。

对于各支座所传递汽车制动力的大小，应按《桥规》第 4.3.5 条计算，板式橡胶支座当其厚度相等时，制动力可平均分配。

二、板式橡胶支座的设计计算

板式橡胶支座的设计与计算包括确定支座尺寸、验算支座受压偏转情况以及验算支座的抗滑稳定性。

1. 确定板式橡胶支座有效承压面积

橡胶支座的平面尺寸 $l_a \times l_b$ 要由橡胶板本身的抗压强度、梁底部或墩台顶混凝土的局部承压强度等三方面因素全面考虑后来确定。在一般情况下，平面尺寸多由橡胶支座的强度来控制,即由式(2-6-1)所控制。

对于橡胶板:

$$A_e \geqslant \frac{R_{ck}}{\sigma_c} \tag{2-6-1}$$

式中:A_e——支座有效承压面积(承压加劲钢板面积),其值 $A_e = l_{0a} \times l_{0b}$。

橡胶支座的平面毛截面面积 $A_g \geqslant (l_{0a} + 2 \times 5\text{mm}) \times (l_{0b} + 2 \times 5\text{mm})$。

R_{ck}——支座压力标准值,为使用阶段桥上全部永久作用与可变作用(包括汽车冲击力)所产生的最大支座反力。

σ_c——支座使用阶段的平均压应力限值,$\sigma_c = 10.0$MPa(当 $S<7$ 时,$\sigma_c = 8.0$MPa)。

2. 确定支座的厚度

(1)支座橡胶层总厚度的计算。

板式橡胶支座的重要特点是:梁的水平位移要通过全部橡胶片的剪切变形来实现,如图2-6-11所示。

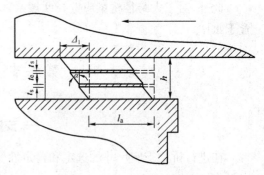

图 2-6-11 支座厚度的计算图示

显然,橡胶片的总厚度 t_e 与梁体水平位移 Δ_l 之间应满足下列关系:

$$\tan\alpha = \frac{\Delta_l}{t_e} \leqslant [\tan\alpha] \tag{2-6-2}$$

式中:t_e——橡胶片的总厚度;

Δ_l——荷载、温度变化等所引起的支座顶、底面的相对水平位移;

$[\tan\alpha]$——橡胶支座剪切角 α 的容许正切值,当不计制动力时取 0.5,当计入制动力时取 0.7。

由式(2-6-2)可见,板式橡胶支座橡胶层总厚度应符合下列规定:

①从满足剪切变形考虑,应符合下列条件:

不计制动力时:

$$t_e \geqslant 2\Delta_l \tag{2-6-3}$$

计入制动力时:

$$t_e \geqslant 1.43\Delta_l \tag{2-6-4}$$

当板式橡胶支座在横桥向平行于墩台帽横坡或盖梁横坡设置时,支座橡胶层总厚度应符合下列条件:

不计制动力时:

$$t_e \geqslant 2\sqrt{\Delta_l^2 + \Delta_t^2} \tag{2-6-5}$$

计入制动力时:

$$t_e \geqslant 1.43\sqrt{\Delta_l^2 + \Delta_t^2} \tag{2-6-6}$$

式中:t_e——支座橡胶层总厚度;

Δ_l——由上部结构温度变化、混凝土收缩和徐变等作用标准值引起的剪切变形和纵向力标准值(需计入制动力时应包括制动力标准值)产生的支座剪切变形,以及支座直接设置于不大于1%纵坡的梁底面下,在支座顶面由支座承压力标准值顺纵坡方向分力产生的剪切变形,其值为:

$$\Delta_l = \Delta_s + \Delta_F + \Delta_b + \cdots$$

Δ_s——由上部结构混凝土收缩和徐变作用标准值引起的剪切变形;

Δ_F——由上部结构温度变化作用标准值引起的剪切变形;

Δ_b——由上部结构纵向力标准值(需计入制动力时应包括制动力标准值)产生的支座剪切变形,其值为:$\Delta_b = \dfrac{F_{bk} t_e}{G_e A_g}$;

F_{bk}——由汽车荷载引起的制动力标准值;

Δ_t——支座在横桥向平行于不大于2%的墩台帽横坡或盖梁横坡上设置,由支座承压力标准值平行于横坡方向分力产生的剪切变形。

②从保证受压稳定考虑,应符合下列条件:

矩形支座:

$$\frac{l_a}{10} \leqslant t_e \leqslant \frac{l_a}{5} \tag{2-6-7}$$

圆形支座:

$$\frac{d}{10} \leqslant t_e \leqslant \frac{d}{5} \tag{2-6-8}$$

式中:l_a——矩形支座短边尺寸;

d——圆形支座直径。

(2)板式橡胶支座加劲钢板应符合下列规定,且其最小厚度不应小于2mm。

$$t_s = \frac{K_p R_{ck}(t_{es,u} + t_{es,l})}{A_e \sigma_s} \tag{2-6-9}$$

式中:t_s——支座加劲钢板厚度;

K_p——应力校正系数,取1.3;

$t_{es,u}$, $t_{es,l}$——一块加劲钢板上、下橡胶层厚度;

σ_s——加劲钢板轴向拉应力限值,可取钢材屈服强度的0.65倍。

加劲钢板与支座边缘的最小距离不应小于5mm,上、下保护层厚度不应小于2.5mm。

确定了橡胶片总厚度 t_e,再加上金属加劲钢板的总厚度 t_s,就可得到所需支座的总厚度 t。

3. 验算支座的偏转情况

主梁受荷后发生挠曲变形时,梁端将产生转角 θ,如图2-6-12所示。此时支座相应出现线性的压缩变形,外侧压缩量为 δ_1,内侧压缩量为 δ_2,支座的平均压缩变形 $\delta_{c,m}$ 为(忽略薄钢板的变形):

$$\delta_{c,m} = \frac{\delta_1 + \delta_2}{2}$$

验算支座的受压偏转,就是保证支座不与梁底脱空,则支座外侧的竖向压缩变形应满足:

$$\delta_1 \geqslant 0 \tag{2-6-10}$$

由 $\delta_1 - \delta_2 = \theta l_a$,则有:

$$\delta_1 = \delta_{c,m} - 0.5\theta l_a \geqslant 0$$

即:

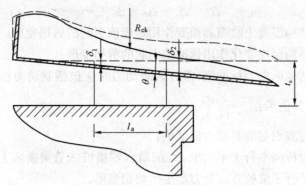

图 2-6-12 支座偏转图示

$$\delta_{c,m} = \frac{R_{ck}t_e}{A_e E_e} + \frac{R_{ck}t_e}{A_e E_b} \geqslant \frac{\theta}{2}l_a \tag{2-6-11}$$

式中：$\delta_{c,m}$——支座竖向平均压缩变形，尚应满足 $\delta_{c,m} \leqslant 0.07 t_e$；

E_e——支座抗压弹性模量；

E_b——支座橡胶弹性体体积模量，$E_b = 2000 \text{MPa}$；

l_a——矩形支座短边尺寸或圆形支座直径；

θ——由上部结构挠曲在支座顶面引起的倾角，以及支座直接设置于不大于1‰纵坡的梁底面下，在支座顶面引起的纵坡坡角（rad）。

4. 验算支座的抗滑稳定性

板式橡胶支座通常设置在桥墩顶面与梁底之间，直接与混凝土相接触。当梁体因温度变化、混凝土收缩和徐变等作用等因素引起水平位移，以及有可变作用制动力作用时支座将承受相应的纵向水平力作用，为了保证橡胶支座与梁底或墩台顶面之间不发生相对滑动，则应满足以下条件：

不计汽车制动力时

$$\mu R_{Gk} \geqslant 1.4 G_e A_g \frac{\Delta_l}{t_e} \tag{2-6-12}$$

计入汽车制动力时

$$\mu R_{ck} \geqslant 1.4 G_e A_g \frac{\Delta_l}{t_e} + F_{bk} \tag{2-6-13}$$

式中：R_{Gk}——由结构自重引起的支座反力标准值；

R_{ck}——由结构自重标准值和0.5倍汽车荷载标准值（计入冲击系数）引起的支座反力；

F_{bk}——由汽车荷载引起的制动力标准值；

A_g——支座平面毛面积。

5. 成品板式橡胶支座的选配

板式橡胶支座有系列成品可供选择，如 GJZ300×400×47(CR) 表示公路桥梁矩形、平面尺寸 300mm×400mm、厚度为 47mm 的氯丁橡胶支座，GYZF₄300×54(NR) 表示公路桥梁圆形、直径 300mm、厚度为 54mm、带聚四氟乙烯滑板的天然橡胶支座，设计时只需根据标准成品支座的目录，选配合适的产品。

当用成品目录进行选型时,先根据支座反力、梁肋宽度和梁体水平位移初选出支座,再通过偏转验算和抗滑性能的验算,最终确定支座类型。

【例 2-6-1】 某标准跨径为 30m 的预应力混凝土连续桥面简支梁桥,马蹄宽度为 360mm。板式橡胶支座的作用(或荷载)标准值如下所示,试设计板式橡胶支座。

自重反力 $R_{Gk}=505.308$kN;

汽车荷载反力 $R_{ak}=427.451$kN(计入冲击系数);

自重和汽车荷载反力合计 $R_{ck}=932.759$kN;

温度下降、混凝土收缩和徐变引起的支座剪切变形 $\Delta_{l+s+c}=16.5$mm,其相应剪力为 28.817kN;

汽车制动力 $F_{bk}=6.799$kN;

支座直接设于设有 0.5% 纵坡的梁底面下,支座顶面形成 0.5% 纵坡,顺纵坡的反力分力如下:

自重 $F_{Gk}=0.005\times505.308=2.527$(kN);

汽车荷载 $F_{ak}=0.005\times427.451=2.137$(kN);

自重挠度在支点倾角 $\theta_G=0.00448$rad;

汽车荷载挠度在支点倾角 $\theta_a=0.00200$rad。

【解】 (1)确定支座平面尺寸

选定平面尺寸为 300mm×350mm×78mm,单层橡胶层厚度 $t_{es}=11$mm,橡胶层总厚度 $t_e=66$mm 的 6 层钢板且钢板厚为 2mm 矩形板式橡胶支座。30m 简支梁马蹄宽度为 360mm,大于支座长边尺寸,可以满足支座全面积受压要求。

加劲钢板短边长度 $l_{0a}=300-2\times5=290$(mm)(5mm 为加劲钢板侧向保护层厚度),支座钢板长边长度 $l_{0b}=350-2\times5=340$(mm);支座毛平面面积 $A_g=105000$(mm²),有效平面面积 $A_e=290\times340=98600$(mm²)。

支座抗压弹性模量和支座形状系数 S:

$$S=\frac{l_{0a}l_{0b}}{2t_{es}(l_{0a}+l_{0b})}=\frac{290\times340}{2\times11\times(290+340)}=7.11$$

$$E_e=5.4G_eS^2=5.4\times1.0\times7.11^2=273\text{(MPa)}$$

支座形状系数在 $5\leq S\leq 12$ 范围内,符合规定。

板式橡胶支座有效承压面积 A_e 验算:

$$\frac{R_{ck}}{\sigma_c}=\frac{932759}{10.0}=93275.9\text{(mm}^2)<98600\text{mm}^2=A_e\text{(符合规定)}$$

(2)板式橡胶支座橡胶层总厚度验算

① 从满足剪切变形考虑。

a. 不计入制动力时:

$$\Delta_{l+s+c}=16.5\text{mm}$$

$$\Delta_{Gk+ak}=\frac{(F_{Gk}+F_{ak})t_e}{G_eA_g}=\frac{(2527+2137)\times66}{1.0\times105000}=2.9\text{(mm)}$$

总剪切变形:

$$\Delta_l=\Delta_{l+s+c}+\Delta_{Gk+ak}=16.5+2.9=19.4\text{(mm)}$$

$$2\Delta_l=2\times19.4=38.8\text{(mm)}<t_e=66\text{(mm)(符合规定)}$$

b. 计入制动力时：
$$\Delta_{l+s+c} = 16.5\text{mm}, \Delta_{Gk+ak} = 2.9\text{mm}$$

制动力引起剪切变形：
$$\Delta_b = \frac{F_{bk}t_e}{G_e A_g} = \frac{6799 \times 66}{1.0 \times 300 \times 350} = 4.3(\text{mm})$$

总剪切变形：
$$\Delta_l = \Delta_{t+s+c} + \Delta_{Gk+ak} + \Delta_b = 16.5 + 2.9 + 4.3 = 23.7(\text{mm})$$
$$1.43\Delta_l = 1.43 \times 23.7 = 33.9(\text{mm}) < t_e = 66\text{mm}(\text{符合规定})$$

② 受压稳定性验算。

考虑到橡胶支座工作的稳定性，橡胶片的总厚度还应满足：$\frac{l_a}{10} \leqslant t_e \leqslant \frac{l_a}{5}$。

$$\frac{l_a}{10} = \frac{300}{10} = 30\text{mm} < t_e = 66\text{mm}, \frac{l_a}{5} = \frac{300}{5} < 66\text{mm} = t_e(\text{符合规定})$$

板式橡胶支座橡胶层总厚度满足要求。

(3) 板式橡胶支座竖向平均压缩变形 $\delta_{c,m}$ 的验算：
$$\delta_{c,m} = \frac{R_{ck}t_e}{A_e E_e} + \frac{R_{ck}t_e}{A_e E_b} = \frac{932759 \times 66}{290 \times 340 \times 273} + \frac{932759 \times 66}{290 \times 340 \times 2000} = 2.60(\text{mm})$$

支座由于结构自重挠度倾角和汽车荷载挠度倾角分别为 $\theta_G = 0.00448\text{rad}$ 和 $\theta_a = 0.00200\text{rad}$，支座顶面由于直接承接梁底 0.5% 纵坡引起顶面坡角为 $\theta_l = 0.005\text{rad}$，三者合计支座顶面倾角为 $\theta = \theta_G + \theta_a + \theta_l = 0.00448 + 0.002 + 0.005 = 0.01148(\text{rad})$。

$$\frac{\theta}{2}l_a = 0.01148 \times \frac{300}{2} = 1.72(\text{mm}) < \delta_{c,m} = 2.60\text{mm}(\text{符合规定})$$

$\delta_{c,m}$ 还应满足 $\delta_{c,m} \leqslant 0.07t_e$，$\delta_{c,m} = 2.60\text{mm} < 0.07t_e = 0.07 \times 66 = 4.62\text{mm}(\text{合格})$。

(4) 验算板式橡胶支座加劲钢板厚度 t_s

一块加劲钢板上、下层橡胶层厚度采用 11mm；加劲钢板采用屈服强度为 235MPa 的钢板，其拉应力限值取 $\sigma_s = 0.65 \times 235 = 152.8\text{MPa}$。

$$t_s = \frac{K_P R_{ck}(t_{es,u} + t_{es,l})}{A_e \sigma_s} = \frac{1.3 \times 932759 \times (11+11)}{98600 \times 152.8} = 1.77(\text{mm})$$

所以，取 $t_s = 2\text{mm}$ 满足要求。

(5) 验算支座的抗滑稳定性：

① 不计汽车制动力时：
$$\mu R_{Gk} \geqslant 1.4 G_e A_g \frac{\Delta_l}{t_e}$$
$$\mu R_{Gk} = 0.3 \times 505.308 = 151.592(\text{kN})$$
$$1.4 G_e A_g \frac{\Delta_l}{t_e} = 1.4 \times 1.0 \times 105000 \times \frac{19.4}{60} = 43209\text{N}$$
$$= 43.209(\text{kN}) < 151.592\text{kN}(\text{合格})$$

② 计入汽车制动力时：
$$\mu R_{ck} \geqslant 1.4 G_e A_g \frac{\Delta_l}{t_e} + F_{bk}$$
$$\mu R_{ck} = 0.3 \times (R_{Gk} + 0.5 \times R_{ak}) = 0.3 \times (505.308 + 0.5 \times 427.451)$$
$$= 215.710(\text{kN})$$

$$1.4 G_{\mathrm{g}} A_{\mathrm{g}} \frac{\Delta_l}{t_{\mathrm{e}}} + F_{\mathrm{bk}} = 1.4 \times 1.0 \times 105000 \times \frac{23.7}{66} + 6799$$
$$= 59585(\mathrm{N}) = 59.585 \mathrm{kN} < 215.710 \mathrm{kN}(合格)$$

结果表明支座不会发生相对滑动。

结论:选定平面尺寸为 300mm×350mm×78mm,单层橡胶层厚度 t_{es}=11mm,橡胶层总厚度 t_{e}=66mm 的 6 层钢板且钢板厚为 2mm 矩形板式橡胶支座,符合要求。

三、盆式橡胶支座的选用

盆式橡胶支座的设计验算内容有:①确定聚四氟乙烯板和氯丁橡胶板的尺寸;②下支座板尺寸;③中间衬板厚度;④上支座板尺寸;⑤中间衬板偏转验算;⑥梁底与支座垫石的局部承压验算等。而实际工程中,设计人员主要是根据支座反力和变形直接在成品目录上选配适合的支座,同时考虑温度和地震两个因素,以确定适配常温型和耐寒型支座和采用何种抗震型支座或抗震措施。

我国成品盆式橡胶支座系列主要有中交公路规划设计院设计的 GPZ 系列,以及铁道部科学研究院设计的 TPZ-1 系列等,支座竖向承载力一般为 1000～50000kN,最多分为近 40 个级,并有 DX(单向活动支座)、SX(双向活动支座)及 GD(固定支座)之分,有效水平位移量从 ±40～±250mm,支座的容许转角为 40′,设计摩阻系数为 0.05,GDZ 则为抗震型固定支座的代号。

思考题

1. 梁式桥中支座的作用是什么?
2. 梁式桥中有哪几种支座类型?它们各有什么特点?
3. 支座的布置原则是什么?主要有哪几种布置方式?
4. 如何确定支座反力?
5. 简述板式橡胶支座的设计计算内容。
6. 板式橡胶支座橡胶层总厚度应满足什么要求?

第七章 混凝土斜梁桥与弯梁桥

第一节 斜 梁 桥

一、斜梁桥的主要类型

在桥梁建设中,常常由于桥位处的地形限制,或者由于高等级公路对线形的要求而将桥梁做成桥轴线与支承线不相互垂直的斜交形式。近年来,这类桥梁得到越来越广泛的应用。

图 2-7-1 中的 α 为斜桥的斜交角,斜交角是指桥轴线与支承边构成的小于 $90°$ 的夹角,其是相对于"正交"的直桥而言的,并不体现斜桥偏斜的程度;图 2-7-1 中的 φ 为斜桥的斜度,表示斜桥偏斜的程度,它是指桥轴线的法线与支承边(或支座连线)的夹角,斜度有正负之分,当支承边逆时针旋转到达桥轴线的法线(右手法则)时,斜度为正,反之为负。显然,α 与 φ 互为余角。为了与桥涵水文中关于水流方向的斜交角定义相一致,我国交通运输部颁布的桥涵标准图以及《桥梁设计手册》中均定义图 2-7-1 中的 φ 为斜交角。

按截面形式的不同,斜梁桥可以分以下几种类型。

1. 斜板桥

同正交板桥相似,斜板桥的截面形式主要有实心板和空心板两种。按照制作工艺,钢筋混凝土斜交实心板又可以分为整体式和预制装配式两种,装配式钢筋混凝土斜交空心板标准跨径分为 6m、8m、10m、13m 四种;装配式预应力混凝土斜交空心板的最大跨径可达 30m。

2. 斜肋梁桥

斜肋梁桥的最大跨径可达 40m,考虑到吊装设备的起重能力,可以采用装配式结构和装配—整体式结构。这一类型的斜桥可由不同断面形式的主梁与行车道板组成,通常有 T 形梁[图 2-7-2a)]、I 形组合梁、槽形组合梁、箱形组合梁等[图 2-7-2b)~e)]。

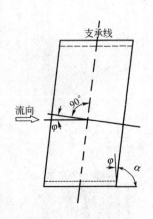

图 2-7-1 斜交角表示法

上述几种截面形式,除闭合箱形因抗扭刚度较大外,其余的均须设置中横隔板以加强梁肋之间的联系和整个桥跨结构工作的整体性。

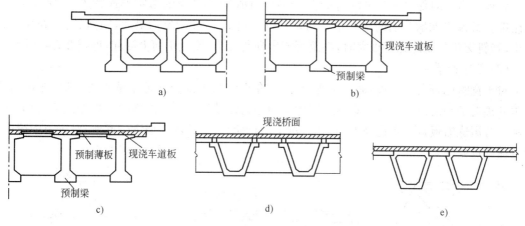

图 2-7-2 多梁式斜梁桥截面形式

3. 斜箱梁桥

箱形截面的斜梁多用在连续体系的梁桥上,其截面的抗扭刚度较大,更适应斜梁的受力特点。斜箱梁桥一般为单箱单室及双室,而后者居多。由于其支座是斜置的,故不宜采用悬臂法施工,而一般采用有支架的施工。图 2-7-3 所示是其中之一例,它的中墩采用墩梁固结,其余均斜置为双铰支承。

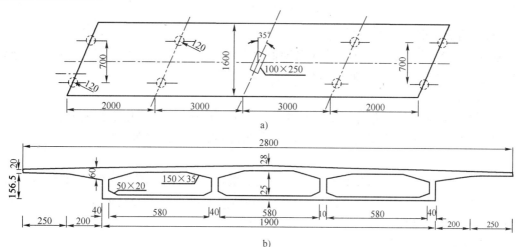

图 2-7-3 连续斜箱梁桥示例(尺寸单位:cm)
a)平面布置;b)横断面

二、斜梁桥的特点

1. 斜板桥

1)斜板桥的受力特点

斜板桥的受力与正交板桥相比,有其特别之处。国内外学者经过大量的理论和实验研究,把

斜板的受力性能简单地用一个三跨连续梁相比拟,如图 2-7-4a)、b)所示。具体归纳为如下几点:

(1)支承边反力

斜板各角点的受力情况可以用图 2-7-4a)以 ABCD 为支点的 Z 字形连续梁(三跨连续梁)来比拟。斜板在支承边上的反力很不均匀。以钝角 B、C 处的反力最大,锐角 A、D 处的反力最小,当斜交角与宽跨比都很大时,甚至可能出现负反力,使锐角向上翘起,如图 2-7-4c)所示。

(2)跨中主弯矩

对于宽跨比较大的斜板,最大主弯矩方向,在板的中央部分接近于垂直支承边;在板的自由边处接近于自由边与支承边垂线之间的中间方向以及沿自由边的横向弯矩如图 2-7-4d)、e)所示。弯矩值沿板宽分布也是不均匀的,对于均布荷载,中部弯矩值大于两侧,对于集中荷载,则以荷载点处的最大。

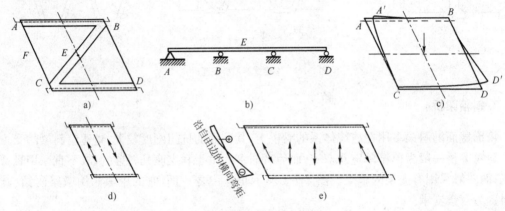

图 2-7-4 斜板桥的受力状态

(3)钝角负弯矩

在钝角 B、C 处产生接近于跨中正弯矩值大小的负弯矩,其方向垂直于钝角的二等分线;其值随 φ 的增大而增大,但分布范围较小,并迅速削减。

(4)横向弯矩

斜板的最大纵向弯矩,虽比同等跨径的直桥要小,但横向弯矩却比同等跨径的直桥要大得多,并且沿自由边的横向弯矩还出现异号,靠近锐角处为正,靠近钝角处为负,如图 2-7-4e)所示。

(5)扭矩

如图 2-7-4c)所示,当出现负反力,使锐角向上翘起时,如果固定锐角 A、D 两点,将使斜板在两个方向产生扭矩,这也是斜板的一个重要特点,但它的分布十分复杂,图 2-7-5 是满布荷载下的扭矩分布示意图。

2)斜板桥的布置及构造特点

(1)主钢筋

根据斜交角的大小,主钢筋有两种布置方式,下面分别介绍。

①当斜度 $\varphi \leqslant 15°$ 时,斜交板的受力特性与正交板相近,可按正交板布置主钢筋(图 2-7-6 中钢筋 1)。

②当斜交角 $\varphi > 15°$ 时,按斜交板布置主钢筋。底层主钢筋垂直于支承边布置(图 2-7-6 中钢筋 2),此时,在板的自由边应各设一条平行于自由边的钢筋带,其数量不少于 3 根主筋(图 2-7-6 中钢筋 3),并用箍筋箍牢。在板的钝角底层增设方向平行于钝角平分线的加强钢筋(图 2-7-6 中的钢筋 5),为了克服钝角布筋层数过多的缺点,可改用平行于主筋和分布钢筋方向

的钢筋网;在板的钝角上层处设置垂直于钝角平分线的附加钢筋(图 2-7-6 中钢筋 4),附加钢筋直径不小于 12mm,间距为 100～150mm,布置于钝角两侧 1.0～1.5m 边长的扇形面积内。

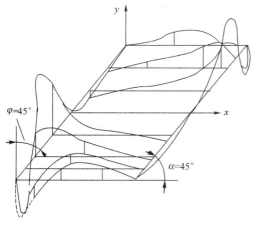

图 2-7-5 斜交角为 45°的简支斜板在满布均布荷载下的扭矩图

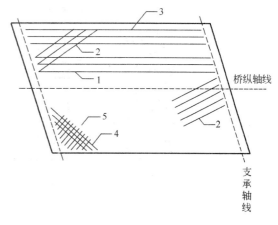

图 2-7-6 斜板中几种主要钢筋
1-顺桥纵轴线钢筋;2-与支承轴正交钢筋;3-自由边钢筋;
4-垂直于钝角平分线的钝角钢筋;5-平行于钝角平分线的钝角钢筋

(2)分布钢筋

分布钢筋宜垂直于主钢筋方向设置,其直径不小于 8mm、间距不应大于 200mm,且分布钢筋的截面面积不宜小于板的截面面积的 0.1%。

为了抵抗扭矩,在板的自由边上层加设一些钢筋网。当斜度较大时,应在支承附近上层布置平行于支承边的钢筋网,布置的范围约为斜跨径的 1/5,如图 2-7-7 所示。

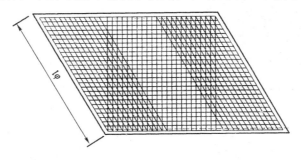

图 2-7-7 大斜交角斜板底层钢筋构造

斜板桥在使用过程中,为了防止行车时因板的锐角端起翘和导致在平面上的旋转位移,在装配式铰接斜板的支承处,常在其中心位置预留锚孔,待安装完毕后,再用栓钉固定。如果板的支座没有预留锚孔,应在板的锐角处的墩台帽上设置防翘设施。

3)构造实例

(1)装配式钢筋混凝土斜板桥

2000 年我国新编制的《装配式钢筋混凝土斜板桥标准图》(JT/GQB 017—2000)中,斜跨径分为 3m、4m、5m 三种,斜交角 φ 分为 0°(直桥)、10°、20°、30°和 40°共 5 种,预制板在垂直于桥轴线的板宽为 125cm,不包括后浇混凝土层的板厚(分别为 22cm、26cm、30cm)。图 2-7-8 示出了斜跨长 $l_\varphi=4m$、斜交角为 30°和 40°的钢筋构造图。板端设置了锚栓孔,其作用是防止斜板锐角起翘和防止在地震荷载下使整个桥面遭到横移破坏。

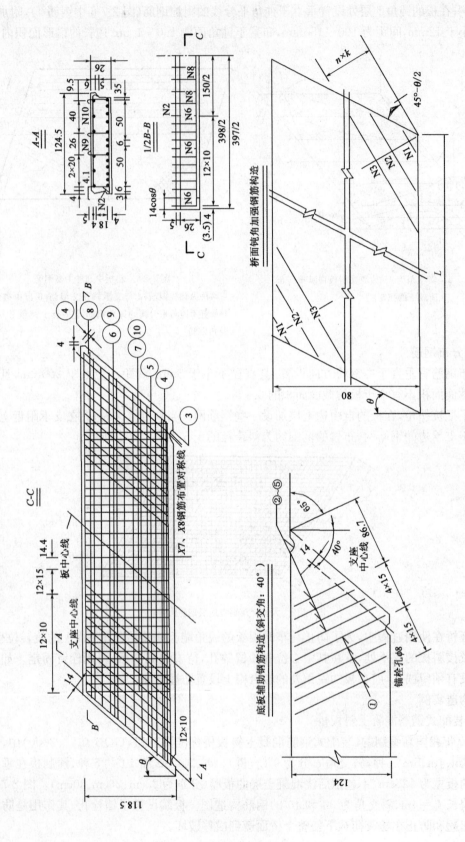

图2-7-8 装配式钢筋混凝土斜板构造实例(尺寸单位：cm)

(2)装配式预应力混凝土斜空心板桥

我国 1993 年编制的《装配式预应力混凝土斜空心板标准图》(JT/GQB 001—1993)中,斜跨径分为 10m、13m、16m、20m 四种,斜交角分为 10°、20°、30°和 40°四种,垂直于桥轴线的板宽亦为 125cm,不包括后浇混凝土层的板高分别为 50cm、60cm、75cm 和 90cm。图 2-7-9 示出了斜跨长 $l_\varphi=20m$,斜交角为 40°的空心板钢筋构造。从图中可以看出,承受主弯矩的预应力钢绞线是平行于自由边布置的。由于空心板较高,其高宽比(h/b)比装配式钢筋混凝土实心板的大许多,故在每块预制板的底板钝角有布置平行于二等分角线的局部加强钢筋,而仅在两侧边板顶面钝角处设置了抵抗负弯矩的加强钢筋。

2. 斜肋梁桥

1)斜肋梁桥的受力特点

斜梁桥的力学特点与正交桥有很大区别,与随后介绍的弯梁桥有许多相似之处。

(1)弯扭耦合

如图 2-7-10 所示的单跨斜梁,由计算可知支座 1~支座 4 有反力为:

$$R_{1,2} = \frac{1}{2}Q_a \mp \frac{T_a}{b} \tag{2-7-1}$$

$$R_{3,4} = -\frac{1}{2}Q_b \mp \frac{T_b}{b} \tag{2-7-2}$$

式中:Q_a、Q_b——左右梁端剪力,数值上为各反力的代数和,即

$$Q_a = R_1 + R_2 \tag{2-7-3}$$

$$Q_b = R_3 + R_4 \tag{2-7-4}$$

T_a、T_b——左右梁端 R_1 与 R_2,R_3 与 R_4 对梁轴的力矩,即

$$T_b = \frac{\xi(1-\xi)}{2\sin\varphi(1+kc\tan^2\varphi)}Pl \tag{2-7-5}$$

$$T_a = -T_b$$

式中:k——主梁弯扭刚度比,$k=\dfrac{EI}{GI_T}$;

EI——抗弯刚度;

GI_T——抗扭刚度;

l——计算跨径;

ξ——集中荷载 P 作用的相对位置。

进而有

$$R_{1,2} = \frac{1}{2}\frac{l-x}{l}p\left[1 \pm \frac{xc\tan\varphi}{b(1+kc\tan^2\varphi)}\right] \tag{2-7-6}$$

$$R_{3,4} = \frac{1}{2}\frac{x}{l}p\left[1 \pm \frac{(l-x)c\tan\varphi}{b(1+kc\tan^2\varphi)}\right] \tag{2-7-7}$$

式中:$x=\xi l$;

b——支座间距。

进一步可得内力:

$$M = -T_b\sin\varphi + (1-\xi)\xi_1 Pl \tag{2-7-8}$$

$$T = -T_b\cos\varphi \tag{2-7-9}$$

式中:ξ_1——所求内力截面位置 x_1 与 l 的比值。

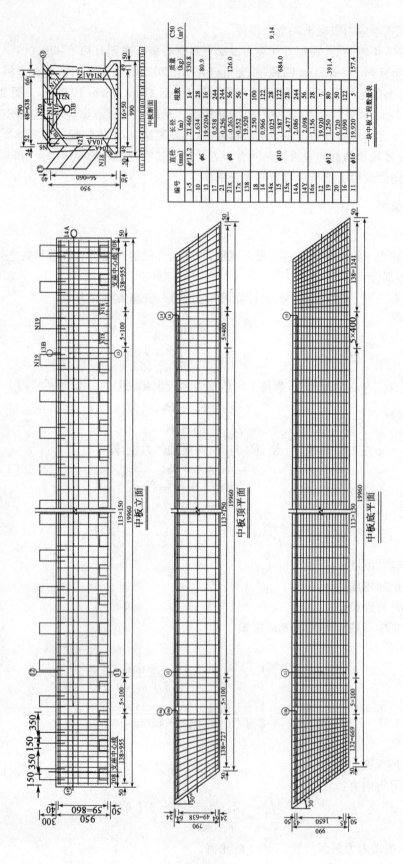

图2-7-9 装配式预应力空心板构造实例（尺寸单位：cm；跨径20m；斜交角30°）

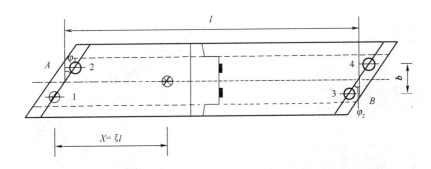

图 2-7-10 单跨斜梁

从上面的分析可知,当集中力 P 作用于梁轴线上时,除了产生内力弯矩 M 外,还要产生扭矩 T。在正交简支梁及固端梁中是不会有 T 产生的。这说明斜桥与弯桥一样也具有弯矩耦合特性。进一步考查梁端部的弯矩、扭矩,由式(7-1-8)和式(7-1-9)中的 $\xi_1=0$,即可得

$$M^2 + T^2 = T_b^2$$

很显然,弯矩与扭矩间是此消彼长的,这更能说明斜梁桥的弯扭耦合作用。

(2)反力分布

由式(7-1-6)和式(7-1-7)可知,钝角反力 R_2、R_3 大于锐角反力 R_1、R_4,两者的反力差与斜交角 φ 及弯扭刚度比 k 有关。很显然,斜交角越大,两者的反力差越大;弯扭刚度比越小,两者反力差越大。在钝角反力增大的同时,锐角的反力在减小,甚至可能出现负反力。

(3)跨中弯矩折减

斜梁桥弯矩耦合的直接后果即是跨中弯矩折减,即相对正交简支梁而言,它的弯矩要小。由式(7-1-8)可知,斜梁与正交简支梁相比,跨中弯矩减小了 $T_b\sin\varphi$。显然,斜度 φ 越大,弯矩折减就越大;弯扭刚度比 k 越大,弯矩折减也就越大。

(4)平面内位移

在外界因素(如温度变化、混凝土收缩、徐变、预加力等)发生变化时,斜梁桥在其行车道平面内的各点将有应变产生,在各支承(支座)处将产生变位,即在支承(支座)上产生约束反力(与行车道平面平行),这些力可能会产生一个不平衡的旋转力矩,从而引起"斜桥的爬行"。另一方面,斜梁桥在外荷载作用时,如果这些力的合力不通过转动中心,则这些力即对转动中心产生不平衡的力矩及合力,引起斜梁桥在其平面内的转动及平移。

(5)斜度 φ

由前述计算结果可知,斜度 φ 是斜梁桥的一个重要指标,它影响反力分布,也影响弯矩折减。

(6)弯扭刚度比 k

斜度 φ 一定时,k 值越小,弯扭耦合越明显,即扭矩越大,反力分布越不均匀。k 是斜梁桥中的又一个重要物理量。

2)构造实例

我国 1993 年编制的装配式后张法预应力混凝土工字形组合梁斜桥标准图,斜跨径分 20m、30m、和 40m 三种,斜交角 φ 分为 0°、15°、30°和 45°四种。图 2-7-11 示出了斜跨长 40m,斜交角为 45°的五梁式斜桥。从该图中可以看出,它充分考虑了斜肋桥的力学特性,即:

(1)横隔板的布置方式,它采用了与主梁正交的布置方式,有利于荷载的横向分布。

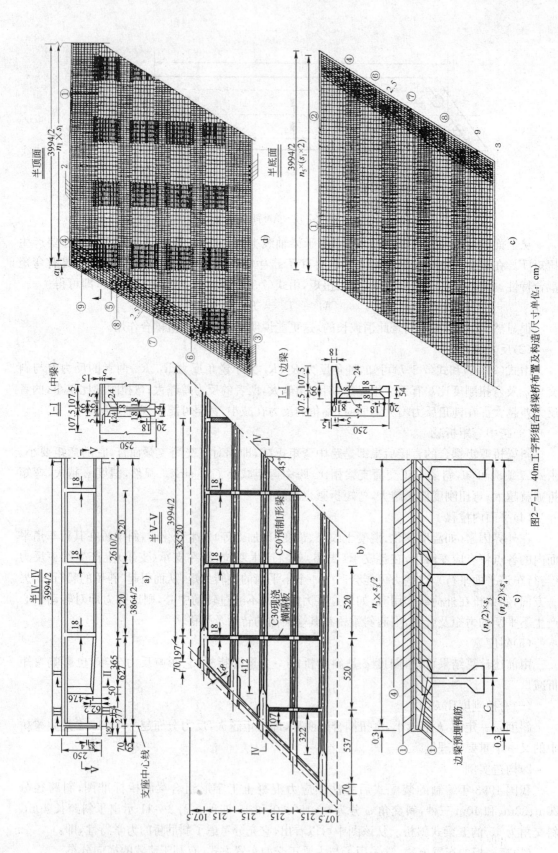

图2-7-11 40m工字形组合斜梁桥布置及构造(尺寸单位:cm)

(2)采用装配整体式的施工工艺,它的施工程序是:
①安装预制的预应力混凝土工字形梁肋。
②现浇各梁肋间的横隔板接头混凝土。
③在梁肋间铺预制钢筋混凝土底板,厚5cm,充作桥面板的底模。
④绑扎桥面板与梁肋及横隔板三者之间的连接钢筋和桥面构造钢筋。
⑤现浇桥面板混凝土,使整个桥面形成整体,共同受力,其余工序同普通钢筋混凝土桥梁。

采用这样的工序,首先解决了自重荷载下各主梁挠度不一致的矛盾,从而大大减少了恒载产生的扭矩,其次,采用集零为整的工艺,可以减轻主梁的起吊重量。

(3)充分考虑斜桥的扭转特性。

由于斜梁桥中存在较大的扭矩,故应在桥道板的上、下层布置足够的构造钢筋来抵抗扭转应力。其布置方式是:在桥跨的两端按平行于支承边布置,在桥跨中部均按垂直于自由边布置,如图 2-7-11d)、e)所示。

三、连续斜箱梁桥的支座布置与受力特点

1. 支座布置

连续斜箱梁桥的两端桥台上,一般布置具有抗扭功能的双支座,但在中间桥墩顶面上,支座的布置形式却是多种多样的,归纳起来,大体上有以下几种。

(1)A 型——全桥各个墩(台)上均布置双支座[图 2-7-12a)]

这种布置方式对于抵抗上部结构的偏载扭矩十分有利,也是在高速公路上常采用的方式。其缺点是:

①采用的支座数量相对较多;
②一般采用斜置的双柱式桥墩,这将有损于城市立交桥的桥下美观,若采用独柱式墩,则要求桥墩具有较强的斜向抗弯刚度。

(2)B 型——两端为抗扭双支座,中墩均为单点铰支座[图 2-7-12b)]

这种布置方式的优点是可以将中间桥墩设计成独柱式的,对于城市立交桥可以增强美观,若修建于河中可以减小阻水面积;但其主要缺点是抵抗上部结构的扭矩不利,因此,它一般用在跨数不多(3~4跨),全桥不太长和桥不太宽的场合。

(3)混合型——部分中墩为单点铰支座,其余均为抗扭双支座

这种方式实际上是综合了 A 型和 B 型中的优点,典型的桥例如图 2-7-12c)所示,它是跨越沪宁高速公路上的一座互通式立交桥,单箱双室截面,桥宽 16m,跨径为 20m+2×30m+20m,斜角为 25°,仅中墩为独柱式支承。

此外,工程设计中还会结合桥位处的实际条件,采用其他的布置方式,虽然如此,但基本上仍是上面 3 种基本类型的变化。

2. 受力特点

如果我们把连续斜梁桥中所有中间支座反力都视作外荷载,则桥两端的受力特性有许多与简支斜梁桥的相同,尤其是钝角部位。例如:钝角处的支座反力比锐角处的要大,有时在锐角处也会出现支座脱空现象;钝角处承受有较大的负弯矩,且随斜交角的增大而增大等。这些共同特点对桥头两端的钢筋构造和支座布置都有重要参考价值。

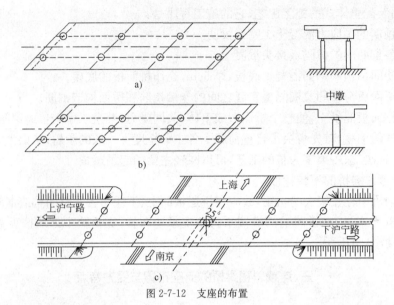

图 2-7-12 支座的布置

然而,影响连续斜梁桥受力特性的因素要比简支体系的复杂得多,例如连续跨的跨数、支座的布置形式、荷载形式、斜交角 φ 以及截面的弯扭刚度比 $k=\dfrac{EI}{GI_\mathrm{T}}$ 等。下面将着重介绍 B 型三跨连续斜梁桥在均布荷载 p 作用下的内力值与 φ 及 k 的关系供参考,如图 2-7-13 所示。从中可以归纳以下几点:

1) 斜交角 φ 的影响

在常用的交角 $\varphi \leqslant 45°$ 的范围内,随着斜交角 φ 的增大,则有:

(1) 边跨跨中和中支点的弯矩绝对值逐渐减小,而中跨跨中弯矩逐渐增大。

(2) 截面的扭矩绝对值也是逐渐增大。

(3) 对中支点处的截面剪力影响较小。

2) 弯扭刚度比 k 的影响

在 $k=0.5\sim2.0$ 的范围内,随着 k 值的增大,则有:

(1) 边跨跨中和中支点处的弯矩绝对值逐渐增大,而中跨跨中的弯矩值逐渐减小。

(2) 当 φ 值一定时,扭矩的绝对值逐渐减小。

(3) 对中支点处的截面剪力影响同样较小。

四、斜梁桥计算方法综述

斜梁桥的精确计算是比较复杂的,到目前为止,仍没有一个可供使用的比较适宜的简化方法。利用计算机,采用梁格法和其他有限元法可以模拟计算任意形状的斜梁桥,该方法的关键是如何划分单元和梁格的截面特性。对于桥梁设计人员来说,还希望有一个行之有效的使用方法进行估算,来判断电算结果的正确性。

模仿正交桥,采用单梁计算主梁内力,然后通过横向分布系数考虑活载的偏载作用,是一个比较简单、思路清晰的方法,但是,斜梁桥很难满足影响纵横向各截面分别相似的要求,因此该方法计算的误差相比正交桥要大。

长期以来,国内外许多学者多从三种途径来求得斜梁桥理论计算的近似解,即有限差分法、有限单元法和模型试验。然后编制出实用图表,供设计人员使用。详细内容,可直接查阅

《公路桥梁设计手册—梁桥》(上)中的有关内容。

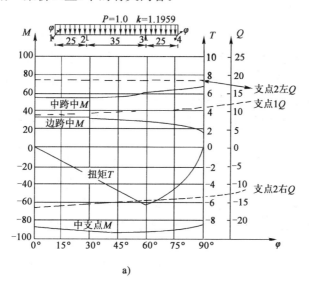

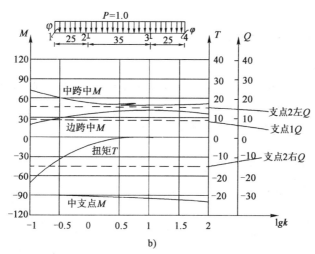

图 2-7-13　三跨 B 型连续梁桥内力与 φ、k 的关系(尺寸单位:m)
a)在均布荷载 p 作用下内力随 φ 的变化规律；b)在均布荷载 p 作用下内力随 k 的变化规律

对于整体式或装配式斜桥,当斜交角等于或小于15°时,可按正交板计算。

第二节　弯　梁　桥

一、弯梁桥的定义及受力特点

弯梁桥是指在水平面内梁的轴线是曲线的梁桥。弯桥是公路建设发展的产物,今后随着我国的经济不断飞速向前发展,弯桥的建造将会不断增多。本节主要讨论的是弯桥中的梁桥。

弯桥和直桥的区别最直观的是几何形状的不同。直桥的中心线是一条直线,弯桥的中心线是一条曲线,一般是一条简单的圆弧线；从结构力学的观点看,直桥的梁的内力求解是平面问题,而弯桥的内力求解则是空间力系问题。

1. 弯梁桥的受力特点

弯梁桥有曲率,在竖向荷载作用下,弯梁桥因曲率而产生扭转,而这种扭转作用又将导致梁的挠曲变形,这被称之为"弯—扭"耦合作用。这一作用使弯桥具有以下受力特点:

(1)由于弯扭耦合,弯梁桥的变形比同样跨径直线桥要大,外边缘的挠度大于内边缘的挠度,而且曲率半径越小、桥越宽,这一趋势越明显。

(2)弯梁桥即使在对称荷载作用下也会产生较大的扭转,通常会使外梁超载,内梁卸载,内外梁产生应力差别。

(3)弯梁桥的支点反力与直线桥相比,有曲线外侧变大,内侧变小的倾向,内侧甚至产生负反力。当曲率半径小,恒载较小时,应注意在设计上控制内侧支点的负反力,必要时应在构造上采取相应的措施,设置拉压支座,同时应防止外侧支座超载。

(4)弯桥的中横梁,除具有直线桥中的功能外,还是会保持全桥稳定的重要构件,与直线桥相比,其刚度一般较大。

(5)弯梁桥中预应力效应对支座反力的分配有较大的影响,计算支座反力时必须考虑预应力效应的影响。

2. 影响弯梁桥受力特性的主要因素

(1)体积重心的偏心

以等厚度矩形截面实心板为例,弯梁桥在平面上呈扇形,在桥轴线上取单位弧长。与曲率中心连线所构成的两个扇形面积,是不对称于桥轴线的,其外弧侧的面积要大于内弧侧的面积;弯梁桥梁的体积重心偏于桥轴线的外弧侧(图2-7-14)。

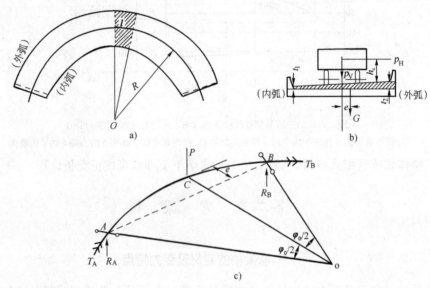

图 2-7-14 弯梁桥的受力

(2)桥面横坡的影响

由于行车的要求,在结构横断面上要设置外侧高内侧低的超高横坡,其铺装层在外弧侧的厚度大于内弧侧的厚度。仅就永久作用而言,便又构成了弯梁桥梁的体积重心偏于桥轴线的外弧侧。当然,在设计上可以将桥跨结构斜置,使桥面铺装做成等厚度的,以减小自重偏心。

(3) 车辆行驶时的离心力

如图 2-7-14b)所示,车辆在弯道上行驶时,除了轴重的垂直力 P_V 外,还具有指向外弧且离桥面高度为 h_C 的离心力 P_H,该力对结构也要产生向外倾翻的扭矩 $T=P_H \cdot h_C$。

(4) 力平衡条件

由图 2-7-14c)可以看出,就静力平衡而言,不论是恒载还是活载,他们均与弯梁桥上相邻两支点的连线不处在同一个平面内,而是绕该连线发生扭转。

因此,在桥跨内每个截面上除了弯矩以外,还产生扭矩,曲率半径越小,此扭矩值越大。如果将每个支点上的支反力和反力扭矩先进行分解再合成,便会出现外侧支座反力大和内侧支座反力小甚至为负反力的现象。这些都是和直桥的很大差别。

二、弯梁桥平面内变形的特点

同斜梁桥类似,弯梁桥会因为各种因素在水平面内产生位移,主要影响因素有两类,且两类位移的方向有很大的差别。

1. 由于温度变化和混凝土收缩引起的水平位移

这类位移属于弧线段膨胀或缩短性质的位移,它只涉及曲率半径的变化,而圆心角不发生改变,即 $r_0 \to r$ 而 $\varphi_0 = \varphi$,如图 2-7-15a)所示。曲梁的左端为固定支座,其余为多向活动支座,当温降或者混凝土收缩时,位于 1 号、2 号、3 号支座处的桥面将分别产生 δ_1、δ_2 和 δ_3 的水平位移。虽然它们的位移方向并不相同,但均指向固定支座。

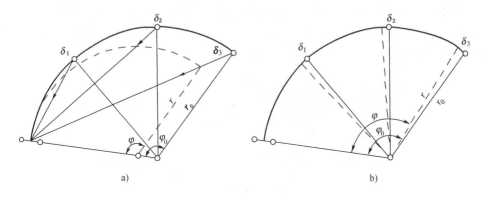

图 2-7-15 连续弯梁桥的两种平面内变形

2. 由于预加力和混凝土徐变引起的水平位移

这类位移属于切线方向的位移。图 2-7-15b)所示是在截面形心处施加预应力时由弹性压缩和徐变变形所引起的水平位移。此时,曲率半径不发生改变,$r_0 = r$,而圆心角却发生改变,即 $\varphi_0 \neq \varphi$。

3. 弯梁桥的爬移

弯梁桥的转动中心不在中轴线上,而位于桥梁平面外。混凝土收缩、徐变、温度变化和外荷载作用引起的变形十分复杂,轴向位移出现"横桥向位移",该"横桥向位移"长期累积后出现桥跨结构偏转"爬移"现象。

三、弯梁桥的构造及布置

1. 截面形式

与直线梁桥一样,混凝土弯梁桥的截面形式有板式、肋板式、肋式和箱式等。从弯梁桥存在较大扭矩的受力特点考虑,宜采用箱形截面的形式。常用的箱形截面有单箱单室、单箱双室,双箱单室和单箱多室等,如图 2-7-16a)～d)所示。多室箱梁多用在宽桥上,但它在施工上比较麻烦,而且在横向受力分析上也比较复杂,因此常将一座宽桥设计成两座独立而平行的桥梁,即做成分离式弯箱梁桥。图 2-7-16e)、f)所示的布置方式,便于悬臂施工,有利于适应桥梁基础在横桥向发生的不均匀沉降;并且由于横向抗弯刚度的减小,有利于当温度变化时,弯桥在横桥向的挠曲变形,从而有利于桥梁伸缩缝的设置。

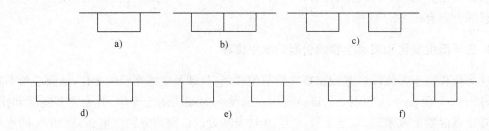

图 2-7-16 弯梁桥的箱形截面形式

另一方面,在现代的城市高架桥中,桥型美观常常被提到一定的高度。若桥不太宽,且跨径不太大时,也常采用板式截面,如图 2-7-17 所示。尤其是其中的鱼腹式曲线形断面,因其具有纤细、流畅的优美外形,大大减轻了城市高架桥给街道带来的压抑感。

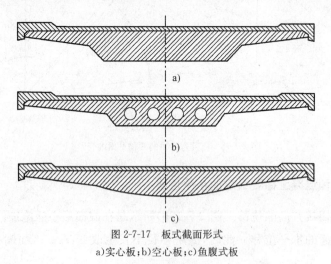

图 2-7-17 板式截面形式
a)实心板;b)空心板;c)鱼腹式板

2. 桥墩形式

弯梁桥桥台的形式一般与直桥无多大差别,这里着重介绍桥墩形式。当桥梁上部结构采用箱形截面时,可选用图 2-7-18 中的相应布置图式。

图 2-7-18a)为独柱式墩,当连续弯梁桥的曲率半径较小时,宜采用这种形式,它有利于立交桥的墩位布置,占地范围小,不但可以节省工程造价,还可以改善桥下视野,在城市立交的匝道中被广泛采用;若建在河中时,则其阻水面积小,并且有利于整个桥型的美观。

但当桥梁的曲率半径较大时,中间采用独柱式墩与采用双柱墩,虽然两者的弯矩与剪力差别不大,但扭矩是有明显区别的。曲率半径较大时,弯扭耦合作用减小,如果中间均设独柱式墩,活载偏心所产生的扭矩大部分传递到相邻孔,所有中间孔的扭矩最终累积到梁端的抗扭支承上,较大的扭矩将使某一侧端支座产生拔力,造成支座脱空。因此,应视具体情况,在中间适当的墩位处,采用能布置抗扭双支座的变宽度墩身,如图 2-7-18b)、d)所示。这样便可以保证全桥侧倾的稳定性。

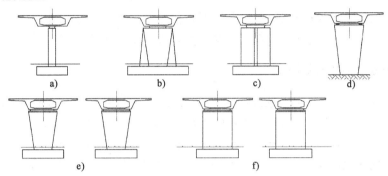

图 2-7-18 箱形上部结构的桥墩横向布置

墩身可以采用上宽下窄,也可以采用上窄下宽的形式,这要视墩身的内力和地基的承载能力而定,但前一种形式可以增加立体上的美感,宜用在城市的高架桥上。如果桥面太宽或采用分离式双箱时,则桥墩也可采用分离式的桥墩,如图 2-7-18e)、f)所示。设计时需考虑:

(1)墩台设计需配合支座布置,合理设计墩台抗扭约束;

(2)弯梁桥内外侧梁的受力不均,在设计中应注意墩台在横桥向的受力不均;

(3)桥面上存在离心力和横向力矩作用,对横向刚度的独柱墩构造应注意此项作用的影响。

3. 支座布置

对于弯梁桥尤其是连续弯梁桥而言,支座布置是一个较复杂的问题。支座布置是否合理,不但会影响到结构的受力,而且还会影响车辆的正常行驶。

对于每个墩台设多个支座的弯梁桥,显然是外弧侧的支座反力比内弧侧的支座反力要大;对于中墩为独柱支承,而每座桥台上只有两个支座的箱形截面连续弯梁桥,往往会出现桥台上内弧侧支座有脱空的危险。

我国近年来在一些城市内所设计的连续弯梁桥中,常因支座的布置不当而出现故障的情况时有出现,但参考国内外的理论研究和设计经验,可以采取一些构造措施加以改善,如:

(1)一般将桥台上内弧侧的支座设计为抗压支座;

(2)为了达到人为地调整梁内扭矩分布的目的,将中间独柱墩上的支座,可以按计算值向外弧侧给予一定的预偏心,即预偏心地布置独柱墩上的支座,如图 2-7-19 所示。

(3)将中间独柱墩每间隔若干跨设计成固结墩或双柱墩等。

4. 横坡设置

一般弯梁桥的横坡有两种设置方法:

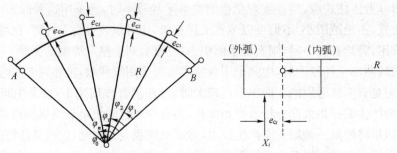

图 2-7-19 单点铰支座预偏心布置

(1)将横断面上的每根梁肋(开口截面)或每片腹板(箱形截面)的高度做成不等高的。

(2)将主梁横断面虽做成等高,但向内弧侧倾斜,这时,应将多柱式墩的盖梁也做成倾斜的,对于多柱式墩可做成墩梁固结或在梁底设置楔形垫块,以便在其下方安置支座。

5. 弯梁桥预应力筋的布置原则

对于弯梁桥,除了利用预应力抵抗弯矩外,显然也希望利用预应力抵消外荷载产生的扭矩。理论上,可采用下列几种方法来利用预应力抵消扭矩:①内外侧腹板采用不同线形的预应力筋[图 2-7-20a)];②内外腹板上预应力筋线形对称,但张拉力不同[图 2-7-20b)];③在顶底板中布置弯曲方向相反的预应力筋[图 2-7-20c)]。但是有些措施将降低预应力的抗弯效应,因此,是否采用预应力来抵消扭矩要从实际情况出发考虑。

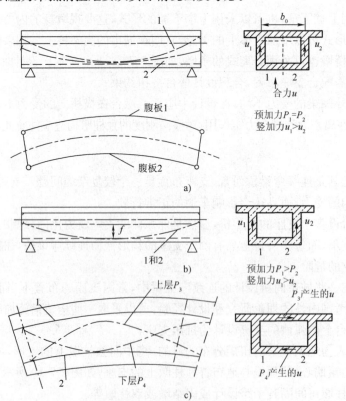

图 2-7-20 抵抗外扭转的预应力束配置

a)内外腹板采用不同线形的预应力束;b)内外腹板预应力大小不同;c)顶底板配置方向相反的预应力束

目前弯梁桥设计中常见的做法是：

(1)确定外荷载引起的弯矩、扭矩和剪力。

(2)按照抵抗弯矩的要求计算所需预应力钢筋的数量和线形,在截面上堆成布置。

(3)移动抗弯预应力钢筋,使之在界面上不对称,尽量抵消外扭矩。

(4)计算剩余扭矩和剩余剪力,必要时配置专门的抗扭和抗剪预应力筋或普通钢筋。

(5)全桥预应力效应校核。

弯梁桥的预应力效应计算过程复杂,一般要采用计算机程序进行。

思考题

1. 斜桥的概念是什么？怎样比较斜桥的斜度？
2. 斜板桥在受力时有怎样的特点？
3. 连续箱梁桥有哪几种支座布置形式？它们各有什么不同？
4. 弯梁桥的受力特点是什么？哪些因素会影响这些受力特点？
5. 弯梁桥预应力筋的布置原则是什么？

第八章 混凝土梁桥的施工

混凝土梁桥的施工方法很多,不同的施工方法所需的机械设备、劳动力不同,施工的组织、安排和工期也不一样。施工方法的选择,应根据桥梁的设计,施工的现场、环境、设备、经验、工期要求等因素决定。绝对相同的施工方法和施工组织是不存在的,必须结合具体实际,选择合理的施工方案。施工方法的选择是否合理将整个工程的造价,涉及施工质量、人身安全和工期长短。

第一节 钢筋混凝土简支梁桥就地浇筑法施工

在桥梁建设中必须首先确定其施工方法,这是因为桥梁结构的受力与施工方法、工艺、程序密切相关;同时,施工方法选择恰当与否直接关系到能否保证施工过程安全、能否保证施工质量和施工进度达到要求。就地浇筑法是简支梁桥主梁施工的一种主要方法。

1. 模板

模板是供浇筑混凝土用的临时结构物,它不仅关系到混凝土梁尺寸的精确度,而且对工程质量、施工进度和工程造价有直接影响。因此模板应满足下列要求:
(1)具有足够的强度和稳定性,能可靠地承受施工中的各项荷载。
(2)具有足够的刚度,在施工中不变形,保证结构的设计形状、尺寸和模板各部件之间相互位置的准确性。
(3)模板的接缝严密,不漏浆,施工操作方便,保证安全。
(4)制作便利、装拆方便,提高模板的周转使用率。
按制作材料,桥梁施工常用的模板有木模板(木质胶合板)、钢模板、钢木结合模板、充气橡胶模板、竹材胶合板、一次性纸芯模等。有时为了节省钢木材料,也可因地制宜利用土模或砖模来制梁。按模板的拆装方法分类,可分为零拼式模板、分片装拆式模板、整体装拆式模板等。目前我国公路桥梁上用得最多的还是木模板。随着国家工业的发展,既能节约木材,又可提高预制质量而且经久耐用的钢模板,将逐步得到使用和推广。

1)木模板

在桥梁工程中最常用的模板是木模板。它的优点是制作容易,但是木材耗量大,成本较高。木模板常在没有定型设计的构件或小跨径上使用,这种模板制作容易,一次性投资小,但易变形,周转次数少,因此,使用成本往往大于钢模板。我国由于木材资源缺乏,实木木模板已基本不用。但由于加工方便,重量轻,国外还在大量地应用,苏通大桥桥墩采用的是进口木模。

木模板的基本构造由紧贴于混凝土表面的壳板(又称面板)、支承壳板的肋木、立柱与横挡组成,壳板可以垂直拼装[图 2-8-1a)]或水平拼装[图 2-8-1b)]。壳板的接缝可做成平缝[图 2-8-1b)]、搭接缝或企口缝[图 2-8-1c)]。当采用平缝拼接时,模板接缝必须密合,如有缝隙,需堵塞严密,以防漏浆。

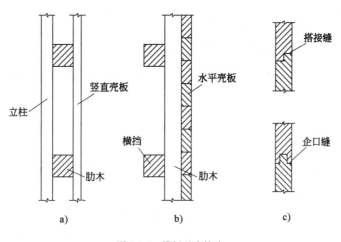

图 2-8-1 模板基本构造

为改进木模板的使用,往往在壳板上加钉一层薄铁皮,使用时表面涂上脱模剂。既增加木模板的周转次数、方便脱模,又可获得光滑的混凝土表面。

壳板厚度一般为 2~5cm,宽 15~18cm,不宜超过 20cm,过薄与过宽的板容易变形。肋木、立柱或横挡得尺寸可根据经验或计算确定。肋木间距一般为 0.7~1.5m。

2)钢模

钢模的造价虽然高,但周转次数多,实际成本低,且结实耐用,接缝严密,能经受强力振捣,浇筑的构件表面光滑,故目前采用日益增多。

图 2-8-2 所示为一种分片装拆式钢模板的结构组成。它是由用于截面成型的钢壳板、底模、角钢做成水平肋、竖向肋、斜撑、直撑、固定侧模用的顶部和底部拉杆等部件组成。底模通常用 6~12mm 的钢板制成,它通过垫木支承在底部钢横梁上。

在桥梁工程中大量使用定型钢模,由加工厂特殊加工制作。定型钢模具有强度和刚度大,但一次性成本高,大型工地侧模一般采用定型钢模。

组合钢模:用建筑钢模拼制面成,表面粗糙,外观差,整体性差但成本低,一般只用作无外观要求之处。

3)钢木组合模板

钢木结合模板用角钢作支架,木模板用平头开槽螺栓连接于角钢上,表面钉以黑铁皮。这种模板节约木料,成本较低,同时具有较大的刚度和稳定性,如图 2-8-3 所示。

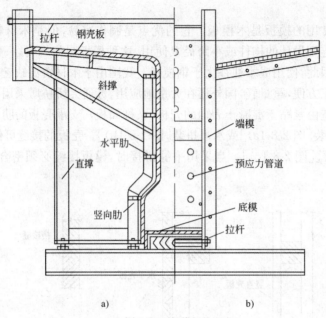

图 2-8-2 钢模板的组成

4）土模

土模按其位置高低可分为地下式、半地下式和地上式 3 种。一般用于基础施工，土模的优点是节约材料和施工空间。

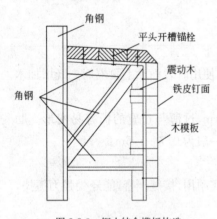

图 2-8-3 钢木结合模板构造

5）空心板模板

内模是空心截面梁、板的预制关键，其结构形式直接影响到制作是否简便、经济，拆装是否方便，周转率是否高的问题。芯模的设计应有利于拆模，可分有拉杆和无拉杆两种。图 2-8-4 所示是目前桥梁工程中常用于空心板梁的木制芯模构造。图 2-8-5 为芯模构造，它采用四合式活动模板，按桥长分为两节，每节由四块单元体组成，每隔 70cm 左右设木骨架一道，且以扁铁条相连接，中间设活动支架，支承板除一个角用铰链连接外，其余三个角均以活榫支撑。支承板中间开孔，用来适应拉条在立芯模和拆芯模时的活动范围。芯模在底板浇筑后架立，顶上用临时支架固定，在两侧混凝土浇筑高度达芯模的 2/3 时，将顶上的临时支架拆除。

内芯模亦可用充气胶囊或一次性纸芯模座位空心板梁的内芯模。

6）竹材胶合板

竹材胶合板在桥梁上部结构中使用较多，它具备强度高、刚度大、表面光滑等优点，特别是竹材胶合板的尺寸比较大，因此混凝土表面的平整度较好，可用作清水模板。常用于底模和侧模。

2. 支架

1）常用的支架形式

为了完成钢筋混凝土梁桥的就地现浇施工，首先应根据桥孔跨径、桥孔下面覆盖土层的地质条件、水的深浅等因素,合理地选择支架形式。

支架按其构造分为立柱式支架、梁式支架和梁——柱式支架;按材料可分为木支架、钢支架、钢木混合结构和万能杆件拼装的支架等。图 2-8-6 所示为按构造分类的几种支架构造图。其中 a)、b)为立柱式支架,可用于旱桥、不通航河道以及桥墩不高的小桥施工;c)、d)为梁式支架,钢板梁适用于跨径小于 20m,钢桁梁适用于大于 20m 的情况;e)、f)为梁—柱式支架,适用于桥墩较高、跨径较大且支架下需要排洪的情况。

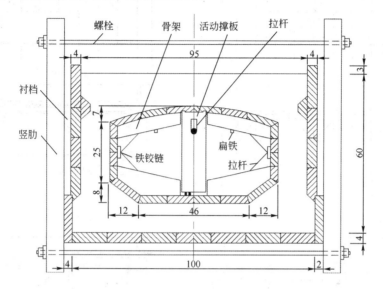

图 2-8-4 空心板梁芯模构造(尺寸单位:cm)

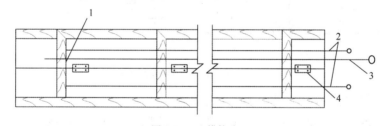

图 2-8-5 心模构造
1-活动支承板;2-扁铁条;3-拉条;4-铁铰

2)支架的基础

为了保证现浇的梁体不产生大的变形,除了要求支架本身具有足够的强度、刚度以及具有足够的纵、横、斜三个方向的连接杆件来保证支架的整体性能外,支架的基础必须坚实可靠,以保证其沉陷值不超过施工规范的规定。对于跨径不大且采用满布式的木支架排架[图 2-8-6a)、b)],可以将基脚设置在枕木上,枕木下的垫基层必须夯实;对于梁—柱式支架,因其荷载较集中,故其基脚宜支承在临时桩基础上[图 2-8-6e)、f)],也可直接支承在永久结构的墩身或基础的上面[图 2-8-6c)、d)]。

3)支架的预拱度

为了使上部结构在卸架后能够满意地获得设计规定的线形,必须在施工时根据需要设置预拱度。在确定预拱度时应考虑以下的因素:即卸架后由上部结构自重及活载一半所产生的挠度 δ_1、施工期间支架结构在恒载及施工荷载(施工人员、机具、设备等)作用下的弹性压缩 δ_2,支架基底土在荷载作用下的非弹性沉陷 δ_3,由混凝土收缩及温度变化而引起的挠度 δ_4 等。

其中有的如支架和在荷载作用下的非弹性变形可通过对支架用等载预压消除。根据梁的挠度和支架的变形所计算出来的预拱度之和就是简支梁预拱度的最高值,它应设置在桥跨的中点。其他各点的预拱度,一般按二次抛物线比例进行分配,在两端的支点处则为零。

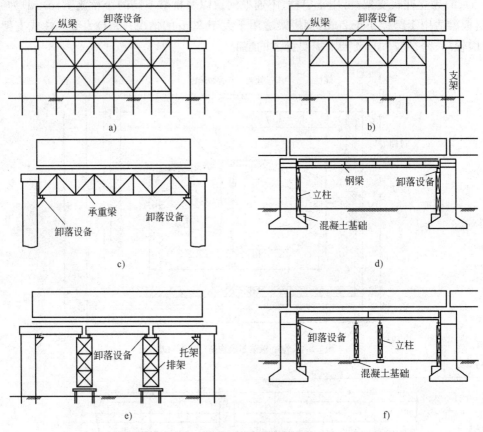

图 2-8-6 常用支架的主要构造

4)支架及模板在制作和安装的关键工艺要求

(1)构件的连接应尽量紧密,以减少支架变形,使沉降量符合预计数值。

(2)为保证支架稳定,应防止支架与脚手架和便桥等接触。

(3)模板的接缝必须密合,如有缝隙,须塞堵严密,以防跑浆。

(4)建筑物外露面的模板应刨光并涂以石灰乳浆、肥皂水或润滑油等润滑剂。

(5)为减少施工现场的安装拆卸工作和便于周转使用,支架和模板应尽量制成装配式组件或块件。

(6)钢制支架宜制成装配式常备构件,制件进应特别注意构件外形式尺寸的准确性,一般应使用样板放样制作。

(7)模板应用内撑支撑,用螺栓拴紧。使用木内撑时,应在浇筑到该部位时及时将支撑撤去。

3. 钢筋加工与安装

钢筋需经过调直、除锈、下料、弯曲、钢筋的焊接或绑扎等工序形成钢筋骨架后,方可用于结构中。钢筋的规格、型号和加工工序比较多,各工序的质量在混凝土浇筑后又无法检查,故必须认真、严格地控制钢筋骨架的施工质量。

1)钢筋加工的准备工作

(1)钢筋的检查

钢筋进场后,应检查出厂证明书。并应对钢筋进行抽样试验,检验内容包括屈服强度、极限强度以及冷弯及可焊性能等。

(2)钢筋的调直与除锈

直径10mm以下的钢筋多卷成盘形,而粗钢筋常弯成"发卡"形,以便运输和储存,因此运到工地的钢筋应先调直。直径10mm以下的盘圆钢筋常用人力或电动绞车冷拉调直(伸长率不大于1％),这样还能提高钢筋强度和清除铁锈。直径10mm以上的钢筋一般放在工作台上用手锤敲直。整直后的钢筋应平直,无局部曲折。

钢筋应有清洁的表面,使钢筋与混凝土间有可靠的黏结力。油渍、漆皮、鳞锈均应在钢筋使用前清除干净。除锈时可采用钢丝刷,砂盘等工具进行清除。

(3)钢筋的画线下料

钢筋经整直、除去污锈后,即可按图纸要求进行画线下料工作。为了使成形的钢筋比较精确地符合设计要求,在下料前应计算图纸上所标明的折线尺寸与弯折处实际弧线尺寸之间的差值(通常可查阅现成的计算表格),同时还应计入钢筋在冷作弯折过程中的伸长量。弯折伸长量可按表2-8-1估算。

钢筋弯折伸长量估算表(cm)　　　　　　　　表2-8-1

钢筋直径 (mm)	弯折角度			钢筋直径 (mm)	弯折角度		
	180°	90°	45°		180°	90°	45°
6	1.0	0.5		18	3.0	1.5	1.0
8	1.0	1.0	不计	20	4.0	2.0	1.0
10	1.5	1.0		25	4.5	2.5	1.5
12	1.5	1.0	0.5	27	5.0	3.0	2.0
14	2.0	1.5	0.5	32	6.0	3.5	2.5
16	2.5	1.5	0.5				

下料长度可按如下公式计算:

$$下料长度＝钢筋设计长度＋接头长度－弯折伸长量$$

钢筋弯制前准备工作的最后一道工序为下料,即截断钢筋,通常视钢筋直径大小,用錾子、手动剪切机和电动剪切机来进行。

(4)钢筋的弯制和连接

下料后钢筋可在工作平台上用手工或电动弯筋器按规定的圆曲半径弯制成形,钢筋的两端亦应按图纸弯成所需的标准弯钩。如钢筋图中对弯曲半径未作规定时,宜采用$15d$(d为钢筋直径)为半径进行弯制。对于需要较长的钢筋,最好在接长以后再进行弯制,这样较容易控制尺寸。

钢筋的接头应采用电焊,并以闪光接触对焊为宜,这种接头的传力性能好,且省钢材。在缺乏闪光对焊条件时,可采用电弧焊(如搭接焊、棒条焊、坡口焊、熔槽焊等)。焊接接头应设置在内力较小处,在构件内应尽量错开布置,在任一搭接长的区间内,接头数量应根据接头和钢筋的受力性能,满足《公路桥涵施工技术规范》(JTG/T F50—2011)的要求。且受拉主钢筋的接头截面积不得超过受力钢筋总截面积的50%,装配式构件连接处受力钢筋的焊接接头可不受此限制。

直径不大于25mm的受力钢筋,也可采用绑扎搭接,接头长度不应小于表2-8-2的规定。且搭接长度区段内受力钢筋接头的截面积,在受拉区不得超过钢筋总截面积的25%,在受压区不得超过50%。受压钢筋绑扎接头的搭接长度,应取受拉钢筋绑扎接头的0.7倍。

受拉钢筋绑扎接头的搭接长度　　　　表2-8-2

钢筋种类		混凝土强度等级		
		C20	C25	高于C25
Ⅰ级钢筋		35d	30d	25d
月压纹	HRB335	45d	40d	35d
	HRB400	55d	50d	45d

直径大于25mm的钢筋一般采用机械连接或焊接,优先采用机械连接。当采用搭叠式电弧焊接时,钢筋端都应预先折向一侧,使两接合钢筋轴线一致。搭接时,双面焊缝的长度不得小于$5d$,单面焊缝的长度不得小于$10d$(d为钢筋直径),如图2-8-7a)所示。

当采用夹杆式电弧焊接时,夹杆的总截面面积不得小于被焊钢筋的截面积。夹杆长度,如用双面焊缝不小于$5d$,用单面焊时不应小于$10d$,如图2-8-7b)所示。

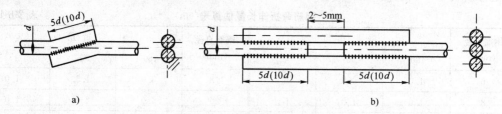

图2-8-7　钢筋接头焊缝形式(括号内数字为单面焊缝)
a)搭叠式电弧焊;b)夹杆式电弧焊

2)钢筋骨架的组成与安装

(1)钢筋骨架的组成

混凝土内的钢筋骨架是由纵向钢筋(主筋)、架立筋、箍筋、弯起钢筋(斜筋)、分布钢筋以及附加钢件构成。图2-8-8示出了普通矩形截面梁的钢筋骨架构造。

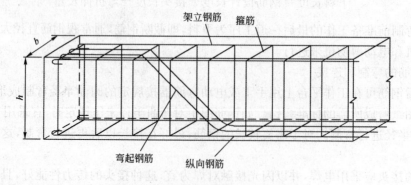

图2-8-8　简支梁的钢筋构造梁的纵剖面

(2)钢筋骨架的成型

钢筋骨架都要通过钢筋整直→切断→除锈→弯曲并焊接或者绑扎等工序以后才能成型。

除绑扎工序外,每个工序都可应用相应的机械设备来完成。对于就地现浇的结构,焊接或者绑扎的工序多放在现场支架上来完成,其余均可在工地附近的钢筋加工车间来完成。

钢筋骨架的焊接一般采用电弧焊,先焊接成单片平面骨架,再将它组拼成立体骨架。组拼后的骨架需有足够的刚性,焊缝需有足够的强度,以便在搬运、安装和灌筑混凝土过程中布置变形、松散。

焊接成型的钢筋骨架,安装比较简单,用一般的其中设备吊入模板即可。

4. 混凝土工作

混凝土工作包括混凝土搅拌、运输、浇筑、振捣和养护及拆模等工序。配合比应通过设计和实验室的验证来确定,拌制一般采用搅拌机。

1)混凝土的拌制

混凝土一般采用机械集中搅拌,以保证混凝土的质量并减小环境污染。混凝土的配合比应根据混凝土的强度等级、钢筋的间距、浇筑方法、施工季节等因素,通过计算并由实验室试配、验证来确定。在拌制的过程中,应严格控制水灰比,不得任意增加用水量。混凝土的拌和最短时间不少于45s,以石子表面包满砂浆、各种组成材料混合均匀、颜色一致为标准。

2)混凝土的运输

混凝土应以最少的转运次数、最短的距离迅速从搅拌地点运往灌注位置。并根据工程情况和设备情况选择运输工具。运输道路要平整,防止混凝土因颠簸振动而发生离析、泌水和灰浆流失现象,一经发现,必须在浇筑前进行再次搅拌。

混凝土从拌和机内卸出,经运输、浇筑直至振捣完毕的延续时间不宜超过表2-8-3的规定,如果超出规定时间,应在浇筑点检验其稠度,并制作试验块检验其强度。

混凝土运输、浇筑允许时间表(min)　　　　表2-8-3

混凝土强度等级	气 温	
	≤25℃	>25℃
≤C30	120	90
>C30	90	60

注:1. 对掺有外加剂或采用快硬水泥拌制的混凝土,其延续时间应按试验确定。
　　2. 对轻集料混凝土,其延续时间应适当缩短。

混凝土自高处倾落时,为防止离析,其自由倾落高度不宜超过2m;超过2m时,应采用串筒、溜槽或振动溜管等工具协助输送;倾落高度大于10m时,串筒内应附设减速叶片。使用混凝土泵运送混凝土,既可简便竖直运输的工作,提高工效,又可保证混凝土的拌制质量。

3)混凝土的浇筑

浇筑混凝土前一定要仔细检查模板和钢筋的尺寸、预埋件的位置是否正确,并要查看模板的清洁、润滑和坚密程度。

混凝土的浇筑方法直接影响到混凝土的密实度和整体性,直接关系到成品混凝土的质量。因此,必须根据混凝土的拌制能力、运距、浇筑速度、气温及振捣能力等因素,认真制定混凝土的浇筑工艺。

T梁和空心板梁的混凝土的浇筑,一般采用水平分层浇筑,如图2-8-9a)所示。

较大跨径的桥梁,由于每小时混凝土浇筑量相当大,将使混凝土的生产能力很难适应,采用斜层浇筑方法,可使浇筑面积减少,从而减少每小时混凝土浇筑量,如图2-8-9b)所示,混凝土的适宜倾斜角与混凝土的稠度有关,一般可为 20°～25°。也可以上下层同时浇筑,但上层和下层前后浇筑距离应保证在 1.5m 以上。

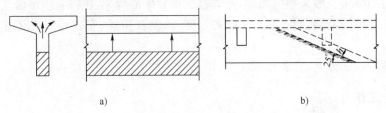

图 2-8-9 混凝土的浇筑方法

对于大型构造物,当其面积超过 $100\sim150m^2$ 时,为了减少混凝土每小时的需要量,可把整体混凝土分成几个单元来浇筑,每个单元的面积一般不小于 $50m^2$,高度不小于 1.5m。上下两个单元之间的垂直缝应彼此相同,互相错开 1～1.5m。单元相互间应很好结合,结合处应按工作缝处理,其方法如下:

(1)须待已浇筑混凝土强度达到 1200kPa(钢筋混凝土为 2500kPa)后方可浇筑后续混凝土。

(2)在浇筑混凝土前,应凿除施工缝处原混凝土表层的水泥浆和松弱层。

(3)经凿毛处理的混凝土表面,应用水冲洗干净,且不得留有积水。在浇筑新混凝土前,垂直缝应刷一层净水泥浆;水平缝应在全部接触面上铺一层与混凝土相同而水灰比略小的厚为 1～2cm 的水泥砂浆。

(4)接缝处为重要部位或结构物处在地震区,在浇筑前应加锚固钢筋,以防受力时开裂。斜面接缝应将斜面混凝土凿成台阶。

(5)无筋构件的工作缝应加锚固钢筋和石榫。

4)混凝土的振捣

混凝土拌和物具有受振时产生暂时流动的特性,此时其中的集料靠重力向下沉落并互相嵌挤,其间隙被流动性大的水泥砂浆所充满,而空气则形成小气泡浮到混凝土表面被排出。从而增加了混凝土的密实度,大大提高了混凝土的强度和耐久性,达到内实外美的要求。

混凝土应用振捣器进行振捣,仅在缺乏或不能用振捣器时方可采用人工插捣。采用人工插捣的混凝土应分层浇筑,每层用捣钎捣实,特别是模板边缘。捣边时要用手锤轻敲模板,使之抖动。插捣时应注意均匀进行,大力振捣不如小力且加快振捣有效。

机械振捣包括平板式振捣、附着式振捣和插入式振捣等,相对人工插捣,机械振捣可获得较大的密实度。

混凝土每次振捣的时间要很好的掌握,振捣时间过短或过长均有弊病,一般以振捣至混凝土不再下沉,无显著气泡上升,混凝土表面出现薄层水泥浆,表面达到平整为适度。

5)混凝土的养护及模板拆除

混凝土中水泥的水化作用过程,就是混凝土凝固、硬化和强度发育的过程。它与周围环境的温度和湿度有着密切的关系。

对于在施工现场的混凝土,应根据施工对象、环境、水泥品种、外加剂以及对混凝土性能的要求,提出具体的养护方案,并应严格执行规定的养护制度。一般混凝土浇筑完成后,应在收浆后尽快予以覆盖和洒水养护。对于干硬性混凝土、炎热天气浇筑的混凝土以及桥面等大面积裸露的混凝土,有条件的可直接在浇筑完成后立即加设棚罩,待收浆后再予以覆盖和洒水养生。

混凝土养护用水的条件和拌和用水相同。混凝土的养护时间一般为 7～14d,可根据空气的湿度、温度和水泥品种以及掺用的外加剂等情况,酌情延长或缩短。

混凝土经过养护,当达到设计强度的25%～50%时,即可拆除侧模;达到了设计吊装强度并不低于设计强度等级的70%时,就可起吊主梁。

第二节 预应力混凝土简支梁桥施工

对于预应力混凝土简支梁,与钢筋混凝土简支梁施工的主要区别在于对梁施加预应力。施加预应力过多或不足都会影响到梁的质量,必须按设计要求准确地施加预应力。

一、夹具和锚具

夹具和锚具的种类很多,就国内现有的锚夹具也有数十种。

常用的夹具有:张拉钢丝用的圆锥形夹具(图 2-8-10)、张拉钢筋用的圆锥形两片式夹具(图 2-8-11)和张拉钢绞线用的圆锥形两片式夹具。

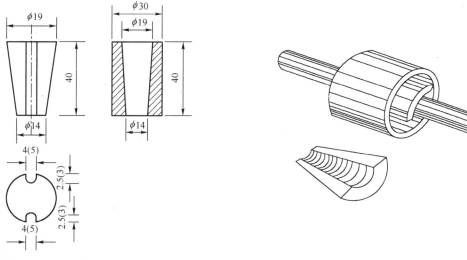

图 2-8-10 圆锥形钢丝夹具(尺寸单位:cm)　　图 2-8-11 圆锥形钢筋夹具

常用的夹具有锥形锚(弗氏锚)(图 2-8-12)、螺丝端杆锚(图 2-8-13)、高强精轧螺纹粗钢筋锚、OVM 锚(图 2-8-14)、OVM 固定端 P 锚(图 2-8-15)等。

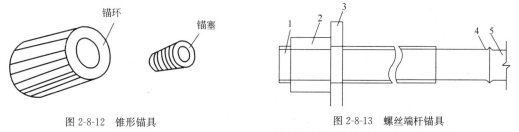

图 2-8-12 锥形锚具　　图 2-8-13 螺丝端杆锚具

1-螺丝端;2-锚固螺母;3-钢垫板;4-螺丝端杆;5-预应力筋

二、先张法预应力混凝土简支梁的施工

先张法是指在浇筑混凝土前先把钢筋在台座上按设计要求的进行张拉,待混凝土达到一

定强度逐渐放松钢筋,由于混凝土与钢筋的黏结作用,阻止了预应力钢筋的弹性回缩,使混凝土得到相应的预压应力。

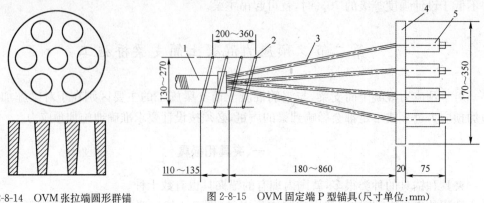

图 2-8-14　OVM 张拉端圆形群锚

图 2-8-15　OVM 固定端 P 型锚具(尺寸单位:mm)
1-波纹管;2-螺旋筋;3-预应力筋;4-固定锚板;5-挤压头

先张法的优点是张拉钢筋时,只需夹具,它的锚固是依靠预应力钢筋与混凝土的黏结力自锚于混凝土中,它的缺点是需要专门的张拉台座,基建投资大;构件中的钢筋只能采用直线配筋。

先张法预应力施工工艺流程如图 2-8-16 所示。

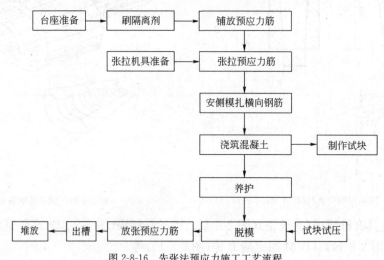

图 2-8-16　先张法预应力施工工艺流程

1. 张拉台座

张拉台座由承力支架、台面、横梁和定位板组成。台座长度要结合工地施工情况决定,一般为 50~100m。目前公路桥梁中所采用的台座多用墩式台座和槽式台座。

墩式台座是靠自重和土压力来平衡张拉力所产生的倾覆力矩,并靠土壤的反力和摩擦力来抵抗水平位移。台座由台面、承力架、横梁和定位钢板等组成,如图 2-8-17 所示。

2. 张拉

张拉前,应对台座、横梁及各项张拉设备进行详细检查,符合要求后方可进行操作。

同时张拉多根预应力筋时,应预先调整其初应力,使相互之间的应力一致;张拉过程中,应使活动横梁与固定横梁始终保持平行,并应抽查力筋的预应力值,其偏差的绝对值不得超过按一个构件全部力筋预应力总值的5%。

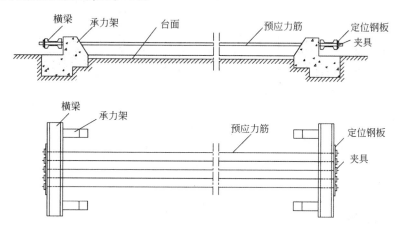

图 2-8-17 重力式台座构造示意图

预应力筋张拉完毕后,与设计位置的偏差不得大于5mm,同时不得大于构件最短边长的4%。

先张法预应力筋的张拉应符合设计要求,若设计无规定时,其张拉程序可按表2-8-4中的规定进行。断丝数量不得超过表2-8-5的规定。

先张拉预应力筋张拉程序　　　　　　　　　　　　　　　　表 2-8-4

预应力筋种类	张 拉 程 序
钢筋	0→初应力→$1.05\sigma_{con}$(持荷 2min)→$0.9\sigma_{con}$→σ_{con}(锚固)
钢丝、钢绞线	0→初应力→$1.05\sigma_{con}$(持荷 2min)→0→σ_{con}(锚固) 对于夹片式等具有自锚性能的锚具 普通松弛预应力筋:0→初应力→$1.03\sigma_{con}$(锚固) 低松弛预应力筋:0→初应力→σ_{con}(持荷 2min 锚固)

注:表中σ_{con}为张拉时的锚下控制应力值,包括预应力损失值。

先张法预应力筋断筋限制　　　　　　　　　　　　　　　　表 2-8-5

类　　别	检 查 项 目	控 制 数
钢丝、钢绞线	同一构件内断丝数不得超过钢丝总数的	1%
钢筋	段筋	不容许

3. 预应力筋的放松

当混凝土达到了设计规定的放松强度以后(若无特殊规定,一般不得低于设计强度的75%)时,就要从台座上将预应力筋的张拉力放松,预应力筋的放松顺序应符合设计要求,设计未规定时,应分阶段、对称、相互交错地放张。在力筋放张之前,应将限制位移的侧模、翼缘模板或内模拆除。多根整批预应力筋的放张,可采用以下两种方法:

(1)千斤顶放松。首先要在台座固定端的承力支架与横梁之间预先安装千斤顶,待混凝土达到规定放松强度后,逐渐放松千斤顶,使拉紧的预应力筋徐徐回程(图2-8-18)。

(2)砂箱放松。以砂箱代替千斤顶(图2-8-19)。张拉时箱内砂子被压实。当需要放松预应力筋时,可将出砂口打开,使砂子慢慢流出,活塞徐徐顶入,预应力筋徐徐回缩,直至张拉力全部放松为止。

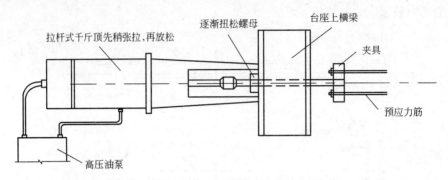

图 2-8-18　千斤顶放松示意图

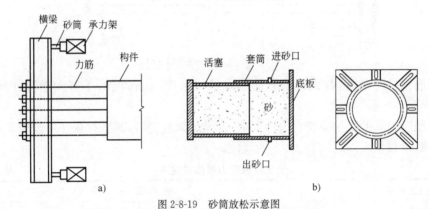

图 2-8-19　砂筒放松示意图

三、后张法预应力混凝土简支梁施工

后张法制梁的步骤是先制作留有预应力筋孔道，待其混凝土达到规定强度后，再在孔道内穿入预应力筋进行张拉并锚固，最后进行孔道压浆并浇灌梁端封头混凝土。

后张法的优点是预应力筋可直接在构件上张拉，不需要专门台座；预应力筋可按设计要求配合弯矩和剪力变化布置；缺点是每一束或每一根预应力筋两头都要加设锚具；而且在施工中还增加留孔、穿筋、灌浆和封锚等工序，施工工艺复杂。

后张法预应力施工工艺流程如图 2-8-20 所示。

1. 预应力筋孔道成型

为在梁体混凝土内形成钢束的管道，应在浇筑混凝土前安装制孔器。按照制孔的方式可分为预埋式制孔器和抽拔式制孔器两大类。

预埋式制孔器有预埋铁皮或铝合金波纹管、PE 塑料管等；抽拔式制孔器有橡胶管（用橡胶夹两层钢丝编织而成，管内插入钢筋芯棒）抽芯、金属伸缩管（用金属丝编织成的软管套，内用橡胶衬管和钢筋芯棒加劲）抽芯、钢管抽芯和充气、充水胶管抽芯等，抽拔式制孔器现较少使用。

预埋式制孔器按钢筋的设计位置和形状固定在钢筋骨架中，待混凝土灌注后，形成预应力筋的孔道。

所有管道均应设压浆孔，还应根据规范要求在最高点设排气孔及需要在最低点设排气孔。

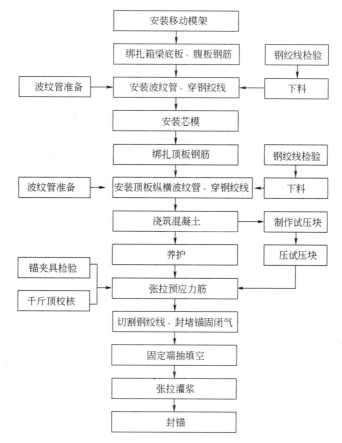

图 2-8-20 后张法预应力施工工艺流程

管道在模板内安装完毕后,应将其端部盖好,防止水或其他杂物进入。

2. 预应力筋的安装

预应力筋可在浇筑混凝土之前或之后穿入管道(分别称为先穿束和后穿束),对钢绞线,可将一根钢束中的全部钢绞线编束后整体装入管道中,也可逐根将钢绞线穿入管道。穿束前应检查锚垫板和孔道,锚垫板应位置准确,孔道内应畅通,无水和其他杂物。

预应力筋安装后的保护需要注意以下几点:

(1)对在混凝土浇筑及养生之前安装在管道中但在下列规定时限内没有压浆的预应力筋,应采取防止锈蚀或其他防腐蚀的措施,直至压浆。

不同暴露条件下,未采取防腐蚀措施的力筋在安装后至压浆时的容许间隔时间如下:

①空气湿度大于70%或盐分过大时:7d;

②空气湿度40%～70%时:15d;

③空气湿度小于40%时:20d。

(2)在力筋安装在管道中后,管道端部开口应密封以防止湿气进入。采用蒸汽养生时,在养生完成之前不应安装力筋。

(3)在任何情况下,当在安装有预应力筋的构件附近进行电焊时,对全部预应力筋和金属件均应进行保护,防止溅上焊渣或造成其他损坏。

对于先穿束的管道,力筋安装完成后,应进行全面检查,以查出可能被损坏的管道。在混凝土浇筑之前，必须将管道上一切非有意留的孔、开口或损坏之处修复，并应检查力筋能否在管道内自由滑动。

3. 预应力筋的张拉

1）张拉前的准备工作

对力筋施加预应力之前，应对构件进行检验，外观和尺寸应符合质量标准要求。张拉时，构件的混凝土强度应符合设计要求，设计未规定时，不应低于设计强度等级值的75%。

应使用能张拉多根钢绞线或钢丝的千斤顶同时对每一钢束中的全部力筋施加应力，但对扁平管道中不多于4根的钢绞线除外。

预应力筋张拉端的设置应符合设计要求，当设计无具体要求时，应符合下列规定：

(1) 对曲线预应力筋或长度大于等于25m的直线预应力筋，宜在两端张拉；对长度小于25m的直线预应力筋，可在一端张拉。

(2) 曲线配筋的精轧螺纹钢筋应在两端张拉，直线配筋的可在一端张拉。

(3) 当同一截面中有多束一端张拉的预应力筋时，张拉端宜分别设置在构件的两端。预应力筋采用两端张拉时，可先在一端张拉锚固后，再在另一端补足预应力值进行锚固。张拉时应避免构件呈过大的偏心状态，因此，应对称于构件截面进行张拉，或先张拉靠近截面重心处的预应力筋，后张拉距截面重心较远处的预应力筋。

预应力筋在张拉控制应力达到稳定后方可锚固。预应力筋锚固后的外露长度不宜小于30mm，锚具应用封端混凝土保护，当需长期外露时，应采取防止锈蚀的措施。一般情况下，锚固完毕并经检验合格后即可切断端头多余的预应力筋，严禁用电弧焊切割。

2）主要张拉设备

预应力筋的张拉操作方法与配用的锚具和千斤顶有关。如张拉钢丝束可配用锥形锚具、锥锚式千斤顶；张拉粗钢筋可配用螺丝端杆锚具、拉杆式千斤顶；张拉精轧螺纹钢筋可配用特制螺母、穿心式千斤顶；张拉钢绞线束可配用OVM锚、穿心式千斤顶。

(1) 锥锚式千斤顶

图2-8-21所示的是TD-60型锥锚式三作用千斤顶的构造和张拉装置简图。这种千斤顶具有张拉、顶锚和退楔块三种功能，适用于锥形锚具的钢丝束。千斤顶的工作靠高压油泵的进油与回油来控制，施加预应力的大小靠油表读值及力筋延伸率大小来控制。

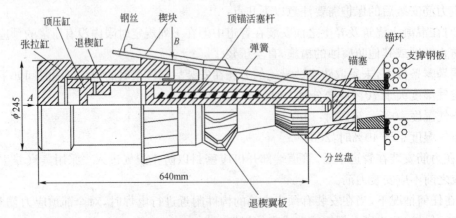

图2-8-21 TD-60型锥锚式三作用千斤顶张拉装置

(2) 拉杆式千斤顶

拉杆式千斤顶构造简单,操作方便,适用于张拉常用螺杆式和墩头式锚、夹具的单根粗钢筋、钢筋束或碳素钢丝束。图 2-8-22 为常用的 GJ_zY-60A 型拉杆式千斤顶的构造示意图。张拉前先用连接器将预应力筋和张拉杆连接。

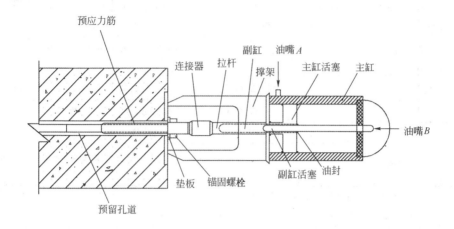

图 2-8-22　GJ_zY-60A 型拉杆式千斤顶的构造示意图

(3) 穿心式千斤顶

这种千斤顶主要用于张拉带有夹片式锚、夹具的单根钢筋、钢绞线或钢筋束和钢绞线束。

图 2-8-23 示出 GJ_zY-60 型穿心式千斤顶的构造简图。张拉前先将预应力筋穿过千斤顶,在其后端用锥销式工具锚将力筋锚住,然后借助高压油泵完成张拉工作。

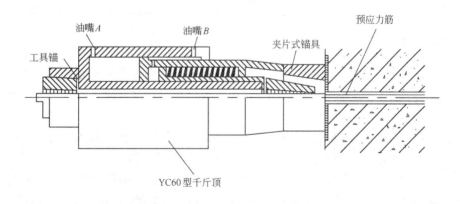

图 2-8-23　GJ_zY-60 型穿心式千斤顶的构造简图

4. 张拉程序

预应力筋的张拉顺序应符合设计要求,当设计未规定时,可采取分批、分阶段对称张拉。

不同预应力筋构件所采用的张拉程序见表 2-8-6。后张预应力筋断丝及滑移不得超过

表 2-8-7 的规定。

后张法预应力筋张拉程序　　　　　　　　　　　　　　　　表 2-8-6

预应力筋		张 拉 程 序
钢筋、钢筋束		0→初应力→$1.05\sigma_{con}$（持荷 2min）→σ_{con}（锚固）
钢绞线束	对夹片式等具有自锚性能的锚具	普通松弛力筋 0→初应力→$1.03\sigma_{con}$（锚固） 低松弛力筋 0→初应力→σ_{con}（持荷 2min 锚固）
	其他锚具	0→初应力→$1.05\sigma_{con}$（持荷 2min）→σ_{con}（锚固）
钢丝束	对夹片式等具有自锚性能的锚具	普通松弛力筋 0→初应力→$1.03\sigma_{con}$（锚固） 低松弛力筋 0→初应力→σ_{con}（持荷 2min 锚固）
	其他锚具	0→初应力→$1.05\sigma_{con}$（持荷 2min）→0→σ_{con}（锚固）
精轧螺纹钢筋	直线配筋时	0→初应力→σ_{con}（持荷 2min 锚固）
	曲线配筋时	0→σ_{con}（持荷 2min）→0（上述程序可反复几次）→初应力→σ_{con}（持荷 2min 锚固）

注：1. 表中 σ_{con} 为张拉时的控制应力，包括预应力损失值。
　　2. 两端同时张拉时，两端千斤顶升降压、画线、测伸长、插垫等工作应基本一致。
　　3. 梁的竖向预应力筋可一次张拉到控制应力，然后于持荷 5min 后测伸长和锚固。
　　4. 超张拉数值超过《公路桥涵施工技术规范》(JTG/T F50—2011) 7.8.2 条规定的最大超张拉应力限值时，应按该条规定的限值进行张拉。

后张预应力筋断丝、滑移限制　　　　　　　　　　　　　　　表 2-8-7

类　　别	检 查 项 目	控 制 数
钢丝束和钢绞线束	每束钢丝断丝或滑丝	1 根
	每束钢绞线断丝或滑丝	1 丝
	每个断面断丝之和不超过该断面钢丝总数的	1%
单根钢筋	断筋或滑移	不容许

5. 后张孔道灌浆

预应力筋张拉后，孔道应尽早灌浆。孔道灌浆有真空辅助灌浆和常规压浆两种方法。孔道压浆宜采用水泥浆，水泥浆所用水泥、水、外加剂等材料以及水泥浆的技术条件应符合设计要求或相应的规范规定。

水泥浆的强度应符合设计规定，设计无具体规定时，应不低于 30MPa。对截面较大的孔道，水泥浆中可掺入适量的细砂。压浆前，应对孔道进行清洁处理。

压浆时，对曲线孔道和竖向孔道应从最低点的压浆孔压入，由最高点的排气孔排气和泌水。压浆顺序应先压注下层孔道。水泥浆自拌制压入孔道的延续时间，视气温情况而定，一般在 30～45min 范围内。

水泥浆在使用前和压注工程中应连续搅拌。对于应延迟使用所致的流动度降低的水泥浆，不得通过加水来增加其流动度。压浆应缓慢、均匀地进行，不得中断。并应将所有最高点的排气孔一一放开和关闭，使孔道内排气通畅。

对于较集中和临近的孔道，宜尽量先连续压浆完成，不能连续压浆时，后压浆的孔道应在压浆前用压力水冲洗通畅。压浆过程中及压浆后 48h 内，结构混凝土的温度不得低于 5℃，否则应采取保温措施。当气温高于 35℃时，压浆宜在夜间进行。

6. 封锚

孔道灌浆后对需封锚的锚具,压浆后应立即先将其周围冲洗干净并对梁端混凝土凿毛,然后设置钢筋网浇筑封锚混凝土。在绑扎端部钢筋网和安装封端模板时,要妥善处理,以免在灌注混凝土时因模板走动而影响梁长。封锚混凝土的强度应符合设计规定,一般不宜低于构件混凝土强度等级值的80%。浇完封端混凝土并静置1~2h后,应按一般规定进行浇水养护。

长期外露的锚具,应采取防锈措施。对后张预制构件,在管道压浆前不得安装就位,在压浆强度达到设计要求后方可移运和吊装。

第三节 装配式简支梁桥的运输和安装

当桥墩及其基础施工完毕后,为了实现简支梁梁体结构落在设计位置,预制安装法是一种通常采用的施工方法。

1. 预制构件出坑与堆放

装配式简支梁桥的柱梁通常在施工现场的预制场内或者在桥梁厂内预制,由于预制场地有限,预制构件在达到强度后,应移梁堆放,待满足安装条件后,再将梁运至桥头或桥孔下进行安装。

预制构件出坑、堆放时应注意以下几点:

(1)装配式预制构件在出坑、移运、堆放时,混凝土强度不应低于设计对吊装所要求的强度,且不宜低于设计强度等级的75%,对于跨径≤3m的板等一般构件,其混凝土强度应达到设计强度等级的50%后,才可出坑移运。

(2)预制构件在出坑前,拆模后应检查其实际尺寸、伸出预埋钢筋(或钢板)、吊环的位置及混凝土的质量,并根据有关规定进行适当修补、处理,务使预制构件形状正确,表面光滑,安装时不致发生困难,尖角、凸出或细长构件在装卸移运过程中应用木板保护。如有必要,试拼的构件应注上号码。

(3)构件移运时的起吊位置应按设计规定,一般即为吊环或吊孔的位置,如设计无规定,又无预埋的吊环或吊孔时,对上、下面有相同配筋的等截面直杆构件的吊点位置,一点吊可设在离端头 $0.293L$ 处,二点吊可设在离端头 $(0.22\sim0.25)L$ 处(L 为构件长)。其他配筋形式的构件应根据计算决定吊点位置。

(4)构件的吊环应顺直,如发现弯扭必须校正,使吊环能顺利套入。吊绳(千斤绳)交角大于60°时,必须设置吊架或扁担,使吊环垂直受力,以防吊环折断或破坏临时吊环的混凝土。如用钢丝绳捆绑起吊时,需用木板、麻袋等垫衬,以保护混凝土的棱角。

(5)预制板、梁构件移运和堆放时的支点位置应与吊点位置一致,并应支承牢固。起吊及堆放板式构件时,注意不要吊错上下面位置,以免折断。

(6)堆放预制构件的场地,应平整压实不致积水。雨季和春季冻融期间,必须注意防止地面软化下沉而造成构件折断和损坏。

(7)预制构件应按吊运及安装次序顺号堆放,并注意在相邻两构件之间留出适当通道。构件堆垛时应设置在垫木上,吊环应向上,标志应向外,构件混凝土养护期未满时,应继续养护。

(8)构件堆放时,应按构件的刚度和受力情况决定平放还是竖放,并保持稳定。水平分层堆放构件时,其堆垛高度应按构件强度、地面耐压力、垫木强度以及堆垛的稳定性而定。一般大型构件以2层为宜,不宜超过3层。预制梁堆垛不宜多于4层。小型构件堆放如有折断可能时,应以其刚度较大的方向作为竖直方向。

(9)堆放构件必须在吊点处设垫木,以免产生负弯矩而断裂,层与层之间应以垫木隔开,多层垫木位置应在一条垂直线上。

2. 预制梁的运输

从工地预制场至桥头的运输,称场内运输,通常需铺设钢轨便道,由预制场的龙门吊车或木扒杆将梁装上平车后用绞车牵引运至桥头。运输中,梁应竖直放置,为了防止构件发生倾倒、滑动或跳动等现象,需要在构件两侧采用斜撑和木楔等临时固定。对于小跨径梁或规模不大的工程,也可设置木板便道,利用钢管或硬圆木作碾子运至桥头。

当采用水上浮吊架梁而需要使预制梁上船时,运梁便道应延伸至河边能使驳船靠拢的地方,为此就需要修筑一段装船用的临时栈桥或码头。

当预制工厂距桥工地甚远时,通常可用大型平板拖车、火车或驳船建梁运至工地存放,或直接运至桥头或桥孔下进行架设。构件装车时须平衡放正,以使车辆承重对称均匀。构件支点下及相邻两构件间,须垫麻袋或草帘,以防止构件相互碰撞。构件下的支点须设活动转盘以免搓伤混凝土。预制简支梁运输时应竖立放置,并用斜撑支承(应支在梁腹上,不得支在梁板上,以防梁板根部发生负弯矩而开裂),以防梁倾倒。

在场内运梁时,为使平稳前进以确保安全,通常在用牵引绞车徐徐向前拖拉的同时,后面的制动索应跟着慢慢放松,以控制前进的速度。

梁在起吊和安装时,应按设计规定的位置布置吊点或支撑点。

3. 预制梁的安装

预制梁的安装是装配式桥梁施工中的关键性工序。安装预制简支梁构件是一项复杂的高空作业,方法很多,归纳起来可分为人工架设、机械架梁和浮运架梁3大类,每类中又有很多不同的方法,施工时可根据梁的种类、重力、长度、桥址处水流与地形及工地设备情况合理选择架梁的方法。下面仅介绍几种常见的架梁方法。

(1)自行式吊车架梁

当桥梁高度不大的中、小跨径梁,可以采用自行式吊车(汽车吊车或履带吊车)架梁,这是一种机械架梁方法。适用于岸上的引桥或者桥墩不高的情况,视吊装质量的不同,用一台或两台(抬吊)吊车直接在桥下进行吊装,如图2-8-24a)所示;如果桥下是河道或桥墩较高时则将吊车直接开到桥上,利用吊机的伸臂边架梁、边前进,如图2-8-24b)所示。不过采用此种方法时必须先核算主梁是否能够承受吊车、被吊构件、机具以及施工人员等的重力,这时应注意钢丝绳与梁面的夹角不能太小,一般以45°~60°为宜。

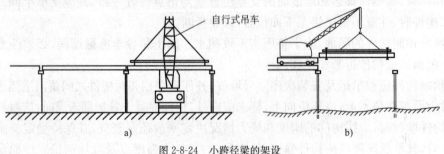

图2-8-24 小跨径梁的架设

(2)浮吊船架梁

浮吊船架梁采用的是浮运架梁方法,如图 2-8-25 所示。浮运架梁法是将预制梁用各种方法移装到浮船上,并浮运到架设孔以后就位安装。浮吊船实际是吊车与驳船的联合体,它适用于在通航河道上的桥孔下面架桥,施工时需要装梁船和牵引船与之相配合,预制构件装在装梁船上,随时供浮吊船起吊。

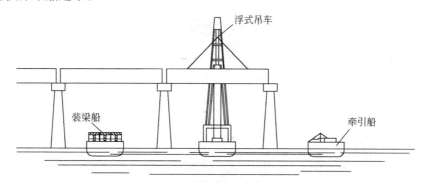

图 2-8-25 浮吊架设法

采用浮运架梁法时,河流须有适当的水深,水深需根据梁重而定,一般宜大于 2m;水位应平稳或涨落有规律如潮汐河流;流速及风力不大;河岸能修建适宜的预制梁装卸码头;具有坚固适用的船只。

浮运架梁法的优点是桥跨中无须搭设临时支架,可以用一套浮运设备架设安装多跨同跨径的预制梁,较为经济,且架梁时浮运设备停留在桥孔的时间很少,不影响河流通航。

浮吊船宜逆流而上,先远后近地安装。吊装前应先下锚定位,航道要临时封锁。

(3)跨墩龙门式吊车架梁

当桥不太高,架桥孔数又多,且沿桥墩两侧铺设轨道不困难时,可以采用跨墩的龙门式吊车梁,这是一种人工架梁的方法,如图 2-8-26 所示,构件用平运至龙门吊机下,即可起吊、横移、下落就位。

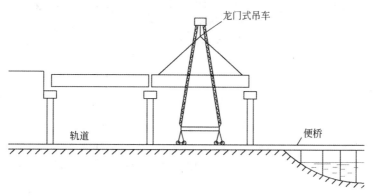

图 2-8-26 跨墩龙门吊机架梁法

预制梁可由轨道平车运送至桥孔,如两台龙门架吊机自行且能达到同步运行时,也可利用跨墩龙门架将梁吊着运送到桥孔,再吊起横移落梁就位。

该方法的优点是架设安装速度较快,河滩无水时也较经济,而且架设时不需要特别复杂的技术工艺。作业人员较少。但龙门吊机的设备费用一般较高,尤其是高桥墩的情况。

(4)宽穿巷式架桥机架梁

图 2-8-27 所示是用宽穿巷式架桥机架梁的示意图,这也是一种机械架梁方法。其中的安装梁可用贝雷钢架或万能杆件拼组而成。但是这种架桥机的自重很大,在施工时一定要保持沿桥面移动的慢速,而且还必须注意前支点下的挠度,以保证安全。

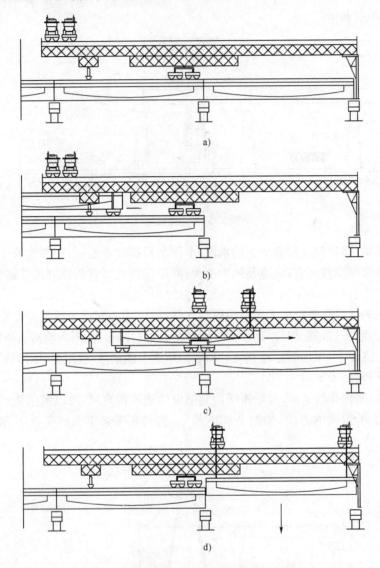

图 2-8-27 宽穿巷吊机架梁步骤

a)一孔架完后,前后横梁移至尾部作平衡重;b)穿巷吊机向前移动一孔位置,并使前支腿支承在墩顶上;c)吊机前横梁吊起 T 形梁,梁的后端仍放在运梁平车上,如续前移;d)吊机后横梁也吊起 T 形梁,缓慢前移,对准纵向梁位后,先固定前后横梁,再用横梁上的吊梁小车横移落梁就位

(5)联合架桥机架梁

图 2-8-28 所示是用联合架桥机架梁的示意图,其架梁操作步骤如下:

①在桥头拼装钢导梁,梁顶铺设钢轨,并用绞车纵向拖拉导梁就位。

②用托架将两个门式吊机移至待架桥孔两端的桥墩上。

③由平车轨道运预制梁至架梁孔位,将导梁两侧可以安装的预制梁用两个门式吊机吊,横

移并落梁就位,如图 2-9-28b)所示。

④将被导梁临时占住位置的预制梁暂放在已架好的梁上。

⑤用绞车纵向拖拉导梁至下一孔后,将临时安放的梁由门式吊机架设就位,完成一孔梁的架设工作,并用电焊将各梁联结起来。

⑥在已架设的梁上铺接钢轨,再用蝴蝶架顺序将两个门式吊机托起并运至前一孔的桥墩上。

如此反复,直到将各孔主梁全部架好为止。此法适用于孔数较多和较长的桥梁时才比较经济。

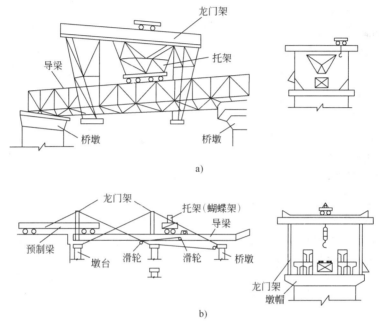

图 2-8-28 联合架桥机安装预制梁

第四节 悬臂体系和连续体系梁桥的施工

悬臂体系和连续体系梁桥的最大特点是,桥跨结构上除了有承受正弯矩的截面以外,还有能承受负弯矩的支点截面,这也是它们与简支梁体系的最大差别。因此,它们的施工方式与简支梁大不相同。目前所用的施工方法大致可分为 3 类:

(1)逐孔施工法。它又可分为落地支架施工和移动模架施工两种。

(2)悬臂施工法。利用预应力混凝土能抗拉和便于承受负弯矩的特性,将跨中的施工困难移到支点,并用支点截面来承受施工期间的负弯矩。一般采用悬臂浇筑或者悬臂拼装(预制节段)两种施工方法。

(3)顶推施工法。在沿桥纵轴方向的台后设置预制场地,分节段的预制梁,并用纵向预应力筋将预制节段与施工完成的梁体连成整体,然后应用水平液压千斤顶施力,将梁体向前顶推出预制场地,然后继续在预制场进行下一节段梁的预制,直至施工完成。若依顶推施力的方法又可分为单点顶推和多点顶推两类。

下面将分别介绍这些施工方法的各自特点。

一、逐孔施工法

1. 落地支架施工

满堂支架是在一联或多跨桥下设置支架,体系转换次数很少,或者没有。南京三桥南引桥满堂支架施工就是按照逐孔现浇施工法进行施工的。逐孔现浇施工法的优点是需要的支架数量少,周转次数多,利用效益高,而且可以超前抢大支架及支设模板,施工速度快。

在我国的南方地区,水网发达,高速公路桥梁比重加大,如果采用常规满堂支架施工,需要进行大面积的支架软土地基处理。

在进行落地支架施工时由于悬臂梁桥和连续桥在中墩处的截面是连续的,而且承担较大的负弯矩,需要混凝土截面连续通过。因此,必须充分重视两个方面的影响:

(1)不均匀沉降的影响。桥墩的刚度比临时支架的刚度大得多,加之支架一般垫基在未经精心处理的土基上,因此,难以预见的不均匀沉陷往往导致主梁在支点截面处开裂。

(2)混凝土收缩的影响。由于每次浇筑的梁段较长,混凝土的收缩又受到桥墩、支座摩阻力和先浇部分混凝土的阻碍,也是容易引起主梁开裂的另一个原因。

鉴于上述原因,一般采用留工作缝或者分段浇筑的方法。图2-8-29a)所示的连续梁,仅在几个支点处设置工作缝,宽为0.8~1.0m,待沉降和收缩完成以后,再对接缝截面进行凿毛和清洗,然后浇灌接缝混凝土。当梁的跨径较大时,临时支架也会因受力不均,产生挠曲线,例如图2-8-29b)悬臂梁中跨的临时桥下过道处,将有明显的折曲,故在这些部位也应预留工作缝。

有时为了避免设置工作缝的麻烦而采用图2-8-29c)所示的分段浇筑方法。其中的4、5段须待1、2、3段达到足够强度后才能浇筑。

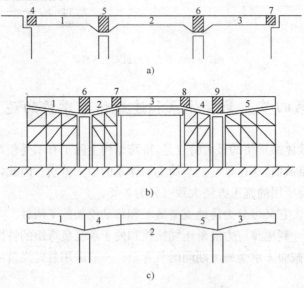

图 2-8-29 浇筑次序和工作缝设置
注:图中序号表示浇筑顺序。

满堂支架适用于高度低于20m左右的墩身上部结构以及其他施工方法不经济的情况下建造桥梁上部结构,具有周转次数多,周转时间短,使用辅助设备少,减少了人力物资的浪费等特点,特别适用于多跨现浇梁施工,既保证了工程质量,又能加快施工进度,具有良好的经济效益。

2. 移动模架施工

移动模架施工法是使用移动式的脚手架和装配式的模板,在桥上逐孔浇筑施工。它像一座设在桥孔上的活动预制场,随着施工进程不断移动和连续现浇施工。图 2-8-30 所示是上承式移动模架构造图的一种。它由承重梁、导梁、台车、桥墩托架和模架等构件组成。在箱形梁两侧各设置一根承重梁,用来支承模架和承受施工重力。承重梁的长度要大于桥梁跨径,浇筑混凝土时承重梁支承在桥墩托架上。导梁主要用于运送承重梁和活动模架,因此,需要有大于两倍桥梁跨径的长度。当一孔梁的施工完成后便进行脱模卸架,由前方台车和后方台车在导梁和已完成的桥梁上面,将承重梁和活动模架运送至下一桥孔。承重梁就位后,再将导梁向前移动。

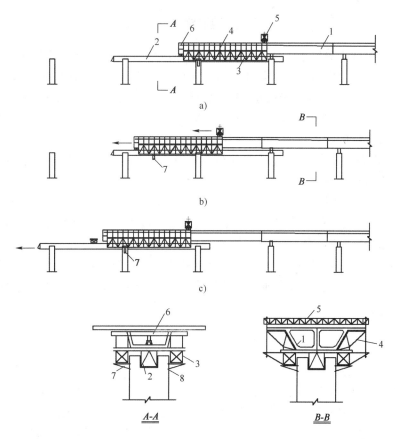

图 2-8-30　移动式模架逐孔施工法
a)浇筑混凝土,施加预应力；b)脱模移动模架梁；c)模架梁就位后,移动导梁,浇筑混凝土前准备工作
1-已完成的梁；2-导梁；3-承重梁；4-模架；5-后端横梁和悬吊台车；6-前端横梁和支承台车；7-桥墩支承托架；8-墩台留槽

移动模架逐孔现浇施工接缝一般设置在跨径的 1/4～1/6 处,即接近连续梁零弯矩点附近,施工状态与成桥状态受力模式比较接近。

移动模架逐孔现浇施工法与在支架上现浇施工的主要区别是前者仅在一孔桥下设置支撑,经体系转换成桥,而后者是在一联或多跨桥下设置支架,体系转换次数很少,或者没有。

该施工法的优点是需要的支架数量少,周转次数多,利用效益高,施工速度快。特别在我国的南方地区,水网发达,高速公路桥梁比重加大,如果采用常规满堂支架施工,此地区特有的支架软土地基处理费用相当高,不用堆载预压,移动模架施工更具优势。

对于中小跨径的连续梁桥或陆地上的桥跨结构,可以使用可移动的落地支架,典型应用方式之一是移动模架支撑三角架采用接长钢支腿,钢支腿最后生根在承台上;而当桥墩较高、桥跨较大,或者水中桥跨结构等桥下净空受到约束时,可以采用非落地支撑的移动模架。非落地支撑的典型应用方式之一是在墩身侧面预留孔,移动模架支撑三角架或者支撑横梁直接插入预留孔内部,移动模架施工状态各种荷载经一系列传递最后到达墩身;典型应用方式之二是利用某些桥墩的中间预留槽悬挂承重横梁,挂设精轧螺纹钢斜拉装置。

移动模架系统适用于深水或高墩身使用支架或其他施工方法不经济的情况下建造桥梁上部结构,具有周转次数多,周转时间短,使用辅助设备少,减少了人力物资的浪费,特别适用于多跨现浇梁施工,既保证了工程质量,又能加快施工进度,具有良好的经济效益。

二、悬臂施工法

悬臂施工法也称为分段施工法。悬臂施工法是以桥墩为中心向两岸对称的、逐节悬臂接长的施工方法。预应力混凝土桥梁采用悬臂施工法是从钢桥悬臂拼装发展而来。悬臂施工法最早主要用于修建预应力 T 形刚构桥,由于悬臂施工方法的优越性,后来被推广用于预应力混凝土悬臂梁桥、连续梁桥、斜腿刚构桥、桁架桥、拱桥及斜拉桥等。

采用悬臂施工法的优点主要有:

(1)桥跨间不需搭设支架,施工不影响桥下通航或行车。所以悬臂施工法可应用于通航河流及跨线立交大跨径桥梁。

(2)多孔桥跨结构可同时施工,加快施工进度。

(3)悬臂施工法充分利用预应力混凝土承受负弯矩能力强的特点,将跨中正弯矩转移为支点负弯矩,使桥梁跨越能力提高,并适合变截面桥梁的施工。

(4)悬臂施工用的悬拼吊机或挂篮设备可重复使用,施工费用较省,可降低工程造价。

需要注意的是,预应力混凝土连续梁及悬臂梁桥采用悬臂施工时需进行体系转换。

1. 悬臂浇筑法

悬臂施工法时利用挂篮进行施工。挂篮是由悬挂系统、钢桁架、行走系统、平衡重力及锚固系统、工作平台等组成,如图 2-8-31)所示。

挂篮能沿轨道行走,通过悬挂在已经完成的悬臂梁段上进行下一梁段施工。由于梁段的模板架设、钢轨绑扎、制孔器安装、混凝土浇筑、预加应力和管道压浆均在挂篮上进行,所以挂篮除具备足够的强度外,还应满足变形小、行走方便、锚固和拆装容易等要求。

当桥墩宽度较小时,浇筑桥墩两侧的 1 号梁段,因挂篮拼装场地不足,往往采用托架支撑,然后再在其上安装脚手钢桁架,供吊设挂篮和浇筑 2 号悬臂梁段。待左右两侧的 2 号梁段浇好后,再延伸钢桁架。并移动挂篮位置至外端,供 3 号梁段浇筑(图 2-8-31)。

2. 悬臂拼装法

悬臂拼装法是将梁段分段预制(分长度和起吊能力控制),现场组拼。为了使段与段之间的接缝紧密,可先浇制奇数编号的块件。为了使拼装构件的位置准确,可以在顶板和腹板上设置榫头作导向。

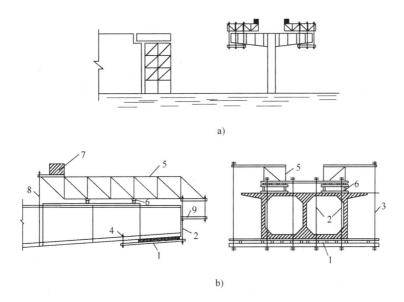

图 2-8-31 悬臂浇筑法施工
a)悬臂施工法概貌;b)挂篮结构简图
1-底模架;2、3、4-悬吊系统;5-承重结构;6-行走系统;7-平衡重;8-锚固系统;9-工作平台

悬臂拼装的顺序是先安装墩顶梁段,再用墩顶上的悬臂钢桁架,同时拼装两侧块件。待拼装几段后,分开导梁,一端支在已拼装的 3 号块件上,另一端支在岸墩上和支在靠近桥墩的块件上,依次对称拼装其他块件,如图 2-8-32 所示。

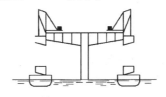

图 2-8-32

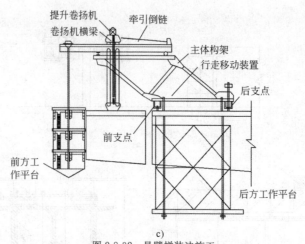

c)

图 2-8-32 悬臂拼装法施工
a)悬臂拼装概貌；b)桁架式悬臂吊机构造图；c)菱形挂篮安装系统

图 2-8-32c)是菱形挂篮吊机构造示意图。它由菱形主体构架、支承与锚固装置、起吊系统、自行走系统和工作平台等部分组成。与桁架式吊机的最大不同点是它具有自行前移的功能，可以加快施工速度。

预制节段之间的接缝可采用湿接缝和胶接缝。湿接缝宽度为 0.1~0.2m，拼装时下面设临时托架，梁段位置调准后，使用高强度等级的砂浆或细石混凝土填实，待接缝混凝土达到设计强度以后再施加预应力。胶接缝是用环氧树脂加水泥在节段接缝面上涂上约厚 0.8mm 的薄层，它在施工中可使接缝易于密贴，完工以后可提高结构的抗剪能力、整体刚度和不透水性，故应用较普遍。但胶接缝要求梁段接缝有很高的制造精度。

3. 悬臂施工法中的临时固结措施

用悬臂施工法从桥墩两侧逐段延伸来建造预应力混凝土悬臂梁桥时，为了承受施工过程中可能出现的不平衡力矩，就需要采取措施使墩顶的 0 号块与桥墩临时固结起来。图 2-8-33 是 0 号块体与桥墩临时固结的构造示意图，只要切断预应力筋后，便解除了临时固结，完成了结构体系的转换。图 2-8-34 是几种不同的临时支承措施示意图。临时支承可用硫磺水泥砂浆块、砂筒或混凝土块等卸落设备，以便于体系转换和拆除临时支承。

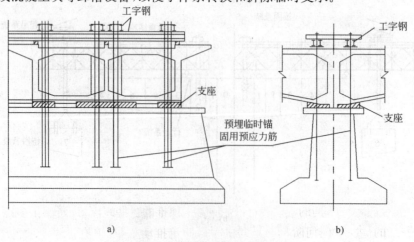

图 2-8-33 0 号块与桥墩的临时固结构造

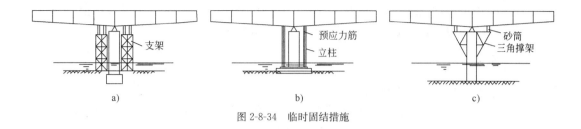

图 2-8-34 临时固结措施

三、顶推施工法

顶推施工法源于钢桥拖拉架设法,以千斤顶代替卷扬机和滑车组,改善启动时的冲击。以滑板、滑道代替滚筒,避免线接触,保证薄壁箱式结构的安全。

顶推施工法有以下优点:机具设备简便,无需大型起吊设备;节省施工用地,工厂化制作;能保证构件质量,模板可周转,不影响通航;节约劳力,施工安全。适用于连续梁、结合梁(桥面板)、简支梁、拱桥(桥面纵梁)、斜拉桥(主梁)等结构。

但也有缺点:不适应多跨变高梁、曲率变化的曲线桥和竖向曲率大的桥梁;受顶推悬臂弯矩的限制,顶推跨径大于 70～80m 不经济;顶推过程中的反复应力,使梁高取值大;临时束多,张拉工序烦琐,随着桥长的增大,施工进度较慢。

(一)顶推法分类

顶推法施工的关键是在一定的顶推动力作用下,梁体能在滑道装置上以较小的摩擦系数向前移动。针对不同的特点可将施工方法进行以下分类:

1. 按顶推动力装置分

1)单点顶推

顶推动力装置集中设置在靠近梁场的桥台或桥墩上,支承在纵向滑道上的垂直千斤顶和支承在墩(台)背墙的水平千斤顶联动,其他墩台仅设滑道,能使梁体以垂直千斤顶为支承向前移动。该方法要求顶推力要大。例如狄家河桥就是采用这种方法施工的。

另一种单点顶推的方式是水平千斤顶通过拉杆带动梁体前移,滑道为固定的不锈钢板,滑块在滑道上支承梁体,在滑道前后设置垂直千斤顶用来起落梁体使滑块能从前向后移动,这是早期做法。后来把滑道前后作为斜坡,滑块可以手工续进,就不必用垂直千斤顶顶起梁体后移滑块了,如图 2-8-35 所示。

2)多点顶推

由于单点顶推存在一个严重缺点,就是在顶推前期和后期,垂直千斤顶顶部同梁体之间的摩擦力不能带动梁体前移,必须依靠辅助动力才能完成顶推。此外,单点顶推施工中,没有设置水平千斤顶的高墩,尤其是柔性墩在水平力的作用下会产生较大

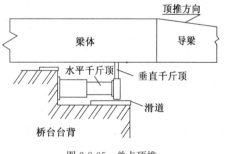

图 2-8-35 单点顶推

的墩顶位移,甚至威胁到结构的安全,为了克服单点顶推的这些缺点,便产生了多点顶推法。

多点顶推法的优点是任何阶段都能提供必需的定推动力,在顶推过程中水平千斤顶对墩台的水平推力同梁体作用在墩台上的摩擦力相平衡,有利于柔性高墩的安全。但是,必须保证

多台千斤顶同步工作,而且可以分级调压,使作用在墩顶的水平力不超过设计允许值。

多点顶推的动力装置一般都采用穿心千斤顶、钢绞线束、自动工具锚体系。

2. 按支承系统分

1)临时滑道支承装置顶推施工

在永久墩台和临时墩顶设置临时滑道装置进行顶推,待梁体就位后起梁、取掉滑道、更换支座、落梁。这是一项复杂的工程,起梁和落梁必须有设计程序,确保梁体的安全。永久墩台的支承垫石顶面高程必须符合设计要求。我国大部分顶推施工的桥梁都是采用这种方法。

2)永久支承兼用滑道的顶推施工

在条件适当的桥梁顶推施工设计中,把永久支座做必要的临时处理,使其成为临时滑道,当顶推结束后,起梁、拆除临时的滑道,把梁体落在永久支座上。国外的 RS 施工法,由于采用很薄的不锈钢带(0.6mm)和橡胶(3mm)组成的连续滑板,就像放映电影胶片一样自动循环,可以取消起梁、落梁的复杂工序,简化施工。例如日本的秩父跨线桥(29.3m+50m+29.3mPC连续梁)就是这样施工的。

3. 按顶推方向分

1)单向顶推

即只在桥的一端设置梁台座,分段预制,逐段顶推,直到全桥就位。对于多联的连续桥梁,顶推时,必须把两联之间临时连接起来,全桥就位后,再取掉临时连接。

2)双向(相对)顶推

在桥的两端台后均设置梁台座,同时分段预制梁体,逐段顶推。这种顶推方式,必须解决两联梁体即将到位时,导梁的处理问题。通常的解决方式是,第一联首先按常规方法就位,第二联顶推到适当位置时,把导梁移至梁顶部,使第二联导梁在第一联导梁顶面滑移。这种方法需要的设备多,只在桥梁较长,工期很紧张的情况下才考虑采用。

4. 按动力装置的类别分

1)步距式顶推

采用穿心千斤顶、钢绞线束、自动工具锚、拉锚器体系作为顶推动力装置。为了使多台千斤顶同步运行,采用主控台控制各个泵站操纵千斤顶,即可集中控制。又可分级调压,也可以限定差值(各墩台设计允许的水平推力与施加给各墩台的不平衡推力之差)。但是,由于步距式顶推是以水平千斤顶的工作行程作为一个顶推步距,当水平千斤顶回程时,梁体便停止前移。对于墩台而言,每一个顶推步距都将经历从静摩擦到动摩擦再到停止的过程,墩台顶部的位移也随之从"零——最大——较小——零"这样周而复始的变化。同时,每当顶推力克服了静摩擦力时,梁体便突然前移,而由于动摩擦力比静摩擦力小,水平千斤顶的油压随之下降,梁体前移速度也随之减慢,这就是梁体爬行现象,其对柔性高墩的安全存在严重威胁,因此,出现了连续顶推新工艺。

2)连续顶推

采用串联穿心千斤顶、钢绞线束、自动工具锚、拉锚器体系实现连续顶推。其通过连续千斤顶的连续工作,使一段梁体的顶推作业连续进行,避免了步距式顶推时梁体的"爬行"现象及对墩台的反复冲击,同时也提高了顶推效率。

5. 按箱梁阶段的成型方式分

1）预制组拼，分段顶推

在墩（台）后设置制梁场、存梁场、拼梁线，按照设计顶推单元划分，将顶推单元分成若干个块件预制，在拼梁线上组拼，张拉预应力形成整体后顶推的施工方法。当台后场地条件好，具备运输和就地拼装能力，工期要求紧迫时，设计和施工方案可以考虑预制箱梁阶段、墩（台）后拼装、分阶段顶推的施工方案。

2）逐段预制，逐段顶推

在墩（台）后设置制梁平台，将连续梁分成若干个节段，按照设计顶推单元划分，每一个顶推单元为一个预制的基本节段，依次在制梁台座上制作，在墩顶设置顶推滑道，顶推千斤顶，通过各千斤顶出力，牵引顶推传力拉索带动梁体在滑道上向前移动，前段梁顶出台座后，在台座上接灌下一梁段，将梁逐渐向对岸顶推。

（二）顶推法施工工序

顶推法的施工工序主要分为以下三大方面：

（1）预制：在桥轴线端部设预制厂制梁；
（2）顶推：待混凝土达到强度后，张束，向前顶推；
（3）支座安装：梁就位后，整体顶梁，安装正式支座。

具体的施工工序流程如图 2-8-36 所示。

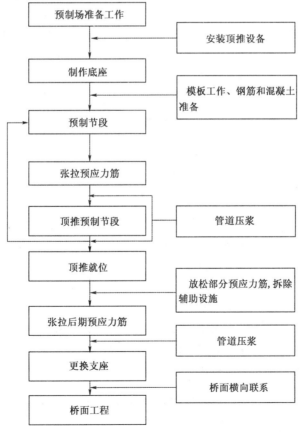

图 2-8-36　顶推法施工工艺流程

第五节 桥梁施工控制简介

一、桥梁施工控制的定义

桥梁施工,特别是大跨径桥梁的施工是一个系统工程。在该系统中,设计图只是目标,而在自开工到竣工整个为实现设计目标而必须努力的过程中,将受到许多确定和不确定因素(误差)的影响,包括设计计算、桥用材料性能、施工精度、荷载、大气温度等诸多方面在理想状态与实际状态之间存在的差异,施工中如何从各种受误差影响而失真的参数中找出相对真实之值,对施工状态进行实时识别(监测)、调整(纠偏)、预测,对设计目标的实现是至关重要的。上述工作一般需以现代控制论为理论基础来进行,所以称之为施工控制。

二、施工控制在桥梁施工中的作用

桥梁施工控制是确保桥梁施工宏观质量的关键,衡量一座桥梁的施工宏观质量标准就是其成桥状态的线形以及受力情况是否符合设计要求。对于桥梁的下部结构,只要基础埋置深度和尺寸以及墩台尺寸准确就能达到标准要求,且容易检查和控制。而对采用多工序、多阶段施工的桥梁上部结构,要求结构内力和线形的最终状态符合设计要求,就不那么容易了。

桥梁施工控制又是桥梁建设的安全保证。为了安全可靠地建好每座桥,施工控制将变得非常重要。因为每种体系的桥梁所采用的施工方法均按预定的程序进行,施工中的每一阶段,结构的内力和变形是可以预计的,同时可通过检测得到各施工阶段结构的实际内力和变形,从而完全可以跟踪掌握施工进程,出现异常情况立即进行原因分析,而不能再继续进行施工,否则,将可能出现事故。为避免突发事故的出现,按期、安全地建成一座桥梁,施工控制是有力的保证。换句话说,桥梁施工控制系统也就是桥梁建设的安全系统。

(1)桥梁施工控制不仅是桥梁施工技术的重要组成部分,而且也是实施难度相对较大的部分。

(2)桥梁施工控制是确保桥梁施工宏观质量的关键。

(3)桥梁施工控制又是桥梁建设的安全保证。

三、桥梁施工控制的任务及功能

对桥梁施工过程实施控制,确保在施工过程中桥梁结构的内力和变形始终处于容许的安全范围内,确保成桥状态(包括成桥线型与成桥结构内力)符合设计要求。

控制理论是大型桥梁施工控制的核心问题,它要解决的主要问题是如何考虑与处理结构的实际状态与理想目标状态之间的偏差。

为了达到最优施工控制,实现监控状态施工偏差最小,合理的控制理论应该能充分考虑各种偏差的影响,要求具备以下三大基本功能:

(1)校正功能。校正计算模型,以减小设计参数误差的影响。

(2)滤波功能。通过滤波得出结构的真实状态并预测未来以考虑测量误差。

(3)调整功能。调节施工误差和其他已有偏差。

四、桥梁施工控制的内容

桥梁施工控制的内容主要有:几何(变形)控制、应力控制、稳定控制、安全控制。

1. 几何（变形）控制

桥梁结构在施工过程中总要产生变形（挠曲），并且结构的变形将受到诸多因素的影响，极易使桥梁结构在施工过程中的实际位置（立面高程、平面位置）状态偏离预期状态，使桥梁难以顺利合龙，或成桥线形形状与设计要求不符，所以必须对桥梁实施控制，使其结构在施工中的实际位置与预期状态之间的误差在容许范围内和成桥线形状态符合设计要求（图2-8-37）。

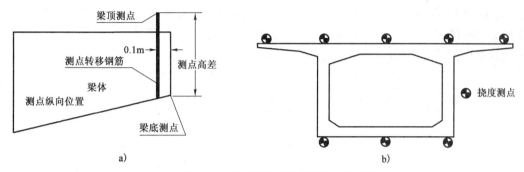

图2-8-37 悬臂浇筑连续梁挠度测点布置图
a)节段纵面；b)节段截面

2. 应力控制

桥梁结构在施工过程中以及成桥状态的受力情况是否与设计相符合是施工控制要明确的重要问题。通常通过结构应力的监测来了解实际应力状态，若发现实际应力状态与理论应力状态的差别超限就要进行原因查找和调控，使之在允许范围内变化。考虑适合长期施工过程观测并能保证足够的精度，一般选用长期性、稳定性较好、精度较高的振弦式应变计和配套的振弦式读数仪进行应力测试（图2-8-38）。

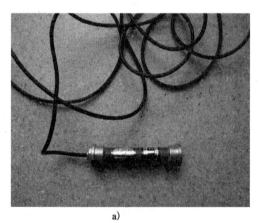 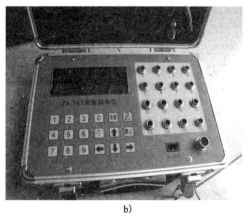

图2-8-38 振弦式混凝土应变计及频率仪
a)振弦式混凝土应变计；b)振弦式频率仪

3. 稳定控制

桥梁结构的稳定性关系到桥梁结构的安全。世界上有不少桥梁在施工中因失稳破坏的例子。因此在桥梁施工中不仅要严格控制变形和应力，还要严格控制施工各阶段构件的局部和整体稳定。

目前主要是通过稳定分析计算（稳定安全系数），并结合结构应力、变形情况来综合控制其稳定性。

4. 安全控制

桥梁施工安全控制是上述变形控制、应力控制、稳定控制的综合体现，上述各项得到了控制，安全也就得到了控制。由于结构形式不同，直接影响施工安全的因素也不一样，在施工控制中需根据实际情况，确定其安全控制重点，施工监控信息管理流程图如图 2-8-39 所示，根据监控量测数据反馈信息，当处于警戒状态时，应启动应急预案。

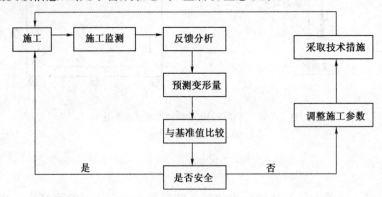

图 2-8-39　施工监控信息管理流程图

思考题

1. 施工过程中，模板应满足哪些要求？
2. 模板和支架在支座安装过程中有哪些注意要点？
3. 先张法和后张法各有什么优缺点？
4. 简述先张法预应力施工工艺流程。
5. 简述连续体系梁桥采用悬臂施工法的优点。
6. 悬臂体系和连续体系梁桥有哪几种施工方法？
7. 为什么要进行桥梁施工控制？桥梁施工控制包括哪些内容？

第九章 梁桥实例

第一节 钢筋混凝土简支梁桥

一、主要技术标准

(1)公路等级:高速公路、一级公路。
(2)设计荷载:公路—Ⅰ级。
(3)环境类别:Ⅰ类、Ⅱ类。

二、主 要 材 料

(一)混凝土

水泥采用高品质的强度等级为 62.5、52.5、42.5 的硅酸盐水泥,同一座桥的板梁采用同一品种水泥。粗集料采用连续级配,碎石宜采用锤击式破碎生产。碎石最大粒径不宜超过 20mm,以防混凝土浇筑困难或振捣不密实。预制板钢筋混凝土强度等级采用 C30,重度 $\gamma=26.0 \text{kN/m}^3$,弹性模量为 $E=3.0\times10^4 \text{MPa}$;现浇整体化混凝土(铺装层)强度等级采用 C40,重度 $\gamma=24.0 \text{kN/m}^3$,弹性模量为 $E=3.25\times10^4 \text{MPa}$;有条件时,铰缝混凝土可选择抗裂、抗剪、韧性好的钢纤维混凝土;桥面铺装采用沥青混凝土,重度 $\gamma=24.0 \text{kN/m}^3$。

(二)普通钢筋

普通钢筋采用 HPB300 和 HRB400 钢筋,要求满足《钢筋混凝土用钢 第 1 部分:热轧光圆钢筋》(GB 1499.1—2008)和《钢筋混凝土用钢 第 2 部分:热轧带肋钢筋》(GB 1499.2—2007)的规定,本节图纸中 HPB300 钢筋主要采用了直径 $d=10\text{mm}$ 规格;HRB400 钢筋主要采用了直径 $d=16\text{mm}$ 规格。如图 2-9-1 所示。

(三)其他材料

钢板:采用符合国家标准《碳素结构钢》(GB/T 700—2006)标准的 Q235B 钢板。

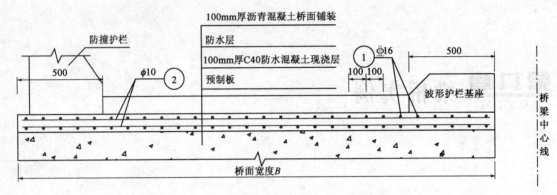

图 2-9-1　桥面连续配筋横断面图(尺寸单位:mm)

支座:可采用板式橡胶支座,其材料和力学性能均应符合现行国家和行业标准的规定。

三、设 计 要 点

(1)本节以简支板桥为基本结构,采用桥面连续结构,连续长度综合桥梁总体布局而定。

(2)上部行车道板汽车荷载横向分配系数,跨中采用铰接板梁法理论计算,支点采用杠杆法计算。斜交板考虑角度对横向分配系数的影响。

(3)对于同一跨径、斜度及相同汽车荷载等级,中板取不同桥面宽度引起最大的横向分布系数值作为控制设计值,边板取不同桥面宽度引起的横向分布系数值作为控制设计值。

(4)运营状态下板梁按预制板、铰缝和 50mm 厚现浇整体混凝土层共同参与结构受力进行设计。

(5)采用较宽而深的铰缝,铰缝内配置钢筋并与预制板的伸出钢筋绑扎在一起,在铰缝上缘将相邻板伸出的钢筋相焊接,以防铰缝开裂、渗水和板体外爬等弊病。

(6)预制板板顶面应设置 U 形剪力钢筋,浇筑时与顶板钢筋固定牢靠。

(7)桥面铺装:分为两层,下层为 100mm 现浇 C40 防水混凝土,上层为 100mm 沥青混凝土。抵抗斜板负弯矩的角隅钢筋设置在现浇防水混凝土层内。

(8)结构重要性系数:采用 1.1。

(9)钢筋混凝土简支结构温度效应很小,略计。

四、施 工 要 点

有关桥梁的施工工艺、材料要求及质量检查标准,除按《公路桥涵施工技术规范》(JTG/T F50—2011)和《公路工程质量检验评定标准　第一册　土建工程》(JTG F80/1—2004)有关条文办理外,还应特别注意以下事项。

(一)实心板预制

(1)浇筑实心板混凝土前应严格检查伸缩缝、泄水管、护栏、支座等附属设施预埋件是否齐全,确定无误后方可浇筑。施工时,应保证钢筋位置准确,控制混凝土集料最大粒径不得大于 20mm。浇筑混凝土时应充分振捣密实,严格控制其质量。

(2)实心板预制时,按 1m 一道在铰缝的侧模嵌上 0.5m 长的 φ6 钢筋,形成 6mm 凹凸不平的粗糙面。

(3)实心板预制时,除注意按本册设计图纸预埋钢筋和预埋件外,桥面系、伸缩缝、护栏及其他相关附属构造,均应参照有关图纸施工,护栏预埋钢筋必须预埋在预制空心板内。

(二)预制板安装

(1)预制板采用设吊孔穿束、兜板底、加扁担的吊装方法。

(2)桥梁架设若采用架桥机吊装,必须经过验算方可进行,且架桥机的重量必须落在墩台的立柱上。

(3)预制板安装就位后,应先浇筑铰缝混凝土,待其强度达到设计强度85%以后,再进行桥面铺装及防撞护栏施工。

(三)其他

(1)预制板梁时应特别注意养生,混凝土强度达到设计强度的75%以上时方可移动、吊装、运输预制梁。堆放时应在预制板的端部设置支承搁置,不得使板上、下面倒置。

(2)在浇筑铰缝、防撞护栏及桥面铺装混凝土层前,必须用钢刷清除结合面上的浮皮等杂质,用水冲洗干净后浇筑铰缝小石子混凝土,振捣密实,然后进行混凝土桥面铺装,并应注意现浇混凝土层钢筋网位置和混凝土捣实养护工作。

(3)预制板顶面及铰缝面等所有新、老混凝土结合面均应凿毛成凹凸不小于6mm的粗糙面,0.1×0.1m面积中不少于1个点,以利于新旧混凝土良好结合。

(4)预制板芯模可采用钢管、橡胶气囊或挤压成型等工艺,采用橡胶气囊时应采取有效措施防止浮模。

(5)严格控制支座高程,避免支座脱空。

钢筋混凝土整体式简支板桥构造如图2-9-2所示。

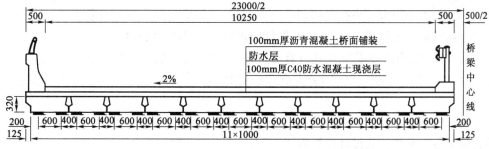

图2-9-2　钢筋混凝土整体式简支板桥构造(尺寸单位:cm)

第二节　预应力混凝土简支梁桥

一、设 计 标 准

(1)道路等级:高速公路、一级公路。

(2)设计荷载:公路—Ⅰ级。

(3)设计安全等级:一级。

(4)环境类别:Ⅱ级。

二、主 要 材 料

1. 混凝土

(1)水泥：应采用高品质的强度等级为 62.5、52.5 和 42.5 的硅酸盐水泥，同一座桥的板梁应采用同一品种水泥。

(2)粗集料：应采用连续级配，碎石宜采用锤击式破碎生产。碎石最大粒径不宜超过 20mm，以防混凝土浇筑困难或振捣不密实。

(3)混凝土：预制空心板、铰缝和桥面现浇层采用 C50；封端混凝土采用 C40；有条件时，铰缝混凝土可选择抗裂、抗剪、韧性号的钢纤维混凝土；桥面铺装采用沥青混凝土。

2. 普通钢筋

普通钢筋采用 HPB300 和 HRB400 钢筋，要求满足《钢筋混凝土用钢 第 1 部分：热轧光圆钢筋》(GB 1499.1—2008)和《钢筋混凝土用钢 第 2 部分：热轧带肋钢筋》(GB 1499.2—2007)的规定，本册图纸中 HPB300 钢筋主要采用了直径 $d=8$mm、10mm 两种规格；HRB400 钢筋主要采用了直径 $d=12$mm、14mm、16mm、18mm、20mm 五种规格。

3. 预应力钢筋

预应力筋采用 $\Phi_s 15.2$ 钢绞线，标准强度 $f_{pk}=1860$MPa，弹性模量为 1.95×10^5MPa，松弛率小于等于 2.5%。

4. 其他材料

(1)钢板：采用符合国家标准《碳素结构钢》(GB/T 700—2006)的 Q235B 钢板。

(2)支座：可采用板式橡胶支座，其材料和力学性能均应符合现行国家和行业标准的规定。本通用图的结构体系为简支结构，按部分预应力 A 类构件设计。

①设计计算采用平面杆系结构计算软件计算，桥面现浇层参与结构受力，空心板桥的横向分布系数，支点按杠杆法计算，四分点到跨中按铰接板梁法计算，支点到四分点按直线内插求得。

②对于同一翼缘长度(边板)、同一跨度、斜度及相同汽车荷载等级取不同的桥面宽度计算的最大横向分布系数作为设计控制数值。

③成桥后按预制板与 50mm 现浇整体混凝土层共同受力进行设计，未计入铰缝截面参与受力，但考虑铰缝连接作用。

5. 设计参数

(1)混凝土：重度 $\gamma=26.0$kN/m³，弹性模量为 $E=3.45 \times 10^4$MPa。

(2)沥青混凝土：重度 $\gamma=24.0$kN/m³。

(3)预应力损失计算的相关参数：张拉台座长度按 50m 计，一端张拉，钢筋回缩值取用 6mm，预应力钢筋与张拉台座间的加热养护温差取 20℃。

(4)竖向梯度温度效应：按《公路桥涵设计通用规范》(JTG D60—2015)规定取值。

三、施 工 要 点

有关施工工艺、材料要求及质量检验标准,除按交通部部颁标准《公路桥涵施工技术规范》(JTG/T F50—2011)的相关条款办理外,还应特别注意以下事项:

1. 空心板预制

(1)浇筑主梁混凝土前应严格检查伸缩缝、泄水管、护栏、支座等附属设施预埋件是否齐全,确定无误后方能浇筑。施工时,应保证预应力钢筋及普通钢筋位置的准确性,控制混凝土骨料最大粒径不得大于20mm。浇筑混凝土时应充分振捣密实,严格控制其质量。

(2)为了防止预制板上拱过大,预制板与桥面现浇层由于龄期差别而产生过大收缩差,存梁期不超过90d,若累计上拱值超过计算值8mm,应采取控制措施。各类型板梁在钢绞线放张后、各存梁期跨中上拱度计算值及二期恒载产生的下挠值如表2-9-1所示。

板梁跨中上拱度及二期恒载产生的下挠值　　　　表2-9-1

梁板类型	钢绞线放张后上拱值(mm)	存梁期30d上拱值(mm)	存梁期60d上拱值(mm)	存梁期90d上拱值(mm)	二期恒载产生的下挠值(mm)
中板	6	12	13	14	−3
翼缘625mm边板	8	16	17	18	−3
翼缘500mm边板	7	14	15	16	−3
翼缘375mm边板	6	12	13	14	−3
翼缘250mm边板	7	12	14	14	−3

注:正值表示位移向上,负值表示位移向下。

(3)空心板预制时,按1m一道在铰缝的侧模嵌上50cm长的$\phi 6$钢筋,形成6mm凹凸不平的粗糙面。

(4)空心板预制时,除注意按本册设计图纸预埋钢筋和预埋件外,桥面系、伸缩缝、护栏及其他相关附属构造,均应参照有关图纸施工,护栏预埋钢筋必须预埋在预制空心板内。

2. 预应力工艺

(1)空心板预应力钢绞线的张拉控制应力采用$0.75 f_{pk}=1395$MPa。必须待混凝土强度达到设计强度85%,且龄期达到7d后方可放松预应力钢绞线。施工单位在条件具备时,应适当增加混凝土放张龄期,提高混凝土的弹性模量,减少反拱度。钢绞线的放张须两端同时对称进行。

(2)钢绞线需用砂轮锯切割,严禁用电焊枪烧切。

3. 空心板安装

(1)预制空心板采用设吊孔穿束兜板底加扁担的吊装方法。

(2)桥梁架设若采用架桥机吊装,必须经过验算方可进行,且架桥机的重量必须落在墩台的立柱上。

4. 其他

(1)预制空心板顶面拉毛,铰缝面等其他所有新、老混凝土结合面均应凿毛成凹凸不小于

6mm 的粗糙面，10cm×10cm 面积中不少于一个点，以利于新旧混凝土良好结合。

(2) 本通用图设计钢筋长度未考虑折减，实际施工下料时应按照有关施工规范要求进行控制。

(3) 严格控制支座高程，避免支座脱空。

第三节 连续梁桥

一、概况

通榆河为规划Ⅲ级航道，设计最高通航水位 2.96m，设计最低通航水位 0.70m，通航净空 70×7m。路线与通榆河交叉角度 85.58°，桥梁设计角度 90°，桥位处通榆河驳岸口宽 70m。主桥为变截面预应力混凝土连续箱梁，跨径布置为 (55+90+55)m，桥梁总宽为 26m，分两幅布置，单幅箱梁采用单箱单室截面，如图 2-9-3～图 2-9-5 所示。

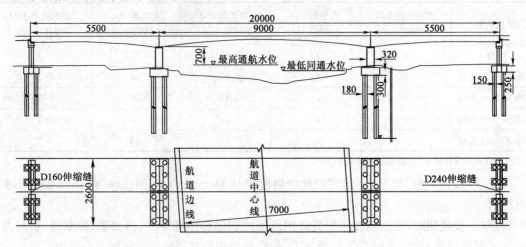

图 2-9-3 通榆河大桥总体布置图（尺寸单位：cm）

二、主要技术标准

(1) 汽车荷载等级：公路—Ⅰ级；

(2) 桥涵设计洪水频率：1/100；

(3) 地震：地震动峰值加速度为 0.1g，相当于基本烈度Ⅷ度，抗震设防类别为 B 类，抗震设防措施等级为Ⅷ级。

三、主要材料

1. 混凝土

主桥箱梁采用 C50 混凝土，调平层 C40 混凝土，主墩墩身 C40 混凝土，主墩承台、过渡墩盖梁及墩柱、过渡墩承台、桥墩盖梁、墩柱、台帽、耳背墙 C30 混凝土，桥台承台、桩基础 C30 混凝土。拌制混凝土用的粗、细集料及水的质量要求满足《公路桥涵施工技术规范》(JTG/T F50—2011) 的有关规定。

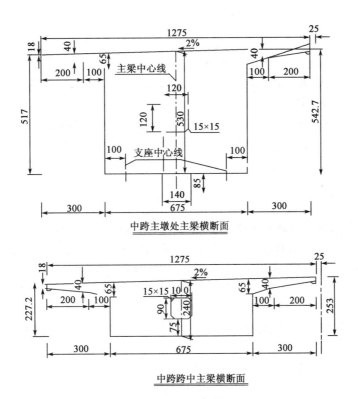

图 2-9-4 通榆河大桥主梁横截面图(尺寸单位:cm)

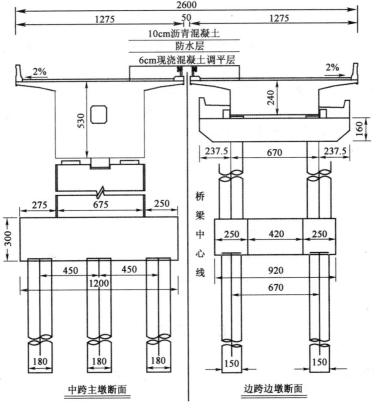

图 2-9-5 通榆河大桥桥墩横断面图(尺寸单位:cm)

2. 钢材

(1)预应力筋:纵、横向预应力筋采用 $\phi^s 15.2mm$ 钢绞线,标准强度 $f_{pk}=1860MPa$,弹性模量为 $1.95\times 10^5 MPa$,松弛率小于等于 2.5%;竖向预应力筋采用 JL32 高强精轧螺纹粗钢筋,其标准抗拉强度为 785MPa。

(2)普通钢筋采用 HPB300 和 HRB400 钢筋,要求满足《钢筋混凝土用钢 第 1 部分:热轧光圆钢筋》(GB 1499.1—2008)和《钢筋混凝土用钢 第 2 部分:热轧带肋钢筋》(GB 1499.2—2007)的规定,钢板采用符合国家标准《碳素结构钢》(GB/T 700—2006)的 Q235B 钢板。

3. 锚具及波纹管

主桥箱梁纵横向预应力锚具采用 OVM 型锚具及其配套的设备,竖向预应力粗钢筋采用 YGM 锚具,管道成孔采用镀锌金属波纹管,要求钢波纹扁管钢带厚度不小于 0.35mm,其性能和质量应符合现行行业标准《预应力混凝土用金属波纹管》(JG 225—2007)的规定。

4. 支座、伸缩缝

主桥采用 GPZ(2009)型盆式橡胶支座,盆式支座的材料和力学性能均应符合现行国家和行业标准的规定。

伸缩缝:采用 D80、D160、D240 型伸缩缝。

四、设 计 要 点

1. 上部结构

主桥上部结构为(55+90+55)m 三跨预应力混凝土变截面单箱单室连续梁桥,单箱底宽 6.75m,两侧悬臂长 3.0m,箱梁高度从距跨中 1m 处至距主墩中心 2m 处由 2.4m 按二次抛物线变化为 5.3m(梁高均为单箱中心线处竖直高度)。主桥箱梁在墩顶 0 号块处设置厚度为 3m 的横隔梁,在中跨跨中布设厚度为 0.3m 的中隔板,在边跨端布设厚度为 1.6m 的横隔梁。箱梁在横桥向底板保持水平,顶板设 2%的横坡,腹板竖直,通过左右侧腹板不同高度来调整横坡。箱梁顶板厚度为 0.28m;底板厚度由跨中的 0.3m 变化至距 0 号块中心线 3.6m 处的 0.738m;腹板厚度在跨中为 0.50m,在 8～9 号块件范围内线性变化为 0.75m。

2. 下部结构

主桥主墩墩身采用矩形实体式薄壁墩,长 6.75m,宽 3.2m;主墩承台为矩形,厚 3.0m,平面尺寸为 12m×7.5m;基础采用 6 根直径为 1.8m 的钻孔灌注桩。

主桥和引桥之间的过渡墩采用圆柱式墩,横向为双柱式,直径为 1.8m;承台为哑铃形,厚 2.5m;基础采用 4 根直径为 1.5m 的钻孔灌注桩。

五、施 工 要 点

1. 上部结构施工

(1)箱梁施工

箱梁采用悬臂法施工,墩顶(0、1号块)及边跨端部采用满堂支架现浇,2～12号梁段采用挂篮悬臂对称、平衡浇筑施工;浇筑至最大悬臂后,先浇筑边跨合龙段,再解除墩梁临时固结,并拆除中墩及边墩的所有托(支)架之后,浇筑中跨合龙段,完成体系转换,成为三跨预应力混凝土连续箱梁。

(2)预应力张拉

纵向预应力钢束在箱梁横断面应保持对称张拉,对两端张拉的纵向钢束张拉时两端应保持同步。竖向预应力采用复张拉工艺,间隔一个节段后进行复张拉,张拉后24h内必须完成灌浆,以防其松弛。张拉端槽口处的钢筋应重新焊接,并采用微膨胀混凝土封填。

施加预应力必须采用张拉吨位和钢束引伸量双控。钢束张拉时应在初始张拉力(可取设计张拉吨位的10%～15%)状态下作出标记,以便直接测定各钢绞线的引伸量。当预应力钢束张拉达设计吨位时,实际引伸量与理论引伸量误差不应大于±6%(尚应考虑计算用管道偏差系数与摩阻系数与实际值不符而进行的修正),否则应停工检查,分析原因,采取相应措施处理后方可继续张拉。

2. 桥面铺装、护栏施工

主桥桥面为6cm混凝土调平层、柔性防水层及10cm厚沥青混凝土桥面铺装;引桥桥面为8cm混凝土调平层、柔性防水层及10cm厚沥青混凝土桥面铺装。在桥面调平层施工完成及表面充分凿毛清理干净后喷涂防水层,然后进行桥面沥青铺装。铺装浇筑应在墩顶范围合龙。桥面铺装所需的沥青混凝土材料及配比应根据有关试验确定。

3. 桥墩、桩基施工

在进行基础以上部分施工前,须对上、下部结构的各特征点高程进行核对,特别是衔接部位的高程。墩台帽顶的支座垫块应严格按设计提供的数值设置,并保证支座水平和支座顶面清洁。

主桥桩基础施工时应根据地质情况,结合施工机械设备条件,精心施工,钻孔至设计深度后,须进行成孔质量检查,内容包括:孔壁形状(孔径)、孔深、垂直度、孔底沉渣。钢筋笼在制作安装运输过程中应采取措施防止产生不可恢复的变形,并设置保护层垫块。吊装入孔时不得碰撞孔壁,灌注混凝土时应采取措施固定其垂直位置。

第四节 连续刚构桥

一、概 况

本桥为安康至陕川界(毛坝)高速公路主线桥,该桥起讫桩号为左幅K262+670～K264+560,全长1890m;右幅K262+510～K264+560,全长2050m,其中主桥为(72.5+135+72.5)m连续刚构,跨越任河,本节主要介绍连续刚构主桥。主桥桥面总宽27m,分两幅,每幅桥箱梁采用单箱单室断面,箱梁顶板宽12m,底板宽6m,箱梁顶底板均设单向超高横坡,超高变化,如图2-9-6～图2-9-8所示。

二、主要技术标准

(1)设计行车速度:80km/h;

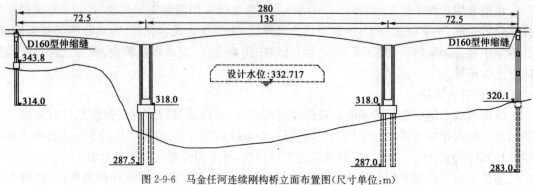

图 2-9-6　马金任河连续刚构桥立面布置图(尺寸单位:m)

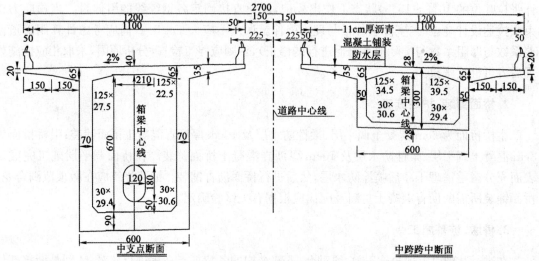

图 2-9-7　马金任河连续刚构桥横截面图(尺寸单位:cm)

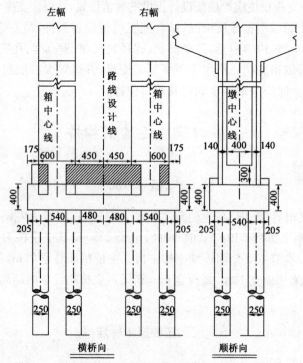

图 2-9-8　马金任河连续刚构桥主墩一般构造图(尺寸单位:cm)

(2)荷载等级:公路—Ⅰ级;
(3)地震烈度:地震基本烈度Ⅵ度;
(4)设计洪水频率:1/300;
(5)设计水位:332.717m;
(6)通航等级:Ⅵ(2)。

三、主 要 材 料

1. 混凝土

主桥上部结构采用C50混凝土,墩身、盖梁为C40,承台为C30,桩基础为C25。

2. 钢材

(1)预应力筋:横向预应力筋采用$\phi^s15.2$mm钢绞线,标准强度$f_{pk}=1860$MPa,弹性模量为1.95×10^5MPa,松弛率小于等于2.5‰;竖向预应力采用屈服强度$\sigma_s=750$MPa级直径25mm精轧高强螺纹粗钢筋,张拉控制应力为$0.9\sigma_s=675$MPa。

(2)普通钢筋

普通钢筋采用HPB300和HRB400钢筋,要求满足《钢筋混凝土用钢 第1部分:热轧光圆钢筋》(GB 1499.1—2008)和《钢筋混凝土用钢 第2部分:热轧带肋钢筋》(GB 1499.2—2007)的规定,钢板采用符合国家标准《碳素结构钢》(GB/T 700—2006)的Q235B钢板。

3. 锚具

主桥箱梁纵向预应力锚具采用OVM型锚具及其配套的设备,横向预应力筋采用BM15-3扁锚体系,竖向预应力粗钢筋采用YGM锚具,管道成孔采用镀锌金属波纹管,要求钢波纹扁管钢带厚度不小于0.35mm,其性能和质量应符合现行行业标准《预应力混凝土用金属波纹管》(JG 225—2007)的规定。

4. 支座、伸缩缝

过渡墩顶单幅桥每端各设置两个GPZ(Ⅱ)3.5DX盆式橡胶支座。在主桥与引桥衔接的过渡墩顶处设D160型伸缩缝各一道。

四、设 计 要 点

1. 上部结构

主桥桥面总宽27m,分两幅,每幅桥箱梁采用单箱单室断面,箱梁顶板宽12m,底板宽6m,箱梁顶底板均设单向超高横坡,超高变化。墩顶处箱梁梁高为8.0m,跨中以及现浇梁段梁高均为3.0m,箱梁高度按1.8次抛物线变化;箱梁顶板厚为28cm(0号块为40cm);箱梁底板根部厚为90cm,跨中为28cm,箱梁底板厚也按1.8次抛物线变化;腹板厚度:0号梁段及1~9梁段为70cm,10~12梁段由70cm线性变化至50cm,13~16梁段及边跨现浇段为50cm。

2. 预应力体系

(1)纵向预应力钢束:纵向预应力钢束设置了顶板束、墩顶下弯束、边中跨底板连续束、边中跨顶板束等。

(2)横向预应力钢束:横向预应力钢束采用 BM15-3 扁锚体系,采用一端单根张拉方式,设计张拉吨位为 195.3kN,预应力锚具张拉端与锚固端交错布置。

(3)竖向预应力:竖向预应力钢筋采用屈服强度 $\sigma_s=750$MPa 级直径 25mm 精轧高强螺纹粗钢筋,采用梁顶一端张拉方式,选用相应的预应力锚具。

3. 下部结构

主墩采用双壁墩,单幅桥横桥向墩宽和箱梁一致,为 6m;顺桥向和箱梁 0 号块内横隔板厚度一致,为 1.4m。为提高主墩的抗船撞能力,将左右幅墩身底部船舶可能撞击点以下连成一体,形成框架,并将承台做成整体,承台厚 4m,将船撞力传至桥墩全部桩上。从提高抗撞能力、施工方便性和增加美观等方面考虑,承台底高程应保证最低通航水位时桩身不露出,使船舶不直接撞在桩身上。另外在承台周围及墩身底部设置防撞护舷。主墩采用单幅 4 根直径 2.5m 的嵌岩桩,要求桩底嵌入弱风化层 6m 以上。

4. 结构计算

主桥的总体结构分析和箱梁横框架的分析均使用综合程序进行;箱梁局部承压和箱梁 0 号梁段的空间受力、船撞力、地震荷载等采用 SAP 系列有限元分析程序分析。计算中考虑如下因素:

(1)合龙温度:15℃±5℃;

(2)日照温差按英国 BS5400 规范的规定值考虑;

(3)基础不均匀沉降:2cm;

(4)钢束松弛率:0.035;

(5)孔道摩阻系数:0.14~0.25,按 0.2 计算引伸量;

(6)孔道偏差系数:0.001~0.0015,按 0.0015 计算引伸量;

(7)一端锚具变形及钢束回缩值:6mm。

五、施 工 要 点

1. 箱梁施工

(1)0 号梁段的施工

墩顶 0 号梁段拟从承台顶搭架施工,由于 0 号梁段混凝土方量较大,且管道、钢筋密集,为减轻托架负载和保证混凝土浇筑质量,竖向可分层浇筑,各层混凝土龄期应尽可能小,避免因各层混凝土收缩的差异导致混凝土开裂,在 0 号块顶板浇筑后,应切实注意 0 号块的浇水养生,加强块件内的通水降温、及时拆模,以避免因内外温差造成混凝土内外开裂。

(2)箱梁的悬臂施工

1~16 号梁段箱梁在挂篮上对称悬臂浇筑,设计初步考虑挂篮总重 1000kN(包括模板及机具重量),空挂篮前支点压力 1285kN,距箱梁边缘 0.5m;后锚点拉力 285kN,距前支点距离 4m。挂篮必须保证足够的承载能力和刚度,以免因挂篮变形较大而导致块件结合面的开裂。此外挂篮尽可能轻型化和行走方便,挂篮自重加全部施工荷载重应控制在 1000kN 以下。悬浇挂篮在 0 号梁段上安装完毕后,应进行预压测试,并记录预压时的弹性变形曲线,以尽可能消除非弹性变形和获得高程控制的数据。

各悬臂施工梁段要求一次浇筑完成,无论在浇筑阶段、挂篮移动或拆除阶段,均需保持对称平衡施工,在特殊情况下,一侧仅容许超重 20t。

(3)边跨现浇段的施工

边跨现浇段在托架上一次浇筑完成,托架应进行预压以确保安全和消除非弹性变形,并按实测的弹性变形量和施工控制要求,确定立模高程和预拱度。现浇段底模安装时应按要求在过渡墩顶安设支座。

(4)箱梁合龙段的施工

箱梁的合龙是控制全桥受力状况和线形的关键工序,因此箱梁的合龙顺序、合龙温度和工艺都必须严格控制。合龙段的施工应尽量安排在日照造成的箱梁上、下缘温差小的季节(或温度比较稳定的时间)进行。合龙段浇筑后应加强箱梁的覆盖,浇水降温养护,混凝土达到强度后应尽快张拉预应力。

(5)预应力张拉

开始张拉前将所有钢绞线尾端切割成一个平面或采用与钢绞线颜色反差较大的颜料标出一个平面,在任何步骤下量测引伸量均量测该平面距锚垫板之间的距离,而不是量测千斤顶油缸的变位量,以免使滑丝现象被忽略。

预应力张拉按如下步骤操作:

初张拉 $P_0 \xrightarrow{\text{总张拉吨位的 }10\%\sim15\%}$ 持荷 3min $\xrightarrow{\text{量测引伸量 }\delta_1}$ 张拉到总张拉吨位 $P \longrightarrow$

持荷 3min $\xrightarrow{\text{量测引伸量 }\delta_2}$ 回油 $\longrightarrow$ 量测引伸量 δ_3

2. 桥墩、桩基施工

主墩推荐先用打桩船打入钢管桩、搭设施工平台;在平台上施工桩基;以施工好的桩基为依托,采用吊箱围囹法施工承台(首先钢吊箱就位,水下混凝土封底,抽干钢吊箱内的水,按常规方法施工承台);采用滑模或翻模施工墩身。承台施工时还应切实注意采用可靠的降低水化热的措施。钻孔灌注桩施工时,清底和竖向偏差应严格,按施工规范从严执行,孔底的沉淀厚度应不大于 5cm。桩基均布有钢质声测检测管,检测管兼有桩基受力钢筋的作用,应严格按有关标准检验基桩质量。

第五节 弯 梁 桥

一、概 况

苏虞张公路(228 省道张家港以南段)SYZ-03 标段内主线高架桥梁全长 1761m,桥梁宽度从 26~38.25m 不等;匝道桥梁 4 座,全长 870m,桥梁宽度为 8m;地面道路中小桥 2 座,全长

60.1m。

主线高架桥上部结构均采用等高度连续箱梁。箱梁腹板外形采用斜腹板。该标段主线高架桥宽度以26m为主,在高架桥与匝道桥衔接路段,宽度渐变,主线高架桥根据桥面宽度不同,截面形式采用单箱多室;主线高架及匝道桥均采用满堂支架现浇法施工。由于桥梁较长,仅取其中40～44联进行介绍,该段桥梁位于半径$R=600m$的圆曲线段。如图2-9-9～图2-9-11所示。

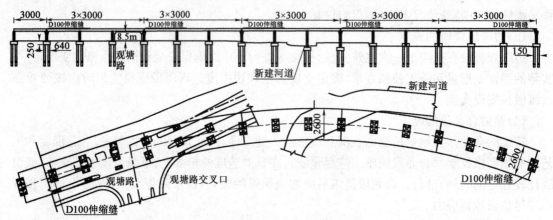

图2-9-9 苏虞张公路高架桥总体布置图(尺寸单位:cm)

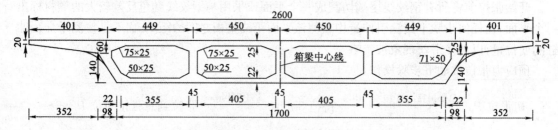

图2-9-10 苏虞张公路高架桥箱梁标准断面图(尺寸单位:cm)

二、主要技术标准

(1)主线高架桥设计速度:80km/h;
(2)设计荷载:公路—Ⅰ级;
(3)设计洪水频率:按1/100设计;
(4)地震动峰值加速度为0.05g,相当于地震基本烈度为Ⅵ度区,按Ⅶ度设防;
(5)桥下净空:立交处地面辅道和立交层间净空按≥5.5m控制。

三、主要材料

1. 混凝土

主桥箱梁采用C50混凝土,调平层C40混凝土,主墩墩身C40混凝土,主墩承台、过渡墩盖梁及墩柱、过渡墩承台、桥墩盖梁、墩柱、台帽、耳背墙C30混凝土,桥台承台、桩基础C30混凝土。拌制混凝土用的粗、细集料及水的质量要求满足《公路桥涵施工技术规范》(JTG/T F50—2011)的有关规定。

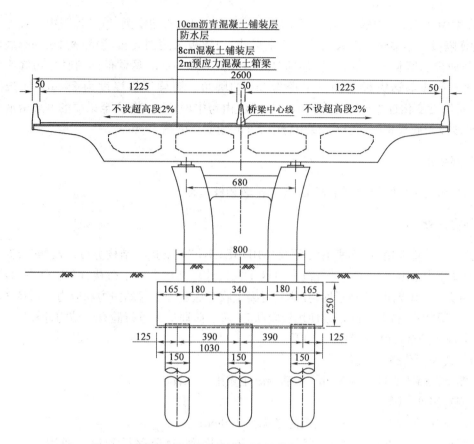

图 2-9-11　苏虞张公路高架桥桥墩处标准横断面图(尺寸单位:cm)

2. 钢材

(1)预应力筋采用 $\phi^s 15.2mm$ 低松弛钢绞线,标准强度 $f_{pk}=1860MPa$,弹性模量为 $1.95×10^5MPa$,力学性能指标应符合《预应力混凝土用钢绞线》(GB/T 5224—2014)的规定。

(2)普通钢筋采用 HPB300 和 HRB400 钢筋,要求满足《钢筋混凝土用钢　第 1 部分:热轧光圆钢筋》(GB 1499.1—2008)和《钢筋混凝土用钢　第 2 部分:热轧带肋钢筋》(GB 1499.2—2007)的规定,钢板采用符合国家标准《碳素结构钢》(GB/T 700—2006)的 Q235B 钢板。

3. 锚具及波纹管

锚具采用符合国家标准《预应力锚具、夹具和连接器》(GB/T 14370—2007)要求的产品,采用真空附注灌浆。波纹管采用镀锌金属波纹管。

4. 其他

其他材料如水泥、砂、沥青、水的质量要求均需符合《公路桥涵施工技术规范》(JTG/T F50—2011)的规定。

四、设　计　要　点

1. 上部结构

各联均为 3 跨预应力混凝土等截面单箱四室连续箱梁,箱梁梁高 2.0m,各箱梁在中墩顶处设置厚度为 2.5m 的中横梁,在一联梁端设厚度为 2.2m 的端横梁,每联各跨中均设厚度为 0.3m 的横隔板。箱梁横断面采用单箱四室形式,边腹板采用斜腹板,顶板宽 26.0m,底板宽 17.0m,桥面板悬臂长 3.52m,悬臂端部厚 20cm,根部厚 60cm,悬臂根部到底板边缘距离为 0.98m,悬臂底边与边腹板外侧设半径为 2m 的圆角。箱梁顶板厚度为 25cm。底板厚度 22cm,腹板厚度变化过渡长度为 5.8m,腹板厚度由跨中段 45cm 渐变至梁端的 90cm,底板厚度变化过渡段与腹板相同,底板厚度由跨中 22cm 渐变至梁端 50cm。

2. 下部结构

下部结构均采用钢筋混凝土盖梁、柱式桥墩和桩基础。

3. 结构计算

全桥内力计算采用"桥梁博士 3.2"及"MIDAS/civil"软件进行结构分析。按照《公路钢筋混凝土及预应力混凝土桥涵设计规范》(JTG D62),计算结构由施工荷载、恒载、活载、环境温度、局部温差、支座摩阻、支座不均匀沉陷、混凝土收缩徐变等引起的内力和应力。对持久状况承载能力极限状态、持久状况正常使用极限状态、施工阶段应力进行验算。结构计算按部分预应力 A 类构件控制,计算相关参数如下:

(1)活载采用公路—Ⅰ级;
(2)沥青混凝土重度:$24kN/m^3$,钢筋混凝土重度:$26kN/m^3$;
(3)相对湿度:80%;
(4)3×30m 箱梁各墩台不均匀沉降考虑为 1.0cm;
(5)温度力按整体升温 20℃,降温 25℃,温度梯度按《公路桥涵设计通用规范》(JTG D60—2015)相关规定取值;
(6)预应力管道摩擦系数:$\mu=0.25$;
(7)预应力管道偏差系数:$k=0.015$;
(8)一端钢束回缩和锚具变形为:6mm。

五、施 工 要 点

1. 箱梁施工

(1)箱梁采用满堂支架现浇施工,要求对支架下地基进行处理,支架必须经预压,堆载重量为箱梁自重和模板重量的 1.2 倍。箱梁中跨和边跨不设预拱度。

(2)混凝土浇筑过程中,应特别注意对锚下、波纹管下方、齿板等处混凝土的捣实,防止出现蜂窝麻面,确保有效预应力达到设计要求。

(3)锚固齿板内的闭合箍筋应箍住箱梁顶板纵向主筋,齿板钢筋与腹板、顶板钢筋交叉点处点焊;箱梁底板内竖向平衡拉筋必须按 135°弯钩钩住底板内上下层主筋。

(4)箱梁在绑扎钢筋、浇筑混凝土过程中,严禁踏压波纹管,防止其变形,影响穿束、张拉及灌浆。

2. 预应力张拉

待箱梁混凝土强度达到 90%设计强度且混凝土龄期不小于 7d 时,方可按设计顺序张拉

钢束,钢束张拉时应注意:

(1)钢束张拉步骤:0—初应力[(10%～25%)σ_{con}]—σ_{con}(持荷 2min 锚固),张拉时应计入锚圈口及千斤顶内摩阻损失。初应力确定根据钢束长短调整。

(2)张拉原则为:首先遵循先张拉腹板通长钢束,后张拉中墩顶板短束原则;其次腹板钢束张拉时遵循先中腹板后边腹板原则;钢束均应对称张拉。

(3)预应力钢束的张拉采用张拉力与延伸量双控,两端钢束延伸量应基本一致,实测伸长值与理论伸长值的误差控制在±6%以内;否则应停止张拉,查明原因;两端预应力钢束应同步张拉。

3. 桥面铺装、护栏施工

主桥桥面为 8cm 混凝土调平层、柔性防水层及 10cm 厚沥青混凝土桥面铺装;引桥桥面为 6cm 混凝土调平层、柔性防水层及 10cm 厚沥青混凝土桥面铺装。

4. 桥墩、桩基施工

在进行基础以上部分施工前,须对上、下部结构的各特征点高程进行核对,特别是衔接部位的高程。墩台帽顶的支座垫块应严格按设计提供的数值设置,并保证支座水平和支座顶面清洁。所有桩基进行检测,合格率100%。

第六节 斜 梁 桥

一、概 况

祥谦互通是福银高速公路福州南连接线的重点控制性工程,位于闽侯祥谦,它是"十"字形枢纽互通,福银高速公路福州南连接线在此与福银高速公路主线交叉。祥谦互通建设8条互不干扰的匝道,疏导不同方向的车流,两条往长乐方向,两条往三明方向,两条往厦门方向,两条往螺洲大桥方向。本节介绍的即为其中一座跨越匝道的跨线桥——福银线1号桥。福银线1号桥为分离式桥梁,全长33m,桥梁与道路设计线斜交15°。桥型布置为25m预应力混凝土简支箱梁(现浇)。标准桥面宽度为25m,其横向布置为2×[0.5m(防撞栏杆)+11.25m(行车道)+0.5m(防撞栏杆)]。桥台均采用U形台,扩大基础。两桥台处各设置一道D80型伸缩缝,如图2-9-12～图2-9-14所示。

二、主要技术标准

(1)汽车荷载等级:公路—Ⅰ级;
(2)桥涵设计洪水频率:1/100;
(3)地震基本烈度:Ⅷ度,按Ⅸ度设防。

三、主 要 材 料

1. 混凝土

箱梁、横隔板采用C50混凝土,桥面铺装采用抗渗等级为W4的C40防水混凝土,伸缩缝预留槽采用C50钢纤维混凝土。台帽采用C40混凝土，U台台身及U台扩基采用C25片石混凝土，防撞栏、桥头搭板采用C30混凝土。

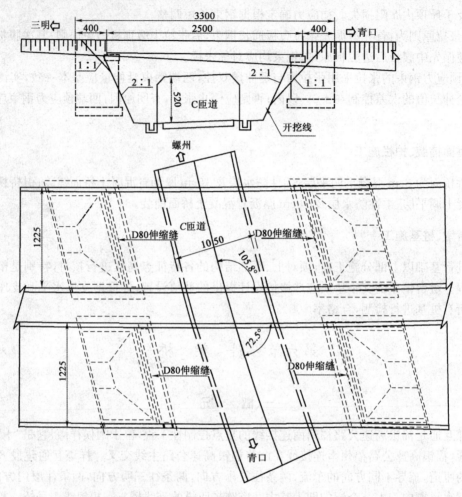

图2-9-12 祥谦互通跨福银线1号桥总体布置图(尺寸单位:cm)

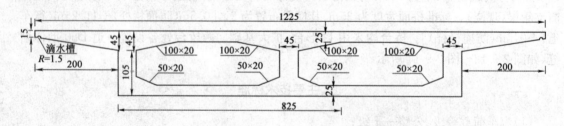

图2-9-13 祥谦互通跨福银线1号桥跨中箱梁横截面图(尺寸单位:cm)

2. 钢材

(1)预应力筋：横向预应力筋采用$\phi^s 15.2$mm钢绞线，标准强度$f_{pk}=1860$MPa，弹性模量为1.95×10^5MPa，松弛率小于等于2.5%。

(2)普通钢筋

普通钢筋采用HPB300和HRB400钢筋，要求满足《钢筋混凝土用钢 第1部分：热轧光

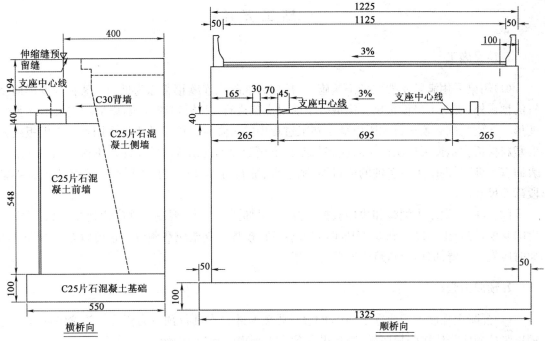

图 2-9-14 祥谦互通跨福银线 1 号桥桥台一般构造图(尺寸单位:cm)

圆钢筋》(GB 1499.1—2008)和《钢筋混凝土用钢 第 2 部分:热轧带肋钢筋》(GB 1499.2—2007)的规定,钢板采用符合国家标准《碳素结构钢》(GB/T 700—2006)标准的 Q235B 钢板。

3. 预应力锚具及波纹管

采用成品锚具及其配套设备,采用金属波纹管。

4. 支座、伸缩缝

采用常温型氯丁橡胶支座,其技术性能应符合《公路桥梁板式橡胶支座》(JT/T 4—2004)标准。支座预埋钢板及上、下钢板均采用热浸镀锌钢板,镀锌层厚度 0.1mm。

伸缩缝采用模数式伸缩装置,其橡胶类别为氯丁橡胶,其技术性能应符合《公路桥梁伸缩装置》(JT/T 327—2004)标准。

四、设 计 要 点

1. 上部结构

上部结构为双幅分离式预应力混凝土简支梁桥,箱梁跨径 25m,单幅截面形式为混凝土单箱单室,单箱底宽 8m,梁高 1.6m,两侧悬臂长 2m,箱两腹板均为直腹板。桥面横坡为单向 1%,通过箱梁顶板进行设置。两侧桥台后均设置 4m 长搭板。铺装总厚度为 16cm,其中防水混凝土厚度 6cm,沥青混凝土厚度 10cm,两者之间设防水层。

2. 下部结构

桥台均采用 U 形台,扩大基础。

五、施 工 要 点

1. 箱梁施工

(1)箱梁采用满堂支架现场浇筑施工,预应力混凝土连续箱梁除为抵消支架弹性变形而设置的预拱外,支架不另设预拱。浇混凝土前对支架进行120%超载预压,以消除支架的非弹性变形。支架基础必须进行加固以减小施工过程中的沉降量。箱梁外模板采用大块钢模板或大块塑料模板。钢模板初次使用时应将与混凝土接触面上的锈迹清除干净。不得采用对混凝土表面有污染、对混凝土有腐蚀的废机油、肥皂水、洗衣粉等材料代替脱模剂。应严格控制各梁段断面尺寸。

(2)为防止混凝土裂缝和边棱破损,并满足局部强度要求,混凝土强度达到25MPa时方可拆除侧模,混凝土强度达到30MPa时方可拆除顶模板。支架应在预应力张拉后方可拆除。卸架时应先卸悬臂部分,再从跨中向两边卸架。

2. 预应力张拉

(1)混凝土强度大于或等于90%的设计强度时才允许进行预应力张拉。箱梁纵向预应力钢束张拉顺序为依次张拉底板、腹板纵向预应力钢束。预应力钢束应对称张拉。

(2)预应力采用张拉力与引伸量双控,引伸量误差应在±6%范围,每一截面的断丝率不得大于该截面总钢丝数的1%,且不允许整根钢绞线拉断。

(3)张拉操作按照如下步骤进行:

初张拉 P_0 $\xrightarrow{\text{总张拉吨位的}10\%\sim15\%}$ 持荷 3min $\xrightarrow{\text{量测引伸量}\delta_1}$ 张拉到总张拉吨位 P $\longrightarrow$

持荷 3min $\xrightarrow{\text{量测引伸量}\delta_2}$ 回油 $\longrightarrow$ 量测引伸量 δ_3

3. 桥面系施工

(1)在桥梁跨中、支点位置,混凝土防撞护栏设置1cm左右宽竖向断缝。沿混凝土防撞护栏周边,每5m设置一条假缝,缝宽5mm,深10mm。

(2)桥面铺装施工前,应清除箱梁顶面浮浆、油污,用清水冲洗干净。

(3)桥梁的施工及使用过程应严格管理,在桥面铺装未达到设计强度前的整个施工过程,禁止车辆通行;使用过程中必须进行定期检查和维护。

4. 桥台施工

(1)下部结构施工应采用可靠精确的方法对桥基础中线及基础控制点准确放样。放样前应对提供的坐标及基底高程进行复核,无误后方可进行下一步工作。

(2)桥台的承台或基础开挖施工时,应做好路基横向防护措施。

(3)桥台施工要求尺寸准确,桥台各部位台混凝土颜色一致,表面光洁平整。

(4)台身是主要承重结构,要求确保墩身混凝土的质量和强度,注意混凝土工作缝的处理,确保其整体性。

第三篇

拱　桥

第三篇

材料

第一章 概述
DIYIZHANG

第一节 拱桥的基本特点

拱桥是桥梁工程中使用广泛且历史悠久的一种桥梁结构类型。它的造型宏伟壮观,且经久耐用。拱桥与梁桥的区别,不仅在于外形不同,更重要的是两者受力性能有着本质区别。梁式结构在竖向荷载作用下,支承处仅产生竖向支承反力,梁体主要承受弯矩和剪力;而拱式结构在竖向荷载作用下,两端支承除了有竖向反力外,还将产生水平推力。正是这个水平推力,使拱体的弯矩大为减小,拱截面主要承受轴向压力,主拱圈以受压为主,使之成为以受压为主的压弯构件。从梁、拱截面所产生的应力分析来看,梁体中性轴以下截面是受拉区[图 3-1-1a],当下缘应力达到极限时,中性轴处的应力还很小,应力分布极不均匀,材料强度不能充分发挥。而拱由于轴向压力的作用使大部分截面处于受压区[图 3-1-1b],应力分布均匀,可以充分利用材料的抗压强度。如果拱的轴线取得合理,能使拱体只承受轴向压力。例如,承受均布荷载的三铰拱,若采用二次抛物线作为拱轴线,则拱体内任意截面的弯矩均等于零。因此,拱式结构可以充分利用主拱截面材料强度,使跨越能力增大。由于拱具有上述受力特点,所以拱桥不仅可以利用钢、钢筋混凝土等材料来建造,还可以充分利用抗压性能较好而抗拉性能较差的圬工材料(石料、砖、混凝土等)来修建,用砖、石、混凝土等圬工材料修建的拱桥,称为圬工拱桥。根据相关理论推算,混凝土拱桥的极限跨度可以达到 500m 左右,钢拱桥的极限跨度可以达到 1200m 左右。

为了减少主拱圈的截面尺寸及其自重,在混凝土中设置一定数量的受力钢筋就成为钢筋混凝土拱桥。其主拱圈截面内的拉应力由钢筋来承受,达到减小桥梁的上、下部尺寸的目的,有效地提高了拱桥的经济性能,扩大了拱桥的适用范围。为了进一步减轻拱的自重及修建更大跨径的拱桥,也可采用钢材修建拱桥,称为钢拱桥。

拱桥的主要优点是:
(1)跨越能力较大。
(2)抗风稳定性强,结构整体性好。
(3)能就地取材。可以充分利用当地的圬工和钢筋混凝土等材料,造价较低。

(4)耐久性能好,维修、养护费用低。
(5)构造较简单,技术容易掌握,有利于广泛应用。
(6)建筑艺术造型简洁美观,能与周围环境较好协调。

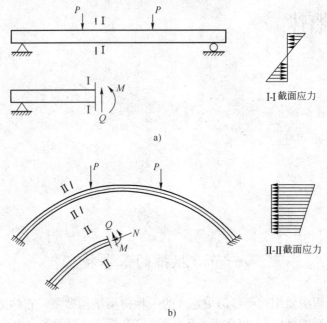

图 3-1-1 拱与梁的应力比较

拱桥的主要缺点是:

(1)自重较大,由于存在水平推力,墩台和地基必须承受拱脚的强大推力作用,增加了下部结构的工程量,并要求有良好的地基条件。

(2)对连续多孔的大、中桥梁,为防止一孔破坏而影响全桥的安全,需要采用较复杂的结构措施或设置单向推力墩,以承受不平衡的推力,相应增加了造价。

(3)与梁式桥相比,上承式拱桥的建筑高度较高,在城市及平原地区,为满足桥下净空要求,必须提高桥面高程,使两岸接线长度增长,或使桥面纵坡增大,使其应用范围受到一定的限制。

(4)传统的拱桥(尤其是圬工拱桥,一般都采用有支架施工方法建造)施工工序较多,难度较大,工期较长,从而增加了拱桥的总造价。

拱桥由于其优点突出,且具有民族特色,符合我国实际情况,故在桥梁设计方案中常被选用。近年来,虽然梁式桥和斜拉桥修建较多,但钢筋混凝土拱桥仍是桥梁建设中不可缺少的桥型之一,尤其是山区公路的开发,拱桥将发挥更大的作用。

中国的拱桥历史悠久、数量众多、桥型丰富,并且保持着木拱桥、石拱桥、钢拱桥、钢筋混凝土拱桥和钢管混凝土拱桥跨径的世界纪录。目前,世界最大跨径木拱桥是我国苏州胥江桁架木结构拱桥(2015 年开通),主跨 75.7m;世界最大跨径的石拱桥是我国山西晋城丹河大桥(1990 年建成),主跨 146m。世界最大跨径的钢拱桥是我国重庆朝天门大桥(2009 年通车),中承式钢桁架结构,主跨达 552m;我国上海卢浦大桥(2003 年建成),中承式钢箱结构,主跨 550m。世界上最大跨径的钢筋混凝土拱桥是我国重庆万州长江大桥(1997 年建成),上承式钢筋混凝土箱形结构,主跨 420m;世界最大跨径的混凝土桁架拱桥是我国贵州江界河大桥

(1995年建成),上承式预应力混凝土桁式组合结构,主跨330m。世界上跨径最大的钢管拱桥是我国四川波司登大桥(2013年建成),中承式钢管混凝土结构,单跨跨径达530m。

今后,一方面进一步研究拱桥的设计理论,并使结构构造和施工工艺更臻完善;另一方面更加重视向装配化、轻型化、机械化方向发展,以加快我国桥梁建设的质量与速度。

第二节 拱桥的组成

拱桥同其他桥梁一样,也是由上部结构(桥跨结构)及下部结构两大部分组成,各主要组成部分名称如图3-1-2所示。

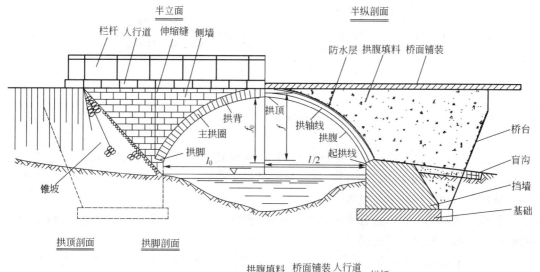

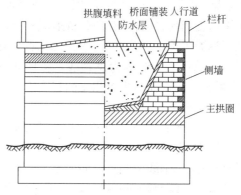

图3-1-2 拱桥的主要组成部分

l_0-净跨径,l-计算跨径;f_0-净矢高,f-计算矢高,$f/l(f_0/l_0)$-矢跨比

拱桥桥跨结构的主要承重构件为曲线形的拱圈,也称为主拱圈或主拱。拱圈在横桥向有整体式和分离式两种构造方式,分离式拱圈通常由两条以上的拱肋组成。桥面系包括行车道、人行道及两侧的栏杆或砌筑的矮墙等构造。根据桥面系在桥跨结构中的位置分为上承式、中承式和下承式三种类型,如图3-1-3所示。

上承式拱桥的桥面系位于主拱圈(肋、箱)之上,桥面系与主拱圈之间由传力构件或填充物过渡以形成平顺的桥道,桥面系与主拱圈之间的传力构件或填充物统称为拱上结构或拱上建筑。拱上建筑完全填实的上承式拱桥,称为实腹式拱桥(图3-1-2),否则为空腹式拱桥[图 3-1-3a)]。

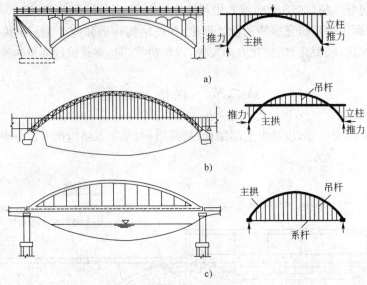

图 3-1-3 拱桥的桥跨结构和计算简图
a)上承式;b)中承式;c)下承式

中承式拱桥的拱圈由分离的拱肋所组成,由横梁及支承于其上的桥面板等所构成的桥面结构位于拱肋立面的中部,利用设在横梁处的吊杆将荷载传递到拱肋,桥面结构位于拱肋以上的部分则由立柱支撑在拱肋及墩、台上。

下承式拱桥的拱圈也由分离的拱肋所组成,桥面结构与中承式拱桥相似,但其位于拱肋立面的底部且均由吊杆悬吊在拱肋上。

拱桥的下部结构由桥墩、桥台及基础等组成,用以支承桥跨结构,将桥跨结构的荷载传至地基。桥台还起到与两岸路堤相连接的作用,使路桥形成一个协调的整体。

拱圈最高处横向截面称为拱顶,拱圈和墩台连接处的横向截面称为拱脚(或起拱面)。拱圈各横向截面(或换算截面)的形心连线称为拱轴线。整体式拱圈的顶曲面(上曲面)称为拱背,底曲面(下曲面)称为拱腹。起拱面与拱腹相交的直线称为起拱线。

拱桥的几个主要技术名称如下:

净跨径(l_0)是每孔拱跨两个拱脚截面最低点之间的水平距离。

计算跨径(l)是两相邻拱脚截面形心点之间的水平距离。因为拱圈(或拱肋)各截面形心点的连线称为拱轴线,故也就是拱轴线两端点之间的水平距离。

净矢高(f_0)是从拱顶截面下缘至相邻两拱脚截面下缘最低点之连线的垂直距离。

计算矢高(f)是从拱顶截面形心至相邻两拱脚截面形心之连线的垂直距离。

矢跨比(f/l 或 f_0/l_0)是拱桥中拱圈(或拱肋)的净矢高与净跨径之比,或计算矢高与计算跨径之比。

一般将矢跨比大于或等于 1/5 的拱称为陡拱;矢跨比小于 1/5 的拱称为坦拱。

第三节 拱桥的主要类型和选型

一、拱桥的主要类型

拱桥的形式多种多样,构造各有差异,可以按照以下几种不同的方式来进行分类。

(1)按照主拱圈(肋、箱)所使用的建筑材料可以分为圬工拱桥(天然石拱桥(贵州黎平天生石拱桥)、石拱桥(赵州桥)、砖拱桥(无锡民主桥)、混凝土拱桥(河南唐河大桥))、钢筋混凝土拱桥(重庆万州长江大桥)、铁拱桥(英国 Iron Bridge)、钢拱桥(上海卢浦大桥、美国新河乔治大桥(New River Gorge Bridge))、钢管混凝土拱桥(四川波司登大桥)和钢筋混凝土组合拱桥等。

(2)按照拱上建筑的形式可以分为实腹式拱桥和空腹式拱桥。

(3)按照主拱圈轴线的形式可分为圆弧线拱桥、抛物线拱桥和悬链线拱桥。

(4)按照桥面(行车道处于主拱圈的不同位置)的位置可分为上承式拱桥、中承式拱桥和下承式拱桥(图 3-1-3)。

(5)按照有无水平推力可分为有推力拱桥和无推力拱桥。

下面按两种不同的分类方式对拱桥的主要类型做一些介绍。

1. 按照结构体系分类

按照主拱圈与行车系之间相互作用的性质和影响程度,可以把拱桥分为简单体系、组合体系拱桥及拱片拱桥三种类型。

(1)简单体系拱桥

简单体系的拱桥,可以做成上承式、下承式(无系杆拱)或中承式(图 3-1-3),均为有推力拱。

在简单体系的拱桥中,行车系结构(拱上建筑或拱下悬吊结构)不参与主拱一起受力,主拱以裸拱的形式作为主要承重结构。拱的水平推力直接由墩台或基础承受。

按照主拱的静力体系,简单体系的拱桥又可以分成如下三种(图 3-1-4)。

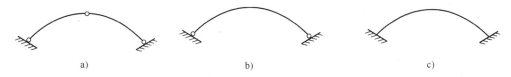

图 3-1-4 简单体系的拱桥
a)三铰拱;b)两铰拱;c)无铰拱

①三铰拱[图 3-1-4a)]

三铰拱属外部静定结构。因温度变化、混凝土收缩、支座沉陷等因素引起的变形不会对拱内产生附加内力,计算时无须考虑体系弹性变形对内力的影响。所以,在软土地基或寒冷地区,需要采用拱式桥梁时,可以选用三铰拱。但由于铰的存在,使其构造复杂,施工困难,维护费用较高,而且降低了结构的整体刚度,尤其减小了抗震能力;同时拱的挠度曲线在顶铰处有转折,对行车不利;因此,大、中跨径的主拱圈一般不宜采用三铰拱。目前,世界最大跨径的三铰拱桥为德国的 Mosel 拱桥,跨径达 107m。我国仅在一些较小跨径的桥上有所应用,另外,大、中跨径空腹式拱桥的拱上建筑中的边腹拱,也常采用三铰拱。

②两铰拱[图 3-1-4b)]

两铰拱属外部一次超静定结构。由于取消了拱顶铰,使结构整体刚度较三铰拱大。基础位移、温度变化、混凝土收缩和徐变等引起的附加内力比对无铰拱的影响要小,故可在地基条件较差时或坦拱中采用。目前,世界最大跨径的两铰拱桥是日本的外津桥,跨径达 170m。

③无铰拱[图 3-1-4c)]

无铰拱属外部三次超静定结构。在自重及外荷载作用下,拱内的弯矩分布比两铰拱均匀,材料用量省。由于没有设铰,结构的整体刚度大,构造简单,施工方便,维护费用少,因此在实际中使用最广泛。但由于无铰拱的超静定次数高,温度变化、材料收缩、结构变形,特别是墩台位移会在拱内产生较大的附加内力,所以无铰拱一般修建在地基良好的条件下,这使它的使用范围受到一定限制。不过,随着跨径的增大,附加内力的影响相对减小,因而无铰拱仍是国内外拱桥上采用最多的一种构造形式。目前,世界最大跨径的钢筋混凝土无铰拱桥是万州长江大桥,跨径达420m。

(2)组合体系拱桥

拱式组合体系桥一般由拱肋、系杆、吊杆(或立柱)、行车道梁(板)及桥面系等组成。

拱式组合体系桥是将行车系结构(梁)与主拱两种基本结构按不同的构造方式构成一个整体,共同承受桥面荷载和水平推力,充分发挥梁受弯、拱受压的结构特性及其组合作用,达到节省材料的目的。组合式拱桥是内部高次超静定的结构,根据不同的组合方式和受力特点,又分为有推力的和无推力的两种类型。

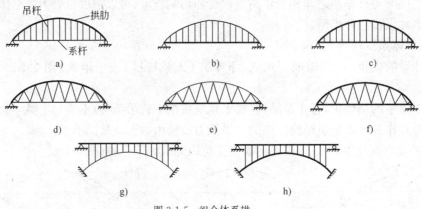

图 3-1-5 组合体系拱

①无推力的组合体系拱

无推力拱式组合体系桥(也称系杆拱桥)是外部静定结构,兼有拱桥的较大跨越能力和简支梁桥对地基适应能力强的两大特点。拱的推力由系杆承受,系杆的含义就是一个将两拱脚相互联系在一起的水平构件,因而墩台不承受水平推力。据拱肋和系杆(梁)相对刚度的大小及吊杆的布置形式可以分为:具有竖直吊杆的柔性系杆刚性拱——称系杆拱[图 3-1-5a];具有竖直吊杆的刚性系杆柔性拱——称蓝格尔拱[图 3-1-5b];具有竖直吊杆的刚性系杆刚性拱——称洛泽拱[图 3-1-5c]。

柔性系杆刚性拱组合体系中,系杆的刚度远小于拱肋的刚度,即$(EI)_拱/(EI)_系>80$。系杆和吊杆均为柔性杆件,可以忽略系杆承受的弯矩,通过张拉系杆以抵消大部分拱的推力。从而能发挥材料的特性,减轻墩台负担,使这种体系能应用于软土地基上。这类桥梁适用跨径为20~90m。

刚性系杆柔性拱,拱肋的刚度与系杆的刚度相比小得多,即$(EI)_拱/(EI)_系<1/80$,可以忽略拱肋中的弯矩,认为刚性系杆不仅承受拱的推力,还要承受弯矩,为拉弯组合的梁式构件,而拱肋只承受轴向力,故称为柔性拱。刚性系杆柔性拱的适用跨径可达100m。

刚性系杆刚性拱介于刚性系杆柔性拱和柔性系杆刚性拱之间,即$(EI)_拱/(EI)_系$在1/80~80之间,拱肋和系杆都有一定的抗弯刚度,荷载引起的弯矩在拱肋和系杆之间按刚度分配,它们共同承受纵向力和弯矩,适用于跨径20~100m。

以上三种拱,当用斜吊杆来代替竖直吊杆时,称为尼尔森拱,见图 3-1-5d)、e)、f)。斜吊杆与拱肋和系杆的连接构造稍显复杂,但这种体系与桁架结构相似,与竖吊杆相比,内力分配更均匀,整体刚度更大,可节省材料 10%～15%。

②有推力的组合体系拱

此种组合体系拱没有系杆,由单独的梁和拱共同受力,拱的推力仍由墩台承受。图 3-1-5g)是刚性梁柔性拱(倒蓝格尔拱);图 3-1-5h)是刚性梁刚性拱(倒洛泽拱)。

(3)拱片拱桥

上边缘与桥面纵向平行,下边缘是拱形的有推力结构,称为拱片,如图 3-1-6 所示。拱片的行车道系与拱肋刚性连成一整体,共同承受荷载,故它仅能用于上承式拱桥。拱片的立面一般被挖空做成桁架式的拱片。根据桥梁宽度的不同。拱片拱桥可由两片以上的拱片组成,并用横向联系将各拱片连成整体,行车道板支承在拱片上。拱片桥可以做成无铰、两铰或三铰结构,它的推力均由墩台承受。

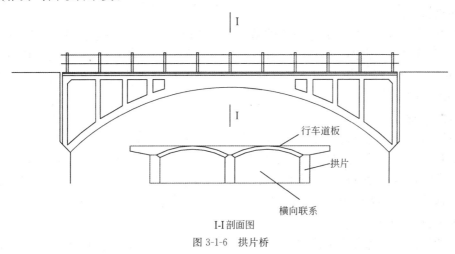

图 3-1-6　拱片桥

2. 按主拱圈的截面形式分类

拱圈沿拱轴线可以构造成等截面或变截面的形式。沿桥跨方向,等截面拱圈的横截面尺寸是相同的;而变截面拱圈的横截面,从拱顶到拱脚是逐渐变化的。由于等截面拱的构造简单,施工方便,因此它是目前采用最为普遍的形式。

主拱圈横截面形式是多种多样的,最常用的有下面几种形式(图 3-1-7)。

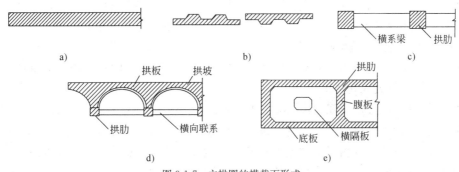

图 3-1-7　主拱圈的横截面形式
a)板拱;b)板肋拱;c)肋拱;d)双曲拱;e)箱形拱

(1)板拱桥[图 3-1-7a)]

主拱圈采用矩形实体截面的拱桥称为板拱桥。板拱桥(赵州桥)是最古老的拱桥形式,由于它构造简单,施工方便,至今仍在使用。

但在相同截面积的条件下,实体矩形截面比其他形式截面的抗弯惯矩小,在有弯矩作用时,材料的强度没有得到充分利用。如果要获得较大的抗弯惯矩,板拱就必须增大截面尺寸,也就相应地增加了材料用量和结构自重,从而加重了下部结构的负荷,结果将是不经济的。因此,通常只在地基条件较好的中、小跨径圬工拱桥中才采用这种形式。

(2)板肋拱桥[图 3-1-7b)]

板肋拱(广西静兰大桥)的拱圈截面是由板和肋组成的,它是在较薄的拱板上增加几条纵向肋,以提高拱圈的抗弯刚度。根据主拱圈弯矩的分布情况,在跨径中部,肋宜布置在下面,而在拱脚区段,肋布置在上面较为合理。但实际应用时,为了简化模板和钢筋工作,往往沿整个拱跨将肋布置在主拱圈截面的上面或下面。

(3)肋拱桥[图 3-1-7c)]

肋拱桥(安徽金桃大桥)是在板拱桥的基础上发展形成的,它是将板拱的整块矩形实体截面划分成两条或多条分离的、高度较大的拱肋,肋与肋间用横系梁相连。拱圈可以用较小的截面面积获得较大的抗弯惯矩,从而节省材料,减轻拱桥的自重,但构造比板拱桥复杂。因此多用于大、中跨径的拱桥。

(4)双曲拱桥[图 3-1-7d)]

双曲拱桥的主拱圈横截面是由一个或数个横向小拱组成,由于主拱圈的纵向及横向均呈曲线形,故称之为双曲拱。双曲拱截面抗弯惯矩较板拱大,故可节省材料,结构自重力小,吊装方便。施工中可采用预制拼装,较之板拱有较大的优越性,双曲拱桥(河南前河桥)最大跨径已达 150m。但由于施工工序多、组合截面整体性较差和易开裂等问题,目前已很少常用。

(5)箱形拱桥[图 3-1-7e)]

这类(四川涪陵乌江大桥)拱桥外形与板拱相似,将实体的板拱截面挖空成空心箱形截面,则称为箱形拱或空心板拱。由于截面挖空,使箱形拱的抗弯惯矩较相同材料用量的板拱大很多,从而大大减小弯矩引起的应力;截面挖空率大,可达全截面的 50%～70%,节省材料较多,减轻自重,相应地也减少下部结构材料用量。对于大跨径拱桥则效果更为显著,因它是闭口箱形截面,截面抗扭刚度大,横向整体性和结构稳定性均较双曲拱好,故特别适用于无支架施工。但箱形截面施工制作较复杂,因此,往往使用在大跨径拱桥上。

(6)钢管混凝土拱桥

钢管混凝土拱桥(四川波司登大桥)属于肋拱桥的一种,主要用于以受压为主的结构。它一方面借助于内填混凝土增强钢管壁的稳定性;同时又利用钢管对其混凝土的套箍作用,使填充混凝土处于三向受压状态,从而使其具有更高的抗压强度和抗变形能力。钢管本身是劲性承重骨架,它兼有纵向钢筋和横向箍筋的作用;同时又相当于混凝土的外模板,具有强度高、刚度大、质量轻,易于吊装或转体的特点。

劲性混凝土拱桥(万州长江大桥)是在钢管混凝土拱桥的基础上发展起来的,它以钢骨桁架作为受力筋,钢骨可以是型钢或钢管。采用钢管作为劲性骨架的混凝土拱又可称为内填外包型钢筋混凝土拱;其特点相当于内填外包型钢管混凝土拱,自重轻、刚度大、承载力高、跨径大、施工方便。它主要适用于大跨度拱桥中,是一种极具发展前途的拱桥结构形式。

钢管混凝土拱桥的特点和计算详见《大跨度桥梁》第二篇内容。

二、拱桥形式的选择

拱桥的形式,应按因地制宜、就地取材、便于施工和养护的原则,并根据桥位处的地形、水文、通航等要求,结合施工设施等条件来选择。达到技术先进、安全可靠、适用耐久、经济合理、外形美观和有利环保的要求。

(1)对小跨拱桥可采用实腹式圆弧拱,大、中跨径拱桥宜采用空腹式悬链线拱。

(2)在盛产砂、石的地区,可充分发挥民间传统工艺,采用石拱桥或混凝土预制块拱桥。

(3)箱形截面拱具有抗扭刚度大、结构稳定性强、整体性能好等优点,宜用于大跨径无支架施工的钢筋混凝土拱桥。

(4)肋拱桥具有材料省、重量轻、能减少下部工程量、外形美观等优点,可用于大、中跨径的钢筋混凝土拱桥。

(5)软土地基上修建拱桥采用无铰拱时,应采取无支架施工或早期脱架施工,使主拱圈随着拱上建筑的修筑,逐步适应地基变形。无支架施工或早期脱架施工的拱轴系数 m 值,不宜超过 2.24,使之比较接近于抛物线的拱轴线。m 值较小,则墩台水平位移引起的主拱圈的内力也较小。矢跨比 f/l,宜采用大值(不宜小于 1/8),以适应墩台变位。修建多孔拱桥时,宜采用等跨连续拱,使其各墩台位移值相等。

第四节 拱桥的总体布置

在选定了桥位,进行了必要的水文水力计算,掌握了桥址处的地质、地形等资料后,即可进行拱桥的总体布置。总体布置是否合理,考虑问题是否周全,不仅直接影响桥梁的总造价,而且还对今后桥梁的使用、维护、管理带来直接的影响。因此,拱桥的总体布置十分重要。一个好的设计,往往就体现在总体布置的优劣上。

拱桥总体布置的主要内容应包括:拟定结构体系及结构形式;拟定桥梁的长度、跨径、孔数、拱的主要几何尺寸、桥梁的高度、墩台及其基础形式和埋置深度、桥上及桥头引道的纵坡等。本节只进一步阐明在具体设计拱桥中如何确定桥梁长度及分孔、设计高程和矢跨比、拱轴线等问题。有关其他问题可以参考第一篇内容。

一、确定桥梁长度及分孔

当通过水文水力计算和技术经济等方面的比较,确定了两岸桥台之间的总长度之后,在纵、平、横三个方向综合考虑桥梁与两端路线的衔接,就可以确定桥台的位置和长度,从而确定桥梁的全长。

在桥梁全长确定后,根据桥址处的地形、地质等情况,并结合选用的结构体系、结构形式和施工条件,可以进一步确定选择单孔还是多孔拱桥。

如果采用多孔拱桥,如何进行分孔,是总体布置中的一个关键问题。若需跨越通航河流,在确定孔数与跨径时,一般分为通航孔和不通航孔两部分。分孔时,除应满足设计洪水通过的需要外,还应确定一孔或两孔作为通航孔。通航孔跨径和通航高程的大小应满足航道等级规定的要求,并与航道部门协商。通航孔的位置多半布置在常水位时的河床最深处或航行最方便的地方。对于航道可能变迁的河流,必须设置几个通航的桥跨。对于不通航孔或非通航河段,桥孔划分可按经济原则考虑,尽量使上下部结构的总造价最低。

在分孔中,有时为了避开深水区或不良的地质地段(如软土层、溶洞、岩石破碎带等)而可能将跨径加大或减小。在水下基础结构复杂、施工困难的地方,为减少基础工程,可考虑采用较大跨径;对跨越高山峡谷、水流湍急的河道,建造大跨径桥梁更为经济合理,如万州长江大桥。分孔中,还应考虑施工的方便和可能。通常,全桥宜采用等跨或分组等跨的分孔方案,并尽量采用标准跨径,以便于施工和修复,又能改善下部结构的受力和节省材料。此外,分孔中,还需注意整座桥的造型和美观。

二、确定桥梁的设计高程和矢跨比

1. 设计高程的确定

拱桥的设计控制高程主要有四个,即桥面高程、拱顶底面高程、起拱线高程和基础底面高程(图 3-1-8),这四项高程的合理确定,是拱桥总体布置中的一个重要问题。

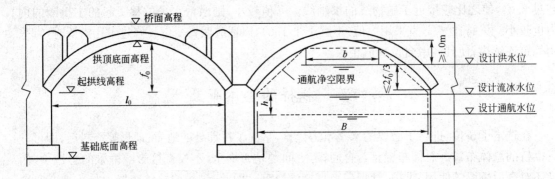

图 3-1-8 拱桥的主要高程及桥下净空示意图

桥面高程一般由两岸线路的纵断面设计所控制。对跨越平原地区河流的拱桥,其桥面最小高度一般由桥下净空所控制,并且还需满足排泄设计洪水流量或不同航道等级所规定的桥下净空界限的要求。

为了保证漂浮物的通过,在任何情况下,拱顶底面应高出设计洪水位 1.0m。对于有淤积的河床,桥下净空应适当加高。对于通航河流,通航孔的最小桥面高度,除应满足以上要求外,还应满足对不同航道等级所规定的桥下净空界限的要求(图 3-1-8)。设计通航水位,一般是按一定的设计洪水频率进行计算,并与航运部门具体协商决定。

当桥面高程确定之后,由桥面高程减去拱顶处的建筑高度(拱顶填料厚度和主拱圈厚度),就可得到拱顶底面的高程。

拟定起拱线高程时,为了减小墩台基础底面的弯矩,节省墩台的圬工数量,一般宜选择低拱脚的设计方案。但对于有铰拱桥,拱脚需高出设计洪水位以上 0.25m。为了防止冰害,有铰或无铰拱,拱脚均应高出最高流冰面 0.25m。当洪水带有大量漂浮物时,若拱上建筑采用立柱时,宜将起拱线高程提高,使主拱圈不要淹没过多,以防漂浮物对立柱的撞击或挂留。有时为了美观的要求,应避免就地起拱,而应使墩台露出地面一定的高度。

起拱线高程主要依据矢跨比的要求确定。

基础底面的高程,应根据冲刷深度、地基承载能力等因素确定。

2. 矢跨比的确定

当跨径在分孔时初步拟定后,根据跨径及拱顶、拱脚高程,就可以确定主拱的矢跨比(f/l)。主拱圈矢跨比是拱桥的主要设计参数之一。它不但影响主拱圈内力的选择,还影响拱桥的构造形式和施工方法的选择,应从上、下部结构受力、通航、泄洪和美学等综合因素考虑确定矢跨比。

由结构力学可知,拱脚水平推力与矢跨比呈反比关系。水平推力大,相应地在拱圈内产生的轴向压力也大,对拱圈自身的受力状况是有利的,但对墩台基础不利。同时,当拱圈受力后因其弹性压缩,或因温度变化、混凝土收缩,或因墩台位移等原因,都会在无铰拱的拱圈内产生附加的内力,因而拱越坦即矢跨比越小,附加内力越大。然而,较小的矢跨比却能提供较大的桥下有效净空,降低桥面高程,减少引道长度;但当拱的矢跨比过大时,也会使拱脚区段过陡,给拱圈的砌筑或混凝土浇筑带来困难。另外,拱桥的外形是否美观,与周围景物能否协调等,也与矢跨比有很大关系,因此在设计时,矢跨比的大小应经过综合比较后进行选定。

对于简单体系拱桥,砖、石、混凝土等圬工拱桥,矢跨比一般为 1/4~1/8,一般都不宜小于 1/10;钢筋混凝土拱桥的矢跨比一般为 1/5~1/8。对于组合式拱桥,矢跨比一般为 1/5~1/10,或者更小一些,按照构造形式而变化,但一般不小于 1/12。

一般将矢跨比≥1/5 的拱称为陡拱,矢跨比<1/5 的拱称为坦拱。

三、不等跨连续拱桥的处理方法

多孔连续拱桥最好选用等跨或分组等跨的分孔方案。在受地形、地质、通航等条件的限制,或引桥很长,考虑与桥面纵坡协调一致时,或对桥梁的美观有特殊要求时,可以考虑采用不等跨的分孔(图 3-1-9)。

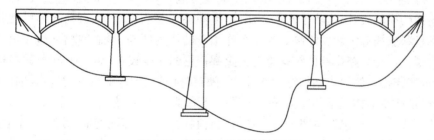

图 3-1-9 不等跨分孔的拱桥桥型图

不等跨拱桥,由于相邻孔的永久作用推力不相等,使桥墩和基础增加了永久作用的不平衡推力。在采用柔性墩的多孔连续拱桥中,还需考虑永久作用不平衡推力产生的连拱作用,使计算和构造复杂。为了减小这个不平衡推力,改善桥墩、基础的受力状况,节省材料和造价,可以采用如下措施。

1. 采用不同的矢跨比

利用矢跨比与水平推力大小成反比的关系,在相邻两孔中,大跨径用较陡的拱(矢跨比较大),小跨径用较坦的拱(矢跨比较小),使两相邻孔在永久作用下的不平衡推力尽量减小。

2. 采用不同的拱脚高程

由于采用了不同的矢跨比,致使两相邻孔的拱脚高程不在同一水平线上(图 3-1-10)。因大跨径孔的矢跨比大，拱脚降低，减小了拱脚水平推力对基底的力臂，这样可使大跨与小跨的永久作用下产生的水平推力对基底产生的弯矩得到平衡。

3. 调整拱上建筑的永久作用

在必须使相邻孔的拱脚放置在相同或相接近的高程上时（如美观要求等），也可用调整拱上建筑的质量来减小相邻孔间的不平衡水平推力。例如，对于上承式拱桥，大跨径可用自重较小的

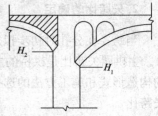

图 3-1-10　大跨与小跨的拱脚高程

拱圈截面和轻质的拱上填料或采用空腹式拱上建筑，小跨径拱用自重较大的拱圈截面及重质量的拱上填料或采用实腹式拱上建筑，以改变重力来调整拱桥永久作用的水平推力。

4. 采用不同类型的拱跨结构

常常是小跨径用板拱结构，大跨径用分离式肋拱结构，以减轻大跨径的结构重力达到减小水平推力的作用。有时，为了进一步减小大跨径拱的水平推力，还可以加大大跨径拱肋的矢高，做成中承式肋拱。

在具体设计时，也可以将以上几种措施同时采用。如果仍不能达到完全平衡推力的目的，则需设计成体型不对称的或加大尺寸的桥墩和基础，来平衡或承受不平衡水平推力。

四、合理拱轴线的选择

选择拱轴线的原则，就是要尽可能降低由于荷载作用产生的拱圈内弯矩数值。最理想的拱轴线是与拱上各种荷载作用下的压力线相重合，这时拱圈截面只受轴向压力，而无弯矩作用，称为合理拱轴线。具有合理拱轴线的拱桥能充分利用圬工材料的抗压特性。但事实上不可能获得这样的拱轴线，因为除了永久作用外，拱圈还要受到汽车、人群荷载等可变作用以及温度变化和材料收缩等因素的影响。当永久作用下的压力线与拱轴线吻合时，在可变作用下就不再吻合了。由于公路拱桥的结构重力占全部作用的比重较大，如一座 30m 跨径的双车道公路拱桥，可变作用大约只占结构重力的 20%，随着跨径的增大，结构重力所占的比重还将增大。因此，以结构重力作用下的压力线作为设计拱轴线，可以认为基本上是适宜的。但是，即使仅在结构重力作用下，拱圈本身的轴线还将因材料的弹性压缩而变形，致使拱圈的实际压力线与原来设计所采用的拱轴线，仍会发生一定偏离。因此在拱桥设计时，要选择一条能够使结构重力作用下的截面弯矩都为零的拱轴线，是不可能的。

一般而言，拱桥设计中所选择的拱轴线应满足以下几方面的要求：

(1) 尽量减小拱圈截面的弯矩，使主拱圈在计入弹性压缩、均匀温降、混凝土收缩等影响下各主要截面的应力相差不大，且最大限度减小截面拉应力，最好是不出现拉应力；

(2) 对于无支架施工的拱桥，应能满足各施工阶段的要求，并尽可能少用或不用临时性施工措施；

(3) 线形美观，便于施工。

目前，拱桥常用的拱轴线形有以下几种：

1. 圆弧线

在均布径向荷载作用下（如水压力），拱的合理拱轴线为一圆弧线[图 3-1-11a)]。这类拱

桥,线形简单,施工方便。但在一般情况下,圆弧形拱轴线与结构自重压力线偏离较大,使拱圈各截面受力不够均匀。因此圆弧线常用于 20m 以下的小跨径拱桥。对于较大跨径的预制装配式钢筋混凝土拱桥,有时为了简化施工,也可采用圆弧形拱轴线。

2. 悬链线

实腹式拱桥的永久作用集度(单位长度上的质量),可以看成从拱顶向拱脚是均匀增加的,这种荷载分布图式的拱圈压力线是一条悬链线[图 3-1-11b)]。因此,实腹式拱桥可以采用悬链线作为拱轴线。在结构自重作用下,当不计拱圈结构自重因弹性压缩产生的影响时,拱圈截面只承受轴力而无弯矩。

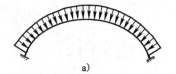 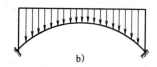 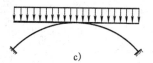

图 3-1-11 拱桥常用的拱轴线形
a)圆弧线;b)悬链线;c)抛物线

对于空腹式拱桥,由于拱上建筑的形式发生了变化,从拱顶到拱脚的永久作用集度也不再是逐渐增加的,相应的永久作用压力线是一条有转折点的多段曲线。如仍用相应的悬链线作为拱轴线,恒载压力线与拱轴线将有偏离。然而,理论分析证明,这种偏离对拱圈控制截面的受力是有利的,它可以减小由于弹性压缩在控制截面上产生的弯矩。另一方面,悬链线拱轴线对各种空腹式拱上建筑的适应性较强,并已有现成完备的计算图表可利用。因此,空腹式拱桥也广泛采用悬链线作为拱轴线。悬链线是目前我国大、中跨径拱桥采用最普遍的拱轴线形。

3. 抛物线

由结构力学可知,在竖向均布荷载作用下,拱的合理拱轴线是二次抛物线[图 3-1-11c)]。对于结构自重作用集度比较接近均布的拱桥,往往可以采用二次抛物线作为拱轴线。钢筋混凝土桁架拱和刚架拱等轻型拱桥,由于结构自重作用分布较均匀,往往采用二次抛物线作为拱轴线。

在某些大跨径拱桥中,由于拱上建筑布置的特殊性,为了使拱轴线尽可能与结构自重作用的压力线相吻合,也可采用高次抛物线(如四次或六次抛物线)作为拱轴线,例如湖南炎陵红星桥跨越深谷,桥高 65m,主拱跨径 108.45m,主拱轴线采用 6 次抛物线与恒载压力曲线吻合,拱上建筑 24.5m 的腹拱,采用三铰双曲拱,左右采用 8 次抛物线的不对称拱线。

综上所述,拱上建筑的形式及其布置,对于合理选择拱轴线型是有密切联系的。在一般情况下,上承式小跨径拱桥可采用实腹式圆弧拱或实腹式悬链线拱;大、中跨径上承式拱桥可采用空腹式悬链线拱;轻型拱桥或矢跨比较小的大跨径上承式、中承式和下承式拱桥及各种组合式拱桥,可以采用抛物线拱。

思考题

1. 拱桥与梁桥相比在受力性能上有哪些差异?
2. 拱桥的优缺点有哪些?
3. 拱桥按主拱圈的横截面形式分为哪些类型?

4. 拱桥按拱上结构的形式可分为哪两种类型？
5. 按照桥面的位置可分为哪些类型？
6. 拱桥按结构体系可分为哪些类型？各自受力特点是什么？
7. 无推力的组合体系拱可分为哪些类型？各自特点是什么？
8. 拱桥总体布置的主要内容有哪些？
9. 拱桥常用的拱轴线形有哪些？如何选择？
10. 何谓计算矢跨比？
11. 如何处理不等跨问题？
12. 何为合理拱轴线？试述圆弧线、悬链线、抛物线的适用条件。

第二章 拱桥的构造与设计

第一节 上承式拱桥的构造与设计

行车道位于整个桥跨结构上面的拱桥称为上承式拱桥。上承式拱桥分为两大类：一类是普通型上承式拱桥，这类拱桥由主拱(圈)拱上传载构件、桥面系等组成，主拱(圈)是主要承重结构；另一类是整体型上承式拱桥，这类拱桥则是由主拱片(指由拱圈与拱上传载构件组成的整体结构)和桥面系组成，主拱片是主要承重结构。

一、主拱的构造与尺寸拟定

上承式拱桥根据主拱圈的横截面形式可分为板拱、肋拱、箱形拱、双曲拱四种。

1. 普通型上承式拱桥

1) 板拱

拱桥的主拱圈采用整体实心矩形截面时，称为板拱。根据拱轴线形，板拱可以是等截面圆弧拱、等截面或变截面悬链线拱以及其他拱轴形式；按照静力图式，也可分为无铰拱、双铰拱、三铰拱以及平铰拱；按建筑材料划分，板拱又可分为石板拱、混凝土板拱和钢筋混凝土板拱等。

(1) 拱圈的构造

① 石板拱

砌筑石板拱主拱圈的石料主要有料石、块石、片石和砖石等，用粗料石砌筑拱圈时，拱石需要随拱轴线和截面形式不同而分别进行编号，以便加工，等截面圆弧拱的拱石规格少，编号简单(图3-2-1)；变截面圆弧拱圈的拱石类型较多，编号较复杂，施工不便。有的石拱桥也采用等截面或变截面的悬链线作为拱轴线，这时，拱石的编号更为复杂(图3-2-2)。因此，目前大多采用等截面拱桥。

用于拱圈砌筑的石料应要求石质均匀，不易风化，无裂纹。石料标号不得低于MU30，拱石形状根据桥跨大小和当地石料供应情况分别采用。

对于粗料石拱石，应外形方正，呈六面体，其厚度(拱轴方向)为20～30cm，宽度为厚度的1.0～1.5倍，高度应为厚度的1.5～2.0倍，长度为厚度的1.5～4.0倍。当拱石上下砌缝宽度相差超过30%时,拱石宜制成楔形。

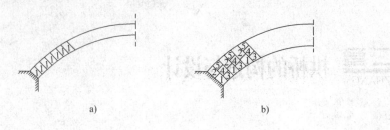

图 3-2-1 等截面圆弧拱圈的拱石编号

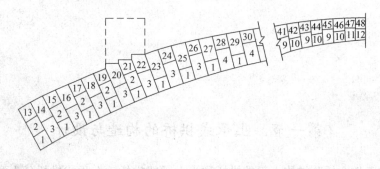

图 3-2-2 变截面悬链线拱圈的拱石编号

对于块石拱,拱石可制成大致方正的形状,厚度为 20～30cm,宽度为厚度的 1.0～1.5 倍,长度为厚度的 1.5～3.0 倍。拱石上下的弧线差可用灰缝宽度调整。

对于片石拱,其拱石的厚度不小于 15cm,将尖锐突出部分敲除即可。

各类拱石,石料层面应与拱轴线垂直。砌筑拱石用的砂浆,对大、中跨径拱桥不得低于 M7.5,对于小跨径拱桥不得低于 M5。在必要时也可用小石子混凝土进行砌筑,小石子粒径一般不得大于 2cm。采用小石子混凝土(C5～C40)砌筑的片石板拱,其砌体强度比用同强度等级的水泥砂浆的砌体强度要高,而且可以节约水泥 1/4～1/3。

根据拱圈的受力(主要承受压力,其次是弯矩)特点和需要,拱圈砌筑应满足下列构造要求。

a. 错缝。对料石拱,拱石受压面的砌缝应与拱轴线垂直,可以不错缝;当拱圈厚度不大时,可采用单层砌筑[图 3-2-1a)],但其横向砌缝必须错开且不小于 10cm;当拱圈厚度较大时,采用多层砌筑[图 3-2-1b)、图 3-2-2],但其垂直于受压面的顺桥向砌缝[图 3-2-3a)],拱圈横截面内拱石竖向砌缝[图 3-2-3b)、c)]以及各层横向砌缝必须错开且不小于 10cm,以免因存在通缝而降低砌体的抗剪强度和削弱其整体性。对块石拱,应选择较大平面与拱轴线垂直,拱石大头在上,小头在下,砌缝错开不小于 8cm。对于片石拱,拱石较大面与拱轴线垂直,大头在上,砌缝交错。

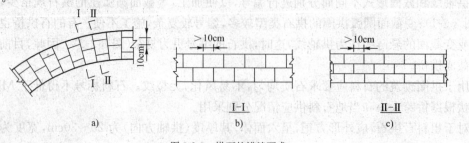

图 3-2-3 拱石的错缝要求

b. 限制砌缝宽度。拱石砌缝宽度不能太大,因砂浆强度比拱石低得多,缝太宽必将影响砌体强度和整体性。通常,对料石拱不大于2cm,对块石拱不大于3cm,对片石拱不大于4cm,采用小石子混凝土砌筑时,块石砌缝宽不大于5cm,片石砌缝宽为4~7cm。

c. 设五角石。拱圈与墩台以及拱圈与空腹式拱上建筑的腹孔墩连接处,应采用特别的五角石[图3-2-4a)],以改善该处的受力状况。为避免施工时损坏或被压碎,五角石不得带有锐角,为了简化施工,目前常用现浇混凝土拱座及腹孔墩底梁[图3-2-4b)]代替石质五角石。

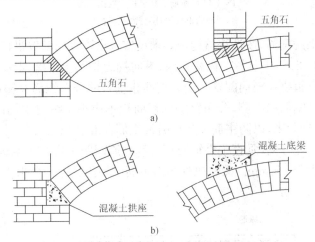

图3-2-4 拱圈与墩台及腹孔墩连接

② 素混凝土板拱

在缺乏合格天然石料的地区,板拱可以采用素混凝土来建造。素混凝土板拱拱圈可以采用整体现浇或预制构件拼装的方法施工。整体现浇混凝土拱圈,拱内收缩应力很大,受力不利;同时,需用拱架、模板,耗费大量的木料;工期长,花费劳动力多,质量也难以控制,故现在已较少采用。目前采用将拱圈沿纵横向划分成一些块件进行预制、组拼的方法施工。由于块件特殊,在组拼拱圈的过程中,可少用或不用拱架,节省大量的拱架木料、铁件,而又便于采用机械化施工,节省人力,缩短工期,质量也容易控制。

素混凝土板拱砌块的混凝土强度等级一般采用C15~C25,砌筑砌块应用的砂浆为M7.5~M10。混凝土砌块在砌筑之前应有足够的养生期,以消除或减少混凝土收缩的影响。

为了节省水泥用量,可在砌块中渗入不多于25%的片石,做成片石混凝土砌块。片石标号不低于MU30,并将棱角敲去,分层渗入混凝土中。

由于混凝土的弹性模量和线胀系数均比天然石料的大,故混凝土拱圈的温度附加内力比石拱桥的大。素混凝土板拱的水泥用量也比石板拱的多。

③ 钢筋混凝土板拱

与石板拱相比,板拱采用钢筋混凝土具有构造简单、外表整齐、可以设计成最小的板厚、轻巧美观、减少附加内力等特点。

为了较充分利用混凝土的强度,节省材料,减轻质量,可以将实体板拱受拉区混凝土面积挖去一部分做成肋形板拱的形式,如图3-2-5a)所示。

钢筋混凝土板拱根据桥宽需要可做成单条整体拱圈或多条平行板(肋)拱圈(拱圈之间可不设横向联系),如图3-2-5b)所示,可以反复利用一套较窄的拱架和模板来完成几条平行拱圈的施工,节省材料。

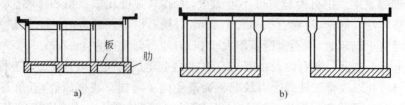

图 3-2-5 钢筋混凝土板拱的横截面
a) 肋形板拱；b) 分离式板拱

钢筋混凝土板拱的配筋，按计算与构造要求设置。拱圈纵向配置拱形的受力钢筋（主筋），一般最小配筋率为 0.2%～0.4%。在截面内，纵向受力钢筋上下缘对称设置，以适应沿拱圈各截面弯矩的变化。板拱在横向配置与受力钢筋相垂直的分布钢筋及箍筋，如图 3-2-6 所示。分布钢筋应设在纵向钢筋的内侧，分布钢筋的截面积不应小于纵向主筋的 15%；横向箍筋则应将上、下缘主筋连接起来，以防主筋在受压时发生屈曲和在拱腹受拉时发生外崩；箍筋沿拱曲线在该处的曲率半径方向（垂直于拱轴线）布置，箍筋间距不应超过纵向钢筋直径的 15 倍，在拱背的间距应不大于 150mm。无铰拱的纵向主筋应锚固在墩台台帽中，其锚入深度不应小于拱脚截面高度的 1.5 倍。

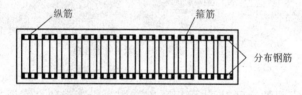

图 3-2-6 板拱的横向配筋

(2) 拱圈截面尺寸拟定

①板拱主拱截面宽度

板拱一般用于实腹式拱桥，其拱圈截面宽度主要取决于桥面宽度（行车道宽度和人行道宽度之和），当不设人行道时，通常将安全护栏悬出 5～10cm[图 3-2-7a)]，当设人行道时，则将栏杆（宽 15～25cm）悬出[图 3-2-7b)]。

对多孔或大跨径实腹式拱桥，可将人行道宽度部分或全部布置在钢筋混凝土悬臂上，以减少主拱圈宽度和墩台尺寸。钢筋混凝土人行道悬臂的做法主要有两种。一种是设置单独的人行道悬臂构件[图 3-2-7b)、c)]；另一种是采用横贯全桥的钢筋混凝土横桃梁，在挑梁上再安设钢筋混凝土人行道板[图 3-2-7d)]，一般可悬出 1.0～2.5m，最大可悬臂 4m。

当板拱用于空腹式拱桥时，拱圈宽度拟定则随拱上腹孔形式的不同而异。对拱式腹孔，拱圈宽度拟定与实腹式拱相同；对梁式腹孔，拱圈宽度通常小于桥面宽度，通过拱上立柱盖梁将人行道或部分车行道悬挑出拱圈宽度以外，以减小拱圈宽度和墩台尺寸。

通常把拱圈宽度小于桥面宽度的拱圈，称为窄拱圈。

在窄拱圈中，由于拱圈自重及大部分拱上结构自重所产生的应力变化不大，仅可变作用和部分永久作用所产生的应力略有增加。所以，当拱圈中的永久作用应力在其总应力中所占的比例很大时，采用窄拱圈，对上、下部结构都比较经济。目前在多孔或大跨径拱桥中，一般都采用窄拱圈的形式。如长沙湘江大桥主桥全长 1250m，桥面宽度为 20m，由于采用了图 3-2-7c) 所示的预制钢筋混凝土悬臂人行道，两侧各挑出 1.1m，使主拱圈宽度减小到 17.8m，从而节省了造价。

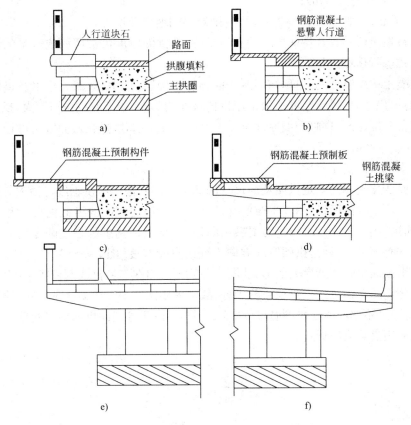

图 3-2-7 板拱宽度

在拟定拱圈宽度时,要兼顾桥面悬臂长度和宽跨比。悬臂长度较大,虽然减小了拱圈宽度和墩台尺寸,但相应增加了悬臂构件的用量;同时,过小的拱圈宽度,难以确保其横向稳定性的要求。现行桥规规定,拱圈宽度小于 1/20 拱跨时,应验算拱圈的横向(平面外)稳定性。目前国内外已建拱桥中,拱圈宽跨比较小的有南斯拉夫克尔克 1 号桥,宽跨比 1/30,我国丹河大桥宽跨比 1/26.67。

②板拱主拱截面厚度

拱圈厚度可以是等厚度,也可以是变厚度,主要根据桥梁跨径、矢跨比、建筑材料、荷载大小等因素综合确定。

对于等厚度的中、小跨径石拱桥,初拟厚度时,可按下式估算:

$$h = \beta k \sqrt[3]{l_0} \tag{3-2-1}$$

式中:h——拱圈厚度(cm);

l_0——拱圈净跨径(cm);

β——系数,一般为 4.5~6.0,取值随矢跨比的减小而增大;

k——荷载系数,对于公路—Ⅱ级为 1.2,公路—Ⅰ级时需试算。

对于变厚度的小跨径石拱桥,其拱顶厚度可按下式估算:

$$h_d = \alpha(1 + \sqrt{l_0}) \tag{3-2-2}$$

式中:h_d——拱顶厚度(cm);

l_0——拱圈净跨径(cm);

α——系数,一般为 0.13～0.17,取值随跨径的增大而增大。

大跨径石板拱桥及具有特殊要求的石板拱桥,其拱圈厚度可参照已成桥梁的设计资料或其他经验公式进行估算。

钢筋混凝土板拱厚度的估算,与混凝土的强度等级、含筋率、荷载大小以及拱的矢跨比等因素有关,初拟尺寸时,拱顶厚度一般采用拱桥跨度的 $1/60\sim1/70$;拱桥跨度大,拱厚度取小值。若采用变高度截面,拱脚截面厚度可按 $h_j=h_d/\cos\varphi_j$ 估算,拱脚截面倾角可近似按相应圆弧拱之值 $\cos\varphi_j=2\tan^{-1}(2f/l)$。

③板拱主拱截面变化规律

拱圈截面变化规律是确定拱圈截面尺寸的基础。拱圈截面沿拱轴线可做成等截面或变截面两种形式。所谓等截面拱[图 3-2-8a)]就是拱圈任一法向截面的横截面形状和尺寸是相同的;而变截面拱[图 3-2-8b)、c)、d)]的主拱法向截面,从拱顶到拱脚是逐渐变化的。变截面拱圈的做法通常有两种,一种是拱圈宽度方向不变而只变厚度[图 3-2-8b)、c)],如对于无铰拱,通常采用由拱顶向拱脚逐渐增大的形式[图 3-2-8b)]。而在三铰拱或两铰拱中,由于最大内力的截面位置分别约在四分之一跨径或跨中处,故常采用图 3-2-8c)(又称镰刀形)的截面变化形式;另一种是厚度不变而改变拱圈宽度[图 3-2-8d)]。由于等截面拱的构造简单,施工方便,因此它是目前采用最普遍的形式。

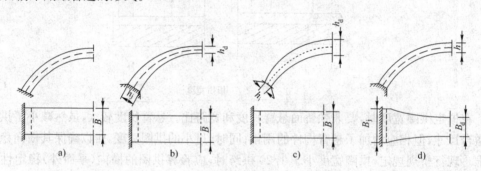

图 3-2-8 等截面与变截面拱

a)等截面拱;b)拱厚自拱顶向拱脚增加;c)拱厚自拱顶向拱脚减少(镰刀形);d)拱宽自拱顶向拱脚增加

拱圈横截面沿跨径变化的规律要能适应拱圈内内力的变化,有利于充分发挥拱圈每个截面的材料强度;同时,截面变化的形式,还应能使其构造简单,便于设计和施工。

无铰拱通常可用惯性矩从拱顶向拱脚逐渐增大的变化,其解析函数式采用如下 Ritter 公式(图 3-2-9):

$$\frac{I_d}{I\cos\varphi}=1-(1-n)\xi$$

或

$$I=\frac{I_d}{[1-(1-n)\xi]\cos\varphi} \qquad (3\text{-}2\text{-}3)$$

$$n=\frac{I_d}{I_j\cos\varphi_j} \qquad (3\text{-}2\text{-}4)$$

式中:I——拱任意截面的惯性矩;

I_d——拱顶截面的惯性矩;

I_j——拱脚截面的惯性矩;

φ——拱任意截面的拱轴切线与水平的倾角;

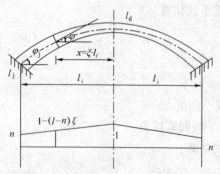

图 3-2-9 变截面拱圈的截面变化规律图

φ_j——拱脚截面的拱轴切线与水平的倾角；

ξ——拱任意截面到拱顶距离系数；

n——拱厚变化系数，可用拱脚处 $\xi=1$ 的边界条件求得。

拱厚变换系数 n 越小，拱厚变化就越大，截面的变化就越大。

在设计中，可先拟定拱顶和拱脚两截面的尺寸，求出 n，再求其他截面的 I；也可先拟定拱顶截面尺寸和拱厚系数 n，再求 I。在公路圬工拱桥中，对于空腹式拱桥，n 值一般取为 0.3～0.5；实腹式拱桥采用 0.4～0.6；双曲拱桥和钢筋混凝土拱桥采用 0.5～0.8。对于矢跨比较小的拱，采用上述较小的 n 值，矢跨比较大的拱，采用上述较大的 n 值。

拱圈截面惯性矩自拱顶向拱脚变化的方式主要有截面自拱顶向拱脚等宽度变厚度和等厚度变宽度两种。对于前一种[3-2-8b)]，其任意截面的高度 h 可按下列公式计算：

对实体矩形截面，其截面惯矩为：

$$I = \frac{1}{12}Bh^3 \tag{3-2-5}$$

将式(3-2-5)代入式(3-2-3)得拱圈任意截面的厚度 h：

$$h = \frac{h_d}{C\sqrt[3]{\cos\varphi}} \tag{3-2-6}$$

式中的 C 值为 $C = \sqrt[3]{[1-(1-n)\xi]}$。对工字钢及箱形截面（图 3-2-10），由于截面惯矩 $I = (1-\alpha\beta^3)bh^3/12$，其截面变化较为复杂，但当挖空率 $\alpha、\beta$ 值不变，腹板厚度沿拱轴相等，仅翼板（工字形）或顶板（箱形）厚度从拱顶向拱脚逐渐增大时，则式(3-2-6)仍然适用。

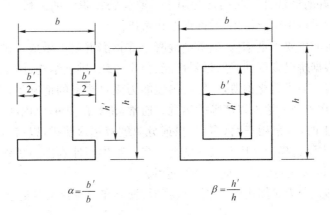

图 3-2-10 工字钢及箱形截面尺寸

对于上述第二种惯性矩变化方式，即拱顶向拱脚等厚度变宽度方式，主要是在大跨径拱桥中，为了抵抗向拱脚增大的轴力 N 而采用的一种变化规律[图 3-2-8d)]，它是在截面惯性矩增大并不太多的情况下来增大截面面积，而使拱脚的弯矩变小，同时还提高了拱的横向稳定性。目前主要用于中承式拱桥，桥面以上拱肋为使构造简单而采用等宽度，而对桥面以下则采用变宽度。

上述惯性矩变化均是自拱顶向拱脚增大的，法国工程师巴烈脱曾提出了与此相反的变化方式，即惯性矩自拱顶向拱脚逐渐减小，这种拱被称为镰刀形拱[图 3-2-8c)]。采用镰刀形拱的目的是尽量减小无铰拱拱脚弯矩，镰刀形拱的使用跨径在 100m 以上，目前这种桥型在世界上还建造得不多。

由于变截面拱的构造复杂,施工不便,目前国内外都有广泛采用等截面拱的趋势。一般在无铰拱桥设计中,对于跨径小于50m的石板拱桥,跨径小于100m的双曲拱、箱形拱或钢筋混凝土肋拱桥,均可采用等截面形式。

2)肋拱

肋拱桥是由两条或多条拱肋、横系梁、立柱和由横梁支承的行车道部分组成,如图3-2-11所示。拱肋相当于将板肋和拱肋之间的板全部挖去,用两条或多条分离式的平行拱肋来代替拱圈,为保证拱肋的横向稳定性和整体性,需在肋间设置足够数量和刚度的横系梁。

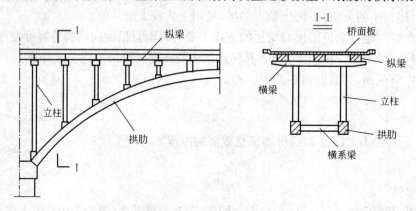

图3-2-11 肋拱桥的立面布置

肋拱质量轻,结构自重的内力减小,相应可变作用的内力比重增大,可充分发挥钢筋等材料的性能,具有较好的经济性。肋拱常常用于一些矢跨比很大的高桥中。跨越能力也较大。肋拱现已在大中型拱桥中广泛使用,并逐渐取代板拱。

拱肋是肋拱桥的主要承重结构,通常由混凝土或钢筋混凝土做成。拱肋的数目和间距以及截面形式主要根据桥梁宽度、肋型、材料性能、荷载等级、拱上结构、施工方法与经济性等各方面综合考虑决定。为了简化构造,一般在吊装能力满足要求的情况下,宜采用少肋形式,这样既简化构造,又在外观上给人以清晰的感觉。通常,桥宽在20m以内时可考虑采用双肋式,当桥宽在20m以上时,宜采用三肋(多肋)拱或分离的双幅双肋拱,以避免由于肋中距增大而使肋间横系梁、拱上结构横向跨度与尺寸增大太多。肋拱两外侧拱肋最外缘的间距一般不宜小于跨径的1/20,以保证肋拱的横向整体稳定性。

拱肋的截面形式分为实体矩形、工字形、箱形、管形和劲性骨架混凝土箱形等,如图3-2-12所示。

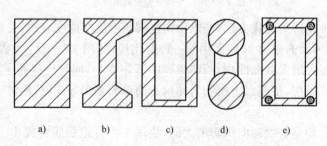

图3-2-12 肋拱的拱肋截面形式

a)实体矩形;b)工字形;c)箱形;d)管形;e)劲性骨架混凝土箱形

矩形截面具有构造简单、施工方便,但由于受弯矩作用时不能充分发挥材料的作用,一般仅用于中小跨径的肋拱桥。初拟尺寸时,肋高可取跨径的 1/40～1/60,肋宽取肋高的 0.5～2.0 倍。矩形拱肋除采用混凝土和钢筋混凝土作为拱肋外,在我国西南地区的四川、重庆等地,因地制宜,修建了不少石肋拱桥。石肋拱可以是双肋,也可以是多肋,肋间设置足够的钢筋混凝土横系梁。石肋拱所用石料为料石或石块,标号为 MU50～MU60,用砂浆或小石子混凝土砌筑(C15～C20 号)。石肋拱与石板拱相比具有更好的经济性。

工字形截面的抗弯惯矩比矩形截面大,可以降低截面拉应力的数值,常用于大、中跨径的肋拱桥。工字形的肋高一般为跨径的 1/25～1/35,肋宽为肋高的 0.4～0.5 倍,腹板厚度常为 30～50cm。工字形肋拱虽在材料使用上比矩形拱肋经济,但也存在构造较复杂,施工麻烦以及拱肋横向刚度小的问题。

拱肋截面采用箱形截面的肋拱称为箱形肋拱。箱形肋拱的截面尺寸根据受力确定。初拟时箱肋高一般为跨径的 1/50～1/70,肋宽取肋高的 1.0～2.0 倍,腹板或翼板厚度一般不小于 25～30cm,以便布置钢筋和浇筑混凝土。同时,还必须在立柱支承处按一定的间距设置内横隔板,以保证拱肋截面局部稳定性的需要,隔板厚度为 20～30cm。图 3-2-13 所示为四川遂宁建设桥用转体施工法修建了主跨为 70m 的双室箱肋拱桥截面形式。

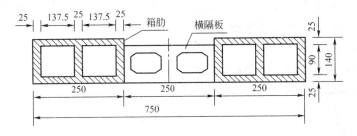

图 3-2-13 双室箱肋拱桥的截面形式

一般拱肋高度在 1.5～3.0m 时,采用工字形和箱形截面是合理的。

管形肋拱是指采用钢管混凝土结构作为拱肋的拱桥,其肋高与跨径之比常在 1/45～1/65 之间。钢管混凝土拱肋中钢管根数、布置形式与桥梁跨径、桥宽、荷载等级及受力等有关,其截面形式有单肢(管)形、双肢哑铃形、三角形格构形、四肢格构形和集束形等,如图 3-2-14 所示。有关钢管混凝土拱桥的详细内容见第五篇。

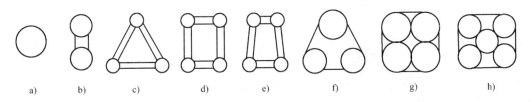

图 3-2-14 钢管混凝土拱肋的横截面形式
a)单肢(管)形;b)双肢哑铃形;c)三角形格构形;d)四肢矩形格构形;e)四肢梯形格构形;f)三管集束形;g)四管集束形;h)五管集束形

3)箱形拱

将实体的板拱截面挖成空心箱形截面,即主拱圈截面由多室箱构成的拱称为箱形拱,如图 3-2-15 所示。

(1)箱形拱的主要特点

①截面的挖空率大,可达全截面的 50%～60%,与板拱相比,可节省大量圬工体积,减轻

自重;

②箱形截面的中性轴大致居中,对于抵抗正负弯矩几乎具有相等的能力,能较好地适应主拱圈各截面正负弯矩变化的需要;

③由于是闭合空心截面,抗弯和抗扭刚度大,拱圈的整体性好,应力分布比较均匀;

④单条箱肋刚度较大,稳定性较好,能单箱肋成拱,便于无支架吊装;

⑤预制拱箱的宽度,施工操作安全,易保证施工质量;

⑥制作要求较高,吊装设备较多,主要用于大跨径拱桥。

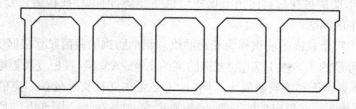

图 3-2-15 箱形拱拱圈截面

可以看出,箱形截面是大跨径拱桥一种比较经济合理的截面形式,因此,国内外建造的大跨径钢筋混凝土拱桥,绝大多数采用箱形截面。

(2)箱形拱的构造

箱形拱的拱圈,可以由一个闭合箱(单室箱)或由几个闭合箱(多室箱)组成,每一个闭合箱又由箱壁(侧板)、顶板(盖板)、底板及横隔板组成(图 3-2-16)。

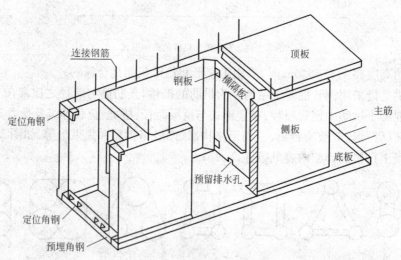

图 3-2-16 箱形拱闭合箱的构造

大跨经拱桥的主拱圈,为了采用预制装配的施工方法,在横向将拱圈截面划分成若干个箱肋,在纵向将箱肋分段,通常为 3~5 段,以减轻吊装重量。待箱肋拼装就位后,再浇筑肋间混凝土把各箱肋连成整体,形成主拱圈的截面。

①箱形拱截面的组成方式

箱形拱桥主拱圈的组成方式主要有以下几种:

a. 由多条 U 形肋组成的多室箱形截面[图 3-2-17a]。它是将底板和箱壁预制成开口 U 形拱肋,并沿轴线方向一定间距内设置横隔板。采用分段预制,吊装合龙后安装预制盖板,再现浇顶板及箱壁接缝混凝土,形成箱形截面。盖板可做成平板或微弯板。U形肋的优点是预制时不需要顶面模板,只需在拱胎上立侧模板;虽是开口截面,吊装时仍有足够的纵横向稳定性,吊装重量轻。缺点是现浇混凝土工作量大,盖板在参与拱圈受力时作用不大,纵、横向刚度不够大,目前已较少采用。

b. 由多条工字形肋组成的多室箱形截面[图 3-2-17b)]。将设有横隔板的工字形拱肋吊装合龙后,翼缘板直接对接,并对横向连接的钢板电焊即形成拱圈截面,省去了现浇混凝土部分,减少了施工工序。工字形拱肋的缺点是吊装稳定性较差,焊接下翼缘和横隔板的联结钢板时,质量难以保证,一般较少采用。

c. 由多条闭合箱肋组成的多室箱形截面[图 3-2-17c)]。此种箱肋的特点是在预制过程中,箱壁采用了分段预制再组合拼装成箱的工艺。先将预制好的箱壁及横隔板按拱箱尺寸拼装起来(图 3-2-18),再浇筑底板混凝土和侧板与横隔板接头,形成U形开口箱,最后在U形箱内立模板,浇筑顶板混凝土形成闭合箱肋。为了加强块件之间的连接,在箱壁和横隔板四周预留环状剪力钢筋及连接钢筋(图 3-2-18)。闭合箱肋吊装成拱后,浇筑肋间填缝混凝土形成多室箱形截面。

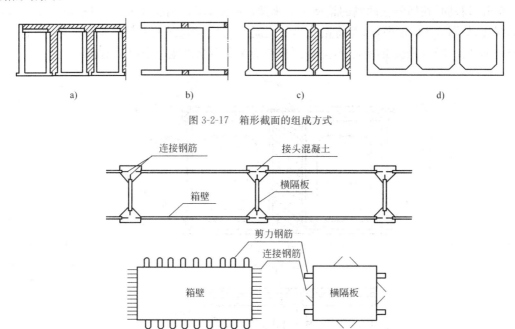

图 3-2-17 箱形截面的组成方式

图 3-2-18 箱壁横隔板连接示意图

闭合箱肋的优点是,箱壁及横隔板分块预制,可改为卧浇,采用干硬性混凝土,并在振动台上进行施工,节省大量模板,提高工效;同时闭合箱抗弯抗扭的刚度均较开口箱大,吊装稳定性好。目前,箱形拱主要采用这种截面形式。

d. 单箱多室截面[图 3-2-17d)]。这种截面外形为一箱,箱内具有多个室,它主要应用在(特)大跨径混凝土拱桥中。单箱多室截面拱的形成与施工方法有关。当采用劲性骨架施工时,拱箱是在劲性骨架拱(钢管混凝土或型钢骨架)上分层分段浇筑而成。

这种形成方式的特点是,将拱箱庞大的体积化小,通过将底板、侧板和顶板混凝土沿纵向划分成若干段,横向又根据侧板高度划分成若干层,采用连续浇筑或多工作面浇筑的方法逐步形成拱箱,省去了大量的临时支架。

由于拱箱混凝土是分步形成的，因此，各部分的混凝土龄期差别大，收缩、徐变对应力和变形影响很大，在拱箱混凝土浇筑过程中必须进行施工监控，确保在混凝土浇筑过程中先期浇筑的混凝土和骨架的受力安全和稳定性要求。

单室箱形拱桥在钢材和混凝土用量方面均比多室箱形拱桥节省，一般钢材节省 50%～60%，混凝土体积节省 40%～50%。

②箱形拱的横隔板及横向联结

为提高箱肋在吊运及使用阶段的抗扭能力，加强箱壁的局部稳定性，需在拱箱内每隔一定距离设一道横隔板。除在箱肋接头处，吊扣点及拱上立柱处必须设置外，其余部分每 3～5m 设一道，其厚度为 60～80cm。为减轻质量，便于施工人员通行，通常将横隔板中间挖空或做或桁架式横隔板(图 3-2-19)。

对于多室箱组合截面，为了加强拱箱的整体性，箱与箱之间要作横向联结。横向联结与箱肋形式有关。

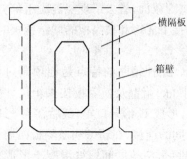

图 3-2-19 横隔板构造

对开口箱肋，在横隔板两侧的箱壁上下缘预留孔洞，用短钢筋穿入，并与横隔板上的预埋钢板焊接，如图 3-2-20a)所示；并将箱肋填缝混凝土与顶板混凝土一起浇筑成整体，箱肋上的竖向钢筋外伸，埋入顶板混凝土中，并在顶板混凝土中沿全拱宽布设通长钢筋网。

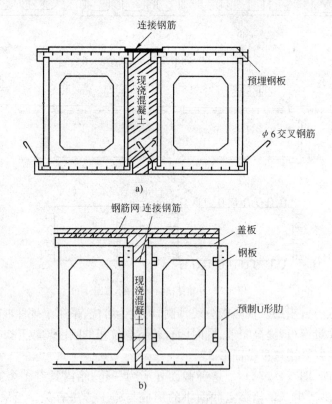

图 3-2-20 箱肋的纵向主筋和横向联结
a)开口箱的横向联系；b)闭口箱的横向联系

对闭口箱肋，在横隔板位置的顶板上预埋钢板，用钢筋搭焊联结，并在各箱肋底板上(外侧箱的外侧除外)预留沿拱轴方向的分布钢筋，待箱肋合龙后，使预留钢筋交叉、勾住，再浇筑填缝混凝土,如图 3-2-20b)所示。有时为减轻箱肋起吊质量而将箱肋顶板的部分厚度放在拱圈安装完成后现浇时,则不需在箱肋顶预埋钢板和搭焊,直接布设钢筋网浇筑顶板不足部分的混凝土即可。有条件时采用横向预应力筋来联结。

③箱肋接头

由于吊装能力的限制,箱肋需沿纵向划分成为数段预制,段与段间一般采用角钢搭接接头;接头处的箱壁、顶板、底板需局部加厚,预埋的接头角钢焊接在上下缘的主筋上,并通过定位角钢临时联结、定位;全拱合龙后,再在接头角钢上加盖钢板焊接;最后用混凝土填封接头。

拱脚接头,一般在墩台的拱座内预留 30~40cm 的凹槽,将箱肋端部的箱壁、顶板、底板加厚至 20~30cm,插入槽内,与箱肋上下缘预埋的钢板焊接,最后用不低于拱座混凝土强度等级的混凝土封填拱脚凹槽。

④钢筋布置

大跨径箱形拱桥的主拱圈设计,在运营阶段一般均为压应力控制,混凝土的拉应力很小或无拉应力,因此,主拱截面一般不按钢筋混凝土截面设计,可按素混凝土拱设计,但必须配置构造钢筋以及构件在吊装过程中的受力钢筋。对于闭合箱,此部分受力钢筋对称布置在顶板、底板上;对开口箱,配置在箱壁的上缘和底板上(图 3-2-20)。

钢筋的数量主要由箱肋段在吊运和悬挂过程中的受力情况计算确定。当拱圈全截面形成后,此部分吊装钢筋如达到最低含筋率的要求,可以在拱的截面计算中计入钢筋面积。沿箱壁的高度应布置分布钢筋,钢筋间距不大于 25cm。在顶板、底板及腹板中沿拱轴方向一定间距分别布置横向和径向钢筋,且横向、径向钢筋必须有效联结。

按素混凝土构件计算难以通过时,可按钢筋混凝土构件计算,但截面纵向配筋必须同时满足使用阶段和吊装阶段的要求。

(3)箱形拱圈截面尺寸拟定

拟定箱形拱截面尺寸主要包括拱圈的高度、宽度、箱肋的宽度以及顶板、底板及腹板尺寸。

①拱圈高度

拱圈的高度主要取决于拱的跨度,还与拱圈所用混凝土强度有很大关系。初拟拱圈的高度时,拱圈高度可取跨径的 1/55~1/75,或者按如下经验公式估算:

$$h = \frac{l_0}{100} + \Delta \tag{3-2-7}$$

式中:h——拱圈高度(m);

l_0——净跨径(m);

Δ——取为 0.6~0.7m,箱肋拱为 0.8~1.0m。跨径大或箱室少时选用上限。

提高混凝土的强度,可以减少截面尺寸,从而减轻拱体本身的自重或加大跨径。目前国内钢筋混凝土拱桥常用 C30~C40 混凝土,对特大跨径劲性骨架混凝土拱桥中已应用到 C50~C60 号混凝土。

②拱圈宽度

单箱多室箱形拱拱圈宽度通常采用窄拱圈形式。拟定方法与板拱相同,为减小拱圈宽度,可考虑采用悬挑桥面。拱圈宽度一般可为桥宽的 0.6~1.0 倍,桥面悬挑 1.0~2.5m,最大可达 4.0m,但为保证其横向的刚度和稳定性,宽跨比应满足 1/20 的要求,但特大跨径桥的拱圈宽度常难以满足该条件,只要横向稳定性能得到保证即可。

③箱肋宽度

箱肋是组成预制吊装施工的箱形拱桥的基本构件。拱圈宽度确定后,根据缆索吊装能力,在横向划分为几个箱肋,即可确定拱肋的宽度。一般每个箱肋的宽度取1.3~1.7m。双车道桥面的拱圈宽度约划分成4~6片箱肋。箱肋宽度大,箱肋肋数少,接头少,整体性强,单箱的横向稳定也好,但是吊装重量将增加。

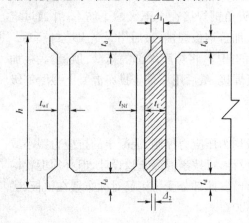

图3-2-21 箱形拱截面构造

④顶底板及腹板尺寸

对常用的由多条闭口箱肋组成的箱形拱(图3-2-21),其顶底板及腹板各部分尺寸与跨径及荷载作用大小有关。顶、底板厚度 t_d 一般为15~22cm,可以是等厚,也可以是不等厚。两外边箱肋外腹板厚 t_{wf} 一般为12~15cm,内箱肋腹板厚 t_{Nf} 常取5~6cm,以尽量减轻吊装质量。

需注意的是,拱圈顶、底、腹板太薄可能出现压溃,其原因除构造尺寸太小外,就是应力允许值用得太大(国际上对压板应力值限制很严),故应对其作必要的压溃及局部应力验算。箱肋间的填缝宽度 t_f 根据受力大小确定(主要考虑轴力),一般采用20~35cm。为保证填缝混凝土浇筑质量,Δ_1 不宜小于20cm,Δ_2 为安装缝,通常为4cm。

4)双曲拱桥

双曲拱,是20世纪60年代中期我国江苏省无锡市首创的一种新桥型。由于拱圈的横截面是由数个横向小拱组成,使主拱圈在纵向及横向均呈曲线形而得名。双曲拱桥主拱圈通常由拱肋、拱波、拱板和横向联系等几部分组成,如图3-2-22所示。

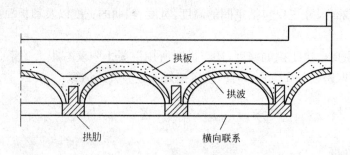

图3-2-22 双曲拱主拱圈横截面

双曲拱桥的主要特点是将主拱圈以"化整为零"的方法按先后顺序进行施工,再以"集零为整"的组合式整体结构承重,适应于无支架施工但又无大型起吊设备时的情况。施工时,先将拱圈划分成拱肋、拱波、拱板及横向联系四部分,并预制拱肋、拱波和横向联系,即"化整为零";然后吊装钢筋混凝土拱肋成拱,并与横向联系构件组成拱形框架,在拱肋间安装拱波,随后浇筑拱板混凝土,形成主拱圈,即"集零为整"。

双曲拱桥结构充分发挥了预制装配的优点,可以不要拱架施工,节省木材,加快施工进度,而所耗用的钢材又不多。因此,在它出现之后,得到了迅速的推广,当时的主要目的是减轻吊装重量。

根据拱桥的跨径、宽度、设计荷载的大小、材料类型和施工工艺等各种情况,双曲拱桥主拱圈截面可以采用不同的形式(图 3-2-23)。目前采用最多的是多肋多波的截面形式[图 3-2-23a)、b)、c)]。在小跨径的双曲拱桥中,还可采用单波的形式[图 3-2-23d)]。

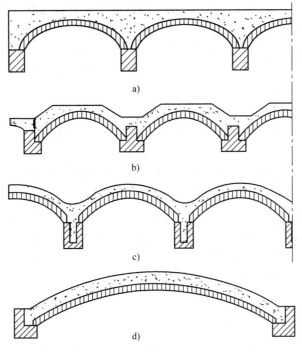

图 3-2-23 双曲拱桥主拱圈的截面形式

拱肋是双曲拱桥主拱圈的骨架,它不仅参与拱圈共同承受全部永久作用和可变作用,而且在施工过程中,又要起砌筑拱波和浇筑拱板的支架作用。当拱波、拱板完成后,拱肋成为主拱圈的重要组成部分。因此,拱肋的设计,必须保证具有足够的强度和刚度。特别是采用无支架施工的双曲拱,除应满足吊装阶段的强度和纵横向稳定性以外,还需满足截面在组合过程中各阶段荷载作用下的强度要求。

常用的拱肋截面形式有矩形、凸形(倒 T 形)、槽形和工字形等(图 3-2-24)。一般根据跨径大小、受力性能、施工难易等条件综合选择合理的截面形式,要求所选拱肋截面有利于增强主拱圈的整体性,制作简单且能保证施工安全。

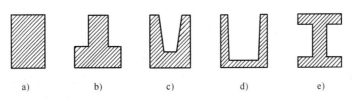

图 3-2-24 拱肋截面形式
a)矩形拱肋;b)凸形拱肋;c)、d)槽形拱肋;e)工字形拱肋

拱肋一般为钢筋混凝土构件,常采用预制安装的方法施工。预制的拱肋,常常分成几段。分段数目和长度应根据桥梁跨径大小、运输设备和吊装能力等条件来考虑。由于拱顶往往是受力最不利的截面,因此拱肋分段时接头不宜布置在拱顶,而设置在拱肋自重作用下弯矩最小的地方,一般在跨径的 0.3 倍附近。这样,拱肋一般均可分为三段(图 3-2-25)。当跨径超过 80m 时,可以分为 5 段。

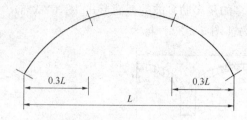

图 3-2-25 拱肋分段的接头位置

为使拱肋的变形在横桥方向均匀,避免拱波顶部可能出现的纵向裂缝,需在拱肋间设置横向联系,常用的横向联系形式有横系梁和横隔板,通常布置在拱顶、腹孔墩下面、分段吊装的拱肋接头处等,间距一般为 3~5m,拱顶部分可适当加密。

拱波一般都用混凝土预制成圆弧形,矢跨比为 1/2~1/5,单波矢跨比为 1/2~1/6。拱波跨度由拱肋间距决定,净跨以 1.3~2.0m 为宜,单波截面以 3~5m 为宜。拱波厚 6~8cm,宽度 0.3~0.5m。拱波不仅是参与主拱圈共同承受荷载的组成部分,而且浇筑拱板混凝土时,又起模板作用。

拱板在拱圈截面占有最大比重,而且现浇的混凝土拱板又将拱肋、拱波连成整体,使拱圈能实现"集零为整"。因此,拱板在加强拱圈整体性方面起着重要的作用。

双曲拱桥主拱圈截面高度一般为跨径的 1/40~1/55,跨径大者取小值。

双曲拱相当于一种曲形板肋拱。尽管这种构造形式在受力方面有其优点,但由于采用了多次截面组合的施工成型方式,造成截面受力复杂,整体性差,经多年使用发现,多数双曲拱都出现了较严重的开裂,影响到桥梁安全,故目前已很少采用。

2. 整体型上承式拱桥

整体型上承式拱桥主要包括桁架拱桥和刚架拱桥。它们的共同特点是拱桥自重轻,整体性好,装配化程度高,施工进度快,拱上建筑参与受力,适合于中、小跨径的拱桥或地质条件较差的情况。

1) 桁架拱桥

桁架拱桥是一种具有水平推力的桁架结构,其下弦为拱形,上弦杆与桥道结构组合成整体而共同工作。在跨中部分,因上、下弦杆很靠近而做成实腹段;实腹段在结构自重作用下主要承受轴向压力,在汽车和人群等荷载作用下承受弯矩,成为偏心受压构件。空腹段的桁架杆件主要承受轴向力。

由于桁架拱兼备了桁架和拱式结构的有利因素,使之整体受力,能充分发挥全截面材料的作用。因此桁架拱具有结构刚度大、受力合理、整体性强、重量轻、节省材料等特点。对软土地基有较好的适应性。

桁架拱桥的主要缺点在于杆件纤细,模板复杂,构件的预制安装工艺要求较高;由于桁架节点是刚性连接,使交汇于节点的竖杆、斜杆易开裂,影响整体刚度和耐久性,维修养护困难。因此,普通桁架拱桥的跨径一般为 20~50m。采用预应力的桁架拱,克服了受拉杆件开裂的问题,例如贵州剑河大桥的跨径已达 150m,它为预应力桁架拱桥(称悬臂桁架拱)开拓了新的领域。

(1) 结构形式

桁架拱桥的上部结构一般由桁架拱片、横向联结系和桥面组成。

桁架拱片是桁架拱桥的主要承重结构,在施工中它承受全部结构的自重作用,成桥后与桥面结构组合一体共同承受其他可变作用。桁架片由上弦杆、腹杆、下弦杆和拱顶实腹段组成,其立面布置如图 3-2-26 所示。

根据腹杆(包括斜杆和竖杆)布置和受力特性的不同,桁架拱桥分为斜(腹)杆式、竖杆式、桁肋式和组合式四种类型。

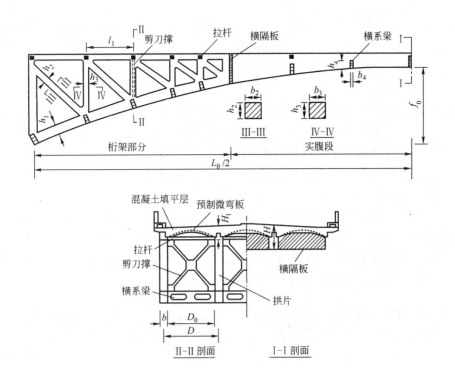

图 3-2-26 桁架拱桥的主要组成部分

L_0-净跨矩;f_0-净矢高;D-桁架拱片间距;b-桁架拱片宽度;D_0—微弯板净跨径;h_1-下弦杆截面高度;H_1-上弦杆桥面组合高度;H-跨中截面高度;b_2、h_2-斜杆截面宽度、高度;b_3、h_3-竖杆截面宽度、高度;b_4、h_4-横系梁宽度、高度;l_1-上弦杆节间长度

① 斜（腹）杆桁架拱

斜腹杆的桁架拱，各杆件均承受轴向力，承载能力较大，是目前常采用的形式。根据斜杆布置角度不同，又分为三角形式[图 3-2-27a)]、带竖杆的三角形式[图 3-2-27b)]、斜压杆式[图 3-2-27c)]和斜拉杆式[图 3-2-27d)]。

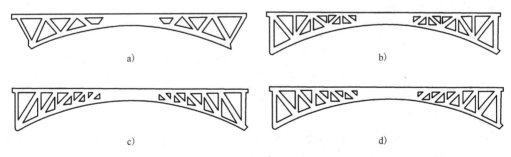

图 3-2-27 斜杆式桁架拱桥
a)三角形式；b)带竖杆的三角形式；c)斜压杆式；d)斜拉杆

三角形式腹杆根数比带竖杆的斜腹杆式少，节点数也少，腹杆总长比带竖杆的短，腹杆材料用量省，整体刚度较大；但当跨径过大时，节间过长，上弦杆承受局部弯矩所需的钢筋将增多，因此宜设置竖杆来减小节间长度，成为带竖杆的三角形桁架拱。

斜压杆的斜杆在结构自重作用下受压，竖杆受拉，且斜杆的长度随矢高和节间长度的增大而显著增长，尤其是第一个节间的斜杆更长；为防止斜杆失稳，必须增大截面尺寸，给施工带来不便，而且这种斜压杆式的桁架外形不美观，现已很少采用。

斜拉杆的斜杆在结构自重作用下受拉,竖杆受压;由于有了竖杆,对于横向联结系的布置较方便,而且可减少上、下弦杆承受局部荷载的长度,对弦杆受力有利;同时采用预应力混凝土斜拉杆,外形美观;因此带竖杆的斜腹杆桁架采用较多。

②竖腹杆桁架拱

竖腹杆桁架拱由上、下弦杆和竖杆组成四边形框架[图 3-2-28a)]。它的优点是腹杆少,节点构造简单,节点处交汇的杆件只有三根(两根弦杆和一根竖杆),钢筋布置和混凝土浇筑方便,而且外形美观。缺点是框架杆件以受弯为主,钢筋用量较大;刚性节点在荷载作用下产生较大的次应力,常导致竖杆两端开裂,适用于较小跨径的拱桥。

③桁肋式桁架拱

桁肋式桁架拱实质上为普通型上承式拱桥,它是把拱肋做成桁架,上设立柱、桥面系,保留了拱上建筑[图 3-2-28b)]。这种形式的优点是把拱肋改成桁架,减轻了拱肋质量,使吊装方便,适宜于无支架施工和较大跨径的桥梁。缺点是没有发挥拱上建筑的结构作用,没有体现桁架拱桥整体受力的特点,施工程序较多,较少采用。

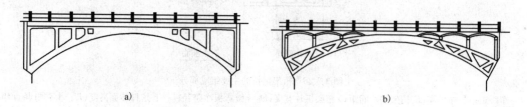

图 3-2-28 竖杆式和桁肋式拱片
a)竖杆式;b)桁肋式

另外还有圆孔拱片桥,即在拱片中设置几个大小不同的圆孔,以代替桁架拱的多边空间。这种形式的桥整体性好,钢筋用量最少,但吊装时要整片吊装,仅在中小跨径的桥梁中采用。

(2)桁架拱主要构造尺寸拟定

桁架拱各组成部分主要尺寸如图 3-2-26 所示。

①拱片片数及间距

桁架拱片的片数和间距应根据桥宽、跨径、荷载、材料、施工、桥面构造以及经济比较等诸方面因素确定。一般跨径较大时,采用较少片数较为经济,同时可减少预制安装工程量,但需考虑到桥面板的跨越能力。因此,对于跨径 20~50m 的桁架拱,拱片间距一般可用 2.0~3.5m,跨径再大时可稍加大一些,以减少拱片的数量。

②矢跨比、拱轴线

桁架拱的矢跨比应根据桥址、地形、地质、水文、桥下净空与桥面高程、构造形式、受力与施工诸方面综合考虑确定。在直杆式桁架拱中,矢跨比愈小,竖杆较短,上、下弦杆与竖杆共同承受荷载的能力强,刚度大。在斜杆式桁架拱中,矢跨比小时,立面外形较轻巧美观,腹杆短,刚度大,节省材料,吊装重量轻;当矢跨比较大时,则情况相反。一般桁架拱的矢跨比 f/l 在 1/6~1/10 之间选用。

桁架拱片各杆件的轴线应于节点处相交,以免产生附加弯矩。上弦杆轴线平行于桥面,考虑到桥面板参与受力,上弦杆和实腹段轴线应是包括桥面板在内的截面重心之连线。下弦杆相当于桁架拱的拱肋,其轴线可采用圆弧线、二次抛物线或悬链线。桁架拱桥同样存在选择合理拱轴(下弦杆轴线)的问题,下弦杆的合理轴线应是在结构自重作用下能使下斜杆的拉应力为零或限制在容许范围内的轴线。通常,对中小跨径的桁架拱采用圆弧线;而对较大跨径的桁架拱,为了受力有利,采用抛物线较多。

③桁架节间与实腹段长度的确定

桁架节间长度应考虑腹杆、弦杆的受力与桥梁外观。节间长度大,节点就少,结构简化,材料省,计算与施工较方便。但是,为了保证在局部荷载作用下的强度、刚度,上弦杆节间长度一般不大于计算跨径的 1/8～1/12。

直杆式桁架拱的节间可按等间距布置。为使各斜杆大体平行,上弦杆的节间长度应自端部逐渐向跨中减小,并使斜杆与竖杆的夹角在 30°～50°之间,以避免产生过大的内力和变形。对一般跨径的桁架拱桥,最大节间长度不宜超过 5m。

拱顶实腹段长度是由于上、下弦杆太靠近而形成的,它与矢跨比和拱底曲线有关。矢跨比越大,拱越陡,实腹段越短;矢跨比越小,拱越坦,实腹段越长。在确定其长度时还应考虑实腹段与桁架段之间的强度和刚度的差别、外观上的协调以及便于施工的要求。一般实腹段长度取计算跨径的 0.3～0.5 倍。

④拱肋(下弦杆)、上弦杆、腹杆截面尺寸的确定

为了简化施工,桁架拱拱肋通常采用等截面矩形形式,高度可取跨径的 1/80～1/100,宽度为 25～50cm,也可按截面高度的 1/1.5～1/2.0 确定。当桁架拱跨径较大时,为了减轻自重,下弦杆可做成箱形截面,如我国目前最大跨径 150m 的剑河大桥就是采用下弦杆箱形截面形式。

上弦杆截面形式跟桥面板构造有关,当桥面采用空心板时,上、下弦可采用矩形截面;当采用微弯板时,上弦截面常采用倒 T 形(边肋为 L 形)。这样有利于桁架拱片与桥面联结成整体。一般上弦杆截面高度取下弦杆高度的 0.6～0.7 倍,宽度与下弦杆相同。

在斜杆式桁架拱中,考虑到节点次应力的影响,下弦杆应比按铰接桁架计算所需面积增大20%～30%。

腹杆(斜杆和竖杆)常采用矩形截面,高度一般为下弦杆截面高度的 1/1.5～1/2.0,截面宽与上、下弦杆同宽,常取 0.2～0.4m。对受压腹杆宜用工字形截面。

⑤横向联结系和桥面结构

为了把拱片连成整体,使之共同受力,并保证并横向稳定,需要在拱片之间设置横向联结系。拱片间的横向联结系包括横拉杆、横系梁、横隔板和剪刀撑。

横拉杆和横系梁分别设置在上、下弦杆的节点处,全跨对称布置。拱顶实腹段每隔 3～5m 也应设置横系梁,当跨径较小时,横系梁可用拉杆代替。横拉杆多为矩形截面,高度与上弦杆根部(翼缘)相同,宽为 12～20cm。

横系梁也用矩形截面,高度与下弦杆高度相同,宽度应不小于拱片净间距的 1/15,可取 15～20cm。横系梁一般中部挖空,以减轻重量。当桁架拱片间距较大时,横系梁两端与拱片联结处应加设承托。

横隔板一般设置在实腹段与桁架部分连接处及跨中,它在高度方向直抵桥面板,与横系梁同厚度。

横桥向的剪刀撑一般设置在四分之一跨径附近的上、下节点之间以及跨径端部,剪刀撑杆件常用边长 10～18cm 的正方形截面。较小跨径的桁架拱桥,可以不设端部剪刀撑。

桁架拱桥的桥面通常由预制的横向微弯板和现浇混凝土填平层两部分组成。为了加强桥面与拱片的联结,除了将上弦杆和实腹段截面设计成倒 T 形,还需预埋锚固钢筋与微弯板伸

出的钢筋相连,并浇筑混凝土接头。空心板接缝间穿预应力钢筋,使桁架拱片与桥面结成刚劲的整体。

⑥桁架拱片与墩(台)的连接

桁架拱片与墩(台)的连接形式包括上、下弦杆与桥墩(台)的连接和多孔桁架拱桥桥跨结构之间的连接等。连接构造随上、下部结构的形式、施工方法、美观要求等而异。下弦杆与墩台连接一般是在墩(台)帽上预留深10cm左右(或与肋高相同)的桥孔,将下弦杆的端头插入并封以砂浆。在跨径较大时,由于墩(台)位移等原因,往往造成支承面局部承压,引起反力偏心和结构内力变化,故宜采用较完善的铰接。桁架拱上部在墩(台)的连接以及多跨拱间的连接分为悬臂式[图3-2-29a)、b)]、过梁式[图3-2-29c)、d)]和伸入式[图3-2-29e)、f)]三种,一般以受力简明的过梁式为好。与桥台的连接分为过梁式和伸入式两种[图3-2-30a)、b)]。

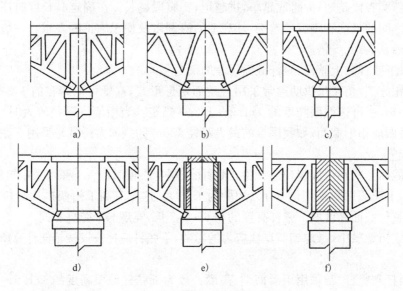

图3-2-29 桁架拱与墩的连接形式

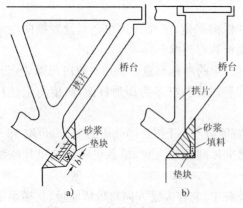

图3-2-30 桁架拱与台的连接形式

2)刚架拱桥

刚架拱桥是在桁架拱、斜腿刚架等基础上发展起来的另一种新桥型,属于有推力的高次超静定结构(图3-2-31)。由于它具有构件少、自重轻、整体性好、刚度大、施工简便、造价低、造型美观等优点。

刚架拱桥的上部结构由刚架拱片、横向联结系和桥面系等部分组成(图3-2-31)。

刚架拱片是刚架拱桥的主要承重结构,在安装阶段,承受上部构造的自重作用,上部构造安装完后,它与桥面一起承受可变作用,并将永久作用、可变作用产生的作用力传递给墩台。

刚架拱片一般由跨中实腹段的主梁、空腹段的次梁、主拱腿(主斜撑)、次拱腿(次斜撑)等构成,与桥面板一起形成刚架拱的主拱。主梁和主拱腿的交接处称为主节点,次梁和次拱腿的交接处称为次节点。节点构造一般均按固结设计,并配置钢筋,主拱腿、次拱腿和次梁的支座

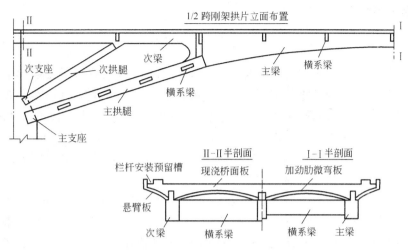

图 3-2-31　刚架拱桥的主要组成部分

分别称为主支座、次支座和上支座。根据构造形式和所选计算图式不同，可以采用固结和铰接（平铰或较完善的弧形铰等）。

刚架拱桥的总体布置形式主要与桥梁跨径、荷载大小等有关。当跨径小于 30m 时，可采用只设主拱腿、不设次拱腿的最简单形式[图 3-2-32a)]。当跨径在 30～50m 时，为了减小腹孔段次梁和斜撑的内力，可以设置一根次拱腿[图 3-2-32b)]。随着跨径增大，为减小次梁和斜撑的内力，可设置多根斜撑。这些斜撑都可以直接支承在桥梁墩（台）上，也可以将次拱腿支承在主拱腿上，以减小次拱腿的长度[图 3-2-32c)]。

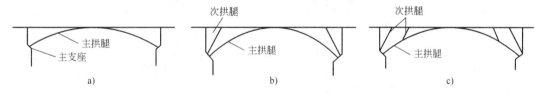

图 3-2-32　刚架拱桥的基本图式

主梁和主拱腿构成的拱形结构的几何形状是否合理，对全桥结构的受力有显著影响。主梁和次梁的梁肋上缘线一般与桥面纵向平行，主梁下缘线可采用二次抛物线、圆弧线或悬链线，使主梁成为变截面构件。主拱腿可根据跨径大小和施工方法不同，设计成等截面直杆或微曲杆。有时从美观考虑，也可采用与主梁同一曲线的弧形杆，同时改善梁、拱腿的受力性能。

特别指出的是，除次节点到上支座一段次梁为受弯构件，其余杆件基本上均为压弯构件。

根据不同的施工方法和条件（运输、安装能力等）。刚架拱片可采用预制安装或现浇方法施工，目前大多数采用前者。为了减小吊装质量，可将主梁、次梁、斜腿等分别预制，用现浇混凝土接头连接。当跨径较大时，次梁还可以分段预制。

横向联系是为使刚架拱片连成整体共同受力，并保证其横向稳定性而设置的。为了简化构造，横向联系可采用预制装配式的横系梁或横隔板形式，其间距视跨径大小而定。一般在刚架拱片的跨中，主、次节点，次梁端部等处设置横系梁。当跨径较大或者跨径小、桥面很宽时，为加强跨中实腹段刚架拱片间的横向整体性，有利于荷载的横向分布，可增设直抵桥面板的横隔板。

桥面系可由预制微弯板、现浇混凝土填平层、桥面铺装等部分组成。也可采用预制空心板、现浇混凝土层及桥面铺装构成。

二、拱上建筑

上承式拱桥的主要承重结构主拱圈(肋)是曲线形,车辆无法直接在弧面上行驶,需要在桥面系与主拱圈(肋)之间设置传递荷载的构件或填充物,以使车辆能在平顺的桥面上行驶。桥面系和这些传力构件或填充物统称为拱上建筑(或称拱上结构)。拱上建筑是拱桥的一部分,依其结构形式的不同而参与主拱共同受力的程度也不同;同时,拱上建筑在一定程度上能约束主拱圈由温度变化及混凝土收缩徐变等引起的变形,而主拱圈变形又使拱上建筑产生附加内力。

按照拱上建筑采用的不同构造方式,可将拱桥分为实腹式和空腹式两种。由于实腹式拱上建筑的构造简单,施工方便,而填料的数量较多,结构自重作用较大,所以,一般用于小跨径的拱桥。大、中跨径拱桥多采用空腹式,以利于减小永久作用,并使桥梁显得轻巧美观。

1. 实腹式拱上建筑

实腹式拱上建筑构造简单,施工方便,填料数量较多,永久作用较大,实腹式拱上建筑由拱腹填料、侧墙、护拱、变形缝、防水层、泄水管以及桥面系组成,如图 3-2-33 所示。

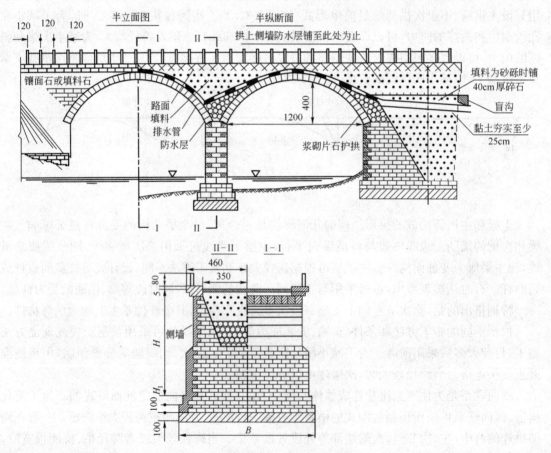

图 3-2-33 实腹式拱桥构造图(尺寸单位:cm)

拱腹填料分为填充式和砌筑式两种。填充式拱腹填料应尽量做到就地取材,通常采用透水性好、土侧压力小的砾石、碎石、粗砂或卵石夹黏土等材料,分层夯实;在地质条件较差地区,为减轻拱上建筑重力,也可采用其他轻质材料,如炉渣与黏土的混合物、陶粒混凝土等作为填料。砌筑式拱腹填料就是在散粒料不易取得时,可改用干砌圬工或浇筑素混凝土作为拱腹填料。

采用填充式拱上建筑,必须在主拱圈的两侧砌筑侧墙,以围护拱腹上的散粒填料。侧墙通常采用浆砌块或片石,若有特殊的美观要求,可用料石镶面。对主拱圈为混凝土或钢筋混凝土板拱,也可用钢筋混凝土护壁式侧墙,使其与主拱圈一起浇筑形成整体。侧墙一般要求承受填料土侧压力和车辆作用下的土侧压力,故按挡土墙进行设计。对浆砌圬工侧墙,顶面厚度一般为 50~70cm,向下逐渐增厚,墙脚厚度取用该处墙高的 0.4 倍。护拱设于拱脚段,以便加强拱脚段的拱圈,同时,便于在多孔拱桥上设置防水层和泄水管,通常采用浆砌块、片石结构。

2. 空腹式拱上建筑

大、中跨径的拱桥,特别是当矢高较大时,多采用空腹式拱上建筑。空腹式拱上建筑除具有实腹式拱上建筑相同的构造外,还具有腹孔和腹孔墩。根据腹孔的结构形式,空腹式拱上建筑又分为拱式和梁式两种。

拱式拱上建筑构造简单,外形美观,但质量较大,一般用于圬工拱桥。采用梁式腹孔的拱上建筑,可以使桥梁造型轻巧美观,减轻拱上重力和地基的承压力,降低拱轴系数,以获得更好的经济效果。大跨径的钢筋混凝土拱桥绝大多数采用梁式腹孔。

1) 拱式拱上建筑

(1) 腹孔

腹孔的形式和跨径的选择,要既能减轻拱上建筑的质量,又不致因荷载过分集中于腹孔墩处,给主拱圈受力状况造成不利影响,同时还要使拱桥外形协调美观。

腹孔是一种建在拱圈之上的多孔结构,通常对称布置在主拱圈两侧结构高度所容许的范围内,一般在每半跨内不超过跨径的 1/3~1/4,跨中还存在实腹段。腹孔跨数随桥跨大小不同而异,对于中小路径拱桥,腹孔跨数以 3~6 孔为宜[图 3-2-34a)]。有时为进一步减轻拱上建筑重力,采用全空腹形式,也就是在全拱范围内布置腹孔,跨中部分不再设实腹段,腹孔数依腹孔跨径而定,一般以奇数孔为宜[图 3-2-34b)]。

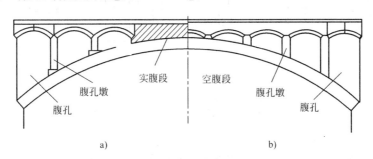

图 3-2-34 拱式拱上建筑
a)带实腹段的空腹拱;b)全空腹拱

腹孔跨径,对中小跨径拱桥一般选用 2.5~5.5m,对大跨径拱桥则控制在主拱跨径的 1/8~1/15 之间,其比值随主拱圈跨径的增大而减小。腹孔宜做成等跨,腹孔构造宜统一,以简化施工和有利于腹孔墩的受力。

腹拱的拱圈一般采用矢跨比为 1/2~1/5 的圆弧线板式结构,或矢跨比为 1/10~1/12 的微弯板或扁壳结构。腹拱圈的厚度与它的构造形式和跨径大小有关,当腹孔跨径小于 4m 时,石板拱为30cm,混凝土板拱为15cm,微弯板为14cm(其中预制6cm,现浇8cm);当腹拱跨径为4~6m时,可采用双曲拱,其拱圈厚度一般为30~40cm。当采用钢筋混凝土腹拱时,拱圈厚度可进一步减薄,如跨径在5.5m时,拱圈厚度仅需20cm。

(2)腹孔墩

腹孔墩由底梁、墩身和墩帽组成。墩身又可做成横墙式或排架式两种。

①横墙式。横墙式腹孔墩身,一般用圬工材料砌筑或现浇混凝土做成实体墙。有时为了减轻墩身质量或便于维修,可在横墙挖一个或几个孔[图3-2-35a]。这种横墙式腹孔墩,质量较大,多用于圬工拱桥中。腹孔墩的厚度,用浆砌片、块石时,不宜小于60cm,用混凝土砌筑时,一般应大于腹拱圈厚度的一倍。底梁能使横墙传下来的压力较均匀地分布到主拱圈全宽上,其每边尺寸较横墙宽5cm,其高度则以使较矮一侧为5~10cm的原则来确定;底梁常采用素混凝土结构或钢筋混凝土结构,墩帽宽度宜大于横墙宽两侧各宽5cm,也采用素混凝土或钢筋混凝土。

②排架式。排架式腹孔墩是由立柱和盖梁组成的钢筋混凝土排架结构[图3-2-35b]。为了使立柱传递给主拱圈的压力不至于过分集中,通常在立柱下面设置底梁。立柱和盖梁常采用矩形截面,截面尺寸及钢筋配置除了满足结构受力需要外,还应考虑和拱桥的外形及构造相协调;钢筋配置方式同梁桥的立柱、盖梁相似,但立柱的纵向钢筋应伸入盖梁轴线以上、拱轴线之下,并具有足够的锚固长度。为了分散立柱集中传递给拱圈的压力,在立柱下面应设置横向通长的底梁,厚度不小于柱距的1/5。底梁可以与拱圈一起施工完成。如采用混凝土浇筑时,可按照要求布置钢筋。

为了便于施工,腹孔墩的侧面一般做成竖直式。若采用斜坡式,则以不超过30:1的坡度为宜。

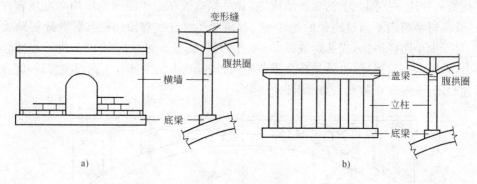

图3-2-35 腹孔墩构造形式
a)横墙式;b)排架式

(3)腹孔与墩(台)的连接

紧靠桥墩(台)的第一个腹拱,目前较多的有两种做法,一种是将腹拱的拱脚直接支承在墩(台)上[图3-2-36a)、b)],另一种是跨越桥墩,使桥墩两侧的腹拱圈相连[图3-2-36c)]。

2)梁式拱上建筑

梁式腹孔结构可以做成简支、连续、框架式等多种形式。

(1)简支腹孔

简支腹孔由底梁(座)、立柱、盖梁和纵向简支桥道板(梁)组成。由于桥道板(梁)简支在盖梁上,因此,基本上不存在拱与拱上结构的联合作用,受力简单、明确,是大跨径拱桥拱上建筑采用的主要形式。

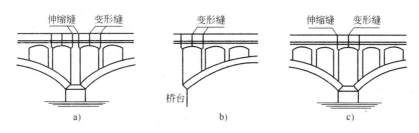

图 3-2-36　腹孔与墩(台)的连接

简支腹孔布置的范围及实腹段的构造与拱式腹拱相同。它的布置有两种方法,一种是对称布置在每半跨自拱脚至拱顶 1/4～1/3 内[图 3-2-37a)];另一种是全空腹式结构[图 3-2-37b)]。前者多用于板拱,后者多用于大跨径拱桥。

全空腹式腹孔数宜采用奇数,避免拱顶设有立柱,使拱顶受力不利。通常先确定两拱脚的立柱位置,然后将其间距除以某个奇数后,即可确定各立柱位置和腹孔跨径。但计算出的腹孔跨径往往不是一个整数,可以调整孔数,或通过改变两拱脚处的立柱的位置来调整跨径值。

(2)连续腹孔

连续腹孔由立柱、纵梁、实腹段垫墙及桥道板组成[图 3-2-37c)]。先在拱上立柱上设置连续纵梁,然后再在纵梁上和拱顶段垫墙上铺设横向桥道板,形成拱上传载结构,这种形式主要用于肋拱桥。其特点是桥面板横置,拱顶上只有一个板厚(含垫墙)及桥面铺装层厚,建筑高度很小,适合于建筑高度受限制的拱桥。

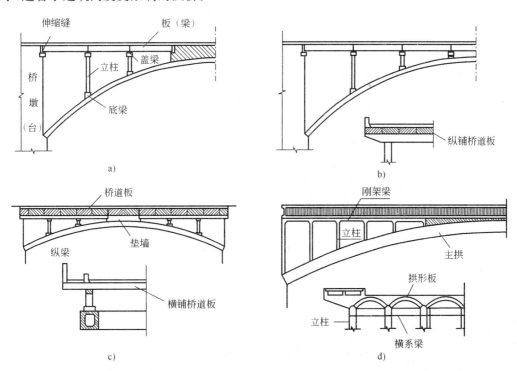

图 3-2-37　梁式空腹孔拱上建筑
a)带实腹段的简支腹孔布置;b)全空腹式的简支腹孔布置;c)连续腹孔布置;d)框架腹孔布置

(3)框架腹孔

框架腹孔在横桥向根据需要设置多片,每片间通过系梁形成整体[图 3-2-37d]。

三、拱桥其他细部构造

1. 拱上填料、桥面铺装及人行道

无论是实腹拱,还是空腹拱(除无拱上填料的轻型拱桥),在拱顶截面上缘以上除了作拱腹填充处理后,通常还需设置一层拱上填料,在该填料以上才是桥面铺装(图 3-2-38)。其作用一方面可以扩大车辆荷载作用的面积,同时还可以减小车辆荷载对拱圈的冲击,但也增加了拱桥的自重作用。一般主拱圈及腹拱圈的拱顶处,填料厚度(含桥面铺装厚度)均不宜小于 30cm。根据现行相关桥梁规范规定,当拱上填料厚度(含桥面铺装厚度)等于或大于 50cm 时,设计计算中可不计汽车荷载的冲击力。

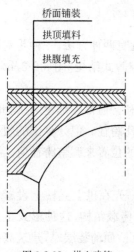

图 3-2-38 拱上建筑

在大跨度钢筋混凝土拱桥或地基条件很差的情况下,为了进一步减轻拱上建筑质量,可减薄拱上填料厚度,甚至可以不要拱上填料,直接在拱顶截面上缘以上铺筑混凝土桥面,但其行车道边缘的厚度至少为 8cm。为了分散车辆重力作用,拱顶部分的混凝土桥面内可设置钢筋网,同时应适当布置横向伸缩缝。在计算主拱内力时,应计入汽车的冲击力。

拱桥行车道和人行道的桥面铺装要求与梁桥的基本相同。

2. 伸缩缝与变形缝

由于拱上建筑与主拱圈的共同作用,一方面拱上建筑能够提高主拱圈的承载能力,但另一方面也对主拱圈的变形又起了约束作用,在主拱圈和拱上建筑内均产生附加内力,从而使构造受力和计算复杂。

为了使结构的计算图式尽量与实际的受力情况相符合,避免拱上建筑的不规则开裂,以保证结构的安全使用和耐久性,除在设计计算中充分考虑外,还需在构造上采取必要的措施。通常是在相对变形(位移或转角)较大的位置设置伸缩缝,而在相对变形较小处设置变形缝。

小跨径实腹拱桥,伸缩缝设在两拱脚的上方[图 3-2-39a],并在横桥方向贯通全宽和侧墙的全高及至人行道及栏杆。伸缩缝多做成直线形,以使构造简单,施工方便。

拱式空腹拱桥[图 3-2-39b],通常将紧靠墩(台)的第一个腹拱做成三铰拱,并在紧靠墩(台)的拱铰上方设置伸缩缝,且应贯通全桥宽,而其余两拱铰上方设置变形缝。在大跨径拱桥中,还应将靠拱顶的腹拱做成两铰或三铰拱,并在拱铰上方也设置变形缝,以便拱上建筑更好地适应主拱的变形。对梁式腹孔,通常是在桥台和墩顶立柱处设置标准伸缩缝,而在其余立柱处采用桥面连续。

伸缩缝宽一般为 20~30mm,其缝内填料可用锯末屑与沥青按 1:1 的比例制成预制板,在施工时嵌入砌体或埋入现浇混凝土中,并在上缘设置能活动而不透水的覆盖层,另外,也可采用沥青砂等其他材料填塞伸缩缝。变形缝不留缝宽,其缝可干砌或油毛毡隔开或用低标号砂浆砌筑;但在防水层下面可留置一定缝宽。

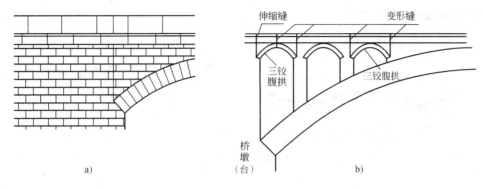

图 3-2-39 伸缩缝和变形缝的布置

3. 排水与防水层

对于拱桥,不仅要求将桥面雨、雪水及时排除,而且要求将透过桥面铺装渗入到拱腹的雨、雪水及时排除,以免因为拱腹内渗水过多,增大拱腹填料的含水率,导致结构承载力下降,或因为寒冷导致结构发生冻融损伤。桥面雨水的排除,除桥梁设置纵坡和桥面设置横坡外,一般还沿桥面两侧缘石边缘设置泄水管(图 3-2-40)。通过桥面铺装渗入到拱腹内的雨水,应通过防水层汇集于预埋在拱腹内的泄水管排出,防水层和泄水管的设置方式,与上部结构的形式有关。

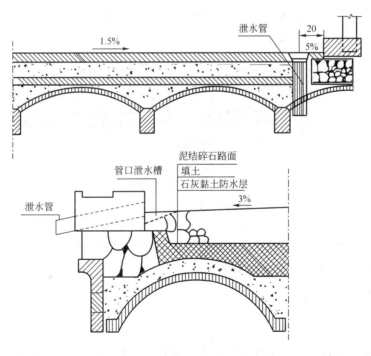

图 3-2-40 桥面排水装置

实腹式拱桥防水层应沿拱背护拱、侧墙铺设。如果是单孔,可以不设拱腹泄水管,积水沿防水层流至两个桥台后面的盲沟,然后沿盲沟排出路堤(图 3-2-41)。如果是多孔拱桥,可在跨径 1/4 处设泄水管[图 3-2-41a)]。对于空腹拱桥,防水层应沿腹拱上方与主拱圈跨中实腹段的拱背设置,泄水管也宜布置在 1/4 跨径处[图 3-2-41b)]。对跨线桥、城市桥或其他特殊桥梁，需设置全封闭式排水系统。

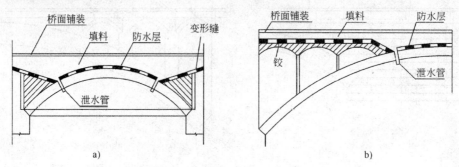

图 3-2-41　防水层与腹拱泄水管的布置

泄水管可以采用铸铁管、混凝土管或陶瓷(瓦)管以及塑料管。泄水管的内径一般为 6～10cm，在严寒地区需适当加大但宜小于 15cm。泄水管应伸出结构表面 5～10cm，以免雨水顺着结构物的表面流下，污染结构物。为了便于泄水，泄水管尽可能采用直管，并减少管节的长度。泄水管进口处周围防水层应做成集水坡，并以大块碎石做成倒滤层，以防堵塞。

防水层在全桥范围内不宜断开，在通过伸缩缝或变形缝处应妥善处理，使其既防水又可以适应变形，其构造如图 3-2-42 所示。防水层有粘贴式与涂抹式两种。前者是由 2～3 层油毛毡与沥青胶交替贴铺而成，效果较好，但造价高，施工较麻烦。后者采用沥青或柏油涂抹于砌体表面，施工简便，造价低廉，但效果较差，适合于雨水较少的地区。防水层铺设前将拱背按排水方向做成一定的坡度，并砌抹平整。为确保防水效果，最好涂抹一层沥青。

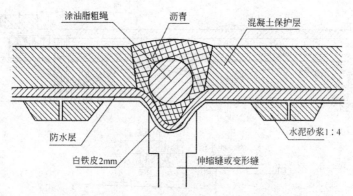

图 3-2-42　伸缩缝处的防水层

当防水层经过拱圈及拱上结构的伸缩缝或变形缝时，应做成 U 字形。

泄水管处的防水层，应紧贴泄水管漏斗之下敷设，防止向防水层底漏水。为避免防水层破损，应在其上铺一层保护层。

4. 拱背填充

拱背填充应采用透水性强和休止角较大的材料，一般可用天然砂砾、片石、碎石夹砂混合料以及矿渣等材料。填充时应按拱上建筑的顺序和时间，对称而均匀地分层填充并辗压密实，注意防止损坏防水层、排水管和变形缝。

5. 拱桥中铰的设置

在拱桥中需要设置铰的情况有四种：

①按两铰拱或三铰拱设计的主拱圈;
②按构造要求需要采用两铰拱或三铰拱的腹拱圈;
③需设置铰的矮小腹孔墩,即将铰设置在墩上端与顶梁和下端与底梁的连接处;
④在施工过程中,为消除或减小主拱圈的部分附加内力,以及对主拱圈内力作适当调整时,需要在拱脚或拱顶处设置临时铰。

前面三种情况属于永久性拱铰,它必须满足设计计算要求,并能保证长期正常使用,因此,永久性铰构造较复杂,造价高。最后一种是临时性拱铰,一般待施工结束时,就将其封固,故构造较简单,但必须可靠。

一般根据铰所处的位置、受力大小、使用材料等条件综合考虑。常用的拱铰形式有:弧形铰、铅垫铰、平铰、不完全铰和钢铰。

(1)弧形铰

弧形铰由两个具有不同半径弧形表面的块件组成(图3-2-43),一个为凹面(半径为R_2),一个为凸面(半径为R_1)。R_2与R_1的比值常在1.2~1.5范围内。铰的宽度应等于拱圈(肋)的宽度,沿拱轴线的长度取为拱厚的1.15~1.20倍。铰的接触面应精加工,以保证紧密结合。由于构造复杂,加工铰面难度大,不易保证质量,故主要用于主拱圈的拱铰。弧形铰一般用钢筋混凝土、混凝土或石料等做成。

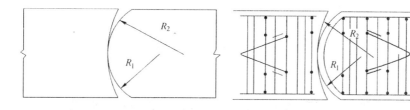

图3-2-43 弧形铰

(2)铅垫铰

铅垫铰主要用于中小跨径的板拱或肋拱(图3-2-44),此外,铅垫铰也可用作临时铰。铅垫铰一般由厚度1.5~2.0cm的铅垫板外包以锌、铜薄片(1.0~2.0cm)构成。垫板宽度为拱圈厚度的1/4~3/4,在主拱圈的全部宽度上分段设置。铅垫板铰是利用铅的塑性变形达到支承面的自由转动,从而实现铰的功能。在计算铅垫板时,其压力作用沿垫板全宽均匀分布。

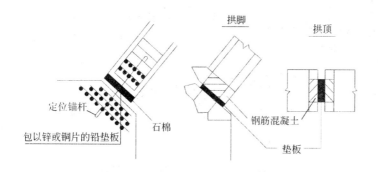

图3-2-44 铅垫铰

(3)平铰

平铰就是构件两端面(平面)直接抵承(图3-2-45),其接缝可铺一层低标号砂浆,也可垫

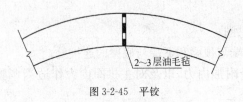

图 3-2-45 平铰

衬油毛毡或直接干砌,一般用在空腹式的腹拱圈上。

(4) 不完全铰

不完全铰的构造是将拱截面突然减小(一般为全截面的 $1/3 \sim 2/5$),以保证该截面的转动功能。在施工时拱圈不断开,使用时又能起铰的作用[图 3-2-46a)、b)、c)]。由于截面突然变小而使其应力很大,容易开裂,故必须配以斜钢筋。一般多用在小跨径或轻型的拱圈以及空腹式拱桥的腹孔墩柱上。

(5) 钢铰

钢铰通常是由钢材做带有圆柱形销轴(或不设销轴)的理想铰[图 3-2-46d)]。钢铰除用于少数大跨径有钢铰拱桥的永久性拱铰外,更多的用于施工需要的临时铰,如钢管混凝土拱桁架架设或劲性骨架混凝土拱桥劲性骨架安装时,多采用这种铰,另外在采用钢拱架作为施工支架时也采用钢铰。

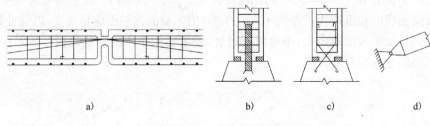

图 3-2-46 不完全铰和钢铰
a)、b)、c)不完全铰;d)钢铰

第二节 中承式和下承式拱桥的构造与设计

中承式拱桥的行车道位于肋拱的中部,桥面系(行车道,人行道,栏杆等)一部分用吊杆悬挂在拱肋下,一部分用刚架立柱支承在拱肋上[图 3-2-47a)]。下承式拱桥是通过吊杆将纵、横梁系悬挂在拱肋下,在纵、横梁系上设置行车道板,组成桥面系[图 3-2-47b)、c)]。桥面系和吊杆等这些传力构件统称为悬吊结构[图 3-2-47d)]。

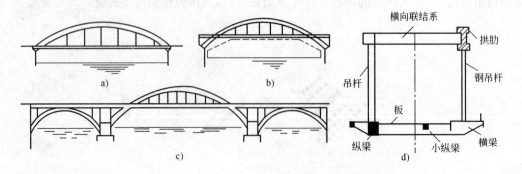

图 3-2-47 中承式和下承式拱桥的构造

中承式、下承式拱桥不仅保持了上承式拱桥的基本力学特性,还可以充分发挥拱圈混凝土材料的抗压性能,使构件简洁明快,造型美观。尽管中承式、下承式拱桥是推力拱,要求较好的地基条件,但是多孔连续的中承式、下承式拱桥,仍以其外形波浪般起伏,构件的轻巧,给人以美感,并且具有广泛的适应性。当桥梁的建筑高度受到严格限制时,若采用上承式拱桥往往有困难或矢跨比过小时,可采用中承式、下承式拱桥以满足对桥下净空的要求;在不等跨的多孔连续拱桥中,为了平衡左右桥墩的水平推力,可以将较大跨径一孔的矢跨比加大,做成中承式拱桥,来减小大跨的水平推力;在平坦地形的河流上,采用中承式、下承式拱桥可以降低桥面高度,有利于改善桥梁两端引道的纵断面线形,减少引道的工程数量;在城市景点或旅游地区,有时为了配合当地景观也可以采用中承式、下承式拱桥;在软土地基上建造大跨径拱桥普遍常用一种"飞燕式"的结构(图 3-2-48)。因此,在目前的桥梁设计方案中,中承式、下承式拱桥已成为优先考虑的桥型之一。

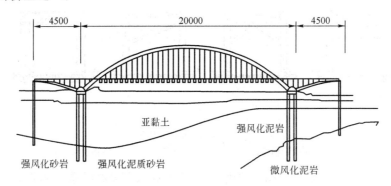

图 3-2-48 "飞燕式"拱桥(尺寸单位:cm)

1. 总体构造要点

中承式拱桥的主要组成部分为拱肋、纵梁(桥面板)、横梁、吊杆、立柱等如图 3-2-49 所示。下承式拱桥桥面结构全部由吊杆悬挂至拱肋如图 3-2-50 所示。

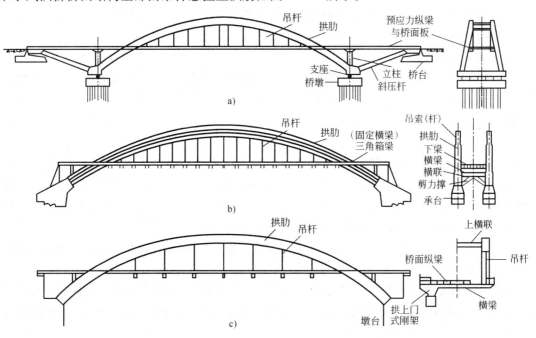

图 3-2-49 中承式拱桥的总体布置
a)提篮式拱;b)敞口式拱;c)带上横联拱

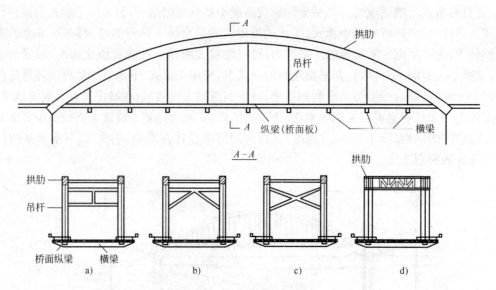

图 3-2-50 下承式拱桥的总体布置
a)一字形和 H 形横撑；b)K 形对角撑；c)X 形对角撑；d)空格式构造型

中承式、下承式拱桥的桥跨结构一般由拱肋、横向联系和悬挂结构三部分组成。拱肋是主要的承重构件，通常将两片拱肋平行布置，通过横向联系将其连成整体，有时，为了提高拱肋的横向稳定性和承载力，也可使两拱肋内倾，在水平面上的投影呈"X"形，即所谓的提篮拱，如图 3-2-49a)所示，主要用于大跨径拱桥。

中承式、下承式肋拱的结构自重作用分布比较均匀，拱肋轴线形一般采用二次抛物线或低拱轴系数的悬链线，矢跨比取值在 1/4～1/7 之间。拱肋的截面沿拱轴线可采用等截面或变截面。有时为了增强肋拱的横向刚度和稳定，可将拱脚段的肋宽增大，拱脚常采用无铰构造图式以保证拱肋刚度。

为了保证两片肋拱的横向刚度和稳定以承受作用在拱肋、桥面及吊杆上的横向水平力，必须在两片拱肋之间设置横向联结系。横向联系可做成横撑（或直撑）、对角撑（X 撑）、K 撑或桁架式撑等形式，如图 3-2-50 所示。横向联结杆件只容许设置在桥面净空高度范围之外的拱段。有时，为了满足桥面以上净空高度的要求，而不得不将拱肋矢高加大来设置横向构件。

横向构件的尺寸一般比较粗大，高悬在行车道之上，给人以一种压抑感，于行车条件不利，因此也可做成在行车道之上可以不设联系的敞口桥[图 3-2-49b)]。敞口桥视野开阔，但横向刚度差，必须采用刚性吊杆，使吊杆和横梁形成一个刚性的半框架，给拱肋提供足够刚劲的侧向弹性支承；或者加大拱肋的断面尺寸，以承受拱肋上的横向水平力。

对于中承式拱肋，还可以在桥面系以下设置横向联系，以便获得较好的稳定。横撑的宽度不应小于其长度的 1/15。

吊杆或立柱是中承式和下承式拱桥的桥面结构与拱肋之间的传力构件。吊杆或立柱的间距由受力、构造及美观等要求决定。按照一般构造要求，吊杆或立柱采用等间距，常用间距为 4～10m。

中承式和下承式拱桥的桥面结构一般采用两种构造。其一，横梁与纵梁联结成平面框架，桥面板支承在横梁（或横梁及纵梁）上；其二，不设纵梁，桥面板或肋板梁支承在横梁上。不管采用哪种构造,横梁都是桥面结构最主要受力构件。

为避免桥面结构受拱肋变形作用而产生附加拉伸,导致桥面、防水层和混凝土被拉裂,一般在桥面结构与拱肋相交的横梁处,或在其他地方利用双吊杆、双横梁设置断缝,或采用简支桥面构造设断缝。

2. 细部构造要点

(1)拱肋

中、下承式钢筋混凝土拱桥的拱肋截面形式与上承式肋拱桥拱肋的截面形式相同,有矩形、工字形、箱形和管形。有关管形截面构造见相关章节。

矩形截面的拱肋构造简单,施工方便,主要用于中、小跨径的拱桥。通常,拱肋的高度为跨径的1/40~1/70,肋宽为肋高的0.5~1.0倍。工字形、箱形和管形主要用于大跨径的拱肋,截面形式可以是等截面或变截面,对变截面的悬链线拱肋,截面的惯性矩也可用Ritter公式来确定,拱顶肋高按经验公式拟订,或参照已建成的桥梁。

当 $l_0 \leqslant 100\text{m}$ 时:

$$h_d = \frac{l_0}{100} + \Delta \tag{3-2-8}$$

式中:l_0——拱的净跨径;

Δ——系数,一般取 0.6~1.0m,跨径大时选用上限。

当 $l_0 \geqslant 100\text{m}$ 时:

$$h_d = \frac{l_0}{100} + \alpha\Delta \tag{3-2-9}$$

式中:α——高度修正系数,取值范围为 0.6~1.0;

Δ——系数,一般取 2.0~2.5m,跨径大时选用上限。

钢筋混凝土拱肋按偏心受压构件配筋,具体构造要求同上承式肋拱。

拱肋可以在拱架上现浇,也可以预制拼装,当采用劲性骨架混凝土拱肋时,需要在拱肋上分层分段浇筑或采取一定措施实现连续浇筑。

钢筋混凝土拱肋一般适用于跨径在150m以下的中承式、下承式拱桥中,150m以上则多采用钢管混凝土或劲性骨架混凝土拱桥。

(2)吊杆

桥面系悬挂在吊杆上,吊杆主要承受拉力,根据其自身刚度不同分刚性吊杆、半刚性吊杆和柔性吊杆三种构造方式。

刚性吊杆除了承受轴向拉力外,还需抵抗上下节点处的局部弯矩,因此,刚性吊杆一般设计成矩形,采用预应力混凝土,过去也采用钢筋混凝土材料,但因耐久性等问题已很少采用。为减小刚性吊杆承受的弯矩,设计的截面尺寸应在顺桥向小一些,而横桥向应设计得大一些,以增强拱肋的稳定性。

半刚性吊杆则为钢管混凝土圆形截面,其内可采用镦头锚的高强碳素钢丝、精轧螺纹钢筋、夹片锚的高强低松弛钢绞线。刚性、半刚性吊杆两端与拱肋和横梁均采用刚性联结构造,吊杆内的预应力筋通常穿透拱肋与横梁(图3-2-51),锚具一般埋入拱肋与横梁,故吊杆除承担轴向拉力还受到结点弯矩的作用。但半刚性吊杆的钢管外径小,主要起预应力筋的外护套作用,结点弯矩相对较小。

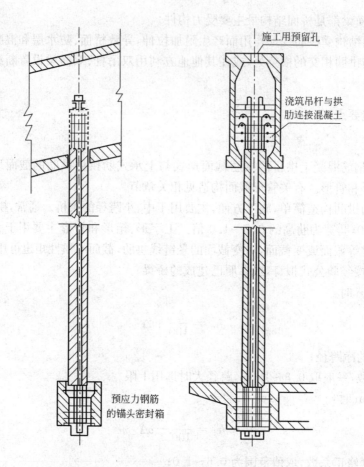

图 3-2-51　预应力混凝土刚性吊杆构造图

需要注意的是,若钢管混凝土吊杆采用高强低松弛钢绞线,预应力必须在混凝土浇筑之后施加,以免低应力下夹片锚失效。一般情况下,钢管混凝土吊杆宜设计成钢管基本不受拉、焊缝处于受压的状态。

柔性吊杆一般用冷轧粗钢筋、高强钢丝或钢绞线等高强度钢材制作,只承受轴力。高强钢丝束制作的吊杆通常用镦头锚,而粗钢筋则采用轧丝锚与拱肋、横梁相连(图 3-2-52)。

为了提高钢索的耐久性,防止钢索锈蚀,必须对钢索进行防护。钢索防护有两大类,缠包法和套管法。缠包法采用耐候性防水涂料、树脂对钢丝进行多层涂覆,采用玻璃丝布或聚酯带缠包,最外层还可以用玻璃板或金属套管护罩。套管法是在钢索上套上钢管、铝管、不锈钢管或塑料套管,在套管内压注水泥浆或黄油等其他防锈材料。此外,还可采用 PE 热挤索套防护工艺,该工艺直接将 PE 材料热挤在钢束表面制成成品索,具有简单、可靠和经济的特点,目前已广泛应用。

为了防止车辆撞击吊杆,可在靠行车道一侧设置防撞栏杆。

(3) 横梁

横梁是桥面结构最主要的受力构件,并决定着桥面结构的建筑高度。

中承式和下承式拱桥桥面结构吊杆处的横梁,常用矩形或凸字形截面、工字形或土字形截面,对于桥宽与吊杆间距较大的大型横梁也可采用箱形截面,采用钢筋混凝土或预应力混凝土材料。

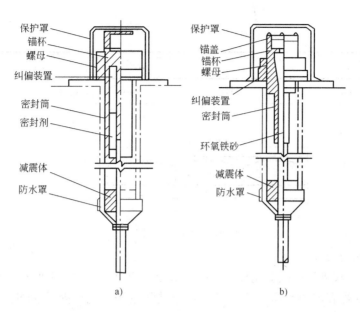

图 3-2-52 柔性吊杆构造图
a)镦头锚式吊杆构造图(OVMDSK 型吊杆);b)冷铸锚式吊杆构造图(OVMLZMK 型吊杆)

中承式拱桥的桥面横梁可分为固定横梁、普通横梁及刚架横梁三类。根据横梁间距不同,横梁高度可取拱肋间距(横梁跨径)的 $1/10\sim1/15$。为满足搁置和连接桥面板的需要,横梁上线宽度不宜小于 60cm。

固定横梁为桥面系与拱肋相交处的横梁,其截面尺寸与刚度远比其他横梁大。由于所处的位置特殊,它既要传递垂直荷载,又要传递水平横向荷载,有时还要传递纵向制动力以及从拱肋和桥面传来的弯矩、扭矩和剪力,因此必须与拱肋刚性联结,且其外形需与拱肋和桥面系相适应。因为拱肋占用了一定宽度的桥面,为了保证人行道宽度不在此处颈缩,固定横梁一般比普通横梁要长。固定横梁常用的截面形式有工字形、不对称工字形、三角形和箱形等,该横梁还起横撑的作用,其外形须与拱肋及桥面系相适应。

普通横梁为通过吊杆悬挂在拱肋下的横梁。常用的截面形式有矩形、工字形和土字形,大型横梁也可采用箱形截面,其截面尺寸取决于横梁的跨度(即拱肋中距)和承担桥面荷载的长度(吊杆间距),一般为钢筋混凝土构件,跨度较大时,也可采用预应力混凝土构件或钢构件。

刚架横梁为中承式拱桥通过立柱支承在拱肋上的横梁,其构造与拱上门式刚架相同。

(4)行车道板与纵梁

桥面系是由纵、横梁和行车道板组成。通常拱肋吊杆间距在 $4\sim10m$,因此行车道板一般采用钢筋混凝土 T 形、Π 形、实心板或空心板,也可采用预应力或部分预应力结构。行车道板上铺设桥面铺装、安设人行道和栏杆等。行车道一般布置在两拱肋之间,在桥面净空相同的条件下,中承式、下承式拱桥的拱肋间距比上承式拱桥大,横向联系设置困难。因此,通常将人行道布置在吊杆的外侧。高速公路上的桥也有仅在中央分隔带上设置一片拱肋的单承重结构,行车道分设在两侧,有利于安全行车且造型美观、轻巧,施工方便。

纵梁多采用钢筋混凝土 T 形、Π 形梁,以形成简支梁结构(图 3-2-53)或连续梁结构,或直接在横梁上满铺空心板、实心板形成桥面板。

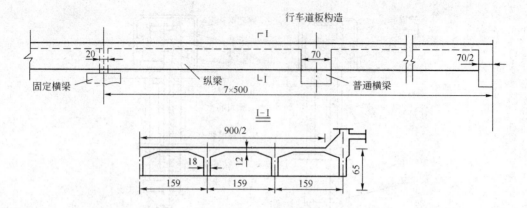

图 3-2-53　T形桥面简支纵梁构造图(尺寸单位:cm)

(5)拱上门式刚架

中承式拱上门式刚架由拱上立柱和盖梁两部分组成,拱上立柱与拱肋的联结可做成刚接或铰接,刚接时立柱底部的钢筋应插入拱肋且与拱肋主筋绑扎牢固,铰接时一般采用混凝土铰。通常,当立柱高度超出其纵向厚度 20 倍时,即使立柱与拱肋刚接,立柱内的纵向弯矩值已很小,可忽略不计,而对靠近肋间横梁的矮立柱,宜做成铰接。

中承式拱桥桥面纵梁的固定支座一般不设在拱上门式刚架上,以减小刚架所受到的纵向水平力。

拱上门式刚架的其他构造与上承式肋拱桥的拱上立柱构造相同,这里不再赘述。

第三节　拱式组合体系桥的构造

拱式组合体系桥是将梁和拱两种基本结构组合起来,共同承受荷载,充分发挥梁受弯、拱受压的结构特性及其组合作用,达到节省材料目的。拱式组合体系桥具有外形美观、结构轻巧、无推力或小推力的结构特点,适用于不同环境和各种地质条件。

在考虑梁拱组合体系桥的总体布置时,除了满足一般的基本原则外,还应注意如下方面:当梁拱组合式桥的跨径在 100m 以下时,材料用量的综合指标一般差别不大,但下部结构因跨径增大,桥墩减少,可以减少墩台的圬工量。因此,在不显著增加施工难度时,尽可能将跨径放大。分孔时主孔可以采取简支体系,采用多跨时,边跨应尽可能短;当按三跨布置时,对于梁拱组合式桥,边跨末端支座尽可能不出现拉应力,为此,可通过压重予以解决。同时边跨还要求弯矩图以负弯矩为主,即使出现正弯矩,也只限于在可变作用下发生。正弯矩区域限制在较小的范围内,这样有利于配置预应力束。

1. 拱式组合体系桥的基本形式

(1)简支梁拱组合体系桥

简支梁拱组合体系桥是一种单跨、简支、下承式拱式组合桥(图 3-2-54),均为无推力的组合体系拱。拱肋结构一般为钢管混凝土和钢筋混凝土,桥面上常设置风撑,简支梁拱组合式体系桥的外部为静定结构,内部为高次超静定结构,主要承重构件除拱肋外,还有加劲纵梁,它与横梁组成平面框架,由吊杆上下联系以达到共同受力的目的。

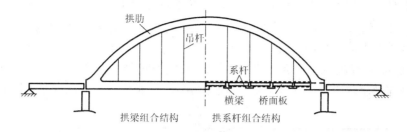

图 3-2-54 简支梁拱组合体系桥示意图

简支梁拱组合体系桥由拱肋、纵梁、吊杆及横梁与桥面板等组成,拱和梁共同受力且由梁承担水平推力。

根据拱肋和系杆相对刚度的大小,简支梁拱组合体系拱(系杆拱桥)可分为柔性系杆刚性拱、刚性系杆柔性拱、刚性系杆刚性拱三种基本组合体系(图 3-1-5)。

(2)连续梁拱组合体系桥

连续梁拱组合体系桥是指三跨或多跨结构连续的拱式组合桥。它可以是上承式、中承式及下承式,也可以是多肋拱、双肋拱或单肋拱与加劲梁组合,如图 3-2-55 所示。多肋拱及双肋拱的加劲梁的截面形式可类似于简支梁拱组合式桥布置;而单片拱肋必须配置有箱形加劲梁,以加劲梁强大的抗扭刚度抵消偏载影响。这种桥型本身刚度大,跨越能力大,造型美观。

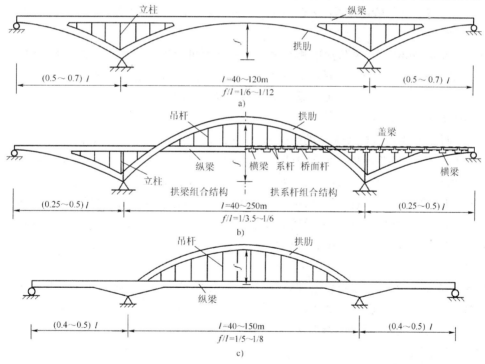

图 3-2-55 连续梁拱组合体系桥示意图

连续梁拱组合体系桥也是高次超静定的拱与梁组合的结构,梁与拱共同受力并承担产生的水平推力。

(3)悬臂组合体系桥

悬臂拱组合体系桥是一种三跨、上承式的单臂拱式组合桥,采用转体施工特别方便(图 3-2-56);它的基本组成部分为拱肋、立柱、纵梁、挂孔及横向联系与桥面板等。悬臂拱组合体系桥实际上是将实腹梁挖空,用立柱代替梁腹板,原腹板剪力主要由拱肋竖向分力及加劲梁剪力平衡;这样的结构加劲梁受拉弯作用,加劲梁采用预应力混凝土,拱肋为钢筋混凝土。悬臂拱组合式桥梁是无推力结构,这种桥型受力特性与系杆拱相同,但外观上又与无铰拱相似,如图 3-2-56 所示;悬臂拱的每个墩有两个对称的半拱,它的推力常由预应力桥面承受,如同系杆拱的系杆一样平衡两个半拱的水平推力,跨中(拱顶)可做成连续的或带剪力铰的形式。

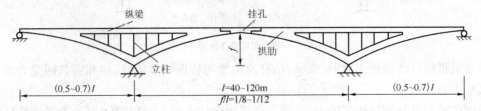

图 3-2-56 悬臂组合体系桥示意图

悬臂拱在结构自重作用阶段是系杆拱,因而在大跨径桥梁自重产生的内力占较大比重(一般自重占总应力的 80%～90%)的情况下,悬臂拱能达到自重轻,用料省的目的;从一些资料分析,悬臂拱跨径在 80～150m 时,它与其他桥型相比经济指标是最低的。

2. 拱式组合体系桥的基本组成和构造

拱式组合体系桥一般由拱肋、纵梁、系杆、吊杆(或立柱)、行车道梁(板)及桥面系等组成。

(1)拱肋

对于柔性系杆刚性拱,拱肋构造和截面形式基本上可参考普通的下承式有推力的简单肋拱桥,矢跨比一般取 1/4～1/5。拱肋截面可选用矩形、工字形或箱形。拱肋高度 $h=(1/25\sim 1/50)l$,宽度 $b=(0.4\sim 0.5)h$。矩形截面用于较小跨径拱桥。当肋高超过 1.5～3.5m 时,采用工字形或箱形较为合理。

刚性系杆柔性拱桥是以梁为主的受力体系,矢跨比为 1/5～1/7。拱肋在保证一定强度和稳定性的条件下,可将拱肋高度 h 从 $(l/100\sim l/120)$ 压缩到 $(l/140\sim l/160)$,以减少拱肋的惯性矩;拱肋宽度一般采用 $b=(1.5\sim 2.5)h$。拱肋截面常采用宽矮实心矩形截面。若采用刚性吊杆,则横向刚度较大的拱肋与吊杆、横梁组成半框架,一般情况下,拱肋间可以不设横撑,设计成敞口桥,这样视野开阔,桥型简单美观。拱肋常采用二次抛物线作为拱轴线。拱肋截面内的钢筋可采用普通钢筋、型钢及钢管,以缩小拱肋面积,为了增加混凝土的承压能力,可采用螺旋筋。

在刚性系杆刚性拱中,常将拱肋和系杆设计成相同的截面形式,多采用工字形截面。当跨径较大时,常采用箱形截面。拱肋高度 $h=(l/50\sim l/80)$,拱肋宽度 $b=(0.8\sim 1.2)h$。拱肋轴线设计为二次抛物线,为了方便施工,拱肋可采用等高度截面。

(2)吊杆或立柱

吊杆一般是长细构件,设计时通常将其作为轴向受力构件考虑,顺桥向尺寸一般设计得较小,使之具有柔性而不承受弯矩,只承受拉力,横桥向尺寸设计得较大,以增强拱肋的稳定性。吊杆大都是采用高强钢丝束或粗钢筋。

吊杆与拱肋及梁的连接方式可参考前面第三部分。

上承式和中承式结构的立柱通常为钢筋混凝土结构,采用矩形截面,内部钢筋按受压构件配置。在拱梁组合部分,预应力引起的拱、梁不协调变形,以及车辆荷载作用下纵梁的弯曲变形,都会在立柱的两端尤其是上端引起较大的弯矩,造成立柱端部开裂,主要是靠近实腹段的短柱,因此需要设铰。

(3)纵梁

纵梁承受着拉弯组合作用,构造上与拱肋、横梁及吊杆或立柱连接在一起。采用预应力混凝土材料,截面有矩形、工字形或箱形(图 3-2-57),根据跨径、梁截面的构造,尤其是工字形或箱形截面,须与其他构造(如预应力筋布置等)综合考虑。

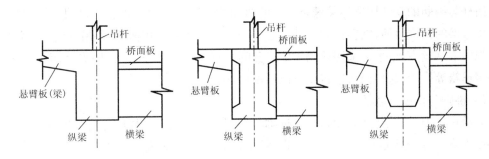

图 3-2-57 纵梁的截面形式

(4)横梁

横梁可采用钢筋混凝土或预应力混凝土,截面形式有矩形、工字形、T 形、凸字形及土字形(图 3-2-58),在大跨径拱桥结构中,此横梁也可采用箱形截面。横梁一般为变高度以便形成桥面横坡,两端与纵梁连接,梁顶为桥面板支撑面。

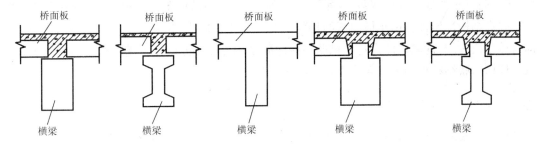

图 3-2-58 横梁的截面形式

(5)拱肋、纵梁及横梁的联结

拱肋、纵梁及横梁的联结点,是中承式和下承式拱式组合体系结构的重要构造(图 3-2-59)。

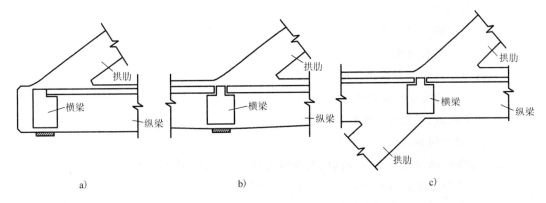

图 3-2-59 拱肋、纵梁及横梁的联结点构造示意

(6) 纵梁、横梁及吊杆的联结

拱式组合体系结构纵梁、横梁及吊杆联结点的构造要点,应使纵向、横向预应力筋和普通筋,以及吊杆及其锚点互不干扰。为此,纵向预应力筋可避开吊杆及其结点布置范围,并让出横向预应力筋的锚固空间;横梁端部截面横向扩大。横向预应力筋在进入纵梁前向两侧分开,让出吊杆布置及锚固空间;横梁的普通钢筋避开纵梁钢筋(可取横梁高度低于纵梁)。

(7) 吊杆与拱肋的联结

吊杆与拱肋的联结构造的关键是吊杆的锚固构造。对于钢筋混凝土肋拱,若吊杆内采用多锚头分散的预应力筋,则在锚固区的构造同一般预应力构件相似;如果吊杆内采用集中单锚的高强碳素钢丝束,或吊杆采用热挤PE护套的平行钢丝成品索,因锚固力大而集中,一般须采用钢锚箱等构造,这种构造也将便于以后吊杆(索)更换。

(8) 拱脚与拱座的联结

上承式和中承式结构的拱肋,通过拱脚与下部的结构联结。从拱肋施工起始至桥梁建成,拱脚截面弯矩变化幅度可能很大。为此,对于钢筋混凝土拱肋,可采取在拱脚处将拱肋截面上、下缘外层钢筋暂不与拱座内钢筋相连的措施,以释放拱脚不利弯矩,待上部结构合龙后的某一工况再进行连接。对于钢管混凝土拱肋,可采用临时铰的构造措施,既可以释放施工阶段的不利弯矩,也便于在安装钢管拱时调整拱肋高度。

(9) 横向联结系

横向联结系构件截面可设计成矩形、T形或箱形,平面上可布置成X形、K形或与纵向垂直,顺桥向可布置成单数或双数,通常以单数布置较多,即拱顶布置一根,两侧对称布置,其特点是提高结构稳定性。由于横向联结构件主要是防止横向失稳,从受力上看以承受轴力和结构自重作用为主,配筋以此进行。拱肋与横向联结构件交接处应设置横隔板或浇筑成实心段,以保证横向联结构件的钢筋末端有足够的锚固长度。

思考题

1. 拱桥按照桥面的位置可以哪几种形式?主要由哪几部分组成?各有何特点?
2. 按主拱(圈)截面形式主要分几种形式的拱?主要特点是什么?主要截面形式有哪些?各有何特点?
3. 实腹式拱拱上建筑由哪几部分组成?
4. 梁式腹孔结构有哪几种形式?
5. 上承式拱桥细部构造主要包括哪几部分?
6. 叙述拱上填料的作用。
7. 叙述伸缩缝和变形缝的作用。它们主要设置在什么位置?
8. 简述拱铰的类型及其作用。
9. 简述中承式、下承式拱桥的适用场合。
10. 主拱肋之间横向联系主要起什么作用?
11. 为了保证敞口式拱桥的横向刚度和横向稳定,一般可采取哪些措施?
12. 中承式和下承式拱桥吊杆的构造方式有哪几种?
13. 阐述刚性吊杆和柔性吊杆的区别。

14. 固定横梁的构造与受力有何特点?
15. 拱式组合体系桥可分为哪几种形式? 各有何特点?
16. 简述柔性系杆刚性拱桥的受力特点。
17. 阐述系杆的受力与构造特点。
18. 简述立柱、横梁与纵梁等所处位置,各有何作用?

第三章 拱桥的计算

拱桥是多次超静定的空间结构,如果拱上建筑与拱刚性连接成一体,拱上建筑与主拱圈共同承受荷载的作用,这种现象称为"拱上建筑与主拱的联合作用"或简称"联合作用"。

研究表明,拱式拱上建筑的联合作用较大,梁板式拱上建筑的联合作用较小。在拱式拱上建筑中联合作用的大小又与许多因素有关。例如,腹拱圈、腹拱墩对主拱圈的相对刚度越大,联合作用越显著;腹拱越坦,其抗推刚度越大,联合作用亦越大。此外,拱脚与 $l/4$ 截面的联合作用较大,而与拱顶的联合作用较小。随着拱上建筑的轻型化,拱上建筑对主拱圈的约束减小,联合作用亦随之减小,当采用轻型的梁板式拱上建筑时,联合作用的影响可以略去不计。

拱桥是一种空间结构。在横桥方向,不论活载是否作用在桥面的中心,在桥梁的横断面上都会出现应力的不均匀分布,这种现象,称为"活载的横向分布"。与联合作用一样,汽车荷载的横向分布也与结构形式、拱上建筑形式、拱圈的截面形式和刚度等许多因素有关。对于上承式板式拱圈的石拱、箱形拱及拱上建筑为立墙的双曲拱,联合作用较大的拱脚及 $l/4$ 截面,横向分布比较均匀;而联合作用较弱的拱顶截面,活载横向分布影响较大;但总体而言,这些拱桥的拱圈横向受力比较均匀。然而,肋拱桥尤其是中承式、下承式结构,活载横向分布影响较大。同样,整体式拱桥和拱梁组合桥,也是活载横向分布影响较大的结构。因此,简单体系的肋拱桥、组合体系拱桥,都是活载横向分布影响较大的结构。

多次超静定、空间受力结构的拱桥,虽然受力复杂,但其整体受力特点明显,具有空间受力平面简化条件。因此,除一些结构局部空间应力分析、空间稳定及动力分析等特殊问题外,为了便于设计计算,拱桥通常被简化为平面杆系结构。这种平面结构是沿拱桥纵向划分出的一条、一根或一片可以代表结构整体的部分。如:肋(箱肋)拱桥可以取出一根代表性的拱肋(箱拱肋)及相应肋间范围内的结构部分将空间结构平面化;板拱桥可以划出某一宽度的板拱条和相应拱上结构部分而化为平面结构;整体式拱桥可取一平面拱片成为平面结构。其他构造的拱桥也是用相似的方法,实现空间结构的平面简化。

在简单体系拱桥的设计计算中,若采用手算则一般不考虑联合作用的影响,即假定作用在桥上的活载全部由拱圈承担。实际上,拱顶截面不考虑联合作用和横向分布影响,往往会偏于安全。对于拱上建筑为立墙的上承式板式拱圈的石拱、箱形拱及双曲拱桥,当活载横桥向分布不超出拱圈范围,一般可假定活载由主拱圈全宽均匀承受,不考虑横向不均匀受力影响。根据结构空间受力的特点,双肋拱桥一般可近似采用杠杆法计算横向分布系数;对于多肋拱桥的横向分布系数,窄桥时可采用偏心压力法计算,宽桥时则可用弹性支承连续梁法计算。整体式拱桥在设计时就已考虑了联合作用,因此结构构造及结构受力图式明确;拱梁组合桥是另一种组合式结构,拱、梁、吊杆、立柱共同作用,也有明确的结构构造与受力图式。整体式拱桥和拱梁组合桥横向分布系数的计算方法同上述肋拱桥一样。

第一节　简单体系拱桥的计算

一、悬链线拱的几何性质

由于拱轴线的形状直接影响主拱截面内力的分布和大小,而悬链线是目前大、中跨径拱桥常用的拱轴线,因此,下面详细介绍悬链线特有的与拱圈内力联系在一起的几何性质,以及与悬链线拱桥相应的计算内容。

1. 实腹式悬链线拱

实腹式悬链线拱是采用恒载压力线(不计弹性压缩)作为拱轴线。实腹式拱的恒载包括拱圈、拱上填料和桥面的结构自重[图 3-3-1a)],它的分布规律如图 3-3-1b)所示。实腹式悬链线拱的拱轴方程就是在图 3-3-1b)所示的恒载作用下,根据拱轴线与压力线完全吻合的条件推导出来的。

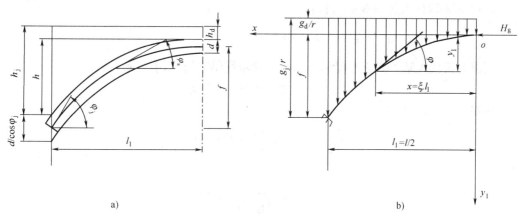

图 3-3-1　悬链线拱轴计算图式

取图 3-3-1 所示坐标系,设拱轴线即为恒载压力线,故在恒载作用下,拱顶截面的弯矩 $M_d=0$,由于对称性,剪力 $Q_d=0$,于是,拱顶截面仅有恒载推力 H_g。对拱脚截面取矩,则有:

$$H_g = \frac{\sum M_j}{f} \qquad (3\text{-}3\text{-}1)$$

式中:$\sum M_j$——半拱恒载对拱脚截面的弯矩;

H_g——拱的恒水平推力(不考虑弹性压缩);

f——拱的计算矢高。

对任意截面取矩,可得:

$$y_1 = \frac{M_x}{H_g} \qquad (3\text{-}3\text{-}2)$$

式中：M_x——任意截面以右的全部恒载对该截面的弯矩值；

y_1——以拱顶为坐标原点，拱轴上任意点的纵坐标。

式(3-3-2)即为求算恒载压力线的基本方程。将上式两边对 x 两次取导数得：

$$\frac{d^2 y_1}{dx^2} = \frac{1}{H_g} \cdot \frac{d^2 M_x}{dx^2} = \frac{g_x}{H_g} \tag{3-3-3}$$

式(3-3-3)为求算恒载压力线的基本微分方程式。为了得到拱轴线（即恒载压力线）的一般方程，必须知道恒载的分布规律。由图 3-3-1b)，任意点的恒载强度 g_x 可以表示为：

$$g_x = g_d + \gamma y_1 \tag{3-3-4}$$

式中：g_d——拱顶处恒载强度；

γ——拱上材料单位体积重量。

由式(3-3-4)得：

$$g_j = g_d + \gamma f = m g_d \tag{3-3-5}$$

式中：g_j——拱脚处恒载强度；

m——拱轴系数（或称拱轴曲线系数）。

$$m = \frac{g_j}{g_d} \tag{3-3-6}$$

由式(3-3-5)得：

$$\gamma = (m-1)\frac{g_d}{f} \tag{3-3-7}$$

将式(3-3-7)代入式(3-3-4)可得：

$$g_x = g_d + (m-1)\frac{g_d}{f} y_1 = g_d \left[1 + (m-1)\frac{y_1}{f} \right] \tag{3-3-8}$$

再将上式代入基本微分方程(3-3-3)。为使最终结果简单，引入参数：

$$x = \xi l_1, \text{则 } dx = l_1 d\xi$$

可得：

$$\frac{d^2 y_1}{d\xi^2} = \frac{l_1^2}{H_g} g_d \left[1 + (m-1)\frac{y_1}{f} \right]$$

令

$$k^2 = \frac{l_1^2 g_d}{H_g f}(m-1) \tag{3-3-9}$$

则

$$\frac{d^2 y_1}{d\xi^2} = \frac{l_1^2 g_d}{H_g} + k^2 y_1 \tag{3-3-10}$$

上式为二阶非齐次常系数线性微分方程。解此方程，则得拱轴线方程为：

$$y_1 = \frac{f}{m-1}(\mathrm{ch} k\xi - 1) \tag{3-3-11}$$

上式一般称为悬链线方程。

以拱脚截面 $\xi=1$，$y_1=f$ 代入上式得：

$$\mathrm{ch} k = m$$

通常，m 为已知值，则 k 值可由下式求得

$$k = \mathrm{ch}^{-1} m = \ln(m + \sqrt{m^2 - 1}) \tag{3-3-12}$$

当 $m=1$ 时,则 $g_x = g_d$,表示恒载是均布作用。不难理解,在均布可变作用下的压力线为二次抛物线,其方程为:$y_1 = f\xi^2$。悬链线拱的拱轴系数一般不宜大于 3.5。

由悬链线方程(3-3-11)可以看出,当拱的矢跨比确定后,拱轴线各点的纵坐标将取决于拱轴系数 m。各种 m 值的拱轴线坐标可直接由《拱桥》(上册)❶附录表(Ⅲ)-1 查出,一般无须按式(3-3-11)计算。

下面介绍实腹式悬链线拱拱轴系数的确定:

因为

$$m = \frac{g_j}{g_d}$$

由图 3-3-1 知,拱顶处恒载强度为:

$$g_d = h_d \gamma_1 + \gamma d \tag{3-3-13}$$

在拱脚处 $h_j = h_d + h$,则其恒载强度为:

$$g_j = h_d \gamma_1 + h \gamma_2 + \frac{d}{\cos\varphi_j}\gamma \tag{3-3-14}$$

式中:h_d——拱顶填料厚度,一般为 $0.30 \sim 0.50 \mathrm{m}$;

d——拱圈厚度;

γ——拱圈材料单位重;

γ_1——拱顶填料及路面的平均单位重;

γ_2——拱腹填料平均单位重;

φ_j——拱脚处拱轴线的水平倾角。

$$h = f + \frac{d}{2} - \frac{d}{2\cos\varphi_j} \tag{3-3-15}$$

从式(3-3-13)和式(3-3-14)可以看出,这两式中除了 φ_j 为未知数外,其余均为已知数。由于 φ_j 为未知,故不能直接算出 m 值,需用逐次近似法确定:即先根据跨径和矢高假定 m 值,由《拱桥》附录表(Ⅲ)-20 查得拱脚处的 $\cos\varphi_j$ 值,代入式(3-3-14)求得 g_j 后,再连同 g_d 一起代入式(3-3-6)算得 m 值。然后与假定的 m 值相比较,如算得的 m 值与假定的 m 值相符,则假定的 m 值即为真实值;如两者不符,则应以算得的 m 值作为假定值(为了计算的方便,m 值应按表 3-3-1 所列数值假定),重新进行计算,直至两者接近为止。

当拱的跨径和矢高确定之后,悬链线的形状取决于拱轴系数 m,其线形特征可用 1/4 点纵坐标 $y_{l/4}$ 的大小表示(图 3-3-2)。

拱跨 1/4 点纵坐标 $y_{l/4}$ 与 m 有下述关系:

当 $\xi = \frac{1}{2}$ 时,$y_1 = y_{l/4}$。

代入式(3-3-11)得:

$$\frac{y_{l/4}}{f} = \frac{1}{m-1}\left(\operatorname{ch}\frac{k}{2} - 1\right)$$

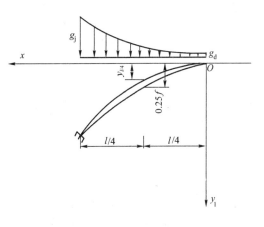

图 3-3-2 拱跨 $l/4$ 点纵坐标与 m 的关系

---

❶ 公路桥涵设计手册——拱桥(上册),顾懋清,石绍甫主编,人民交通出版社,1994 年 6 月。以下均简称《拱桥》。

因

$$\text{ch}\frac{k}{2}=\sqrt{\frac{chk+1}{2}}=\sqrt{\frac{m+1}{2}}$$

故

$$\frac{y_{l/4}}{f}=\frac{\sqrt{\frac{m+1}{2}}-1}{m-1}=\frac{1}{\sqrt{2(m+1)}+2} \tag{3-3-16}$$

由上式可见,$y_{l/4}$随 m 的增大而减小,随 m 的减小而增大。当 m 增大时,拱轴线抬高;反之,当 m 减小时,拱轴线降低(图3-3-2)。在一般的悬链线拱桥中,恒载从拱顶向拱脚增加,$g_j > g_d$,因而 $m>1$。只有在均布可变作用下 $g_j = g_d$,方能出现 $m=1$ 的情况。由式(3-3-16)可得,在这种情况下 $y_{l/4}=0.25f$(图3-3-2)。

在《拱桥》附录的计算用表中,除了可以根据拱轴系数 m 查得所需的表值之外,亦可借助相应的 $y_{l/4}/f$ 查得同样的表值。$y_{l/4}/f$ 与 m 的对应关系见表3-3-1,读者可以根据计算的方便,利用 m 值或者 $y_{l/4}/f$ 的数值查表,其结果是一致的。

拱轴系数 m 与 $y_{l/4}/f$ 的关系   表3-3-1

m	1.000	1.167	1.347	1.543	1.756	1.988	2.240	2.514	2.814	3.142	3.500	…	5.321
$\dfrac{y_{l/4}}{f}$	0.250	0.245	0.240	0.235	0.230	0.225	0.220	0.215	0.210	0.205	0.200	…	0.180

2. 空腹式悬链线拱

空腹式拱桥的恒载由三个部分组成:即主拱圈、拱上实腹段的分布作用,拱上空腹段的集中作用。由于集中作用的存在,拱的恒载压力线在集中作用下有转折,不是一条光滑的曲线。由于悬链线拱的受力性能较好,且有完整的计算表格可利用,在设计空腹式拱桥时也多采用悬链线作为拱轴线。为使悬链线与其恒载压力线的偏差较小,一般采用"五点重合法"来确定空腹拱拱轴线,即要求在五个点(拱顶、两个 $l/4$ 点和两个拱脚)上,拱轴线与其相应的三铰拱拱轴线重合[图3-3-3a)]所示。

由结构和恒载的对称性可知,拱顶截面弯矩、剪力为零,仅有水平推力 H_g 通过截面重心,如图3-3-3b)所示。根据上述五点轴线重合,故弯矩为零的条件,可确定拱轴系数 m:

由 $\sum M_A = 0$,得

$$H_g = \frac{\sum M_j}{f}$$

由 $\sum M_B = 0$,得

$$H_g = \frac{\sum M_{l/4}}{y_{l/4}}$$

则有

$$\frac{y_{l/4}}{f} = \frac{\sum M_{l/4}}{\sum M_j} \tag{3-3-17}$$

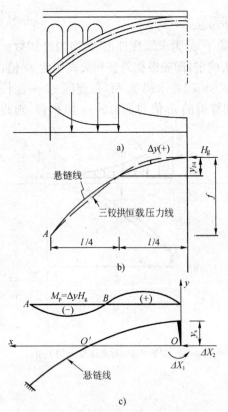

图3-3-3 空腹式悬链线无铰拱恒载分布

式中：$\sum M_{l/4}$——拱顶至拱跨 $l/4$ 截面的恒载对 $l/4$ 截面的力矩；

$\sum M_j$——半跨恒载对拱脚截面的力矩。

弯矩 $\sum M_{l/4}$、$\sum M_j$ 可查《拱桥》附表Ⅲ-19 得出，但前提是拱轴系数 m 已知。空腹式拱桥的 m 值仍采用渐进法确定：

(1) 先假定 m 值，定出拱轴线，作图布置拱上建筑；

(2) 计算拱圈及拱上建筑恒载对拱脚及 $l/4$ 截面的弯矩；

(3) 由式(3-3-17)求出 $y_{1/4}/f$；

(4) 再由式(3-3-16)求出 m 值；

(5) 若求出的值与假定值相差较大，则将计算值作为假定值重复(1)～(4)的步骤，逐次接近。

应该注意，用上述方法确定的拱轴线只在五个截面上与其相应的三铰拱恒载压力线重合；其他截面上两者存在不同的偏差，如图3-3-3b)所示。计算证明，从拱顶到 $l/4$ 点附近，压力线在拱轴线上方；从 $l/4$ 点至拱脚压力线则在拱轴线下方，拱轴线与相应的三铰拱恒载压力线的偏差类似于一正弦曲线。

恒载压力线与拱轴线的偏离会引起拱弯曲，并在拱中产生相应附加应力。对于三铰拱，各截面的偏离弯矩 M_P 可按压力线与拱轴线在该截面处的偏离值 Δ_y 计算，表示为 $M_P = H_g \Delta_y$；但对于无铰拱，偏离弯矩应按结构力学方法计算。

由结构力学知，若采用力法求解偏离弯矩，可采用悬臂曲梁为基本结构[图3-3-3c)]，在弹性中心的赘余力满足方程：

$$\Delta X_1 \delta_{11} + \Delta_{1P} = 0 \qquad (3\text{-}3\text{-}18)$$

$$\Delta X_2 \delta_{22} + \Delta_{2P} = 0 \qquad (3\text{-}3\text{-}19)$$

式中：ΔX_1、ΔX_2——压力线与拱轴线偏离引起在弹性中心处的力矩和水平力；

δ_{11}、δ_{22}——基本结构在 ΔX_1、ΔX_2 方向的单位位移。

Δ_{1P}、Δ_{2P}——M_P 在 ΔX_1、ΔX_2 方向引起的变形。

求解式(3-3-18)、式(3-3-19)，可得任意截面处的偏离弯矩[图3-3-3c)]：

$$\Delta M = \Delta X_1 - \Delta X_{2y} + M_P \qquad (3\text{-}3\text{-}20)$$

式中：y——以弹性中心为原点(向上为正)的拱轴线纵坐标。

对于拱顶、拱脚截面，偏离弯矩为

$$\Delta M_d = \Delta X_1 - \Delta X_{2y_s} \qquad (3\text{-}3\text{-}21a)$$

$$\Delta M_j = \Delta X_1 - \Delta X_2(f - y_s) \qquad (3\text{-}3\text{-}21b)$$

式中：y_s——弹性中心至拱顶的距离。

事实上，用"五点重合法"确定的拱轴线，与无铰拱的恒载压力线并不存在五点重合的关系。由式(3-3-21)可见，由于拱轴线与恒载压力线之间的偏差，在拱顶和拱脚处都产生了偏离弯矩。研究证明，拱顶的偏离弯矩为负值，而拱脚的偏离弯矩为正值。这一情况正好与该两截面的控制弯矩符号相反，有利于降低控制截面的应力，改善拱顶、拱脚截面的受力性能。因而，空腹式无铰拱采用悬链线作为拱轴线还是比较合理的。

3. 拱轴线的水平倾角 φ

将式(3-3-11)对 ξ 取导数得：

$$\frac{dy_1}{d\xi} = \frac{fk}{m-1} \mathrm{sh}k\xi \tag{3-3-22}$$

因 $\tan\varphi = \dfrac{dy_1}{dx} = \dfrac{dy_1}{l_1 d\xi} = \dfrac{2dy_1}{l d\xi}$

将式(3-3-22)代入上式得：

$$\tan\varphi = \frac{2fk \cdot \mathrm{sh}k\xi}{l(m-1)} = \eta \mathrm{sh}k\xi \tag{3-3-23}$$

式中：

$$\eta = \frac{2kf}{l(m-1)}$$

由上式可见，拱轴水平倾角与拱轴系数 m 有关。拱轴线上各点的水平倾角 $\tan\varphi$，可直接由《拱桥》附录表(Ⅲ)-2 查出。

4. 悬链线无铰拱的弹性中心

在计算无铰拱内力(恒载、汽车荷载、温度变化、混凝土收缩和拱脚变位等)时，常利用弹性中心来简化计算。当拱和荷载均对称时，弹性中心位于对称轴上。基本结构的取法有两种：图 3-3-4a)为以悬臂曲梁为基本结构，图 3-3-4b)为以简支曲梁为基本结构。在计算无铰拱的内力影响线时，为了简化计算手续，常用简支曲梁为基本结构。

由结构力学知，弹性中心距拱顶的距离 y_s 为(图 3-3-4)：

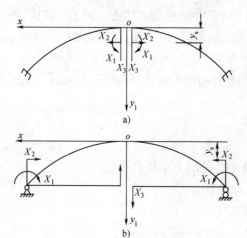

图 3-3-4 拱的弹性中心

$$y_s = \frac{\int_s \dfrac{y_1 ds}{EI}}{\int_s \dfrac{ds}{EI}} \tag{3-3-24}$$

式中：y_1——悬链线拱轴线上任意点的纵坐标，计算式为

$$y_1 = \frac{f}{m-1}(\mathrm{ch}k\xi - 1)$$

ds——拱轴线上的弧长微元，可表示为

$$ds = \frac{dx}{\cos\varphi} = \frac{l}{2} \cdot \frac{l}{\cos\varphi}d\xi$$

其中

$$\cos\varphi = \frac{1}{\sqrt{1+\tan^2\varphi}} = \frac{1}{\sqrt{1+\eta^2 \mathrm{sh}^2 k\xi}}$$

则

$$ds = \frac{l}{2}\sqrt{1+\eta^2 \mathrm{sh}^2 k\xi}\, d\xi$$

以 y_1 及 ds 代入式(3-3-24)，并注意到等截面中 I 为常数，则

$$y_s = \frac{\int_s y_1 ds}{\int_s ds} = \frac{f}{m-1} \cdot \frac{\int_0^1 (\text{ch} k\xi - 1)\sqrt{1+\eta^2 \text{sh}^2 k\xi}\, d\xi}{\int_0^1 \sqrt{1+\eta^2 \text{sh}^2 k\xi}\, d\xi} = \alpha_1 f \qquad (3\text{-}3\text{-}25)$$

系数 α_1 可由《拱桥》附录表(Ⅲ)-3 查得。

二、拱圈内力计算

1. 恒载作用下拱圈内力计算

当恒载的压力线与拱轴线重合,且不考虑拱圈的弹性压缩变形,则拱圈各截面均只有轴向压力而无剪力和弯矩。此时,拱圈处于纯压状态。但拱圈在轴向压力作用下将产生弹性压缩变形,拱轴长度缩短。由于无铰拱是超静定结构,此时,在无铰拱中会引起剪力和弯矩,这就是弹性压缩影响。实际上,拱圈的弹性压缩影响与恒载作用下引起的内力是同时发生的。为计算方便,先计算不考虑弹性压缩时的内力;然后再计算弹性压缩引起的内力;两者相加,即得恒载作用的总内力。

应当注意,当恒载的压力线与拱轴线有偏离时,则还应计算因拱轴线偏离而引起的恒载内力。

1)不考虑弹性压缩的恒载内力

(1)实腹拱

如上所述,实腹式悬链线拱轴线与恒载压力线重合,所以,在恒载作用下,主拱圈各截面上只有轴向压力,如图 3-3-5 所示。

根据力的平衡条件,拱的竖向反力 V_g 为

$$V_g = \int_0^{l_1} g_x dx = \int_0^1 g_x l_1 d\xi$$

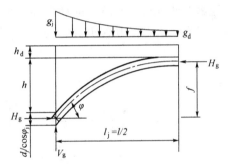

图 3-3-5 悬链线拱轴计算图式

将式(3-3-8)、式(3-3-11)代入上式积分后,得

$$V_g = K'_g g_d l \qquad (3\text{-}3\text{-}26)$$

其中

$$K'_g = \frac{\sqrt{m^2-1}}{2[\ln(m+\sqrt{m^2-1})]}$$

由式(3-3-9)可得恒载引起的水平推力 H_g 为

$$H_g = \frac{m-1}{4k^2} \cdot \frac{g_d l^2}{f} = K_g \frac{g_d l^2}{f} \qquad (3\text{-}3\text{-}27)$$

其中

$$K_g = \frac{m-1}{4k^2}$$

系数 K_g、K'_g 可由《拱桥》附录表(Ⅲ)-4 查到。

拱圈各截面上的弯矩、剪力为零,轴力可按式(3-3-28)计算:

$$N = \frac{H_g}{\cos\varphi} \qquad (3\text{-}3\text{-}28)$$

(2)空腹拱

空腹式悬链线无铰拱,不考虑拱轴线偏离的影响时,空腹拱的恒载内力亦可按纯压拱计

算。此时,拱的恒载水平推力 H_g 和拱脚竖向反力 V_g,可直接由静力平衡条件写出:

$$H_g = \frac{\sum M_j}{f} \qquad (3\text{-}3\text{-}29)$$

$$V_g = \sum P \quad (半拱恒载重) \qquad (3\text{-}3\text{-}30)$$

求出 H_g 之后,即可利用纯压拱的公式(3-3-28)计算各截面的轴向力。此时,拱中的弯矩和剪力均为零。

在设计中、小跨径的空腹式拱桥时,可偏安全地不考虑偏离弯矩的影响。大跨径空腹式拱桥,恒载压力线与拱轴线的偏离一般比中、小跨径大,恒载偏离弯矩是一种可利用的有利因素,应当计入偏离弯矩的影响。计算恒载偏离弯矩的影响时,除了计算偏离弯矩对拱顶、拱脚的有利影响之外,还应计入偏离弯矩对 $l/8$ 和 $3l/8$ 截面的不利影响,尤其是 $3l/8$ 截面,往往成为正弯矩的控制截面。

2)弹性压缩引起的内力

在恒载产生的轴向压力作用下,拱圈的弹性压缩表现为拱轴长度的缩短。拱圈的这种变形会在拱中产生相应的内力。按照一般的分析方法,将拱顶切开,取悬臂曲梁为基本结构,弹性压缩会使拱轴在跨径方向缩短 Δl。由于实际结构中,拱顶并没有相对水平变位,则在弹性中心必有一水平拉力 ΔH_g[图 3-3-6a)],使拱顶的相对水平变位变为零。

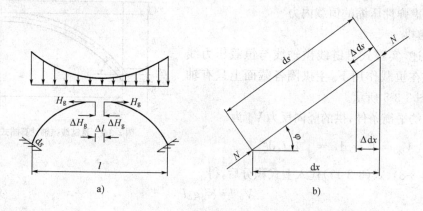

图 3-3-6 弹性压缩引起拱轴缩短

弹性压缩产生的赘余力 ΔH_g,可由拱顶的变形协调条件求得,即

$$\Delta H_g \delta_{22} - \Delta l = 0 \qquad (3\text{-}3\text{-}31)$$

故

$$\Delta H_g = \frac{\Delta l}{\delta_{22}} \qquad (3\text{-}3\text{-}32)$$

从拱中取出一微段 ds[图 3-3-6b)],在轴向力 N 作用下缩短 Δds,其水平分量为 $\Delta dx = \Delta ds \cdot \cos\varphi$,则整个拱轴缩短的水平分量为:

$$\Delta l = \int_0^l \Delta dx = \int_s \Delta ds \cdot \cos\varphi = \int_s \frac{N ds}{EA} \cos\varphi \qquad (3\text{-}3\text{-}33)$$

将式(3-3-28)代入上式得:

$$\Delta l = \int_0^l \frac{H_g dx}{EA \cdot \cos\varphi} = H_g \int_0^l \frac{dx}{EA \cdot \cos\varphi} \qquad (3\text{-}3\text{-}34)$$

由单位水平力作用在弹性中心产生的水平位移(考虑轴向力影响)为:

$$\delta_{22} = \int_s \frac{\overline{M}_2^2 \mathrm{d}s}{EI} + \int_s \frac{\overline{N}_2^2 \mathrm{d}s}{EA} = \int_s \frac{y^2 \mathrm{d}s}{EI} + \int_s \frac{\cos^2\varphi \mathrm{d}s}{EA} = (1+\mu)\int_s \frac{y^2 \mathrm{d}s}{EI} \qquad (3\text{-}3\text{-}35)$$

式中：
$$\mu = \frac{\int \frac{\cos^2\varphi \mathrm{d}s}{EA}}{\int \frac{y^2 \mathrm{d}s}{EI}} \qquad (3\text{-}3\text{-}36)$$

以式(3-3-34)和式(3-3-35)代入式(3-3-32)得：

$$\Delta H_\mathrm{g} = H_\mathrm{g} \frac{1}{1+\mu} \cdot \frac{\int_0^l \frac{\mathrm{d}x}{EA\cos\varphi}}{\int_s \frac{y^2 \mathrm{d}s}{EI}} = H_\mathrm{g} \cdot \frac{\mu_1}{1+\mu} \qquad (3\text{-}3\text{-}37)$$

式中：
$$\mu_1 = \frac{\int_0^l \frac{\mathrm{d}x}{EA\cos\varphi}}{\int_s \frac{y^2 \mathrm{d}s}{EI}} \qquad (3\text{-}3\text{-}38)$$

为便于制表计算，对于等截面拱，可将式(3-3-36)和式(3-3-38)的分子项改写为：

$$\int \frac{\cos^2\varphi \mathrm{d}s}{EA} = \frac{l}{EA}\int_0^l \cos\varphi \frac{\mathrm{d}x}{L} = \frac{l}{EA}\int_0^1 \frac{\mathrm{d}\xi}{\sqrt{1+\eta^2 \mathrm{sh}^2 k\xi}} = \frac{l}{vEA} \qquad (3\text{-}3\text{-}39)$$

$$\int_0^l \frac{\mathrm{d}x}{EA\cos\varphi} = \frac{l}{EA}\int_0^l \frac{1}{\cos\varphi} \cdot \frac{\mathrm{d}x}{l} = \frac{l}{EA}\int_0^1 \sqrt{1+\eta^2 \mathrm{sh}^2 k\xi}\, \mathrm{d}\xi = \frac{l}{v_1 EA} \qquad (3\text{-}3\text{-}40)$$

于是，
$$\mu = \frac{l}{vEA\int_s \frac{y^2 \mathrm{d}s}{EI}} \qquad (3\text{-}3\text{-}41)$$

$$\mu_1 = \frac{l}{v_1 EA\int_s \frac{y^2 \mathrm{d}s}{EI}} \qquad (3\text{-}3\text{-}42)$$

以上各式中，$\int_s \frac{y^2 \mathrm{d}s}{EI}$ 可自《拱桥》附录表(Ⅲ)-5查得，v_1、v 可自表(Ⅲ)-8、表(Ⅲ)-10查得。等截面拱的 μ_1、μ 可直接由表(Ⅲ)-9、表(Ⅲ)-11查得。

3)恒载作用下拱圈各截面的总内力

在拱桥计算中，拱中内力的符号，习惯上采用下述规定：弯矩以使拱圈内缘受拉为正，剪力以绕脱离体逆时针转为正，轴向力以使拱圈受压为正。如图3-3-7所示。

①当不考虑重力压力线偏离拱轴线的影响时，拱圈各截面的恒载内力为：不考虑弹性压缩得到恒载内力[仅有按式(3-3-28)计算的轴向力 N]加上弹性压缩产生的内力(图3-3-7)。

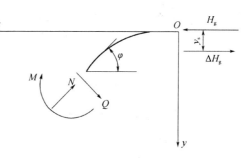

图3-3-7 拱圈各截面荷载内力计算图

轴向力：
$$N = \frac{H_\mathrm{g}}{\cos\varphi} - \frac{\mu_1}{1+\mu}H_\mathrm{g}\cos\varphi \qquad (3\text{-}3\text{-}43)$$

弯矩：
$$M = \frac{\mu_1}{1+\mu}H_\mathrm{g}(y_\mathrm{s} - y_1) \qquad (3\text{-}3\text{-}44)$$

剪力：
$$Q = \mp \frac{\mu_1}{1+\mu} H_g \sin\varphi \tag{3-3-45}$$

式(3-3-45)中，上边符号适用于左半拱，下边符号适用于右半拱。

由式(3-3-44)可知，考虑了恒载弹性压缩之后，即使是不计偏离弯矩的影响，拱中仍有恒载产生的弯矩。这就说明，不论是空腹式拱还是实腹式拱，考虑弹性压缩后的恒载压力线，是不可能与拱轴线重合的。

《公路圬工桥涵设计规范》(JTG D61—2005)规定，拱圈内力按弹性理论计算，在下列情况(表3-3-2)下，设计时可不计算弹性压缩的影响。

不考虑弹性压缩的影响条件 表3-3-2

跨径 l(m)	≤30	≤20	≤10
矢跨比 f/l	≥1/3	≥1/4	≥1/5

②重力压力线偏离拱轴线的影响时，按式(3-3-18)、式(3-3-20)计入偏离的影响之后，截面的恒载总内力为

$$\left.\begin{aligned} N &= \frac{H_g}{\cos\varphi} + \Delta X_2 \cos\varphi - \frac{\mu_1}{1+\mu}(H_g + \Delta X_2)\cos\varphi \\ M &= \frac{\mu_1}{1+\mu}(H_g + \Delta X_2)(y_s - y_1) + \Delta M \\ Q &= \mp \frac{\mu_1}{1+\mu}(H_g + \Delta X_2)\sin\varphi + \Delta X_2 \sin\varphi \end{aligned}\right\} \tag{3-3-46}$$

式(3-3-46)中的 ΔX_2、ΔM 按式(3-3-19)和式(3-3-20)计算。

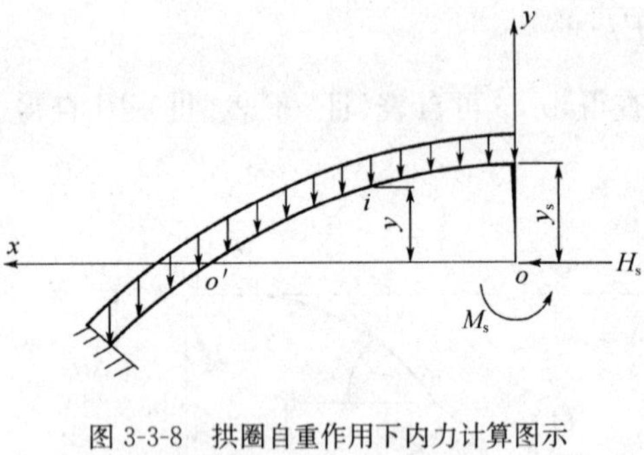

4)裸拱自重内力计算

采用早脱架施工(拱圈合龙达到一定强度后就卸落拱架)及无支架施工的拱桥，须计算裸拱自重产生的内力，以便进行裸拱强度和稳定性的验算。

取悬臂曲梁为基本结构(图3-3-8)。对于等截面拱，任意截面 i 的恒载强度 g_i 为：

$$g_i = \frac{g_d}{\cos\varphi_i} \tag{3-3-47}$$

图3-3-8 拱圈自重作用下内力计算图示

由于结构和荷载均为正对称，故在弹性中心仅有两个正对称的赘余力：弯矩 M_s 和水平力 H_s。由典型方程得：

$$M_s = -\frac{\Delta_{1P}}{\delta_{11}} = -\frac{\int_s \frac{\overline{M}_1 M_P \mathrm{d}s}{EI}}{\int_s \frac{\overline{M}_1^2 \mathrm{d}s}{EI}} = -\frac{\int_s \frac{M_P \mathrm{d}s}{EI}}{\int_s \frac{\mathrm{d}s}{EI}}$$

$$H_s = -\frac{\Delta_{2P}}{\delta_{22}} = -\frac{\int_s \frac{\overline{M}_2 M_P \mathrm{d}s}{EI}}{\int_s \frac{\overline{M}_2^2 \mathrm{d}s}{EI} + \int_s \frac{\overline{N}^2 \mathrm{d}s}{EA}} = \frac{\int_s \frac{M_P y \mathrm{d}s}{EI}}{(1+\mu)\int_s \frac{y^2 \mathrm{d}s}{EI}}$$

积分后可得：

$$\left.\begin{array}{l}M_s = \dfrac{A\gamma l^2}{4}V_1 \\ H_s = \dfrac{A\gamma l^2}{4(1+\mu)f}V_2\end{array}\right\} \qquad (3\text{-}3\text{-}48)$$

式中：γ——拱圈材料单位体积重；

A——拱圈截面面积（净面积或实际面积）；

V_1、V_2——系数，可自《拱桥》附录表（Ⅲ）-15、表（Ⅲ）-16 查得。

由静力平衡条件得任意截面 i 的弯矩和轴向力为：

$$\left.\begin{array}{l}M_i = M_s - H_s y - \sum\limits_n^i M \\ N_i = H_s\cos\varphi_i + \sum\limits_n^i P \cdot \sin\varphi_i\end{array}\right\} \qquad (3\text{-}3\text{-}49)$$

式中：$\sum\limits_n^i M$——拱顶至 i 截面间裸拱自重对该截面的弯矩，可由《拱桥》附录表（Ⅲ）-19 查得；

$\sum\limits_n^i P$——拱顶至 i 截面间裸拱自重的总和，可由《拱桥》附录表（Ⅲ）-19 查得；

n——拱顶截面的编号，在设计中 n 常采用 12 或 24。

当拱的矢跨比为 $\dfrac{1}{10} \sim \dfrac{1}{5}$ 时，裸拱自重压力线的拱轴系数 $m_0 = 1.079 \sim 1.305$，通常比拱轴线采用的 m 值小。计算表明，在裸拱的自重作用下，拱顶、拱脚一般都产生正弯矩。拱轴线的 m 与裸拱的 m_0 差得越多，拱顶、拱脚的正弯矩就越大。因而，采用无支架施工或早脱架施工的拱桥，宜适当降低拱轴系数。

2. 汽车和人群荷载作用下拱的内力计算

在求拱的汽车和人群荷载内力时，计算也分两步进行，先计算不考虑弹性压缩影响的汽车和人群荷载内力，然后再计算考虑弹性压缩所影响的汽车和人群荷载内力。

1）不考虑弹性压缩的汽车和人群荷载内力计算

计算汽车和人群荷载内力，最有效的方法就是利用影响线。对于三次超静定的无铰拱，要先计算出多余未知力的影响线；然后再计算内力影响线；最后根据内力影响线按最不利汽车和人群荷载布置计算。

（1）赘余力影响线

为了计算赘余力的影响线，一般将拱圈沿跨径方向分为 48 等分，相邻两等分点的水平距离为 $L/48$。采用悬臂曲梁作为基本结构，如图 3-3-9 所示，当单位荷载从左拱脚向右拱脚移动时，由力法典型方程计算出 $P=1$ 作用在各等分点时，X_1、X_2、X_3 的影响线竖标。由此，即可作赘余力影响线，如图 3-3-10 所示。

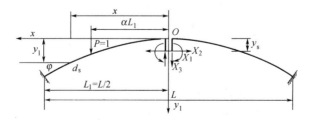

图 3-3-9　基本结构

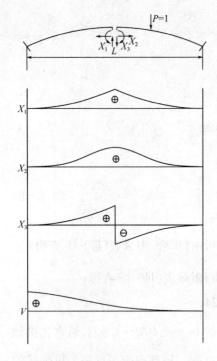

图 3-3-10　赘余力的影响线

(2) 内力影响线

① 水平推力 H_1 的影响线

由 $\sum X=0$ 可知,拱中任意截面的水平推力 $H_1 = X_2$,因此,H_1 的影响线与赘余力 X_2 的影响线是完全一致的。水平推力影响线的竖标可由《拱桥》附录表(Ⅲ)-12 查得。

② 拱脚竖向反力 V 的影响线

将 X_3 移至两支点后,由 $\sum Y=0$ 得

$$V = V_0 \mp X_3 \tag{3-3-50}$$

式中:V_0——相应简支曲梁的反力。"－"适用于左拱脚,"＋"适用于右拱脚。

可见,竖向反力 V 影响线由 V_0 和 X_3 两条影响线叠加而成,见图 3-3-10。各点影响线的竖标可查《拱桥》附录表(Ⅲ)-7 任意截面内里影响线。

由图 3-3-9,可写出任意截面的内力为

弯矩影响线:

$$M = M_0 + X_1 + (y_{1A} - y_s)X_2 \pm x_A X_3 \tag{3-3-51a}$$

轴向力影响线:

$$N_A = X_2 \cos\varphi_A + V_A \sin\varphi_A \tag{3-3-51b}$$

剪力影响线:

$$Q_A = X_2 \sin\varphi_A - V_A \cos\varphi_A \tag{3-3-51c}$$

式中:M_0——单位荷载作用在基本结构上任意截面所产生的弯矩;

y_{1A}、x_A——截面 A 的纵横坐标值;

V_A——作用于截面 A 以左的竖向外力总和,称竖直剪力;正值表示向上,负值表示向下。

上述公式中,赘余力 X_1、X_2、X_3 的解法可参考《桥梁工程》(第二版,姚玲森主编,368~370 页);

$V_A = V_j$;$x_A > \alpha L_1$(单位荷载在截面的右边);

$V_A = V_j - 1$;$x_A < \alpha L_1$(单位荷载在截面的左边)。

根据式(3-3-51),可用叠加法求出拱圈任意截面的内力影响线。

实际计算中,任意截面的轴力和剪力影响线,可利用水平推力 H_1 和拱脚的竖向反力 V 影响线计算得出。

$$\text{轴向力} \begin{cases} \text{拱顶}: N = H_1 \\ \text{拱脚}: N = H_1\cos\varphi + V\sin\varphi \\ \text{其他截面}: N \approx \dfrac{H_1}{\cos\varphi} \end{cases}$$

$$\text{剪力} \begin{cases} \text{拱顶}: \text{数值很小,一般不计算} \\ \text{拱脚}: Q = H_1\sin\varphi - V\cos\varphi \\ \text{其他截面}: \text{数值较小,一般不计算} \end{cases}$$

(3)汽车和人群荷载内力计算

在计算圬工拱桥时,可认为汽车和人群荷载在拱桥宽度上均匀分布。汽车和人群荷载内力的计算可采用影响线加载法或等代荷载法。拱是偏心受压构件,常由最大弯矩控制设计。计算最大内力时,可在弯矩影响线上布置汽车和人群荷载计算:

① 最大正弯矩 M_{max} 及相应的 N;
② 最大负弯矩 M_{min} 及相应的 N。

在实际计算中,为避免绘制内力影响线及计算内力等烦琐的工作,在不考虑弹性压缩时,常采用等代荷载法,利用"公路桥涵标准车辆等代荷载表"计算汽车和人群荷载内力。现说明如下。

如图 3-3-11 所示,计算最大正弯矩时,将荷载满布在影响线的正弯矩区段,根据设计荷载和计算跨径可查到最大正弯矩的等代荷载 k_M 及相应的水平推力和竖向反力的等代荷载 k_H、k_V。

根据拱轴系数和矢跨比,由《拱桥》附录表(Ⅲ)-14 查到正弯矩、水平推力和竖向反力的影响线面积 ω_M、ω_N 及 ω_V,则有

最大正弯矩 M_{max}:
$$M_{max} = \phi \eta k_M \omega_M$$

与 M_{max} 相应的 H_1:
$$H_1 = \phi \eta k_H \omega_H$$

与 M_{max} 相应的 V:
$$V = \phi \eta k_V \omega_V$$

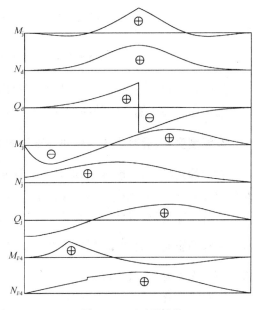

图 3-3-11 内力影响线

式中:ϕ——车道折减系数;

η——荷载横向分布系数。

同理,将荷载满布在影响线的负弯矩区段,可计算出 M_{min}、H_1 和 V。

《公路圬工桥涵设计规范》(JTG D61—2005)(以下简称《圬工桥规》)中规定,计算由车道荷载引起的拱的正弯矩时,拱顶至拱跨1/4各截面应乘以 0.7 折减系数;拱脚截面乘以 0.9 折减系数;拱跨 1/4 至拱脚各截面,其折减系数按直线插入法确定。

2)汽车和人群荷载作用下弹性压缩引起的内力计算

汽车和人群荷载弹性压缩与恒载作用的弹性压缩相似,它是考虑由汽车和人群荷载产生的轴向力引起拱圈弹性压缩,亦在弹性中心产生赘余水平力 ΔH(拉力)。若不考虑弹性压缩时,汽车和人群荷载作用下的拱脚内力有弯矩 M、竖向力 R、通过弹性中心的水平力 H_1,根据拱顶变形协调条件不难求得:

$$\Delta H = -H_1 \frac{\mu_1}{1+\mu} \tag{3-3-52}$$

考虑弹性压缩后的汽车和人群荷载推力(总推力)为:

$$H = H_1 + \Delta H = H_1 - H_1 \frac{\mu_1}{1+\mu} = H_1 \frac{1+\mu-\mu_1}{1+\mu} \tag{3-3-53}$$

考虑到 $\Delta\mu=\mu_1-\mu$ 远比 μ_1 为小,实际应用时还可将上式进一步简化为:

$$H = H_1\frac{1+\mu-\mu_1}{1+\mu} = H_1\frac{1-\Delta\mu}{1+\mu_1-\Delta\mu} \approx \frac{H_1}{1+\mu_1} \tag{3-3-54}$$

汽车和人群荷载弹性压缩引起的内力为:

$$\left.\begin{aligned} 弯矩:&\Delta M=-\Delta H\cdot y=\frac{\mu_1}{1+\mu}H_1\cdot y \\ 剪力:&\Delta Q=\pm\Delta H\sin\varphi=\mp\frac{\mu_1}{1+\mu}H_1\sin\varphi \\ 轴向力:&\Delta N=\Delta H\cos\varphi=-\frac{\mu_1}{1+\mu}H_1\cos\varphi \end{aligned}\right\} \tag{3-3-55}$$

式中,剪力"$-$"适用于左半拱;"$+$"适用于右半拱。将不考虑弹性压缩的汽车和人群荷载内力与考虑弹性压缩产生的内力迭加起来,即得汽车和人群荷载作用下的总内力。

3. 温度变化、混凝土收缩和拱脚变位的内力计算

在超静定拱中,温度变化、混凝土收缩和拱脚变位都会产生附加内力。我国许多地区温度变化幅度大,温度变化产生的附加内力不容忽视。混凝土收缩,尤以就地浇筑的混凝土在结硬过程中的收缩变形,可使拱桥开裂。在软土地基上建造圬工拱桥,墩台变位的影响比较突出,水平位移的影响更为严重,根据观测的结果,在两拱脚的相对水平位移 $\Delta_h > \dfrac{l}{1200}$ 时,拱的承载能力就会大大降低,甚至破坏。

1)温度变化产生的附加内力计算

根据热胀冷缩的原理,当大气温度比成拱时的温度(即主拱圈施工合龙时温度,称为合龙温度)高时,称为温度上升,引起拱体膨胀;反之,当大气温度比合龙温度低时,称为温度下降,引起拱体收缩。不论是拱体膨胀(拱轴伸长)还是拱体收缩(拱轴缩短),都会在拱中产生内力,不过两者的符号不同而已。

在图 3-3-12a)中,设温度变化引起拱轴在水平方向的变位为 Δl_t,与弹性压缩同样道理,必然在弹性中心产生一对水平力 H_t。由典型方程得:

$$H_t = \frac{\Delta l_t}{\delta_{22}} = \frac{\Delta l_t}{(1+u)\displaystyle\int_s \frac{y^2}{EI}\mathrm{d}s}$$

$$\Delta l_t = \alpha\cdot l\cdot\Delta t$$

式中:Δt——温度变化值,即最高(或最低)温度与合龙温度之差。温度上升时,Δt 与 H_t 均为正;温度下降时,Δt 与 H_t 均为负;

α——材料的线膨胀系数,混凝土或钢筋混凝土结构 $\alpha=1\times10^{-5}$,混凝土预制块砌体,$\alpha=0.9\times10^{-5}$,石砌体 $\alpha=0.8\times10^{-5}$。

由温度变化引起拱中任意截面的附加内力为[图 3-3-12b)]:

$$\left.\begin{aligned} 弯矩:&M_t=-H_t y=-H_t(y_s-y_t) \\ 剪力:&Q_t=\pm H_t\sin\varphi \\ 轴向力:&N_t=H_t\cos\varphi \end{aligned}\right\} \tag{3-3-56}$$

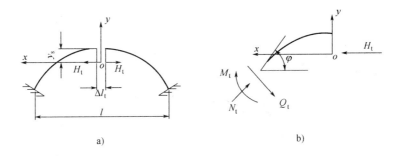

图 3-3-12 拱温度变化内力计算图示
a)温度变化引起赘余力计算图示;b)温度变化引起拱中的内力

2)混凝土收缩、徐变引起的内力计算

混凝土在结硬过程中的收缩变形,其作用与温度下降相似。通常将混凝土收缩的影响,折算为温度的额外降低。

计算拱圈的温度变化和混凝土收缩影响时,可根据实际资料,考虑混凝土徐变对温度变化和混凝土收缩在拱圈内引起内力变化减小的影响。如缺乏实际资料,计算内力可乘以下列系数:温度变化影响力:0.7;混凝土收缩影响力:0.45。

但是,徐变虽然对上述温变、收缩引起的内力有调整作用,但徐变本身也引起拱轴线的缩短,因而应按有关规定计算徐变引起的附加内力。

3)拱脚变位引起的内力计算

在软土地基上修建的拱桥以及桥墩较柔的多孔拱桥,拱脚变位是难以避免的。拱脚的变位包括拱脚的水平位移、垂直位移(沉降)和转动(角变),每一种变位都会在拱中产生内力。

(1)拱脚相对水平位移引起的内力

在图 3-3-13 中,两拱脚发生相对水平位移为:

$$\Delta_h = \Delta_{hB} - \Delta_{hA}$$

式中:Δ_{hA}、Δ_{hB}——左、右拱脚的水平位移,自原位置右移为正,左移为负。

由于两拱脚发生相对水平位移 Δ_h,在弹性中心产生的赘余力为:

$$X_2 = -\frac{\Delta_h}{\delta_{22}} = -\frac{\Delta_h}{\int_s \frac{y^2 ds}{EI}} \quad (3\text{-}3\text{-}57)$$

如两拱脚相对靠拢(Δ_h 为负),X_2 为正,反之亦然。

(2)拱脚相对垂直位移引起的内力

在图 3-3-14 中,拱脚相对垂直位移为:

$$\Delta_V = \Delta_{VB} - \Delta_{VA}$$

式中:Δ_{VA}、Δ_{VB}——左、右拱脚的垂直位移,均以自原位置下移为正,上移为负。

由两拱脚相对垂直位移引起弹性中心的赘余力为:

$$X_3 = -\frac{\Delta_V}{\delta_{33}} = -\frac{\Delta_V}{\int_s \frac{x^2 ds}{EI}} \quad (3\text{-}3\text{-}58)$$

等截面悬链线拱的 $\int_s \frac{x^2 ds}{EI}$ 可由《拱桥》附录表(Ⅲ)-6 查得。

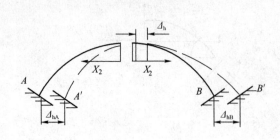 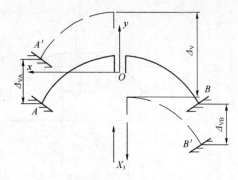

图 3-3-13 拱脚相对水平位移引起内力计算图示　　图 3-3-14 拱脚相对垂直位移引起内力计算图示

(3) 拱脚相对垂直角变引起的内力

在图 3-3-15a) 中,拱脚 B 发生转角 θ_B (θ_B 顺时针为正) 之后,在弹性中心除产生相同的转角 θ_B 之外,还引起相对水平位移 Δ_h 和垂直位移 Δ_V。因此,在弹性中心会产生三个赘余力 X_1、X_2、X_3。由典型方程得:

$$\left. \begin{array}{l} X_1\delta_{11} + \theta_B = 0 \\ X_2\delta_{22} + \Delta_h = 0 \\ X_3\delta_{33} - \Delta_V = 0 \end{array} \right\} \qquad (3\text{-}3\text{-}59)$$

上式中 θ_B 为已知,Δ_h、Δ_V 不难根据图 3-3-15b) 的几何关系求出。

$$\Delta_h = \theta_B(f - y_s)$$

$$\Delta_V = \theta_B \cdot \frac{l}{2}$$

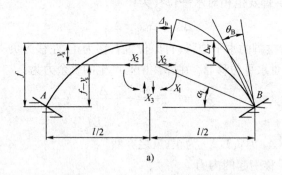

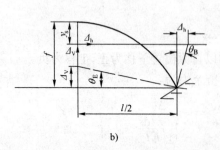 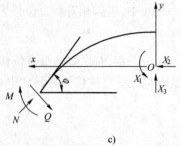

图 3-3-15 拱脚相对角变引起的赘余力及各截面的内力图

将 Δ_h 及 Δ_V 代入式 (3-3-54) 得:

$$X_1 = -\frac{\theta_B}{\delta_{11}}$$

$$X_2 = -\frac{\theta_B(f-y_s)}{\int_s \frac{y^2 \mathrm{d}s}{EI}}$$

$$X_3 = -\frac{\theta_B \cdot l}{2\int_s \frac{x^2 \mathrm{d}s}{EI}}$$

(3-3-60)

式中：
$$\delta_{11} = \int \frac{\overline{M}_1^2 \mathrm{d}s}{EI} = \int_s \frac{\mathrm{d}s}{EI} = \frac{l}{EI}\int_0^1 \frac{\mathrm{d}\xi}{\cos\varphi} = \frac{l}{EI} \times \frac{1}{v_1}$$

$\frac{1}{v_1}$ 可自《拱桥》附录表(Ⅲ)-8 查得。

拱脚相对角变引起各截面的内力为[图 3-3-19c)]：

$$M = X_1 - X_2 y \pm X_3 x$$
$$Q = X_3 \cos\varphi \pm X_2 \sin\varphi$$
$$N = \mp X_3 \sin\varphi + X_2 \cos\varphi$$

(3-3-61)

以上公式是假设右半拱顺时针转动推导出来的，若反时针转动 θ_B，则式(3-3-60)中的 θ_B 均应以负值代入。如左拱脚顺时针转动 θ_A，则式(3-3-60)应改为：

$$X_1 = \frac{\theta_A}{\delta_{11}}$$

$$X_2 = \frac{\theta_A(f-y_s)}{\int_s \frac{y^2 \mathrm{d}s}{EI}}$$

$$X_3 = \frac{\theta_A \cdot l}{2\int_s \frac{x^2 \mathrm{d}s}{EI}}$$

(3-3-62)

三、主拱内力调整

无铰拱桥在最不利荷载组合时，常出现拱脚负弯矩和拱顶正弯矩过大的情况。为了减小拱脚、拱顶的偏大弯矩，可从设计或施工方面采取一些措施调整主拱圈应力。

1. 假载法

当拱顶、拱脚两个控制截面中，有一个截面的弯矩很大，而另一截面的弯矩较小。此时，可采用假载法调整内力。

所谓假载法，实质上就是通过改变拱轴系数来变更拱轴线，使拱顶、拱脚两截面的控制应力接近相等，拱轴线与压力线偏离所产生的效应有利于拱顶或拱脚截面受力。理论和计算表明，拱脚负弯矩过大，可适当提高 m 值，使采用的拱轴线在三铰拱结构自重压力线之上[图 3-3-16a)]。采用这种拱轴线时，在结构自重作用下，拱顶、拱脚都产生正弯矩，则在最不利作用效应组合时，可减小拱脚的负弯矩。反之，拱顶正弯矩过大，可通过降低 m 值，使拱轴线位于三铰拱结构自重压力线之下[图 3-3-16b)]，在结构自重作用下，拱顶、拱脚都产生负弯矩，从而改善了拱顶截面的受力。实践证明，m 值的调整幅度不宜太大，一般调整半级到一级。

在图 3-3-17 所示的实腹式拱中，设调整前的拱轴系数为 m，$m=\dfrac{g_j}{g_d}$；调整后的拱轴系数为 m'，$m'=g'_j/g'_d$。由图 3-3-17 知：

$$m'=\frac{g'_j}{g'_d}=\frac{g_j\mp g_x}{g_d\mp g_x} \tag{3-3-63}$$

式中：g_x——假想减去图 3-3-17b)或增加图 3-3-18c)的一层均布荷载，习惯上称为假载。

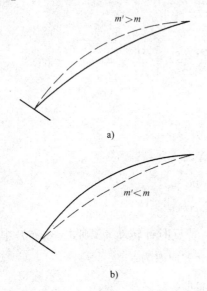

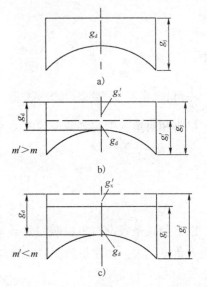

图 3-3-16 拱轴随 m 变化的情况
a)提高 m 改善拱脚；b)降低 m 改善拱顶

图 3-3-17 实腹拱假载内力计算图示

事实上，在图 3-3-17b)中，减去的假载 g_x 是实际结构自重的一部分，因而，拱的实际结构自重内力为：按 $m'(m'>m)$ 算出的结构自重内力加上 g_x 所产生的内力。同样，在图 3-3-17c)中，增加的假载 g_x 事实上是不存在的，因而，拱的实际结构自重内力为：按 $m'(m'>m)$ 算出的结构自重内力减去 g_x 所产生的内力。

由于拱顶、拱脚两个截面的弯矩影响线都是正面积比负面积大，因而增加一层假载时[图 3-3-17b)]，在拱顶、拱脚两截面都产生正弯矩；而减少一层假载时[图 3-3-17c)]，在拱顶、拱脚都产生负弯矩。鉴于拱脚截面常以负弯矩控制设计，因而，适当提高 m 时，对拱脚截面有利。同样，拱顶截面常以正弯矩控制设计，因而，适当降低 m 时，可以改善拱顶截面的受力。

根据 m' 确定拱轴线之后，拱的几何尺寸应按 m' 来计算；所有由荷载产生的内力，均应根据 m' 确定。为了便于利用《拱桥》中的表格计算拱的几何尺寸及各项内力，m' 总是令其等于表中的值（如 1.756、2.240 等）。按拱轴系数为 m' 计算结构自重内力时，因拱轴线与考虑假载后的结构自重压力线完全吻合，因而可按纯压拱计算其内力。至于假载 g_x 所产生的内力，可以很方便地利用内力影响线计算。将 g_x 布置在 M、H 和 V 等内力影响线的全部面积上，即可求得 g_x 所产生的内力值。

空腹式拱桥，拱轴线的变更是通过改变 $y_{l/4}$ 来实现的。设调整前的拱轴系数为 m，拱跨 $l/4$ 点的纵坐标为 $y_{l/4}$；调整后的拱轴系数为 m'，相应点的纵坐标为 $y'_{l/4}$。假想均布荷载 g_x 可由下式解出：

$$\frac{y'_{l/4}}{f} = \frac{\sum M_{l/4} \mp \frac{g_x l^2}{32}}{\sum M_j \mp \frac{g_x l^2}{8}} \tag{3-3-64}$$

g_x 前的符号同式(3-3-63)一样:当 $m'>m$ 时取负,$m'<m$ 时取正。

空腹拱桥结构自重内力的计算方法与实腹拱桥相似。在结构自重和假载 g_x 共同作用下,不计弹性压缩的结构自重推力按下式计算:

$$H_g = \frac{\sum M_j \mp \frac{g_x l^2}{8}}{f} \tag{3-3-65}$$

应该指出:改变拱轴系数的办法,始终不能同时改善拱顶、拱脚两个控制截面的内力。例如,提高 m 值,拱脚负弯矩减小,而拱顶正弯矩则相应增加;反之,降低 m 值时,拱顶正弯矩减小,而拱脚负弯矩相应增大。

2. 临时铰法

拱圈施工时,在拱顶和拱脚截面处用铅垫板做成临时铰。拆除拱架后,由于临时铰的存在,主拱圈成为静定的三铰拱。待拱上建筑砌筑完毕后,再用强度等级高的水泥砂浆封固,成为无铰拱。由于主拱圈在结构自重作用下是静定三铰拱,拱的结构自重弹性压缩以及封铰前已发生的墩台变位均不产生附加内力,从而减小了拱中的弯矩。

如果将临时铰偏心布置,尚可进一步消除日后因混凝土收缩引起的附加内力。设混凝土收缩将在拱顶引起正弯矩 M_d,在拱脚引起负弯矩 M_j,为了消除此项弯矩,可将临时铰偏心布置(图 3-3-18),即拱顶截面的临时铰布置在拱轴线以下(距拱轴为 e_d),而拱脚截面的临时铰则布置在拱轴线上(距拱轴为 e_j),使恒载作用时在拱顶产生负弯矩 M_d,而在拱脚产生正弯矩 M_j。欲达此目的,偏心距 e_d、e_j 可按下述方法确定。

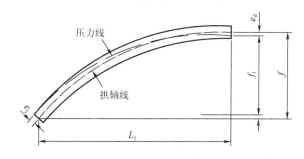

图 3-3-18 临时铰调整应力

设置临时铰后,压力线的矢高为(图 3-3-18):

$$f_1 = f - e_d - e_j \cos\varphi_j$$

此时,拱的结构自重推力值变为:

$$H'_g = H_g \frac{f}{f_1} \tag{3-3-66}$$

式中:H_g——不设置临时铰时拱的结构自重推力。

根据需要调整的弯矩值 M_d、M_j,可求偏心距:

$$\left.\begin{aligned} e_\mathrm{d} &= \frac{M_\mathrm{d}}{H'_\mathrm{g}} = \frac{M_\mathrm{d}}{H_\mathrm{g}} \cdot \frac{f_1}{f} \\ e_\mathrm{j} &= \frac{M_\mathrm{j}}{H'_\mathrm{g}\cos\varphi_\mathrm{j}} = \frac{M_\mathrm{j}}{H_\mathrm{g}\cos\varphi_\mathrm{j}} \cdot \frac{f_1}{f} \end{aligned}\right\} \quad (3\text{-}3\text{-}67)$$

所以 $f_1 = f - \dfrac{1}{H_\mathrm{g}} \times \dfrac{f_1}{f}(M_\mathrm{d} + M_\mathrm{j})$,也即 $f_1 = \dfrac{H_\mathrm{g} \cdot f^2}{H_\mathrm{g} f + M_\mathrm{d} + M_\mathrm{j}}$。

国外大跨径钢筋混凝土拱桥,大多采用千斤顶调整应力,即在砌筑拱上构造之前在拱顶预留接头处设置上、下两排千斤顶,形成偏心力,使拱顶产生负弯矩、拱脚产生正弯矩,以消除弹性压缩、收缩及徐变产生的内力。对于用拱架施工的桥,设置千斤顶还能起脱架的作用。

用临时铰或千斤顶调整应力,效果相当显著,但其施工比较复杂。

3. 改变拱轴线形法

用临时铰调整应力,实质上是人为地改变拱中压力线,使结构自重压力线对拱轴线造成有利的偏离。使拱脚、拱顶产生有利的结构自重弯矩,以消除这两个截面的偏大弯矩。反之,也可以有意识地改变拱轴线,使拱轴线与结构自重压力线造成有利的偏离,同样也可以消除拱顶、拱脚的偏大弯矩,达到调整主拱圈应力目的。

在图 3-3-3 中,由于悬链线拱轴与三铰拱结构自重压力线存在近似正弦波形的自然偏离,可以不同程度地减小拱顶、拱脚的偏大弯矩。根据这个道理,可在三铰拱结构自重压力线的基础上,根据每桥的实际需要叠加一个正弦波形的调整曲线作为拱轴线(图 3-3-19),采用逐次近似法调整,在结构自重、弹性压缩和混凝土收缩等固定因素作用下,使拱顶、拱脚两截面的总弯矩趋近于零。为了实现上述目的,要求调整曲线的零点通过 O' 点,并使拱轴线与三铰拱结构自重压力线具有相同的弹性中心。根据弹性中心的定义,则有:

$$\int_s \frac{y - \Delta y}{EI} \mathrm{d}s = \int_s \frac{y \mathrm{d}s}{EI} - \int_s \frac{\Delta y \mathrm{d}s}{EI} = 0$$

因 $$\int_s \frac{y \mathrm{d}s}{EI} = 0$$

所以 $$\int_s \frac{\Delta y \mathrm{d}s}{EI} = 0$$

由结构力学知,拱轴线偏离三铰拱结构自重压力线在弹性中心产生的赘余力 [图 3-3-19b)]为:

$$\left.\begin{aligned} \Delta X_1 &= -\frac{\Delta_{1\mathrm{p}}}{\delta_{11}} = -\frac{\int_s \dfrac{\overline{M}_1 M_\mathrm{P}}{EI} \mathrm{d}s}{\int_s \dfrac{\overline{M}_1^2 \mathrm{d}s}{EI}} = -\frac{\int_s \dfrac{M_\mathrm{P}}{EI} \mathrm{d}s}{\int_s \dfrac{\mathrm{d}s}{EI}} = -H_\mathrm{g} \frac{\int_s \dfrac{\Delta y}{EI} \mathrm{d}s}{\int_s \dfrac{\mathrm{d}s}{EI}} = 0 \\ \Delta X_2 &= -\frac{\Delta_{2\mathrm{p}}}{\delta_{22}} = -\frac{\int_s \dfrac{\overline{M}_2 M_\mathrm{P}}{EI} \mathrm{d}s}{\int_s \dfrac{\overline{M}_2^2 \mathrm{d}s}{EI}} = H_\mathrm{g} \frac{\int_s \dfrac{y \cdot \Delta y}{EI} \mathrm{d}s}{\int_s \dfrac{y^2}{EI} \mathrm{d}s} \end{aligned}\right\} \quad (3\text{-}3\text{-}68)$$

由图 3-3-19b)知,上式中的 y 与 Δy 总是同号的,因而,上式中的 ΔX_2 必为正值(压力)。众所周知,弹性压缩和混凝土收缩在弹性中心产生一对水平拉力。通过适当地选取调整曲线竖标 Δy,使按式(3-3-68)算得的水平力 ΔX_2 与弹性压缩等所产生的水平力大小相等、方向相反,即可抵消弹性压缩和混凝土收缩在拱顶、拱脚产生的弯矩值,起到类似于临时铰调整应力的作用。

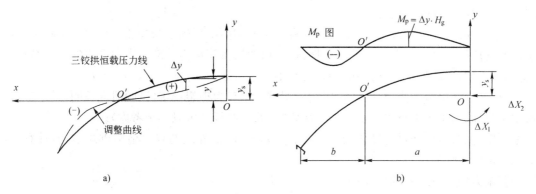

图 3-3-19　改变拱轴线调整应力

四、圆弧无铰拱计算要点

有关"圆弧无铰拱计算要点"的内容可扫描侧方二维码。

第二节　组合体系拱桥的计算

组合体系拱桥是在普通拱桥的基础上进化而来的,是由拱桥和其他桥型组合而成,同时拥有它们的长处。组合体系拱桥的结构合理、外形优雅美观、施工简单,并且随着新材料、新工艺的广泛应用,组合体系拱桥在我国得到了巨大的发展。但是,组合体系拱桥受力相对复杂,其计算分析理论须不断完善。

一、整体式拱桥的计算

钢筋混凝土桁架拱桥与刚架拱桥,在受力方面的特点是拱上建筑参与拱圈共同作用;而在结构施工程序方面,则是先形成整体式拱片,然后再与桥面板形成组合截面。因此,无论是常用手算或电算,均需将结构受力及其施工成型方面的特点计入计算中。

1. 桁架拱桥

桁架拱桥的受力主要由其构造与荷载所决定,拱形桁架部分的腹杆与下弦杆主要受轴向力,与普通桁架的受力类似;跨中实腹段部分承受轴向力和弯矩,同普通上承式拱桥跨中段的受力类似。桁架部分的上弦杆,除承受轴向压力外,还直接承受节间运营荷载所产生的局部弯矩。

从桁架拱桥的施工及受力过程来看,桁架拱桥的桥面板是在预制的桁架拱片上逐步参与施工成型的,桥面板最初不参与预制上弦杆、实腹段承受恒载,经徐变内力重分布逐步参与承担恒载,而在成桥后活载及附加荷载作用下,桥面板将一直与预制上弦杆、实腹段共同作用。

以上结构施工成型及受力特点,是手算简化方法的基本依据。

1)基本假定及计算模型

为了简化桁架拱桥的计算工作,在试验研究的基础上,采取如下假定:

(1)以一片桁架拱片作为计算单元,将空间桁架简化为平面桁架;荷载在横桥向的不均匀分布,以荷载横向分布系数来体现。

(2) 以各杆件的轴线形成结构计算图线。在桁架与实腹段连接的截面处,按平截面假定利用刚臂将各构件计算图线相连。

(3) 考虑到桁架拱片的拱脚在结构上仅有一小段截面不大的下弦杆插入墩台预留孔中,故假定桁架拱片的拱脚与墩台的连接为铰接;这样桁架拱桥简化为外部一次超静定的双铰结构,在支点处(拱脚)仅产生水平反力和竖向反力,不产生弯矩。

(4) 在进行结构整体内力计算时,假定桁架拱的结点为理想铰接(试验研究证明,采用铰接的假定是合理的,由于结点固结而产生的次弯矩,除下弦杆外可以不予考虑)。

根据以上假定,桁架拱可简化为外部一次超静定、内部静定的双铰桁架拱式结构,计算简图如图3-3-22a)所示。

2) 赘余力(水平推力)的计算

计算桁架拱时,常以水平推力 H 作为赘余力[图3-3-22b)]。

由典型方程式求得在单位荷载 $P=1$ 作用下的水平推力为

$$H = -\frac{\Delta_{HP}}{\delta_{HH}} \tag{3-3-82}$$

式中:Δ_{HP}——基本结构在外荷作用下 H 方向的变位;

δ_{HH}——基本结构在赘余力 $H=1$ 作用下支点的水平变位。

计算 Δ_{HP}、δ_{HH} 时,桁架部分的杆件只考虑轴向力,实腹段部分只考虑弯矩(轴向力影响很小,可不考虑)。因此,

$$\left. \begin{array}{l} \delta_{HH} = \sum \dfrac{\overline{N}_H^2 l}{EA} + \sum \dfrac{\overline{M}_H^2 \Delta l}{EI} \\ \Delta_{HP} = \sum \dfrac{\overline{N}_H N_P l}{EA} + \sum \dfrac{\overline{M}_H M_P \Delta l}{EI} \end{array} \right\} \tag{3-3-83}$$

式中:$\overline{N}_H、N_P$——$H=1$ 和外荷载作用于基本结构时桁架杆件的轴向力;

$\overline{M}_H、M_P$——$H=1$ 和外荷载作用于基本结构时实腹段截面的弯矩;

$l、A、E$——桁架杆件的长度、截面积和弹性模量;

$\Delta l、I$——用分段总和法计算实腹段变位时,实腹各分段的长度和截面惯性矩。

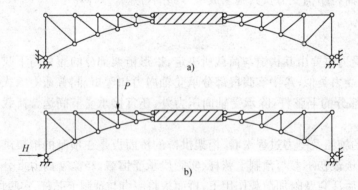

图 3-3-22 桁架拱桥的计算图示

用分段总和法计算时,实腹段一般分为 6~8 段。

计算活载内力时,只要使 $P=1$ 依次作用于桁架拱上弦各结点与跨中实腹段各分段中点,按式(3-3-82)求出相应的 H 值,即得 H 的影响线。然后再用静力平衡条件求得各杆件的内力影响线及实腹段的弯矩影响线。

3)结构内力计算

桁架拱桥结构内力,主要是恒载内力和活载内力。恒载内力可利用水平推力影响线算出水平推力后,直接解出各杆件和实腹段的恒载内力,无须绘制桁架拱片各杆件的内力影响线。活载内力则需根据桥面参与共同作用时结构各杆件的内力影响线来计算。

(1)恒载内力计算

桁架拱桥的恒载包括桁架拱片、横向联结系和桥面板等的重量。桁架拱桥的恒载内力需考虑两种情况:一种是恒载全部由裸桁架拱(由预制桁架拱片和横系梁组成的结构)单独承受;另一种是考虑恒载由桥面板参与共同作用的整体桁架拱承受。恒载由桁架拱片单独承受,符合于施工刚完成时的受力情况,此时,只需将桥的自重视为均布荷载,作用在每片桁架拱片上,利用推力影响线算出桁架拱片推力,然后利用静力平衡条件直接解算内力。按桥面板参与共同作用来计算恒载内力,即把桥面板作为桁架拱片上弦杆和实腹段截面的组成部分,为结构经徐变内力重分布后渐近但无法完全达到的受力状况。桁架拱桥的恒载内力一般按以上两种情况计算,从中选取最不利的内力作为设计内力。

(2)活载内力计算

计算桁架拱桥的活载内力时,应考虑桥面参与桁架拱片的共同作用。先求出各杆件的轴向力影响线和实腹段的弯矩影响线后,按最不利作用效应组合情况布置活载,即可求得活载内力。对于偏心受压的实腹段,应分别按弯矩和轴力的最不利情况进行加载,对于每一种布载情况同时计算这两项内力。

在上弦杆除作为整体桁架杆件承受轴向力外,在运营时还直接承受局部弯矩产生的弯矩。由于桁架第一节间上弦杆跨度最大,局部荷载产生的弯矩也为最大,需计算出上弦杆的杆端弯矩和跨中截面的弯矩。在所有的上弦杆中,常以第一节间上弦控制设计。上弦杆的杆端弯矩 M_A 和跨中截面的弯矩 M_C 可按下式估算:

$$\left.\begin{array}{l} M_A = -0.7M_P - 0.06gl^2 \\ M_C = -0.8M_P - 0.06gl^2 \end{array}\right\} \tag{3-3-84}$$

式中:M_P——简支梁的活载弯矩;

g——恒载集度(单位长度结构自重);

l——上弦杆净跨(即上弦杆扣除节点块后的净长)。

在下弦杆中,因靠近拱脚的第一根下弦杆轴向力较大,常以这根下弦杆控制设计,并将下弦杆所承受的轴向压力提高20%,以考虑节点固结所产生的次弯矩影响。

实践证明,桁架拱桥具有明显的横向分布作用。当计算整体结构的内力时,目前常用偏心受压法计算横向分布系数;而计算上弦杆在局部荷载作用下的受弯时,常用杠杆法。

2. 刚架拱桥

刚架拱桥除两边腹孔纵梁为受弯构件外,其余构件(如拱腿、内腹孔纵梁、斜撑及实腹段)均有轴向压力,属于压弯构件,部分具有刚架的受力特点。

按照刚架拱桥的施工与受力过程,结构由最初的裸拱(预制拱腿及实腹段)逐步施工为裸肋结构(拱腿、实腹段、空腹段纵梁、斜撑及横系梁组成的结构),再与桥面板组合形成最终的整体结构。桥面板最初不参与纵梁、实腹段承受恒载,经徐变内力重分布逐步参与承担恒载;而在成桥后活载及附加荷载作用下,桥面板将一直参与纵梁和实腹段共同受力。

以上结构施工成型及受力特点,是手算简化方法的基本依据。

刚架拱为高次超静定结构,其内力和变形一般采用平面杆系有限元法电算,也可采用位移法手算或其他方法计算。

1)基本假定及计算模型

(1)取单片刚架拱片作为计算单元,将空间刚架拱简化为平面结构;以荷载横向分布系数,反映荷载在横桥向的分配。

(2)以刚架拱各杆件的轴线为计算图线。在空桁、实腹交界截面处,利用刚臂将各构件计算图线相连。

(3)恒载作用时,拱腿脚和斜撑脚仅插入墩台预留孔中,故均为铰接(施工时不封固),活载作用时,拱腿脚固结,斜撑脚铰接,弦杆支座无论恒载、活载,均作为允许水平位移的竖向链杆。

(4)假定斜撑以半铰的方式与空腹段纵梁连接(试验证明,半铰假定是合理的)。

(5)恒载全部由裸拱(指除桥面以外的刚架拱片和横系梁组成的结构)承担。

计算步骤及相应的计算图式应按施工程序确定。对于无支架施工或有支架施工在裸拱成拱后便落架的,其计算步骤及相应的计算图式见图 3-3-23。

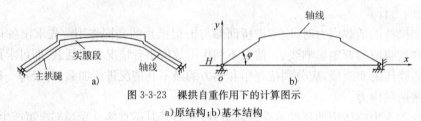

图 3-3-23 裸拱自重作用下的计算图示
a)原结构;b)基本结构

2)刚架拱桥的计算

刚架拱桥选取所有杆件的端点作为计算截面,因为弯矩的峰值多出现在杆件的端点。对于实腹段,还必须加算拱顶截面。与一般拱桥相似,刚架拱桥的拱顶截面,亦由正弯矩控制设计。

(1)恒载内力计算

在裸肋自重作用下,刚架拱桥的计算简图为一次超静定的二铰拱[图 3-3-23a)],但它的拱轴线不是一条光滑的曲线。计算它的恒载内力时,同样取主拱脚的水平推力为赘余力[图 3-3-23b)]。忽略轴向力对变位的影响后,水平推力 H 由下式确定:

$$H = -\frac{\Delta_{2P}}{\delta_{22}} \tag{3-3-85}$$

式中:Δ_{2P}——基本结构在外荷 $P=1$ 作用下支点的水平位移;

δ_{22}——基本结构在赘余反力 $H=1$ 作用下支点的水平位移。

求出赘余力之后,则不难利用静力平衡条件求解各截面的内力。

当桥面的恒载作用于裸肋时,各支承均按铰接计算。此时,刚架拱桥为 7 次超静定结构。由于荷载和结构均为对称,实际上全桥只有 4 个未知数。

(2)活载内力计算

计算活载载内力时,应考虑桥面与拱肋的共同作用,同时,主拱腿与墩台为固结,故全桥为 9 次超静定结构。

刚架拱桥的内力分析,可采用力法或位移法求解;也可采用平面杆系的有限单元法计算。

在分析刚架拱桥的内力时,由于考虑了桥面与拱肋的共同作用,因而,也应考虑活载在横桥向不均匀分布的影响。试验表明，实测的横向分布曲线，与按弹性支承连续梁简化法计算的分布曲线比较接近。因而，刚架拱桥的活载横向分布系数，目前常用弹性支承连续梁法计算。

二、拱式组合桥的计算

组合体系拱桥分为梁拱组合体系桥、刚构拱组合体系桥（例如广州新光大桥主桥）、悬索拱组合体系桥（例如无锡五里湖大桥主桥）和斜拉拱组合体系桥（例如湘潭湘江四桥）四类。梁拱组合体系桥是出现最早也是应用最多的组合体系拱桥，它将主要承受压力的拱肋和主要承受弯矩的行车道梁组合起来共同承受荷载，充分发挥了被组合体系的结构受力特点。梁拱组合体系桥梁主要分为简支梁拱组合体系桥、连续梁拱组合体系桥、悬臂梁拱组合体系桥和桁式梁拱组合体系桥四种。

梁拱组合体系是高次超静定结构，常规的计算一般借助计算机通过有限元法完成，或用结构力学方法建立 $n+3$ 次（n 为吊杆和立柱数量）力法方程。对于一般梁拱组合体系，其吊杆或立柱数目都在多根甚至几十根以上，结构力学方法异常复杂。因此，目前梁拱组合桥的计算主要采用平面杆系有限元法。下面主要介绍梁拱组合体桥结构受力特点、假定与计算模型。

1. 简支梁拱组合体系桥

1) 结构受力特点

简支梁拱组合体系桥相当于在简支梁上设置加强拱，梁拱端节点刚结，其间布置吊杆，通过调整吊杆的张拉力，可以使纵梁的受力状态处于最有利状态，仅适于下承式组合桥。它是外部静定、内部超静定体系。它的力学图形一般叫作刚拱刚梁，系杆（或系梁）受轴拉力、拱肋受轴压力，而弯矩及剪力主要受节间荷载的影响。加劲系杆（或系梁）和横梁结合为平面框架，吊杆将拱肋和平面框架连接起来，共同受力。当加劲系杆（或系梁）的刚度远远小于拱肋的刚度时，忽略加劲系杆（或系梁）的刚度，拱肋承受所有弯矩，系杆主要承受拉力，起到拉杆的作用，结构可简化为带拉杆的两铰拱，是一次超静定结构，即柔性系杆刚性拱；当拱肋的刚度远远小于加劲系杆（或系梁）的刚度时，忽略拱肋的刚度，加劲系杆（或系梁）承受的水平推力不大，其承受所有弯矩，结构可简化为带有链杆的加劲梁，也是一次超静定结构，即刚性系杆柔性拱。当在两者之间时，加劲系杆（或系梁）和拱肋共同承受弯矩和剪力，系杆还要承受轴力，吊杆（竖杆）刚度通常较小，仍可视为链杆，为多次超静定结构（超静定次数等于吊杆数加3），即刚性系杆刚性拱。计算时，可以先按吊杆刚性无限大的假设进行计算，得到恒载状态下的弯矩、剪力和轴力图。求解简支梁拱组合体系结构的力法可参考《桥梁工程》（范立础，1996）。

2) 基本假定及计算模型

结构分析时，吊杆一般均可看作只承受轴向力的构件，除非采用刚性吊杆，如截面较大的预应力混凝土或钢管混凝土吊杆，对于拱梁组合结构，在拱肋与纵梁连接处的重叠部分，按拱肋轴线延长轨迹通过刚臂与纵梁轴线相连；当采用刚性吊杆时，其与拱肋与纵梁重叠部分也宜用刚臂替代；采用柔性吊杆时，如热挤 PE 护套的平行钢丝成品索，吊杆的轴线一般直接与拱、梁轴线相交。简支梁拱组合体系桥的计算模型如图 3-3-24 所示（图中以柔性吊杆为例）。

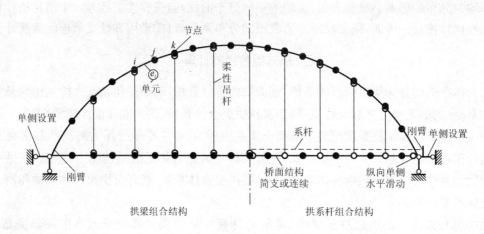

图 3-3-24 下承式简支梁拱组合桥的计算模型

2. 连续梁拱组合体系桥

1) 结构受力特点

连续梁拱组合体系桥可适用于上承式、中承式或下承式,也可以是双肋拱、多肋拱或单肋拱与加劲系杆(或系梁)的结合。采用箱形加劲系杆(或系梁)的单拱肋可利用加劲系杆(或系梁)的抗扭刚度来减少偏载的作用。从结构内部受力情况来看,荷载在拱与梁中产生的内力大部分转变为它们之间所形成的自平衡体系的相互作用力;而荷载对于梁拱组合结构外部约束条件所引起的总体受力效应,也因其构造特点而变成另一形式的作用效应。因此,拱的水平推力与梁的轴向拉力相互作用,拱与梁截面的总弯矩等效为主要由拱压、梁拉的受力形式,剪力则主要成为拱压力的竖向分力,这些共同的受力性能还因结构形式反映出不同的特点。

2) 基本假定及计算模型

(1) 下承式连续梁拱组合桥一般采用三跨连续构造,外部和内部均为超静定。它的拱通过对中跨的加强使内力重新分布,并将荷载由拱直接传递到支点,中跨与边跨内力的相互影响大为减弱,边跨出现负反力的可能性大大减小,使边跨的跨度达到了最小值;中跨较大的剪力主要由拱压力的竖向分力抵抗,而边跨较小的剪力可由边跨梁承受。

在常见的拱梁组合结构计算模型中,拱肋与纵梁连接处、吊杆与纵梁和拱肋联结处的处理方法,同下承式简支梁拱组合结构。下承式连续梁拱组合桥的计算模型如图 3-3-25 所示(图中以柔性吊杆为例)。

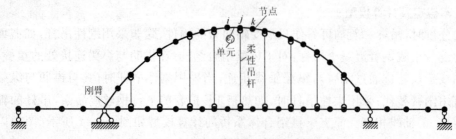

图 3-3-25 下承式连续梁拱组合桥的计算模型

(2)中承式连续梁拱组合桥一般为三跨连续构造,外部和内部均为超静定。它是一种较适合连续桥梁受力特点的结构,在弯矩较大的跨中和中支点处拱与梁的相对距离增大,此时拱受压、梁受拉成为该桥抗弯的最佳受力状态,而在剪力最大的中支点处,拱轴线与水平线呈最大倾角,拱压力的竖向分力有效地平衡了剪力。如果地形条件、路线条件允许,一般首先选用中承式连续梁拱组合体系,这一方面是因为中承式梁拱组合桥梁线型优美、富于变化,更重要的是连续梁弯矩的分布比较合理。

不论拱梁组合结构还是拱系杆组合结构,均可采用同上面一样的方法建立计算模型,也可采用相似的方法处理立柱与下拱肋和纵梁等处的连接问题(图3-3-26以柔性吊杆为例),并考虑立柱上端是否有设铰构造;边跨空、实腹交界处轴线连接的方法同整体式拱桥;下拱脚与拱座的连接,应考虑在施工期是否临时设铰及其封铰问题,拱座与承台之间的连接在施工期与使用期是否改变,桥面结构纵向在拱肋处的约束或支承条件。吊杆与纵梁和拱肋联结处的处理方法,同下承式简支梁拱组合结构。计算模型如图3-3-26所示(以柔性吊杆为例)。

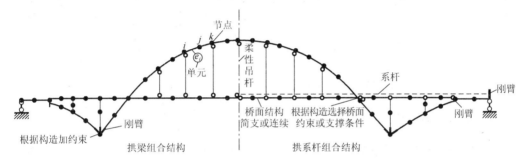

图 3-3-26　中承式连续梁拱组合桥的计算模型

(3)上承式连续梁拱组合桥是一种拱梁组合结构,一般为三跨连续结构,外部和内部均为超静定。上弦加劲梁承受拉弯作用,下弦拱肋承受压弯作用;上弦产生的拉力,与拱内水平推力组成力矩来平衡截面内连续梁的弯矩;拱压力的竖向分力抵消了剪力;同时连续梁中墩附近的高度依靠拱来加大,使跨中弯矩减少。

计算模型中有关节点、轴线连接等问题的处理均同上;拱脚与拱座连接的临时设铰及其封铰问题,同中承式连续梁拱组合结构处理方法一样。计算模型如图3-3-27所示。

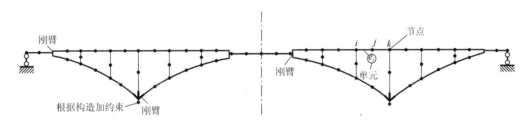

图 3-3-27　上承式连续梁拱组合桥的计算模型

3. 悬臂梁拱组合体系桥

1)结构受力特点

悬臂梁拱组合体系桥是外部静定体系,无推力结构,这种桥型受力特性与系杆拱相同,但外观上又与无铰拱相似;它的每个墩有两个对称的半拱,推力常由预应力桥面承受,如同系杆拱的系杆一样平衡两个半拱的水平推力,跨中拱顶可做成连续的或带剪力铰的形式;仅适于上承式组合桥。悬臂梁拱组合体系桥在恒载作用时为系杆拱,主梁通常采用变截面,悬臂端的梁高比较小,并朝支座方向缓慢变大。一般把实腹梁的梁腹板用立柱取代,则原腹板的剪力就由加劲系杆(或系梁)的剪力和拱肋的竖向分力共同平衡。悬臂梁拱组合体系桥的加劲系杆(或系梁)是预应力混凝土,受拉弯作用,而拱肋是钢筋混凝土,这样不仅优化了桥梁受力,而且降低了桥梁自重。悬臂梁拱组合体系桥的施工方法一般为转体施工法。

2)基本假定及计算模型

上承式悬臂梁拱组合体系桥一般为三跨构造,外部(超)静定、内部超静定。按照上述相同的方法,处理计算模型中有关节点、轴线连接等问题;拱脚与拱座的连接可能也有上述问题,处理方法一样。上承式悬臂梁拱组合桥的计算模型如图 3-3-28 所示。

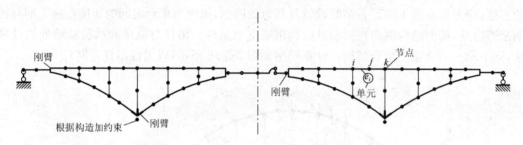

图 3-3-28 上承式悬臂梁拱组合桥的计算模型

4.桁式梁拱组合体系桥

桁式梁拱组合体系桥采用墩台与拱脚处的上下弦相互固结,并通过计算分析,在跨中的某处截断上弦,而下弦始终处于连续状态,形成拱梁组合体系,且通过断开位置的合理选择,使全桥受力均匀。它较箱形拱桥,具有桁式体系的优点,拱上建筑与主拱圈联合受力,整体性好,纵向刚度大,稳定性也很好;比一般桁架拱桥,拱脚受力情况大为改善,而且断缝处的桁片高度较小,对横向稳定也有利,而较之一般拱桁梁桥,上弦拉力大为减小,从而可以大幅度减少预应力钢筋的数量。在施工方面,预应力桁式梁拱组合体系桥可以利用结构的上弦杆和斜杆进行悬臂拼装施工,使大跨径成为可能,同时又不像其他拱桥悬臂施工需要临时拉杆,减少了施工用钢量。

第三节 拱桥的稳定性验算

求出拱在各种作用下的内力后,即可进行最不利情况下的荷载组合,进而验算控制截面的强度、刚度及拱的稳定性。对于强度验算,中、小跨径的无铰拱桥的控制截面通常在拱顶、拱跨 3/8 截面、拱脚等处。大、中跨径无铰拱桥,除上述截面以外,拱跨 1/4 截面也可能成为控制截面,有必要进行验算。对于采用无支架施工的大跨径以及其他特大跨径拱桥,拱跨 1/4 截面往往不一定是控制截面;相反,1/8、3/8 等截面常常是控制截面,故必须对拱脚、拱跨 1/8、拱跨 1/4、拱跨 3/8、拱顶以及其他不利截面进行验算。

一、主拱强度验算

下面介绍《圬工桥规》中有关圬工拱桥主拱强度的验算方法。对于钢筋混凝土拱桥,则可按照结构设计原理和《公路钢筋混凝土及预应力混凝土桥涵设计规范》(JTG D62)(以下简称《混凝土桥规》)的要求进行拱圈承载能力验算,在此不再叙述。

《圬工桥规》规定,圬工桥涵结构应按承载能力极限状态设计,并满足正常使用极限状态的要求。按承载能力极限状态设计时,应采用下列表达式:

$$\gamma_0 S \leqslant R(f_d, a_d) \tag{3-3-86}$$

式中:γ_0——结构重要性系数;

S——作用效应组合设计值,按《公路桥涵设计通用规范》(JTG D60—2015)(以下简称《桥规》)的规定计算;

$R(\cdot)$——结构承载力设计值函数;

f_d——材料强度设计值;

a_d——几何参数设计值,可采用几何参数标准值 a_k,即设计文件规定值。

1. 正截面小偏心受压

当主拱圈偏心受压时,为避免截面开裂而限制轴向力偏心,要求轴向力偏心距 e 不超过表 3-3-3 规定的限值。

受压构件偏心距限值　　　　　　　　　　　　　表 3-3-3

作用组合	偏心距限值 e	作用组合	偏心距限值 e
基本组合	$\leqslant 0.6s$	偶然组合	$\leqslant 0.7s$

注:1. 混凝土结构单向偏心的受拉一边或双向偏心的各受拉一边,当设有不小于截面面积 0.05% 的纵向钢筋时,表内规定值可增加 $0.1s$。

2. 表中 s 值为截面或换算截面重心轴至偏心方向截面边缘的距离。

(1)砌体(包括砌体与混凝土组合)受压构件,主拱圈正截面受压强度按下列公式计算:

$$\gamma_0 N_d < \varphi A f_{cd} \tag{3-3-87}$$

式中:N_d——拱圈或拱肋轴向力设计值,可近似表示成 $N_d = H_d/\cos\varphi_m$,其中 H_d 为拱圈或拱肋水平推力的设计值,φ_m 如图 3-3-29 所示;

A——构件截面面积;

f_{cd}——砌体或混凝土轴心抗压强度设计值,应按《圬工桥规》规定采用;

φ——构件轴向力的偏心距 e 和长细比 β 的影响系数,按下式计算:

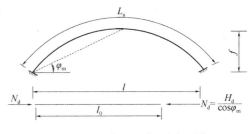

图 3-3-29　主拱圈"强度—稳定"验算

$$\varphi = \cfrac{1}{\cfrac{1}{\varphi_x} + \cfrac{1}{\varphi_y} - 1} \tag{3-3-88a}$$

$$\varphi_x = \cfrac{1 - \left(\cfrac{e_x}{x}\right)^m}{1 + \left(\cfrac{e_x}{i_y}\right)^2} \cdot \cfrac{1}{1 + \alpha\beta_x(\beta_x - 3)\left[1 + 1.33\left(\cfrac{e_x}{i_y}\right)^2\right]} \tag{3-3-88b}$$

$$\varphi_y = \cfrac{1 - \left(\cfrac{e_y}{y}\right)^m}{1 + \left(\cfrac{e_y}{i_x}\right)^2} \cdot \cfrac{1}{1 + \alpha\beta_y(\beta_y - 3)\left[1 + 1.33\left(\cfrac{e_x}{i_y}\right)^2\right]} \tag{3-3-88c}$$

φ_x、φ_y——x 方向和 y 方向偏心受压构件承载力影响系数；

x、y——x 方向、y 方向截面重心至偏心方向的截面边缘的距离；

e_x、e_y——轴向力在 x 方向、y 方向的偏心距；

m——截面形状系数，对于圆形截面取 2.5；对于 T 形或 U 形截面取 3.5；对于箱形截面或矩形截面取 8.0；

i_x、i_y——弯曲平面内的截面回转半径，可按《圬工桥规》规定计算；

α——与砂浆强度等级有关的系数，当砂浆等级大于或等于 M5 或为组合构件时，α 为 0.002；当砂浆强度为 0 时，α 为 0.013；

β_x、β_y——构件在 x 方向、y 方向的长细比，按下列公式计算，当 β_x、β_y 小于 3 时取为 3。

$$\beta_x = \frac{\gamma_\beta l_0}{3.5 i_y} \quad (3-3-88d)$$

$$\beta_y = \frac{\gamma_\beta l_0}{3.5 i_x} \quad (3-3-88e)$$

γ_β——不同砌体材料构件的长细比修正系数，按表 3-3-4 采用；

l_0——构件计算长度，按表 3-3-5 采用；

长细比修正系数 γ_β 表 3-3-4

砌体材料类别	γ_β	砌体材料类别	γ_β
混凝土预制块砌体或组合构件	1.0	细料石、半细料石砌体	1.1
粗料石、块石、片石砌体	1.3		

构件计算长度 l_0 表 3-3-5

构件及其两端约束情况		计算长度 l_0
直杆	两端固结	$0.5l$
	一端固定，一端为不移动的铰	$0.7l$
	两端均为不移动的铰	$1.0l$
	一端固定，一端自由	$2.0l$

注：l 为构件支点间长度。

(2) 混凝土截面强度验算

主拱圈正截面受压强度按下列公式计算：

$$\gamma_0 N_d \leqslant \varphi f_{cd} A_c \quad (3-3-89)$$

式中：N_d——轴向力设计值；

φ——弯曲平面内轴心受压构件弯曲系数，按表 3-3-7 选取；

f_{cd}——混凝土轴心抗压强度设计值，按《混凝土桥规》规定采用；

A_c——混凝土受压区面积，当单向偏心受压时，$A_c = b(h-2e)$；当双向偏心受压时，$A_c = (h-2e_y)(b-2e_x)$，e 为轴向力的偏心距。

2. 正截面大偏心受压

主拱圈偏心受压时，当轴向力偏心距 e 超过表 3-3-3 规定的限值，即主拱圈在大偏心受压下工作时，主拱圈正截面受压强度按下列公式计算：

单向偏心

$$\gamma_0 N_\mathrm{d} \leqslant \varphi \frac{A f_\mathrm{tmd}}{\dfrac{Ae}{W}-1} \tag{3-3-90}$$

双向偏心

$$\gamma_0 N_\mathrm{d} \leqslant \varphi \frac{A f_\mathrm{tmd}}{\dfrac{Ae_x}{W_y}+\dfrac{Ae_y}{W_x}-1} \tag{3-3-91}$$

式中：A——构件截面面积，对于组合截面应按弹性模量比换算为换算截面面积；

W——单向偏心时，构件受拉边缘的弹性抵抗矩，对于组合截面应按弹性模量比换算为换算截面弹性抵抗矩；

W_y、W_x——双向偏心时，构件 x 方向受拉边缘绕 y 轴的弹性抵抗矩和构件 y 方向受拉边缘绕 x 轴的弹性抵抗矩，对于组合截面应按弹性模量比换算为换算截面弹性抵抗矩；

f_tmd——构件受拉边层的弯曲抗拉强度设计值，按《圬工桥规》规定采用；

e_x、e_y——双向偏心受压时，轴向力在 x 方向、y 方向的偏心距；

其余符号意义同前。

二、稳定性验算

拱桥的稳定性验算，主要是针对以受压为主的承重构件拱圈或拱肋进行的。若拱的长细比较大，则当其承受的荷载达到某一临界值时，拱的稳定性平衡状态将不能保持：在竖平面内轴线可能离开原来的稳定位置向反对称的平面挠曲（纵向失稳），或者轴线可能侧倾离开原来竖平面转向空间弯扭的变形状态（横向失稳），结果导致拱的承载力丧失。这两种离开原来稳定状态而丧失承载能力的现象，称为第一类稳定（失稳）问题。对于轴压偏心的拱，当承受的荷载逐步增大时，其变形将沿着初始方向从几乎线性到非线性的规律逐渐发展，直到最后丧失承载能力，这种平衡状态不发生变化的承载能力丧失问题，称为第二类稳定（失稳）问题。事实上，一般拱桥都属于第二类稳定问题，因为纯轴向受压的拱是不存在的。但从实用角度来看，拱桥失稳的事故主要发生在施工阶段，第一类失稳一旦发生往往先于第二类失稳，且很快使拱丧失承载能力，故在拱桥设计计算中应验算第一类稳定。拱桥的第二类失稳问题属于考虑非线性影响的强度问题，这在常规设计计算中已考虑。第一类稳定问题的力学情况比较明确，在采用有限元法对结构进行计算时，可以将问题转化为数学上的求解特征值问题；而且目前桥梁的设计规范中的拱桥稳定安全系数也是指第一类稳定分析的稳定安全系数；再者，第二类稳定问题的求解要比第一类稳定问题的求解复杂。因此，在工程应用上，第一类稳定问题的计算仍广泛应用于工程领域。

在拱桥设计计算中，拱圈或拱肋的稳定性验算分为纵向与横向两个方面。小跨径上承式实腹拱桥，由于跨径不大且拱上建筑参与作用，因此可以不验算拱圈的纵向、横向稳定性。对于在拱上建筑合龙后再卸落拱架的大、中跨径拱桥，由于拱上建筑与拱圈的共同作用，也无须验算拱圈或拱肋的纵向稳定性。采用无支架施工或拱上建筑合龙前就脱架的上承式拱桥，应验算拱圈或拱肋的纵向、横向稳定性。拱圈宽度小于 1/20 的上承式拱桥，应验算横向稳定性。中承式与下承式拱桥均应进行拱肋纵向、横向稳定性验算。

1. 纵向稳定性验算

对于纵向稳定,由于非对称荷载作用下拱肋的弯矩较大,材料非线性在其极值点失稳临界荷载(稳定极限承载力)中起了很重要的作用,而弹性分支点临界荷载无法考虑材料非线性的影响,因此除非长细比特别大且矢跨比又比较小,一般的拱的弹性分支点临界荷载要比稳定极限承载力大许多。因此,拱的纵向稳定验算,当长细比不大且矢跨比又比较小时,可将拱圈或拱肋换算为相当稳定计算长度的压杆(图3-3-29),以验算抗压承载力的形式验算其稳定性,也就是采用等效梁柱法,将拱等效成梁柱,计算其稳定极限承载力,而不是计算其弹性临界荷载;当长细比超出某一范围后,则以验算临界轴向力的方式验算其稳定性。

(1)砌体偏心受压构件,主拱圈稳定按式(3-3-87)验算,并按式(3-3-88)计算砌体结构相关系数和长细比 β_x、β_y,此时构件纵向(弯曲平面内)计算长度 l_0 取值为:三铰拱取 $0.58L_a$、双铰拱取 $0.54L_a$、无铰拱取 $0.36L_a$,L_a 为拱轴线长度,横向(弯曲平面外)计算长度 l_0 见表3-3-6。

无铰板拱横向稳定计算长度 l_0 表3-3-6

矢跨比 f/l	1/3	1/4	1/5	1/6	1/7	1/8	1/9	1/10
计算长度 l_0		$1.167r$	$0.962r$	$0.797r$	$0.577r$	$0.495r$	$0.452r$	$0.425r$	$0.406r$

注:r 为圆曲线半径,当为其他曲线时,可近似地取 $r=\dfrac{l}{2}\left(\dfrac{1}{4\beta}+\beta\right)$,其中 β 为矢跨比。

(2)混凝土偏心受压构件,主拱圈稳定按式(3-3-89)验算,并按表3-3-7查取混凝土轴心受压构件弯曲系数 φ,查取 φ 时,构件计算长度 l_0 取值与砌体偏心受压构件相同。

混凝土拱圈或拱肋纵向弯曲系数 表3-3-7

l_0/b	<4	4	6	8	10	12	14	16	18	20	22	24	26	28	30
l_0/i	<14	14	21	28	35	42	49	56	63	70	76	83	90	97	104
φ	1.00	0.98	0.96	0.91	0.86	0.82	0.77	0.72	0.68	0.63	0.59	0.55	0.51	0.47	0.44

注:在计算 l_0/b 或 l_0/i 时,b 或 i 的取值:对于单向偏心受压构件,取弯曲平面内截面高度或回转半径;对于轴心受压及双向偏心受压构件,取截面短边尺寸或截面最小回转半径。

(3)主拱为钢筋混凝土构件时,其验算公式为:

$$\gamma_0 N_d \leqslant 0.90\varphi(f_{cd}A + f'_{sd}A'_s) \quad (3\text{-}3\text{-}92)$$

式中:φ——轴压构件稳定系数,按《桥规》采用;

A——构件毛截面的面积(当纵向钢筋配筋率大于3‰时,A 应改为 $A_n = A - A'_s$);

A'_s——全部纵向钢筋的截面面积;

f'_{sd}——普通钢筋抗压强度设计值。

(4)当拱圈或拱肋换算压杆的长细比超过表3-3-7或《桥规》规定的范围时,可近似采用欧拉临界力验算稳定性,即

$$N_d \leqslant \frac{N_{L1}}{K_1} \quad (3\text{-}3\text{-}93)$$

式中:K_1——纵向稳定安全系数,一般取4~5;

N_{L1}——纵向失稳的临界轴向力,表示为

$$N_{L1} = \frac{H_{L1}}{\cos\varphi_m} \quad (3\text{-}3\text{-}94)$$

式中：H_{L1}——纵向失稳的临界水平推力，按下式计算：

$$H_{L1} = k_1 \frac{E_a I_x}{l^2} \qquad (3-3-95)$$

式中：E_a——拱圈或拱肋材料的弹性模量；

I_x——拱圈或拱肋截面对自身水平轴的惯性矩；

k_1——纵向失稳的临界推力系数，等截面悬链线和抛物线在均布荷载下的值分别可以按表 3-3-8、表 3-3-9 选取；

其余符号意义同前。

悬链线拱临界推力系数 k_1　　表 3-3-8

f/l	0.1	0.2	0.3	0.4	0.5
无铰拱	74.2	63.5	51.0	33.7	15.0
两铰拱	36.0	28.5	19.0	12.9	8.5

抛物线拱临界推力系数 k_1　　表 3-3-9

f/l	1/10	1/9	1/8	1/7	1/6	1/5	1/4
无铰拱	35.6	35.0	34.1	32.9	31.0	28.4	23.5
两铰拱	75.8	74.8	73.3	71.1	68.0	63.0	55.5

2. 横向稳定性验算

目前，工程上常用与纵向稳定相似的方法验算拱的横向稳定性。因此，横向稳定验算的关键是确定换算压杆的计算长度。

(1) 对于等截面、圆弧线形、无铰板拱圈或单肋，在径向均布荷载作用下，横向临界轴向力可简化为欧拉公式：

$$N_{L2} = \frac{\pi^2 E_a I_y}{l_0^2} \qquad (3-3-96)$$

式中：N_{L2}——横向稳定临界轴向力；

I_y——拱圈或拱肋截面对自身竖轴的惯性矩；

l_0——拱圈或拱肋横向稳定计算长度，$l_0 = \mu r$，μ 按表 3-3-10 取值；

r——圆弧拱圈的轴线半径，其他线形拱按下式近似换算，$r = \frac{l}{2}(\frac{l}{4f} + \frac{f}{l})$；

其余符号意义同前。

无铰板拱圈或单肋横向稳定计算长度 l_0　　表 3-3-10

f/l	1/10	1/9	1/8	1/7	1/6	1/5	1/4	1/3
r	1.1665	0.9622	0.7967	0.5759	0.4950	0.4519	0.4248	0.4061

表 3-3-10 确定横向稳定计算长度 l_0 后，若可由式(3-3-88)(砌体拱)、表 3-3-7(混凝土拱)或《桥规》(钢筋混凝土拱)确定纵向弯曲系数 φ，则横向稳定验算就能简化地按式(3-3-87)或式(3-3-92)进行验算。

(2) 对于等截面、抛物线形、双铰拱圈或单肋合龙时的拱肋，在竖向均布荷载作用下，横向稳定临界水平推力的计算公式：

$$H_{L2} = k_2 \frac{E_a I_y}{8fl} \quad (3\text{-}3\text{-}97)$$

式中：k_2——横向失稳的临界推力系数，可按表 3-3-11 选取；

E_a——拱圈或拱肋材料的剪切模量，可取 $G_a = 0.43 E_a$；

I_k——拱圈或拱肋截面的抗扭惯性矩；

其余符号意义同前。

临界推力系数 k_2 　　　　　表 3-3-11

	γ	0.7	1.0	2.0
	0.1	28.5	28.5	28.0
f/l	0.2	41.5	41.0	40.0
	0.3	40.0	38.5	36.5

注：表中 γ 为截面抗弯刚度与抗扭刚度之比，即 $\gamma = \dfrac{E_a I_y}{G_a I_k}$。

参照图 3-3-30，临界轴向力的计算公式为：

$$N_{L2} = \frac{H_{L2}}{\cos\varphi_m} = \frac{1}{\cos\varphi_m} k_2 \frac{E_a I_y}{8fl} \quad (3\text{-}3\text{-}98)$$

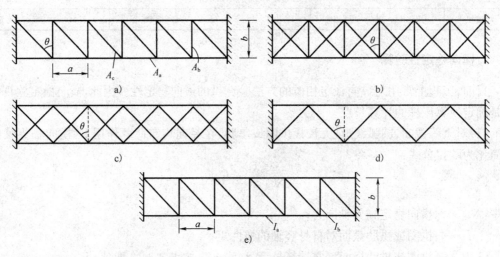

图 3-3-30　组合压杆计算图式

将其表示成欧拉临界力公式：

$$N_{L2} = \frac{\pi^2 E_a I_y}{l_0^2}$$

其中：

$$l_0 = \pi \sqrt{\frac{8fl\cos\varphi_m}{k_2}}$$

按式(3-3-98)确定横向稳定计算长度 l_0 后，如能由式(3-3-88)(砌体拱)、表 3-3-7(混凝土拱)或《桥规》(钢筋混凝土拱)确定纵向弯曲系数 φ，则横向稳定验算就能简化地按式(3-3-87)或式(3-3-92)进行验算。

(3)对于肋拱或无支架施工时采用双肋(或多肋)合龙的拱肋，在验算横向稳定性时，可视为组合压杆(图 3-3-30)，组合压杆的长度等于拱轴长度 L_a，临界轴向力可按下式计算：

$$N_{l2} = \frac{\pi^2 E_a I_y}{l_0^2}$$

其中:
$$l_0 = \psi \mu L_a \tag{3-3-99}$$

对于图 3-3-30a)所示横向联系:
$$\psi = \sqrt{1 + \frac{\pi^2 E_a I_y}{(\mu L_a)^2}\left(\frac{1}{E_c A_c \sin\theta \cos^2\theta} + \frac{1}{a E_b A_b}\right)} \tag{3-3-99a}$$

对于图 3-3-30b)~d)所示横向联系:
$$\psi = \sqrt{1 + \frac{\pi^2 E_a I_y}{(\mu L_a)^2} \frac{1}{E_c A_c \sin\theta \cos^2\theta}} \tag{3-3-99b}$$

对于图 3-3-30e)所示横向联系:
$$\psi = \sqrt{1 + \frac{\pi^2 E_a I_y}{(\mu L_a)^2}\left(\frac{ab}{12 E_b I_b} + \frac{a^2}{24 E_a I_a}\frac{1}{1-\chi} + \frac{na}{bGA_b}\right)} \tag{3-3-99c}$$

$$x = \frac{a^2 N_{l2}}{2\pi^2 E_a I_a} \tag{3-3-100}$$

式中:I_y——两拱肋截面对竖轴的组合惯性矩,$I_y = 2[I_a + A_a(b/2)^2]$;

ψ——考虑剪力对稳定的影响系数;

μ——计算长度系数,无铰拱为 0.5,两铰拱为 1.0;

a——横系梁(或夹木)的间距;

b——两拱肋中距,计横系梁的计算长度;

θ——斜撑与横系梁(或夹木或横垂线)的交角;

E_b——横系梁(或夹木)材料的弹性模量;

E_c——斜撑材料的弹性模量;

A_b——横系梁(或夹木)的截面面积;

A_c——斜撑的截面面积,如交叉撑为其面积之和;

I_a——单根拱肋对自身竖轴的惯性矩;

I_b——单根横系梁(或夹木)对竖轴的惯性矩;

x——考虑节间局部稳定性的系数;

其余符号意义同前或见图 3-3-30。

横向稳定计算长度 l_0 确定后,如能由式(3-3-88)(砌体拱)、表 3-3-7(混凝土拱)或《桥规》(钢筋混凝土拱)确定纵向弯曲系数 φ,则横向稳定验算就能简化地按式(3-3-87)或式(3-3-92)进行验算。

(4)当拱圈或拱肋换算压杆的长细比超过表 3-3-7 或《桥规》规定的范围时,可近似采用欧拉临界力验算稳定性,即:

$$N_d \leqslant \frac{N_{l2}}{K_2} \tag{3-3-101}$$

式中:K_2——横向稳定安全系数,一般取 4~5;

其余符号意义同前。

(5)吊杆非保向力效应对稳定的影响。对于中承式与下承式拱桥,当拱肋有侧向位移时,吊杆便变为倾斜，假定吊杆是不可拉伸但无拉弯刚度的受拉构件，这样，吊杆将以其张力的水平分力作用在拱肋上，增加了拱肋的侧向稳定性，这种效应称为吊杆的非保向力效应。一般梁拱组合桥，设置吊杆后，不仅要考虑非保向力对拱侧面稳定性的有利影响，还需考虑随着施工状态的不同引起拱的内力是否变化，综合考虑吊杆对拱稳定性的影响。

对下承式简支（圆弧）拱梁组合桥，以拱肋与桥面结构侧移作为失稳模式，其中吊杆拉力 T 简化为间距 a 范围的均布荷载 q，利用变分法得到考虑非保向力效应的拱肋临界轴向力计算公式：

$$N_{L2} = \eta \cdot N_{L2,0} = \eta \cdot \frac{E_a I_y}{R^2}\left(\frac{2\pi}{a}\right)^2 \zeta \tag{3-3-102}$$

$$\eta = \frac{1}{1-C}$$

$$\zeta = \frac{1 + 2(\gamma-1)\left(\frac{a}{2\pi}\right)^2 + 3\left(\frac{a}{2\pi}\right)^4}{1 + 3\gamma\left(\frac{a}{2\pi}\right)^2}$$

$$C = \frac{1}{\frac{a}{2}\left(\frac{2\pi}{a}\right)^2} \int_{-a/2}^{a/2} \frac{\left(1+\cos\frac{2\pi\varphi}{a}\right)}{(\cos\varphi-1)+\frac{f}{R}} d\varphi$$

式中：η——非保向力效应的影响系数；

$N_{L2,0}$——不考虑非保向力效应的拱肋临界轴力；

R——圆弧拱的半径；

α——圆弧拱的圆心角；

C——非保向力效应的参数，考虑到拱顶段侧倾位移较大，可偏安全地近似取为：$C = \frac{3R}{4f}\left(\frac{\alpha}{\pi}\right)^2$；

其余符号意义同前。

通过计算，非保向力效应的影响系数列于表 3-3-12。考虑非保向力效应之后，拱肋横向稳定性提高约 3 倍，随矢跨比减少而减少。采用上述近似的非保向力效应参数计算公式，对于工程设计计算都有足够的精度，且偏于安全。

非保向力效应的影响系数 η　　　　　　表 3-3-12

	f/l	1/8	1/7	1/6	1/5	1/4	1/3
η	近似值	2.64	2.65	2.70	2.76	2.88	3.16
	精确值	3.12	3.14	3.17	3.22	3.31	3.50

非保向力效应对拱肋稳定性的影响较大，因此，拱梁组合桥在进行空间稳定验算时，应考虑吊杆的非保向力效应。

第四节　连拱计算简介

有关"连拱计算简介"的内容可扫描侧方二维码。

第五节 拱桥计算的有限元法

随着计算机技术的迅速发展、结构有限元法分析软件功能的完善,结构电算已是简便和实用的方法。虽然简单体系拱桥的计算相对容易些,但随着拱桥跨径的增大、控制截面及控制状态的增多,以及结构构造与施工过程的复杂、多样化等难题的出现,仍采用经典结构力学(力法、位移法、渐近法、能量法等)手算配图表的方法进行桥梁结构计算,不但耗费大量时间和人力,也不可能达到设计要求的安全、可靠、有效的基本目标。

有限元法是一种适合于计算机求解的数值分析方法,它具有计算精度高、适用范围广等优点,可以解决各类力学问题,包括受拉、压杆,受弯、受扭的梁,平面应力、平面应变和平面轴对称问题,板、壳和块体三维受力问题以及流体力学问题等,材料可以是弹性的或者是弹塑性的,各向同性或各向异性的,已广泛应用于各类性结构的静力、动力、稳定性分析以及大跨、复杂结构的施工监控等领域。

有限元法的主要分析步骤包括:单元离散化、建立矩阵方程、施加边界条件、求解方程和分析结果。有限元法针对不同的问题求解不同形式的矩阵方程,可能是一般的线性、非线性方程,也可能是微分方程。

拱桥结构分析可以采用专用的有限元程序,也可采用 SAP、ANSYS、ADINA 等通用结构计算程序。

一、平面杆件系统的有限单元法

桥梁结构分析,可分为总体分析和局部分析两大部分。

从总体受力来看,桥梁的特点是长而不宽(长宽比一般大于 2,特别是大跨度桥梁),它的受力特性与杆系结构相符,因此用杆系有限元对其总体受力情况作分析就抓住了事物的主要矛盾。对于局部受力问题,如异形块、墩梁塔固结处、拉索或预应力筋锚固点的局部应力等,一般需用板壳、块体有限元等方法进行分析计算。

在同一平面内的若干杆件以一定方式连接起来形成结构物,杆件截面的一个主轴以及所承受的荷载也在该平面内,则此结构物通常称为平面杆件系统。拱桥、桁架桥、连续梁桥、斜拉桥等都可以看作是杆件系统。如果只考虑节点在结构平面内的位移(转角、水平位移、垂直位移),就可按平面杆系进行计算。如果考虑结构的空间作用,每个节点就有六个位移自由度,这就需要按空间杆系进行计算。

杆系结构有限元法与传统的结构力学方法在基本原理上并无区别,只是用单元代替了经典位移法中的"基本结构"。相对于结构力学的力法和位移法来说,有限单元法可分为矩阵力法(柔度法)和矩阵位移法(刚度法)两类。前者在计算中采用力作为基本未知量;后者采用结构节点位移作为基本未知量。对于杆系结构,矩阵位移法便于编制通用程序而在工程中应用较广,本节主要介绍这种方法。

1. 杆系结构有限单元法分析过程

对于杆系结构有限单元法,分析步骤具体见表 3-3-14。

有限元法的求解步骤　　表 3-3-14

基本步骤	主要内容
结构离散—将实际结构转化为有限元计算模型	①将实际结构划分为若干节点和单元,并进行编号; ②选定整体坐标系,计算或测量节点坐标; ③按照程序要求输入基本数据,包括节点数、单元数、约束数、节点坐标、单元编号、材料特性、几何特性、边界条件、荷载信息等
单元分析—建立单元平衡方程组	①在各单元内选定位移函数,并将其表示为节点位移的插值形式; ②用虚功原理或变分法建立单元平衡方程; ③建立每个单元的单元刚度矩阵
整体分析—形成和求解整体平衡方程组	①将单元组合集成整体刚度矩阵、节点位移列阵和节点荷载列阵,形成整体结构平衡方程组; ②引入边界条件,求解节点位移; ③后处理—根据需要计算内力、变形、反力、应力等,结构配筋、配束,结构强度、稳定性、刚度等验算

对任一线弹性结构的分析,应同时满足以下条件:

(1)平衡条件,结构的整体和任一单元必须保持静力平衡。

(2)变形协调条件,结构位移除在各单元内部需满足变形协调条件外,整个结构上的各个节点也应同时满足变形协调条件,除此之外,还必须满足边界条件。

(3)应力应变关系服从虎克定律。

2. 拱桥计算有限元模型的建立

采用平面杆系有限元方法对拱桥进行结构分析时,不但要准确模拟施工过程,还必须将实际结构模拟为杆件系统。因而,为了保证平面杆系有限元对实际结构的真实模拟,首先应对不同类型拱桥的力学性能和受力特点有深入的了解,然后再对具体结构进行结构离散和单元、节点的划分。通常建模的具体过程如下:

(1)根据不同类型拱桥结构的受力特点对其进行结构离散化,划分单元和节点并进行编号。编号规则都是从 1 开始的连续正整数,并且与结构离散图的各单元及节点的对应关系要便于阅读和记忆,以便计算结果与结构截面位置的对应关系一目了然。节点号同时还应遵循节点优化规则,即为减少单元刚度矩阵带宽以保证计算精度,单元左右节点编号的差值尽量最小。

(2)根据具体施工过程划分计算阶段数。

(3)输入结构模型所用的各种材料及截面特性数据。

(4)形成结构总体数据。它包括主要控制变量(单元与节点总数、桥面节点数、计算阶段数、支承杆类型数和个数、人工输刚臂杆元数和收缩徐变等)、支承杆特性和安装、单元的连接、参考中性轴节点坐标、单元截面及单元的安装、特殊节点及节点荷载信息等内容。

(5)输入恒载和施工阶段荷载数据(包括施工临时荷载的处理)。其中一期恒载程序将自动计入,二期恒载根据具体桥面及铺装情况计算输入;施工阶段荷载数据根据具体施工工艺按照杆件的安装时间来分阶段计入。

(6)输入活载与荷载组合数据。活载包括非桥面移动活载(包括温变荷载、支座位移、风力与撞击等其他可变作用所引起的外荷载及地震荷载等)和桥面移动荷载(包括汽车或列车、人群等)。

(7)输入配筋设计数据。

结构离散时应遵循以下3个基本原则:

(1)计算模型应尽量符合实际结构的构造特点和受力特点,以保证解的真实性。

(2)保证体系的几何不变性,特别是在体系转换过程中更应注意,同时要避免出现与实际结构受力不符的多余连接。

(3)在合理模拟的前提下,减少不必要节点数目,以缩短计算时间和减少后处理工作量。

在有限元分析中,对于同一结构可以选用不同的单元类型,如桁架单元、如梁单元(分直杆、曲杆、等截面与变截面杆等)、板壳单元(三角形、四边形)、块体单元(四面体、六面体)及空间复合梁单元来模拟。但是一定要注意单元适用范围,每种单元都是建立在一定的假设基础上的。因此,使用有限元法分析时,在保证计算精度的前提下应对结构进行合理的简化。

杆系单元的划分应根据结构的构造特点、实际问题的需要以及计算精度的要求来决定。而用来划分单元的节点,应设置在以下位置:

(1)各关键控制截面处。

(2)构件交接点、转折点;截面突变处;不同材料结合处;施工缝处。

(3)所有支承点(包括永久和临时支承)。

(4)对于由等截面直杆组成的桥梁结构,除梁、柱等构件的自然交节点处必须设置节点外,杆件中间节点的多少,对计算精度并无影响。一般根据验算截面的布置以及求算影响线时单位力作用点的要求,来确定所需的中间节点。

(5)对于变截面杆或曲杆结构应尽量细分,使折线形模型尽可能接近实际曲线结构的受力状态,如拱桥的拱肋部分。

3. 杆系结构有限单元的基本方法

(1)有限单元法的基本方程

对如图 3-3-34 所示的平面刚架进行有限元分析时,首先建立结构的总体坐系 Oxy,并划分结构的节点、单元,并将节点和单元进行编号。

设定节点位移向量$\{d\}$和节点力向量$\{P\}$:

$$\{d\} = \{d_1 \quad d_2 \quad d_3 \quad d_4 \quad d_5 \quad d_6\}^T, \{d_i\} = \{u_i \quad v_i \quad \theta_i\}^T$$

$$\{P\} = \{P_1 \quad P_2 \quad P_3 \quad P_4 \quad P_5 \quad P_6\}^T, \{P_i\} = \{X_i \quad Y_i \quad M_i\}^T$$

有限元分析的目的,就是建立如下刚度方程组

$$[K]\{d\} = \{P\} \tag{3-3-104}$$

即在已知节点外力$\{P\}$的情况下,通过解方程组,求得节点位移$\{d\}$,从而求得各单元的内力,其中$[K]$为结构总体刚度矩阵。

有限元分析的过程是首先将图 3-3-34 所示的结构按图 3-3-35 进行离散化,研究各单元在局部坐标$\overline{Oxy}$下的刚度矩阵。随后根据节点外力平衡和变形协调条件将单元刚度矩阵集合成总体刚度矩阵。

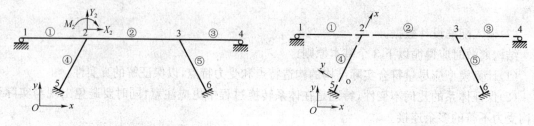

图 3-3-34 平面刚架结构面　　　　　　图 3-3-35 平面刚架结构离散图

(2) 单元刚度矩阵

从离散的结构中任取一个单元ⓔ，左、右两端节点编号分别为 i,j，如图 3-3-36 所示。对单元建立局部坐标系：以 i 点为坐标原点，从 i 至 j 的方向为 $\bar{x}$ 轴的正方向，逆时针旋转 90°为 $\bar{y}$ 轴的正方向。

对于平面杆系中的梁单元，共有两个节点 i 和 j，每个节点处有 3 个节点位移和梁端力，节点位移分别为 i 端的 $\bar{u}_i$、$\bar{v}_i$、$\bar{\theta}_i$ 及 j 端的 $\bar{u}_j$、$\bar{v}_j$、$\bar{\theta}_j$，相应的六个梁端力分别为 i 端 $\bar{N}_i$、$\bar{Q}_i$、$\bar{M}_i$，及 j 端的 $\bar{N}_j$、$\bar{Q}_j$、$\bar{M}_j$（每个符号上方冠以 '—' 表示这些分量均为局部坐标系中的量值）。正负号的规定：转角 $\bar{\theta}$ 和弯矩 $\bar{M}$ 以顺时针方向为正，线位移 $\bar{u}$、轴力 $\bar{N}$、线位移 $\bar{v}$、剪力 $\bar{Q}$ 与局部坐标轴 $\bar{x}$ 和 $\bar{y}$ 方向一致者为正，反之为负，图中所示的位移和内力方向均为正方向。设 l 为单元长度，I 为单元截面的惯性矩，A 为单元截面面积，E 为材料的弹性模量。

用向量形式表示梁端力 $\overline{F^e}$ 和节点位移 $\overline{d^e}$

$$\{\overline{F^e}\} = \{\bar{N}_i, \bar{Q}_i, \bar{M}_i, \bar{N}_j, \bar{Q}_j, \bar{M}_j\}$$

$$\{\overline{d^e}\} = \{\bar{u}_i, \bar{v}_i, \bar{\theta}_i, \bar{u}_j, \bar{v}_j, \bar{\theta}_j\}$$

考虑平截面假定和位移连续条件，可以得出局部坐标下的单元刚度方程。

$$\begin{bmatrix} \frac{EA}{l} & 0 & 0 & -\frac{EA}{l} & 0 & 0 \\ 0 & \frac{12EI}{l^3} & \frac{6EI}{l^2} & 0 & -\frac{12EI}{l^3} & \frac{6EI}{l^2} \\ 0 & \frac{6EI}{l^2} & \frac{4EI}{l} & 0 & -\frac{6EI}{l^2} & \frac{2EI}{l} \\ -\frac{EA}{l} & 0 & 0 & \frac{EA}{l} & 0 & 0 \\ 0 & -\frac{12EI}{l^3} & -\frac{6EI}{l^2} & 0 & \frac{12EI}{l^3} & -\frac{6EI}{l^2} \\ 0 & \frac{6EI}{l^2} & \frac{2EI}{l} & 0 & -\frac{6EI}{l^2} & \frac{4EI}{l} \end{bmatrix} \begin{Bmatrix} \bar{u}_i \\ \bar{v}_i \\ \bar{\phi}_i \\ \bar{u}_j \\ \bar{v}_j \\ \bar{\phi}_j \end{Bmatrix} = \begin{Bmatrix} \bar{N}_i \\ \bar{Q}_i \\ \bar{M}_i \\ \bar{N}_j \\ \bar{Q}_j \\ \bar{M}_j \end{Bmatrix} \quad (3\text{-}3\text{-}105)$$

即

$$[\overline{K^e}]\{\overline{d^e}\} = \{\overline{P^e}\} \quad (3\text{-}3\text{-}106)$$

$[\overline{K^e}]$ 称为单元刚度矩阵，由位移互等定律可知，这是 6×6 阶的对称矩阵。

在计算连续梁时，通常忽略轴向变形，所以每个节点只有一个转角位移分量，平移位移分量为 0。此时，单元刚度方程可简化为：

$$\begin{bmatrix} \bar{M}_1 \\ \bar{M}_2 \end{bmatrix} = \begin{bmatrix} \frac{4EA}{l} & \frac{2EA}{l} \\ \frac{2EA}{l} & \frac{4EA}{l} \end{bmatrix} \begin{bmatrix} \bar{\theta}_1 \\ \bar{\theta}_2 \end{bmatrix} \quad (3\text{-}3\text{-}107)$$

单元刚度矩阵为

$$[\overline{K^e}] = \begin{bmatrix} \dfrac{4EA}{l} & \dfrac{2EA}{l} \\ \dfrac{2EA}{l} & \dfrac{4EA}{l} \end{bmatrix} \quad (3\text{-}3\text{-}108)$$

在计算平面铰接杆单元时,每个节点只有两个平移位移分量,转角位移分量为0。此时,单元刚度方程为:

$$\begin{bmatrix} \overline{x_1} \\ \overline{x_2} \end{bmatrix} = \begin{bmatrix} \dfrac{EA}{l} & -\dfrac{EA}{l} \\ -\dfrac{EA}{l} & \dfrac{EA}{l} \end{bmatrix} \begin{bmatrix} \overline{u_1} \\ \overline{u_2} \end{bmatrix} \quad (3\text{-}3\text{-}109)$$

$$[\overline{K^e}] = \dfrac{EA}{l} \begin{bmatrix} 1 & -1 \\ -1 & 1 \end{bmatrix} \quad (3\text{-}3\text{-}110)$$

(3)单元刚度矩阵的坐标变换

在进行整体分析时,必须采用一个统一的坐标系,使得所有的荷载、位移等都以该坐标系为基准。我们称该统一的坐标系为总体坐标系或公共坐标系,用 Oxy 表示,同时,还必须把局部坐标系中建立的单元刚度矩阵、节点力向量及节点位移向量转换到整体坐标系中来。图 3-3-36 示出了局部坐标系 $\overline{Oxy}$ 与总体坐标系中 Oxy 各变量的关系。

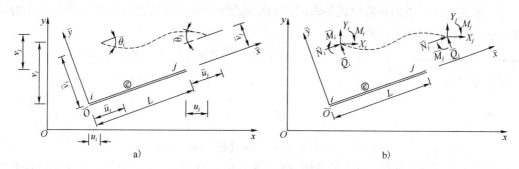

图 3-3-36 局部和总体坐标系之间的转换

图 3-3-36 中,$\overline{x}$、$\overline{y}$ 表示单元ⓔ的局部坐标,x、y 表示单元ⓔ的总体坐标。由图示的几何关系可知:

$$\left.\begin{array}{l} \overline{u_i} = u_i \cos\alpha_e + v_i \sin\alpha_e \\ \overline{v_i} = -u_i \sin\alpha_e + v_i \cos\alpha_e \\ \overline{\theta_i} = \theta_i \end{array}\right\} \quad (3\text{-}3\text{-}111)$$

同理,对于 j 节点也有如上关系,写成矩阵形式有:

$$\begin{Bmatrix} \overline{u_i} \\ \overline{v_i} \\ \overline{\theta_i} \\ \overline{u_j} \\ \overline{v_j} \\ \overline{\theta_j} \end{Bmatrix} = \begin{bmatrix} \cos\alpha & \sin\alpha & 0 & 0 & 0 & 0 \\ -\sin\alpha & \cos\alpha & 0 & 0 & 0 & 0 \\ 0 & 0 & 1 & 0 & 0 & 0 \\ 0 & 0 & 0 & \cos\alpha & \sin\alpha & 0 \\ 0 & 0 & 0 & -\sin\alpha & \cos\alpha & 0 \\ 0 & 0 & 0 & 0 & 0 & 1 \end{bmatrix} \begin{Bmatrix} u_i \\ v_i \\ \theta_i \\ u_j \\ v_j \\ \theta_j \end{Bmatrix} \quad (3\text{-}3\text{-}112)$$

局部节点位移：
$$\{\overline{d^e}\} = [T]\{d^e\} \tag{3-3-113}$$

式中：α——单元轴线与坐标轴的夹角；

[T]——坐标转换矩阵，是一个正交矩阵，即：$[T]^{-1}=[T]^T$。

上述坐标变换是按位移导出的，但从图 3-3-36 可以看出，在两坐标系之间节点力有着与位移相同的关系，即

$$\{\overline{F^e}\} = [T]\{F^e\} \tag{3-3-114}$$

式中：$\overline{F^e}$、F^e——局部和总体坐标系下的单元节点力向量。

将式(3-3-113)、式(3-3-114)代入式(3-3-106)，得到：

$$[\overline{K^e}][T]\{d^e\} = [T]\{F^e\}$$

$$[T]^T[\overline{K^e}][T]\{d^e\} = \{F^e\} \tag{3-3-115}$$

$$[K^e]\{d^e\} = \{F^e\} \tag{3-3-116}$$

式(3-3-116)便是总体坐标下的单元刚度方程，$K^e=[T]^T[\overline{K^e}][T]$ 为总体坐标下的单元刚度矩阵。

(4)总刚度矩阵的形成和边界条件处理

①总体刚度矩阵的形成

整体刚度矩阵形成的过程也就是将离散的结构复原的过程，结构复原后应满足节点力平衡和节点位移协调这两个条件。

图 3-3-37 交会于 i 节点的各梁单元

由式(3-3-116)，ij 单元的刚度矩阵可写成如下形式。

$$\begin{bmatrix} k_{ii}^e & k_{ij}^e \\ k_{ji}^e & k_{jj}^e \end{bmatrix} \begin{Bmatrix} d_i^e \\ d_j^e \end{Bmatrix} = \begin{Bmatrix} F_i^e \\ F_j^e \end{Bmatrix} \tag{3-3-117}$$

式中：k_{ij}^e——j 端单位位移引起 i 端的梁端力。

如图 3-3-37 所示，考察 i 节点的平衡，则交会于 i 节点的所有梁端力与作用于 i 节点的外力 P_i 应相等，即：

$$\sum_e F_i^e = P_i$$

式中：$\sum_e F_i^e$——与 i 点连接的所有单元的梁端力。

得到：

$$(\sum_e [k_{ii}^e])\{d_i\} + [k_{ij}^e]\{d_j\} + [k_{im}^e]\{d_m\} + \cdots = \{P_i\} \tag{3-3-118}$$

列出所有节点的平衡方程后，便可得到如下的结构整体刚度方程。

$$[K]\{d\} = \{P\} \tag{3-3-119}$$

按照上述原理和方法，具体操作时，可采用"对号入座"的方法把单元刚度矩阵叠加以形成结构的总刚度矩阵，即将分块矩阵$[k_{ij}^e]$放在总体刚度矩阵的第 i 行、第 j 列。

②边界条件的处理

式(3-3-119)是一个奇异刚度方程，没有解答；从物理意义上理解，结构中包含着不受限制的刚体位移，因而只有引入边界约束后，式(3-3-119)才能够有解。

对于边界条件的处理，可简单地采用主元素大值法，即把总刚度矩阵中与受约束的位移对

应的主元素(对角线上元素)赋给一个很大的数,例如 10^{30}。该方法实际应用较广,物理意义也十分明确。赋大数的含义就是给约束方向提供一个刚度很大的支承。同理,在相应主元素上叠加一个弹簧刚度即可[对于节点强迫位移的计算,只需将刚度矩阵相应主元素赋大值(如 10^{30})]同时将荷载列阵相应元素赋大值与位移量 δ 的乘积(如 $\delta \times 10^{30}$)]。图 3-3-38 所示为某一边界条件。

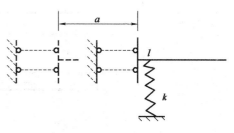

图 3-3-38 边界条件的处理

$u_1 = -a, \theta_1 = 0, v_1$ 向有一个刚度为 k 的竖向弹簧支承。

总体刚度方程为:

$$\begin{bmatrix} k_{11} & k_{12} & k_{13} & k_{14} & \cdots & \cdots \\ k_{21} & k_{22} & k_{23} & k_{24} & \cdots & \cdots \\ k_{31} & k_{32} & k_{33} & k_{34} & \cdots & \cdots \\ k_{41} & k_{42} & k_{43} & k_{44} & \cdots & \cdots \\ \vdots & \vdots & \vdots & \vdots & \vdots & \vdots \\ \vdots & \vdots & \vdots & \vdots & \vdots & \vdots \end{bmatrix} \begin{Bmatrix} u_1 \\ v_1 \\ \theta_1 \\ u_2 \\ v_2 \\ \theta_2 \end{Bmatrix} = \begin{Bmatrix} X_1 \\ Y_1 \\ M_1 \\ X_2 \\ Y_2 \\ M_2 \end{Bmatrix} \quad (3\text{-}3\text{-}120)$$

引入上述 1 节点的边界条件后,总刚度方程变为:

$$\begin{bmatrix} 10^{30} & k_{12} & k_{13} & k_{14} & \cdots & \cdots \\ k_{21} & k_{22}+k & k_{23} & k_{24} & \cdots & \cdots \\ k_{31} & k_{32} & k_{33} & k_{34} & \cdots & \cdots \\ k_{41} & k_{42} & k_{43} & k_{44} & \cdots & \cdots \\ \vdots & \vdots & \vdots & \vdots & \vdots & \vdots \\ \vdots & \vdots & \vdots & \vdots & \vdots & \vdots \end{bmatrix} \begin{Bmatrix} u_1 \\ v_1 \\ \theta_1 \\ u_2 \\ v_2 \\ \theta_2 \end{Bmatrix} = \begin{Bmatrix} 10^{30} \cdot a \\ Y_1 \\ M_1 \\ X_2 \\ Y_2 \\ M_2 \end{Bmatrix} \quad (3\text{-}3\text{-}121)$$

(5)荷载列阵

整体刚度方程式(3-3-119)的右边是节点荷载列阵。当外荷载不是直接作用在节点上时(如分布荷载、单元集中荷载等,称为非节点荷载),就需要把它们转化为作用在节点上的等效荷载。等效节点荷载与直接作用在节点上的荷载叠加在一起称为"总节点荷载"。

非节点荷载的计算见表 3-3-15。

非节点荷载表　　　　　　　　　　　　　表 3-3-15

荷 载 类 型	荷 载 图 示	节点力计算公式
1		$N_i = N_j = 0$ $Q_i = q \cdot (1+2x/l) \cdot (1-x/l)^2$ $Q_j = q - Q_i$ $M_i = -q \cdot x(1-x/l)^2$ $M_j = q \cdot x^2(1-x)/l^2$

续上表

荷载类型	荷载图示	节点力计算公式
2	(图：集中力 q 作用于距 i 端 x 处，两端固定)	$Q_i = Q_j = M_i = M_j = 0$ $N_i = q \cdot (1 - x/l)$ $N_j = q - N_i$
3	(图：均布荷载 q 从 i 端作用到 x 处)	$N_i = N_j = 0$ $Q_i = [qx(1 - x^2/l^2 + x^3/2l^3)]$ $Q_j = qx - Q_i$ $M_i = -qx^2(6 - 8x/l + 3x^2/l^2)/12$ $M_j = qx^3(4 - 3x/l)/(12l)$
4	(图：轴向均布荷载 q 作用到 x 处)	$Q_i = Q_j = M_i = M_j = 0$ $N_i = qx^2/(2l)$ $N_j = qx - N_i$
5	(图：集中力矩 q 作用于距 i 端 x 处)	$N_i = N_j = 0$ $Q_i = 6q(1 - x/l) \cdot x/l^2$ $Q_j = -Q_i$ $M_i = -q(1 - x/l) \cdot [2 - 3(1 - x/l)]$ $M_j = -q(2 - 3x/l) \cdot x/l$
6	(图：安装误差 q)	$N_i = qEA/l$ $N_j = -qEA/l$ $Q_i = Q_j = M_i = M_j = 0$
7	(图：初始应变 ε_0, x)	$N_i = -EA\varepsilon_0$ $N_j = -N_i$ $M_i = -EI_X$ $M_j = -M_i$

(6) 总刚度方程的求解及单元内力计算

在求解总刚度方程组得到总体坐标系下的节点位移 $\{d\}$ 后，就可以利用前面已经导出的有关公式求单元在局部坐标系下的内力。应当注意，单元的内力由两部分组成，一部分是由节点位移引起的，另一部分则由非节点荷载所引起的固端力 $\{P_0^e\}$（与表 3-3-15 中的节点力反号，这与结构力学中的位移法解杆件内力时相似），于是有：

$$\{\overline{F^e}\} = [\overline{K^e}][T]\{d^e\} + \{P_0^e\} \tag{3-3-122}$$

式中：$\{\overline{F^e}\}$——单元节点内力（局部坐标系下）；

其余符号意义同前。

二、常见拱桥结构的计算模型

1. 简单体系拱桥

对于简单体系拱桥,当进行裸拱分析时,其计算模型如图 3-3-39a)所示,单元可以是直杆或曲杆,也可以是等截面或变截面。当采用拱式拱上建筑,需考虑拱上建筑与主拱的联合作用时,可以将主拱圈上的立柱、盖梁和预应力空心板与主拱圈一起作为结构模型;这样就真实模拟施工过程,拱上立柱、盖梁和主梁及桥面恒载等按照施工加载顺序逐级施加到主拱圈上,活载也是按照影响线分布情况分别施加到主拱圈上;计算模型如图 3-3-39b)、c)所示,由于腹拱圈与腹孔墩不交于一点,需在该处增加刚臂或刚域。对于梁(板)式拱上建筑,一般不计其联合作用,拱上建筑及桥面恒载和活载等直接采用节点集中力荷载进行模拟(活载按照荷载横向分布最不利的情况考虑);计算模型中将拱上结构计入时,需将这部分单元约束作用略去,其计算模型如图 3-3-39d)、e)所示。

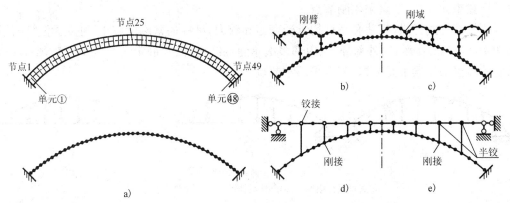

图 3-3-39 简单体系拱桥计算模型
a)裸拱计算模型;b)拱式拱上建筑(部分空腹);c)拱式拱上建筑(全空腹);d)简支腹孔拱桥;e)连续腹孔拱桥

对于肋拱桥,按照空间结构分析时,计算模型如图 3-3-40a)所示。在分析实体板拱及箱拱的拱箱时,可根据实际情况将其视为板壳结构,采用板单元进行分析[图 3-3-40b)]。对厚度较大的实体板拱,还可采用实体单元进行更为精确的分析。

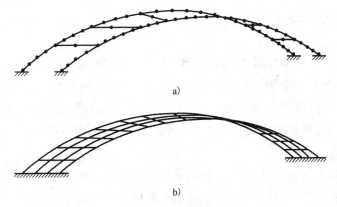

图 3-3-40 空间分析模型
a)肋拱空间分析模型;b)板单元模型

2. 组合体系拱桥

(1) 系杆拱

系杆拱桥是由拱肋、系杆(梁)、吊杆(立柱)等协同工作的组合体系,以系杆(梁)部分或完全承受拱脚的水平推力为主要特征。它是典型的三元结构,即内活载分布构件、传递构件及承重构件组成。在系杆拱桥中,系杆是承重构件,同时也是活载分布构件,其内力的水平分力可以部分或完全平衡拱所产生的水平推力;拱肋主要承受压力,也起承重构件的作用;吊杆则是前两者联系的传力构件,主要是将桥面荷载传递给拱肋。

系杆拱的计算简图随拱肋与系杆刚度比的不同而有所变化。

柔性系杆刚性拱为外部静定、内部一次超静定体系,系杆刚度很小,拱肋按普通拱桥的拱肋一样考虑,采用平面梁单元模拟,计算时假定系杆仅承受轴力,计算简图如图 3-3-41a)所示。

刚性系杆柔性拱,拱肋刚度很小,可以认为其仅承受轴力,系杆承受弯矩和剪力,结构可简化为带有链杆的加劲梁[图 3-3-41b)],也是外部静定、内部一次超静定结构,系杆和拱肋均可以采用梁单元模拟,节点采用刚节点。

刚性系杆刚性拱,拱肋和系杆均承受弯矩和剪力,吊杆通常刚度较小,可视为链杆,计算简图如图 3-3-41c)所示,为外部静定、内部多次超静定结构,其超静定次数为吊杆数加3,系杆和拱肋均可以采用梁单元模拟,节点采用刚节点。

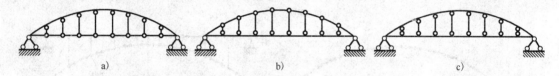

图 3-3-41 系杆拱结构简图
a)柔性系杆刚性拱;b)刚性系杆柔性拱;c)刚性系杆刚性拱

对于柔性系杆刚性拱,手工计算时取系杆拉力为多余未知力,采用力法进行计算相对较简单;刚性系杆柔性拱和刚性系杆刚性拱的计算较为复杂,宜采用有限元程序进行内力分析。

根据系杆拱桥的结构体系及其受力特点,采用平面杆系有限元建立其计算模型时主要考虑系杆的模拟;另外,对于刚架系杆拱应将拱、梁与墩的连接处按刚节点模拟。荷载在横桥向的不均匀分布以荷载横向分布系数来体现等。

(2) 桁架拱

桁架拱的拱上建筑参与拱圈的共同作用,拱形桁架部分各杆件主要承受轴向力,实腹段部分承受轴向力和弯矩;桁架上弦杆除了作为整体桁架杆件承受轴向力外,还要直接承受运营时局部荷载产生的弯矩,尤其是第一个节间不但间距大,而且杆件长,局部荷载产生的弯矩最大,常是控制设计的杆件。所以建立计算模型时必须将主拱圈和拱上弦杆一起整体考虑。

桁架拱桥实际上是一个空间杆系结构,采用空间梁单元模型做结构计算更符合实际,且能真实模拟实际结构。然而,对于大跨度桁式结构各杆件长度尺寸远大于横向尺寸,桥梁结构的主要荷载——恒载、活载、均匀温变等均属于平面内荷载,均可采用平面杆系计算,所以仅考虑平面内荷载作用时,可以进一步简化为平面杆系,用平面杆系有限元法计算。

根据以上分析,采用平面杆系建立桁架拱桥的计算模型时,可以以一片桁架拱片作为计算单元,将空间桁架简化为平面桁架,荷载在横桥向的不均匀分布以荷载横向分布系数来体现,使用平面梁单元模拟桁架杆,可根据具体情况将各杆件之间的节点视为铰接或刚接,计算模型如图 3-3-42 所示。如果程序支持,为了更准确地反映实际情况,在认为各杆件之间刚接的计算模型中可引入带刚臂的单元。

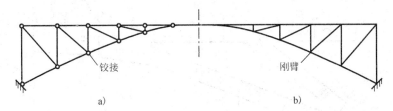

图 3-3-42　桁架拱计算模型
a)铰接桁架拱;b)刚接桁架拱

关于建立桁架拱桥的平面杆系有限元计算模型还有几点补充说明。

①虽然上弦杆和实腹段在施工过程中是分次拼装浇筑的,其截面形心位置在施工过程中不断变化,但考虑到这种变化幅度对整个结构尺寸来说相对较小,对内力计算的影响也不大,为简化计算,取上弦杆和实腹段的轴线为竣工后全截面形心的连线。如图 3-3-43a)所示。

②为了使计算模型更接近结构的真实几何形状,在短杆实际长度的两端增加了计算节点,并以短刚臂与轴线交会节点相连,形成节点附近的刚性域。在计算中将短刚臂作特殊杆元处理。其特殊杆元一律不计自重,线膨胀系数取为 0,其刚度取值任取标准截面,用改变惯性矩 I 值来调整。

③在桁架拱桥的空腹段,各杆件在节点处重叠,形成了一个刚度很大的区域,称为"刚性域"。为了减少使用有限元分析软件而产生的误差,结构计算模型可按图 3-3-43 处理。

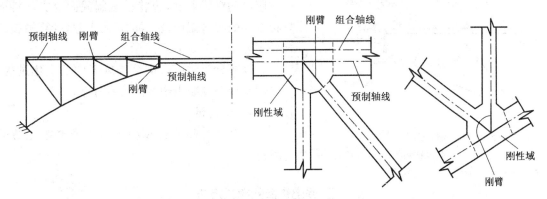

图 3-3-43　桁架拱结构和杆件节点计算图式

④计算分析时应考虑结构施工过程的影响,并同步计算混凝土徐变内力重分布。

(3)刚架拱

刚架拱是一种具有推力的高次超静定结构。刚架拱的另一特点是全桥没有受拉构件,除腹孔梁为受弯构件外,其余所有构件,如主拱腿、腹孔弦杆、斜撑及实腹段均属压弯构件。它同桁架拱一样,拱上建筑也参与拱圈的共同作用。

刚架拱结构的所有构件都采用梁单元模拟,以一片刚拱片作为计算单元,利用横向分布系数来考虑各拱片间的横向受力分配,刚架拱的结构离散示例如图 3-3-44a)所示,具体单元划分需根据实际结构及精度要求进行。实腹段、弦杆、拱腿相接处的大节点,刚度较大,且各杆件轴线不相交于一点,计算时可近似按刚性块处理,但拱脚与墩台的连接因其构造特点可取为铰接。如果程序中设置有刚臂单元,可按图 3-3-44b)处理,若程序不能处理刚臂单元,可取平均刚度进行处理[图 3-3-44c)]。即单元截面惯性矩取平均值,如:$I_{ABEF} = (I_{AB} + I_{EF})/2$,$I_{CDEF} = (I_C + I_{EF})/2$。

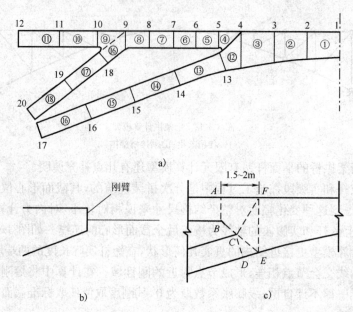

图 3-3-44 刚架拱计算模型

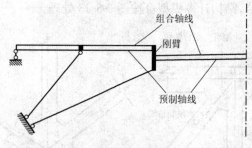

图 3-3-45 刚架拱桥上部结构考虑组合截面影响的简化计算模型

与桁架拱桥相似,刚架拱桥的实腹段截面和空腹段的纵梁截面,也将由预制截面变成与桥面板组合的组合截面,轴线的位置上移,计算模型的处理方法如图 3-3-45 所示。

计算分析时应考虑结构施工中的变化过程,并同步计算混凝土徐变内力重分布。

(4)组合拱

组合拱有限元计算模型可以参考第二节的内容。

三、局部构造的模拟方法

1. 刚臂的处理

在实际桥梁结构中,经常会遇到下列情况。

(1)几个构件刚性交会于同一节点[图 3-3-46a)、b)]。

(2)构件轴线偏心交会[图 3-3-46c)、d)]。

(3)不同受力阶段,构件截面具有不同的几何特性(例如组合截面、后张预应力构件钢束孔道灌浆前后等)。

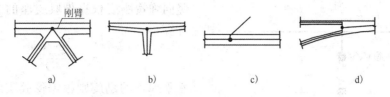

图 3-3-46 刚臂的处理

所有这些情况,在建立杆系分析模型时,均须进行适当的处理。对于第一种情况,刚性节点尺寸对单元内力的影响往往不能忽略,在交会区的杆端应视为刚性部分(刚臂长度范围内的梁体不发生变形);在后两种情况下,则应设置刚性联系杆件,以保证计算模型的连续性。两端带有刚臂的梁单元模型的一般情形如图 3-3-47 所示。

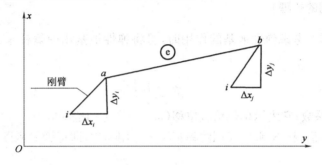

图 3-3-47 带刚臂单元

图中 i、j 为结构离散化之后的节点,ab 为梁单元的轴线,ia、jb 为刚性短臂。

由刚度方程求得 i、j 的节点位移和节点力之后,根据几何关系及平衡条件,不难求得杆端 a、b 的位移及梁端力,带刚臂的单元刚度矩阵也可由前述不带刚臂的杆元刚度矩阵求得,其解析关系式可参见有关文献。

2. 中间铰的处理

在桥梁结构中,构件之间常有用铰连接的情形(图 3-3-48),如两铰拱、三铰拱、带铰或带挂梁的 T 形刚构桥等,可采用主从节点的方法予以处理,位移从属是指位移一致。

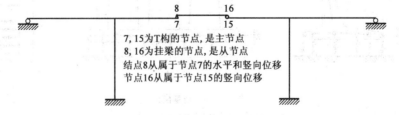

图 3-3-48 主从节点的处理(以 T 构为例)

3. 支座的处理

桥梁结构分析中,常常要求将上、下部结构联合为整体进行计算。此时,梁式桥的支座也构成了体系的中间铰。当支座是刚性支座(如弧形钢板支座、摆动支座等)时,可采用带刚臂单元和中间铰的方法处理。若支座为简易的油毡垫座,则可假定上下部结构之间不发生相对竖向位移。当采用橡胶支座时,应视支座为弹性约束,用两个弹簧杆来模拟支座,如图 3-3-49 所示。

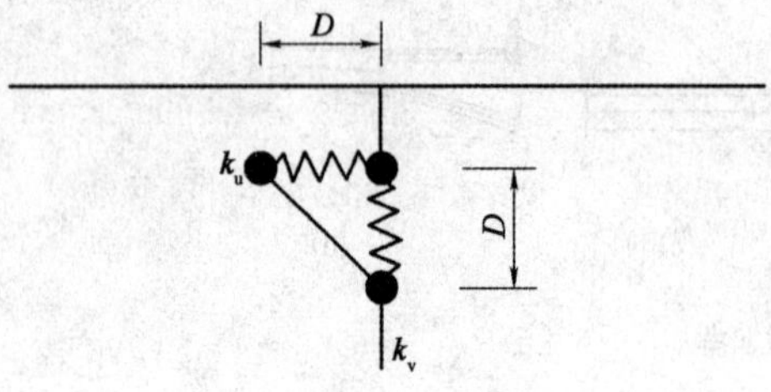

竖向弹簧刚度根据橡胶支座的实际尺寸用下式来计算：

$$k_v = \frac{E_0 A_0}{D} \qquad (3-3-123)$$

水平弹簧的刚度则根据橡胶支座的抗剪性能按下式来确定（D 为支座厚度）。

$$k_u = \frac{G_0 A_0}{D} \qquad (3-3-124)$$

图 3-3-49 支座处理

式中：E_0、G_0、A_0、D——橡胶支座的弹性模量、剪切模量、平面面积和支座的橡胶层厚度。

4. 地基与基础的处理

当结构分析需要考虑弹性地基的作用时，可将弹性地基用弹簧杆来模拟。按照 Winkler 假设，有：

$$p = Kw \qquad (3-3-125)$$

式中：K——基床系数，它表示单位铅直位移（$w=1$）产生的地基应力。

用弹簧杆模拟后，将 K 乘以代用的弹簧杆的作用面积，即得弹簧刚度 EA/D（D 为弹簧杆长度）。

当地基与基础间的联系用铅直弹簧杆代替后，为了保证结构的稳定，应适当加设水平链杆，在只有铅直荷载作用的情况下，其内力为零；当有水平荷载作用时（例如土压力），水平链杆的位置应根据结构的受力特性来决定，或更为精确地按竖直弹簧杆的设置原理来设置水平弹簧杆。

常见的几种考虑弹性地基的基础模型示于图 3-3-50。

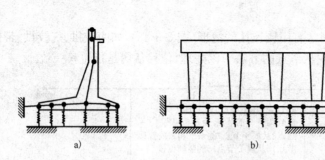

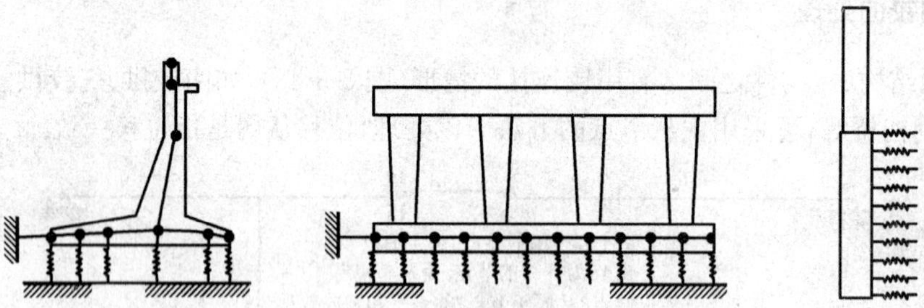

图 3-3-50 地基模拟
a) 桥台；b) 柱式墩；c) 桩基础

思考题

1. 什么是拱的联合作用？
2. 拱桥计算中是如何考虑荷载的横向分布问题的？
3. 无铰拱桥在计算内力时常采用的基本结构有哪两种？画出计算图式。
4. 无铰拱桥当温度变化时在弹性中心产生怎样的赘余力？
5. 什么是拱的弹性压缩？为计算方便，拱的内力计算一般分为哪两部分？

6. 为什么要进行裸拱内力计算？

7. 无铰拱桥当拱脚产生角变位时会在弹性中心产生几个赘余力？各是如何作用的？

8. 为什么拱桥需要进行稳定性验算？如何验算其纵向、横向稳定性？

9. 刚架拱计算的基本假定是什么？画出计算图式。

10. 什么是连拱计算？什么是固定拱计算？在什么情况下采用连拱计算？在什么情况下采用固定拱计算？

11. 简述多孔拱桥与单孔固定拱受力不同点。

12. 连拱计算的三种简化计算方法分别是什么？

13. 采用有限元方法计算普通上承式拱桥，若只建立裸拱模型，则如何模拟拱上建筑及桥面恒载和活载？

14. 有限元计算柔性系杆拱桥，系杆可采用什么单元模拟？

15. 计算题：一无铰拱桥，$l=40\text{m}$，$f=8\text{m}$，$y_s=2.7105\text{m}$，拱脚截面 $\cos\varphi_j=0.71319$，弹性压缩系数 $\mu_1/(1+\mu)=0.01126$；不计弹性压缩影响，恒载产生的拱脚 $\sum M_j = 10226.2397\text{kN}\cdot\text{m}$，求：

(1) 不计弹性压缩影响时，拱顶截面 H'_g、N'_g 及拱脚截面 N'_j、M'_j。

(2) 计入弹性压缩影响时，拱顶截面 H_g、N_g 及拱脚截面 N_j、M_j。

16. 计算题：一无铰拱桥，$l=40.63087\text{m}$，计算矢高 $f=8.1291\text{m}$，计算荷载为公路—Ⅰ级，$l/4$ 截面处 $\cos\varphi_j=0.94212$，$\sin\varphi_j=0.33527$，$y_s=1.0034$，弹性压缩系数 $\mu_1/(1+\mu)=0.01126$；不计弹性压缩影响，汽车荷载在 $l/4$ 跨截面产生的最大正弯矩 $M_{max}=155.9625\text{kN}\cdot\text{m}$，相应 $H_g=56.9135\text{kN}$，求：计入弹性压缩影响后，汽车荷载在 $l/4$ 跨截面处产生的总 M、N。

第四章 拱桥施工
DISIZHANG

拱桥施工大体上分为三个阶段。第一阶段为拱架施工（无支架施工实质上为施工设备与机具的架设），第二阶段施工拱圈（拱肋），第三阶段为拱上结构，包括桥面系、泄水管、伸缩缝和附属工程等施工。

混凝土拱桥的施工按其主拱圈成型的方法可以分为有支架施工法和无支架施工法两大类。有支架施工法是指在事先设置的拱架上进行桥体的砌筑、浇筑、安装；而无支架施工法是指在无法设置拱架或设置拱架不合理的情况下，合理地借助一定的设备直接架设预制拱圈单元体的拱桥施工方法。不同形式的拱桥可以采用不同的施工方法，主要依据跨径大小、桥梁所处环境、地形条件、施工技术能力与施工条件、施工工期及经费情况等综合考虑。在我国，有支架施工法常用于石拱桥、混凝土预制块拱桥及现浇混凝土拱桥，无支架施工法多用于钢筋混凝土肋拱、双曲拱、箱形板（肋）拱、桁架拱桥等，当然，也有两者相结合的施工方法。本章在侧重介绍有支架施工及无支架施工方法的基础上，概要介绍一些适合大跨径拱桥和组合拱桥的新施工方法。

第一节　有支架施工

有支架施工的拱桥，需要在桥位上搭拱架砌筑拱圈石或立模板扎钢筋和浇筑混凝土，其主要施工工序有材料的准备、拱圈放样（包括石拱桥拱石放样）、拱架制作与安装、拱圈及拱上建筑的砌筑等。本节主要介绍后面两部分内容。

关于拱桥的材料选择，应满足设计与施工有关规范的要求。对于石拱桥，石料的准备（包括开采，加工和运输等）是决定石拱桥施工进度的一个重要环节，也在很大程度上影响桥梁的造价和质量。特别是料石拱圈，拱石规格繁多，所费劳动力也就多。为了加快桥梁建设速度，降低桥梁造价，减少劳动力消耗，可以采用小石子混凝土砌筑片石、大河卵石拱圈等多种方法修建拱桥。

拱圈及拱架的准确放样，是保证拱桥符合设计要求的基本条件之一。石拱桥的拱石，要按照拱圈的设计尺寸进行加工，为了保证尺寸准确，就需要制作拱石样板。目前一般都采用放出拱圈（肋）大样的办法来制作样板的，即在样台上将拱圈按1∶1的比例放出大样，然后用木板或锌铁皮在样台上按分块大小制成样板,并注明拱石编号(图 3-2-2),以利加工。主拱圈放样完毕后,有时还需要在样台上放出拱架主要构件的大样。

样台必须保证在施工期间不发生过大变形,便于施工过程中对样板进行复查。一般可以利用现成的球场或晒坪作样台。对于左右对称的拱圈,为了节省场地,可只放出半孔大样。

常用的放样方法是直角坐标法、多圆心法等。显然对于直角坐标法,拱弧分点越多,放出的拱圈尺寸越精确。例如四川宜宾岷江大桥,主拱为净跨径 100m 的箱形拱桥,拱圈采用直角坐标法放样,为了提高放样的精度,半跨拱圈由原设计的 12 分点增加到 36 分点。

一、拱架的形式和构造

拱架是有支架施工建造拱桥必不可少的辅助结构,在整个施工期间,用以支承全部或部分拱圈和拱上建筑的自重,并保证拱圈的形状符合设计要求。因此,拱架要有足够的强度、刚度和稳定性;同时,拱架又是一种施工临时结构,故要求构造简单,制作容易,节省材料,装拆方便并能重复使用,以加快施工进度,减少施工费用。设计与安装拱架,应根据桥型结构与实际施工条件进行多方面的技术经济比较。

拱架的种类很多,按材料不同可分为木拱架、钢拱架、竹拱架、竹木拱架及"土牛拱胎"等形式。

木拱架的制作简单,架设方便,但耗用木材较多,常用于盛产木材的地区。钢拱架大多数是做成常备式构件(又称万能式构件),可以在现场按要求组拼成所需的构造形式。因它拆装容易、运输方便、适用范围广、利用率高。在南方产竹地区,可采用竹拱架或竹木混合拱架。在缺乏木树或钢材以及少雨地区,也可用就地取树、简单经济的"土牛拱胎"代替拱架,即先在桥下用土或砂、卵石填筑一个"土胎"(俗称"土牛"),拱圈砌成之后再将填土撤除即可。

在修建拱桥时,可根据桥址的地形、地质情况、材料供应和施工能力,因地制宜地选择经济合理的拱架形式。下面介绍常见的几种拱架。

1. 木拱架

木拱架多用于可设中间支点的桥孔。一般有排架式,撑架式,扇形式及木桁架式等;前三者跨中或多或少设有支点,统称满布式,后者则可完全不设支点。

(1) 满布立柱式拱架

满布立柱式拱架一般采用木材制作,图 3-4-1 是这种拱架的一般构造示意图。它的上部(又称拱盔)由斜梁、立柱、斜撑和拉杆组成拱形桁架,它的下部是由立柱和横向联系(斜夹木和水平夹木)组成支架,上下部之间放置卸架设备(木楔或砂筒等)。这种支架的立柱数很多,结构简单且稳定性好,只适合于拱桥不太高、跨径不大且无通航要求的拱桥施工。

(2) 撑架式拱架

这种拱架的上部与满布立柱式拱架相同,其下部是用少数框架式支架加斜撑来代替众多数目的立柱,支点间距较大,因此木材用量相对较少,如图 3-4-2 所示,这种拱架构造上并不复杂,而且能在桥孔下留出适当的空间,减小洪水及漂流物的威胁,并在一定程度上满足通航的要求。

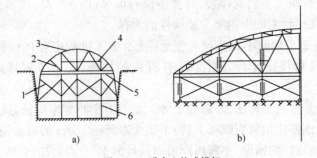

图 3-4-1 满布立柱式拱架
a)$L=8\sim15m$；b)$L=20\sim30m$
1-斜夹木；2-斜撑；3-斜梁；4-水平夹木；5-拉杆；6-立柱

无论是立柱式还是撑架式拱架，都应使构造简单，受力明确，避免采用复杂的节点和接头形式。

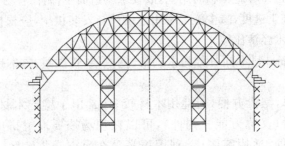

图 3-4-2 撑架式拱架

(3) 扇形拱架

扇形拱架比撑架式拱架更复杂，但支点间距可以撑架式加大些，当设置中间支架有困难，或者拱度很大时采用较为适宜。

(4) 桁式木拱架

三铰桁式木拱架是由两片对称弓形桁架在拱顶处拼装而成，其两端直接支承在墩台所挑出的牛腿上或者紧贴墩台的临时排架上，跨中一般不另设支架，如图 3-4-3 所示。

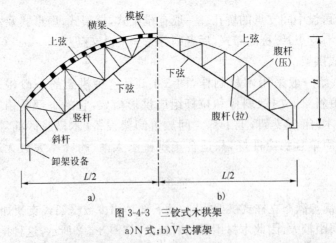

图 3-4-3 三铰式木拱架
a) N 式；b) V 式撑架

这种拱架不受洪水、漂流物的影响，在施工期间能维持通航。适用于墩高、水深、流急或要求通航的河流。

与满布立柱式拱架相比,木材用量少,可重复使用,损耗率低。但对木材规格和质量要求较高,同时要求有较高的制作水平和架设能力。由于在拱铰处结合较弱,因此,除在结构构造上须加强纵横向联系外,还需设抗风缆索,以加强拱架的整体稳定性。在施工中应注意对称均匀绕筑混凝土,并加强观测。

2. 工字钢拱架

工字钢拱架构造简单,拼装方便,可重复使用,是比较常用的钢拱架。拱架由工字钢(分成几种不同长度)、楔形插节(由同号工字钢截成)、拱顶铰及拱脚铰等基本构件组成,如图 3-4-4 所示。拱架片数可根据拱圈宽度和重量来确定,拱片间可用角钢和螺栓连接。

该方法适用于不同曲率和距离的拱,河流需保持畅通、墩台较高、河水较深或地质条件较差的桥孔。

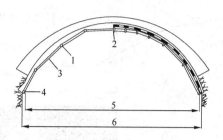

图 3-4-4 工字梁活用钢拱架
1-楔形插节;2-拱顶落架设备;3-基本节;
4-拱脚铰;5-拱圈跨度;6-拱架跨度

3. 钢桁架拱架

钢拱架一般采用桁架式,由几个单片拱形桁架构成。拱片之间的距离可为 0.4m 或 1.9m。它们可以被拼接成三铰、两铰或无铰拱架。当跨径小于 80m 时多用三铰拱架,跨径小于 100m 时多用两铰拱架,跨径大于 100m 时多用无铰拱架。图 3-4-5 是两铰钢拱架构造示意图。由于钢拱架多用在大跨径拱桥的建造上,它本身具有很大的重量,故在安装时,还需借助临时墩和起吊设备,将它分为若干节段后再拼装而成。施工时再拆除临时墩与钢拱架的联系,施工完毕后,又借助临时墩逐段将它拆除,图 3-4-5b)是这类拱架的安装示意图。

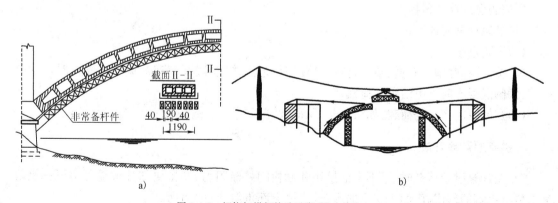

图 3-4-5 钢桁架拱架构造示意(尺寸单位:cm)

当桥位较平坦或常水位不高且河床平坦时,也可采用着地式的钢拱架。图 3-4-6 所示是河南省义马市许沟大桥所采用的可移动式钢拱架构造。该桥主跨跨径为 220m,箱形截面主拱圈的箱宽为 9m,分上、下两幅进行现浇混凝土施工。整个拱架由万能杆件拼装而成,待上游半幅拱箱合龙后,再通过滑轨平移至下游半幅处重复使用,从而大大节省了人工和材料,缩短了工期。

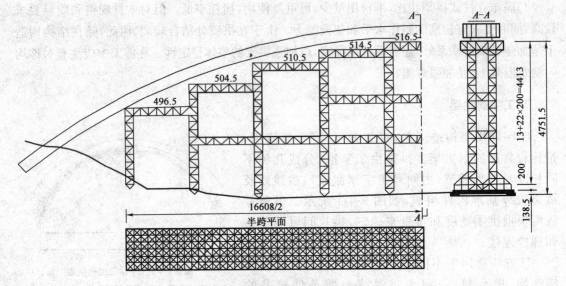

图 3-4-6 可移动式钢拱架(尺寸单位:cm)

二、拱架设计要点

1. 拱架设计原则

拱架系临时性结构,其材料及容许应力可按相关规定、规范采用。为了保证拱圈的形状能符合设计要求,拱架应在选择合理的计算图式的基础上,进行内力分析,对杆件进行截面强度、刚度检算以及拱架整体抗倾覆稳定性检算。一般还应计算拱架的预拱度。

2. 拱架的设计荷载

拱架的设计荷载包括:
(1)拱架自重荷载;
(2)拱圈重量;
(3)施工荷载(施工人员、施工材料、机具等行走运输或堆放的荷载、振捣混凝土时产生的荷载、倾倒混凝土时产生的水平荷载);
(4)其他可能产生的荷载,如雪荷载、风荷载等。

3. 拱架的计算方法

(1)在计算拱架荷载时,可不考虑拱块和模板间的摩阻力,及拱块部分重量可由下一拱块逐次传至拱脚的作用,而偏于安全的假定,拱块全部重量均由拱架承受。

(2)在拟定内力分析计算模型时,考虑到拱架结构横向是对称的,且基本上是承受恒载,所以可按平面结构进行计算。

(3)基于拱架杆件的受力形式、连接方式和相对刚度等,进行单元类型的选择:例如铁路军用梁可按刚铰混合刚架处理,即焊接的各三角内部杆件,按刚节点的梁元处理,而各三角之间是销接的,按铰节点处理。立柱与水平连杆的刚度相差很大,所以立柱采用梁元,而水平和斜向连接杆件,则按杆元处理等。

4. 拱架受力分析

作用在拱架上的拱块重量,只有在拱顶处全部传到拱架上。在其他地方,拱块重力 G 将分解为垂直于斜梁的正压力 N 和平行于斜梁的切向力 T,如图 3-4-7a) 所示。此外,由于 N 的作用,使拱石与模板间产生摩阻力 T_0,以抵抗使拱石下滑的切向力 T,由此可知:

$$\left.\begin{aligned} N &= G\cos\varphi \\ T &= G\sin\varphi \\ T_0 &= \mu_1 N = \mu_1 G\cos\varphi \end{aligned}\right\} \tag{3-4-1}$$

式中:μ_1——拱块与模板间的摩擦系数,一般可取 0.36。

在拱架的不同区段上,拱架受到的正压力和切向力是不同的。摩擦力只能支承一定倾斜面上的拱块。当 $T_0 < T$ 时,则力 $T - T_0 = T'$ 将传给下一已成拱块(斜梁)[图 3-4-7b)],或由临时支撑传给下一段斜梁[图 3-4-7c)]。由于 T' 的作用,两拱块之间又可考虑有摩阻力 $N_0 = \mu_2 T'$ 存在。由拱块力的平衡可知:

$$\left.\begin{aligned} G\sin\varphi &= T' + \mu_1 N' \\ G\cos\varphi &= \mu_2 T' + N' \end{aligned}\right\} \tag{3-4-2}$$

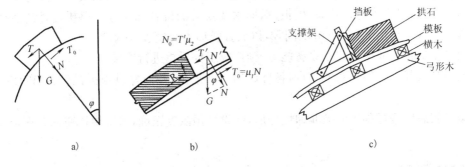

图 3-4-7 拱块平衡状态

联解上式得拱块自重所产生的正压力为:$N' = G\dfrac{\cos\varphi - \mu_2 \sin\varphi}{1 - \mu_1 \mu_2}$;切向力为:$T_0 = \mu_1 N'$;其中的拱块间的摩擦系数 μ_2 可取 0.5~0.6。

为使计算工作简捷,一般多用图解法求出作用在各节点的正压力与切向力的合力,再将其分解为竖向分力与水平分力,绘制拱架的受力曲线,如图 3-4-8 所示。由图可知,竖向力在拱脚处很小,向拱顶逐渐增大,至拱顶一段约等于拱顶段重力;水平力自拱脚向 $l/4$ 逐渐增大,再逐渐向拱顶减小,至拱顶附近几乎不存在,为防止拱架的变形,应该注意加强拱脚至 $l/4$ 处的纵向刚度。

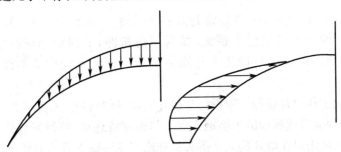

图 3-4-8 拱架所受竖直力和水平力曲线

三、拱架安装

1. 拱架安装前的准备

(1)支架基础必须稳固,承重后应能保持均匀沉落且沉落值不得超过预计范围。

基础承重后的预计下沉值可按载重试验确定,但应不大于计算建筑拱度时可采用的基础下沉值。

(2)水、电、交通与场地必须很好地满足拱架施工要求。

(3)有洪水的河道要密切注意导流设施,特别是多孔拱桥更为重要。

(4)对被安装的构件质量与测量的检查。

对拱架立柱与拱架支承面要详细检验,准备调整拱架支承面与顶部高程,并复测跨径,无误后,可安装。制作木拱架、木支架时,长杆件接头应尽量减少,两相邻立柱的连接不应在同一水平。

2. 安装特点

拱架必须按设计要求进行严格设计、计算,留好预拱度,放好拱架曲线。在放好的拱架大样及拱脚铰位,可以定出墩台缺口、模板、弧形木及横梁的位置和尺寸。但拼接板的底面与拱圈内弧线间一般须留出 30~50cm 的间隙,以放置弧形木及模板等构件。

拱架可就地拼装或根据起吊设备能力,预拼成组件后再进行安装。

拱架拼装过程中必须注意各节点,各杆件的受力平衡,并做好拱顶拆拱设备,以使拱装拆自如。

拱架安装后应进行预压消除非弹性变形,使设计预拱度正确,保证拱桥完成后符合设计拱曲线。

3. 安装注意事项

安装中单片拱架的稳定极为重要,做好稳定工作,并注意对称安装。合龙时,拱顶拆拱设备安装受力均匀、结构可靠。

拱片安装成片后经检验,轴线正确、顺直、连接可靠。拱片稳定设备连接可靠方能进行第二片安装。

高空作业,注意遵守高空作业施工的一切安全操作规程,包括电器安全操作。

4. 工字钢拱架安装

(1)拼装。工字形钢拱架,一般是将每片拱架先组成两片半拱片,然后再安装就位。半个拱片可在桥下的地面或驳船上拼装,拼后应防扭曲,节间螺母应拧紧。拼接第二片拱架时,应附带将横向连接用角钢装上并用绳子捆好。所需螺栓等零件应装入布袋、随同拱架起吊。

(2)架设。架设工作分片进行。架设每片拱片时,应同时将左、右半片拱片吊至一定高度,并将拱片脚插入墩台缺口或预埋的工字钢支点上与拱座铰连接,然后安装拱顶卸拱设备进行合龙。拱片的吊装,可用设在墩顶的人字摇头扒杆或半球形轴承活动吊杆进行,用摇头扒杆吊装时,应将扒杆的底部置于墩面预留孔中。用活动吊杆起吊如图 3-4-9a)所示;亦可用架空缆索与扒杆联合如图 3-4-9b)所示。

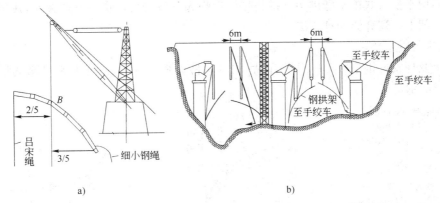

图 3-4-9 工字梁钢拱架吊装示意
a)活动扒杆吊装;b)缆索及人字摇头扒杆联合吊装

(3)横梁、弧形木及支撑木安装。安装应先安弧形木再安支撑、横梁及模板。弧形木上应通过操平以检查高程准确,横梁应严格按设计安放。

5. 钢桁架拱架安装

1)半拱旋转法

架设方法与工字形钢拱架相似,但起吊前拱脚先安支在支座上,然后用拉索使半拱架向上旋转合龙。

2)竖立安装法

在桥跨内两端拱脚上,垂直地拼成两半孔拱架,再以绕拱脚铰旋转的方法放至设计位置进行合龙。

3)浮运安装法

在水流比较平稳的河流上,可采用浮运安装法,其主要程序如下:

(1)在浮船支架上拼装拱架。用数只木船联成整体,在其上安装满布式支架,在支架上即可拼装钢拱架,如图 3-4-10 所示。

(2)拱架安装就位。在拱架进孔后,用挂在墩台上的大滑车和放置在支架上的千斤顶来调整矢高,并用水压舱,以降低拱架,使拱架就位。安装时,拱顶铰须临时捆紧,拱脚铰和铰座位置须稍加调整,以使铰座密合,如图 3-4-11 所示。

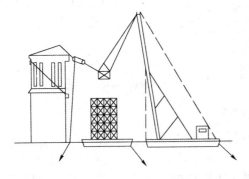

图 3-4-10 钢拱架浮运拼装示意

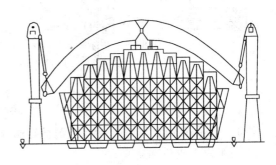

图 3-4-11 钢拱架浮运安装就位示意

4)悬臂拼装法

本法适用于拼装式桁架型拱架。拼装时从拱脚起逐节进行。拼装好的节段,用滑车组系吊在墩台塔架上。现介绍两种方法。

(1)百米跨以下桥

先拼上弦杆安好钢销(图 3-4-12),而后用滑车将下弦拉拢对好(先联在吊来的拱节上),如图 3-4-13 所示。

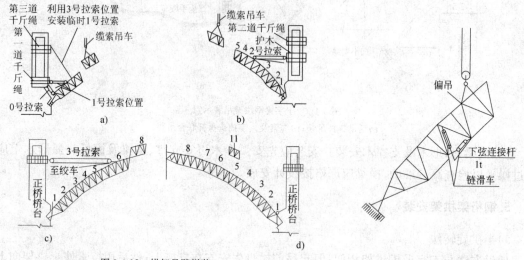

图 3-4-12 拱架悬臂拼装　　　　　图 3-4-13 安装节点钢销

①安设拱架支座。拼拱脚节,按设计位置捆千斤绳,在中间拼装至节点 8,并于节点 2 上设置 1 号拉索(用第一道千斤绳,或不设第一道千斤绳而利用第三道千斤绳),放松 0 号拉索;

②悬臂拼装至节点 5,于节点 4 上用第二道千斤绳设 2 号拉索,松 1 号拉索;

③悬臂拼装至节点 7,于 6 上用第三道千斤绳设 3 号拉索,松 2 号拉索,继续悬拼并进行合龙(中间两片);

④借中间两片作支承,拼装外侧两片拱架。

有拱顶销的拱架,在合龙时加上一个圆锥形引导销管套(图 3-4-14)迫使它穿入孔内[图 3-4-14b)]合龙时由于重量加至中间两片,常因销孔向下错位过大而不能引入导管,可用两个 30×10^4 kN 千斤顶横置拱顶节,用顶力顶起对正打入钢销[图 3-4-14b)]。

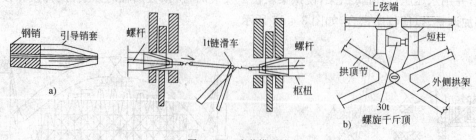

图 3-4-14 安装拱顶销

用墩台锚系拉索时,应对墩台作倾覆稳定验算和抗剪抗拉的验算。

(2)百米以上拱桥

由于拱架重量较大,上述方法有一定的难度,拱架布拼如图 3-4-15 所示。拼装前拱架须先拼框架形式组成拼装单元,其长度可包括2～3节拱架。拼装时由拱脚至拱顶,两岸对称进行,先拼中间一半拱,封拱卸吊后再拼上下游余下的一半拱。拱架用门式索搭拼装。

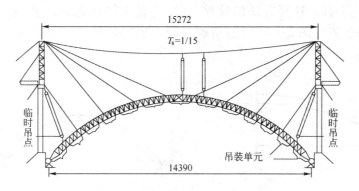

图 3-4-15 拱架吊装布置(尺寸单位:cm)

四、施工预留拱度

拱架承受荷载后将产生弹性变形和非弹性变形。另外,当拱圈砌筑完毕,强度达到要求而卸落拱架后,拱圈由于承受自重、温度变化及墩台位移等因素影响,也要发生弹性下沉。为了使拱轴线符合设计要求,必须在拱架上预留施工拱度,以便能抵消这些可能发生的垂直变形。

1. 预留拱度经验值与计算

1)拱顶预拱度经验值

拱顶预拱度经验值参见表 3-4-1。

拱顶预拱度经验值　　　　　表 3-4-1

桥　　型	预拱度经验值	说　　明
一般砖石、混凝土拱桥	$L/400 \sim L/800$	(1)拱度小,采用大值,反之采用小值;
双曲拱桥采取有支架施工	$L^2/4000f \sim L^2/6000f$	(2)预拱度不包括拱架变形值;
双曲拱桥采用无支架或脱架施工	$(L^2/4000f \sim L^2/6000f)+L/1000$	(3)L 为拱圈跨径,f 为拱圈矢高

2)各点预拱度计算

设置预拱度时,应按拱顶为全部变形值,在拱脚处为零设置;其余各点可按拱轴线纵坐标比例或按二次抛物线分配。按二次抛物线分配时的计算方法可参照式(3-4-3)和图 3-4-16a)。

$$\delta_x = \delta(1 - \frac{4x^2}{L^2}) \tag{3-4-3}$$

式中:δ_x——任意点(距离为 x)的预加高度(m);

δ——拱顶总预加高度(m);

L——拱圈计算跨径(m);

x——跨中至任意点水平距离(m)。

对无支架施工或早期脱架施工的悬链线拱,裸拱圈的挠度曲线呈"M"形,即拱顶下挠而两边 $l/8$ 处上升;如果仍按二次抛物线分配预拱度,将会使 $l/8$ 处的拱轴线偏离设计拱轴线更远。为此采用降低拱轴系数 m 设置预拱度。即将原来设计矢高 f 加高至 $(f+\delta)$，再将原设计的悬链线拱轴系数 m 降低一级或半级，然后以新矢高 $(f+\delta)$ 和新的拱轴系数计算施工放样的坐标。这种方法的效果，实际上是在拱顶预加正值，在 $l/8$ 处预留负值（或者是较小的正值）[图 3-4-16b)]，待裸拱圈产生"M"变形后，刚好符合（或接近）设计拱轴线。

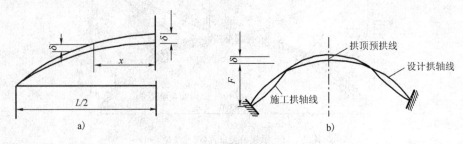

图 3-4-16 拱架预留拱度的分配形式

2. 确定预留拱度的因素

根据交通部标准《公路桥涵施工技术规范》(JTG/T F50—2011)，为保证拱桥结构竣工后尺寸正确，拱架和支架应预留施工拱，在确定施工拱度值时，应考虑下列因素：

(1) 拱架和支架承受施工荷载引起的弹性变形；
(2) 超静定结构由混凝土收缩、徐变及温度变化而引起的挠度；
(3) 承受推力的桥台，由于墩台的水平位移所引起的拱圈挠度；
(4) 由结构重力引起的梁或拱圈的弹性挠度，以及 1/2 的汽车荷载（不计冲击力）引起梁或拱圈的弹性挠度；
(5) 受载后由于杆件接头的挤压和卸落设备压缩而产生的非弹性变形；
(6) 支架基础在受载后的非弹性变形（沉陷）；
(7) 卸落拱架时，应设专人，用仪器观测拱圈挠度和墩台变化情况，并做详细记录。

预留拱度（施工沉落值）参见表 3-4-2。

预留施工沉落值参考数据　　　　　　　　　　　表 3-4-2

项　目		数　据(mm)	说　明
接头承压非弹性变形	木与木	每个接头约顺纹 2，横纹 3	
	木与钢	每个接头约 2	
卸落设备的压缩变形	砂筒	2～4	
	木楔或木马	每个接缝 1～3	
支架基础沉陷	底梁置于黏土上	5～10	
	底梁置于砌石或混凝土上	10～20	
	底梁置于砂土上	约 3	
	打入砂中的桩	约 5	
	打入黏土中的桩	3～5	桩承受极限荷载时用 10min；低于极限荷载时用 5min

五、拱架的卸落

1. 卸落时间要求

对于砖、石拱桥的拱架卸落时间,应符合下列要求:

(1)浆砌砖、石拱桥须待砂浆强度达到设计要求,如设计无要求则须达到砂浆强度的70%;

(2)跨径小于10m的小拱桥,宜在拱上建筑全部完成后卸架;中等跨径实腹式拱,宜在护拱砌完后卸架;大跨径空腹式拱,宜在拱上小拱横墙砌好(未砌小拱圈)时卸架;

(3)当需要进行裸拱卸架时,应对裸拱进行载面强度及稳定性验算,并采取必要的稳定措施。

2. 拱架卸落

1)卸落设备

卸架设备,一般采用木楔、砂筒和千斤顶。

(1)木楔:木楔有单木楔和组合木楔两种。

①单木楔。它由两块坡度1:6~1:10斜面的硬木块组成,如图3-4-17a)所示。落架时,用铁锤轻敲木楔小头,将木楔取出后,拱架随即下落。它的构造简单,但在敲出时震动较大,容易造成下落不匀。它仅适用于跨径小于10m的满布式拱架。

②双向木楔。它由互相垂直的两对简单木楔构成,如图3-4-17b)所示。其优点是不用铁件,载重较大,卸模方便,适用于30m以内的满布式拱架。

③组合木楔。由三块木楔和一根拉紧螺栓组成,如图3-4-17c)所示。卸载时只需扭松螺栓,则木楔徐徐下降。它的下落比较均匀,可用于30m以下的满布式拱架或20m以下的拱式拱架。

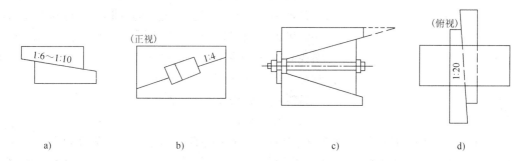

图 3-4-17 卸落用木楔
a)简单木楔;b)双向木楔(正视);c)组合木楔;d)双向木楔(俯视)

(2)砂筒

砂筒的承载力较大,可用于50m以上的满布式拱架和30m以上的拱式拱架。砂筒可用钢板制成圆筒或用短方木拼成方盒,砂筒内装干的砂子应均匀、干燥、洁净,上部插入顶心(木制或混凝土制)组成,其构造如图3-4-18所示,h_0为顶心放入砂筒深度(cm),一般为7~10cm。卸落是靠砂子从筒的下部预留泄砂孔流出,砂筒与顶心间的空隙应用沥青填塞,防止砂子受潮而不易流出。由砂子泄出量(砂子可从砂筒下部小孔掏放),可控制拱架卸落高度,并由泄砂孔的开与关进行分次卸架;砂筒能使拱架均匀下降而不受震动。我国170m钢筋混凝土拱桥所用钢制砂筒的直径达86cm,使用效果良好。

(3)千斤顶

采用千斤顶拆除拱架常与拱圈调整内力同时进行。一般在拱顶预留放置千斤顶的缺口,千斤顶用来消除混凝土的收缩、徐变以及弹性压缩的内力和使拱圈脱离拱架。

2)卸架程序设计

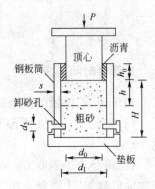

图 3-4-18 拱架卸落砂筒

一般卸架的程序是:对于满布式拱架的中小跨径拱桥,可从拱顶开始,逐渐向拱脚对称卸落,对于大跨径拱圈,为了避免拱圈发生"M"形的变形,也有从两边 $L/4$ 处逐次对称地向拱脚和拱顶均匀地卸落。卸架时宜在白天气温较高时进行,这样的条件对卸落拱架工作较方便。

多孔连续拱桥施工时,还应考虑相邻孔间的影响。若桥墩设计容许承受单孔施工荷载,就可以单孔卸架。否则应多孔同时卸落拱架,以避免桥墩不能承受单向推力而产生过大的位移,甚至引起严重的施工事故。

六、拱圈及拱上建筑的施工

拱圈是拱桥的主要承重构件;拱上建筑是由拱圈支承的桥面各种建筑物。

1. 砖石拱圈及拱上结构的砌筑

在拱架上砌筑拱圈时,拱架将随荷载的增加而不断变形。有可能使已砌筑圬工产生裂缝,为了保证在整个砌筑过程中,使拱架受力均匀,变形最小,拱圈的质量符合设计要求,必须选择适当的砌筑方法和顺序。

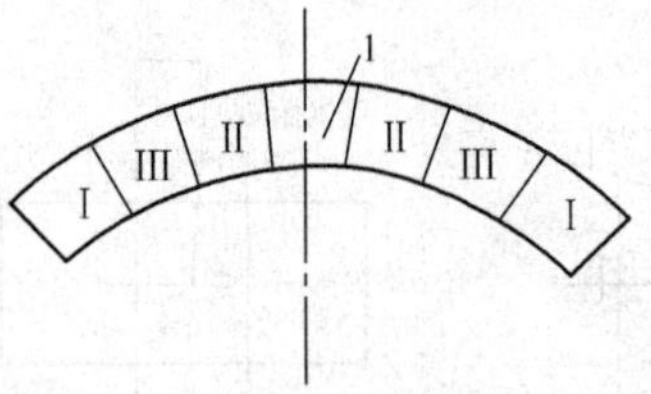

1)拱圈按顺序对称砌筑

跨径小于16m的拱圈,用满布式拱架时,可从两端拱脚起顺序向拱顶方向对称砌筑,必须做到均衡,最后在拱顶合龙,即图 3-4-19 中的拱顶石。拱式拱架砌筑,宜分段,对称地先砌拱脚和拱顶段,最后砌 1/4 跨径段。

2)拱圈三分法砌筑

图 3-4-19 分段砌筑(跨经小于25m)

(1)分段砌筑

跨径 16~25m 的拱圈,每半跨均应分成三段对称砌筑。分段位置一般在拱跨 1/4 点及拱顶(3/8 点)附近。当为满布式拱架时,分段位置宜在拱架节点上。如图 3-4-19 所示,先砌拱脚踏实地段(Ⅰ)和(Ⅱ)、后砌 1/4 段(Ⅲ),两半跨应对称同时砌筑,最后砌拱顶石这一段。隔开砌段,若摩擦力不够(倾角过大时),应在砌段下侧设临时支撑。

跨径大于 25m 时,应按跨径大小及拱架类型等情况,在两半跨各分成若干段,均匀对称地砌筑。

分段砌筑时应预留空缝,以防止拱圈开裂(由于拱架变形而产生的),并起部分预压作用。空缝宽度 3~4cm,空缝数量视分段长度而定。一般在拱脚附近、1/4 点、拱顶及满布式拱架的节点处必须设置空缝。

(2)分环砌筑

较大跨径石拱桥的拱圈,当拱圈较厚,由三层以上拱石组成时(跨径146m的山西丹河大桥分五层砌筑),可将全部拱圈分成几环砌筑,砌一环合龙一环。当下环砌完并养护数日后,砌缝砂浆达到一定强度时,再砌筑上环。按此方法砌筑时,下环可与拱架共同承担上环之重力,因而可减轻拱架的荷载。

(3)分阶段砌筑

砌筑拱圈时,为争取时间和使拱架荷载均匀、变形正常,有时在砌完一段或一环拱圈后的养护期间,工作并不间歇,而是根据拱架荷载平衡的需要,紧接着将下一拱段或下一环层砌筑一部分。此种前后拱段和上下环层分阶段交叉进行砌筑方法,称为分阶段砌筑。

不分环砌筑拱圈的分段方法,通常是先砌拱脚几排,然后同时砌筑拱顶、拱脚及1/4点等拱段,上述三个拱段砌到一定程度后,再均匀地砌筑其余拱段。

3)预加压力砌筑

预加压力砌筑法即是在砌筑前,在拱架上预加一定重力,以防止或减少拱架弹性和非弹性下沉的砌筑方法。此法对于预防拱圈产生不正常变形和开裂较为有效。所需压重材料以利用拱圈本身准备使用的拱石较为简便和节省。加压顺序应与计划砌筑顺序一致。砌筑时,应尽量利用附近压重拱石就地安装,随撤随砌,使拱架保持稳定。

压重材料不能利用拱石时,也可采用砂袋等其他材料。

对于刚性较差的拱架,预压须均匀地进行,不可单纯压顶。

4)分段支撑

分段砌筑拱圈时,如拱段倾斜角大于石块与模板间摩擦角(20°),则拱段将在切线方向产生一定的滑动。必须在拱段下方临时设置分段支撑,以防拱段向下滑动。分段支撑所需强度应通过计算求出。

分段支撑的构造依支撑强度而定,强度较大时须做成三角支撑并须支撑于拱架上。较平坦的拱段,可简单地用横木、立柱、斜撑木等支撑于拱架或模板上。分环砌筑时,上环也可用撑木支撑在下环的拱石上。

5)拱圈合龙

砌筑拱圈时,常在拱顶预留一龙口,在各拱段砌筑完成后安砌拱顶石合龙。分段较多的拱圈和分环砌筑的拱圈,为使拱架受力对称和均匀,可在拱圈两半跨的1/4处或在几处同时砌筑合龙。为防止拱圈因温度变化而产生过大的附加应力,拱圈合龙应在设计规定的温度下进行。设计无规定时,宜选择在接近当地年平均温度或昼夜平均温度(一般为10~15℃)时进行。

6)拱上砌体的砌筑

拱上砌体的砌筑,必须在拱圈砌筑合龙和空缝填塞后,经过数日养护,待砌缝砂浆强度达到30%时才能进行。养护时间一般不少于合龙后三昼夜,跨径较大时应适当延长。

砌筑实腹式拱的拱上砌体时,应将侧墙等拱上砌体分成几部分,由拱脚向拱顶对称地作台阶式砌筑,如图3-4-20所示。拱腹填料可随侧墙砌筑顺序及进度进行填筑。填料数量较大时宜在侧墙砌完后再分步进行填筑。实腹式拱应在侧墙与桥台间设伸缩缝使两者分开。

为防止空腹式拱桥的腹拱受到主拱圈卸落拱架时的变形影响,可在主拱圈砌完后,先砌腹拱横墙,然后待卸落拱架后,再砌筑腹拱拱圈。腹拱上的侧墙,应在腹拱拱铰处设置变形缝。

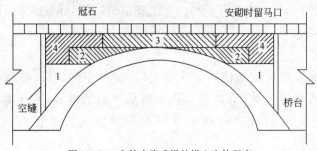

图 3-4-20　砌筑实腹式拱的拱上砌体程序

注:图中数字为砌筑顺序。

2. 钢筋混凝土拱圈施工及拱上结构的砌筑

1)现浇钢筋混凝土拱圈浇筑程序

现浇钢筋混凝土拱圈除应符合一般钢筋混凝土结构施工要求外,对在支架上浇筑钢筋混凝土拱圈,还应按拱圈跨度不同情况,遵循以下施工要点:

(1)上承式拱桥

浇筑一般可分三个阶段。第一阶段,浇筑拱圈(拱肋)及拱上立柱的拱脚;第二阶段,浇筑拱上立柱、联结系及横梁等;第三阶段,浇筑桥面系。拱圈或拱肋的拱架,可在拱圈混凝土强度达到设计强度 70% 以上后,在第二阶段或第三阶段开始前拆除。但应事先对拱架拆除后拱圈的稳定性进行验算。

对双曲拱桥其拱波,应在拱肋的整体强度(包括间隔缝混凝土)超过 50% 后才能开始安砌。

(2)中承式、下承式拱桥

安装拱肋、桥面系及吊杆三个阶段进行浇筑,注意事项如下:

①吊杆的钢筋或钢丝束、锚环应在上弦混凝土浇筑前穿挂于上弦钢筋骨架上。

②悬挂式的桥面系,应在上弦拱架拆除后才能浇筑混凝土。

③当桥面混凝土达到能承受荷载强度后,拆除支架(吊架)横梁下的木楔,降落支架变为由吊杆的钢筋骨架式钢丝束系吊挂状态。然后在桥面上加上全部设计荷载,使吊杆钢筋或钢丝束产生应有的应力,以减小吊杆混凝土的拉应力。

④吊杆钢筋或钢丝束产生应有的应力后,即可浇筑吊杆混凝土。吊杆混凝土应对称浇筑,待强度达到设计规定的 100%,才能进行钢丝束张拉工作。图 3-4-21 为中承式预应力钢筋混凝土拱桥的浇筑程序。

(3)系杆拱桥

首先浇筑拉杆(下弦)和桥面系混凝土,然后在桥面上安装拱架,浇筑拱肋混凝土,最后浇筑吊杆混凝土。吊杆钢筋应在浇筑拉杆和拱肋混凝土前安装完毕,并在浇筑吊杆混凝土前能承受全部设计荷载。

另一种程序为在全部拉杆钢筋安装完毕并连接两支点的情况下,首先浇筑两支点端节和拱肋,在拱架的卸落与拉杆钢筋受力后,再浇筑拉杆和桥面系混凝土,最后浇筑吊杆混凝土。吊杆钢筋的安装和受拉条件与前同。

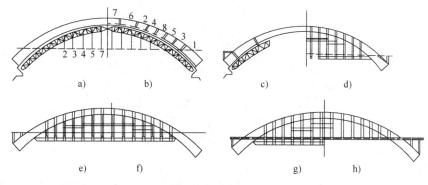

图 3-4-21 中承式钢筋混凝土拱桥的浇筑程序

a)拱架合龙安装吊杆钢丝束;b)拱肋浇筑,图中数字为浇筑顺序;c)拆除拱架浇筑刚架钢筋混凝土;d)安装桥面系支架;e)浇筑桥面系桥面加载;f)浇筑吊杆混凝土;g)吊杆预加应力;h)拆除支架

由于吊杆与拉杆均用特制防锈的 PVC 高强预应力钢索。当预应力张拉力较大时锚固力是可靠的,当拉索预应力较小时,特别要注意锚固力的可靠性,各锚箱内锚头的维修与养护。

2)拱圈浇筑

(1)连续浇筑

跨度小于 15m 的拱圈(拱肋)混凝土,应自两侧拱脚向拱顶对称与连续浇筑,并在拱脚处混凝土初凝前完成。如预计不能完成的,则应在拱脚处留设间隔缝于最后浇筑。

(2)分段浇筑

跨度大于 15m 的拱圈(拱肋),应采用分段浇筑法施工混凝土浇筑,以减小混凝土收缩应力和拱架变形所产生的裂缝。划分拱段时,以拱顶为准,保持拱顶两侧均匀和对称,拱段长度一般为 6~15m。分段点宜设在拱架支点、节点等处并适当留设隔缝。间隔缝的位置应避开横撑、隔板、吊杆及刚架节点处。间隔缝宽度要便于施工操作和钢筋连接要求长度为标准,一般在为 30~100cm。间隔缝用混凝土强度等级比拱圈高 1.5 倍干硬微膨胀混凝土。

拱段的浇筑程序应符合设计规定,在拱顶两侧对称进行,保持变形均匀与最小。

拱圈(拱肋)填充间隔缝合龙时,应由两拱脚向拱顶对称进行。间隔缝与拱段接触面应事先按施工缝进行处理。填充间隔缝合龙的时间应具备下列条件:

①拱圈混凝土强度应达到设计强度的 50% 以上。

②合龙时的温度要满足设计要求,一般应接近当地平均年气温或在 5~10℃ 之间。

(3)箱形截面拱圈或拱肋的浇筑

一般采用分段、分环的浇筑方法,分段方法与前述方法相同。分环的方法一般分成二环或三环。如图 3-4-22 所示。分两环浇筑时,先分段浇筑底板,然后分段浇筑肋墙、隔墙与顶板。分三环浇筑时,先分段浇筑底板,然后分段浇筑肋墙、隔墙,最后分段浇筑顶板。分环分段浇筑时,可采用分环填充间隔缝合龙和全拱完成后一次填筑间隔缝合龙两种不同的合龙方法。分环填充间隔缝合龙时,已合龙的环层可产生拱架作用。在浇筑上面环层时可减少拱架负荷,但工期较一次合龙的方法长。采用最后一次合龙法时,仍必须一环一环地浇筑,但不是浇完一环合龙一环,而是留待于最后一起填充各环间隔缝合龙。此时,上下环的间隔缝应互相对应和贯通,其宽度一般为2m左右,有钢筋接头的间隔缝为4m左右。

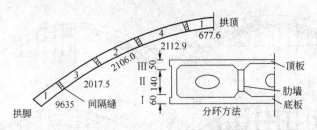

图3-4-22 箱形拱圈分环分段浇筑(尺寸单位:cm)

(4)拱肋联结系浇筑

当各拱肋同时浇筑和卸落拱架施工时,拱肋横向联结系应与拱肋浇筑同时施工卸落拱架;若各拱肋非同时浇筑和卸落拱架,则应在各拱肋卸落拱架后再浇筑横向联结系。

(5)拱圈和拱肋钢筋绑扎

拱上的立柱柱脚、接头钢筋、横板底座和拉杆和接头钢筋或钢丝束的穿孔,均应按设计位置留置,当检查无误且合乎质量标准方可浇筑混凝土。

①拱脚钢筋预埋

无铰拱钢筋混凝土拱圈(拱肋)的主钢筋须伸入墩台内(拱座横梁),因此在浇筑墩台(拱座横梁)混凝土时应按设计要求的位置和深度将其端部预埋入混凝土内。为便于预埋,主筋端部可截开,但钢筋接头必须按规范规定均匀错开。

②钢筋接头布置

为适应拱圈在浇筑过程中的变形,主钢筋或骨架钢筋在间隔缝处设钢筋接头(参见主筋接头位置图3-4-23),其中有X形符号处为有钢筋接头的间隔缝。

③绑扎顺序

分环浇筑混凝土拱圈(拱肋)时,可分环绑扎拱圈和拱肋钢筋。分环绑扎时,各项预埋钢筋、预埋件与管道均应临时加以固定,并在浇筑混凝土前进行检查和校正。

3)拱上建筑

(1)钢筋与模板

为简化在拱圈上进行作业,拱上结构的钢筋宜预先拼成骨架,模板宜预先拼组成整块或整体。钢筋骨架和整体式模板可用缆索吊车运至拱上安装。

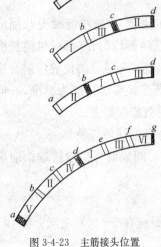

图3-4-23 主筋接头位置

(2)混凝土浇筑

拱上建筑混凝土浇筑应自拱顶向拱脚或自拱脚向拱顶对称进行。大跨径拱桥拱上建筑的浇筑程序,按拱圈最有利的受力情况进行。

立柱混凝土应从底部到顶一次浇完,其顶端施工缝应设在横梁承托的底面。当立柱上横梁与桥面板直接连接时,横梁应与立柱同时浇筑。

梁与板一般应同时浇筑,当不得不先后分开浇筑时,其工作缝应设在板肋底面上。桥面混凝土应在前后伸缩缝间一次浇筑完成。

第二节　无支架施工

在峡谷或水深流急的河段上,或在通航河流上,或在施工中可能受到漂流物撞击威胁(洪水季节)等情况下修建拱桥,以及采用有支架的方法施工将会遇到很大困难或很不经济时,就宜考虑采用无支架施工方法,如缆索吊装施工、转体施工、悬臂施工、劲性骨架施工、塔架施工等。

一、缆索吊装施工

缆索吊装施工是指采用缆索结构(单跨或双跨)吊运、安装桥梁施工方法。缆索吊装具有跨越能力大,水平和垂直运输机动灵活,适应性广(用途多样),施工稳妥方便等优点,因而得到广泛采用,尤其在修建大跨径或连续多孔拱桥中更能显示这种施工方法的优越性。缆索吊装施工主要用于预制安装的钢筋混凝土拱桥,同时在劲性骨架施工拱桥的骨架安装、拱上结构安装、桁架、刚架拱桥施工甚至一般跨径的悬索桥加劲梁安装中得到广泛运用。目前,缆索(吊装)跨度可达 500m 以上,并由单跨缆索发展到双跨连续缆索,最大连续跨径已达 2×400m。最大吊装重量已超过 100×10^4kN,能够顺利地吊装跨径达 160m 的分段预制箱形拱桥以及跨径更大的其他形式拱桥。经过三十多年的工程实践,缆索架桥设备已配套、完善,并成套生产。下面主要针对钢筋混凝土拱桥加以说明。

拱桥缆索吊装施工大致包括拱肋(箱)预制、移运和吊装,拱圈施工,拱上结构构件预制与吊装、桥面系施工等主要工序。拱桥缆索吊装施工除缆索吊装设备以及拱肋(箱)和拱上结构构件的预制、移运和吊装等几道工序外,其余工序与有支架施工方法相同(或相近)。本节主要介绍缆索吊装施工的特点,基本内容同样适用于其他无支架施工方法。

1. 缆索吊装设备

缆索吊装设备适用于高差较大的垂直吊装和架空纵向运输,吊运量自 $10^4\sim10^6$kN 范围内变化,纵向运距自 $10\sim10^4$m。常用于运送预制构件进入桥孔安装,其设备可自行设计,就地制造安装,亦可购置现成的缆索架桥设备运往工地安装。

缆索吊装设备,按其用途和作用可以分为主索、工作索、塔架和锚固装置四个基本组成部分。其中主要机具设备包括主索、天线滑车、起重索、牵引索、起重及牵引绞车、主索地锚、塔架、风缆等主要部件组成。吊装拱桥的缆索吊装系统则除了上述各部件之外,还有扣索、扣索排架、扣索地锚、扣索绞车等部件。其布置形式如图 3-4-24 所示。

缆索吊装各机具设备及其功能如下。

1)主索(承重索)

主索亦称为承重索或运输天线。它横跨桥渡,支承在两侧塔架的索鞍上,两端锚固于地锚,吊运构件的行车支承于主索上。主索的截面积(根数)根据吊运构件的重量、垂度、计算跨径等因素由计算确定。横桥向主索的组数,需根据桥面宽度(两外侧拱肋间的距离)、塔架高度(塔架高度越大,横移构件的宽度范围就相应的增大)及设备供应情况等合理选择,一般可选 $1\sim2$ 组。每组主索可由 $2\sim4$ 根平行钢丝绳组成。

主索常采用纤维芯钢绳。其直径、型号和根数可根据索塔距离(主索跨度)、起吊重量、设计垂度(通常为 $L/15\sim L/20$,L 为主索跨度)计算出主索所能承受的拉力选定。

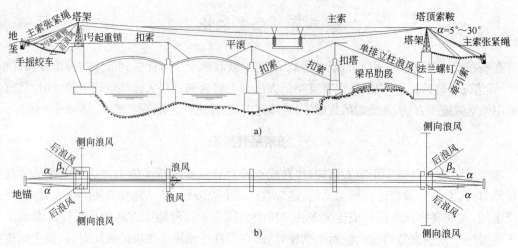

图 3-4-24　缆索吊装布置示意
a)立面；b)平面

主索一般用事先架好的工作索来安装。工作索直径较小，安装拉力不大，可依靠更细的钢丝绳或麻绳引导过河。

缆索的安装垂度应符合设计要求，若小于设计值，则地锚、索塔、主索等重要部件会超载或严重超载，这是十分危险的。相反，若缆索安装垂度大于设计值，则会引起工作垂度过大，增大了构件吊运上下坡的坡度，影响构件安装工作的顺利进行。

2) 起重索

起重索用来控制吊物的升降（即垂直运输），一端与卷扬机滚筒相连，另一端固定于对岸的地锚上。这样，当行车在主索上沿桥跨往复运行时，可保持行车与吊钩间的起重索长度不随行车的移动而改变。

3) 牵引索

为牵引行车在主索上沿桥跨方向移动（即水平运输）的无级式拉绳，宜选用柔性好的钢丝绳。需在行车两端各设置一根牵引索；这两根牵引索的另一端既可分别连接在两台卷扬机上，也可合拴在一台双滚筒卷扬机上，便于操作。

4) 结索

用于悬挂分索器，使主索、起重索、牵引索不致相互干扰。它仅承受分索器（包括临时作用在它上面的工作索）的重力及自重。

5) 扣索

当拱肋分段吊装时，需用扣索悬挂端肋及调整端肋接头处高程。扣索的一端系在拱肋接头附近的扣环上，另一端通过扣索排架或塔架固定于地锚上。为了便于调整扣索的长度，可设置手摇绞车及张紧索。扣索用绞车或链滑车收紧，用拉紧器（花篮螺丝）微调。

扣索分墩扣（扣固在墩台上）、塔扣（通过墩台顶上的塔架扣固在地锚上）、天扣[扣固在天线（主缆）上]、通扣等几种形式。

用作扣索的钢丝绳可采用与起重索或牵引索相同的类型。其直径大小按计算所受拉力大小确定。

6) 安全索

安全索是一种辅助索，它不与主索发生联系。一般可在主索之间设1或2根类型与起重索相同的钢丝索作安全索,其直径可小于主索。安全索也可作工作索用。

7)风缆

风缆又称缆风索、浪风索,用来保证塔架、扣索排架等的纵、横向稳定及拱肋安装就位后的横向稳定,调整和固定拱肋的位置。风缆采用钢丝绳类型与牵引索、扣索相同,其直径大小按计算所受拉力大小确定。

8)横移索

若缆索吊装系统只设置一道主索,则预制构件需要通过横移索来实现横向移动就位。横移索的方向应尽可能与预制构件的轴线相垂直。横移索的直径大小、钢丝绳类型可与风缆相同。

9)跑车(天线滑车、骑马滑车)

跑车是在主索上运行和起吊重物的装置,可采用定型滑车,也可根据吊重的实际情况自行加工。跑车大都由跑车轮、起重滑轮组和牵引系统三部分组成。

10)塔架

塔架是用来提高主索的临空高度及支承各种受力钢索的重要结构。塔架的形式是多种多样的,按材料可分为木塔架和钢塔架两类。

木塔架的构造简单,制作、架设均很方便,但用木材数量较多。木塔架一般用于高度在20m以下的场合。当高度在20m以上时,较多采用钢塔架。钢塔架可采用龙门架式、独脚扒杆式或万能杆件拼装成的各种形式。

塔架由塔身、塔顶、塔底和索鞍等几个主要部分组成。

11)索鞍

塔架顶上设置了为放置主索、起重索、扣索等用的索鞍,它可以减小钢丝绳与塔架的摩阻力,使塔架承受较小的水平力,并减少钢丝绳的磨损。主索通过索鞍时,要求索鞍半径 R 大于12倍钢索直径 d 或300倍钢丝直径 δ。

12)塔架基础

塔架基础一般采用浆砌片石或片石混凝土。塔底有铰接和固接两种形式,底座设铰的塔架必须依靠风缆维持稳定。有的工地则于塔架下端设球面或平面与垫木平面接触的自由铰。缆索架桥设备的塔底是在分片拼装的锥形塔脚节下设筒形铰支座。有些塔架脚底固定在基础混凝土中,或预埋螺栓与塔固接,这种形式的塔底可以承受弯矩,但塔架的稳定仍需用风缆帮助。

13)锚碇

锚碇为固定主索、起重索、扣索、绞磨、绞车、缆风绳、溜绳、导向滑车、各式扒杆、绳索吊机等不可缺少的设备。重要的锚碇应进行专门设计计算,并在正式使用前进行试拉。

锚碇的种类按构造形式可分为地垄、钢筋锚环、水中锚碇和其他锚固点等。

14)电动卷扬机及手摇绞车

电动卷扬机及手摇绞车为牵引、起吊的动力装置。电动卷扬机速度快,但不易控制,一般多用于起重索和牵引索。对于要求精细调整钢索的部位,多采用手摇绞车,以便于操纵。

15)其他附属设备

如各种倒链葫芦、花篮螺栓、钢丝卡子(钢丝轧头)、千斤绳等。

缆索吊装设备的形式及规格都非常多,必须按照因地制宜的原则,结合各工程的具体情况合理地选用,才能取得良好的效果。

2. 拱箱（肋、骨架）的预制、加工

缆索吊装施工的箱板拱和箱肋拱的拱圈都由多条箱肋组成。

预制拱箱（肋）首先要按设计图的要求，在样台上用直角坐标法放出拱箱（肋）的大样。在大样上按设计要求分出拱箱（肋）的吊装节段，然后以每节段拱箱（肋）的内弧下弦为 X 轴，在此 X 轴上作垂线为 Y 轴。用此 X、Y 直角坐标，在 X 轴上每隔 1m 左右量出内外弧的 Y 坐标，作为拱箱（肋）分节放样的依据。在放样时，应注意各接头的位置，确保准确，避免安装困难。

拱箱（肋）的预制一般多采用立式预制，以便于拱箱（肋）的起吊及移运。预制场多用砂卵石填筑拱胎，其上浇筑一层 50mm 厚的混凝土面层。

拱箱预制均采用组装预制，即将拱箱分成底板、侧板、横隔板等几个部件分别进行预制。首先，预制侧板、横隔板，然后，在拱箱节段的底模上组拼开口箱。先在拱胎面上放出拱箱边线，并分出横隔板中线，两侧钉好铁钉。为利于拱箱底板混凝土脱胎，可在拱胎面上铺油毛毡或塑料薄膜一层，然后铺设底板钢筋，将侧板与横隔板安放就位，并绑扎好钢筋，浇底板混凝土及接缝混凝土，组成开口箱。最后，在开口箱内立顶板的底模，绑扎顶板钢筋，浇筑顶板混凝土，组成闭口箱。待达到设计强度后即可移运拱箱，进行下一节段拱箱的预制工作。

3. 拱段吊装方法

采用缆索吊装施工的拱桥，其吊装方法应根据跨径大小、桥长及桥宽等具体情况而定。

拱肋或拱箱节段（简称"拱段"）通常在桥址附近的河滩上或桥头岸边预制，并进行预拼试验。

1）拱段的吊装

预制拱段运移缆索下面，由起重行车起吊牵引至指定位置安装。吊装应自一孔桥的两端向中间对称进行，在最后一节构件吊装就位，并将各接头位置调整到规定标高并联结以后才能放松吊索、成拱，最后才将所有扣索撤去。

拱桥跨径较大、拱段宽度较小时，应采用双基肋或多基肋同时合龙的方案。基肋和基肋之间必须紧随拱段的拼装及时连接，或临时连接。端段拱箱（肋）就位后，除上端用扣索拉住外，并应在左右两侧用一对称风缆索牵住，以免左右摇动。中段拱箱（肋）就位时，务使各接头顶紧，尽量避免简支搁置和冲击作用。

为了保证拱肋吊装的稳定和安全，必须遵循以下规定。

（1）拱肋的吊装，除拱顶节段外，其余节段均应设置一组扣索悬挂。

（2）拱肋分 3 段或 5 段拼装时，至少应保持 2 根基肋设置固定风缆，拱肋接头处应横向连接。

（3）对于中小跨径的箱形拱桥，当其拱肋高度大于 0.009～0.012 倍跨径，拱肋底面宽度为肋高的 0.6～1.0 倍，且横向稳定安全系数大于或等于 4 时，可采用单肋合龙，嵌紧拱脚后，松索成拱，如图 3-4-25a）所示。

（4）大、中跨径的箱形拱，其单肋合龙横向稳定安全系数小于 4 时，可先悬扣多段拱脚段或次拱脚拱肋，然后用横夹木临时将相邻两肋联结后，安装拱顶单相肋合龙，松索成拱，如图 3-4-25b）、c）所示。

（5）当拱肋跨径在 80m 以上或横向稳定安全系数小于 4 时，应采用双基肋合龙方式，即当第一根拱肋合龙并校正拱轴线，楔紧拱肋接头缝后，稍松扣索和起重索，压紧接头缝，但不卸掉扣索和起重索,待第二根拱肋合龙,两根拱肋横向连接固定好,并接好缆风后,再同时松卸两根拱肋的扣索和起重索。

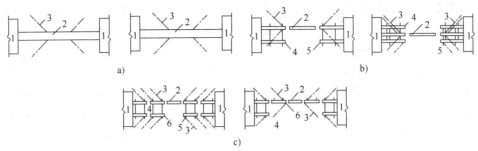

图 3-4-25 拱肋合龙方式示意
a)单基肋合龙;b)3 段吊装单肋合龙;c)5 段吊装单肋合龙
1-墩台;2-基肋;3-风缆;4-拱脚段;5-横夹木;6-拱脚段

(6)当拱肋分 3 段吊装,采用阶梯形搭接头时,宜先准确扣挂两拱脚段,调整扣索使其上端头较设计值抬高 30～50mm,再安装拱顶段使之与拱脚段合龙。采用对接接头,宜先悬扣拱脚段初步定位,使其上端头高程比设计值抬高 50～100mm,然后准确悬扣拱顶段,使其两端头比设计值高出 10～20mm,最后放松两拱脚段扣索使其两端均匀下降与拱顶段合龙。

(7)当拱肋分 5 段吊装时,宜先从拱脚开始,依次向拱顶分段吊装就位,每段的上端头不得扭斜。首先使拱脚段的上端头较设计高程抬高 150～200mm,次边段定位后,使拱脚段的上端头抬高值下降为 50mm 左右,并应保持次边段的上端头抬高值约为拱脚段上端头抬高值的 2 倍的关系,否则应及时调整,以防拱肋接头开裂。

(8)当采用 7 段和 7 段以上拱肋吊装时,应通过施工控制的方法,准确计算每段吊装后各扣索的索力、各接头的高程位置,并对风缆系统进行专门设计,确保拱肋横向稳定安全系数不小于 4,拱肋(包括接头)在各阶段承受的应力也应包含在控制计算中。

(9)拱肋合龙温度应符合设计规定,如设计无规定,可在气温接近当地的年平均温度(一般在 5～15℃)时进行;天气炎热时可在夜间洒水降温条件下进行。

2)拱段吊装的稳定性措施

在缆索吊装施工的拱桥中,为了保证单条拱有足够的纵、横向稳定性,除应满足计算要求外,在构造、施工方面都必须采取一些措施。

施工实践表明,如果拱段的截面高度过小,不能满足纵向稳定的要求,而要在施工中采取措施来保证其满足纵向稳定的要求是很困难的。因此所拟定或划分拱段的截面高度,一般都应大于纵向稳定所需要的最小高度。

为了减小吊装重量,拱段的宽度不宜取得过大,通常设计中选择的拱段宽度往往小于单拱合龙宽度。一般来说,跨径在 50m 以内时可以采用单肋合龙,当跨径大于 50m 时宜采用双肋合龙;这时,拱肋(箱)与肋间需要用横夹木或斜撑临时连接,以便形成横向框架,增强横向稳定性。

无论是单肋合龙或双肋合龙,都要结合具体情况,设置横向风浪索,使拱肋横向保持稳定。而且在安排施工进度时,还应尽快地完成拱间的横向联系(如横隔板等)的施工。

4. 拱段吊装过程中的内力计算

预制的拱肋(箱)一般均有起吊、安装等过程。因此必须对吊装、搁置、悬挂、安装等状况下的拱肋进行强度验算,以保证拱肋的安全施工。拱肋如采用卧式预制,还需验算平卧运输或平卧起吊时截面的侧向应力。

1)拱段吊点(搁置点)位置确定及吊运时内力计算

拱肋吊点从搁置点(支点)的位置,需要结合拱肋的截面形式和配筋情况以及在起吊、运输、安装过程中的受力状况来确定。

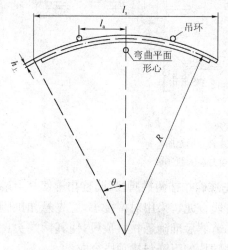

图 3-4-26 拱肋吊点位置设置

拱肋是曲线形构件,一般采用两个吊点,为了保证吊装过程中的稳定性,当拱肋(箱)为上下对称配筋时,其吊点位置一般设置在离各段拱肋(箱)端头的 $0.22l \sim 0.24l$ 处,并应位于拱肋(箱)弯曲平面形心轴以上(图 3-4-26)以防拱段吊运中可能出现侧向倾翻的现象,为此,对于圆弧拱,则要求各段拱肋(箱)的吊环离中线的距离 l_a(图 3-4-26)应满足下式:

$$l_a < \sqrt{(R+h_{sh})^2 - \left(\frac{l}{2\theta}\right)^2} \quad (3\text{-}4\text{-}4)$$

式中:R——圆弧线半径;

l——拱段的弦长;

θ——拱段圆心角的一半(单位为弧度);

h_{sh}——拱肋(箱)横截面形心至上边缘的距离。

对于悬链线拱,可参考有关资料按精确方法确定拱肋的重心及吊环离中线的距离 l_a,也可近似按上述圆弧拱计算,式中 R 则为换算半径。

同时还应该根据拱肋的截面形式及配筋情况,由截面应力的计算来确定吊点或搁置点的位置。

计算吊运过程中拱肋的内力时,可将弧形拱肋近似地按直梁计算,所承受的荷载一般仅有自重。但为了防止意外情况发生,应根据施工设备的性能、操作熟练程度和可能撞击的情况,考虑采用 $1.2 \sim 1.5$ 的冲击系数。这样就可以通过拱肋内力及应力的计算,确定合理的吊点位置。当拱肋(箱)分段较长或曲率较大时,可采用四个吊点,一般两端点位置约在离拱肋(箱)端 $0.17l$ 处,两中点位置均在离拱肋(箱)端 $0.37l$ 处,拱肋(箱)可按连续梁计算。

在设计中,拱肋下缘钢筋往往比上缘钢筋多,因此可以容许正弯矩大于负弯矩,这样也可以得到相应的合理吊点位置。

拱肋(箱)采用卧式预制时,还需要验算平卧运输或平卧起吊时截面侧向应力。

在实践中,通常根据以往的设计经验,再结合施工条件,先确定吊点或搁置点位置,然后再计算内力,进行强度验算。

2)拱肋(箱)悬挂的内力计算

本节主要介绍分三段吊装并用一根扣索悬挂边段拱肋(箱)(图 3-4-27)的计算方法,至于采用更多段的施工,其计算的基本方法与三段吊装基本相同。

(1)边段拱肋(箱)悬挂时扣索的内力计算

边段悬挂后,由于拱脚支承处尚未用混凝土封死,故可视为铰接。因此可根据静力平衡条件求得扣索的拉力 T_1 以及拱脚的水平反力和竖直反力(图 3-4-28):

$$T_1 \cdot h - \sum G \cdot b = 0 \qquad T_1 = \frac{\sum G \cdot b}{h} \quad (3\text{-}4\text{-}5)$$

$$H_1 = T_1 \cdot \cos\alpha \qquad V_1 = \sum G - T_1 \cdot \sin\alpha \qquad (3\text{-}4\text{-}6)$$

式中：$\sum G$——拱肋自重；

　　　α——扣索与水平线间的夹角；α 太小则扣索拉力太大，调整拱箱高程比较困难，因此 $\alpha \geq 20°$。

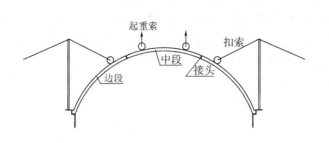
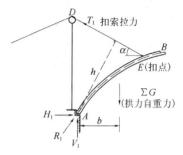

图 3-4-27　分三段吊装的拱肋安装　　　　图 3-4-28　边段拱肋扣索内力计算图示

(2) 边段拱肋（箱）悬挂时自重内力计算

拱肋（箱）在自重作用下，任意截面 i 的内力为（图 3-4-29）：

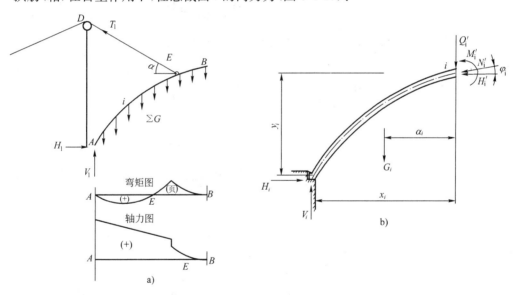

图 3-4-29　边段拱肋在自重作用下内力计算图示

弯矩：
$$M'_i = V_1 \cdot x_i - H_1 \cdot y_i - G_i \cdot a_i$$

竖直力：
$$Q'_i = V_1 - G_i$$

水平力：
$$H'_i = H_1$$

轴向力：
$$N'_i = Q'_i \cdot \sin\varphi_i + H'_i \cdot \cos\varphi_i$$

式中：φ_i——截面 i 处拱轴线与水平线的夹角；

　　　G_i——截面 i 至拱脚区段拱肋（箱）的自重；

a_i——G_i 至截面 i 之间的水平距离；

x_i、y_i——拱脚(支点)至截面 i 的水平与竖直距离。

在设计中，可采用分段计算的方法求出各分点截面在自重作用下的弯矩 M' 和轴向力 N'，按最大内力截面进行强度验算。

(3) 边段拱肋(箱)因中段拱肋(箱)搁置于悬臂端部而产生的内力计算

当中段拱肋(箱)吊装合龙时，对边段悬臂端部作用力大小，很难准确计算。目前，一般按小段拱肋(箱)重量的 15%～25% 作为中段合龙时对边段悬臂端部的作用力(R)。由图 3-4-30 可知，在扣索中产生的拉力 T_2 及支点处水平反力 H_2、竖直反力 V_2 为：

$$T_2 = \frac{R \cdot l}{h} \tag{3-4-7}$$

$$H_2 = T_2 \cdot \cos\alpha \tag{3-4-8}$$

$$V_2 = R - T_2 \sin\alpha \tag{3-4-9}$$

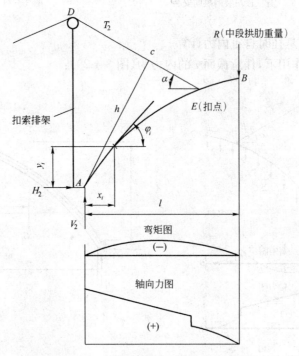

图 3-4-30 中段拱肋就位后对边段作用力计算

求得 T_2、H_2、V_2 后，可自拱脚开始，依次计算拱肋(箱)各截面的内力。对于 i 截面：

弯矩：

$$M''_i = V_2 x_i - H_2 y_i$$

轴向力：

$$N''_i = V_2 \sin\varphi_i + H_2 \cos\varphi_i$$

(4) 边段拱肋(箱)在自重及中段拱肋(箱)部分重量 R 共同作用下的内力计算

上述(2)、(3)两项所得的内力值相叠加，即可求得边段拱肋(箱)各截面的总内力。

弯矩：

$$M_i = M'_i + M''_i$$

轴向力：

$$N_i = N'_i + N''_i$$

计算出各截面的总内力后,即可确定最不利截面的位置及最大内力,并进行强度校核。

(5)中段拱肋(箱)安装时的内力计算

中段拱肋(箱)在吊装合龙时,由于起重索放松过程很慢,往往在起重索部分受力的情况下,接头与拱座逐渐顶紧,拱肋(箱)已受轴向力作用。因此,在设计时,虽然中段拱肋(箱)仍按简支于两边段悬臂端部的梁来计算,但计算的结构自重则按中段拱肋(箱)自重的30%~50%计(图3-4-31)。

由此可得中段拱肋(箱)的计算结构自重:

$$g = \frac{(0.3 \sim 0.5)W}{l} \tag{3-4-10}$$

式中:l——中段拱肋(箱)的弧长;

W——中段拱肋(箱)的实际重量。

可按一般钢筋混凝土受弯构件的计算方法对中段拱肋(箱)进行强度验算。

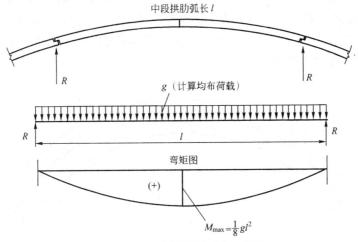

图3-4-31 中段拱肋自重内力计算

拱肋(箱)在悬挂状态下需要配置钢筋,一般地说,按此阶段所配钢筋常常能满足拱肋(箱)在其他受力阶段的需要。为了减少本阶段的钢筋用量,可用调整扣点位置或设双扣索等措施来达到。

5. 施工加载程序设计

1)施工加载程序设计目的和意义

在无支架或早脱架(有支架现浇拱肋,当拱肋达到一定强度后即拆除拱架)施工方法建成的拱肋(拱箱)上,进行后续工序如拱上建筑等的施工时,如何合理地安排这些工序,对保证工程质量和施工安全有重大影响。如果采用的施工步骤不合理,拱脚或拱顶的压重不恰当,左、右半拱或相邻各孔(对柔性墩连拱)施工进度不平衡,加载不对称,坡拱桥的特点未予重视等,都会引起拱轴线变形不均匀,而导致拱圈开裂,严重的甚至造成倒塌事故。因此,对施工步骤必须做出合理的设计。

施工加载程序设计的目的,就是要在裸肋或部分拱箱(或裸拱圈)上加载时,使拱肋(箱)各个截面在整个施工过程中,都能满足强度和稳定的要求,并在保证施工安全和工程质量的前提下,尽量减少施工工序,便于操作,以加快拱桥建设速度。

2)施工加载程序设计一般原则

(1)拱圈跨径和拱肋尺寸对施工加载程序的设计影响很大

对于中、小跨径拱桥,当拱肋的截面尺寸满足一定的要求(通常要求其面积占拱圈总面积的 1/4 以上)时,可不做施工加载程序设计,但应按有支架施工方法对拱上建筑进行对称、均衡地施工,同时在各施工阶段应注意观测,防止事故突然发生。

然而,对于大、中跨径的箱形拱或双曲拱桥,必须进行施工加载程序设计,并以受力控制计算截面验算加载程序。计算截面一般应包括拱顶、拱脚、拱跨 $l/8$ 点、$l/4$ 点、$3l/8$ 点等处截面。

(2)分环、分段、均衡对称加载

采用组合截面施工的拱圈,在拱肋或拱箱安装成拱后,为了减轻拱肋(箱)的负担,并使后施工的截面能尽早协助已建部分截面一同受力,可采用分环施工的方法;分环是指沿拱肋(箱)厚度方向划分为若干层次;为了避免拱肋(箱)产生过大的不均匀变形,也可采用增加工作面的方法。

对于大、中跨径的拱桥,在分环的同时,还应采取均衡对称加载的方法,即在拱的两个半跨上,按需要沿拱轴纵向划分成若干段落,并在相应部分同时进行相等数量的施工加载,如图 3-4-32 所示。对于坡拱桥,必须注意其结构受力不对称的特点,一般应使低拱脚半跨的加载量稍大于高拱脚半跨的加载量。

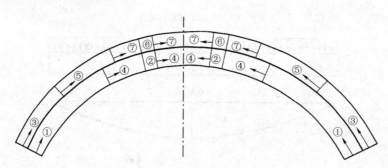

图 3-4-32 分环、分段施工程序示意图

同时还需注意,在多孔连续拱桥的两个邻跨之间也需均衡加载,两跨的施工进度不能相差太远,以免桥墩承受过大的单向推力而产生过大的位移,造成施工进度快的一跨的拱顶下沉、邻跨的拱顶上挠,导致拱圈开裂、破坏。

(3)在各施工阶段强度、稳定性、挠度计算的基础上,应预先估计施工过程中可能出现的各种问题,并采取相应的预防措施,以确保工程的质量和安全。

3)施工加载程序设计的计算步骤

目前,在施工加载程序设计时,多采用影响线加载法计算内力及挠度,再进行强度验算,步骤大致可分为:

(1)绘制计算截面的内力(弯矩、轴向力)影响线。计算截面一般应包括拱顶、拱脚、拱跨 $l/8$ 点、$l/4$ 点、$3l/8$ 点等处的截面,有时为了简化计算,也可取拱顶、拱脚、拱跨 $l/4$ 点的截面。

(2)根据施工条件并参考有关施工经验,初步拟定施工程序。

(3)在左、右半拱对称地将主拱截面分环、分段,再将已分的各环按段计算重量。分段宜小些,以便于调整加载范围。

(4)按照各阶段的工序,拟定加载顺序及加载范围,在影响线图上分段逐步加载,求出各计算截面在此荷载作用下的内力及挠度,并验算强度。加载时,要左、右半拱对称进行,尽量使各计算截面的计算弯矩及挠度最小,截面应力及挠度不超过允许值,并尽量使计算截面不出现反复变形(挠度)。

(5)根据构件强度及挠度验算情况,调整施工加载顺序和范围,或增减施工阶段。这一计算工作,往往需要反复多次,才能作出较恰当的施工加载程序方案。

(6)在主拱完成后,拱上建筑的施工一般只要由拱脚向拱顶逐渐地均衡地砌筑,即能保证主拱的安全,故可不再进行计算,必要时也要进行加载计算。对于多孔连续拱桥,也需注意相邻孔的协调施工,防止桥墩的过大变形。

施工加载程序设计既重要又烦琐,因此一方面需要探讨合理加载程序的简化计算方法,同时应在主拱圈的形式、构造及施工方法等各方面做进一步的改善。

4)施工加载挠度的计算和控制

施工加载程序确定后,还应计算施工加载各工序相应的各点挠度值,以便在施工过程中控制拱轴线的变形情况。这是因为在施工过程中难以对拱肋的应力变化情况进行观测,通常只能通过拱肋的变形反映出来。为了保证拱肋(拱圈)的施工安全和施工质量,必须用计算所得的挠度值与加载过程的实测挠度进行对照,如当实测挠度过大或出现不对称变形等异常现象时,应立即分析原因,采取措施,及时调整施工加载程序。

施工加载的挠度计算,可以利用已有的挠度影响线计算用表,按照施工加载顺序进行计算。挠度控制一般以拱顶,拱跨 $l/4$ 点、拱跨 $l/8$ 点作为观测点。在整个施工加载过程中,必须认真观测。

施工实践表明,计算挠度与实测值之间,有时相差很大,其原因主要是计算拱肋(箱)刚度 EI 时,一方面计算中未充分反映拱肋在施工过程中出现裂缝的实际情况,另一方面是计算采用的材料弹性模量与实际情况不一致,因此对于计算挠度值,在施工过程中也还需结合实测挠度校核修正。

另外,温度变化对拱肋(箱)挠度变化的影响很大。为了消除温度对拱肋(箱)加载变形的干扰,还必须对温度变化引起拱肋挠度变化的规律进行观测。测出温度变化时拱肋(箱)挠度的改变量,以便校正实测拱肋(箱)挠度值,正确地控制拱肋(箱)的受力情况。

总之,对于各种体系拱桥的施工,都必须加强施工观测,以便及时发现问题,采取措施,消除隐患,确保工程质量和施工安全。

二、悬臂法施工

拱桥悬臂施工方法的要点是:将拱圈(或划分成拱肋)、立柱与临时斜拉(压)杆、上拉杆(利用行车道梁或用临时上拉杆)组成桁架,用拉杆或缆索锚固于台后(一般锚固在岩盘上),向河中悬臂逐节地施工,最后于拱顶合龙。

悬臂施工方法,又可根据拱圈的制作方式,分为悬臂浇筑和悬臂拼装两大类。

1. 悬臂浇筑施工

将用于钢筋混凝土梁式桥的悬臂施工方法首先引入到拱桥的悬臂施工,是采用悬臂浇筑的方法。1974年日本首先在跨径170m的外津桥(变截面四次抛物线两铰拱桥)上采用了悬臂浇筑方法。

悬臂浇筑施工法是指拱圈、拱上立柱和桥面板(梁)等齐头并进,边浇筑边构成桁架的悬臂浇筑法。施工时,用预应力钢筋临时作为桁架的斜拉杆和桥面板的临时明索,将桁架锚固在后面桥台上。该法主要用混凝土箱板拱、箱肋拱。其施工程序如图 3-4-33 所示。

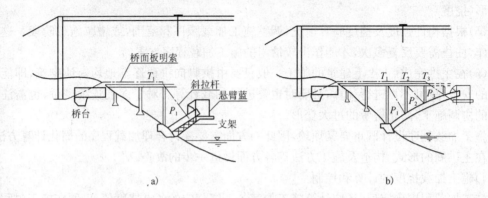

图 3-4-33　悬臂浇筑施工程序

图 3-4-33a)为在边孔完成后,在桥面板上设置临时明索,然后在吊架上浇筑一段拱圈。头一段拱圈浇筑完成并达到要求强度后,在其上设置临时预应力明索,并撤去吊架,直接系吊于斜拉杆上,然后在前端安装悬臂吊篮。

图 3-4-33b)为用吊篮逐段悬臂浇筑拱圈。当吊篮通过拱上立柱 P_2 位置后,须立即浇筑立柱 P_2 和 P_1、P_2 间桥面板(梁),然后用吊篮继续向前浇筑,至通过下一个立柱 P_3 位置后,再安装 P_1、P_2 间桥面明索及斜拉杆 T_2,并浇筑立柱 P_3 及 P_2、P_3 间桥面板(梁)。每当吊篮前进一步,须将桥面板(梁)临时明索收紧一次。整个桥孔就这样一面用斜拉钢筋构成桁架,一面悬臂浇筑,直至合龙。

拱圈断面为箱形时,每段施工按箱形断面拱圈的施工程序进行浇筑。每一循环(相当于拱上构造一个节间)需 9~12d。

为争取时间,拱上桥面板(梁)混凝土宜用活动支架逐孔浇筑。

采用悬臂法施工时,施工误差会对整体工程质量产生很大的影响,故必须对施工测量、材料强度及混凝土的浇筑等进行严格的检查和控制。尤其对斜拉预应力钢筋,必须严格测定每根的强度,观测其受力情况,必要时予以纠正和加强。

为防止计算与实际差别过大,施工前须做施工模拟试验以及预应力钢筋的锚固可靠性试验。

2. 悬臂拼装施工

这种方法是将拱圈的各个组成部分(侧板、顶底板等)事先预制,然后通过临时斜压杆(或斜拉杆)和上弦拉杆组成桁架拱片,沿桥跨分作若干段,再用横系梁和临时风构将两个桁架拱片组装成框构,每节框构整体运至桥孔,由两端向跨中逐段悬臂拼装合龙;悬伸出去的拱体通过上弦拉杆和锚固装置固定于墩、台上。另一种是将拱圈的各个组成部分分别在拱圈上悬臂组拼成拱圈,然后利用立柱与临时斜杆和上拉杆组成桁架体系,逐节拼装,直至合龙。

目前世界最大跨径的混凝土桁式组合拱桥——贵州省江界河 330m 预应力混凝土桁式组合拱桥就是采用悬臂拼架施工,详见第五章。居目前世界第二的钢筋混凝土箱形拱桥——南斯拉夫 KBK 桥也是采用悬臂法施工。

三、塔架斜拉索法施工

塔架斜拉索法是以临时设立在桥台上的塔架为支柱,将拱圈(拱肋)浇筑一段系吊的施工方法。

塔架高度和应力根据拱的跨径、矢跨比等确定。斜吊杆可使用预应力钢筋,其根数视所系吊拱段长度和位置而定,在浇筑拱圈混凝土时,可用设在已浇完拱段上的悬臂吊篮,逐段悬臂浇筑。拱架也可用吊架浇筑,吊架的后端固定在已完成的拱段上,前端系吊在塔架上。整个拱圈混凝土的浇筑工作须由两端拱脚开始,对称地进行,最后在拱顶合龙,如图 3-4-34 所示。

塔架斜拉索法是国外采用最早、最多的大跨径钢筋混凝土拱桥无支架施工方法。近年来,我国的四川省也用这种方法建造了几座钢筋混凝土拱桥。

用塔架斜拉索法施工,浇筑长度根据具体条件可长可短,并具有节段间接缝容易处理的优点,所需设备少。但施工中的结构刚度不如悬臂桁架法,尤其是拱轴线和已浇混凝土的应力控制难度大,需要进行详尽的施工阶段内力和挠度的计算,现场浇筑混凝土工作量也很大。此外,混凝土后期徐变、收缩大。

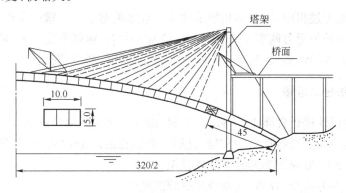

图 3-4-34 塔架斜拉索施工(尺寸单位:m)

为了克服这个问题,国外曾发展了劲性骨架法与塔架斜拉索法的组合施工方法。20 世纪 70 年代,日本建成了帝释桥(跨径 145m)和宁佐川桥(跨径 204m);两座桥的施工特点是:拱脚段采用塔架斜拉索法,跨中区段采用劲性骨架法。

第三节 其他施工方法简介

一、少支架施工法

少支架施工法是一种采用少量支架集中支承预制件的拱桥预制安装施工方法。这种施工方法常用于中小跨径的整体式拱桥、肋拱桥等。与拱架施工方法不同的是,少支架施工法利用了拱片(肋)预制件的受力能力,使其成为拱桥施工的拱架。

少支架施工拱桥的预制件长度、分段位置,取决于结构的受力与吊装能力。一般情况下,预制拱片(肋)被分为奇数段,如三段或五段等,并避开受力控制截面。

少支架施工的步骤为:预制拱片(肋)吊装就位在支架上;调整支点高程并考虑所需的预拱度;采用现浇混凝土联结拱片(肋)及其间的横向联系;落架、拱片(肋)成拱受力;铺设桥面板及现浇桥面混凝土,或进行立柱等的拱上建筑的施工。

二、劲性骨架施工法

这种施工方法是用劲性材料（如型钢、钢管等）在桥位上先用无支架方法架设以形成劲性拱骨架，然后围绕骨架浇筑混凝土，即把劲性骨架作为混凝土的钢筋骨架，埋入混凝土中。该施工法特点是节省另造施工用拱架工作，且拱的整体性能好，拱轴线形较易控制，施工速度快等，但结构本身的用钢量大，且需用型钢较多，故该方法一般用在大跨径拱桥工程中。

劲性骨架在施工过程中起拱架作用，在拱圈形成后埋入混凝土中，作为混凝土拱圈截面的一部分，因此劲性骨架法又称埋入式拱架法，国外也称米兰法。

劲性骨架法是一种较老的施工方法，1942年西班牙就采用该法建成了Esla钢筋混凝土拱桥（跨径210m），由于其用钢量较大，施工控制技术落后等原因，该法未得到推广。我国从20世纪80年代，由于大跨径拱桥的大量出现以及高强、经济的骨架材料（钢管混凝土）和施工控制技术的发展，这一施工方法在大跨径混凝土拱桥施工中得到了广泛使用。世界上最大跨径420m的混凝土拱桥（重庆万州长江大桥）就是采用劲性骨架施工方法建成的。

在劲性骨架施工过程中，斜拉的扣挂索体系是技术关键之一。索材应该是强度高、弹性模量大、变形稳定，索长与索力调整方便、行程大、控制精度高，锚固系统安全、可靠。目前普遍采用桁构式钢管混凝土劲性骨架，其特点是刚度大、用钢量省、经济、安全。

1. 劲性骨架法施工步骤

(1) 在现场按设计进行骨架1∶1放样、下料、加工以及分段拼装成形。

(2) 采用缆索吊装法进行骨架的安装、成拱。对钢管混凝土骨架，在架设成钢管拱骨架后还需灌注管内混凝土，形成钢管混凝土劲性骨架。

(3) 在骨架上悬挂模板，分环、分段浇筑拱圈混凝土。

2. 劲性骨架法施工控制方法

采用劲性骨架法施工，混凝土浇筑顺序是关键，直接影响到混凝土拱圈形成过程中的变形、应力与稳定。为此，必须进行详细的施工加载程序设计和有效的控制手段，以确保骨架在任何施工时刻的结构安全和混凝土拱圈形成后的线形。

(1) 锚索假载施工法

将锚索锚固在河床的地锚上，锚索与地锚之间装有拉力计和紧固器，用以施加假载。拱箱混凝土浇筑时，根据各施工阶段的拱圈受力和骨架变形调整锚索拉力，以保证劲性骨架的线形和稳定性。这种方法控制操作难度大，场地要求高，效果不理想。

(2) 水箱调载法

该法是在拱形骨架成形后，在拱顶部位设置多个水箱，在拱圈混凝土浇筑过程中，根据预先计算的加载重力向水箱内注水，确保拱圈变形和截面应力控制在允许范围内。与此同时，进行变形和应力检测，如发现异常，及时调整水量和浇筑速度、张紧或放松八字浪风索等。该方法的缺点是水箱设备较复杂，操作也较麻烦。

(3) 千斤顶斜拉扣挂调载法

该法是利用缆索吊装扣挂骨架节段时使用的斜拉索，调整混凝土浇筑过程中拱轴变形和结构各部应力以实现混凝土的连续浇筑。但由于劲性骨架已成超静定体系，斜拉索张拉不仅影响调整区段的混凝土应力和变形,而且张拉点的混凝土拉应力往往容易越限,张拉力需要通过反复试算才能确定。

(4)多点均衡浇筑法

该法是将拱圈横向分块、纵向分环、各环分段。施工时,按确定方案进行多点均衡浇筑混凝土,使拱圈受力、变形及稳定状态保持在允许范围内,并分环合龙。每环混凝土间隔一定龄期,达到一定强度后才能参与骨架联合作用,共同承受下环混凝土的重力。

多点均衡浇筑法依靠多工作面浇筑的混凝土保持拱圈自身平衡,它的特点是一次浇筑的混凝土方量少,不需要配重,减轻了劲性骨架负担,其稳定性得到保证,变形和应力变化比较均匀、平顺。但它对施工要求比较严格,各工作面的进度须严格控制,工序转换比较多,工期比较长。

劲性骨架法是目前特大跨径混凝土拱桥施工的主要方法,实际过程中也发现该法存在空中浇筑拱圈混凝土工序多、时间长、混凝土质量控制较难等不足,且后期收缩徐变大,在今后还有待对其做进一步改进。

三、转体施工法

转体施工法一般适用各类单孔拱桥的施工。其基本原理是将拱圈或整个上部结构分为两个半跨,分别在桥跨两岸利用地形或简单支架现浇或预制装配半拱;然后利用动力装置将两个半跨拱体转动至桥轴线位置(或设计高程)合龙成拱。

采用转体施工法的特点:结构合理,受力明确,节省施工用料,减少安装架设工序,变复杂的、技术性强的水上高空作业为岸边陆上作业,施工速度快,不但施工安全,质量可靠,而且不影响通航,施工费用和机具设备少,工程造价低。因此,转体施工是一种具有良好技术经济效益的拱桥施工方法。

拱桥转体施工法根据其动力方位的不同,分为平面转体、竖向转体和平竖结合转体三种。

1. 平面转体施工

平面转体施工就是按照拱桥设计高程在岸边预制半拱,当混凝土达到设计强度后,借助设置于桥台底部的转动设备和动力装置在水平面内将其转动到至桥位中线处合龙成拱。由于是平面转动,因此,半拱的预制高程要准确。通常需要在岸边适当位置先做模架,模架可以是简单支架也可做成土牛胎模。

平面转体施工分有平衡重转体和无平衡重转体两种。

1)有平衡重转体

有平衡重转体以桥台背墙作为平衡和拱体转体用拉杆(或拉索)的锚碇反力墙,通过平衡重稳定转动体系和调整其重心位置。平衡重的大小由转动体的重量大小决定。由于平衡重过大不经济,也增加转体困难,所以用本法施工的拱桥跨径不宜过大,一般适用于跨径100m以内的整体转体。

有平衡重的转体施工的转动体系一般包括底盘、上转盘、锚扣系统、背墙、拱体结构、拉杆(拉索)等部分。

有平衡重转体施工的特点是:转体重量大(最大可达上万吨)、旋转稳妥安全、转动装置灵活可靠。

有平衡重转体施工的主要内容与步骤包括转盘制作、布置牵引驱动系统的锚碇及滑轮、试转上转盘、浇筑背墙及拱体结构、设置锚扣系统并张拉脱架(指拱体结构)、转体与合龙、封闭转盘与拱顶以及松锚扣系统。

2)无平衡重转体

重庆涪陵乌江大桥跨径 200m 空腹式无铰拱桥,采用无平衡重双向对称同步转体施工法修建。

无平衡重转体是以两岸山体岩石锚洞作为锚锭来锚固半跨拱桥悬臂状态平衡时所产生的水平拉力,借助拱脚处立柱下端转盘和上端转盘使拱体作平面运动。由于取消了平衡重,可大大减轻转动体系重量和圬工数量。该法适用于地质条件好的 V 形河床上的大跨径拱桥转体施工。因无平衡重转体施工是把有平衡重转体施工中的拱圈扣索锚在两岸岩体中,从而节省庞大的平衡重。

锚锭拉力是由尾索预加应力给引桥桥面板(或轴力、斜向平撑),以压力形式储备,桥面板的压力随着拱体所处方位而不同。如图 3-4-35 所示,无平衡重转体施工体系包括三部分:

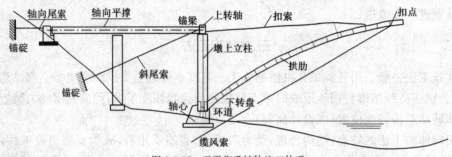

图 3-4-35 无平衡重转体施工体系

(1)锚固体系

由锚锭、尾索、平撑、锚梁(或锚块)及立柱组成。锚锭设在岩体中,锚梁(或锚块)支承于立柱上,两个方向的平撑及尾索形成三角形稳定体,使锚块和上转轴为一确定的固定点。无论拱体处于哪个方位,其扣索力均与锚固体系平衡。

(2)转动体系

转动体系则由上下转动构造、拱体及扣索组成。

(3)位控体系

为有效控制转体在转动过程中的速度和位置,常由系在拱体顶端扣点的浪风索与无级调速自控卷扬机、光电测角装置、控制台组成位控系统。

无平衡重转体施工内容及步骤如下:

(1)转动体系施工(包括下转轴、转盘及环道设置、拱道设置及拱体预制、立柱施工、锚梁、上转轴、扣索安装等)。这一部分施工主要保证各部件制作安装精度及环道的平整度。

(2)锚锭系统施工(包括锚锭施工、安装轴向及斜向平撑、张拉尾索与扣索等)。

(3)拱体转动、合龙与松扣。

2. 竖向转体

竖向转体施工是在桥台处先竖向预制半拱,然后在桥位平面内绕拱脚将其转动合龙成拱。

根据河道情况、桥位地形和自然环境等方面的条件和要求,竖向转体施工有两种方式:一种是竖直向上预制半拱,然后向下转动成拱;其特点是施工占地少,预制可采用滑模施工,工期短,造价低。需注意的是在施工过程中,尽量保持位置垂直,以减少新浇混凝土重力对尚未结硬混凝土产生的弯矩,并在浇筑一定高度后加设水平拉杆,以避免拱形曲率影响,产生较大的弯矩和变形。另一种是在桥面以下俯卧预制半拱然后向上转动成拱。如图 3-4-36 所示。

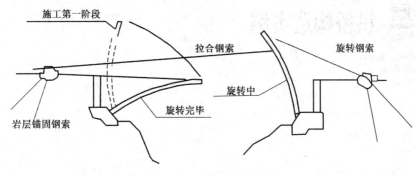

图 3-4-36　竖向转体施工示意图

3. 平竖结合转体施工

由于受到河岸地形条件的限制,拱桥采用转体施工时,可能遇到既不能按设计高程预制半拱,也不可能在桥位竖平面内预制半拱的情况。此时,拱体只能在适当位置预制后既需平转又需竖转才能就位,这种平竖结合转体基本方法与前述相似,但其转轴构造较为复杂。这种施工方法是在我国广州市丫髻沙大桥——三孔连续自锚中承式钢管混凝土系杆拱桥工程中首先采用。

思考题

1. 拱架有哪些构造形式?各有何特点?
2. 拱架预拱度的设置方式有哪几种?
3. 简述拱架卸落的基本要求和卸架程序。
4. 简述拱桥施工加载程序设计的目的、基本原则和计算步骤。
5. 在支架上和拱架上浇筑混凝土的程序是什么?
6. 无铰拱桥的有支架施工与连续梁桥的有支架施工中,在留接缝(或间隔槽)的问题上有哪些异同点?
7. 试述缆索吊装的特点和适用条件。
8. 为什么采用缆索吊装时,主拱圈总是划分为奇数段?如果是多孔拱桥且中间无单向推力墩时,拱圈的合龙方式应如何进行?
9. 缆索吊装设备的基本组成包括哪几部分?各自的作用是什么?
10. 试以施工条件和现场条件分析悬臂浇筑法施工和悬臂拼装法施工两者的适用条件和优缺点,并加以综合比较。
11. 劲性骨架法施工控制方法有哪些?
12. 什么是转体施工?转体施工法包含哪些类型?各自的适用条件是什么?

第五章 拱桥构造实例
DIWUZHANG

第一节 上承式拱桥

一、丹 河 大 桥

1. 概况

山西晋城丹河大桥是目前世界上跨径最大、荷载标准最高的石拱桥。丹河大桥位于太行山脚下的丹河河谷,河谷相对高差近 80m。全空腹式变截面石板拱桥,其跨径组成为 2×30m+146m+5×30m,桥梁全长 413.7m;桥面宽度为 24.8m。主桥拱上建筑由 14 孔跨径为 9.4m、厚度为 0.6m 的腹拱组成,桥梁栏杆为表现晋城市历史文化,由石雕图画与传统的石狮子组成,体现了现代与传统文明的完美结合。如图 3-5-1 所示。

2. 构造要点

丹河大桥主孔跨径 146m,矢跨比 1/4.5,主拱圈采用悬链线变截面石板拱,拱轴系数=2.30,主拱圈宽度为 23.9m,拱顶厚度为 2.50m,拱脚厚度为 3.50m,拱厚按李特公式变化,其变化系数 $n=0.5225$;净矢高为 32.444m。拱上采用全空腹拱式腹拱形式,由 14 孔 9.6m 跨径的圆弧形石板拱组成,腹拱拱圈厚 0.6m,矢跨比 1/3.5,桥面宽度:(0.35+1.00+0.50+9.50+1.50+9.50+0.50+1.00+0.35)m=24.2m。

丹河大桥设计的汽车荷载等级为公路—Ⅰ级,人群 3.5kN/m²。

主拱圈采用 C40 小石子混凝土砌 100 号大料石;基础采用 C30 片石混凝土;腹拱填料采用加气混凝土;桥面铺装为钢纤维混凝土;其余除推力墩与截面较大的腹拱墩采用浆砌片石外包浆砌料石外,均采用 C30 小石子混凝土砌 60 号料石。拱腹填料采用轻质陶粒混凝土(密度控制在 11kN/m³),桥面结构采用防水混凝土。

3. 施工要点

基础除焦作岸引桥采用挖孔桩基础外,其余均采用片石混凝土扩大基础,其中焦作岸主拱

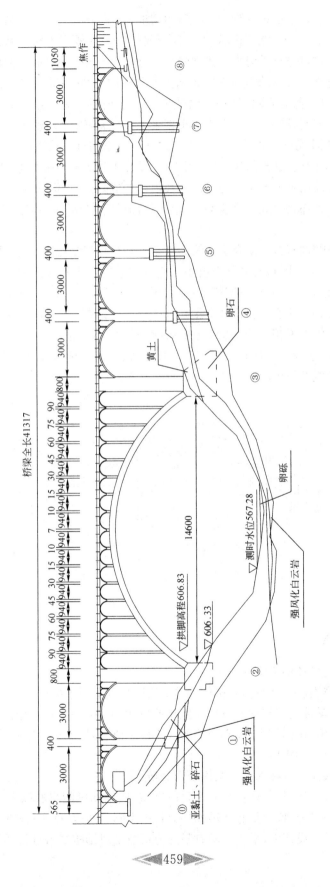

图3-5-1 丹河大桥总体布置图（尺寸单位：cm；高程单位：m）

座因基岩倾斜较严重、岩石层理发育，采用了锚杆加固措施。由于丹河大桥桥高达80.6m，且沟深谷陡，在跨径达146m的情况下，采用何种形式的支架便成了本桥成败的关键因素之一。经多种结构形式与材料选择，丹河大桥拱架最终采用了结构受力明确、稳定性与安全度高、施工速度快、设备重复利用率高的空间排架式钢拱架。横向5排、纵向8跨，由16Mn钢万能杆件与军用墩组成。拱盔部分采用圆松木排架与弓形木及模板构成。卸架设备则采用了传统的单木楔与组合木楔，方便、稳妥、可控性强。根据施工过程看，这种方案是十分成功的。

桥梁采用在拱架上分环分段砌筑法施工。拱架采用空间排架式钢拱架，它由A3和16Mn钢万能杆件拼成的空间桁架（横向设10片桁片，每2片桁片组成一榀桁架，共5榀，纵向8跨）和木拱盔（拱盔部分采用圆松木排架与弓形木及模板构成）与军用墩构成，全高70余米。主拱圈分5环砌筑而成，每环又分成5个段共18个工作面进行砌筑。按程序，在拱上横墙施工完成后进行落架。

主拱圈及拱上建筑的砌筑，摒弃了传统的缆索吊装与扒杆施工方法，采用2台塔吊直接吊装施工，由于跨径大，主拱圈料石的分类也相对简单。本桥主拱圈共采用了厚度为36～60cm的100号料石336路，分5环10段砌筑。每环纵向设置了11道空缝。由扁铁塞垫，砌缝宽度为3cm，砌缝材料为C40小石子混凝土，采用小直径振捣棒振捣。加载顺序根据变形与受力观测结果，通过施工仿真模拟计算后，确定主拱圈采用环环合龙，两阶段逐次循环落架方案（图3-5-2）。整个施工过程，均处于严密而科学的控制之中，使丹河大桥主拱圈施工仅用了短短的4个月时间，各项工程指标均达到了设计理想状态。

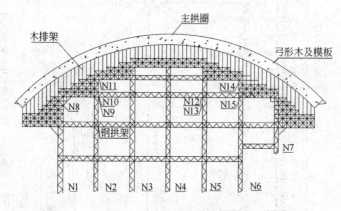

图3-5-2 施工循环落架方案

4. 设计计算要点

1）通过试验确定砌体的力学性能

设计中针对桥梁石材、砌缝材料、砌体构造等实际情况进行了砌体力学性能试验。试验表明，丹河大桥砌体力学性能与按常规方法取值相差较大，其中抗压强度大于桥规值，小于国标值；弹性模量比桥规值、国标值大；偏心影响系数比桥规值、国标值小。这些结果对确保桥梁设计正确性起了非常重要的作用。

2）采用空间有限元分析技术进行结构受力分析

丹河大桥拱圈分五环，每一环再分五个阶段砌筑，拱架和拱圈将有联合作用，使得先形成的拱圈参与拱架共同受力，特别是底环拱圈受力将很不利。所以，施工过程中拱架和拱圈的受力行为必须予以考虑。设计中，采用空间有限元分析技术对结构受力进行详尽分析。

结构内力(应力)分析分下列两种情况：

(1)活载作用按成桥状态进行计算,并用主拱圈与拱上结构共同作用的空间有限元模型进行分析。

(2)恒载作用按施工过程进行包括拱架和拱环在内的空间有限元仿真分析,即拱圈任一点的应力均通过各施工阶段应力叠加而得出。

分析中,将拱架作为平面杆系或空间杆单元,将木拱盔中的弓形木与排架作为杆(梁)单元,将拱圈看作梁或实体单元并随施工的进行逐渐增加,弓形木与拱圈之间通过刚臂连接。计算模型按施工顺序分为两阶段：第一环砌筑完毕后作为第一阶段,这时拱圈梁(杆)单元的轴线、截面特性均为第一环拱圈的中线轴线和截面特性；考虑到拱圈未合龙(未灌注空缝),拱脚处预留空缝尚未固结,将拱圈梁(杆)单元视为铰接。第一环拱圈合龙后,砌筑第二环拱圈,在第二环没有合龙前作为第二阶段,这时第一环拱圈作为梁单元固端拱,第二环各段间视为铰接,两环间通过刚臂连接；对空间模型分析时,将第一、二环视为实体单元固端拱,第二环空缝处铰接。以此类推。拱上结构施工时,拱圈采用梁单元或实体单元。

通过施工过程仿真分析,一方面全面掌握了施工过程中拱架、拱环的受力情况,指导施工过程安全控制,并制定出了最优的拱圈及拱上结构砌筑程序；另一方面则找出了不同于常规方法计算结果的真实的结构内力(应力)状态,为该桥的正确设计提供了保障。

3)采用大比例模型实验进行拱圈砌筑过程模拟

鉴于施工过程中结构的复杂性,其理论分析结果需要有实验的验证。设计中,利用模型实验技术对拱圈施工过程进行了大比例模拟试验,试验模型按照1:10的比例设计制作。实验结果表明,理论分析结果是可信的,先期形成的拱环参与拱架共同承受后期荷载(联合作用)情况明显,其贡献度可达到30%左右；丹河大桥成桥时拱脚下缘试验压应力将约为仅按成桥状态计算的应力的1.6倍。

二、贵州江界河大桥

1. 概况

贵州江界河大桥是目前世界上跨径最大的组合桁架拱桥。1995年6月竣工的江界河大桥位于贵州省瓮安县境内,跨越乌江。主孔桥型为上承式预应力混凝土桁式组合拱,桥型布置见图3-5-3a),上弦及桥面系构造如图3-5-3b)所示。该桥主要技术标准如下：孔跨布置为20m+25m+30m+330m+30m+220m,全长461m,主孔跨径330m,计算矢跨比为1/6,计算矢高为55m,下弦拱轴线为二次抛物线；设计荷载为公路—Ⅰ级,人群荷载3kN/m²；桥面净宽为净—9m+2×1.5m人行道,桥全宽13.4m；桥面至最低水位264m。

2. 构造要点

1)大节间斜拉杆式桁构

根据受力和悬拼施工要求,本桥采用大节间斜拉杆式桁构。桁片采用两片,中距7.8m,宽2.76m,两桁片间顶、底板净跨径为5.04m。主孔共设11个节间,布置为30m+28m+26m+22m+22m+74m+22m+22m+26m+28m+30m,其中74m段为实腹段。断点设计在上弦在三、四节间之间,其位置经过优化,断点至墩顶的悬臂长度为84m(悬臂段长度与计算跨径之比为0.255),中部桁拱段长度为162m。

2)截面形式

本桥上构所有杆件均采用箱形截面,各种截面之间的面积比、刚度比经优化确定。上下弦及实腹段截面系先预制两边箱(桁片),吊装就位后再加盖顶、底板组成三室箱。

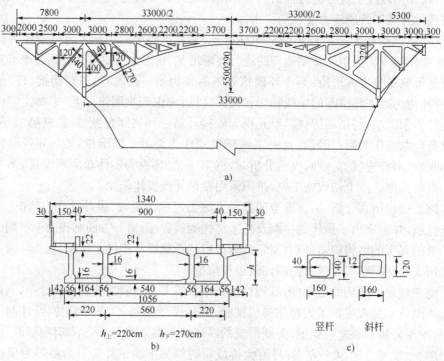

图 3-5-3 江界河桥桁拱布置及杆件截面形式(尺寸单位:cm)
a)桥型布置;b)弦杆及桥面系;c)腹杆

上弦杆为高 2.20m、宽 10.56m 的单箱三室截面,其顶板既作承受局部荷载的单向(桥面)板,又作为上弦杆的一部分参与纵向受力,设计成空心板,腹板呈工字形,如图 3-5-3b)所示。

腹杆包括竖杆和斜杆。竖杆均为压杆,由上下缘两个分离式的箱组成,其间用横系梁连接,每箱高 1.20m,宽 1.60m,壁厚 0.12m;斜杆为拉杆,也由上下缘两个箱组成,箱高 1.40m,宽 1.60m,壁厚视是否设置预应力索而定,设预应力索两侧壁为 0.16m,其余为 0.14m。

3)节点构造

本桥采用以圆弧过渡的扩大空心节点。即各杆件边线交会处一律以圆弧过渡,杆件截面重叠部分不是全部填实,而是根据受力和设置预应力钢筋的需要,将腹杆、上下弦杆内整个空间或部分空间相互交叉重叠的大部分截面仍然挖空,如图 3-5-4 所示。由节点光弹模型试验结果知,杆件交会处局部应力集中现象严重,故增设较强的倒角钢筋。

4)接头设计

本桥采用预制悬拼施工,除拱顶采用湿接头外,一律采用半干性接头,搭接台阶宽 30cm,构件四周钢筋伸出,就位后电焊钢筋使其连通,产生的缝隙用钢板填塞,并灌环氧树脂砂浆,然后用混凝土封闭其开口。拱顶接头长 1m,端头预埋钢板,以便合龙时预压。

5)预应力体系设计

本桥上弦杆和斜杆为预应力构件,根据受力和施工需要,分为永久索和临时索,在体系转换后,主孔断点至拱顶区段为压弯构件,故仅布置临时索。考虑到上弦预应力钢筋在施工中须多次松张、接长、张拉的特点,采用 $\phi32$mm Ⅳ 级高强粗钢筋和轧丝锚;斜杆为一次吊装,不需接长,故采用 $24\phi5$mm 高强钢丝和弗氏锚(锚固端用墩头锚)。

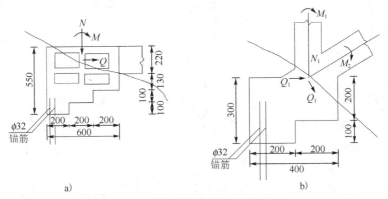

图 3-5-4　墩台基础设计(尺寸单位:cm)
a)桥台基础;b)边孔腹杆基础

6)墩台锚固设计

本桥在半跨最大悬臂阶段有 56000kN 的拉力通过上弦和 14000kN 的拉力通过斜杆传至边孔,然后通过边孔上弦和斜杆分别传至桥台和腹杆基础。基础设计用抗倾覆和抗滑动稳定性控制。倾覆力矩产生的上拔力由基础尾部竖直锚桩(桩径 27.3cm,其内放 $6\phi32$mm 组成的钢筋笼,浇筑 C40 混凝土)克服,滑动力由基础前方天然岩体抗剪强度克服,如图 3-5-4 所示。为增大锚固安全度,在两岸桥台后面还增加了水平锚固设施——撑梁和锚固墙(与桥台分离)。

3. 施工要点

本桥主孔采用桁架伸臂法悬拼架设,使用人字桅杆吊机进行吊装。桅杆设计最大吊重为 1500kN(相应桅杆倾角为 60°,伸臂长度为 21.34m),最大伸臂长度为 32.15m,相应吊重为 550kN,桅杆倾角为 40°)。悬拼工艺三要素是吊得起、拉得住、锚得稳,悬拼工艺流程中的要点如下:

本桥主孔桁片共分 14 段,半跨为 7 段,预制构件为 54 件,全桥共 108 件(不含顶底板和横向联系),全部采用单件拼装。每件预制件重量控制在 1200kN 以内。主孔下弦顶底板为预制吊装,主、边孔上弦顶底板为现浇。构件在两岸引道上预制。带节点的预制件采用卧式预制,不带节点的预制件,采用立式预制。构件用千斤顶顶起脱模后,用专用托架运至桅杆脚下,由桅杆翻身并吊运至设计位置安装。悬拼程序是由主孔由两岸向河心逐段悬拼,至主孔跨中合龙(图 3-5-5)。

为减少半跨最大悬挂阶段的上弦拉力,在保证必需的强度和稳定的前提下,主孔各节段分别采用不同的截面:脚段、二段、三段为两边箱加顶、底板,四段、五段、六段为两边箱加横向联系,七段两桁片为上开口箱截面。主孔半跨最大悬挂时的构件总重力为 54000kN,上弦根部拉力为 56000kN,用 150 根 $\phi32$mm Ⅳ 级预应力钢筋稳定。

为了保证合龙时的安全,采用单片合龙的方式,即两岸同时吊装上游(或下游)一侧实腹段桁片,就位后,按上述程序处理拱顶接头,待接头混凝土达到一定强度后松索,再按同样程序吊装另一侧实腹段桁片。这种合龙方式的优点在于,吊装第一侧桁片时,合龙段悬挂重量仅为计算重量的一半,而且,在松索之前构件重力是通过桅杆吊机传至第六段桁片后端的吊机安装点上,从而缩短倾覆力臂(同时桅杆脚的水平分力还可起到预应力的作用),减少上弦拉力。吊装另一侧桁片时,已合龙的桁片起拱的作用,受力状态大为改善。

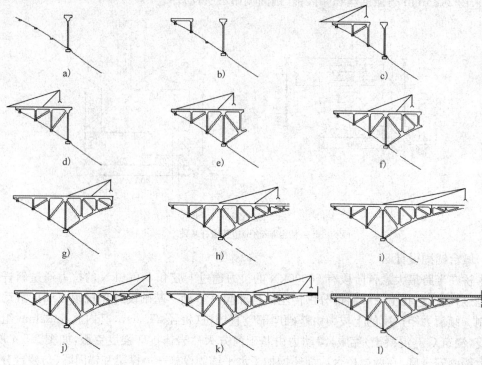

图 3-5-5 悬臂施工过程

悬拼施工中结构处于悬臂桁架体系状态,合龙后将进行体系转换,使上弦在三、四节间之间断开,变成组合拱体系。因为合龙时,主孔四、五、六、七段截面刚度较小。为了保证在体系转换时结构有更大的稳定性,采取分次放张、分次加载的方式,使结构逐步缓慢地由悬臂桁架体系过渡到桁式组合拱体系。

4. 设计计算要点

据计算对象及要求的不同,本桥采用了多种结构分析模型:

(1)在进行永久荷载、车辆荷载、风荷载、地震荷载等多种荷载工况的结构计算时,采用空间梁单元结构分析模型。

(2)采用平面杆系有限单元法计算其内力,用极限状态法进行预应力混凝土构件和钢筋混凝土构件截面应力和强度验算,并同时进行变形计算和裂缝计算。

(3)在进行竖平面内恒载应力计算时,弦上、下弦箱形截面的宽度压缩(侧向凝聚)、高度不变,腹板简化为膜单元,顶、底板简化为杆单元,腹杆和墩台简化为梁单元,形成由膜、杆、梁组合的二维空间结构。

在进行节点应力分析时,在将全桥按梁单元计算的基础上,再将其中一个或多个主要局部构造分别作为膜、块或梁等空间分析模型。

同时考虑拱桥施工方法与施工过程,分阶段内力叠加计算。

(4)上弦在墩顶与拱顶之间断开,形成一个断缝,将全桥明显地分为两个受力区段。断缝至拱顶区段是拱式受力体系,上弦及实腹段均受压;断缝至桥墩(或边孔桥台)区段是梁式受力体系,上弦受拉,下弦受压。即这类桥型是一个拱梁式组合体系结构,全桥可以看成是两端的悬臂桁架梁,支承着中部的桁架拱。

(5)在进行竖向地震荷载和横向风荷载的结构分析时,将所有箱形截面杆件高度压缩(向截面形心轴凝聚)、宽度不变,顶、底板简化为膜单元,腹板简化为杆单元,形成由膜、杆组合的二维空间结构。

(6)在恒载、风载及其组合计算时,将箱形上、下弦的顶、底板和腹板全部作为膜单元,腹杆及墩台作为梁单元,组合形成空间膜、梁组合模型。

另外,本桥还进行了稳定验算、动力性能分析,最大悬臂状态和运营期静力模型试验,节点光弹模型试验,风洞试验及成桥静、动载试验。

三、万州长江大桥

万州长江大桥是目前世界上最大跨径的钢筋混凝土拱桥。它是国道318线成都—上海跨越长江的一座特大桥梁,位于重庆万州市上游7km的黄牛孔处。桥梁一跨过长江,将万州市南、北两岸连为一体,大桥全长856.12m,主跨为一孔净跨420m上承式钢筋混凝土拱桥,引桥采用多跨30.668m后张预应力混凝土简支梁。桥梁总体布置立面如图3-5-6所示。

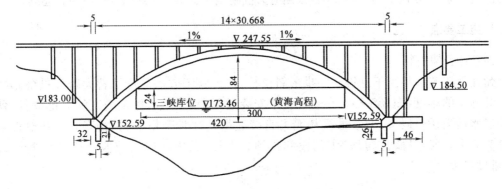

图3-5-6 万州长江大桥总体布置立面图(尺寸单位:m;高程单位:m)

1. 概况

桥跨布置:5×30.668m+420m+8×30.668m,全长856.12m。

桥面宽度:3m人行道+净—2×7.5m行车道+3m人行道,总宽24m。

设计荷载:汽车—超20级、挂车—120,人群3.5kN/m²。

通航净空:在三峡水库正常蓄水位175m以上通航净空为24m×300m,双向通行库区规划万吨船队。

2. 构造要点

(1)拱圈构造。万州长江大桥拱圈的净跨420m、矢跨比1/5,净矢高84m,拱轴线形为悬链线;拱圈采用单箱三室的箱形截面,高度7m,宽度16m,内设钢管劲性骨架,详见图3-5-7。

(2)拱圈劲性骨架构造。箱形拱圈内的劲性骨架由5个桁片组成,间距3.8m;桁片上、下弦采用φ420×16mm无缝钢管,腹杆及横向连接系杆采用4∠75×75×10mm角钢组合杆件,骨架沿拱轴分为36节段,每个节段长度约13m,高6.8m,宽15.6m。采用工厂全焊加工,每个节段重量约612.5kN,节段之间采用法兰盘螺栓连接,钢板厚度16mm。劲性骨架在拱脚处设临时铰,以适应调整骨架线形需要。

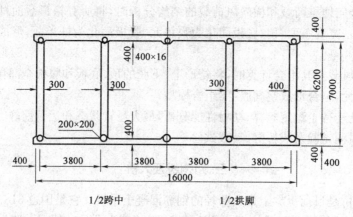

图 3-5-7　万州长江大桥拱圈截面构造(尺寸单位:mm)

(3)拱上建筑构造。万州长江大桥属简单体系上承式拱桥,拱顶不设实腹段。拱上建筑由钢筋混凝土立柱与 14 跨 30.668m 后张预应力混凝土 T 形简支梁组成,桥面铺装连续。

3. 施工要点

1)劲性骨架安装

劲性骨架安装相当于悬拼一座拱形斜拉桥,这种施工方法降低了特大跨径拱桥劲性骨架安装施工的难度(图 3-5-8)。在劲性骨架安装过程中,缆索吊机是施工的关键设备,劲性骨架经水运至桥位码头,缆索吊机从船上直接起吊劲性骨架桁段、纵移安装。劲性骨架安装分为 3 个阶段:拱脚定位段、中间段和拱顶合龙段,其中拱脚定位段和拱顶合龙段最关键、难度最大。

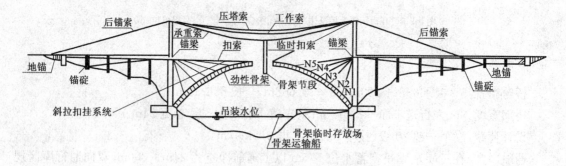

图 3-5-8　万州长江大桥劲性骨架安装施工示意图

几何尺寸精确测量放样的拱脚第一段劲性骨架的各弦管,安装时将嵌入预埋在拱座的定位钢管内;中间段劲性骨架的连接采用先钢销定位后法兰盘栓接的方式;劲性骨架的合龙段需在现场精确丈量、加工后再嵌填,并设"抱箍"实现合龙。在劲性骨架吊装、连接过程中,桁段连接后先由临时扣索支承,再逐步拆换成由 6 组扣索支承。扣索起着支承、高程和劲性骨架线形调整的作用。

2)拱圈混凝土浇筑

为了利用骨架及拱圈承担施工期的自重,拱圈混凝土截面采用分次成型的施工方案。混凝土采用两级泵送方式浇筑,先由两岸拌和站将混凝土输送至拱脚带搅拌装置的储料罐,再由设在拱脚处的第二级泵站输送混凝土至工作段。

拱圈混凝土浇筑是由灌注钢管内混凝土开始的。

钢管混凝土灌注采用先中间后两边、先下弦后上弦的顺序。钢管内混凝土达到70%设计强度后开始进行拱箱混凝土浇筑。

拱箱按先中箱后边路,底板、腹板、顶板的顺序,分7环逐步成型。环间保证一定养护时间,使先浇环的混凝土能够参与承担后浇环的荷载。为了使拱圈受力均衡,沿拱轴线将拱圈等分为6个工作面,每个工作面的底板、腹板及顶板混凝土分别分为13、6及12个工作段。泵送混凝土管道沿劲性骨架上弦钢管布设。在拱圈混凝土每个浇筑阶段,动态分析计算和观测拱圈的变形、骨架的内力,若发现拱圈变形异常,及时调整加载程序。

4. 设计计算要点

1)拱轴系数的优化

万州长江大桥的拱轴线形为悬链线。由于拱圈成型需经历复杂的施工过程,造成拱圈内力随时间的变化复杂,因此,拱圈系数的确定必须考虑施工期和使用阶段后期受力要求。经优化设计计算后,拱轴系数确定为1.6。

2)拱圈计算特点及主要结论

万州长江大桥拱圈内力及变形的计算,采用有限单元法由计算机完成。由于拱圈采用先劲性骨架后分次浇筑、逐步成型的施工方法,拱圈的施工期受力变化、截面内力重分布、几何与线性、稳定性与极限承载能力等,成为计算的关键问题。为此,专门进行了拱圈分层浇筑混凝土徐变收缩试验、稳定与承载能力分析,以及非线性综合分析等科研工作。

计算与分析表明,在考虑了混凝土徐变收缩因素后,成桥后的三年内拱顶恒载挠度增加约37%;劲性骨架与混凝土截面之间也发生了较明显的内力重分布,劲性骨架应力增加39%~55%,但分次浇筑的混凝土截面之间的内力重分布影响不大。几何非线性使拱圈挠度增大6%、应力变化幅度5%;钢管屈服不会使结构变形与内力分布发生较大变化。

结构稳定性与极限承载能力分析得到的结论为:桥梁在施工中的整体稳定安全系数波动,失稳模态主要是面外对称和面内反对称两种,安全系数最低时也能满足要求(均大于5.0);结构承载能力最不利情况,发生在箱梁板壁参加受力前的施工阶段,承载能力安全系数为3.2。承载能力分析表明,采用应力叠加比采用内力叠加更能反映结构受力状态。另外,在考虑施工过程后,上弦杆在顶板混凝土浇筑后的受力最不利,但承载能力也能满足要求。

第二节 中承式拱桥

一、上海卢浦大桥

上海卢浦大桥是目前世界上跨径最大的钢箱系杆拱桥,也是世界上第二大跨径的拱形桥。卢浦大桥位于中国上海市卢湾区与浦东新区之间的黄浦江上,北起浦西鲁班路,穿越黄浦江,南至浦东济阳路,全长8722m;大桥于2003年6月28日建成通车。

1. 概况

卢浦大桥主桥为中承式无推力飞鸟形钢箱肋提篮拱桥,大桥直线引桥全长3900m,其中主桥长 750m，宽 28.75m，主跨径达 550m，拱顶高于江面 100m。大桥主拱矢跨比为 1/5.5，跨径组合为：100m＋550m＋100m＝750m。主桥桥面竖曲线半径为 9000m，桥面最大纵坡为 2.5%，横坡为 2.0%。

大桥桥面设 6 车道，桥宽 28.75m。设计荷载为汽车—20 级，验算荷载为挂车—100；人群荷载为 $4kN/m^2$。设计航道净空为 46m，通航净宽为 340m。

2. 构造要点

拱肋内倾，截面采用陀螺形，中拱截面高 6～9m，边拱截面高 7～9m；全桥共设置 27 道横撑，为变高度矩形截面；吊杆顺桥向间距 13.5m，共 28 对，采用双吊杆；系杆采用预制平行钢丝索；主梁采用钢箱梁；拱座采用钢—混凝土结合。

1）主桥结构体系

卢浦大桥主桥采用变高度钢箱形拱桥方案。主桥为空间提篮中承式拱梁系杆组合体系钢拱桥。主桥两边跨端横梁之间布置强大的水平拉索，加劲梁通过吊杆或立柱支承于拱肋之上；边跨加劲梁分别在中跨和边跨的拱梁交汇处与拱肋固结；中跨加劲梁的两端支承于中跨拱梁交汇处的横梁上，端支承为纵向滑动支座，横向和纵向设置阻尼限位装置。其结构体系如图 3-5-9 所示。

2）拱肋

拱肋截面形状为陀螺形，其截面如图 3-5-10 所示。

拱肋上半箱为矩形截面，宽 5m；中跨部分从拱脚 6m 高渐变至拱顶的 3m 高，边跨部分则为 4～6m 高。

下半箱为倒梯形截面，顶宽 5m，底宽 3m，高 3m。中拱顶板 30～32mm，拱梁结合段加厚至 65mm；底板 42～45mm，拱梁结合段 65mm；腹板 22mm，拱梁结合段 32mm；中板 20mm，拱梁结合段 30mm；边拱顶板 30mm，底板 40mm，腹板 20mm，中板 20mm。拱肋加劲采用 T 形加劲（图 3-5-10）。

3）系梁及横梁

边跨三角区系梁截面为闭口钢箱梁，箱梁宽 41.0m，高 2.7m，顶板 13mm，U 形加劲 6mm，底板 10mm，横梁间距 3.375m；边跨系梁与拱肋、立柱、边拱末端横梁、中跨拱梁结合段横梁固结。

中跨系梁为开口钢箱梁，即双主梁（箱梁）＋横梁结构体系，箱梁宽 39.5m，高 2.7m，顶板 14mm，U 形加劲 8mm，横梁间距为 3.375m；中跨系梁通过吊杆支撑于拱肋之上，中跨系梁两端则通过支座与中跨拱梁结合段横梁相连接。

4）风撑

桥面以上全桥共设 27 道风撑，水平间距 13.5m，风撑为变高度矩形截面，顶底板分别与拱肋的顶板、中板对齐。桥面以上第一道风撑高约 4.3m，宽 4.1m；其他风撑高 2.942～4.115m，宽 2.1m；桥面以下每侧边拱、中拱分别设 2 道 K 撑，K 撑亦为矩形截面，高约 2.6m，宽 2.6～3.1m。

5）立柱

一侧边跨三角区系梁下共设 4×2 根立柱。立柱为矩形截面，其中主墩顶大立柱断面为 5m×5m，其他小立柱断面为 5m×2.5m。

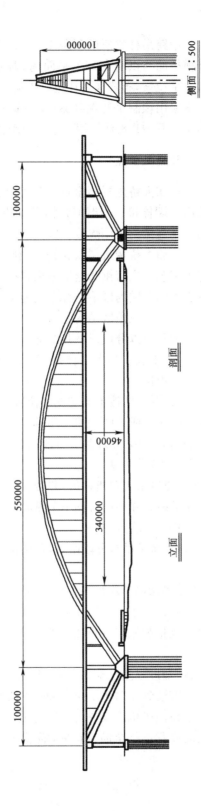

图3-5-9 主桥结构体系示意图（尺寸单位：mm）

6) 吊杆与水平拉索

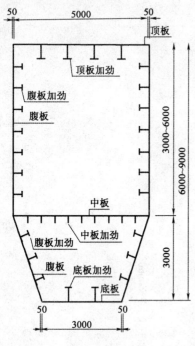

图 3-5-10　拱肋截面(尺寸单位:mm)

中跨吊杆顺桥向间距 13.5m,共 28 对,为双吊杆。吊杆横桥向与拱肋在一个平面内(对倾 1∶5)。全桥共有两组水平拉索,布置在两片边拱拱端。每组由 8 根拉索组成,拉索采用预制平行钢丝索、冷铸锚具。水平拉索的总索力为 1.7 万~1.8 万 t,用以平衡中跨拱肋的恒载水平推力。

3. 施工要点

卢浦大桥主桥为全焊钢拱桥,除钢拱合龙段拱肋端口采用一端栓接、一端焊接外,其余拱肋、立柱和桥面加劲梁的现场连接均采用焊接连接。

卢浦大桥融入了斜拉桥、拱桥和悬索桥三种不同类型施工工艺。主跨拱肋施工采用斜拉扣索法施工。主桥施工方法可以归纳为以下三种不同施工方法的组合。

1) 主桥三角区结构施工

主要可以分成以下几个部分:

(1) 钢拱座和大立柱采用 300t 履带吊机分段吊装,现场拼装焊接。

(2) 钢拱肋按不同的安装位置采用了两种施工工艺。

①岸上部分拱肋采用支架法,分别用 350t 或 300t 履带吊机分段吊装;

②水上部分拱肋采用扣索法悬臂拼装,用 1000t 浮吊大分段吊装。

(3) 桥面加劲梁根据不同条件用了三种安装方法。

①部分岸上桥面加劲梁用两台 300t 履带吊机双机抬吊,并带载行走安装到预设支架上;

②部分节段桥面加劲梁用 1000t 浮吊吊装并利用滑移小车纵向滑移就位;

③其余节段桥面加劲梁则直接用 1000t 吊装到位。

(4) 锚箱及端横梁采用支架法,用 350t 履带吊机分段吊装,现场拼装焊接。

2) 中跨主拱采用斜拉扣索法施工

通过临时索塔体系,用拱上吊机将拱肋预制节段吊装就位,然后进行拱肋节段连接的现场焊接、安装临时斜拉索,随后拱上吊机前移进行下一节段拱肋的安装。

主拱合龙采用自然降温与少量外力顶推相结合的方法成功完成了主拱合龙段的连接。

3) 中跨桥面加劲梁和水平拉索的安装

施工借鉴了悬索桥的施工工艺,采用辅助猫道法架设超长、超重的水平拉索,并用托架悬挂体系作为施工过程中桥面加劲梁尚未安装到位时水平拉索的临时支承点。

中跨桥面加劲梁采用改造后的拱上桥面吊机逐段进行吊装直至桥面加劲梁合龙。在对水平拉索的索力和中跨桥面加劲梁的安装高程进行全面调整后,通过现场焊接完成中跨桥面加劲梁节段的连接。

4. 设计计算要点

卢浦大桥在设计上融入了斜拉桥、拱桥和悬索桥三种不同类型桥梁设计、施工工艺。主拱呈提篮式的空间结构形态,立面线形为高次悬链线,横桥向以 1∶5 向桥中心内倾,并与主梁、主墩、墩座等构造交错连接。上述布置确保大桥结构的整体受力性能,又使主拱的线形轻盈、美观。

1)非线性闭口薄壁空间杆件稳定有限元法分析

(1)计算应变时,考虑了正应变、剪应变的线性部分以及正应变的非线性部分,而忽略了计算量大但实际影响并不大的剪应变非线性部分。

(2)在整个结构体系中假定在节点上乌曼斯基意义的 β' 在各杆件连续且相等。

2)对关键性节点分析

对关键性节点包括主拱与主梁、横梁的空间连接节点构造,主拱与主墩基础的连接节点构造,边拱尾部锚固连接节点构造,以及施工临时索塔与主梁和大立柱的连接构造等。

除进行有限元弹、塑性空间分析外,还进行了规模大、难度高的箱拱节段缩尺模型加载试验。

3)拱桥施工过程结构分析

卢浦大桥采用综合三种不同桥型施工工艺的组合施工技术,设计中优化施工安装顺序和明确合理的安装控制标准。

4)稳定性分析

对主拱结构和钢桥面体系在施工阶段和成桥状态的静风稳定问题和风振受力问题进行了计算。

二、重庆朝天门长江大桥

重庆朝天门长江大桥是目前世界上最大跨径的拱桥。朝天门长江大桥位于重庆朝天门(长江与嘉陵江交汇处)下游 1.2km,为公轨两用飞燕式多肋钢桁架中承式系杆拱桥,其主跨跨径 552m。大桥于 2004 年 12 月 29 日动工兴建,2009 年 4 月 29 日正式通车。

1. 概况

大桥全长 1741m,主桥采用(190+552+190)m 三跨中承式连续钢桁系杆拱桥。引桥长 314m,南引桥长 495m,均为预应力混凝土连续箱梁桥。

大桥采用双层桥面布置,上层桥面为双向六车道和两侧人行道;下层中间布置双线城市轨道交通,两侧各预留一个 7m 宽的汽车车行道。

主桥全宽 36.5m,桁宽 29m。两侧边跨为变高度桁梁,中跨为钢桁系杆拱。拱顶至中间支点高度为 142m,拱肋下弦线形采用二次抛物线,矢高 128m,矢跨比 1/4.3125;拱肋上弦部分线形也采用二次抛物线,与边跨上弦之间采用 $R=700$m 的反向圆曲线进行过渡。

主桁采用变高度桁的"N"行桁式,桁拱肋跨中桁高为 14m,中支点处桁高 73.13m(其中拱肋加劲弦高 40.65m),边支点处桁高为 11.83m。

全桥采用变节间布置,共有 12m、14m、16m 三种节间形式,边跨节间布置为(8×12+14+5×16)m,中跨节间布置为(5×16+2×14+28×12+2×14+5×16)m。

全桥布置有上下两层系杆,间距 11.83m,上层采用"H"断面钢结构系杆,下层采用"王"形断面钢结构系杆和体外预应力索。主桥立面布置如图 3-5-11 所示。

设计荷载:城—A 级,城市轨道交通,人群 $4kN/m^2$。

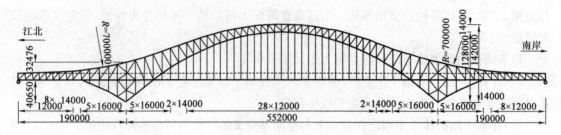

图 3-5-11　朝天门长江大桥主桥立面布置图(尺寸单位:mm)

2. 构造要点

主桁架杆件为焊接箱形截面,截面宽度有 1200mm 和 1600mm 两种,截面高 1240～1840mm。板厚 24～50mm。腹杆采用箱形、"H"形及"王"形截面,箱形截面高 1240～1440mm,板厚 24～50mm;"H"、"王"形截面高 700～1100m,板厚 16～50mm。

中跨布置有上、下两层系杆,间距 11.83m,上层系杆采用焊接"H"形截面,截面高 1500mm、宽 1200mm、板厚 50mm;下层系杆采用焊接"王"形截面钢结构系杆和体外预应力索,截面高 1700mm、宽 1600mm、板厚 50mm,钢结构系杆端部与拱肋下弦节点相连接,下层体外预应力索锚固于节点端部。

吊杆横向间距与桁宽相同为 29m,纵向间距与主桁节间布置相同,吊杆采用 $2\times151\phi7$,$2\times139\phi7$,$2\times127\phi7$ 三种规格的高强平行钢丝束。

上、下层桥面采用正交异性钢桥面板,桥面板厚 16mm,采用"U"形闭口肋,沿纵桥向设置横隔板,其间距不大于 3m,在主桁架节点处设置一道横梁。

上层桥面沿横桥向布置 6 道纵梁,下层桥面每侧布置 2 道纵梁,下层桥面中间采用纵、横梁体系,其横梁与两侧钢桥面板横梁共为一体,共设置两组轻轨纵梁,其中心间距为 4.2m,每两片纵梁通过平联和横梁连为一体,纵梁端部通过鱼形板和连接角钢与横梁连接,轻轨纵梁上设置木质桥枕和 60kg/m 的钢轨。上层桥面在主桁架节点外侧设置人行道托架。上置"N"形正交异性钢人行道板。

拱肋上弦从 11 号节间,下弦从 10 号节间开始设置平纵联,加劲弦平纵联采用"K"形桁式,其余平纵联采用菱形桁式。下层桥面平纵联交叉布置,横梁作为平联撑杆,上下弦平纵联、斜杆及部分横撑杆件采用箱形断面,拱肋平联部分横撑,下层桥面平纵联、轻轨轨道梁采用"I"形断面。

主桁节点除中支点等少部分特殊节点采用整体节点外,其余均采用拼装式节点,节点板最大厚度 80mm,最大规格为 5570mm×7620mm。所有钢构件均采用工厂焊接制造,除钢桥面板拼缝和"U"形纵肋采用现场焊接外,其余全部构件均采用高强度螺栓连接,其中主桁采用 M30 高强度螺栓,联结系、行车系采用 M24 高强度螺栓。

主桁最大板厚 40mm,节点最大板厚 80mm,最长杆件长 41m,构件最大重量 81t。

纵向支承体系除北主墩为固定铰支座外,其余各墩均为活动铰支座。主墩支座横向均固定,只在支座上、下座板之间留一定间隙,可满足温度作用下横向位移的要求,交界墩支座横向均活动,在边支点下横梁中心设置两个横向限位支座。

3. 施工要点

主桁架安装。边跨采用平衡重辅以临时墩半伸臂架设。起步段(前两节间)利用边墩旁塔吊在膺架上架设,同时架设两个临时节间,与前两节间共长48m,以加载配重平衡悬臂端。然后在钢梁上弦拼装拱上爬行架梁吊机,并在离边墩36m、50m、80m处设置临时墩。利用拱上爬行架梁吊机悬臂架设至主墩,与此同时在平衡节间加载适当配重。

中跨采用平衡重辅以斜拉扣挂系统全伸臂架设。先主拱架设至合龙后再进行中间梁系架设。中跨安装时钢梁先整体安装至108m,随后仅架设拱肋桁及吊杆至跨中合龙。斜拉扣挂系统塔架高98.07m,共设置两层拉索。中跨钢梁悬臂架设至168m时,挂设内索并初张拉,继续架设钢梁至240m,挂设外索、初张拉、架设钢梁,最后进行跨中合龙。钢梁悬臂架设同时在平衡节间加载适当配重。

跨中合龙后,安装临时系杆并张拉,完成结构体系转换,然后逆序斜拉扣挂系统及拱上爬行架梁吊机。再利用桥面吊机在上层桥面行走,逐间安装上、下层系杆及上层桥面横梁直至跨中合龙。系杆合龙后拆除临时系杆,然后桥面吊机后撤,同时安装下层桥面横梁、平联、轻轨纵梁和上下层桥面板直至完成。

主体结构安装完成后安装并张拉辅助系索。全桥附属结构,桥面铺装等完成后,辅助系索及吊杆进行全面调索并达到设计要求。

4. 设计计算要点

以经典力学理论为基础,通过"桥梁结构设计系统"、MIDAS、ANSYS及STS等软件进行设计计算,利用AutoCAD、3dsmax、Photoshop等绘图软件绘制完成。

采用实际施工位置计算的精细化有限元仿真分析,对施工全过程进行非线性分析。设计对节点关键杆件进行精细化建模分析,对工程关键工序建立预判机制。

利用地震台激励分析大桥结构动力特性、模拟地震试验和抗震性能分析;首次对公轨两用特大钢桁架拱桥进行车桥耦合振动分析。

三、宜宾南门金沙江大桥

1. 概述

四川宜宾南门金沙江大桥是建桥当时国内跨径最大的钢筋混凝土拱桥。大桥由主桥及两端的引桥组成;主桥为劲性钢骨钢筋混凝土中承式单孔跨径240m的公路拱桥,桥全长384m,宽(13+2×3.25)m,净矢高48m,矢跨比1/5,拱轴线为悬链线,拱轴系数$m=1.756$;南、北引桥为钢筋混凝土连续桥,其跨度分别为2×16m和6×16m。

设计荷载为公路—Ⅰ级,按4车道布载;设计洪水频率1%;抗震设防烈度8度;全桥总体布置如图3-5-12所示。该桥于1986年12月开工,1990年6月24日竣工。

2. 构造要点

1)主桥构造

主桥是由拱肋、吊杆、桥面系、门式框架等主要部分组成。拱肋为两条分离式平行的劲性钢骨钢筋混凝土结构的无铰拱,拱肋截面为变宽、变高闭口的箱形截面(图3-5-13),拱肋以拱顶截面左右对称。主桥共设34根吊杆,吊杆采用21根7ϕ5高强钢绞线捆扎成束,形成承重结构,吊杆外套无缝钢管,钢绞线与钢管之间灌注水泥浆。

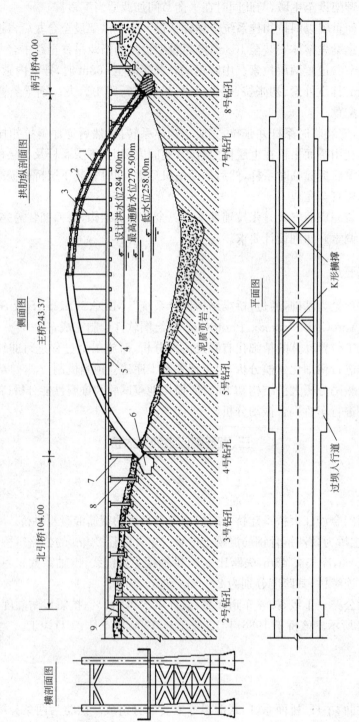

图3-5-12 宜宾南门金沙江桥总体布置图（尺寸单位：m）

在拱肋与桥面系截面联结处设伸缩缝把桥面系分成三部分,即中部182.53m的钢筋混凝土连续桥面,由预应力钢筋混凝土空心板和预应力钢筋混凝土横梁组成的"飘浮式"整体结构体系,该桥面依靠柔性吊杆悬挂于拱肋上。其他两部分为两端各30.42m,由预应力钢筋混凝土空心板与钢筋混凝土门式框架形成的连续桥面,该两部分又分别与南北引桥桥面形成连续桥面。

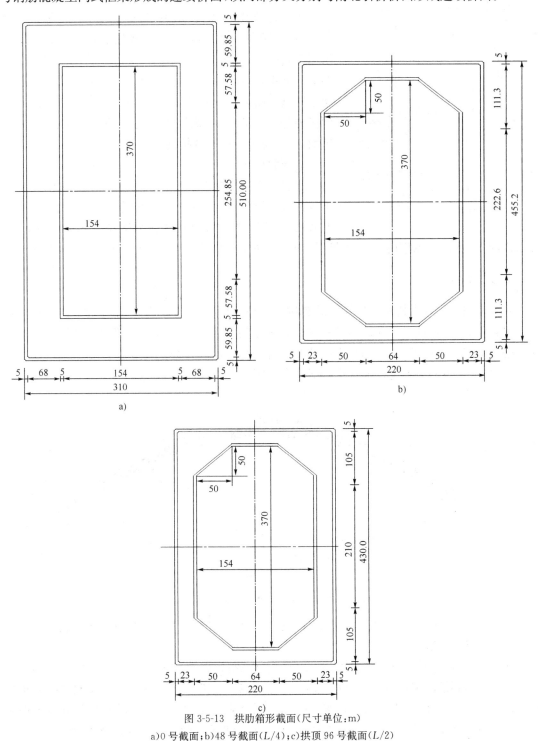

图 3-5-13 拱肋箱形截面(尺寸单位:m)
a)0号截面;b)48号截面($L/4$);c)拱顶96号截面($L/2$)

主拱基础为两个分离式钢筋混凝土拱座,相互间用钢筋混凝土箱梁连接。两条拱肋的 8、16、24 号截面设有钢筋混凝土箱形截面横梁和钢筋混凝土箱形截面剪刀撑(X 撑),72 号截面设有 K 形横撑,以保证拱肋的横向整体稳定。

2)主桥受设计荷载作用的传力方式

当设计荷载作用于主桥中部的"飘浮式"整体结构体系上时,如图 3-5-14 所示,竖向力车轮荷载 P 直接作用于桥面上,通过桥面板传递给横梁,由吊杆承担横梁所传递的荷载并把荷载传递给拱肋,拱肋受到荷载后通过拱脚传递给地基。桥面所受到的纵向水平力(如:车辆制动力、温度应力等),一部分由"飘浮式"结构两端的支座摩阻力来抵消,另一部分由吊杆的抗剪力而消除。

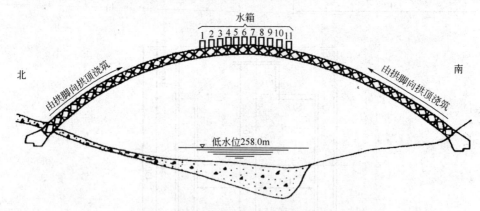

图 3-5-14 主桥上部结构横断面示意图
1—上锚头;2—拱肋;3—吊杆;
4—桥面板;5—横梁;6—下锚头

3)南北引桥

北引桥上部结构为 6×16m 先张法预应力钢筋混凝土空心板,下部结构为双柱式钢筋混凝土柔性墩;南引桥上部结构为 2×16m 先张法预应力钢筋混凝土空心板,下部结构同样是双柱式钢筋混凝土柔性墩;南北引桥桥台均为重力式桥台,支座为橡胶支座。

3. 施工要点

宜宾南门金沙江大桥施工采用吊装悬拼钢骨架,合龙后在钢骨架上挂模板分四层浇筑混凝土包裹骨架,浇筑过程中在拱顶及左右设置水箱加卸载(图 3-5-15)以控制拱轴线变形的新的拱桥无支架施工技术。成拱后,用钢绞线将桥面系悬吊于主拱肋上。经过多次的对比计算和方案比选,全桥的施工过程确定为以下几个步骤:

图 3-5-15 四川宜宾南门金沙江大桥水箱调载示意

(1)在施工现场设置 1∶1 混凝土平台,放出拱肋钢拱桁架大样,就地铺作钢拱桁架。

(2)主拱钢骨架吊装。

劲性钢骨拱式桁架由槽钢、角钢、节点板焊制而成;每条拱肋分七段焊制。预先在两岸设塔架——缆索系统。采用两条拱肋(共 14 段钢拱桁架)交错悬臂架设法分七段架设拱肋钢拱桁架,吊装时每条拱肋两岸各吊装拼接三段,最后吊装中间的一段合龙,吊装过程同时加两条拱肋间的横向联系。其安装顺序为上游拱肋第一段→下游拱肋第一段→临时横梁→八字浪风索。以后依次循环对称架设南北岸的钢骨架,最后在拱顶合龙。

(3)安装横梁、X撑、K形撑骨劲性钢骨架,以及40、48、56、96号(拱顶)截面的M形临时横联。

(4)在76号与76号截面之间安装11个蓄水量为120kN的水箱,作应力调整之用。

(5)在拱肋上控制截面贴电阻片,并安装变位观测尺,供施工中应力和变形观测用。

(6)以劲性钢骨拱桁架为支架,安装拱肋底板的内外侧模板和受力钢筋、分布钢筋网。

(7)主拱肋浇筑混凝土。

采用设置在两岸的混凝土输送泵(或运料斗)从拱脚至拱顶对称平衡浇筑底板混凝土。把劲性钢骨拱桁架和分布钢筋包裹在混凝土内,形成闭口箱形截面。采用"一条拱肋分四环,两条拱肋交错浇筑"的浇筑程序,也就是钢骨架合龙后,每条拱肋分四层对称浇筑成形,其顺序为底板、下侧板、上侧板和顶板。

两条拱肋的各层交错浇筑,即上游拱肋底板,下游拱肋底板,上游下侧板,下游下侧板,上游上侧板,下游上侧板,上游顶板,下游顶板。对每条拱肋的每层,各分6段(工况)对称浇筑。

浇筑过程中,根据预先计算的加载重,向水箱内注水,把拱轴线变形和截面应力控制在设计允许范围内。与此同时,进行变形和应力监测,如发现异常,立即将实测数据输入现场微机,进行适时分析,并提出相应的处理措施,如调整水量和浇筑速度、张紧或放松八字浪风索等。

(8)安装桥面系

在主拱肋上安装锚头,将钢绞线吊杆分别固定于两条主拱肋上。在上、下游拱肋的每对吊杆之间吊装横梁,横梁之间铺装纵向的桥面板(纵板梁)。横梁和纵板梁都是钢筋混凝土预制构件。安装人行道栏杆,铺装桥面混凝土。

第三节　下承式拱桥

汀泗河大桥是目前世界上跨径最大的下承式钢箱系杆拱钢—混凝土组合桥。大桥位于湖北省咸宁市咸安区汀泗河镇与赤壁市泉口镇之间,是武广客运专线上跨越(北)京珠(海)高速公路的铁路大桥,全长4368.71m,主跨140m,2006年9月开工,2009年3月竣工。

1. 概况

线路:客运专线双线铁路,线间距为5m,设计时速为350km/h,无砟轨道,设计活载为京沪双线高速正线铁路荷载。

汀泗河大桥采用平行双拱肋结构,拱肋中心距16m,拱轴线形为二次抛物线,拱高30m,矢跨比为1∶4.67,两片拱肋之间设5道横撑,每片拱肋设15根刚性吊杆,相邻吊杆间距8m。

钢箱拱截面宽2.0m,拱脚处高4.5m,拱顶处高3m。系梁采用等截面钢箱,高3.5m,宽2.0m,系梁与拱肋刚性连接形成系杆组合拱结构。

桥面系采用混凝土板与纵、横梁全结合体系,但不与系梁结合;横桥向设4片纵梁,每线设2片;顺桥向设19根横梁,在拱脚处设置端横梁和辅助横梁,每根吊杆处设置1根横梁。全桥共有19个节间,节间长度布置为(2×7+14×8+2×7)m。桥梁结构构造和尺寸见图3-5-16。

2. 构造要点

1)拱肋

拱肋采用变截面钢箱,拱脚截面高4.5m,拱顶3.0m,中间截面高按内线直插,起拱点相距

140m,拱轴方程为 $y=-0.006x^2+0.857x$。拱肋共分 9 个节段(不包括拱脚段),成桥线形设计以直代曲,各分段间用高强度螺栓拼接。

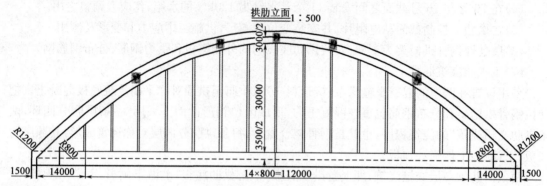

图 3-5-16 汀泗河大桥结构构造和尺寸(尺寸单位:mm)

钢箱内设横隔板,板厚为 20mm 和 16mm,横隔板间距不大于 3m。拱肋钢箱内宽 1940mm,外高从 4500～3000mm 变化。钢箱第一段腹板厚为 36mm,顶底板厚 40mm;其他段腹与顶底板厚均为 30mm;各板均设置纵向加劲肋,加劲肋宽 200mm,厚度分别为 20mm(对应 36mm,40mm 板厚)和 18mm(对应 30mm 板厚)。

2)系梁

系梁为等截面钢箱,梁高 3500mm,内宽 1940mm,梁长 143m,共分为 9 个梁段,各梁段间连接用高强螺栓拼接。钢箱第一段腹板厚为 36mm,顶底板厚 40mm;其他段腹与顶底板厚均为 30mm;各板均设置纵向加劲肋,加劲肋宽 200mm,厚度分别为 24mm 和 20mm。

钢箱内设横隔板,板厚为 20mm 和 16mm,两端横隔板要求密封。在梁端设置流水孔,腹板设置进人孔。

3)吊杆

吊杆采用工字形钢吊杆,全桥共 30 根吊杆,吊杆间距 8m;其中,第一、二吊杆截面为腹板 1—□1152×16mm,翼缘 2—□600×24mm;其他吊杆为腹板 1—□752×16mm,翼缘 2—□600×24mm;为减少风振,在吊杆腹板上开设过风孔,同时将根据吊杆风致振动结果确定在翼板上开孔方式及配置 TMD。

4)横撑

全桥共设 5 道横撑,各横撑均为钢箱截面,钢箱内宽 1.180m,外高适应拱肋线形的变化,高度分别为 1.8m,2.018m 和 2.332m。横撑截面腹板厚 14mm,顶底板厚 20mm。

5)桥面系纵横梁

①端横梁。箱形截面,钢箱内宽 2.080m,外高 2.0m,截面腹板厚 20mm,顶底板厚 28mm。

②辅助横梁。箱形截面,钢箱内宽 1.486m,外高 2.0m,截面腹板厚 14mm,顶底板厚 20mm。

③普通横梁。工字形截面,腹板 1—□1934×20mm,上翼缘 1—□800×36mm,上翼缘 1—□800×30。

④端纵梁。箱形截面,钢箱内宽 0.972m,外高 2.0m,截面腹板厚 14mm,顶底板厚 20mm。

⑤普通纵梁。工字形截面,腹板 1—□1440×20mm,上翼缘 1—□600×36mm,上翼缘

1—□600×24mm。

6) 桥面形式

混凝土桥面板宽 13.4m,厚 300mm,在纵、横梁处加厚到 350mm,板边与系梁间隔 0.3m 的空隙,与两纵梁之间的横梁结合形成结合梁。

板内配筋为纵向上下各 2Φ28mm 钢筋,间距一般为 100mm;横向筋为 Φ20mm 钢筋,间距 100mm。纵横梁与混凝土桥面板采用半结合方式,即在纵梁及纵梁间的横梁上布置柔性栓钉;整个桥面板连续,且不与端横梁结合。

7) 支座

共设 LQZ30000 球型钢支座 4 个,其中,固定支座 1 个,单向 2 个,双向 1 个。

3. 施工要点

1) 施工总体方案

本桥系杆拱、系梁、拱肋采用原位拼装的施工方法。

由于高速公路太宽,结合系梁的设计分段,为有效地利用系梁自身的刚度,系梁的拼装采用在临时支墩上半悬臂拼装。系梁的两桁不对称拼装,系梁的拼装分节亦有不同。

在 89 号至 90 号墩间设置临时支墩,先在临时墩上从 89 号墩~90 号墩依次拼装系梁及系梁间纵、横梁。纵横梁体系拼装完成后,在系梁上拼装吊杆及吊杆间临时支撑,利用吊杆的自身刚度作为拱肋拼装平台,逐节拼装拱肋、横撑。在拱肋合龙后将临时墩从主墩往跨中方向拆除。

整个系杆拱全部用大吨位的汽车吊拼装。在拼装过程中要交替封闭高速公路的左右半副车道。钢梁用平板车运输到高速公路桥位下,直接在平板车上检查、预拼,合格后大吨位的汽车吊直接提升架设。

2) 主体结构安装顺序

系梁、拱肋、横梁、吊杆及横撑等钢构件采用工厂分段加工制作,并进行预拼装,检查验收合格后,运至现场预拼场地,采用起重机进行吊装。

主体结构安装顺序为:安装拱脚→系梁→端横梁→辅助横梁→纵梁→安装刚性吊杆→对称吊装拱中段(同步拼装拱肋之间横向联系)→拱顶段合龙。

3) 各构件吊装过程要点

(1) 系梁的架设

由于温度变化引起系梁长度的伸缩,在系梁架设时两个主墩上的支座先不固定,到系梁、89 号拱脚、90 号拱脚全部架设完后再进行灌浆固定。由于活动支座在 89 号墩上,固定支座在 90 号墩上,所以要在临时支墩上对系梁进行临时固定,保证梁的伸缩往 89 号墩方向。

(2) 主拱安装顺序

拱肋与拱脚的连接段检查→对称吊装拱节段(同时安装拱肋之间横向联系)→拱顶段合龙→安装拱顶之间横向联系。拱肋安装顺序见图 3-5-17。

(3) 钢箱拱吊装

吊机起吊钢拱肋并运行至安装位置,落钩要保证节段的平稳下降,并调整钢箱上下端高差,使之符合安装角度;在待装段下端与已装段的上端顶面接近时,用长拉杆螺栓进行初定位,测量钢箱拱肋坐标,按照监控单位对拱肋的监控指令通过支撑顶部可调的定位装置将节段准确定位并固定于支撑上，再安装高强螺栓进行节段连接。

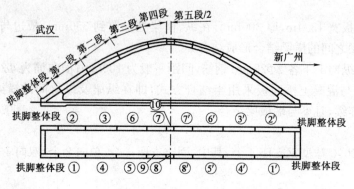

图 3-5-17 拱肋安装顺序

(4) 合龙段的施工

确定合龙时刻，准确对位，快速合龙。合龙时安排在白天进行。在靠近合龙段的左右两个拱肋支墩上布置有 200t 竖向及横向千斤顶，可以调整合龙段两侧钢箱拱肋的位移和转角，保证顺利合龙；拱肋拼接板采用一端工厂钻孔，另一端现场钻孔。合龙时根据实际合龙距离，在拼接板另一端现场钻孔，保证拱肋顺利合龙。

(5) 拱肋横撑施工

起吊横撑，置于安装在支架顶调位支撑上，精确调整就位后，与拱肋栓接。

4) 主拱安装注意事项

(1) 系梁、纵横梁安装

起吊前核实吊装顺序，为防止构件变形，所有大型构件的吊装均加设扁担梁起吊。为控制好安装角度，按理论值计算出钢丝绳长度、直径及根数。

就位对孔时在栓孔基本重合的瞬间用小撬棍拨正对合孔眼，再定位安装螺栓，确认结合缝间无任何杂物后，即拧紧螺栓。拼装过程中随时观测钢梁的平、立面及中线、高程，并及时进行调整。

(2) 拱肋安装

拱肋安装原则为对称均匀加载。在预装检查合格后，采用履带式起重机起吊作业。拱肋每节段设吊点 2 个，用起重钢丝绳绑扎拱肋收紧后，每吊点用卡环拴住绳头起吊。每节段起吊就位后置于支撑上，通过支架顶部可调的定位装置将节段准确定位并固定于支撑上，然后焊接或栓接节段接头。合龙节段要注意合龙天气和温度控制措施的选择，尽量控制合龙温度接近设计要求的 25℃。

参 考 文 献

[1] 中华人民共和国行业标准.JTG B01—2014 公路工程技术标准[S].北京:人民交通出版社,2014.
[2] 中华人民共和国行业标准.JTG D60—2015 公路桥涵设计通用规范[S].北京:人民交通出版社股份有限公司,2015.
[3] 中华人民共和国国家标准.GB 18306—2015 中国地震动参数区划图[S].北京:中国标准出版社股份有限公司,2015.
[4] 中华人民共和国行业标准.JTG/T D60-01—2004 公路桥梁抗风设计规范[S].人民交通出版社,2004.
[5] 中华人民共和国行业标准.JTG D64—2015 公路钢结构桥梁设计规范[S].北京:人民交通出版社股份有限公司,2015.
[6] 中华人民共和国行业标准.JTG/T D65-06—2015 公路钢管混凝土拱桥设计规范[S].北京:人民交通出版社股份有限公司,2015.
[7] 中华人民共和国行业标准.JTG/T D65-05—2015 公路悬索桥设计规范[S].北京:人民交通出版社股份有限公司,2015.
[8] 中华人民共和国行业标准.JTG D63—2007 公路桥涵地基与基础设计规范[S].北京:人民交通出版社,2007.
[9] 中华人民共和国行业标准.JTG/T B02-01—2008 公路桥梁抗震设计细则[S].北京:人民交通出版社,2008.
[10] 中华人民共和国行业标准.JTG/T D33—2012 公路排水设计规范[S].北京:人民交通出版社,2012.
[11] 中华人民共和国行业标准.JTG/T F50—2011 公路桥涵施工技术规范[S].北京:人民交通出版社,2011.
[12] 中华人民共和国行业标准.CJJ 11—2011 城市桥梁设计规范[S].北京:中国建筑工业出版社,2011.
[13] 中华人民共和国行业标准.JTG D61—2005 公路圬工桥涵设计规范[S].北京:人民交通出版社,2005.
[14] 中华人民共和国交通运输部.公路工程特殊结构桥梁项目设计文件编制办法(交公发〔2015〕69号)[M].北京:人民交通出版社股份有限公司,2015.
[15] 中华人民共和国行业标准.JTG D62—2012 公路钢筋混凝土及预应力混凝土桥涵设计规范(征求意见稿)[S].2012.
[16] 中华人民共和国行业标准.JTG D40—2011 公路水泥混凝土路面设计规范[S].北京:人民交通出版社,2011.
[17] 彭大文,李国芬,黄小广.桥梁工程(上、下册)[M].北京:人民交通出版社,2007.
[18] 邵旭东.桥梁工程[M].3版.北京:人民交通出版社,2014.

[19] 王丽荣.桥梁工程[M].北京:科学出版社,2014.
[20] 范立础.桥梁工程(上、下册)[M].2版.北京:人民交通出版社,2012.
[21] 强士中.桥梁工程(上、下册)[M].2版.北京:高等教育出版社,2011.
[22] 范立础.桥梁抗震[M].上海:同济大学出版社,1997.
[23] 邵容光,夏淦.混凝土弯梁桥[M].北京:人民交通出版社,1996.
[24] 肖汝诚.桥梁结构体系[M].北京:人民交通出版社,2013.

本书配套数字教学资源

序号	资源类型	资源名称	学习目的	页数	对应页码
1	电子书	第二篇 第三章 第七节二、混凝土结构温度自应力计算中2.变截面连续梁的次内力计算	学习变截面连续梁的次内力计算	1	206
2	电子书	第二篇 第四章 第四节箱梁的畸变	学习箱梁畸变的假定、分析与计算	7	218
3	电子书	第三篇 第三章 第一节四、圆弧无铰拱计算要点	掌握圆弧无铰拱的计算要点	3	393
4	电子书	第三篇 第三章 第四节连拱计算简介	学习连拱计算的几种不同方法	6	408